The 60th Jubilee Commentary of the Presbyterian Church in Korea

대한예수교장로회 고신총회
설립 60주년 기념

성경주석

사도행전

A c t s

황원하 지음

Wonha Hwang

| 성경주석 편집위원회 편 |

대한예수교장로회
총회출판국

대한예수교장로회 고신총회 설립 60주년 기념

성경주석

사도행전

A c t s

인쇄일 2019년 9월 5일
발행일 2019년 9월 17일
지은이 황원하
발행인 정근두
편집위원장 변종길
발 간 고신총회 설립 60주년 성경주석 간행위원회
(위원 : 정근두, 박영호, 김홍석, 안동철, 김정수, 변종길)
엮은곳 고신총회 설립 60주년 성경주석 편집위원회
펴낸곳 대한예수교장로회 고신 총회출판국
후 원 울산교회
주 소 서울특별시 서초구 고무래로 10-5(반포동)
전 화 (02)592-0986~7
팩 스 (02)595-7821
홈페이지 kosinbook.com
등 록 1998년 11월 3일 제22-1443호
디자인 최건호

ISBN 978-89-5903-357-7 (94230)
Set 978-89-5903-298-3 (94230)
값 38,000원

이 도서의 국립중앙도서관 출판시도서목록(CIP)은 서지정보유통지원시스템 홈페이지(http://seoji.nl.go.kr)와 국가자료공동목록시스템(http://www.nl.go.kr/kolisnet)에서 이용하실 수 있습니다. (CIP제어번호: CIP2019033349)

대한예수교장로회 고신총회 설립 60주년 기념

성경주석

사도행전

A c t s

| 성경주석 편집위원회 편 |

발간사

바른 길로 나아가든 잘못된 길을 걷든 우리 모두에겐 시간이 흘러가듯이, 교단도 나이를 먹는 것은 막을 길이 없습니다. 참으로 고신총회가 태동되던 시절에는 우리는 이 땅에 있는 하나님의 기쁨이었다고 믿습니다. 그때 쓰임을 받았던 종들의 마음속에는 주를 향한 사랑이 뜨거웠고, 그때 그들은 교권의 횡포로 설자리를 잃고 새로운 시작을 할 수밖에 없었다고 배웠습니다.

그러나 그 후 지나간 60년을 회고해 보면, 여러 가지 언급하고 싶지 않은 부끄럽고 마음 아픈 일이 많았습니다. 그래도 이 교단을 남겨두신 하늘 아버지의 은혜를 기억하면서, 고신총회 설립 60주년을 맞이하면서, 그때 우리가 해야 할 일 가운데 하나가 기념주석을 발간하는 일이라는 합의가 있었습니다.

지금까지 여러 어려움이 있었지만 그래도 지금까지 다섯 권의 주석이 발간되었습니다. 마치 밭이나 논의 양지바른 편에 곡식이 먼저 익어가면 머지않아 온 논 밭에 풍성한 추수가 다가올 것을 믿는 마음으로 또 한 권의 주석을 발행하며 이 글을 씁니다.

사실 앞으로 해야 할 남은 일을 기억하면, 작은 시작에 불과하지만, 그래도 이러한 결실의 시작을 보게 하신 하나님께 감사드리며, 아직도 우리 가운데 우리의 감사를 받으실 분이 계시다는 사실에 감격하며 또한 앞날에 대한 희망을 갖습니다.

아직도 우리에겐 성경으로 마음을 뜨겁게 할 성령님이 있으며, 이와 같은 책의 집필에 시간과 정성을 드린 동역자들이 있고, 출판하는 일에 마음을 함께하는 교회들이 있다는 사실에 감사합니다.

끝으로 이 책을 읽으시는 동역자들의 강단 사역이 좀 더 풍성해지고, 그 분들의 설교를 듣는 성도들의 마음에 은혜의 빛줄기가 조금이라도 내린다면 모든 분들의 수고와 후원이 헛되지 않을 것입니다.

시대마다 당신의 뜻을 이루신 분께서 앞으로의 일을 이루실 것을 믿으며 바울이 선교에 동역한 교회를 향한 소원으로 이 일에 동역한 이들과 후원 교회들을 복 주시길 빕니다.

"여러분 속에서 선한 일을 시작하신 하나님께서는 계속 그 일을 은혜로이 성장시켜서 예수 그리스도께서 다시 오시는 날에 완성해 주실 것을 나는 확신하고 있습니다."(빌 1:6, 현대어성경)

구주 대망 2019년 9월

간행위원장 정근두 박사(울산교회 담임)

추천사

오늘 우리가 살아가는 이 시대를 포스트모던 사회라고 합니다. 포스트모던 사회에서는 그동안 진리로 여겨졌던 것에 대한 의문과 함께 모든 질서의 파괴가 곳곳에서 일어나고 있습니다. 이렇게 해체와 파괴는 모든 곳에서 일어나는데, 불행하게도 바른 진리에 바탕을 둔 건설은 아직까지 요원한 현실입니다.

사실 이러한 모습은 성경 속 사사시대를 방불케 합니다. "그 때에 이스라엘에 왕이 없으므로 사람이 각기 자기의 소견에 옳은 대로 행하였더라"(삿 21:25). 진리의 캐논이신 하나님이 없음으로 혼돈과 무질서가 이 땅을 지배하고, 자신이 배운 대로 행동하려 합니다. 그러나 무질서인 카오스의 세계에 "빛이 있으라"(창 1:3)는 하나님의 말씀이 임하자 세상은 코스모스로 아름답게 변화되었습니다.

「고신총회 설립 60주년 기념 성경주석」은 영적으로 캄캄한 이 땅에 자랑스러운 우리의 개혁주의 신학과 신앙에 바탕을 둔 탁월한 주석으로 많은 분들을 기대케 했고, 또 흥분케 했습니다. 이 주석은 진리에 대한 혼동 속에 있는 많은 사람들에게 무엇을 믿고, 무엇을 가르쳐야 할지에 대해 바른 기준을 제시하였습니다.

그리고 68회 총회 회기 중 기다리던 사도행전 주석이 드디어 빛을 발하게 되어 주님께 영광을 돌립니다. 68회기 총회 주제인 '화평함과 거룩함을 따르라'의 기초가 되는 것은 하나님의 말씀입니다. 그래서 사도행전 주석의 발간이 더욱 기쁩니다. 바라기는 성경 주석 발간사업이 좀 더 탄력을 받아 모든 주석이 계획된 대로 독자들에게 제공되어 진리의 혼동 속에 헤매는 많은 분들에게 빛과 같은 역할을 감당해주기를 부탁드립니다.

추천의 글을 쓰면서 「고신총회 설립 60주년 기념 성경주석」이 어떤 부분에서 한국 강단에 꼭 필요한 주석인지를 생각해 보게 되었습니다. 결론은 이 주석은 목회자들에게 올바른 개혁주의적 성경 해석을 제공하여 강단에서 성경본문과 개혁신학에 충실한 설교를 할 수 있도록 돕는 주석입니다. 너무 사변적이 아니면서 성경을 바르게 해석하려고 노력하고 있으며, 오늘 우리에게 주는 교훈까지 제시하여 삶에 구체적으로 적용할 수 있게 한 주석이기에 믿고 추천할 수 있습니다.

또한 성도들에게도 실제적인 도움을 주는 주석입니다. 성도들이 발을 딛고 살아가는 삶의 현장과 유리된 학자들만의 지적 욕구를 충족시키는 주석이 아니라, 철저히 성도의 삶을 고려한 주석이기 때문입니다. 이를 통해 목회 강단이 좀 더 풍성해지고, 하늘과 땅이 말씀으로 하나되는 놀라운 변화가 일어날 줄 믿습니다.

그동안 하나님의 말씀을 어떻게 성도들에게 바르고, 은혜롭게 전하고, 이 말씀을 받을 것인가로 고민한 모든 목회자와 성도들에게 기쁜 마음으로 고신 총회를 대표하여 이 주석을 추천합니다.

2019년 9월

제68회 총회장 **김성복** 목사

머리말

본 교단이 발행하는 <고신총회 설립 60주년 기념 성경주석>은 여러 모로 뜻 깊은 주석이 될 것이다. 한국에 주석들이 많이 있는데 굳이 우리 교단에서 따로 주석을 펴낼 필요가 있겠는가 하는 의문이 들 수도 있다. 그러나 고신 교단이 가지고 있는 순수한 신앙과 개혁주의 신학은 우리의 신앙과 신학에 맞는 주석을 요구하고 있다. 우리 주위에는 많은 주석들이 있지만 어느 것을 선택해야 할지, 많은 해석들 가운데서 어느 해석이 올바른 해석인지 몰라서 혼란스러운 가운데 있다.

본 교단이 발행하는 성경주석은 이런 상황에 답을 제시하려는 목적으로 기획되었다. 물론 이 세상에서 완전한 성경 해석은 불가능하겠지만, 선조들이 물려준 순수한 신앙과 건전한 신학의 토대 위에서 하나님의 말씀을 풀어 설명하려고 노력하였다. 이런 점에서 본 성경주석 시리즈는 다음과 같은 특징을 가지고 있다.

첫째, 본 주석은 '개혁주의적인 주석'이 되고자 한다. 성경을 정확무오한 하나님의 말씀으로 믿고 고백하는 가운데 바르게 해석하려고 노력을 기울였다. 인간의 이성(理性)이나 경험(經驗)이 성경 해석의 최고 권위가 아니라 "성경이 그 자신의 해석자이다"(Sacra Scriptura sui ipsius interpres est)라고 하는 종교개혁자들의 성경 해석 원리를 따라

성경 자신이 성경을 해석하도록 노력하였다. 물론 우리는 앞서간 신앙 선배들의 노력을 무시하지 않는다. 우리는 칼빈과 개혁주의 신학자들의 신학 유산을 존중하고, 또한 한국 교회에 주신 귀한 선물인 박윤선 박사의 「성경주석」을 존중한다. 그러나 시대의 변화를 감안하여 좀 더 자세하고 깊이 있는 주석을 제공하려고 노력하였다.

둘째, 본 주석은 목회자들과 성도들에게 '실제적 도움이 되는 주석'이 되고자 한다. 서양에서 발전된 주석들을 보면 성도들의 실제 생활과 관계없는 학적 논의들이 많다. 그러나 본 주석은 가능한 한 불필요한 논쟁은 피하고 성도들의 실제 생활에 도움이 되는 주석이 되고자 노력하였다. 이를 위해 어려운 단어나 구절에 대해 간결한 설명을 제공하고, 복잡한 논의는 작은 글자로 소개하거나 미주로 처리하였다.

셋째, 본 주석은 단지 성경의 의미를 밝히는 것으로 끝나지 아니하고 '오늘날 우리에게 주는 교훈'을 찾기 위해 노력하였다. 그래서 각 단락의 마지막 부분에 〈교훈과 적용〉을 두었다. 이 부분은 앞에서 이루어진 본문 주해를 종합적으로 정리하고, 오늘날 우리들에게 주는 교훈을 제시하였다. 이 부분은 독자들에게 본문이 우리에게 주는 의미를 묵상하게 도와줄 뿐만 아니라, 목회자들이 설교를 작성하는 데에도 많은 도움이 될 것이다.

넷째, 그 외에도 본 주석은 '독자들의 편의'를 위해 여러 모로 세심한 노력을 기울였다. 주석의 각 장마다 간단하게 〈본문의 개요〉와 〈내용 분해〉를 넣어서 한 눈에 내용을 파악할 수 있도록 했다. 〈본문 주해〉에 들어가서도 먼저 전체 내용을 개관한 후에 각절 또는 몇 절들 단위로 주해를 하였다. 각 주해 단락 서두에 〈개역개정판 성경〉을 실어서 본문을 쉽게 볼 수 있도록 하였다. 성경 원어 사용은 가능한 한 피하되, 주해를 위해 꼭 필요하다고 판단되는 경우에는 한글 음역과 함께 원어를 실었다. 그리고 앞에서 말한 대로 〈본문 주해〉 뒤에 〈교훈과 적용〉을 넣어서 다시금 본문의 핵심 의미를 정리하고 교훈을 생각하며 각자의 삶에 적용하도록 하였다.

이러한 노력에도 불구하고 독자들의 손에 쥐어지는 주석에는 미흡한 점들이 많이 있을 것이다. 사람마다 요구사항이 다르기 때문에 독자에 따라 평가가 다를 수 있을 것이다. 이런 점들에 대해 편집위원회와 간행위원회는 충분히 인식하고 있으며, 앞으로 주석의 질을 높이기 위해 계속 노력하고자 한다. 본 주석 사업은 한 번의 출판으로 끝나지 않고 지속적으로 개선하고 업그레이드 하면서 점차 높은 수준의 주석이 되기를 희망한다.

본 주석은 단지 학적인 것이 아니라 목회자들과 성도들에게 도움이 되는 주석이 되기를 추구한다. 따라서 본 주석은 학적으로는 미흡할지 모르지만, 잘못된 해석들이 난무하는 이 시대에 올바른 개혁주의적 해석을 제공하고자 한다는 점에 큰 의미가 있을 것이다.

성경 해석이 바로 되어야 우리의 신앙과 생활이 바로 될 것이며, 나아가서 한국 교회가 바로 설 수 있을 것이다. 성도들의 기도와 하나님의 도우심으로 이 주석 간행 사업이 잘 진행되어서 한국 교회에 크게 기여하는 주석이 되기를 소망한다.

2019년 9월

편집위원장 변종길

Contents

목차

서론

대한예수교장로회 고신총회 설립 60주년 기념

성경주석

사도행전

A c t s

서론

사도행전은 신약성경에서 가장 역동적인 내용을 담고 있다. 사도행전에는 오순절에 성령께서 강림하신 일과 성령께서 그분의 신실한 종들(사도들)을 사용하셔서 각 지역에 복음이 전파되게 하시므로 수많은 교회가 세워지게 하신 일이 기록되어 있다. 사도들은 복음을 전하는 과정에서 엄청난 박해와 어려움을 당했으나 조금도 굴하지 않았으며, 오히려 더욱 적극적으로 복음을 전했는데, 이는 사도행전을 읽는 모든 독자들로 하여금 계속해서 복음을 전해야 한다는 강한 사명의식을 불러일으킨다.

I. 사도행전은 어떤 책인가?

이 책의 명칭에 관하여, 테르툴리아누스(Tertullianus, 주후 155-230년경)는 '누가의 주석'(*Commentaries Lucae*)이라고 하였고(*on Fasting* 10), 이레니우스(Irenaeus, 주후 135-202년경)는 '사도들에 대한 누가의 증언'(*Lucae de apostolis testificatio*)이라고 하였으며(*Against Heresies* 3.13.3), '무라토

리안 정경'(*Muratorian Canon*, 주후 200년경)에는 '모든 사도들의 행전'(*Acta omnium apostolorum*)이라고 명명되어 있다. 사본 상으로는 주후 4세기의 사본인 시내 사본과 바티칸 사본, 그리고 주후 7세기의 사본인 P^{74} 등에서 '사도들의 행전'(*프락세이스 아포스톨론*)이라는 명칭이 책의 뒷부분에서(앞부분이 아닌) 발견되었다.[1] 이후에 보편적으로 이 책은 '사도들의 행전'(*The Acts of the Apostles*)이라고 불렀다.

이 책의 장르에 대해서 지금까지 다양한 의견들이 제시되었다.[2] 헬라 문학에서 '행전'(acts)이란 장르는 일반적으로 한 위대한 사람의 삶과 행적을 묘사한 책을 의미하지만, 때로는 어떤 특별한 집단의 속성과 활동을 서술한 책을 일컫는다. '행전'은 대개 개인의 초월적인 삶이나 집단의 역사적 활약을 장대하게 담아낸다. 하지만 '사도행전'은 그러한 일반적인 문학 작품과는 다르다. 비록 사도행전에도 베드로와 바울을 비롯한 여러 영웅적인 인물들의 삶과 행적이 나오고, 사도들의 행적이나 초기 신자 공동체의 감동적인 모습이 기술되어 있지만, 필시 사도행전은 인간에게 초점을 맞추지 않고, 하나님의 역사와 그 결과에 초점을 맞춘다. 즉 사도행전은 인간 자체가 아니라 하나님께서 신실한 인간 사역자를 사용하셔서 그분의 구속사를 어떻게 실행하시고 적용하시는지 보여준다.

II. 저자

사도행전 자체는 사복음서와 마찬가지로 저자를 명시적으로 밝히지 않는다. 사도행전의 저자가 자신을 밝히지 않은 이유는 단순하고 분명하다.

그것은 이 책의 저자가 누구인지를 당시 사람들이 명확히 알고 있었으며, 따라서 저자의 정체를 굳이 밝힐 필요가 없었기 때문이다. 그러나 그들로부터 2,000년이나 떨어진 시대를 사는 우리는 당시 사람들의 사회-종교적 배경과 상황을 공유하고 있지 않기 때문에 이 책의 저자가 누구인지를 별도의 자료를 통해서 밝혀내야 한다. 그리고 이 책의 저자가 누구인지를 밝히는 것은 이 책을 어떻게 이해해야 하는지를 결정짓는 중요한 요소가 된다. 필시 저자의 정황과 그가 목표로 선정한 수신자의 정황을 파악해야만 본문을 바르게 이해할 수 있는 관점을 확보할 수 있다.

성경의 저자가 누구인지를 알기 위하여 살펴보아야 할 증거 자료는 크게 두 가지이다. 하나는 성경 본문이 저자에 대해서 무엇이라고 말하는지를 찾는 '내적 증거'(internal evidence)이며, 다른 하나는 성경 본문 밖의 자료들이 저자에 대해서 무엇이라고 말하는지를 찾는 '외적 증거'(external evidence)이다. 그렇다면 내적 증거와 외적 증거가 지지하는 사도행전의 저자는 누구인가? 이제 살펴보겠지만, 우리는 이 책의 저자를 '누가'(Luke)라고 결론내릴 수 있다.

1. 내적 증거

우리는 누가복음과 사도행전을 동일 인물의 작품이라고 생각할 수 있다. 누가복음과 사도행전 사이의 일치성 문제는 이미 학자들에 의해서 많이 연구되었다.[3] 누가복음과 사도행전의 서두(눅 1:1-4; 행 1:1)에는 두 책의 기록 동기와 목적이 동일하다는 사실이 드러나 있으며, 두 책의 저자는 '데오빌로'라는 공통된 사람에게 책을 써서 보낸다고 진술했고(참고. 눅 1:1-4; 행 1:1-5),[4] 누가복음의 마지막 부분(눅 24:36-52)과 사도행전의 첫 부분(행 1:1-

14)은 잘 연결된다.[5] 따라서 누가복음을 쓴 사람이 사도행전을 썼다고 보는 것은 대단히 자연스럽다.

사도행전에는 독특한 본문이 있는데, 소위 네 개의 '우리' 단락(we-sections: 16:10-17; 20:5-15; 21:1-18; 27:1-28:16)이라는 것이 있다.[6] '우리' 단락은 사도행전의 저자가 바울과 동행하면서 바울의 사역을 목격한 사람이라는 점을 시사한다. 그런데 바울과 동행하거나 근거리에서 그를 목격한 이들은 너무나 많았으며, 그들 중 상당수는 처음부터 바울과 함께 있지 않았고 바울이 전도여행을 할 때 그를 만나서 합류했다. 그리고 그들 가운데 '누가'는 다른 누구보다도 바울과 함께 하는 시간이 많았다. 더욱이 사도행전의 저자는 교육을 많이 받았고, 유대주의와 이방문화 등에 대해서 박식했으며, 소아시아의 지리를 잘 알고 있었고, 글을 잘 쓰는 사람이었다. 따라서 누가복음의 저자인 '누가'를 사도행전의 저자로 볼 수 있는 여지는 대단히 크다.

2. 외적 증거

주후 2-3세기의 교부들은 일제히 사도행전의 저자를 '누가'라고 증언하였다(예. *Muratorian Canon*; Justin Martyr; Clement of Alexandria; Tertullianus; Irenaeus; *Anti-Marcionite prologue to the third Gospel*). 그리고 주후 175년과 225년 사이에 작성된 파피루스 사본 P^{75}에는 *유앙겔리온 카타 루칸*('누가에 따른 복음')이라는 문구가 사본 끝부분에 있어서 이 책의 저자가 누가임을 확인해 주었다. 이후에 누가가 사도행전의 저자라는 전통적인 견해를 거스를 만한 결정적인 증거가 발견되지 않았기에 학자들은 자연스럽게 사도행전의 '누가 저작설'을 받아들였다. 그러므로 우리는 사도행전의 저자를 '누가'라고 결론지을 수 있다.

누가는 누가복음과 더불어서 사도행전을 기록했다. 신약성경에서 누가는 사도행전에 여러 번 나올 뿐만 아니라(예. 16:10-17; 20:5-15; 21:1-18; 27:1-28:16), 골로새서 4:14, 빌레몬서 1:24, 디모데후서 4:11 등에 나온다. '누가'(*루카스*, Λουκᾶς)라는 이름은 로마식 이름의 헬라식 축약 형태이다. 그렇지만 그 이름 자체로는 그가 유대인인지 이방인인지 알 수 없는데, 이는 당시에 많은 유대인이 헬라식 이름과 로마식 이름을 동시에 가지고 있었기 때문이다.[8] 누가는 바울과 동행하면서 바울에게 일어난 일들을 직접 목격했으며, 또한 초기 전도자들에게 일어난 일들을 잘 알고 있었기에 당시에 일어난 일들을 정확하고 세심하게 기록할 수 있었다.

III. 수신자

사도행전의 수신자는 누가복음과 마찬가지로 '데오빌로'(*떼오필로스*, Θεόφιλος, '하나님을 사랑하는 자' 혹은 '하나님의 친구'라는 뜻)이다(참고. 행 1:1). 교부 오리겐을 필두로 하여 데오빌로를 가상의 인물로 보는 사람들도 있으나, 누가복음의 정황에서 추정할 때 그를 실존인물로 보는 것이 바람직하다. 먼저, 누가복음 1:3-4는 데오빌로가 이미 그리스도에 관하여 어느 정도의 교훈을 들었음을 시사한다. 또한, 누가복음과 사도행전에 구약인용이 많은 것으로 보아 그는 구약성경을 잘 알았던 사람으로 보인다.[9] 게다가, 누가는 데오빌로에게 '각하'(*크라티스토스*, κράτιστος)라는 칭호를 붙이는데, 이는 벨릭스(참고. 행 23:23-26)와 베스도(참고. 행 26:25)에게도 붙여진 칭호로서, 그가 로마의 고위 공직자임을 의미한다.

하지만 이 책이 데오빌로라는 특정한 사람에게만 읽히도록 의도된 것은 아니다. 이 책은 모든 세대의 모든 사람을 수신자로 삼는다. 우리는 이 책을 통해서 하나님의 뜻과 역사를 알 수 있으며, 개인과 교회와 공동체가 나아가야 할 방향을 파악할 수 있다. 따라서 이 책의 1차 수신자는 데오빌로이지만, 궁극적인 수신자는 모든 세대의 모든 사람이라고 할 수 있다. 성령께서는 누가를 통해 이 책을 기록하게 하심으로 기독교 복음이 어떻게 온 세상에 전파되었고, 사람들이 어떤 방식으로 회심하여 그리스도인이 되었으며, 그에 따라 각 지역에 어떻게 교회가 세워져서 복음이 보존되고 전수되었는지를 알려 주셨다.

IV. 기록 시기

사도행전이 언제 기록되었는지는 정확하게 알려지지 않았다.[10] 많은 학자들은 사도행전의 기록시기를 주후 57-59년부터 주후 135년까지 다양하게 제시한다.[11] 하지만 다른 신약성경이 그렇듯이 사도행전의 기록 시기를 확정하는 일은 쉽지 않다. 어떤 이론도 완전하지 않으며, 어느 이론에 대해서도 완벽하게 변증하기가 어렵다. 하지만 사도행전이 주후 60년 중반에서 70년 중반 사이에 기록되었다고 추정하는 것은 다음과 같은 이유로 지지를 받는다.

첫째, 주후 150년 이전에 기록된 문서들에는 명시적으로나 암시적으로 사도행전이 인용된 흔적이 없지만, 주후 2세기에 이미 여러 교회에서 회람된 것은 분명하기에 사도행전의 저작 시기를 주후 2세기 이전으로 설정하는

것은 당연하다.[12]

둘째, 사도행전은 누가복음이 기록된 이후에 저술되었음이 분명한데, 누가가 2세대 그리스도인임을 감안할 때 사도행전은 주후 60년 이후에 기록되었을 것이다.

셋째, 사도행전은 바울이 로마에서 활동하다가 투옥(가택 연금) 당했다는 언급으로 끝나며, 바울이 죽임을 당한 일을 말하지 않는데, 누가가 바울의 죽음과 같은 중요한 사건을 사도행전에 기록하지 않은 것은 그가 아직 바울의 죽음을 목격하지 않았기 때문일 수 있으며, 그렇다면 사도행전은 바울이 죽임을 당하기 전인 주후 60년 중반 이전에 기록되었을 가능성이 있다.

넷째, 사도행전에 바울의 죽음이 기록되어 있지 않고, 심지어 60년 중반에 시작된 네로의 박해도 언급되거나 반영되어 있지 않는데, 이것은 이 책의 기록 연대가 60년 중반 이전임을 암시한다. 하지만 그렇다고 해서 사도행전이 바울의 생애 전체를 기록한 책이 아니며, 또한 누가가 바울의 순교를 알고 있었다고 하더라도 그것을 기록하지 않고 그가 로마에서 복음을 전파하던 일을 언급함으로 끝냈을 수도 있다. 따라서 이 책의 기록 연대를 주후 70년 중반으로 본다고 해서 무리가 있는 것은 아니다.

V. 기록 목적

사도행전의 기록 목적에 대해서 지금까지 다양한 의견이 제시되었다.[13] 그러나 사도행전이 누가복음의 속편이라는 사실을 전제한다면 사도행전의 기록 목적은 분명해진다. 누가는 누가복음 서두에서 자신이 이 책을 기록하는 목적이 무엇인지를 명확히 밝혔다. 곧 누가복음 1:4에서 누가는 수신자인 데오빌로를 향하여 "이는 각하가 알고 있는 바를 더 확실하게 하려 함이로라"라고 기록했다. 그리고 사도행전 1:1에서는 이것을 이어받아서 "데오빌로여 내가 먼저 쓴 글에는 무릇 예수께서 행하시며 가르치시기를 시작하심부터"라고 언급했다. 그러므로 누가복음의 기록 목적과 사도행전의 기록 목적은 같다고 추정할 수 있다.

그렇다면 사도행전의 기록 목적은 누가복음과 마찬가지로 수신자인 데오빌로에게 기독교의 진리를 전하기 위해서라고 결론지을 수 있다. 즉 누가는 예수 그리스도의 복음이 이방 세계에도 전파되고 적용됨을 설명하고자 이 책을 기록하였다. 구체적으로 말하자면, 사도행전은 누가복음의 후편으로서(참고. 눅 1:1; 행 1:1), 누가복음은 약 30년에 걸친 예수님의 생애와 사역을 소개했으며, 사도행전은 예수님의 승천 이후 초대교회의 역사 30년을 기록했다. 따라서 우리는 누가복음을 통하여 예수 그리스도의 구속역사에 대해서 알 수 있으며, 사도행전을 통하여 예수 그리스도가 이루신 구속역사가 초기에 어떻게 이해되었고 전파되었고 적용되었는지를 배울 수 있다.

그리고 신약성경의 정경 기능적인 측면에서 볼 때, 사도행전은 복음서와 서신서를 이어주는 역할(가교 역할)을 한다. 즉 사도행전은 예수 그리스도의 복음이 베드로와 바울을 비롯한 사도들을 통해 전파된 경로를 알려주는데, 사도들이 주님에게서 전수된 복음을 어떻게 여러 민족에게 전했는지를 가르쳐준다. 따라서 사도행전은 서신서의 배경이 되며, 서신서의 해석 방향을 제공한다. 이는 사도행전을 읽는 독자들이 서신서를 정확히 이해하기 위해서 사도행전을 제대로 알고 있어야 한다는 점을 시사해 준다.

예를 들어, 빌립보서를 바르게 이해하기 위해서는 사도행전 16장에 기록된 빌립보에서의 전도 이야기를 알아야 하며, 데살로니가전후서를 정확히 알기 위해서는 사도행전 17장에 기록된 데살로니가에서의 전도 이야기를 알아야 한다. 즉 사도행전을 통하여 바울이 빌립보와 데살로니가에서 어떻게 복음을 전했으며, 그곳에서 무슨 일을 겪었는지를 알아야 하고, 그 지역교회의 구성원이 어떻게 형성되어 있는지에 대한 충분한 배경 지식을 가져야 바울이 그 지역교회에 어떤 심정과 의도를 가지고 편지를 썼는지 파악할 수 있다.

VI. 특징

사도행전의 특징은 다음과 같다.

1. 사도행전에는 '성령'이란 단어가 50회 이상 사용되면서, 성령의 임재와 사역이 강조되어 있다. 사도행전은 오순절 성령 강림과 함께 시작되며, 줄곧 성령께서 사도들을 사용하셔서 복음을 전파하게 하시고 교회를 설립하게 하신 일을 말한다. 이것은 이 책의 주인공이 사도가 아니라 성령 하나님이심을 보여준다. 우리는 사도행전을 통하여 성령 하나님이 어떤 분이시며 어떤 방식으로 일하시는지를 알 수 있다.

2. 사도행전에는 그리스도의 복음이 전파되는 과정이 소상히 기록되어 있다. 이것은 1:8("오직 성령이 너희에게 임하시면 너희가 권능을 받고 예루살렘과 온 유대와 사마리아와 땅 끝까지 이르러 내 증인이 되리라")의 예언이 성취되는 것과 연관된다. 주님의 복음은 예루살렘(유대인)에서 시작되어 땅 끝(이방인)으로 전파된다. 그리고 이것은 그리스도인의 증가와 교회의

성장으로 이어진다. 우리는 복음이 전파되는 과정을 다음과 같이 간략하게 정리할 수 있다.

지리적 이동: 예루살렘에서 이방으로

혈통적 이동: 유대인에게서 이방인에게로

사역자 이동: 베드로에게서 바울로

3. 사도행전에는 사도들의 설교가 10편 수록되어 있다.[14] 사도들은 생명을 걸고 주님의 말씀을 전했다. 사도들의 메시지의 핵심은 예수 그리스도의 죽음과 부활이 이미 구약에서 예언된 것이었으며, 예수 그리스도를 통한 구원의 효력이 유대인과 이방인에게 모두 미친다는 것이었다. 사도들의 설교는 예수님의 가르침에 정확히 부합했고, 여러 사도들의 다양한 설교였음에도 불구하고 사상의 통일성과 내용의 일관성을 유지했다.

베드로의 설교 다섯 편: 2:14-39; 3:12-26; 4:8-12; 5:29-32; 10:34-43

스데반의 설교 한 편: 7:2-53

바울의 설교 네 편: 13:16-41; 17:22-31; 22:1-21; 26:2-23

4. 사도행전의 마지막 부분에서 누가는 결론을 내리지 않고 책을 마친다. 이는 복음 전파가 끝나지 않고 계속해서 진행 중이라는 사실을 보여 주려는 의도 때문이다. 즉 이 책의 수신자들은 복음 전파 이야기를 계속해서 이어나가야 한다는 격려를 받는다. 모든 세대의 모든 신자는 사도행전을 읽으면서 복음전파의 역사가 중단되지 않고 진행되어야 한다는 무거운 책임감과

사명의식을 가진다.

VII. 주요 주제들

1. 하나님의 나라

사도행전에는 '하나님의 나라'(the Kingdom of God)라는 용어가 많이 나오지 않고, 단지 일곱 번만 나온다(1:3; 8:12; 14:22; 19:8; 20:25; 28:23, 31; 참고. 1:6). 그렇지만 이 용어는 사도행전의 제일 앞(1:3, "그가 고난 받으신 후에 또한 그들에게 확실한 많은 증거로 친히 살아 계심을 나타내사 사십일 동안 그들에게 보이시며 하나님 나라의 일을 말씀하시니라")과 제일 마지막(28:31, "하나님의 나라를 전파하며 주 예수 그리스도에 관한 모든 것을 담대하게 거침없이 가르치더라")에 나오기 때문에 사도행전의 독자들에게 매우 인상적이다.[15]

이렇게 누가는 사도행전을 시작하면서 예수님이 제자들에게 하나님의 나라에 대해서 가르치셨다는 점을 언급하고, 사도행전을 마치면서 제자들이 하나님의 나라를 담대하게 거침없이 전파했다는 점을 언급한다. 그리고 그는 사도행전 전체에 걸쳐 복음서에서 계시되었을 뿐만 아니라 성경 전체에서 드러나는 하나님 나라의 속성이 이스라엘과 이방에서 어떻게 전파되고 적용되는지를 서술한다. 즉 누가는 누가복음에서 하나님의 나라에 대하여 이미 많이 언급했는데(예. 눅 4:43; 6:20; 7:28; 9:2, 11, 60, 62; 10:9, 11; 11:2, 20; 12:31-32; 13:18, 20, 28-29; 14:15; 16:16; 17:20-21; 18:16-17, 24-25, 29; 19:11; 21:31; 22:16, 18, 29-30; 23:42), 이제 사도행전에서 그것이 역

동적으로 열방에 전파되고 적용되는 과정을 말한다.[16]

사도행전은 하나님 나라의 확장이 성령의 오심을 통해 가능해지며, 성령의 오심과 더불어 활발하게 전개되는 복음 전파와 함께 이루어질 것임을 보여준다. 하나님 나라는 영적인 나라로서 세상 나라와 다르다. 하나님 나라는 물리적인 힘과 권력으로 확장되지 않고 복음전파를 통해서 확장된다. 즉 그리스도에 대한 메시지가 전파되는 곳에 하나님의 나라가 이루어진다. 특히 사도행전의 말미에서 로마에 도착한 바울은 아침부터 저녁까지 강론하여 하나님의 나라를 증언하고 모세의 율법과 선지자의 말을 가지고 예수님에 대하여 권면한다. 이것은 하나님의 나라와 구약성경의 상관성 혹은 연결성을 시사한다. 구약과 신약의 메시지는 일관되게 예수 그리스도이며 예수 그리스도는 하나님의 나라를 전파하기 위해서 오신 분이다.

2. 성령

사도행전에는 '성령'이라는 단어가 50회 이상 나온다. 이 용어의 잦은 빈도에 걸맞게 사도행전 전체에는 성령의 임하심과 역사하심이 두루 묘사되어 있다. 실로 사도행전은 성령께서 사도들을 통하여 복음이 전파되게 하시고 교회가 설립되게 하신 일을 보여준다. 그래서 많은 사람은 사도행전을 '성령행전'(Acts of the Holy Spirit), '성령의 책'(Book of the Holy Spirit), 혹은 '성령복음서'(Gospel of the Holy Spirit)라고 부르기도 한다. 따라서 사도행전에서 성령에 관한 주제를 탐구하는 일은 매우 중요하다. 사도행전에서 성령을 충분히 그리고 정확하게 이해하지 못하면 사도행전의 전반적인 이해가 잘못된 방향으로 흐를 수밖에 없다.[17]

사도행전에서 누가는 신자에 대한 성령의 역동적인 부으심을 적어도 네 군데에서 언급한다(2:1-4; 8:15-17; 10:44; 19:6).[18] 그런데 이러한 성령의 부으심은 하나님의 말씀이 전파되는 과정을 따라간다. 즉 성령은 예루살렘에서 시작하여 사마리아를 거쳐 이방 지역으로 점차 옮겨가면서 임하신다. 또한 누가는 성령께서 주권적으로 그리고 역동적으로 사람들 가운데 개입하셔서 역사하시고 인도하신 사실을 자주 언급한다(참고. 8:29, 39; 10:19; 11:15; 13:2; 15:28; 16:6; 20:22; 21:4, 11).[19] 그리고 누가는 성령께서 신자에게 각종 은사를 주시고 갖가지 이적을 행하시며 큰 기쁨을 주신 일을 진술한다(참고. 2:3; 5:9, 32; 10:19).

예수 그리스도께서 승천하셨으나 예수 그리스도의 영이신 성령께서 오순절에 오심으로 예수 그리스도의 영원한 임재가 가능해진다(참고. 16:7). 오순절에 성령께서 강림하신 일은 새로운 메시야의 시대가 왔다는 사실을 가시적으로 드러내는 표식이 된다(참고. 눅 3:15-17; 행 1:4). 분명히 이때부터 본격적인 교회의 시대가 열려서 영적인 추수가 활발하게 이루어진다. 성령은 사람이 복음을 듣고 구원에 이를 수 있게 하신다. 즉 사람의 구원은 성령의 사역이다. 더군다나 성령께서는 유대인과 이방인 모두에게 임하시는데, 이는 하나님께서 모든 사람을 차별하지 않으시며, 구원의 혜택이 모든 사람에게 미친다는 사실을 보여준다.

사도행전에서 드러난 성령의 가장 중요한 사역은 복음을 통한 '변화'이다. 비록 사도행전에서 성령은 방언과 예언과 이적을 주시는 분으로 묘사되지만, 이것은 성령이 임하셨다는 가시적이고 극적인 증거일 뿐 성령께서 하시는 일의 전부가 아니다. 성령은 궁극적으로 복음이 전파되는 곳에서 사람들의 구원이 이루어지게 하시고 신자들의 성장이 이루어지게 하시는 분이다. 복음은 성령이 사용하시는 매개체로서 역할을 수행한다. 곧 성령께서는 복음을 사용하셔서 사람을 변화시키신다. 곧 복음을 듣는 자들의 마음에 들어가심으로 역사하셔서 그들에게 칭의를 일으키시고 성화를 시작하신다.

그밖에 사도행전에서 성령의 역사는 다양한 방법과 모습으로 드러난다. 성령께서는 사도와 그리스도인을 위험에서 건져 주시고 그들의 길을 인도하신다. 성령께서는 그들에게 능력을 주셔서 위협과 박해의 상황에도 불구하고 복음을 담대하고 적극적으로 전하게 하신다. 성령께서는 사람들 앞에서 사도들과 제자들의 권위를 능력으로 입증해 주시는데, 성령의 능력으로 일어나는 초자연적인 이적들은 이방 신들이나 마술사의 이적과 확연히 구별된다. 특히 이 책에는 성령을 속이는 자가 준엄한 심판을 받는다는 사실이 부각되어 있는데, 이는 하나님과 교회의 신성함을 잘 보여준다(참고. 5:1-11).[20]

3. 교회

사도행전은 교회에 관하여 말한다.[21] 사도행전에는 교회가 설립되는 과정, 초대교회의 모습, 초대교회가 부흥하는 장면, 초대교회가 직면한 어려움 등이 생생하게 기록되어 있다. 사도행전의 교회론은 중요한 연구 주제이다. 하지만 사도행전의 교회론은 범위가 대단히 넓고 폭이 심히 방대하다. 따라서 사도행전에서 교회의 모습을 직접 보여주는 몇 가지 본문을 살펴보는 것이 필요한데, 누가는 사도행전 앞부분에서 예루살렘 교회가 초기에 부흥하던 모습을 세 번(2:42-47; 4:32-35; 5:12-16)에 걸쳐서 생생하게 묘사한다.

이 본문들에 나타난 교회의 상을 다음과 같이 정리할 수 있다. 첫째, 초대교회는 사도들의 가르침을 받는 일, 서로 교제하는 일(떡을 떼면서 교제함), 기도하는 일에 힘썼다. 따라서 이 일들은 교회의 본질이 무엇인지를 보여준다. 둘째, 초대교회는 한마음과 한 뜻이 되었다. 한마음과 한 뜻은 동일한 말씀과 공동의 기도를 통해서 가능하다. 같은 교리와 같은 신조를 지닌 사람들이 한마음과 한 뜻을 가질 수 있다. 셋째, 초대교회는 재산과 물질을 공유하였다. 그리하여 사랑의 공동체를 이루었다. 하지만 그들의 재산 공유는 공산주의적인 개념이 아니었다. 그들은 사유재산제도를 그대로 유지하면서 자발적으로 자신의 물건을 가난한 사람들에게 나누어주었다. 그리하여 그들 가운데 가난한 사람이 없었다. 넷째, 초대교회는 큰 부흥을 이루었다. 사도들의 가르침과 교인들의 사랑 실천과 더불어 복음이 전해지면서 많은 사람이 회심하였다.

4. 선교

사도행전에는 선교 주제가 매우 강렬하게 담겨 있다. 사실 사도행전 자체가 선교에 관한 책이다. 사도행전의 초반부에는 베드로를 비롯한 사도들의 행적과 일곱 일꾼 가운데 스데반과 빌립의 활동이 기록되어 있다. 그리고 후반부에는 바울의 선교 행적이 두드러지게 기록되어 있는데, 그는 오랜 세월 이방 지역에서 복음을 전하면서 교회를 많이 세웠고 신실한 일꾼을 많이 배출했다. 사도행전에 선교의 주제가 너무 강하게 그리고 광범위하게 나오기 때문에, 여기서는 사도행전 초반부에 예수님이 승천하시면서 주신 선교에 관한 명령에 관해서만 언급하고자 한다(참고. 1:1-11).

예수님이 승천하시는 모습과 그분이 다시 오실 것이라는 약속은 선교에 관한 명령으로 둘러싸여 있다. 이를 다음과 같이 정리할 수 있다. 1) 부활하신 예수님은 40일 동안 제자들과 함께 계시면서 하나님 나라의 일을 말씀하신다(참고. 1:3). 하나님의 나라는 제자들이 전해야 하는 복음의 내용이기에 예수님은 제자들에게 이를 가르치신다. 2) 예수님은 제자들에게 예루살렘에 머물면서 아버지께서 약속하신 성령을 기다리라고 명령하신다(참고. 1:4). 이는 제자들이 성령으로 충만해져야 복음을 담대히 전할 수 있기 때문이다. 3) 제자들이 이스라엘 나라가 회복될 때를 묻자 예수님은 대답하지 않으시고 대신에 땅 끝까지 이르러 증인이 되라고 명령하신다(참고. 1:6-8). 필시 하나님 나라의 회복은 복음을 전함으로 가능해진다. 4) 하늘로 올라가시는 예수님을 바라보는 제자들에게 주어진 책임은 복음을 전파하는 것이다(참고. 1:9-11). 따라서 제자들은 예수님이 다시 오실 때까지 열심히 복음을 전해야 한다.

5. 종말

사도행전의 종말론은 다른 성경의 종말론에 비해 연구가 많이 되어 있지 않다.[22] 이는 사도행전에 종말에 대한 직접적인 진술이 많이 나오지 않기 때문이다. 게다가 사도행전에는 예수님의 재림을 가리키는 용어 가운데 하나인 '*파루시아*'가 나오지 않는다. 심지어 누가복음에도 이 단어가 나오지 않는다. 이로 인하여 학자들이 사도행전의 종말론을 상대적으로 많이 연구하지 않았던 것으로 보인다. 하지만 사도행전은 여러 곳에서 생생한 종말론 모티프를 가지고 있다. 제자들이 예수님께서 하늘로 올라가시는 모습을 쳐다보고 있을 때 천사들이 나타나서 예수님께서 다시 오실 것이라고 말한 데서 종말론적 분위기를 느낄 수 있고(참고. 1:10-11), 오순절에 성령이 임하신 일을 '말세'에 일어난 일이라고 베드로가 말한 데서 종말론적 주제를 얻을 수 있다(참고. 2:17). 그리고 무엇보다도 예수님이 하나님 나라의 증거로 삼으신 치유와 이적이 사도행전에서 빈번하게 일어나고 있는 것을 볼 때 종말론적 긴장감을 강하게 느낄 수 있다. 그러므로 사도행전의 종말론이 어떤 것인지를 면밀히 살펴보는 일은 반드시 필요하다.

사도행전에서 종말론적인 주제를 가장 분명하게 가지고 있는 두 곳은 1:3-11과 2:1-41이다. 이 본문들이 가지는 종말론적 함의는 다음과 같다.

1) 예수님은 종말의 시기를 묻는 제자들에게 종말의 시기에 신경 쓰지 말고 땅 끝까지 이르러 복음을 전하라고 명령하신다. 2) 예수님의 승천을 바라보는 제자들에게 천사들이 나타나서 예수님의 재림을 환기시키며 복음을 전하라고 당부한다. 그러므로 예수님이 다시 오실 것을 기다리고 기대하는 제자들이 해야 할 일은 부지런히 복음을 전하는 것이다. 3) 성령은 오순절에 오시는데, 이는 종말의 날이 시작된 것을 시사하며, 영적인 추수가 시작되었음을 알린다(참고. 2:1; 17-20). 4) 성령이 오심으로 종말의 구체적인 표식들이 나타난다. 그리고 이러한 표식들로 인하여 새로운 시대의 도래를 깨닫게 된다. 5) 성령의 오심으로 사람들에게 주어진 요청은 주의 이름을 부르고 구원을 받는 것이다. 종말의 날은 구원의 날이며 심판의 날이다. 이제 주 예수 그리스도의 이름을 불러야 할 때가 되었다(참고. 2:21).

VIII. 내용분해

제1장 선교를 위한 준비(1:1-2:47)

제2장 예루살렘에서 복음이 전파됨(3:1-5:42)

제3장 문제의 발생, 핍박, 그리고 그 결과(6:1-8:40)

제4장 사울의 회심과 사역 시작(9:1-31)

1

선교를 위한 준비

(1:1–2:47)

대한예수교장로회 고신총회 설립 60주년 기념

성경주석

사도행전

A c t s

1
선교를 위한 준비
(1:1-2:47)

본문 개요

사도행전의 첫 부분은 누가복음의 마지막 부분에 이어진다. 사도행전 1-2장은 예수님이 승천하신 일과 승천하시면서 성령을 보내어 주시겠다고 약속하신 일, 오순절에 성령이 강림하신 일과 베드로가 성령의 강림에 대하여 설교한 일 등을 기록한다. 누가는 성령 강림으로 사도들이 선교를 위하여 어떻게 준비되는지를 보여준다. 성령이 오시는 일은 복음전파가 역동적으로 이루어질 것을 예고하며, 이를 위해 사도들에게 큰 능력이 임할 것을 의미한다.

내용 분해

1. 예수님의 승천(1:1-14)

1) 서언: 사도행전의 기록 목적(1:1-2)

2) 성령 강림의 약속(1:3-5)

3) 선교에 대한 사명(1:6-8)

4) 예수님의 승천(1:9-11)

5) 마음을 같이하여 기도함(1:12-14)

2. 열두 사도단을 구성함(1:15-26)

1) 베드로의 연설: 사도를 보완함(1:15-20)

2) 맛디아를 사도로 선출함(1:21-26)

3. 오순절 성령 강림(2:1-13)

1) 성령이 임하심(2:1-4)

2) 사람들의 반응(2:5-13)

4. 베드로의 설교: 성령 강림의 의의(2:14-41)

1) 베드로가 설교를 시작함(2:14-15)

2) 종말이 도래함(2:16-21)

3) 예수 그리스도의 승귀와 성령의 강림(2:22-36)

(1) 예수님의 사역(2:22)

(2) 예수님의 죽음과 부활(2:23-24)

(3) 다윗 언약의 성취(2:25-32)

(4) 예수님의 승천(2:33-35)

(5) 결론(2:36)

4) 사람들의 반응(2:37-41)

5. 예루살렘 교회의 모습(2:42-47)

1) 교인들이 힘썼던 일(2:42)

2) 교회 공동체의 이상적인 모습(2:43-47)

본문 주해

1. 예수님의 승천(1:1-14)

1 데오빌로여 내가 먼저 쓴 글에는 무릇 예수께서 행하시며 가르치시기를
시작하심부터 2 그가 택하신 사도들에게 성령으로 명하시고 승천하신 날
까지의 일을 기록하였노라 3 그가 고난 받으신 후에 또한 그들에게 확실
한 많은 증거로 친히 살아 계심을 나타내사 사십 일 동안 그들에게 보이시
며 하나님 나라의 일을 말씀하시니라 4 사도와 함께 모이사 그들에게 분
부하여 이르시되 예루살렘을 떠나지 말고 내게서 들은 바 아버지께서 약
속하신 것을 기다리라 5 요한은 물로 세례를 베풀었으나 너희는 몇 날이
못되어 성령으로 세례를 받으리라 하셨느니라 6 그들이 모였을 때에 예
수께 여쭈어 이르되 주께서 이스라엘 나라를 회복하심이 이 때니이까 하
니 7 이르시되 때와 시기는 아버지께서 자기의 권한에 두셨으니 너희가
알 바 아니요 8 오직 성령이 너희에게 임하시면 너희가 권능을 받고 예루
살렘과 온 유대와 사마리아와 땅 끝까지 이르러 내 증인이 되리라 하시니
라 9 이 말씀을 마치시고 그들이 보는데 올려져 가시니 구름이 그를 가리
어 보이지 않게 하더라 10 올라가실 때에 제자들이 자세히 하늘을 쳐다보
고 있는데 흰 옷 입은 두 사람이 그들 곁에 서서 11 이르되 갈릴리 사람들
아 어찌하여 서서 하늘을 쳐다보느냐 너희 가운데서 하늘로 올려지신 이
예수는 하늘로 가심을 본 그대로 오시리라 하였느니라 12 제자들이 감람
원이라 하는 산으로부터 예루살렘에 돌아오니 이 산은 예루살렘에서 가
까워 안식일에 가기 알맞은 길이라 13 들어가 그들이 유하는 다락방으로

올라가니 베드로, 요한, 야고보, 안드레와 빌립, 도마와 바돌로매, 마태와
및 알패오의 아들 야고보, 셀롯인 시몬, 야고보의 아들 유다가 다 거기 있
어 14 여자들과 예수의 어머니 마리아와 예수의 아우들과 더불어 마음을
같이하여 오로지 기도에 힘쓰더라

이 단락은 누가복음의 마지막 부분을 사도행전과 이어주며, 앞으로 사도행전에서 언급될 이야기를 준비하는 역할을 한다. 부활하신 예수님은 제자들과 함께 40일을 지내신다. 예수님은 이 기간에 하나님 나라의 일을 제자들에게 가르치신다. 그리고 자신이 하늘로 올라가신 후에 성령을 보내어 주시겠다고 약속하신다. 예수님의 부활과 그분의 깊이 있는 말씀, 그분의 승천을 통한 성령의 강림은 제자들을 더욱 견고히 무장시킨다.

1) 서언: 사도행전의 기록 목적(1:1-2)

사도행전의 처음 두 구절은 이 책의 기록 목적이 무엇인지를 보여준다(1-2절). 누가는 사도행전을 시작하면서, "먼저 쓴 글"(*프로톤 로곤*, πρῶτον λόγον), 즉 누가복음을 언급하며, 누가복음과 동일한 수신자인 "데오빌로"(*떼오필로스*, Θεόφιλος)를 거론하고, 누가복음에 기록된 내용을 요약한다. 따라서 누가는 누가복음과 사도행전이 애초부터 두 권으로 기획된 책(two-volume work)이라는 사실을 드러낸다.[23] 이 책들은 모두 "데오빌로"에게 보내졌는데, 이 이름은 주전 3세기 이후 흔하게 발견되는 헬라식 이름이었다.[24] 누가는 누가복음에서 데오빌로에게 "각하"라는 호칭을 붙였는데(참고. 눅 1:3), 그는 누가복음과 사도행전을 기록하면서 데오빌로가 기독교에 대해서 호의적이기를 기대하는 동시에 계속해서 지원해 주기를 바랐다.[25]

누가는 "먼저 쓴 글"(누가복음)에서 예수님이 행하시며 가르치시기를 시작하심부터 승천하신 날까지의 일을 기록하였다고 하는데(참고. 눅 24:51), 이는 그의 두 번째 글(사도행전)이 예수님의 승천 이후에 일어난 일을 기록한 것이라는 암시를 준다. 즉 누가복음은 예수님께서 이 땅에서 사시면서 이루어 놓으신 구속사역을 기록한 것이지만, 사도행전은 예수님께서 성취하신 구속사역을 그분의 제자들(사도들)이 어떻게 계승하고 있는지를 제시하는 것이다. 따라서 사도행전은 하늘로 올라가신 예수님이 여전히 사람들 가운데 계시다는 것을(the presence of the risen Jesus) 보여주는 책이라고 할 수 있다.

2) 성령 강림의 약속(1:3-5)

예수님은 부활하신 후에 제자들에게 친히 자신을 보여주심으로써 그분의 부활이 사실임을 증명하셨다(3절a; 참고. 10:41). 여기서 누가는 "확실한 많은 증거로 친히 살아 계심을 나타내사"라고 표현하여 예수님의 부활이 '역사적 신빙성'(historical reliability)을 가지고 있음을 강조한다. 더구나 부활하신 예수님께서 "사십 일 동안"이나 제자들과 함께 지내셨기 때문에 그분의 육체적 부활은 적어도 제자들에게 있어서 부인할 수 없는 확실한 증거가 된다. 즉 누가복음에는 예수님이 부활하신 후 제자들에게 세 번 나타나신 것으로 되어 있지만(참고. 눅 24:31-33; 34, 36-51), 사도행전에는 예수님이 제자들과 함께 40일을 지내신 것으로 되어 있어서 예수님이 부활하신 후 결코 영혼이나 환상으로 존재하신 것이 아니라 육체를 가지고 존재하셨다는 사실이 확인된다.[26] 필시 사도는 부활을 확신했다. 사도행전과 이어지는 서신서들에 묘사된바 사도들이 목숨을 걸고 복음을 전할 수 있었던 원동력은 바로 부활의 역사적 사실에 대한 확고한 믿음 때문이었다(참고. 고전 15:12-19).

예수님이 "사십 일 동안" 제자들과 함께 계셨다는 말은 부활하신 예수님이 육체를 가지고 40일 동안 제자들과 함께 계셨다는 뜻이다. 예수님께서 부활하신 후 40일 동안 제자들과 함께 계시다가 승천하시고 10일이 지나서 '오순절'(五旬節)이 되었을 때 성령께서 강림하신다(참고. 2:1). 그런데 '40'이라는 숫자는 실제 숫자이지만 신학적인 상징성을 가진다. 즉 성경에서 '40'이라는 숫자는 훈련의 기간을 상징한다. 이스라엘 백성들은 40년 동안 광야에서 생활하며 훈련을 받았고 모세는 40일 동안 금식하면서 기도하였다(참고. 출 24:18; 34:28). 그리고 예수님은 40일 동안 금식하신 후 광야에서 시험을 받으셨다(참고. 마 4:1-2).

예수님은 이 기간에 제자들에게 "하나님 나라의 일"을 말씀하신다(3절 b). '하나님 나라'는 사도행전에 그리 많이 나오는 용어가 아니지만(예. 8:12; 14:22; 19:8; 20:25; 28:23, 31), 이 책의 처음과(1:3) 마지막에(28:31) 반복해서 나온다는 사실을 생각할 때 매우 중요하다고 할 수 있다(참고. 서론의 '주요 주제들').[27] 예수님은 이미 공생애 기간에 하나님의 나라에 대해서 많이 가르치셨기에(참고. 눅 4:43; 6:20; 7:28; 8:1, 10; 9:2, 11, 27, 60, 62; 10:9, 11; 11:2, 20; 12:31-32; 13:18, 20, 28-29; 14:15; 16:16; 17:20-21; 18:16-17, 24-25, 29; 19:11; 21:31; 22:16, 18, 29-30; 23:42, 51), 이 기간에는 이전에 가르치셨던 내용을 복습하시면서 이전보다 심화한 내용을 말씀하셨을 것이다. 하나님의 나라는 예수님이 전하신 메시지의 핵심으로서 이제는 제자들이 전하는 메시지의 핵심이 되어야 한다.

예수님은 제자들에게 "예루살렘을 떠나지 말고 내게서 들은 바 아버지께서 약속하신 것을 기다리라"라고 명령하신다(4절). 사복음서의 마지막 부분에 나오는 예수님의 행적과 명령은 조금씩 다른데, 이는 신학적 강조점의 차이 때문이다. 마태와 마가는 예수님이 부활하신 후 갈릴리로 가셔서 제자들을 만나신 일을 기록하였다(참고. 마 28:10; 막 16:7). 그리고 요한은 예수님이 부활하신 후 예루살렘과(참고. 요 20장) 갈릴리에서(참고. 요 21장) 제자들에게 나타나신 일을 모두 기록하였다. 하지만 누가는 "볼지어다 내가 내 아버지께서 약속하신 것을 너희에게 보내리니 너희는 위로부터 능력으로 입혀질 때까지 이 성에 머물라"(눅 24:49)라는 말씀을 언급함으로써 제자들이 예루살렘에 머물러야 할 것을 강조하였다. 이제 누가는 사도행전에서도 제자들이 예루살렘에 머물면서 하나님 아버지가 약속하신 것을 기다려야 한다는 사실을 말한다.

예수님은 이어서 "아버지께서 약속하신 것"이 구체적으로 무엇을 가리키는지를 설명하시는데, 그것은 '성령의 오심'이다(5절; 참고. 2:33). 예수님은 제자들이 몇 날이 못 되어 "성령으로 세례를 받으리라"라고 말씀하신다(참고. 요 14:16, 26; 15:26; 16:7). 따라서 제자들이 예루살렘을 떠나지 말고 머물러야 하는 이유는 오순절에 성령이 강림하심으로 예루살렘에 주님의 교회를 세우시고, 거기에서부터 복음이 온 세상에 전파되게 하시려는 하나님의 뜻 때문이다(참고. 2:33; 눅 24:47). 예루살렘은 신학적 상징성을 가지는데, 하나님은 다윗과 맺으신 언약에서 예루살렘을 통하여 온 백성을 다스리시며 그들에게 복을 주시겠다고 하셨다(참고. 삼하 7:1-29; 왕상 8:1-21; 시 78:68-72; 132:11-18). 그리고 이 언약에 대한 성취로서 예수님이 예루살렘에서 구속의 사역을 이루셨는데, 이제 성령께서 제자들을 사용하셔서 이곳에 교회를 세우려고 하신다.[28]

더욱이 기능적인 측면에서 제자들이 예루살렘에 머무르면서 아버지의 약속하신 성령을 기다려야 하는 이유는 만일 제자들이 무장되지 않은 상태에서 흩어지면(파송되면) 복음 전파의 사명을 이룰 수 없기 때문이다. 즉 제자들이 부활의 확신 위에 말씀과 성령으로 무장된 후에야 비로소 능력 있게 복음을 전하는 사역을 감당할 수 있기 때문이다. 그래서 예수님은 1:8에서 "오직 성령이 너희에게 임하시면 너희가 권능을 받고 예루살렘과 온 유대와 사마리아와 땅 끝까지 이르러 내 증인이 되리라 하시니라"라고 말씀하신다. 결국, 사도행전에 묘사된바 제자들이 놀랍게 변화된 모습은 죽음에 대한 두려움을 없애준 부활의 확신에다가 예수님의 더욱 깊은 가르침과 성령의 강력한 권능이 더하여진 결과라고 할 수 있다.

한편, 예수님은 성령의 오심을 요한(John the Baptist)의 세례와 대조하면서 설명하신다. 즉 요한은 물로 세례를 주었으나, 하나님 아버지는 성령으로 세례를 주실 것이라고 말씀하신다(참고. 마 3:11; 막 1:8). 예수님께서 이처럼 물세례와 성령세례를 연관 지으시는 것은 성령세례가 어떤 것인지를 설명하시기 위해서이다. 곧 물세례를 통하여 성령세례를 이해할 수 있다는 뜻이다. 물세례는 죄 사함에 대한 '상징'이며 '의식'이나, 성령세례는 죄 사함의 '실체'이며 '내용'이다.[29] 물세례가 물에 의해 적셔지는 것처럼 성령세례(Baptism with the Holy Spirit)는 성령에 의해 적셔진다(saturated by the Holy Spirit). 사람이 물로 씻어져서 정화되듯이 죄악이 성령으로 씻어져서 사해진다. 성령세례는 단회적 사건인데, 사람이 예수 그리스도를 믿는 순간에 성령께서 그의 모든 죄를 씻으셔서 정결하게 하신다. 하지만 성령으로 세례를 받은 사람은 이후에 성령의 충만을 받는 경우가 있는데, 성령 충만은 반복되는 일로서 이를 통하여 신자들이 힘을 얻는다.

3) 선교에 대한 사명(1:6-8)

예수님께서 성령의 오심을 말씀하시자 제자들은 "주께서 이스라엘 나라를 회복하심이 이 때니이까"라고 묻는다(6절). 제자들이 이렇게 묻는 것은 구약성경에서 성령의 오심과 주님의 나라의 도래가 밀접하게 연관되어 있기 때문이다(참고. 사 32:15-20; 44:3-5; 겔 39:28-29; 욜 2:28-3:1; 슥 12:8-10). 그런데 제자들은 주님의 나라를 민족적 이스라엘에 국한하여 생각하였다. 그들은 오랫동안 로마의 식민 지배를 받고 있었기에 로마의 압제 아래 있는 식민지 이스라엘의 해방(회복)에 많은 관심을 가지고 있었다. 따라서 그들은 자신들이 성령세례를 받게 될 바로 그때 예수님이 이스라엘에 하나님의 나라를 회복할 것이냐고 묻는 것이다.

제자들은 이미 예수님의 공생애 기간에 하나님의 나라에 관해서 배웠고 예수님이 부활하신 후 사십 일 동안이나 집중적인 가르침을 받았음에도 불구하고 예수님이 말씀하시는 하나님의 나라가 무엇을 가리키는지 알지 못한다. 이에 예수님은 '하나님 나라'(the Kingdom of God)를 가르치셨지만, 제자들은 여전히 '이스라엘 나라'(the Kingdom of Israel)에 관심을 두고 있었다.[30] 하지만 하나님의 나라를 이스라엘이라는 특정한 영토와 민족에 국한해서 이해하는 제자들의 발상은 잘못되었다. 특히 그들은 이스라엘이 회복될 "때와 시기"에 관하여 관심을 가지고 있었다(참고. 눅 21:7). 그리하여 예수님은 "때와 시기는 아버지께서 자기의 권한에 두셨으니 너희가 알 바 아니요"라고 말씀하신다(7절). 이것은 책망의 말씀이다. 예수님의 말씀에 따르면, 이스라엘의 회복과 같은 문제는 그들이 알 바가 아니다. 그것은 하나님의 권한에 있다.

예수님은 "오직 성령이 너희에게 임하시면 너희가 권능을 받고 예루살렘과 온 유대와 사마리아와 땅 끝까지 이르러 내 증인이 되리라"라고 말씀하신다(8절). 이 구절은 사도행전에서 가장 중요하며, 이 구절에 따라서 사도행전의 내러티브가 전개된다. 예수님은 제자들에게 복음 전파의 사명(the Great Commission)을 말씀하심으로써 제자들이 이스라엘 나라의 회복이라는 정치적인 이슈에 관심을 가질 것이 아니라 세계 복음화라는 영적인 이슈에 관심을 가질 것을 촉구하신다. 여기서 '성령의 임하심'에 관한 약속은 이사야 32:15의 "마침내 위에서부터 영을 우리에게 부어 주시리니 광야가 아름다운 밭이 되며 아름다운 밭을 숲으로 여기게 되리라"라는 말씀을 배경으로 한다. 이 구절은 황폐한 이스라엘이 성령의 오심으로 회복되는 것을 의미한다.[31] 그리고 사도행전에서 "권능"(*뒤나미스*, δύναμις)이란 용어는 '이적'을 가리킬 때 사용되기도 했고(예. 2:22; 3:12; 4:7; 8:13; 10:38; 19:11), 담대하게 말씀을 전하는 힘을 포함하기도 했다(예. 4:33; 6:8-10). 따라서 "권능"은 그리스도의 증인들이 임무를 완수하기 위하여 반드시 필요로 하는 것이다.[32]

예수님의 제자들은 증인이 되어서 "예루살렘과 온 유대와 사마리아와 땅 끝까지" 이를 것이다. 여기에 언급된 지리적 확장은 사도행전에서 복음이 전파되는 과정으로 성취된다. 필시 사도행전에서 복음 전파는 예루살렘(유대인)에서 시작되어 땅 끝(이방인)으로 확장된다. 여기서 "온 유대"는 유대, 이두매, 갈릴리, 베뢰아, 트랜스요르단 등을 가리킨다. 또한 "사마리아"는 유대와 땅 끝의 중간지대로서 혼혈인들이 거주했던 지역이다. 그리고 "땅 끝"은 사도행전이 바울의 로마 사역으로 끝나기 때문에 일반적으로 로마로 여기지만, 로마가 사도들의 궁극적인 종착점이었던 것은 아니며, 나아가서 온 세상을 암시한다.[33] 예수님은 사도들과 그들을 계승한 후대의 그리스도인

제자들이 글자 그대로 "땅 끝까지 이르러" 복음을 전하기를 원하신다.[34]

결국, 예수님이 가르치신 하나님 나라의 회복은 단순히 한 나라(이스라엘)의 물리적 회복이 아니라 온 세상의 영적 회복이며, 이는 오직 성령의 오심을 통하여 가능해진다. 그리하여 사도행전은 제자들이 성령의 권능을 받고 여러 지역을 다니면서 복음을 전파하는 과정을 기록한다. 처음에 예루살렘에서 시작된 복음은 온 유대와 사마리아를 거쳐 아시아와 그리스를 지나 로마에까지 이른다. 하지만 불과 몇 십 년 만에 복음은 많은 지역에 퍼지며, 수많은 그리스도인이 생겨나고, 교회가 세워진다. 특히 사도행전은 바울이 로마에서 복음을 전하고 있는 장면으로 끝나는데, 이는 이 책을 읽는 모든 세대의 모든 제자들이 계속해서 온 세상에 복음을 전해야 한다는 책임감을 불러 일으켜 준다.

4) 예수님의 승천(1:9-11)

예수님은 제자들에게 사명을 주신 후에 제자들이 보는 가운데 하늘로 올리어 가시고 곧 구름이 그분을 가리어 보이지 않게 한다(9절). 예수님은 "그들이 보는데" 올리어 가신다. 이는 그분이 실제로 하늘로 올라가신 것을 뜻한다. 그러나 하늘로 올리어 가시는 것은 또한 그분이 하나님의 우편에 앉기 위해 영화롭게 되시는 것을 상징한다(참고. 엡 1:20-21; 빌 2:9; 히 1:3, 2:9 등). 즉 예수님은 '승천'(昇天)하셨지만 또한 '승귀'(exaltation)하셨다.[35] 그리고 예수님을 가린 구름 역시 실제 구름이나 또한 신학적으로 '신적인 영광'을 상징한다(참고. 출 16:10; 시 68:4, 104:3). 그러므로 예수님이 구름을 타고 하늘로 올라가시는 것은 예수님이 실제로 하늘로 올라가시는 것일 뿐만 아니라, 신학적으로 그분이 영화롭게 되셨음을 알리는 것이다.

예수님이 하늘로 올라가시는 모습을 제자들이 자세히 쳐다보고 있을 때 갑자기 "흰 옷 입은 두 사람"이 나타난다(10절; 참고. 눅 24:4). 그들이 "흰 옷"을 입고 있다는 것은 그들이 천사임을 의미한다(참고. 마 28:2-3; 요 20:12).[36] 천사들은 "갈릴리 사람들아 어찌하여 서서 하늘을 쳐다보느냐 너희 가운데서 하늘로 올려지신 이 예수는 하늘로 가심을 본 그대로 오시리라"라고 말한다(11절). 천사들은 제자들의 주의를 예수님의 재림으로 환기시킨다.[37] 그런데 예수님의 재림 약속은 제자들의 사명 성취와 밀접하게 관련되어 있다. 복음서에서 예수님은 제자들에게 재림을 대비하여 깨어 있을 것과 그분이 재림하시기 전까지 온 천하에 다니며 복음을 전할 것을 명령하셨다(참고. 눅 12:35-48). 따라서 여기서 "어찌하여 서서 하늘을 쳐다보느냐"라는 천사들의 말은 촉구의 성격을 띤다. 그것은 제자들에게 속히 현실로 돌아와서 예수님이 재림하실 때까지 열심히 복음을 전파하라고 명령하는 것이다.[38]

한편, 예수님의 승천을 엘리야의 승천과 대조할 수 있다. 엘리야가 승천한 후에 갑절의 영감을 엘리사가 받았듯이 예수님이 승천하신 후에 제자들은 성령을 받아 권능을 얻게 된다(참고. 왕하 2:10). 그리고 예수님의 승천 시에 들린 천사의 말인 "어찌하여 서서 하늘을 쳐다보는가"를 예수님의 부활 시에 들린 천사의 말인 "어찌하여 살아 있는 자를 죽은 자 가운데서 찾느냐"에 대조할 수 있다(참고. 눅 24:5). 전자의 경우나 후자의 경우 모두 증인의 사명과 연관된다. 예수님의 승천은 그분의 '종말론적인 현존'(the eschatological presence)의 조건이다. 따라서 승천하신 예수님은 편재하셔서 모든 세대의 모든 사람에게 나타나실 것이다.

5) 마음을 같이하여 기도함(1:12-14)

누가는 제자들이 "감람원"(the Mount of Olives)이라 하는 산에서 예수님의 승천을 목격하고 예루살렘에 돌아왔다고 진술한다(12절a). 이 장면은 누가복음 24:49-53과 동일하다. 제자들은 예수님의 명령에 따라 예루살렘에서 "아버지께서 약속하신 것"을 기다리려고 한다(참고. 4절; 눅 24:49). 그런데 누가는 "이 산이 예루살렘에서 가까워 안식일에 가기 알맞은 길"이라는 설명을 덧붙인다(12절b). 이것은 예수님께서 승천하신 날이 안식일이라는 것을 암시하는 것이 아니다. 이것은 감람산과 예루살렘의 거리에 대한 언급이다.[39] 즉 안식일에 걸을 수 있는 허용 거리를 뜻한다. 이견이 있기는 하지만, 당시 유대인이 안식일에 걸을 수 있는 거리는 대략 2,000규빗(1,120m)이었다. 한편, 스가랴 14:1-5에서 감람산은 하나님이 열방을 심판하시기 위하여 임하시는 곳이다. 하지만 여기서는 예수님이 승천하시면서 그분이 다시 오실 때까지(2:20, "주의 크고 영화로운 날이 이르기 전에") 제자들이 열방을 향하여 복음을 들고 나아가라는 명령을 받는 곳이다.[40]

제자들은 "다락방"으로 올라간다(13절a). "다락방"(*토 휘페론*, τὸ ὑπερῷον, upper room)이란 건물 위층에 있는 넓은 방을 의미한다(참고. 20:8-9). 당시 팔레스타인에서 큰 집의 경우 아래층은 위층의 압력을 견뎌야 했기 때문에 작은 방들로 이루어져 있었고 위층에는 넓은 방이 있었다. 그런데 이 다락방에 관사(*토*, τό)가 붙어 있는 것으로 보아 이곳은 특별한 곳이거나 제자들에게 잘 알려진 곳으로 보인다. 이 다락방이 정확히 어디인지가 본문에 명시되어 있지 않기에 단정하기 어렵다. 복음서와 사도행전에는 다락방이 여러 곳 나오는데, 아마도 이곳은 예수님과 제자들이 마지막 만찬을 했던 곳이거나(참고. 눅 22:11-12), 부활하신 예수님이 제자들을 만났던 곳이거나(참고. 눅 24:33; 요 20:19, 26), 아니면 마가 요한의 어머니 마리아의 집(참고. 12:12)일 것이다. 물론 이 모든 일이 같은 곳에서 일어났을 가능성도 있다.

그런데 우리는 누가복음의 마지막 부분(24장)을 통해서 이 다락방의 정체에 관한 또 하나의 단서를 생각해 볼 수 있다. 누가복음 24장을 살펴보자. 49절에서 예수님은 "볼지어다 내가 내 아버지께서 약속하신 것을 너희에게 보내리니 너희는 위로부터 능력으로 입혀질 때까지 이 성에 머물라 하시니라"라고 말씀하시고, 50절에서 예수님은 제자들을 데리고 베다니 앞까지 나가셔서 손을 들어 그들에게 축복하신다. 그리고 51절에서 예수님은 제자들을 축복하실 때에 그들을 떠나 하늘로 올라가시며, 52절에서 제자들은 하늘로 올라가시는 예수님에게 경배하고 큰 기쁨으로 예루살렘에 돌아간다. 그런데 누가복음의 마지막 구절인 53절에는 그들이 "늘 성전에서 하나님을 찬송하니라"라는 언급이 있다.

이제 다시 사도행전 1:12를 보자. "제자들이 감람원이라 하는 산으로부터 예루살렘에 돌아오니"라는 말은 누가복음 24:52의 "그들이 그에게 경배하고 큰 기쁨으로 예루살렘에 돌아가"라는 말과 일치한다. 그러면 제자들은 예루살렘으로 돌아온 후에 어디서 무엇을 하고 있었는가? 누가복음 24:53에 그 대답이 나와 있는데, 그들은 "늘 성전에서 하나님을 찬송"하고 있었다. 그리고 그런 사실이 사도행전 1:13의 "들어가 그들이 유하는 다락방으로 올라가니"와 연관된다. 따라서 1:13의 다락방이 개인 집의 다락이 아니라, 누가가 그의 이전 책의 마지막을 요약 반복하는 문학 구조적인 특징을 가지고 있는 점을 고려할 때 성전에 딸린 방(아마도 2층 방)이라고 생각할 여지가 있다.[41] 당시에 120명이나 되는 무리가 들어갈 수 있는 공간을 찾는 일이 쉽지 않았을 뿐 아니라, 제자들이 유대의 율법을 잘 지키는 이들이라는 점을 고려할 때 그들이 중요한 명절을 앞두고 가정집에 모여 있었다기보다는 성전에 모여 있었다고 보는 것은 무리가 아니다. 하지만 앞에서 언급했듯이, 이 다락방의 정체를 정확히 말하기란 어려우며, 그것이 본문 해석에 어떤 영향을 미치는 것도 아니다.

다락방에는 사도들이 있었다(13절b). 그런데 여기에 나오는 사도들의 명단은 누가복음에 나오는 사도들의 명단과 조금 다르다(13절b; 참고. 눅 6:14-16; 마 10:2-4; 막 3:16-19). 무엇보다도 이 명단에는 예수님을 배신하고 자살한 가룟 유다의 이름이 빠져 있다. 그리고 그들의 이름순서가 복음서와 조금 다른데, 복음서에는 베드로, 안드레, 야고보, 요한의 순서로 되어 있지만, 여기에는 베드로, 요한, 야고보의 순서로 되어 있다. 이는 이 세 명의 사도가 초대교회에서 차지하는 위치 때문일 것이다. 특히 요한 다음에 야고보가 나오는 것은 야고보가 헤롯 아그립바 1세에 의해 일찍이 죽임을 당해서 그의 위치가 요한보다 크지 않았기 때문으로 보인다(참고. 12:1-2).

누가는 또한 이 다락방에 여인들이 있었다는 사실을 말한다(14절a). 당시의 일반적인 정서와 달리 누가는 여인들의 지위와 역할을 중요하게 여긴다. 실제로 여인들은 초대교회에서 큰 기여를 했다. 그렇다면 당시에 성전에 여인들이 들어갈 수 있었는가? 누가복음 2:37과 사도행전 2:46과 5:42는 여인들도 성전에서 기도할 수 있었음을 보여준다.[42] 14절의 제일 앞에 "여자들"이 있는데, 이들은 사도들의 부인들을 가리킬 가능성이 있으나 확실하지 않다. 또한 여기에 예수님의 어머니 마리아가 나오는데, 그녀는 사도행전에서 여기에만 나온다. 그리고 예수님의 아우들이 언급되는데, 그들은 예수님이 부활하신 이후에 신앙을 가지게 되었다. 특히 예수님의 아우 야고보는 초대교회에서 중요한 지도자가 되었다(참고. 12:17; 15:13; 21:18; 갈 2:9).

그들은 마음을 같이하여 오로지 기도에 힘쓴다(14절b). 그들은 주님이 자신과 함께 계시지 않은 상황에서 막연한 두려움을 가지고 있었을 것이다. 하지만 그들은 서로 하나가 되어야 한다는 강한 의지를 가졌다. 그리고 그들은 기도하는 것만이 이 어려움을 이길 수 있는 유일한 길이라고 생각하였다. 그리하여 그들은 마음을 같이하여 오로지 기도에 힘썼다. 그들은 특히 예수님께서 약속하신 성령의 오심을 위하여 기도한다(참고. 4절). 따라서 그들은 예수님의 명령과 당부를 충실히 따르고 있다. 한편, 여기서 발견되는 중요한 사실은 예수님의 약속이 신자들의 기도를 통하여 이루어진다는 것이다. 신자는 반드시 기도해야 하는데, 이는 하나님이 기도를 사용하셔서 그분의 뜻을 이루시기 때문이다.

교훈과 적용

1. 예수님은 제자들을 철저하게 훈련시키셨다. 예수님은 공생애 기간 동안에 제자들을 가르치셨고 부활하신 이후에도 40일간이나 제자들과 함께 지내시면서 가르치셨다. 이러한 예수님의 철저한 가르침이 있었기에 제자들은 말씀을 정확하고 능력 있게 전할 수 있었다. 우리 역시 강력하고 철저하며 체계적인 훈련을 받아야 한다. 그래야 제대로 된 복음 전파자가 될 수 있다. 목회자와 지도자는 교인을 훈련시키고 무장시키는 본질적인 사명을 잘 감당해야 한다.
2. 사도행전의 서두에서 예수님이 가장 강하게 요청하신 것은 선교 사명이다. 예수님은 하늘로 올라가시면서 제자들을 향하여 땅 끝까지 이르러 증인이 되라고 하셨다. 우리는 자신이 처해 있는 곳에서나 다른 곳에서, 혹은 다른 나라에 가서 복음을 전해야 한다. 우리는 복음을 전하는 것을 우리의 사명으로 알고 우리가 가지고 있는 지위, 재능, 물질, 시간을 활용하여 헌신해야 한다. 언제 어디서나 복음을 전하는 것을 삶의 목적으로 삼아야 한다.

3. 예수님은 제자들에게 성령의 오심을 기다리라고 하셨다. 이는 성령이 임하셔야 그들이 권능을 받고 증인이 될 수 있기 때문이다. 우리 역시 성령으로 충만해져야 능력 있는 증인이 될 수 있다는 사실을 잊지 말아야 한다. 날마다 성령으로 충만해져야 한다. 사탄은 우리가 바른 삶을 사는 것과 이웃에게 복음을 전하는 것을 막기 위하여 많은 박해와 달콤한 유혹과 예상치 못한 어려움을 가져다준다. 그러나 우리는 성령으로 충만해짐으로 승리할 수 있으며, 담대히 사명을 감당할 수 있다.

2. 열두 사도단을 구성함(1:15-26)

15 모인 무리의 수가 약 백이십 명이나 되더라 그때에 베드로가 그 형제들
가운데 일어서서 이르되 16 형제들아 성령이 다윗의 입을 통하여 예수 잡
는 자들의 길잡이가 된 유다를 가리켜 미리 말씀하신 성경이 응하였으니
마땅하도다 17 이 사람은 본래 우리 수 가운데 참여하여 이 직무의 한 부
분을 맡았던 자라 18 (이 사람이 불의의 삯으로 밭을 사고 후에 몸이 곤두
박질하여 배가 터져 창자가 다 흘러나온지라 19 이 일이 예루살렘에 사는
모든 사람에게 알리어져 그들의 말로는 그 밭을 아겔다마라 하니 이는 피
밭이라는 뜻이라) 20 시편에 기록하였으되 그의 거처를 황폐하게 하시며
거기 거하는 자가 없게 하소서 하였고 또 일렀으되 그의 직분을 타인이 취
하게 하소서 하였도다 21 이러하므로 요한의 세례로부터 우리 가운데서
올려져 가신 날까지 주 예수께서 우리 가운데 출입하실 때에 22 항상 우리
와 함께 다니던 사람 중에 하나를 세워 우리와 더불어 예수께서 부활하심
을 증언할 사람이 되게 하여야 하리라 하거늘 23 그들이 두 사람을 내세우

니 하나는 바사바라고도 하고 별명은 유스도라고 하는 요셉이요 하나는
맛디아라 24 그들이 기도하여 이르되 뭇 사람의 마음을 아시는 주여 이 두
사람 중에 누가 주님께 택하신 바 되어 25 봉사와 및 사도의 직무를 대신
할 자인지를 보이시옵소서 유다는 이 직무를 버리고 제 곳으로 갔나이다
하고 26 제비 뽑아 맛디아를 얻으니 그가 열한 사도의 수에 들어가니라

가룟 유다는 예수님을 배신하고 자살했다. 그리하여 열한 사도가 남게 되었는데, 그들은 한 명의 사도를 추가로 선출하기로 결정한다. 사도는 교회의 창설직원으로서 대단히 중요한 역할을 한다. 따라서 그들은 한 명의 사도라도 함부로 선출할 수 없었다. 그들은 이 일에 하나님의 주권적인 역사가 있도록 기도한다. 결국 하나님의 뜻대로 사도가 선택되어 교회의 기초를 더욱 공고히 다질 수 있게 된다.

1) 베드로의 연설: 사도를 보완함(1:15-20)

헬라어 본문에는 15절의 문두에 "그리고 그때에"(*카이 엔 타이스 헤메라이스*, καὶ ἐν ταῖς ἡμέραις)라는 문구가 있다(한글성경 개역개정판에는 15절의 중간에 "그때에"가 나옴). 사도행전에서 이 문구는 새로운 단락의 시작을 가리킨다(참고. 6:1; 11:27; 눅 2:1).[43] 따라서 15절 이하에서 일어나는 일을 굳이 12-14절의 일에 바로 이어서 일어난 것이라고 이해할 필요가 없다. 이 일은 12-14절의 일이 있은 직후 일어났을 수도 있지만, 어느 정도 시간이 지나서 일어났을 수도 있다. 물론 어느 것을 선택하든 이 일은 예수님이 승천하신 날부터 오순절 사이의 어느 날에 일어났다.

누가는 "모인 무리의 수가 약 백이십 명이나 되더라"라고 말한다(15절a).

무리가 모인 날이 언제인지 분명하지 않듯이 무리가 모인 곳도 어디인지 분명하지 않다. 13-14절의 다락방일 수도 있고 다른 곳(혹은 바깥 어딘 가)일 수도 있다. 많은 무리가 모인 곳이기 때문에 개인 집보다는 공적인 장소일 가능성이 높다. 그런데 여기에 모인 사람들의 수가 120명이라는 것은 의미심장하다. "약"(*호세이*, ὡσεί)이라는 단어가 사용된 것을 볼 때 120명은 정확한 숫자가 아니라 대략적인 숫자이다(참고. 2:41; 4:4; 10:3; 19:7). 따라서 누가는 의도적으로 120이라는 숫자를 부각시키려고 한다. 즉 '12제자'에 '10'을 곱하여 '120'을 만듦으로써, 여기에 모인 사람들이 예수 그리스도의 새로운 언약 공동체라는 점을 드러내려고 한다(참고. 눅 22:28-30).

제자의 대표자인 베드로가 일어서서 말한다(15절b). 비록 베드로는 이전에 예수님을 세 번이나 부인했던 자였으나(참고. 눅 22:54-62), 예수님이 그에게 회복할 기회를 주신 후 초기 기독교 공동체의 대표자가 되어 있었다.[44] 베드로의 연설 요지는 가룟 유다가 없으니 한 명을 더 선출하여 열두 사도 집단을 보완하자는 것이다. 이렇게 베드로가 열두 명이라는 숫자를 채우고자 한 것은 이스라엘의 열두 지파 사상 때문이다(참고. 창 35:22; 출 28:21; 24:4; 마 19:28; 계 21:12). 그는 옛 이스라엘이 열두 지파로 이루어졌듯이 이제 새 이스라엘도 열두 명의 사도로부터 출발해야 한다고 생각했다. 하지만 이후에도 사도가 없어질 때마다 계속 인원을 열두 명으로 맞춘 것은 아니다. 그들은 야고보가 일찍이 순교를 당했을 때 결원을 충원하지 않는다(참고. 12:1-2). 즉 오순절에 성령이 임하셔서 교회가 설립된 후에는 사도의 숫자가 '열둘'이어야 할 필요성이 사라졌다.

베드로는 "형제들아"라는 말로 연설을 시작한다(16절). "형제"(*아델포스*, ἀδελφός)라는 용어는 초기 기독교 공동체에서 그리스도인들을 가리킬 때 사용된 용어(sibling metaphor)이다. 당시에 "형제"란 신자들을 가리키는 일반적인 용어였기에 여성들도 이 용어의 대상에 포함되었다(참고. 6:3; 9:30; 11:1, 29).[45] 베드로는 가룟 유다의 배신을 성경의 성취라고 말한다. 이때 베드로는 "성령이 다윗의 입을 통하여"라는 표현을 사용함으로써 자신이 구약성경의 권위를 굳게 믿고 있음을 밝힌다. 그리고 여기에 '필연'을 뜻하는 헬라어 단어 *데이*(δεῖ)를 사용하여 성경의 예언이 그대로 이루어졌다는 사실을 강조한다(참고. 마 5:18).[46] 유다는 본래 사도의 수 가운데 참여하여 직무의 한 부분을 맡았던 자였다(17절). 그러나 그는 배신자가 되었다.

18-19절은 부가적인 설명(narrative aside)이다. 여기에는 유다의 비참한 죽음이 생생히 묘사되어 있어서 그가 악한 자였다는 사실이 확인된다. 베드로는 유다가 불의의 삯으로 밭을 샀으며 그 후에 몸이 곤두박질하여 배가 터져 창자가 다 흘러 나왔다고 말한다(18절). 그런데 이러한 역사적 서술은 마태복음 27:1-10에 기록된 가룟 유다의 죽음에 대한 기사와 약간의 차이가 있다. 우리는 이에 대해서 유다가 나무에 목을 매어 자살했는데, 아마도 나무가 부러지거나 나무에 매달았던 줄이 끊어지면서 땅에 떨어져서 배가 터져 창자가 밖으로 흘러 나왔을 것이라고 추정할 수 있다. 이어서 베드로는 "아겔다마"에 대해서 말하다(19절). 복음서들의 기록으로 알 수 있듯이 유대의 종교지도자들은 유다가 성전에 던진 배신의 대가로 받은 돈으로 토기장이의 밭을 샀다. 이 밭은 아람어로 "아겔다마"(*아켈다마크*, Ἀκελδαμάχ)라고 불리는데, 누가는 아람어를 모르는 이방인 독자들을 위하여 "피 밭"(Field of Blood)이라는 번역을 덧붙인다.

베드로는 이러한 일을 시편의 성취라고 설명한다(20절). 그는 시편 69:25-26과 시편 109:8을 인용한다. 그는 70인역(LXX)을 느슨하게 인용하는데, 누가복음과 사도행전은 구약을 인용할 때 주로 70인역을 사용한다. 베드로는 다윗과 그의 대적을 그리스도와 그의 대적으로 해석한다. 그는 "그의 거처를 황폐하게 하시며 거기 거하는 자가 없게 하소서"라는 문구를 유다에 대한 심판 예언으로 보고, "그의 직분을 타인이 취하게 하소서"라는 문구를 그의 직분을 다른 사람이 대신하는 것에 대한 예언으로 본다. 즉 하나님께서 시편 69:25-26을 성취하셨으므로, 이제 제자들이 시편 109:8을 성취해야 한다고 주장한다.[47]

2) 맛디아를 사도로 선출함(1:21-26)

베드로는 가룟 유다를 대체하기 위하여 한 명을 선출해서 사도의 직무를 맡겨야 한다고 제안한다. 베드로는 사도의 자격을 제시한다. 그것은 "요한의 세례로부터 우리 가운데서 올려져 가신 날까지 주 예수께서 우리 가운데 출입하실 때에 항상 우리와 함께 다니던 사람 중에 하나"이다(21-22절a). 이는 사도가 되려면 예수님에 관하여 정확히 아는 사람이어야 하며, 제자들과 함께 지내면서 서로에 관하여 잘 아는 사람이어야 한다는 뜻이다. 그렇게 해야 예수님이 가르쳐 주신 복음을 바르게 전할 수 있으며, 또한 다른 사도들과 잘 협력하여 복음을 전할 수 있기 때문이다.

베드로는 그러한 사람을 세워서 "우리와 더불어 예수께서 부활하심을 증언할 사람이 되게 하여야 하리라"라고 말한다(22절b). 사도의 사명은 예수님의 부활을 증언하는 것이므로 사도는 반드시 부활을 목격한 사람이어야 한다. 그리고 사도가 부활에 대한 분명한 믿음을 가지고 있어야 부활의 복음을 담대하게 전할 수 있다. 참으로, 부활은 복음의 핵심이다. 부활이 없으면 사도들이 전하는 것과 신자들이 믿는 것은 모두 헛되다(참고. 고전 15

장). 한편, 베드로는 여기서 다시 "하여야 하리라"(*데이*, δεῖ)라는 표현을 사용하여 논리적 혹은 신학적 필연성을 강조한다.

베드로의 제안을 들은 제자들은 두 사람을 내세운다(23절). 한 사람은 "바사바라고도 하고 별명은 유스도라고 하는 요셉"이며 다른 한 사람은 "맛디아"이다. 요셉에 대해서는 바사바와 유스도라는 이름이 붙어 있으나 맛디아에 대해서는 아무 것도 붙어있지 않다. 성경에 이들에 대한 정보가 없기 때문에 우리는 이들에 대해서 더 이상 알 수 없다. 하지만 요셉에게 이름이 많이 붙어 있고 맛디아에게는 아무 설명도 붙어있지 않은 것으로 보아 요셉이 맛디아보다 잘 알려진 사람이라는 인상을 받는다. 아무튼 분명한 사실은 이들이 모두 21-22절에 명시된 조건을 충족했다는 것이다. 따라서 누가 선택되더라도 아무런 문제가 없다.

제자들은 두 사람을 놓고 하나님께 기도한다(24-25절). 그들은 사도를 선출하는 중요한 일에 하나님께서 친히 개입해 주시기를 간구한다. 그들은 인간적인 생각과 소망을 내려놓고 오직 하나님이 원하시는 대로 되기를 바란다. 사도행전에서 '기도'는 대단히 중요하다. 사도행전은 하나님이 신자들의 기도를 통해서 일하신다는 사실을 빈번하게 보여준다. 그리고 사도들이 제비를 뽑아서 한 사람을 선택하는 것은 두 사람의 수준이 거의 같았기 때문에 아무런 문제가 될 것이 없었다. 이제 그들은 하나님의 개입을 기대하면서 제비를 뽑아 사도를 선출한다. 그들은 "제비는 사람이 뽑으나 모든 일을 작정하기는 여호와께 있느니라"라는 말씀을 의지한다(잠 16:33). 그들이 제비를 뽑은 결과 맛디아가 사도로 선출된다(26절). 그리하여 열두 명의 사도 공동체가 유지된다. 하지만 맛디아는 다른 상당수의 사도들과 마찬가지로 사도행전에 더 이상 등장하지 않는다.

한편, '제비뽑기'는 당시 사람들에게 생소한 것이 아니었다. 구약시대에는 중요한 일을 결정할 때 제비가 들어 있는 통을 흔들어 튀어 나온 제비에 적힌 내용을 보았다(참고. 레 16:8-10; 민 26:55; 33:54; 수 19:1-40; 대상 26:13-16; 느 10:34, 11:1; 시 22:18; 욘 1:7-8 등).[48] 그리고 이런 방식은 예수님이 십자가에 못 박혀 죽으실 때도 행해졌는데, 이는 곧 제비뽑기가 주후 1세기 유대인들 가운데서도 행해졌음을 시사한다(참고. 마 27:35; 막 15:24; 눅 23:34; 요 19:24). 하지만 신약성경에서 제비를 뽑아 선택하는 일은 더 이상 발견되지 않는다. 즉 오순절에 성령이 임하시기 전에는 이런 방식이 가능했으나, 성령이 오신 후에는 성령이 주시는 지혜와 인도를 통해서 분별하고 선택했다. 더욱이 사도들은 이후에 일꾼을 뽑거나 중요한 결정을 내릴 때 그들의 마음 가운데에 역사하시는 성령을 의지했다(참고. 5:3, 9; 13:1-2; 15:28; 16:6-10 등).[49] 따라서 제비를 뽑는 것은 더 이상 기독교 공동체가 따라야 할 본이 아니다.

교훈과 적용

1. 예수님은 제자들에게 성령을 기다리라고 하셨고, 제자들은 성령의 오심을 위해 마음을 같이하여 오로지 기도하기를 힘썼다. 성령의 권능을 힘입는 것은 무엇보다도 중요하다. 인간은 연약하고 마귀는 강하기 때문에 아무런 무장 없이 세상에 나가면 마귀에게 질 수 밖에 없다. 성령은 우리를 도우시는 분이시다. 우리는 성령으로 충만해지도록 기도에 힘써야 한다. 날마다, 순간마다 성령으로 충만해져야 한다는 사실을 잊지 말아야 한다.
2. 열한 사도들은 한 사람의 사도를 보충하는 과정에서 오직 하나님의 뜻대로 사도가 세워지기를 원하였다. 그들은 이를 위하여 하나님의 뜻에 맞는 선출 기준

을 세웠으며 하나님께 기도했다. 그 결과 하나님의 뜻대로 사도가 세워졌다. 오늘날 교회에서 일꾼을 선출할 때 하나님의 뜻에 맞게 선출해야 한다. 인간적인 정이나 욕심이나 야심에 이끌려서 일꾼을 선출해서는 안 된다. 교회에서 일꾼을 바르게 선출하도록 기도하고 지혜를 모아야 한다.

3. 가룟 유다의 최후를 생각해 보자. 가룟 유다는 예수님의 제자였으나 예수님을 배신하였다. 예수님은 그가 회개하고 돌아오도록 충분히 기회를 주셨으나, 그는 돌아오지 않았고 끝내 자기의 스승을 배신하였다. 그러나 그의 최후는 자살이었다. 그것도 몸이 곤두박질하여 배가 터져 창자가 다 흘러 나와 비참하게 죽었다. 우리는 어떤 일이 있더라도 주님을 배신하지 말아야 한다. 우리를 위해 자신의 생명을 내어 주신 주님께 충성을 다해야 한다.

3. 오순절 성령 강림(2:1-13)

1 오순절 날이 이미 이르매 그들이 다같이 한 곳에 모였더니 2 홀연히 하
늘로부터 급하고 강한 바람 같은 소리가 있어 그들이 앉은 온 집에 가득하
며 3 마치 불의 혀처럼 갈라지는 것들이 그들에게 보여 각 사람 위에 하나
씩 임하여 있더니 4 그들이 다 성령의 충만함을 받고 성령이 말하게 하심
을 따라 다른 언어들로 말하기를 시작하니라 5 그때에 경건한 유대인들이
천하 각국으로부터 와서 예루살렘에 머물러 있더니 6 이 소리가 나매 큰
무리가 모여 각각 자기의 방언으로 제자들이 말하는 것을 듣고 소동하여
7 다 놀라 신기하게 여겨 이르되 보라 이 말하는 사람들이 다 갈릴리 사람
이 아니냐 8 우리가 우리 각 사람이 난 곳 방언으로 듣게 되는 것이 어찌
됨이냐 9 우리는 바대인과 메대인과 엘람인과 또 메소보다미아, 유대와
갑바도기아, 본도와 아시아, 10 브루기아와 밤빌리아, 애굽과 및 구레네에

가까운 리비야 여러 지방에 사는 사람들과 로마로부터 온 나그네 곧 유대
인과 유대교에 들어온 사람들과 11 그레데인과 아라비아인들이라 우리가
다 우리의 각 언어로 하나님의 큰 일을 말함을 듣는도다 하고 12 다 놀라
며 당황하여 서로 이르되 이 어찌 된 일이냐 하며 13 또 어떤 이들은 조롱
하여 이르되 그들이 새 술에 취하였다 하더라

누가는 그의 첫 번째 책인 누가복음의 마지막 부분에서 예수님께서 성령이 오실 것이라고 예언하신 일을 기록하였다(참고. 눅 24:47-49).[50] 그런데 그는 그의 두 번째 책인 사도행전의 앞부분에서 성령께서 이 땅에 오시는 일을 언급한다. 그는 성령의 오심이 예수님께서 승천하시기 전에 예언하신 것의 성취라는 사실을 드러낸다. 2장에서 누가는 성령이 오시는 과정을 세밀히 묘사하고, 베드로의 입을 빌어 성령의 오심이 어떤 의미를 가지는지를 설명한다.

1) 성령이 임하심(2:1-4)

오순절 날이 이르렀다(1절a). "오순절"(*펜테코스테*, πεντηκοστή)은 '유월절'로부터 50일째 되는 날이다. 이 날은 유월절 후 일곱 주가 지난 때라고 하여 '칠칠절'이라고도 하는데(참고. 신 16:9-10), 구약시대에는 추수한 보리의 처음 것을 바치는 절기로서 맥추의 '초실절'이라고도 불렀다(참고. 출 23:16; 34:22; 레 23:15-21; 민 28:26-31). 즉 오순절은 첫 곡물을 하나님께 바침과 동시에 추수의 시작을 알리는 절기이다.[51] 이제 오순절에 성령이 성령 강림으로 교회는 영적인 추수를 시작할 것이 예상된다. 실제로 누가는 성령이 오심으로 이 날에 예수님을 믿은 사람이 3,000명이나 되었다고 진술함으로

영적인 추수가 실현되었음을 알려준다(참고. 41절).

오순절에 "그들이 다같이 한 곳에" 모였다(1절b). "그들이 다같이"라는 표현은 1:13-14에 나오는 제자들을 포함하여, 1:15에 나오는 약 120명의 무리를 가리킨다. 그런데 "한 곳"(*토 아우토*, τὸ αὐτό)이란 장소가 구체적으로 어디를 가리키는지가 분명하지 않다. 1절의 "한 곳"은 2절에 나오는 "집"(*톤 오이콘*, τὸν οἶκον)과 같은 장소인데, 두 단어 모두에 관사가 붙어 있는 것으로 보아 특별한 장소이거나 제자들이 잘 아는 장소이다. 이곳은 1:13-14에 나오는 다락방일 수도 있고, 1:15-26의 사건이 일어난 곳일 수도 있다. 어쩌면 1:13-14와 1:15-26과 본문의 사건이 모두 같은 곳에서 일어났을 수도 있다. 이렇게 누가가 "한 곳"이 어디인지를 명확히 언급하지 않은 것은 성령께서 강림하신 장소보다 강림하신 때(오순절)를 강조했기 때문이다.

그런데 이곳을 일반 가정집(혹은 다락방)이라고 보면 문제가 생긴다. 왜냐하면 성령께서 임하심으로 발생한 현상으로 인해 많은 사람이 모여들었는데, 가정집처럼 한정되고 폐쇄된 공간에서 일어난 일이라면, 120명의 제자들이 다른 언어들로 말할 때 여러 나라에서 온 사람들이 모여들었는데, 그것이 쉽지 않았을 것이기 때문이다. 더욱이 오순절은 유대인들이 성전에서 제사를 지내는 중요한 날인데, 여전히 유대의 규례를 존중하던 베드로를 비롯한 유대인 제자들이 이러한 명절에 가정집보다는 성전에 머물러 있었다고 보는 것이 합리적이다. 따라서 이곳을 성전에 딸린 '넓은 방'(chamber)이거나 '성전의 뜰'이라고 추정할 수 있다. 120명의 사도 공동체에 생명을 불어 넣은 성령의 강림이 성전에서 일어났다고 보는 것은 자연스럽다.[52]

하지만 문제는 누가가 그의 책에서 성전을 가리키는 용어로 *히에론*(ἱερόν)을 줄곧 사용했고, *오이코스*(οἶκος)를 사용하지 않았다는 사실에 있다. 이 때문에 이곳을 성전이라고 보는 견해를 거부하는 이들이 있다. 그러나 여기서 누가가 *히에론*을 사용하지 않았다고 해서 이곳을 성전으로 볼 수 없는 것은 아니다. *오이코스*가 건물을 뜻하기 때문에 성전을 가리킨다고 해서 문제가 될 것은 없다. 그리고 요세푸스는 성전과 성전에 딸린 방을 가리킬 때 *오이코스*를 사용한 적이 있다(참고. *Antiquities* 8.65). 따라서 단어 자체를 가지고 장소를 특정할 수는 없다.

또한 당시에 성전 순례객 가운데 유월절에 예루살렘에 왔다가 고향으로 돌아간 다음, 오순절에 다시 온 사람들이 있었지만, 오순절까지 예루살렘에 머문 사람들도 있었다. 그리고 예루살렘에는 명절에 숙소가 부족하여 예루살렘 근교인 벳바게나 베다니의 숙박 시설을 사용하는 이들이 있었으며, 심지어 성전 뜰은 숙박이 허용되지 않았으나 성전의 부속건물이 숙소로 허용되어서 거기에 머무는 사람들도 있었다. 따라서 그들은 성령이 임하셨을 때 성전에 쉽게 모여들었을 것이다.[53] 또한 제자들이 성령의 충만함을 받고 다른 언어들로 말하자 조롱하는 자들이 있었고, 이에 베드로가 성령 강림의 의미를 설교했을 때 그 말을 듣고 세례를 받은 사람이 3,000명이나 되었는데(참고. 2:41), 이렇게 많은 사람이 말씀을 듣고 세례를 받는 일이 개인의 집에서 일어났다고 보는 것은 어색하다. 따라서 120명의 제자 공동체가 오순절에 성전에서 기도모임을 가지다가 성령의 강림을 체험했을 것으로 보는 것이 자연스럽다. 필시 성령께서 오시는 장소로 가장 적합한 곳은 바로 그분의 '집'인 성전이 아니겠는가?

드디어 성령이 강림하신다(2-3절). 예수님께서 승천하신지 10일 만에 성령이 강림하신다. 성령 강림은 구약성경(참고. 민 11:29; 사 32:15; 겔 36:27; 욜 2:28-32 등), 세례 요한(참고. 눅 3:16 등), 그리고 예수님(참고. 눅 11:13;

12:12; 24:49; 행 1:4-5 등)에 의해서 이미 예언되었던 일이다. 즉 성령의 오심은 구속사의 일정에 포함되어 있었다. 그러다가 이제 하나님께서 정하신 때가 이르자 그 일이 실현된다. 성령의 오심은 모든 사람에게 공개된다. 그리고 성령의 오심은 대단히 극적인 현상을 동반한다. 구약에서 하나님은 언제나 눈에 보이고 귀에 들리는 분명한 징표와 함께 나타나시는데, 이는 자신이 나타나신 것을 그분의 백성들에게 알려주시기 위해서이다. 마찬가지로 성령도 하나님이시기에 사람들이 알 수 있는 징표와 함께 오신다. 누가는 성령이 임하실 때 나타난 징표들을 두 가지로 언급하는데, 하나는 "급하고 강한 바람 같은 소리"(a sound like the rush of a violent wind)이고, 다른 하나는 "불의 혀처럼 갈라지는 것들"(divided tongues, as of fire)이다. 그렇다면 이 상징들이 의미하는 것이 무엇인지를 살펴보자.

먼저, "바람"은 성령과 같은 어원을 가진다. 히브리어 *루아흐*(רוּחַ)와 헬라어 *프뉴마*(πνεῦμα)는 '바람'이나 '영'을 의미한다. 그리고 헬라어에서도 바람을 의미하는 *프노에*(πνοή)와 성령을 의미하는 *프뉴마*는 밀접하게 연관된 개념이다. 다음으로, "큰 소리"는 하나님이 시내산에서 현현(theophany)하신 것을 연상시킨다(참고. 출 19:16-19). 마지막으로, "불"은 출애굽기 3:2-5에서 하나님이 불붙는 떨기나무 가운데 나타나신 것과 출애굽기 13:21에서 하나님이 이스라엘 백성들의 광야생활에 불기둥으로 인도하신 것을 통하여 유대의 전통에서 하나님의 임재를 상징해 왔다. 특히 복음서에서 세례 요한은 예수 그리스도가 성령과 불로 세례를 베푸실 것이라고 하면서 성령과 불을 관련지었다(참고. 눅 3:16). 실로 구약에서 하나님이 나타나실 때 종종 강한 바람과 불같은 것이 동반되었다(참고. 창 15:17; 출 3:2-5; 13:21-22; 신 4:11-12, 33, 36; 겔 1:25-28; 단 7:9-14; 특히 엘리야의 경우, 왕상 19:11-12).

성령이 임하시자 두 가지 현상이 발생한다(4절). 첫째로, 그곳에 모인 사람들이 다 "성령의 충만함"을 받는다. 성령의 충만함은 2절에서 성령이 "온 집에 가득하며"와 연관된다. 누가는 "충만하다"(*핌플레미*, πίμπλημι, fill)라는 단어를 다양한 의미로 사용했는데, 주로 어떤 감정이 고조되었을 때나(예. 눅 4:28; 5:26; 6:11; 행 3:10; 5:17; 13:45; 19:29), 성령으로 충만할 때(예. 눅 1:15, 41, 67; 행 2:4; 4:8, 31; 9:17; 13:9) 사용했다. 이 단어는 성령이 어떤 사람에게 처음으로 부어지는 경우[예. 눅 1:15(세례 요한); 행 9:17(바울)]에 적용될 수도 있고, 어떤 사람이 말씀을 전하거나 그리스도를 증인할 때(예. 눅 1:41, 67; 행 4:8, 31; 13:9) 적용될 수도 있다.[54] 따라서 이 단어의 용도는 다양하며 포괄적이다(참고. 1:5; 10:45, 47; 11:16).[55]

둘째로, 그곳에 모인 사람들이 "성령이 말하게 하심을 따라 다른 언어들로 말하기를 시작"한다. 구약 시대에 하나님의 영을 받은 사람들은 예언을 했는데(참고. 민 11:26-29; 삼상 10:9-10; 삼하 23:2; 사 61:1-3), 여기서도 성령이 임하시자 같은 일이 일어난다.[56] 특히 여기서 "언어"(*글로싸*, γλῶσσα)라는 단어는 3절의 "혀"(*글로싸*, γλῶσσα)라는 단어와 언어유희를 이루는데, 제자들이 성령으로 충만하여 여러 나라의 말로 여러 민족에게 하나님의 복음을 전파할 수 있게 되었음을 보여준다(참고. 4-11절). 지금 제자들은 몽환적인 말을 하는 것이 아니며, 알 수 없는 말로 기도를 하는 것도 아니다. 다만 그들은 "하나님의 큰 일"을 말한다(참고. 11절). 이러한 현상은 성령이 임하시면 권능을 받고 증인이 될 것이라는 주님의 말씀이 실현될 것을 보증해 준다(참고. 1:8).

그런데 여기에 나오는 "다른 언어들"(*헤테라이스 글로싸이스*, ἑτέραις γλώσσαις)은 고린도전서 12-14장에 나오는 "방언"과 다르다(참고. 민

11:25-26; 삼상 10:6, 10; 19:20, 23).[57] 왜냐하면 여기서 "다른 언어들"은 사람들이 알아들을 수 있는 것으로 사람들에게 말하는 것이지만, 고린도전서 12-14장에 있는 "방언"은 사람들이 알아들을 수 없는 것으로 하나님께 말하는 것이며, 통역하는 사람이 있어야만 알아들을 수 있는 것이기 때문이다. 따라서 이곳에 언급된 "다른 언어들"은 당시에 실제로 사용되던 외국어로 이해하는 것이 바람직하다.

이 단락에서 누가는 그 집에 모인 사람 모두에게 성령이 임하셨다는 사실을 강조한다. 이는 1절의 "그들이 다같이(*판테스*, πάντες) 한 곳에 모였더니", 2절의 "그들이 앉은 온 집에(*홀론 톤 오이콘*, ὅλον τὸν οἶκον) 가득하며", 3절의 "그들에게 보여 각 사람(*헤나 헤카스톤 아우톤*, ἕνα ἕκαστον αὐτῶν) 위에 하나씩 임하여 있더니", 그리고 4절의 "그들이 다(*판테스*, πάντες) 성령의 충만함을 받고"라는 표현에서 알 수 있다.[58] 구약 시대에 성령은 특별한 사람에게만 임하셨으나, 이제 신약 시대에 성령은 모든 사람에게 임하신다. 참으로, 모여 있는 모든 사람이 성령께서 오셨다는 사실을 명확하게 인지할 수 있었고, 강력하게 경험할 수 있었다.

2) 사람들의 반응(2:5-13)

누가는 "그때에 경건한 유대인들이 천하 각국으로부터 와서 예루살렘에 머물러 있더니"라고 말한다(5절). 이것은 여러 지역과 여러 나라에 흩어져 살던 유대인들이 오순절을 맞이하여 예루살렘 성전을 찾았다는 뜻이다. "경건한 유대인들"(devout Jews)이란 유대의 규례를 잘 지키는 신실한 유대인들(faithful Jews)을 의미한다. "천하 각국"(every nation under heaven)이란 당시에 통용되던 표현인데, 9-11절에 나오는 지중해 연안의 나라들을 가리킨다(참고. 신 2:25; 9:14). 유대인은 이 나라들에 흩어져서 살고 있었는데, 유대의 3대 명절 중 하나인 오순절을 맞이하여 예루살렘을 방문했다(참고. 출 23:14-17; *Antiquities* 14.337; 17.254; *War* 1.253). 그리고 당시 타국에 흩어져 살던 유대인(Diaspora Jews) 중 노년에 예루살렘에서 정착해 살기 위해 돌아온 이들도 있었다(참고. 6:9; *War* 1.397, 437, 672).[59]

6절의 "이 소리"는 이어지는 구절들을 참고할 때 2절의 "바람 같은 소리"가 아니라 4절의 "다른 언어들"이다.[60] "이 소리"가 나자 큰 무리가 모였는데, 이렇게 큰 무리가 모일 수 있다는 것은 앞에서 언급했듯이 성령이 임하신 곳이 개인 가정집이 아니라 공개된 넓은 장소인 성전이라는 사실을 지지한다. 무리들은 제자들이 "자기의 방언으로" 말하는 것을 듣고 소동한다. "자기의 방언"(*테 이디아 디아렉토*, τῇ ἰδίᾳ διαλέκτῳ, in his own language)이라는 표현은 4절의 "다른 언어들"과 8절의 "우리 각 사람이 난 곳 방언"과 같은 뜻으로 '여러 지역의 언어'를 의미한다. 그리고 이 구절의 "소동하여"는 7절에서 "다 놀라 신기하게 여겨"와 같은 뜻이다.

무리는 다 놀라 신기하게 여겨 "보라 이 말하는 사람들이 다 갈릴리 사람이 아니냐"라고 말한다(7절). "갈릴리 사람"이라는 표현에는 교육을 받지 못해서 외국어를 말하지 못하는 사람이라는 전제가 놓여 있다(참고. 4:13; 막 14:70). 따라서 그들은 제자들이 갑자기 외국어를 말하는 것을 듣고 놀란다. 유대인 무리는 또한 "우리가 우리 각 사람이 난 곳 방언으로 듣게 되는 것이 어찌 됨이냐"라고 말한다(8절). 따라서 사람들은 제대로 교육 받지 못한 제자들이 다양한 나라의 말을 구사하는 것을 듣고 놀라며 신기해한다.

9-11절에는 오순절에 예루살렘을 방문한 민족의 목록이 나온다. 여기에는 사람들(바대인, 메대인, 엘람인, 로마인, 그레데인, 아라비아인)과 땅들

(메소보다미아, 유대, 갑바도기아, 본도, 아시아, 브루기아, 밤빌리아, 이집트, 리비야)이 섞여 있다. 이 목록에 기록된 명칭은 동쪽에서 서쪽으로 옮겨가는데, 당시에 동쪽과 서쪽에서 각각 가장 강한 나라였던 바대인과 로마인만 예외적으로 제일 앞과 끝에 있다.[61] 특히 이들 중에서 로마에서 온 사람들이 비교적 상세히 언급되는데, 이는 바울이 사도행전의 마지막 부분에서 로마에 가는 것과 연관되는 것으로 보인다. 로마에서 온 사람들은 "유대인"과 "유대교에 들어온 사람들"로 구성되어 있다. "유대교에 들어온 사람들"이란 유대교로 개종한 이방인 '개종자들'(proselytes)을 가리킨다. 이들은 '하나님을 경외하는 사람들'(God-fearers) 보다 더 적극적으로 유대교를 믿었다. 그곳에 모인 모든 사람은 자신들의 언어로 "하나님의 큰 일"을 말하는 것을 듣는다.

그런데 오순절에 성령이 임하심으로 제자들이 다른 언어들로 말하는 현상과, 여러 나라에서 온 사람들이 그들이 말하는 것을 듣는 모습은 창세기 11장에서 바벨탑 사건으로 인하여 언어가 갈라짐으로 사람들이 흩어졌던 일을 상기시켜 준다. 이는 9-11절에 나오는 민족들의 목록이 창세기 10장의 셈과 함과 야벳으로 대표되는 민족들의 목록과 유사하기 때문이다.[62] 물론 성령의 오심으로 언어가 영구히 일치된 것은 아니다. 그들은 여전히 "다른 언어들"을 사용하고 있다. 하지만 그들은 성령 안에서 하나가 된다. 특히 누가는 여러 언어를 언급함과 동시에 민족의 목록을 의도적으로 기술함으로 독자들이 창세기 11장에서 일어난 하나님의 진노가 성령의 강림으로 사라졌다는 사실을 보여주려고 한다. 이제 인류는 성령의 오심으로 말미암아 예수님을 중심으로 하는 새로운 공동체(하나님 나라)를 이루게 된다. 그리고 이것은 장차 "각 나라와 족속과 백성과 방언에서" 하나님께 나아와 예배하는 것을 예시한다(참고. 계 7:9).

12-13절에서 누가는 성령의 강림 현상을 접한 사람들의 두 가지 반응을 소개하는데, 12절은 사람들의 놀람을 묘사한 것이고, 13절은 사람들의 조롱을 언급한 것이다. 먼저, 12절은 사람들의 놀람인데, 누가는 6절과 7절에 나왔던 단어를 그대로 사용한다. "놀라며"에 해당하는 *엑시스탄토*(ἐξίσταντο)라는 단어는 7절에도 있다. 그리고 "당황하여"에 해당하는 *디에포룬*(διηπόρουν)은 6절에 있는 "소동하여"에 해당하는 *쉬네퀴떼*(συνεχύθη)와 동의어이다. 그들은 "이 어찌 된 일이냐"라고 말함으로 지금 일어나는 일을 도무지 이해하지 못하고 있음을 드러낸다. 다음으로 13절은 사람들의 조롱인데, 이 구절은 성령의 오심을 깨닫지 못하고 회개하지 못하는 죄인들의 모습을 보여준다. 무리 중에서 일부는 조롱하면서 그들이 "새 술에 취하였다"라고 말한다. "새 술"은 강한 술이다. 따라서 새 술에 취했다는 것은 많이 취했다는 뜻이다. 이는 성령에 의해 지배당한 사람의 모습이 강한 술에 취한 것 같이 보였음을 암시한다.

이렇게 성령의 오심을 접한 사람들의 반응은 놀람(이해하지 못함)과 조롱일 뿐이며, 아직은 적극적으로 성령의 오심을 깨닫고 받아들이지 못한다. 이는 믿음이 없는 사람의 자연스러운 반응인데, 그들은 하나님을 믿었으나 바로 믿지 못했고, 성경을 알았으나 바로 알지 못했기 때문에 성령의 오심도 믿지 못하고, 알지 못한다. 그리고 이는 이어지는 단락에서 제시되는바 사도로 하여금 성령의 오심이 어떠한 구속사적 의미를 가지는지를 설교해야 할 필요성을 부여한다. 성령께서는 언제나 말씀을 매개체로 사람에게 믿음을 주시는데, 이제 강림하신 성령께서는 베드로의 설교를 사용하셔서 사람들에게 믿음을 주시고 그들이 회개하게 하실 것이다.

교훈과 적용

1. 오순절에 모여서 기도하던 제자들은 성령으로 충만함을 받았다. 이제 신약 시대에 성령이 강림하신 후에는 성령께서 더욱 활발하고 왕성하게 역사하신다. 우리는 이 땅에 오신 성령으로 날마다 충만해져야 한다. 성령 충만의 여부는 신자의 성공과 실패를 결정한다. 하루를 시작하기 전에 성령의 충만함이 있도록 기도하자. 연약한 우리에게 강한 능력을 주시도록 간구하자. 성령 충만한 사람, 성령 충만한 가정, 성령 충만한 교회가 되도록 기도하자. 특히 성령으로 충만함을 받아 사람들에게 복음을 전할 수 있기를 간구하자.
2. 성령의 충만함에 대해서 말할 때 그것이 항상 가시적이고 체험적인 어떤 현상을 수반하는 것은 아니라는 사실을 명심해야 한다. 성령은 때로는 뜨겁고 강렬하게, 그러나 때로는 아무런 느낌 없이 조용히 임하신다. 그러므로 지나치게 신비적이고 체험적인 요소를 강조하지 말아야 한다. 하나님께서 다양하게 역사하신다는 사실을 인정해야 한다. 오늘날 신비주의와 열광주의에 빠진 자들은 신비하고 황홀한 체험을 지나치게 중시하여 성령에 관해 잘못 이해하고 있다.
3. 성령이 분명한 가시적 증거와 함께 오셨지만, 여전히 그것을 믿지 않고 오히려 성령 충만한 사람들을 조롱하는 자들이 있었다. 이것은 사탄이 그들의 마음을 사로잡았기 때문이다. 사탄에게 사로잡힌 자들은 완악하고 불신앙적이다. 그런 사람들이 늘 우리 주위에 있다는 사실을 알고 경계해야 하며 조심해야 한다. 그리고 그들을 위하여 기도해야 한다. 하나님이 말씀과 성령으로 그들의 마음을 열어 주시고 그들의 심령이 부드럽게 해 주시기를 기도하자.

4. 베드로의 설교: 성령 강림의 의의(2:14-41)

14 베드로가 열한 사도와 함께 서서 소리를 높여 이르되 유대인들과 예루

살렘에 사는 모든 사람들아 이 일을 너희로 알게 할 것이니 내 말에 귀를
기울이라 15 때가 제 삼 시니 너희 생각과 같이 이 사람들이 취한 것이 아
니라 16 이는 곧 선지자 요엘을 통하여 말씀하신 것이니 일렀으되 17 하
나님이 말씀하시기를 말세에 내가 내 영을 모든 육체에 부어 주리니 너희
의 자녀들은 예언할 것이요 너희의 젊은이들은 환상을 보고 너희의 늙은
이들은 꿈을 꾸리라 18 그때에 내가 내 영을 내 남종과 여종들에게 부어
주리니 그들이 예언할 것이요 19 또 내가 위로 하늘에서는 기사를 아래로
땅에서는 징조를 베풀리니 곧 피와 불과 연기로다 20 주의 크고 영화로운
날이 이르기 전에 해가 변하여 어두워지고 달이 변하여 피가 되리라 21 누
구든지 주의 이름을 부르는 자는 구원을 받으리라 하였느니라 22 이스라
엘 사람들아 이 말을 들으라 너희도 아는 바와 같이 하나님께서 나사렛 예
수로 큰 권능과 기사와 표적을 너희 가운데서 베푸사 너희 앞에서 그를 증
언하셨느니라 23 그가 하나님께서 정하신 뜻과 미리 아신 대로 내준 바 되
었거늘 너희가 법 없는 자들의 손을 빌려 못 박아 죽였으나 24 하나님께서
그를 사망의 고통에서 풀어 살리셨으니 이는 그가 사망에 매여 있을 수 없
었음이라 25 다윗이 그를 가리켜 이르되 내가 항상 내 앞에 계신 주를 뵈
었음이여 나로 요동하지 않게 하기 위하여 그가 내 우편에 계시도다 26 그
러므로 내 마음이 기뻐하였고 내 혀도 즐거워하였으며 육체도 희망에 거
하리니 27 이는 내 영혼을 음부에 버리지 아니하시며 주의 거룩한 자로 썩
음을 당하지 않게 하실 것임이로다 28 주께서 생명의 길을 내게 보이셨으
니 주 앞에서 내게 기쁨이 충만하게 하시리로다 하였으므로 29 형제들아
내가 조상 다윗에 대하여 담대히 말할 수 있노니 다윗이 죽어 장사되어 그
묘가 오늘까지 우리 중에 있도다 30 그는 선지자라 하나님이 이미 맹세하

사 그 자손 중에서 한 사람을 그 위에 앉게 하리라 하심을 알고 31 미리 본
고로 그리스도의 부활을 말하되 그가 음부에 버림이 되지 않고 그의 육신
이 썩음을 당하지 아니하시리라 하더니 32 이 예수를 하나님이 살리신지
라 우리가 다 이 일에 증인이로다 33 하나님이 오른손으로 예수를 높이시
매 그가 약속하신 성령을 아버지께 받아서 너희가 보고 듣는 이것을 부어
주셨느니라 34 다윗은 하늘에 올라가지 못하였으나 친히 말하여 이르되
주께서 내 주에게 말씀하시기를 35 내가 네 원수로 네 발등상이 되게 하기
까지 너는 내 우편에 앉아 있으라 하셨도다 하였으니 36 그런즉 이스라엘
온 집은 확실히 알지니 너희가 십자가에 못 박은 이 예수를 하나님이 주와
그리스도가 되게 하셨느니라 하니라 37 그들이 이 말을 듣고 마음에 찔려
베드로와 다른 사도들에게 물어 이르되 형제들아 우리가 어찌할꼬 하거
늘 38 베드로가 이르되 너희가 회개하여 각각 예수 그리스도의 이름으로
세례를 받고 죄 사함을 받으라 그리하면 성령의 선물을 받으리니 39 이 약
속은 너희와 너희 자녀와 모든 먼 데 사람 곧 주 우리 하나님이 얼마든지
부르시는 자들에게 하신 것이라 하고 40 또 여러 말로 확증하며 권하여 이
르되 너희가 이 패역한 세대에서 구원을 받으라 하니 41 그 말을 받은 사
람들은 세례를 받으매 이 날에 신도의 수가 삼천이나 더하더라

오순절에 성령이 임하셔서 생긴 놀라운 현상으로 인하여 사람들은 큰 혼란에 빠졌다. 심지어 어떤 사람들은 조롱하면서 제자들이 새 술에 취했다고 말했다. 이에 베드로는 성령 강림의 의의를 설교한다. 이 설교는 사도행전에 나오는 베드로의 다섯 개의 설교 중 첫 번째이다(참고. 2:14-39; 3:12-26; 4:8-12; 5:29-32; 10:34-43). 베드로는 구약을 기독론적으로 해석하면서 예수

그리스도의 구속사역과 성령의 강림에 관하여 말한다. 베드로의 설교를 통하여 많은 사람이 세례를 받는다.

1) 베드로가 설교를 시작함(2:14-15)

베드로가 설교를 시작한다. 사도행전에 나오는 가장 두드러진 인물 두 사람은 베드로와 바울이다.[63] 사도행전 2-8장은 베드로를 중심으로 기술되어 있는데, 그는 유대인 선교를 주도하며, 15:7-11 이후로 더 이상 나오지 않는다. 그리고 사도행전 9-28장은 바울을 중심으로 기술되어 있는데, 그는 이방인 선교를 주도하며, 7장에 언급된 스데반의 순교 이후에 등장하여 사도행전의 이야기를 이끌어간다. 사도행전에 나오는 베드로는 복음서에 묘사된 것처럼 성격이 급하고 믿음이 연약한 사람이 아니다. 그는 성령으로 충만함을 받아 담대히 말씀을 전한다. 이 단화(pericope)에서 그는 오순절에 성령이 강림하신 일이 어떤 의의를 가지는지를 설교한다.

베드로는 열한 사도와 함께 서서 설교한다(14절a). 그는 이미 사도 공동체의 대표로서의 지위를 굳혔다. 그는 청중을 향하여 "유대인들과 예루살렘에 사는 모든 사람들아"라고 말한다. 이들은 예루살렘에 살고 있던 유대인들과 오순절을 맞이하여 예루살렘에 모인 유대인들이다. 그리고 여기에는 유대교로 개종한 이방인들도 포함되어 있다(참고. 10절). 베드로는 청중들을 향하여 "이 일"을 알게 할 것이니 "내 말에 귀를 기울이라"라고 말한다(14절b). "이 일"이란 성령의 강림과 그에 따라 일어난 현상들(예. 다른 언어들)이다. "내 말에 귀를 기울이라"라는 요청은 베드로가 가진 사도로서의 권위를 반영한다.

베드로는 지금이 "제 삼 시"(오늘날의 오전 9시)라고 하면서, 이렇게 이른 시간에 사람이 술에 취했다고 생각하는 것은 자연스럽지 않다는 전제적 사실을 언급한다(15절). 그가 이렇게 말하는 것은 성령이 임하셨을 때 나타난 언어일치 현상에 대하여 어떤 사람들이 술에 취했다고 조롱했기 때문이다(참고. 13절). 성령이 임하여 나타난 초자연적인 언어일치 현상을 술 취한 것으로 본 것은 성령을 받지 못한 자연인(죄인)의 불신앙적 반응이다. 따라서 베드로는 먼저 사람들이 가지고 있는 오해를 상식적인 전제를 들어 해소시키려고 한다.

2) 종말이 도래함(2:16-21)

16-21절에서 베드로는 구약성경을 인용하여 지금 상황을 설명한다. 그는 성령의 강림을 요엘 2:28-32에 기록된 예언의 성취라고 설명한다(16절). 베드로는 요엘이 예언한 것이 오순절에 일어난 일이라고 말한다. 그는 요엘이 언급한 "그 후에"(*메타 타우타*, μετὰ ταῦτα, LXX)를 "말세에"(*엔 타이스 에스카타이스 헤메라이스*, ἐν ταῖς ἐσχάταις ἡμέραις)로 바꾸어서 이 사건을 종말론적으로 해석한다(17절a).[64] 성령의 강림은 종말의 날이 도래했음을 의미한다. 그런데 종말의 날은 구원과 심판의 날이다. 따라서 베드로는 이제 성령이 오심으로 구원과 심판이 시행된다는 사실을 시사한다.

요엘은 하나님의 약속을 언급하면서 "내가 내 영을 모든 육체에 부어 주리니"라고 말했다(17절b). 여기서 "모든 육체에"(*에피 파산 사르카*, ἐπὶ πᾶσαν σάρκα)란 예수 그리스도를 구주로 영접하고 하나님의 자녀가 된 모든 사람을 의미한다. 그것은 외적인 신분과 지위와 성별을 초월한다. "부어 주리니"(*엑케오*, ἐκχέω)라는 동사는 여름에 엄청난 폭우가 하늘에서 내리는 장면을 연상하게 한다. 특히 이 동사는 1인칭 미래 능동태로 되어 있어서 하나님의 강한 의지와 풍성한 선물 주심을 반영한다. 구약시대에는 성령이 특별한 목적을 가지고 특별한 몇몇 사람들에게 임하셨으나, 이제 말세(오순절)에 성령은 모든 육체에게 편만하게 임하신다.

성령이 임하시면 자녀들은 예언을 할 것이고, 젊은이들은 환상을 볼 것이고, 늙은이들은 꿈을 꿀 것이며, 심지어 남종들과 여종들도 예언을 할 것이다(18절). 그리하여 하나님의 성령은 성별이나 연령이나 신분을 구분하지 않고 임하셔서 성령의 다양한 표징을 주실 것이다. 여기서 환상과 꿈과 예언은 하나님의 말씀이 임하는 방식이다(참고. 7:31, 55-56; 9:3-10, 12; 10:3, 17, 19; 11:5; 16:9-10; 18:9; 27:23). 구약 시대에 하나님은 특별한 사람에게만 말씀을 주셨으나, 말세에 하나님은 예수 그리스도를 믿고 거듭난 모든 사람에게 말씀을 주신다. 그리고 이것은 제자들이 "다른 언어들"로 "하나님의 큰 일"을 말하는 것으로 확인된다(참고. 11절).

베드로는 이어서 성령이 오시는 날(오순절)에 엄청난 천체의 변화가 있다고 말한다(19-20절). 이것은 성령 강림이 시대의 격변을 가져온다는 사실을 시사한다. 하나님께서는 하늘에서 "기사"(wonders)를 나타내시고 땅에서 "징조"(signs)를 나타내신다. 이러한 기사와 징조는 종말의 도래를 보여주는 징표인데, 이미 예수님의 사역을 통하여 드러났으며, 이제 성령의 강림을 통해 다시 드러난다.[65] 그러므로 베드로는 성령의 오심을 종말론적으로 이해한다. 특히 "피와 불과 연기"라는 용어들과 "해가 변하여 어두워지고 달이 변하여 피가 되리라"라는 표현은 무서운 재난과 심판을 암시한다. 그러므로 베드로는 종말을 살아가는 이들에게 복음을 시급히 전해야 할 필요성, 곧 선교의 사명을 촉구한다. 이제 성령을 받은 제자들은 복음을 전하러 갈 것이며, 사람들은 그들이 전하는 복음을 듣고 구원받을 것이다.

베드로는 결론적으로 "누구든지 주의 이름을 부르는 자는 구원을 받으리라"라고 말한다(21절; 참고. 4:12; 롬 10:9-13). 요엘서에서 "주의 이름"은 여호와의 이름이었으나, 사도행전에서 "주의 이름"은 예수 그리스도의 이름이다. 그러므로 베드로는 구약을 기독론적으로 해석하여 그리스도를 중심으로 한 구속사의 지향과 완성을 말한다. 즉 베드로는 성령의 강림과 그로 인한 종말의 도래를 예수 그리스도에 대한 믿음 초청('주의 이름을 부르고 구원을 받으라')으로 연결 짓는다. 그런데 베드로의 말은 주의 이름을 부르지 않는 자가 심판을 받을 것이라는 사실을 내포한다. 종말의 날은 구원의 날이면서 동시에 심판의 날이다. 이제 복음을 들은 사람은 주 예수 그리스도를 믿어야 한다. 오직 예수 그리스도를 통해서만 구원을 받을 수 있다.

3) 예수 그리스도의 승귀와 성령의 강림(2:22-36)

베드로는 사람들이 믿어야 할 분이신 '나사렛 예수님'에 대해서 언급한다. 그는 예수님에 대해서 자세히 설명한다(22-35절). 그의 설명은 예수님의 사역(22절), 예수님의 죽음과 부활(23-24절), 다윗 언약의 성취로서의 예수님(25-32절), 예수님의 승천(33-35절), 그리고 결론(36절)으로 구성되어 있다. 그는 예수님의 구속 사역이 성령의 강림을 통하여 어떻게 실현되는지를 말하려고 한다. 그리고 그는 예수님의 사역과 성령의 강림을 '주의 이름을 부르고 구원을 받으라'라는 종말론적 초청으로 완성한다. 그리하여 베드로의 설교는 성령론적이면서 구원론적이고, 또한 기독론적이다. 성령의 임하심은 구원의 날의 도래를 의미하고, 그것은 예수 그리스도를 믿음으로 완성된다.

(1) 예수님의 사역(2:22)

이 설교에서 예수님의 사역에 대한 언급은 매우 짤막하다. 아마도 누가가 베드로의 설교를 요약해서 기록했기 때문에 우리는 베드로가 예수님의 사역에 대해 좀 더 자세하게 설명했으리라고 짐작할 수 있다. 22절에서 베드로가 "나사렛 예수"라는 명칭을 사용한 것은 나사렛에서 자라시고 갈릴리에서 활동하신 바로 그 예수님, 곧 역사적 예수님을 구체적으로 지칭하기 위한 의도에서 비롯된 것이다. 베드로는 예수님이 일으키신 권능과 기사와 표적이 예수님의 신적 정체성을 입증한다고 말한다. 여기서 권능과 기사와 표적을 구분할 필요는 없다. 그것들은 하나님만이 일으키실 수 있는 초자연적이고 신적인 역사를 가리킨다.

(2) 예수님의 죽음과 부활(2:23-24)

23-24절에서 베드로는 예수님의 죽음과 부활을 언급한다. 예수님의 사역 절정은 십자가 위에서의 죽음이다.[66] 베드로는 예수님의 죽음이 하나님의 작정에 의한 것이지만, 또한 사람들이 못 박아 죽인 것이라고 말한다(23절). 즉 예수님의 죽음은 하나님이 계획하신 일이긴 하지만, 인간이 책임져야 할 일이라는 것이다(참고. 4:27-28). 우리는 여기서 '하나님의 섭리와 인간의 책임 사이의 역설'(the paradox between divine providence and human responsibility)을 보게 된다.[67] 분명히 예수님의 죽음은 인간에게 구원의 효력을 제공하는 은혜가 되지만, 동시에 인간(특히 유대의 종교지도자들)은 자신들의 악함으로 인하여 예수님이 돌아가셨다는 사실을 알고 이에 대한 책임을 져야 한다. 그러나 예수님은 죽음에서 부활하셨다. 하나님은 예수님을 "사망의 고통"에서 풀어 살리셨으니 예수님은 사망에 매여 있을 수 없으

셨다(24절).[68] 예수님의 부활은 예수님의 신적 정체에 대한 하나님의 가장 확실한 인정이요 선포이다.

(3) 다윗 언약의 성취(2:25-32)

베드로는 시편 16:8-11을 인용하여 예수님의 부활이 선지자 다윗에 의해 이미 예언되었음을 말한다(25-28절).[69] 여기서 "내가"는 다윗의 후손이신 예수님을 가리키고, "내 앞에 계신 주"는 하나님을 가리킨다.[70] 베드로는 이 언급에 대하여 보다 자세히 설명한다(29-31절). 그는 구약본문을 기독론적으로 해석한다. 베드로는 하나님이 다윗의 자손 중에서 한 사람을 "그 위(his throne)에 앉게 하리라"라고 하신 것을 다윗이 보았기에 그리스도의 부활을 예견했다는 사실을 언급한다. 한편, 예수님이 시편 예언의 성취를 부활 사건에 적용하신 것이 이 본문과 연관되었을 가능성이 높다(참고. 눅 24:44). 베드로는 "우리가 다 이 일에 증인이로다"라고 말함으로써 부활의 사실성과 확실성을 강조한다(32절).

(4) 예수님의 승천(2:33-35)

베드로는 이제 예수님의 승천으로 나아간다. "하나님이 오른손으로 예수를 높이시매"라는 표현은 하나님이 예수님을 승귀하신 분으로 선언하신 것을 의미한다(33절a). 이러한 예수님은 약속하신 성령을 아버지 하나님께 받아서 제자들에게 부어 주셨다(33절b). 이것은 예수님이 승천하심으로 성령이 강림하셨으며, 성령은 예수님의 영이시기에 예수님이 영원히 세상에 계신다는 의미를 포함한다. 다시 말해서, 예수님의 승천은 예수님의 영원한 현존, 즉 종말론적인 현존(the eschatological presence)을 가능하게 하며,

따라서 예수님이 모든 세대의 모든 그리스도인과 함께 하시는 계기가 된다는 것이다.

이어서 베드로는 시편 110:1을 인용한다(34-35절).[71] 베드로의 인용을 이렇게 풀이할 수 있다: "주(하나님)께서 내(다윗) 주(승천하신 예수님)에게 말씀하시기를[히브리어 성경: "야웨(Yahweh)께서 나의 아도나이(Adonai)에게 말씀하시기를"] 내(하나님)가 네(예수님) 원수로 네(예수님) 발등상이 되게 하기까지 너(예수님)는 내(하나님) 우편에 앉아 있으라 하셨도다." 이 말의 의미는 다윗의 후손이신 예수님이 다윗의 주님이시라는 점이다(참고. 눅 20:41-44; 막 12:35-37). 이렇게 베드로는 승천하신 예수님의 영광스러운 지위와 영원한 현존을 강조한다.

(5) 결론(2:36)

베드로는 결론을 내린다. "너희가 십자가에 못 박은 이 예수를 하나님이 주와 그리스도가 되게 하셨느니라"(36절). 그런데 예수님이 '주와 그리스도가 되었다'는 것은 부활과 승천으로 인해서 되었다는 뜻이 아니다. 오히려 예수님이 부활하시고 승천하심으로 그분의 신적 존재로서의 주와 그리스도이심이 분명히 드러났으며, 사람들이 그 의미를 보다 완전하게 깨달을 수 있게 되었다는 뜻이다. 먼저, 예수님은 "주"(*퀴리오스*, κύριος, Lord)가 되셨다. 사도행전에서 이 용어는 예수님과 하나님께 교호적으로(interchangeably) 사용된다(예. 36절에서 예수님, 39절에서 성부 하나님). 이 용어는 '예수님의 왕권'을 시사한다. 다음으로, 예수님은 "그리스도"(*크리스토스*, Χριστός, Christ: Messiah-Appointed One)가 되셨다. 이 용어는 이스라엘을 구원할 자를 뜻한다. 하지만 예수님은 이스라엘을 로마의 압제에서 구원하실 정치적인 구원자가 아니라 모든 인류를 죄와 사망에서 구원하실 영적 구원자이시다.

4) 사람들의 반응(2:37-41)

베드로의 설교를 듣고 사람들은 큰 찔림을 받는다. 누가는 사람들의 반응을 "그들이 이 말을 듣고 마음에 찔려…… 형제들아 우리가 어찌할꼬"라고 표현한다(37절). 이것은 말씀을 제대로 들은 자들의 당연한 반응이다. 바르게 전해진 말씀을 진지하게 들은 자는 자연스럽게 이런 반응을 보이게 된다. 이것이 말씀의 능력이다. 말씀을 듣기 전에 그들은 제자들이 술에 취했다고 조롱했지만, 말씀을 들은 후에 그들은 마음에 큰 찔림을 받아 "우리가 어찌할꼬"라며 탄식한다. 그들은 말씀을 통해서 자신들의 죄를 보게 되었고 죄의 심각성을 깨닫게 되었다.

베드로는 "회개하고 세례를 받으라 그리하면 죄 사함을 받고 성령의 선물을 받을 것이다"라고 말한다(38절; 참고. 10:45; 11:17). 이 권면과 약속은 누가복음 24:49의 "볼지어다 내가 내 아버지께서 약속하신 것을 너희에게 보내리니 너희는 위로부터 능력으로 입혀질 때까지 이 성에 머물라 하시니라"라는 예수님의 말씀에 근거하지만, 이보다 일찍이 누가복음 11:13의 "너희가 악할지라도 좋은 것을 자식에게 줄 줄 알거든 하물며 너희 하늘 아버지께서 구하는 자에게 성령을 주시지 않겠느냐 하시니라"라는 예수님의 약속에 근거한다. 그리고 이것은 다시 누가복음 3:16의 "요한이 모든 사람에게 대답하여 이르되 나는 물로 너희에게 세례를 베풀거니와 나보다 능력이 많으신 이가 오시나니 나는 그의 신발끈을 풀기도 감당하지 못하겠노라 그는 성령과 불로 너희에게 세례를 베푸실 것이요"라는 말씀으로 거슬러 올라간다. 결국, 사도행전 1:4-5에는 "사도와 함께 모이사 그들에게 분부하여 이르시되 예루살렘을 떠나지 말고 내게서 들은 바 아버지께서 약속하신 것을 기다리라 요한은 물로 세례를 베풀었으나 너희는 몇 날이 못 되어 성령으로 세례를 받으리라 하셨느니라"라는 말씀이 있고, 사도들은 예수님의 명령과 권면을 준수했으며, 오순절이 이르자 성령께서 성령 강림으로 그 약속이 이루어졌다.[72]

그런데 이 권면을 개인 구원의 단계적 형식으로 이해해서는 안 된다. 10:44-48을 보면, 세례가 구원의 조건이 아님을 알 수 있다. 곧 고넬료의 경우에는 성령을 받고 방언을 말한 후에 세례를 받았기 때문이다. 베드로는 이 약속(회개하고 세례를 받으면 성령을 받음)이 "너희와 너희 자녀와 모든 먼 데 사람"에게 하신 것이라고 말한다(39절).[73] 여기서 "너희와 너희 자녀"는 유대인을 가리키고, "모든 먼 데 사람"은 이방인을 가리킨다. 그러므로 베드로의 말은 오순절 성령 강림으로 인하여 모든 사람이 구원의 은혜를 누릴 수 있게 되었다는 뜻이다.

베드로는 "또 여러 말로" 확증하며 권하는데(40절a), 이는 14-39절이 베드로의 설교를 요약한 것임을 의미한다. 즉 누가는 베드로의 설교 전체를 다 실은 것이 아니라 그의 설교를 요약하여 실은 것이다. 베드로의 설교는 한 마디로 "너희가 이 패역한 세대에서 구원을 받으라"이다(40절b). "패역한 세대"란 당시 세대에 대한 규정일 뿐만 아니라 모든 세대에 대한 규정으로 종말론적인 관점에서 세상을 보는 것이다(참고. 16-21절). "구원을 받으라"라는 표현은 베드로가 38절에서 말한바 "너희가 회개하여 각각 예수 그리스도의 이름으로 세례를 받고 죄 사함을 받으라 그리하면 성령의 선물을 받으리니"를 포괄한다.

결국, 베드로의 설교를 들은 사람들이 세례를 받으니 그날에 신도가 3,000명이나 더하게 되었다(41절; 참고. 2:47; 4:4; 5:14; 6:1, 7). 그리하여 예수님의 말씀대로 제자들은 예수님보다 더 큰 일을 할 수 있게 되었다(참고. 요 14:12). 물론 어떤 사람들은 '과연 주후 30년대에 예루살렘에서 갑자기 3,000명의 신자가 생길 수 있겠는가?'라고 의문을 제기할 것이다. 과거에 학자들은 주후 1세기 예루살렘의 인구를 25,000-30,000명으로 보았다. 그러나 최근에 학자들은 예루살렘의 인구를 60,000-120,000명으로 본다. 그리고 유대의 3대 절기에는 이보다 훨씬 많은 180,000-200,000명이 예루살렘을 방문했던 것으로 추정한다.[74] 그러므로 하루에(혹은 며칠에 걸쳐) 3,000명의 신도가 더 하는 것은 불가능한 일이 아니다. 그럼에도 이러한 일은 일반적인 현상이 아니다. 그것은 성령의 역사로 일어난 특별한 일이었다. 당시에 예루살렘에는 물이 풍성했기에 많은 사람이 세례를 받는 것이 어렵지 않았을 것이다. 실로암 못이나 베데스다 못은 물론이고, 그밖에 여러 곳에서 세례가 시행되었을 것이다.[75]

교훈과 적용

1. 베드로는 성령으로 충만함을 받아 담대히 말씀을 전했다. 사도행전에 나오는 베드로는 더 이상 복음서에서 보던 연약한 베드로가 아니다. 베드로는 완전히 변화되었다. 그는 말씀과 지혜와 능력에 있어서 전혀 다른 모습을 가지게 되었다. 우리도 성령의 충만함을 받아 변화되어야 한다. 주님의 일을 하기 위하여 베드로와 같은 능력을 받아야 한다. 하나님께서 우리를 변화시켜 주시고 우리에게 능력을 주셔서 복음을 힘있게 전하는 자가 되도록 기도하자.
2. 베드로는 오순절 성령 강림이 어떤 의의를 가지는지 설교했다. 그는 구약의 예

언을 바르게 해석하여 삼위 하나님의 구속사역을 선포했다. 베드로와 같이 우리는 말씀을 바로 이해하고 담대하게 전할 수 있어야 한다. 그러기 위해서는 신구약성경을 충분히 공부해야 한다. 그리고 신구약성경이 예수 그리스도 중심으로 기술되었음을 알고 신구약을 그리스도 중심적(구원역사적)으로 해석해야 한다.

3. 베드로의 설교를 들은 사람들이 세례를 받으니 신도가 3,000명이나 더하게 되었다. 이것은 얼마나 놀라운 일인가? 이처럼 바르게 선포된 말씀은 사람을 변화시킨다. 우리는 말씀의 힘을 신뢰해야 한다. 교회가 성장하고 부흥하기 위하여 프로그램을 의지할 것이 아니라 살아 있고 활력이 있는 말씀을 의지해야 한다. 말씀을 떠나지 말고 늘 가까이해야 한다. 하나님께서 지금도 말씀 가운데서 역사하신다는 사실을 명심해야 한다.

5. 예루살렘 교회의 모습(2:42-47)

42 그들이 사도의 가르침을 받아 서로 교제하고 떡을 떼며 오로지 기도하
기를 힘쓰니라 43 사람마다 두려워하는데 사도들로 말미암아 기사와 표
적이 많이 나타나니 44 믿는 사람이 다 함께 있어 모든 물건을 서로 통용
하고 45 또 재산과 소유를 팔아 각 사람의 필요를 따라 나눠 주며 46 날마
다 마음을 같이하여 성전에 모이기를 힘쓰고 집에서 떡을 떼며 기쁨과 순
전한 마음으로 음식을 먹고 47 하나님을 찬미하며 또 온 백성에게 칭송을
받으니 주께서 구원 받는 사람을 날마다 더하게 하시니라

누가는 사도행전 2장을 초기 신자들의 교회 생활을 묘사함으로 끝낸다. 사도행전에는 예루살렘 교회의 초기 모습이 세 번에 걸쳐 묘사되어 있는데(참고. 2:42-47; 4:32-35; 5:12-16), 본문이 첫 번째이다.[76] 초기 그리스도인들

은 놀랄 만한 신적인 공동체를 경험했다. 실로 그들의 모습은 놀랍고 역동적이다. 그들의 모습은 하나님 나라의 가시적인 임함을 보여준다. 필시 이것은 성령께서 역사하신 결과이지, 사람이 인위적으로 노력해서 얻어질 수 있는 것이 아니다.

1) 교인들이 힘썼던 일(2:42)

초대교회 교인들의 삶은 "힘쓰니라"(*프로스카르테레오*, προσκαρτερέω)라는 단어에 집약되어 있다. 이 단어는 1:14에서 사도들과 제자들이 다락방에서 기도에 힘쓴 것을 묘사할 때 사용되었다. 이 단어는 신약성경에 10번 나오는데, 사도행전에 6번 나온다(예. 1:14; 2:42; 2:46; 6:4; 8:13; 10:7).[77] 이 단어는 글자 그대로 '어떤 일에 계속해서 전념하는 것'을 의미한다. 이 단락에서 이 단어는 42절과 46절에 두 번 사용되어 초대교회가 힘을 많이 기울인 공동체임을 보여준다. 그리고 이 단어는 6:4에서 사도들이 기도하는 일과 말씀 사역에 힘쓰겠다는 결연한 의지를 드러내는 데 사용된다.

누가는 초대교회에 대하여 묘사하기를, "그들이 사도의 가르침을 받아 서로 교제하고 떡을 떼며 오로지 기도하기를 힘쓰니라"라고 한다(42절). 한글성경 개역개정판에는 "힘쓰니라"가 문장의 제일 끝에 위치해 있고 그 앞에 기도가 언급되어 있어서, 언뜻 보면 마치 초대교회가 기도에만 힘쓴 것 같다(참고. 1:14). 그러나 헬라어 본문에는 이 단어가 문장 첫머리에 분사 형태로 있어서 대격으로 언급된 일들 모두에 연결된다. 즉 "힘쓰니라"(*프로스카르테룬테스*, προσκαρτεροῦντες)가 '사도의 가르침을 받는 것', '서로 교제하는 것', '떡을 떼는 것', '기도하는 것'을 모두 지배한다. 그리고 이 일들에는 모두 관사가 붙어 있어서 특별함을 드러낸다.[78]

첫째로, 초대교회의 교인들은 사도의 가르침을 받는데 힘썼다. 사도의 말씀은 초대교회 부흥의 가장 중요한 동인이 되었다. 예수님은 제자들에게 말씀을 가르치시는 일에 가장 많은 시간을 할애하셨는데, 제자들 역시 예수님으로부터 전해 받은 말씀을 교인들에게 가르치는 일에 심혈을 기울였다. 예수님이 제자들에게 하나님 나라의 일을 가르치셨듯이(참고. 1:3), 제자들 역시 교인들에게 하나님 나라의 일을 가르쳤다. 사도는 말씀을 가르치는 일에 가장 정성을 기울였으며, 사람들은 말씀을 받는 데 가장 힘을 썼다.[79] 이후 사도들의 교훈은 이방 지역에 세워진 교회들에서도 가장 중심이 되었다(참고. 11:25-26; 18:11; 19:9-10; 20:7-12, 20-21, 28-32; 28:30-31).[80]

둘째로, 초대교회의 교인들은 교제하는 데 힘썼다. "교제"는 헬라어로 *테 코이노니아*(τῇ κοινωνίᾳ)라고 되어 있어서 관사(*테*, τῇ)를 포함한다. 이것은 초대교인들의 교제가 세상 사람들의 일반적인 모임이나 사교활동이 아니라 뭔가 특별한 것이 있는 모임임을 의미한다. 그들은 그리스도를 믿는 믿음으로 하나가 된 신성한 공동체를 이루었으며, 그리스도께서 제자들과 함께 지내시면서 사랑을 베풀어주신 것과 같이 서로를 사랑했다. 더욱이 그들의 교제에는 실천적인 행위가 수반되었다. 초대교회 교인들은 사랑으로 교제했으며, 그러한 사랑에는 재산과 소유의 공유와 통용이라는 실제적인 행위가 있었다. 이렇게 사랑이 동반된 교제의 모습은 이어지는 구절들에서 상세히 언급된다.

셋째로, 초대교회의 교인들은 떡을 떼는 데 힘썼다. 그런데 헬라어 본문에서 사도의 '가르침을 받는 것'과 '교제' 사이에는 접속사 *카이*(καί)가 있고, '떡을 떼는 것'과 '기도' 사이에도 *카이*가 있지만, '교제'와 '떡을 떼는 것' 사이에는 *카이*가 없다. 그래서 이 구절을 문자적으로 번역하면 '그들은 사도들의 가르침과(*카이*) 교제, 떡을 뗌과(*카이*) 기도에 힘썼다'가 된다. 그렇다면 교제와 떡을 떼는 것 사이에 *카이*가 없다는 것은 무엇을 의미하는가? 그것은 이 둘이 하나의 범주에 속한다는 뜻이다. 즉 초대교회 교인들이 교제를 나누었는데, 떡을 떼면서 교제를 나누었다는 뜻이 된다. 따라서 초대 교회가 힘쓴 것은 네 가지가 아니라 세 가지로 요약할 수 있다. 곧 사도들의 가르침, 교제(떡을 떼면서 교제함), 기도가 된다.[81] 떡을 떼는 것은 음식을 먹는 것을 나타내는 유대식 표현이다(참고. 27:35; 눅 9:16; 24:30, 35). 따라서 그들은 교제를 하면서 음식을 함께 먹음으로 그리스도 안에서 새롭게 형성된 가족(식구)임을 확인했다.

여기서 떡을 떼는 것을 '애찬'(단순한 식사)으로 볼 것인지 아니면 '성찬'(성례)으로 볼 것인지에 대한 논란이 있다.[82] 이 문제는 초기 기독교 공동체의 역사적인 상황과 관련해서 이해해야 한다. 처음에는 기독교 공동체에서 애찬과 성찬이 함께 행해진 것이 분명하다. 그러다가 시간이 지나면서 교회의 규모가 커지고, 또한 애찬의 정신이 훼손되면서 애찬은 사라지고 성찬만 남게 되었다. 고린도전서 11장을 참고할 때, 고린도 교회에서는 음식을 먹는 것과 성찬을 행하는 것이 처음에는 구분되어 있지 않다가 나중에 구분되었음을 알 수 있다. 예루살렘 교회 역시 처음에는 음식을 먹는 것과 성찬을 행하는 것이 구분되지 않았다가, 나중에 교회의 예전이 발전하면서 음식을 먹는 것과 성찬을 행하는 것이 구분되었을 것이다.[83]

넷째로(혹은 '셋째로'), 초대교회의 교인들은 기도하기를 힘썼다. 그들은 다락방에서 성령의 강림을 위하여 오로지 기도하기를 힘썼는데(참고. 1:14), 이제 성령이 강림하신 이후에도 기도하기를 힘쓴다. 사도행전에는 기도에 대한 언급이 많이 나온다(참고. 1:14, 24; 4:24-31; 6:4, 6; 9:40; 10:2,

4, 9, 31; 11:5; 12:5; 13:3; 14:23; 16:25; 22:17; 28:8). 여기서 기도에 대하여 사용된 헬라어 단어가 복수형인 *프로슈카이스*(προσευχαῖς)인 것은 그들이 구약적인(유대적인) 기도와 신약적인(기독교적인) 기도를 혼합하여 기도했음을 시사한다. 이는 그들이 오랫동안 유대의 관습에 젖어 있던 유대인이었기 때문이며, 또한 구약의 기도 관습이 신약의 복음과 모순되지 않았기 때문이다. 그들은 성전의 기도 시간을 따랐을 뿐만 아니라(참고. 3:1; 22:17), 그들 나름대로 기도하는 시간을 가졌다(참고. 1:24; 4:24; 12:12 등).

2) 교회 공동체의 이상적인 모습(2:43-47)

누가는 "사람마다 두려워하는데"라고 말한다(43절a). 사람들이 두려워하는 것은 2:37에 묘사된 현상과 유사한데, 하나님의 역사가 있을 때 나타난다(참고. 눅 1:12, 65; 2:9; 5:26; 7:16; 8:37). '두려움'(*포보스*, φόβος)이라는 용어는 신약성경에 47번 나오는데, 누가-행전에 12번 나온다.[84] 누가는 이어서 "사도들로 말미암아 기사와 표적이 많이 나타나니"라고 말한다(43절b). "기사와 표적"(*테라타 카이 세메이아*, τέρατα καὶ σημεῖα, wonders and signs)은 사도행전에 대단히 빈번하게 나오는 용어이다(예. 4:16, 22, 30; 5:12; 6:8; 8:6, 13; 14:3; 15:12). 이 구절에서 "기사"와 "표적"의 의미를 굳이 구분할 필요는 없다. 여기서 이 단어들은 같은 뜻을 가진다. 기사와 표적은 하나님께서 사도들을 인정하신다는 수단, 즉 사도들의 권위와 자격을 증명하신다는 표식이 된다. "나타나니"에 해당하는 헬라어 단어 *에기네토*(ἐγίνετο)는 미완료형(imperfect)인데, 이는 기사와 표적이 계속해서 나타났음을 의미한다.[85]

초대교회의 중요한 특징은 물건을 통용했다는 점이다. 그들은 모든 물건을 서로 통용하고 재산과 소유를 팔아 각 사람의 필요를 따라 나누어 주었다(44-45절). 그런데 여기에 사용된 단어들의 시상이 미완료형이라는 점을 주목해야 한다. 미완료형 시상은 재산과 소유를 팔아 각 사람의 필요에 따라 나누어주는 일이 단회적이 아니라 계속 반복해서 일어났음을 시사한다. 고대 문헌을 참고할 때 이러한 모습은 초대교회에 잠시 있다가 없어지지 않고 비교적 오래 지속하였다(참고. *Didache* 4.7-8; 바나바 서신 19.8). 더욱이 여기서 미완료 시상이 사용된 것은 자신의 재산을 파는 일이 강제로 이루어지지 않았음을 뜻한다. 이것은 공동체에 어떤 필요가 있을 때마다 자발적으로 자신의 재산을 팔아서 내놓은 것을 암시한다. 즉 그들은 자발적으로 자신의 소유를 팔아서 어려운 사람을 도와주었다. 따라서 초대교인들이 물건을 공유한 것은 근대 공산주의 체제에서 사람들이 강제로 재산을 공유한 것과 다르다.[86]

초대교회 교인들은 "날마다" 모였다. "날마다"(*카뜨 헤메란*, καθ' ἡμέραν)라는 표현은 문장 전체에 영향을 미쳐서 "온 백성에게 칭송을 받으니"에게까지 연결된다. 그들에게는 두 종류의 모임이 있었다. 그것은 성전에서의 모임과 집에서의 모임이다(46절).[87] 성전에서의 모임은 큰 모임으로 이방인의 뜰 동쪽 끝에 있는 솔로몬 행각에서의 모임으로 보인다(참고. 3:11; 5:12). 그들은 성전에서 모여 말씀을 듣고 기도했을 것이다. 집에서의 모임은 작은 모임으로 '집에서'에 해당하는 헬라어가 '매 집마다'로 번역되는 *카트 오이콘*(κατ' οἶκον)인 것을 볼 때 여러 집을 돌아가면서 모인 것으로 보인다(참고. 5:42; 10:24-48). 실로 초대교회 교인들은 성전과 집에서 모이기를 힘썼으며, 모일 때마다 음식을 함께 나누어 먹으면서 한 가족인 것을 확인했다.

그들은 하나님을 찬미하며 또 온 백성에게 칭송을 들었다(47절a). 따라서 초대교회 교인들은 하나님과 이웃을 모두 기쁘게 하였다. 여기서 "온 백성"(*홀론 톤 라온*, ὅλον τὸν λαόν)이란 이스라엘 사람들을 가리키는데, 그들은 후에 기독교에 대해서 적대적이었지만, 처음에는 기독교에 대해서 호의적이었다. 초대교회의 유대인 신자들은 처음에 유대의 의식과 관습을 잘 지켰기 때문에 유대인 불신자들로부터 비판을 받지 않았으며, 오히려 착한 일을 많이 했기 때문에 칭송을 들었다. 그 결과로 주님께서는 구원받는 사람을 날마다 더하게 하셨다(47절b). 여기서 누가는 구원을 받는 사람이 더해진 것을 주님의 역사로 언급한다. 즉 교회의 부흥과 성장은 사람의 인위적인 노력 때문이 아니라는 것이다.[88]

교훈과 적용

1. 우리는 이 단락에서 교회의 이상을 볼 수 있다. 교회가 어떤 공동체여야 하는지를 바르게 이해하는 것은 매우 중요하다. 우리가 가지고 있는 신앙 문제들의 상당수는 잘못된 교회관에서 비롯되었다. 교회가 바로 세워져 있지 않기 때문에 건강하지 않은 그리스도인이 배출되는 것이다. 그러므로 올바르고 건강한 교회를 세우는 일은 무엇보다도 중요하다. 우리는 사도의 가르침과 그들이 목회했던 초대교회의 모습을 보면서 바른 교회관을 정립할 수 있다.
2. 초대교회는 세 가지(혹은 네 가지) 일에 힘썼다. 즉 그들은 사도들의 가르침을 받는 일, 서로 교제하는 일(떡을 떼는 일), 기도하는 일에 힘썼다. 이 일은 교회의 본질이 무엇인지를 보여준다. 오늘날 교회는 이 일에 힘써야 한다. 교회는 이 일을 하면서 혹은 이 일을 위해서 다른 일을 해야 한다. 특히 이 일 중에서 가장 중요한 일이 말씀을 바르게 가르치고 배우는 일이다. 말씀이 근본이며 우선이다. 말씀 위에 모든 것이 세워져야 한다.

3. 초대교회의 그리스도인은 모든 사람에게 칭찬을 들었다. 그들은 믿지 않는 사람들보다 훨씬 뛰어난 삶을 살았다. 오늘날 기독교인들이 세상 사람들에게 손가락질을 받는 것은 대단히 부끄럽고 안타까운 일이다. 우리는 세상의 빛과 소금이다. 우리는 세상 사람들보다 월등히 뛰어난 삶으로 그들에게 감동을 주어야 한다. 말로만 복음을 전할 것이 아니라 행함으로 복음을 전해야 한다. 불신자들에게 칭찬을 듣는 그리스도인이 되어야 한다.

2

예루살렘에서 복음이 전파됨

(3:1-5:42)

대한예수교장로회 고신총회 설립 60주년 기념

성경주석

사도행전

A c t s

2
예루살렘에서 복음이 전파됨
(3:1–5:42)

본문 개요

사도행전의 두 번째 부분에는 예루살렘에 교회가 세워지는 과정이 기록되어 있다. 오순절에 성령께서 강림하신 후에 사도들은 예루살렘에서 힘있게 복음을 전했으며, 그 결과로 교회가 세워졌다. 사도들은 박해와 어려움을 겪었으나 굴하지 않았으며, 신자들은 뜨겁게 기도했고, 재산을 통용하면서 더욱 하나가 되었다. 비록 교회 안에 어려움이 찾아왔지만, 교회의 부흥을 가로막지는 못했고, 더욱 많은 표적과 기사가 나타났으며, 말씀이 활발하게 전파되었다.

내용 분해

1. 베드로가 나면서 못 걷게 된 이를 고침(3:1-10)

1) 베드로와 요한이 성전에 올라감(3:1)

2) 병자를 고침(3:2-8)

3) 사람들의 반응(3:9-10)

2. 베드로가 구경꾼들에게 설교함(3:11-26)

1) 사람들이 베드로와 요한을 주목함(3:11-12)

2) 베드로의 설교(3:13-26)

(1) 예수님의 죽음과 부활(3:13-16)

(2) 회개하고 돌이키라(3:17-21)

(3) 구원과 심판의 날(3:22-26)

3. 베드로와 요한이 박해를 받음(4:1-22)

1) 베드로와 요한이 붙잡힘(4:1-4)

2) 베드로와 요한이 심문을 받음(4:5-7)

3) 베드로가 대답함(4:8-12)

4) 공회원들의 의논(4:13-17)

5) 공회원들의 경고와 베드로의 거부(4:18-22)

4. 신자들의 기도(4:23-31)

1) 사도들의 보고와 합심기도(4:23-24)

2) 악한 세력들이 그리스도와 제자들을 대적함(4:25-28)

3) 기도의 내용과 하나님의 응답(4:29-31)

5. 신자들이 물건을 통용함(4:32-37)

1) 신자들이 한마음과 한 뜻이 됨(4:32)

2) 가난한 사람이 없어짐(4:33-35)

3) 바나바가 밭을 팔아서 바침(4:36-37)

6. 아나니아와 삽비라의 죽음(5:1-11)

1) 아나니아와 삽비라의 범죄(5:1-2)

2) 베드로의 책망(5:3-4)

3) 아나니아의 죽음(5:5-6)

4) 삽비라의 죽음(5:7-11)

7. 사도들이 많은 사람을 고침(5:12-16)

1) 표적과 기사(5:12)

2) 사람들의 반응(5:13-14)

3) 사도의 능력(5:15-16)

8. 말씀 전하기를 그치지 않음(5:17-42)

1) 투옥과 출옥(5:17-25)

2) 심문과 증언(5:26-33)

3) 가말리엘의 변호(5:34-39)

4) 석방과 증언(5:40-42)

본문 주해

1. 베드로가 나면서 못 걷게 된 이를 고침(3:1-10)

1 제 구 시 기도 시간에 베드로와 요한이 성전에 올라갈새 2 나면서 못 걷
게 된 이를 사람들이 메고 오니 이는 성전에 들어가는 사람들에게 구걸하
기 위하여 날마다 미문이라는 성전 문에 두는 자라 3 그가 베드로와 요한
이 성전에 들어가려 함을 보고 구걸하거늘 4 베드로가 요한과 더불어 주

목하여 이르되 우리를 보라 하니 5 그가 그들에게서 무엇을 얻을까 하여
바라보거늘 6 베드로가 이르되 은과 금은 내게 없거니와 내게 있는 이것
을 네게 주노니 나사렛 예수 그리스도의 이름으로 일어나 걸으라 하고 7
오른손을 잡아 일으키니 발과 발목이 곧 힘을 얻고 8 뛰어 서서 걸으며 그
들과 함께 성전으로 들어가면서 걷기도 하고 뛰기도 하며 하나님을 찬송
하니 9 모든 백성이 그 걷는 것과 하나님을 찬송함을 보고 10 그가 본래
성전 미문에 앉아 구걸하던 사람인 줄 알고 그에게 일어난 일로 인하여 심
히 놀랍게 여기며 놀라니라

이 단락은 사도행전에 나오는 첫 번째 치유 이적이다.[89] 베드로가 요한과 더불어 성전에 기도하러 올라갔다가 성전 문에서 구걸하던 '나면서 못 걷게 된 사람'을 고친다. 사도들은 예수 그리스도의 이름으로 그의 병을 고치며, 고침을 받은 사람은 성전에 들어가 하나님을 찬송한다. 따라서 이 단락은 예수님의 사역이 사도들에 의해서 계승되고 있음을 보여준다.

1) 베드로와 요한이 성전에 올라감(3:1)

제9시(오늘날 오후 3시) 기도 시간에 베드로와 요한이 성전에 올라간다(1절). 당시에 유대인은 일정한 기도 시간을 가지고 있었다. 평일에는 하루에 세 번 기도하는 전통을 가지고 있었는데, 제3시(오전 9시), 제6시(정오), 그리고 제9시(오후 3시)에 기도했으며, 안식일과 절기에는 네 번 기도했고, 속죄일에는 다섯 번 기도했다. 유대인들이 하루에 세 번 기도한 전통은 다니엘이 하루에 세 번 기도했던 데서 유래한 것으로 보인다(참고. 단 6:10; 9:21; *m. Tamid* 5:1; 6:4; 마 6:5-14).[90] 베드로와 요한은 '함께' 성전에 올라갔

는데(참고. 4:13, 19; 8:14), 이처럼 초기 기독교인들은 항상 둘씩 짝을 지어 다니면서 복음을 전했다(참고. 9:1-6; 눅 10:1).

한편, 사도들이 기도하러 "성전"에 올라간 것은 초기 기독교인들이 성전을 무시하지 않았다는 사실을 보여준다. 오히려 사도행전은 성전과 성전이 있는 예루살렘을 긍정적으로 묘사한다. 성령으로 충만한 제자들은 날마다 마음을 같이하여 성전에 모이기를 힘썼다(참고. 2:46). 또한 바울은 예루살렘의 지도자들(베드로, 야고보 등)과 가까이 지냈으며, 예루살렘 교회가 경제적으로 어려울 때 도움을 주었고, 선교여행을 마칠 때마다 예루살렘에 올라갔다. 그리고 누가복음에도 성전이 강조되어 있는데, 누가복음의 시작 부분에는 성전에서 노래하는 사가랴가 나오고, 누가복음의 마지막 부분에는 성전에서 찬양하는 제자들이 나온다.

누가가 성전을 긍정적으로 묘사한 것은 성전을 중시하는 유대인이 기독교를 이상하게 생각하거나 심지어 적대시할 아무런 이유가 없다는 사실을 보여주려는 의도로 보인다. 즉 기독교가 결코 구약의 사상과 전통을 무시하지 않으며 오히려 구약에 기반을 두고 있다는 사실을 강조하려 한 것 같다. 하지만 누가가 성전을 마냥 긍정적으로만 묘사한 것은 아니다. 곧 언급하겠지만, 나면서 못 걷게 된 사람이 성전 문에서 구걸을 하고 성전에 들어가지 못하는 것은 성전의 부족함과 한계를 시사한다. 그리고 그가 "예수 그리스도의 이름으로" 고침을 받은 후에 성전에 들어가게 된 것은 참 성전이신 예수 그리스도를 통한 온전한 구원을 상징한다.

2) 병자를 고침(3:2-8)

사람들이 "나면서 못 걷게 된 이"를 메고 왔는데, 이는 성전 입구에 그를 두어서 성전에 들어가는 사람들에게 구걸하기 위함이었다(2절). "나면서 못 걷게 된 이"라는 표현은 그의 병이 도저히 치료될 수 없는 절망적인 상태임을 보여준다. 즉 요한복음 5:5에 있는 "서른여덟 해 된 병자"와 요한복음 9:1에 있는 "날 때부터 맹인된 사람"과 같은 의도를 가진 표현이다. 그리고 그가 성전 입구에서 돈을 구걸하는 것은 성전에 올라가서 기도하는 사람들이 종교적인 자비심을 가지고 있을 것이라는 점과 하나님께 드릴 물질을 가지고 있을 것이라는 점을 이용한 것이다. 당시에 유대인은 가난한 자에게 자신의 소유를 나누어 주는 것을 중요한 덕목으로 생각했다(참고. *Tobit* 1:3, 16; 2:14; 4:7-11; 12:8-9).[91] 게다가 제9시(오후 3시)는 사람들이 가장 많이 붐비는 시간이었다.

사람들은 그를 "미문이라는 성전 문"에 두었다. "미문"(Beautiful Gate)은 '아름다운 문'이라는 뜻이다. 그런데 성경은 물론이고 고대 문헌인 요세푸스의 저작들이나 미쉬나 등에도 이 문에 대한 언급이 없다. 따라서 우리는 이 문이 정확히 어느 문인지 알 수 없다. 성전 동쪽에 있었던 구리(Corinthian Bronze)로 만든 '니카노르 문'(Nicanor Gate)일 가능성이 있고,[92] 성전 서쪽 벽 최남단에 있었던 '로빈슨의 문'(Robinson's Arch)일 가능성도 있다.[93] 아무튼 이 문은 금과 은으로 아름답게 치장되었기에 '미문'(Beautiful Gate)이라고 불린 것 같다.

그는 성전에 들어가려는 베드로와 요한을 보고 구걸한다(3절). 그가 구걸하는 행동은 *에로타*(ἠρώτα)라는 미완료형으로 표기되었는데, 이는 그가 계속해서 끈질기게 구걸한 것을 시사한다. 그는 지나가는 사람들 모두에게 이렇게 간곡히 구걸했을 것이다. 그는 아직 베드로와 요한이 누구인지 모르고 있다. 레위기에는 "누구든지 너의 자손 중 대대로 육체에 흠이 있는 자는 그 하나님의 음식을 드리려고 가까이 오지 못할 것이니라"라는 규정이 있다(레 21:17; 참고. 삼하 5:8). 따라서 구약 율법에 따르면, 걷지 못하는 자는 제사장이 될 수 없었으며, 성전에 들어갈 수도 없었다. 쿰란 공동체도 다리를 저는 자가 공동체에 들어오지 못하게 하였으며(1QSa 2:5-6), 당시 이교도들의 신전에도 신체장애를 가진 자들의 출입은 금지되었다. 그렇지만 예수님은 메시야가 오셔서 고쳐 주시는 사람들 가운데 걷지 못하는 사람이 있음을 말씀하셨고(참고. 눅 7:22), 메시야가 배설하시는 종말론적인 잔치에 다리를 저는 자가 있음을 말씀하셨다(참고. 눅 14:13, 21; 행 8:7; 14:8).[94] 따라서 나면서 못 걷게 된 사람의 등장과 이어지는 치료는 사도를 통해서 메시야적인 이적이 일어나는 것을 보여준다.

베드로는 요한과 더불어 그를 주목하면서 "우리를 보라"라고 말한다(4절). 여기서 누가는 베드로를 부각시키는데, 이는 베드로가 사도행전 초반부의 주요 인물이자 사도들의 대표자이기 때문이다.[95] 베드로와 요한의 말은 그들이 어떤 일을 벌이려고 준비하는 것을 암시한다. 하지만 그는 베드로와 요한에게서 어떤 물질적인 것을 얻을까 하여 바라본다(5절). 그러므로 사도들의 의도와 구걸하는 자의 생각은 전혀 다르다. 구걸하는 자는 자신의 병이 고침을 받아서 성전 안에 들어가는 것을 전혀 꿈도 꾸지 못한다. 그는 단지 먹고 살 수 있는 일시적인 물질만을 바랄 뿐이다. 구걸하는 자는 사도들이 주려고 하는 것이 무엇인지를 모르고 있으며 기대하지도 않고 있다. 그러나 사도들은 그의 영구적인 필요를 채워 주려고 한다. 즉 사도들은 그에게 전인적인 구원을 선물로 주려고 한다.

6절의 "은과 금은 내게 없거니와"라는 표현에서 "은과 금"이란 '도금된 화폐', 즉 '돈'을 의미하며, 은과 금을 가지고 있지 않다는 말은 걸인이 구걸하는 '돈'을 가지고 있지 않다는 뜻이다.[96] 특히 그것은 은과 금으로 장식된 "미문"과 대조를 이루면서, 성전의 화려함과 사도들의 소박한 겉모습을 비교한다. "내게 있는 이것을 네게 주노니"라는 표현은 성전이 채워 주지 못하는 궁극적이고 전인적인 구원을 의미한다. 따라서 베드로는 걸인이 바랐던 것(은과 금)보다 훨씬 훌륭한 선물(전인적인 구원)을 주려고 한다. "나사렛 예수 그리스도의 이름으로 일어나 걸으라"라는 표현은 의미심장하다. 고대에 누군가의 이름은 단순한 호칭이 아니라 그 이상의 의미를 가졌다. 즉 누군가의 이름은 그의 권세와 능력을 의미했으며, 나아가서 그의 이름을 사용한 자가 그의 대리자인 것을 시사했다. 그러므로 예수 그리스도의 이름은 예수 그리스도의 권세와 능력을 가리킨다.

사도행전에는 "예수 그리스도의 이름"이 자주 나온다(예. 3:16; 4:7, 10, 12, 17-18, 30; 5:28, 40, 41). 복음서에서 예수님은 움직이지 못하는 중풍병자를 고치신 적이 있다(참고. 눅 5:17-26). 그때 예수님은 "내가 네게 이르노니 일어나 네 침상을 가지고 집으로 가라"라고 하셨다(참고. 눅 5:24). 이제 베드로는 그러한 치유의 능력을 갖추신 예수님의 이름을 사용하여 불치의 병을 고치려 한다. 따라서 예수님은 하늘로 올라가셨으나 여전히 그분의 '이름으로' 제자들 가운데 계신다는 사실이 드러난다. 한편, 여기서 "나사렛"이라는 명칭이 사용된 것은 역사적 예수님의 존재를 강조하기 위해서이다.[97] 즉 베드로는 나사렛 출신의 '바로 그 예수님'의 이름을 사용하여 병자를 고친다는 사실을 보여주고자 한다.

베드로가 병자의 오른손을 잡아 일으키니 병자의 발과 발목이 힘을 얻는다(7절). 베드로가 병자의 오른손을 잡아 일으키는 것은 예수님이 병자들의 손을 잡아 일으키신 것을 연상하게 한다(참고. 막 1:31; 9:27). 특히 의사인 누가가 병자의 발과 발목이 힘을 얻는다고 표현한 것은 흥미롭다. 누가는 "뛰어 서서 걸으며 그들과 함께 성전으로 들어가면서 걷기도 하고 뛰기도 하며 하나님을 찬송하니"라고 진술한다(8절). 따라서 누가는 고침을 받은 사람의 모습을 역동적으로 묘사한다. 즉 누가는 일곱 개의 동사를 사용하여 이적의 사실성과 역동성을 드러낸다. 그것은 '뛰다', '서다', '걷다', '들어가다', '걷다', '뛰다', 그리고 '찬양하다'이다.[98] 이러한 모습은 그가 완전히 치유되었다는 사실과 더불어 하나님이 친히 그를 고쳐 주셨다는 사실을 보여준다. 원래부터 걷지 못하던 자가 걷는 것도 불가능하거니와, 설혹 고침을 받아서 걸을 수 있다 하더라도 근육과 힘줄이 힘을 얻어 제대로 걷고 뛰려면 오랜 재활의 기간이 필요한데, 주 예수님의 이름으로 초자연적인 고침을 받은 이 사람은 즉시 걷고 뛰어다닌다.

그런데 이사야 35:5-6에는 메시야의 왕국을 예고하면서 "그 때에 맹인의 눈이 밝을 것이며 못 듣는 사람의 귀가 열릴 것이며 그 때에 저는 자는 사슴 같이 뛸 것이며 말 못하는 자의 혀는 노래하리니"라는 말씀이 있다. 미가 4:6-7 역시 "여호와께서 말씀하시되 그 날에는 내가 저는 자를 모으며 쫓겨난 자와 내가 환난 받게 한 자를 모아 발을 저는 자는 남은 백성이 되게 하며 멀리 쫓겨났던 자들이 강한 나라가 되게 하고 나 여호와가 시온 산에서 이제부터 영원까지 그들을 다스리리라 하셨나니"라고 말한다. 그리고 예수님은 성전에서 맹인과 다리 저는 이를 고쳐 주신 적이 있다(참고. 마 21:12-14). 따라서 이 사람이 고침을 받고 하나님을 찬송하는 것을 종말론적인 관점에서 이해할 수 있다.[99] 오순절, 곧 종말의 날에 성령께서 강림하셨는데(참고. 2:17), 이제 병자가 치유됨으로 성령께서 강림하신 사실이 실체적으로 드러난다.

3) 사람들의 반응(3:9-10)

누가는 고침을 받은 사람을 목격한 사람들의 반응(reaction)을 묘사한다. "모든 백성들"이 고침을 받은 걸인이 걷는 것과 하나님을 찬송하는 것을 본다(9절). "모든 백성들"이 본다는 것은 그가 고침을 받은 것이 분명한 사실이라는 점을 강조한다. 사도들이 권능을 행하는 것을 모든 사람이 봄으로써 그들은 사도들을 통하여 하나님이 역사하신다는 사실을 알게 된다. 사람들은 그에게 일어난 일로 인하여 심히 놀랍게 여기며 놀란다(10절). 누가는 사람들이 대단히 놀랐다는 점을 강조하기 위하여 "놀랍게 여기며 놀라니라"(*담부스 카이 엑스타세오스*, θάμβους καὶ ἐκστάσεως, astonishment and amazement)라는 표현을 사용한다. 여기서 "놀랍게"와 "놀라니라"에 해당하는 헬라어 *땀보스*(θάμβος)와 *엑스타시스*(ἔκστασις)는 유사한 의미를 가지는데, 예수님의 치유 기사에서 사람들의 반응으로 자주 나왔다(참고. 눅 4:36; 5:9; 2:47; 5:26; 8:56; 11:14; 13:17; 18:43).[100]

이 기적은 사도행전에서 사도들에 의해 일어난 최초의 기적이다. 그런데 사도행전의 기적 내러티브에서는 기적이 가져오는 결과가 중요하다. 사도행전의 기적은 사도들이 전하는 말씀의 권위를 확증하는 기능과 복음에 대한 긍정적인 시각을 제공하는 기능을 가진다. 특히 성전에서 기적이 일어난 것은 사도들이 새로운 성전으로의 변화를 모색하는 것과 연관된다. 구약시대에 성전은 하나님의 집이었지만 이제 신약시대에 그것은 참 성전이신 예수 그리스도로 대체된다. 성전 앞에서 태어나면서부터 못 걷게 된 이가 앉아서 구걸하는 모습은 유대교(성전)의 절망적인 상태를 암시한다. 그러나 그가 예수 그리스도의 이름으로 고침을 받은 것은 진정한 성전의 희망적인 모습을 떠올리게 한다. 따라서 이 치유 이야기는 새로운 시대에 절망적인 옛 성전(건물)이 희망적인 새 성전(예수 그리스도)으로 바뀌었다는 메시지를 함의한다.

교훈과 적용

1. 성전 문에서 나면서부터 걷지 못하는 사람이 구걸을 하고 있었다. 그는 먹고 사는 문제를 해결할 수 없었으며, 율법의 규정에 따라 성전에 들어갈 수도 없었다. 따라서 그는 영혼과 육체의 핍절을 절감하며 절망적인 상태에서 살고 있었다. 그렇지만 사도들에 의하여 그는 육체가 치유되었을 뿐만 아니라 성전에 들어가서 하나님을 찬송할 수 있게 되었다. 따라서 그는 육체와 영혼의 온전한 구원을 얻었다. 그런데 이 사람은 예수 그리스도의 이름으로 이러한 구원을 얻었다. 예수 그리스도는 천하에 구원을 얻을 만한 유일한 이름이다(참고. 4:12). 우리는 모든 사람에게 예수 그리스도를 전해야 한다. 사람의 온전한 구원을 위해 수고해야 한다.
2. 사도행전에서 육체에 흠이 있는 자가 성전에서 고침을 받는 것은 대단히 의미심장하다. 성령이 강림하신 후에 베드로가 가장 먼저 일으킨 이적은 걷지 못하는 장애를 가진 사람을 고쳐서 성전에 들어갈 수 있게 한 일이다. 이것은 구원의 문이 이제 모든 사람에게 활짝 열렸다는 사실을 시사한다. 실로 태어날 때부터 걷지 못하던 자가 걷고 뛰면서 하나님을 찬송하게 된 것은 온전한 구원의 전형이 된다. 즉 이 사람은 예수 그리스도의 이름으로 육체와 영혼의 전인적인 온전한 구원을 얻게 되었다. 구원에는 차별이 없다. 주님은 모든 사람을 환영하신다.
3. 베드로는 강하고 담대한 믿음을 가지고 불치의 병자를 고쳤다. 그는 병자에게 "일어나 걸으라"라고 확신에 찬 소리로 말했다. 그는 병자를 고칠 것을 전혀 의심하지 않았다. 그는 예수님이 병자를 치유하신 것을 수없이 목격했으며, 이제 성령으로 충만해져서 강한 믿음을 가진 상태이다. 그리하여 조금도 의심하지 않고 병자를 치유했다. 우리는 베드로가 말씀으로 무장하고 성령으로 충만해진 것

이 강한 믿음의 근원인 것을 알아야 한다. 우리도 담대한 믿음을 가지자. 말씀으로 무장하고 성령으로 충만해져서 사명을 완수하자.

2. 베드로가 구경꾼들에게 설교함(3:11-26)

11 나은 사람이 베드로와 요한을 붙잡으니 모든 백성이 크게 놀라며 달려
나아가 솔로몬의 행각이라 불리우는 행각에 모이거늘 12 베드로가 이것
을 보고 백성에게 말하되 이스라엘 사람들아 이 일을 왜 놀랍게 여기느냐
우리 개인의 권능과 경건으로 이 사람을 걷게 한 것처럼 왜 우리를 주목하
느냐 13 아브라함과 이삭과 야곱의 하나님 곧 우리 조상의 하나님이 그의
종 예수를 영화롭게 하셨느니라 너희가 그를 넘겨 주고 빌라도가 놓아 주
기로 결의한 것을 너희가 그 앞에서 거부하였으니 14 너희가 거룩하고 의
로운 이를 거부하고 도리어 살인한 사람을 놓아 주기를 구하여 15 생명의
주를 죽였도다 그러나 하나님이 죽은 자 가운데서 그를 살리셨으니 우리
가 이 일에 증인이라 16 그 이름을 믿으므로 그 이름이 너희가 보고 아는
이 사람을 성하게 하였나니 예수로 말미암아 난 믿음이 너희 모든 사람 앞
에서 이같이 완전히 낫게 하였느니라 17 형제들아 너희가 알지 못하여서
그리하였으며 너희 관리들도 그리한 줄 아노라 18 그러나 하나님이 모든
선지자의 입을 통하여 자기의 그리스도께서 고난 받으실 일을 미리 알게
하신 것을 이와 같이 이루셨느니라 19 그러므로 너희가 회개하고 돌이켜
너희 죄 없이 함을 받으라 이같이 하면 새롭게 되는 날이 주 앞으로부터
이를 것이요 20 또 주께서 너희를 위하여 예정하신 그리스도 곧 예수를 보
내시리니 21 하나님이 영원 전부터 거룩한 선지자들의 입을 통하여 말씀

하신 바 만물을 회복하실 때까지는 하늘이 마땅히 그를 받아 두리라 22 모
세가 말하되 주 하나님이 너희를 위하여 너희 형제 가운데서 나 같은 선지
자 하나를 세울 것이니 너희가 무엇이든지 그의 모든 말을 들을 것이라 23
누구든지 그 선지자의 말을 듣지 아니하는 자는 백성 중에서 멸망 받으리
라 하였고 24 또한 사무엘 때부터 이어 말한 모든 선지자도 이 때를 가리
켜 말하였느니라 25 너희는 선지자들의 자손이요 또 하나님이 너희 조상
과 더불어 세우신 언약의 자손이라 아브라함에게 이르시기를 땅 위의 모
든 족속이 너의 씨로 말미암아 복을 받으리라 하셨으니 26 하나님이 그 종
을 세워 복 주시려고 너희에게 먼저 보내사 너희로 하여금 돌이켜 각각 그
악함을 버리게 하셨느니라

이 단락은 사도행전에 나오는 베드로의 두 번째 설교이다. 고침을 받은 사람이 베드로와 요한을 만나자 많은 사람이 그들을 보려고 솔로몬 행각에 모인다. 이때 베드로는 모여든 사람에게 설교한다. 베드로는 이적만으로 끝내려고 하지 않는다. 그는 말씀을 통해서 사람들의 변화(회심)를 꾀한다(참고. 16절). 베드로의 설교는 2장의 설교와 유사하나 그것을 보충한다. 이러한 구성을 통해 사도행전의 독자들은 하나의 복음을 다양한 관점에서 접할 수 있다.

1) 사람들이 베드로와 요한을 주목함(3:11-12)

고침 받은 사람이 베드로와 요한을 붙잡으니 많은 사람이 그들을 보기 위해서 솔로몬의 행각에 모인다(11절). 아마도 베드로와 요한은 그 사람을 고친 후에 솔로몬의 행각으로 나아갔을 것이고, 고침을 받은 사람은 베드로와

요한에게 감사를 표시하기 위하여 그들을 쫓아갔을 것이며, 이때 다른 사람도 그들을 보기 위하여 달려갔을 것이다. '솔로몬 행각'(Solomon's Portico)은 헤롯 성전에서 '이방인의 뜰'(the court of Gentiles)의 동편에 있었는데(참고. *War* 5.184-185),[101] 기둥과 지붕만 있고 벽이 없는 주랑이었다. 이곳은 성전에서 행해지는 의식을 지켜볼 수 있는 곳으로서, 사람들이 모임을 가지고 토론을 하는 장소로 많이 사용하였다(참고. 5:12). 예수님께서도 이곳을 자주 다니셨고, 이곳에서 가르치셨다(참고. 요 10:23).

모여든 사람들은 이적이 일어난 것을 보고 놀랐으며, 이적을 일으킨 베드로와 요한을 주목하였다. 그들은 베드로와 요한을 특별한 능력을 갖추고 있는 신적인 존재(divine men)로 여겼다. 이에 베드로는 사람들을 향하여 "이스라엘 사람들아 이 일을 왜 놀랍게 여기느냐 우리 개인의 권능과 경건으로 이 사람을 걷게 한 것처럼 왜 우리를 주목하느냐"라고 말한다(12절). 베드로는 사람들이 자신들에게 주목하지 못하게 한다. 즉 베드로는 자신들에게 영광과 관심이 돌려지는 것을 철저히 경계한다. 이처럼 베드로는 2:15에서 사람들의 잘못된 이해를 교정했듯이, 여기서도 사람들의 잘못된 이해를 교정한다. 결국, 이적의 의미를 설명해야 할 필요성이 있었고, 사람들의 오해를 해소시켜야 할 이유가 있었기에 베드로는 설교를 하려고 한다.[102]

"이 일을 왜 놀랍게 여기느냐"와 "왜 우리를 주목하느냐"라는 말에는 만일 최근에 일어난 일, 즉 성령이 강림하신 일과 그로 인하여 발생한 엄청난 현상들을 보았다면 나면서 걷지 못하는 사람이 걷게 된 일을 그리 놀랍게 여기지 않았을 것이라는 사실이 내포되어 있다. 참으로 그들은 이 모든 것이 베드로와 요한이 행한 일이 아니라 하나님께서 친히 행하신 일이라는 사실을 깨달아야 했다. 여기서 베드로는 자신들의 "권능"(*뒤나미스*, δύναμις)과

"경건"(*유세베이아*, εὐσέβεια)으로 이 사람을 걷게 한 것이 아니라는 점을 분명하게 말한다. 베드로가 이렇게 말한 것은 그가 가지고 있는 믿음과 겸손을 반영한다. 그는 사람에게서 영광을 취할 기회를 가졌으나 그렇게 하지 않는다. 오히려 그는 이 기회를 통하여 하나님께서 보내신 예수 그리스도에 대하여 설교하려고 한다. 여기에 나오는 설교는 사도행전에 수록된 베드로의 다섯 개의 설교 중 두 번째이다(참고. 2:14-39; 3:12-26; 4:8-12; 5:29-32; 10:34-43).

2) 베드로의 설교(3:13-26)

(1) 예수님의 죽음과 부활(3:13-16)

베드로는 설교를 시작하면서 "아브라함과 이삭과 야곱의 하나님 곧 우리 조상의 하나님"을 언급한다(13절a; 참고. 출 3:6, 15). 이렇게 하여 그는 구약에 계시된 바로 그 하나님이 이적의 주체자시라는 점을 부각시킨다. 당시에 이방인은 자신들이 섬기는 신에 대하여 '우리 조상의 신(여신, 신들)'이라고 표현했는데, 베드로는 하나님을 이방의 신(들)과 구분하기 위하여 "아브라함과 이삭과 야곱의 하나님 곧 우리 조상의 하나님"이라고 구체적으로 적시한다.[103] 더욱이 그가 하나님을 "아브라함과 이삭과 야곱의 하나님"이라고 한 것은 '언약에 신실하신 하나님'을 강조한 것인데, 이 문구는 설교를 듣고 있는 청중이 유대인이라는 점과 이어지는 예수 그리스도의 고난이 구약 예언의 성취라는 점을 고려할 때 적절한 도입의 역할을 한다.

베드로는 하나님이 그분의 "종" 예수님을 영화롭게 하셨다고 말한다. 여기서 "종"은 헬라어로 *파이스*(παῖς)인데, 이 단어는 '종'을 의미할 수도 있고

'아들'을 의미할 수도 있다.[104] 여기서 '종/아들'은 '여호와의 메시야적 종/아들'을 상기시킨다(참고. 사 52-53장). 이사야 52:13에는 "보라 내 종이 형통하리니 받들어 높이 들려서 지극히 존귀하게 되리라"라는 예언이 있다. 따라서 베드로는 그 예언을 예수님께 적용한다. 예수님은 하나님의 종, 아들로서 하나님께 순종하여 죽임을 당하셨으나, 하나님은 예수님을 다시 살리시고 하늘에 올리심으로 영원토록 영화롭게 하셨다. 한편, 베드로의 설교에서는 '예수님은 종이시다'라는 사실이 설교의 시작(13절)과 끝(26절)을 장식한다(참고. 4:27, 30).

베드로는 예수님의 죽음과 부활을 언급한다(13절b-15절). 유대인은 예수님을 빌라도에게 넘겨주었고, 빌라도는 예수님을 놓아 주기로 결의했지만, 유대인이 빌라도 앞에서 거부하였다(13절b; 참고. 2:23-24; 4:10; 5:30; 7:52; 13:28). 여기서 베드로는 복수형인 "너희가"(*휘메이스*, ὑμεῖς)를 문두에 위치시켜서 강조하는데, 이는 비록 유대의 종교지도자들이 예수님을 십자가에 못 박도록 빌라도에게 넘겼지만, 나중에 유대의 군중이 그것에 적극적으로 동의했기 때문에 그 책임을 유대인 전체가 져야 한다는 사실을 내포한다(참고. 눅 23:1-25). 이처럼 베드로는 유대인이 예수님을 죽였다는 사실을 강조하여 말하는데, 이는 그들이 이적에 흥분하여 모여든 사람들이라는 점을 고려할 때 대단히 놀랍다.

베드로는 유대인들이 "거룩하고 의로운 이"(Holy and Righteous One)이신 예수님을 거부하고 도리어 "살인한 사람" 바라바를 놓아주기를 구하였다고 지적한다(14절). 예수님을 "거룩하고 의로운 이"라고 칭하는 것은 복음서에서 줄곧 묘사되었던 것인데(참고. 막 1:24; 눅 1:35, 4:34, 23:47; 요 6:69), 사도행전에서도 4:27-30, 7:52, 22:14 등에서 이렇게 묘사된다. 그들은 의인을 죽이고 죄인을 놓아주었다. 그들은 너무나도 어리석고 분별력이 없었다. 그들은 "생명의 주"(author of life)이신 예수님을 죽였다(15절a). 그러나 하나님은 죽은 자 가운데서 예수님을 살리셨다(15절b; 참고. 2:24, 31). 그리고 사도들은 예수님이 부활하신 일의 증인이 되었다(참고. 1:21-22). 여기서 '생명의 주가 죽으심으로 우리에게 생명을 주셨다'라는 언급은 역설과 아이러니가 합쳐진 것이다. 예수님은 자신의 생명을 버리심으로 우리가 생명을 얻게 하셨다. 그러므로 예수님은 우리에게 생명을 주시는 분, 곧 "생명의 주"이시다.

베드로는 "그(예수님) 이름을 믿음으로" 이 사람이 고쳐진 것을 말하면서 그 이름의 권위와 능력을 강조한다(16절). "이름"이란 단어는 사도행전 3-4장에서 8회나 나온다. 고대 세계에서 이름은 인격이며 실재이며 권위이다(참고. 2:21, 38; 3:6). 예수님의 이름은 그분의 인격과 별개로 떼어서 생각할 수 있는 것이 아니며, 그 자체로 마술적이거나 주술적인 능력을 가지고 있는 것도 아니다. 오히려 예수님의 이름은 비록 예수님이 하늘로 올라가셨으나 이 세상에 여전히 현존하시면서 지속적으로 능력을 발하시는 그분의 실재와 인격 자체를 의미한다.[105]

이 사람이 고침을 받고 발과 발목이 힘을 얻어 걷고 뛰며 성전에 들어가서 하나님을 찬송하게 된 것은 예수님의 이름 때문이었다(참고. 3:6). 베드로는 이 사람에 대하여 "너희가 보고 아는 이 사람"이라고 칭하고, 이 사람이 고침을 받은 것에 대하여 "너희 모든 사람 앞에서"라고 말함으로써 이 사람의 치유가 명백한 사실이라는 점을 강조한다. 더욱이 그는 "이같이 완전히 낫게 하였느니라"라고 함으로 이 사람이 완전한 치유(*홀로클레리아*, ὁλοκληρία)를 받았음을 드러낸다. 이 사람은 걷지 못했기 때문에 신체적으로 고통을 당했고, 장애인이 성전에 들어갈 수 없다는 규정 때문에 종교적으로도 어려움을 겪었지만, 이제 걸을 수 있게 되었고 성전에 들어가서 하나님을 찬송할 수 있게 되었다. 따라서 이 사람은 온전히 구원받은 사람의 전형이 된다(참고. 3:2와 3:8의 주해; 사 1:6; 슥 11:16).

한편, 베드로는 이 단락에서 예수님의 이름, 즉 기독론적인 칭호를 다양하게 기술한다. 13절에서는 "종"이라고 칭하고, 14절에서는 "거룩하고 의로운 이"라고 칭하며, 15절에서는 "생명의 주"라고 칭한다. 그는 이어지는 구절들에서도 예수님의 이름을 다양하게 부른다. 20절에서는 "그리스도"라고 하고, 22절에서는 "나(모세) 같은 선지자"라고 하며, 25절에서는 "너(아브라함)의 씨"라고 하고, 26절에서는 13절에서와 같이 "종"이라고 한다. 그리하여 사도행전을 읽는 독자들은 베드로가 예수님에 대한 진일보한 지식을 가지고 있을 뿐만 아니라 그러한 지식을 사람들에게 역동적으로 증언하는 모습을 보게 된다.

(2) 회개하고 돌이키라(3:17-21)

베드로는 앞에서 예수님에 관하여 언급했는데, 17절 문두에서 '그리고 이제'(*카이 뉜*, καὶ νῦν)라는 문구를 사용하여 설교의 단락을 바꾼다(한글성경 개역개정판에는 '그리고 이제'가 없음). 그는 자신이 한 설교를 청중들이 적용할 것을 요청한다. 그는 청중을 향하여 "형제들아"(*아델포이*, ἀδελφοί)라고 부른다(17절a). 이것은 청중들이 그리스도인이라는 뜻이 아니다.[106] 단지 이것은 유대인 동족을 향한 베드로의 애절한 마음을 반영한 것이다. 그는 유대인이 예수님을 죽인 것은 알지 못해서 한 일이라고 말한다(17절b). 그리고 이것은 예수님이 십자가에서 "자기들이 하는 것을 알지 못함이니이다"

라고 기도하셨던 것에 근거한다(눅 23:34).[107] 그는 예수님을 죽인 죄를 유대인에게 너무 지나치게 부과하지 않는데, 그가 이렇게 유대인의 죄를 강하게 드러내지 않는 것은 그들이 회개하고 돌아오게 하려는 목적 때문이다.

베드로는 하나님이 선지자를 통하여 예수 그리스도께서 고난 받으실 것을 미리 알게 하신 것이 이루어졌다고 말한다(18절; 참고. 눅 24:26-27, 44-46). 즉 예수님의 고난과 죽음은 하나님에 의해서 예정된 일이었으며, 따라서 선지자들의 예언을 성취하기 위한 것이었다고 해설한다. 메시야가 이 땅에 와서 고난을 받고 죽임을 당하는 것은 유대주의적 메시야관이 아니다. 하지만 구약성경은 분명히 메시야가 고난을 받고 죽임을 당할 것이라고 예언했다(참고. 사 53장). 이에 따라 예수님은 이 땅에 오셔서 사람들에 의해 죽임을 당하셨다. 비록 하나님이 예정하신 것이라도 그 책임은 분명히 사람에게 있다. 사람들은 예수님을 넘겨주었고 거부하였다(참고. 12절). 따라서 비록 그들이 무지하여 예수님을 죽였다고 해서 그들의 죄가 없어지는 것은 아니다. 그들은 분명히 죄인이다.

베드로는 이어서 "너희가 회개하고 돌이켜 너희 죄 없이 함을 받으라 이같이 하면 새롭게 되는 날이 주 앞으로부터 이를 것이요"라고 말한다(19절). "회개하고"(*메타노에사테*, μετανοήσατε)와 "돌이켜"(*에피스트렢사테*, ἐπιστρέψατε)는 사실상 같은 말이다. "회개하고"라는 말은 죄를 뉘우치는 것을 뜻하고, "돌이켜"라는 말은 실제로 하나님께 돌아가는 것을 의미한다.[108] 즉 회개는 생각과 삶을 바꾸어서 하나님께로 향하는 것을 의미하는데, 회개를 촉구하는 것은 사도행전에서 대단히 빈번하게 나온다(예. 2:38; 8:22-23; 17:30-31; 26:19-20). 특히 베드로는 두 개의 아오리스트(aorist) 명령형 동사를 함께 사용하여 청중의 결단을 촉구한다. 회개하고 돌이킨 결과는 "죄 없이 함"을 받는 것이다(참고. 사 43:25). 즉 회개는 사죄로 이어진다. 베드로는 이같이 하면 "새롭게 되는 날"이 이를 것이라고 말한다. '새롭게 함'은 헬라어로 *아나퓌식스*(ἀνάψυξις)인데, 이는 회복(recovery)과 상쾌함(refreshing)을 의미한다. 그리고 궁극적으로 이것은 죄 사함을 받은 자의 상태를 가리킨다. 회개하고 돌이켜서 죄 사함을 받고 새롭게 되는 것은 지금 이 세상에서 이루어지고 있으나, 마지막 날에 최종적으로 이루어질 것이다.

19절에 나오는 "새롭게 되는 날"은 20절의 "주께서 너희를 위하여 예정하신 그리스도 곧 예수를 보내리니"라는 표현과 연결된다. 그리고 이것은 21절의 "만물을 회복하실 때까지는"이라는 문구와 연관된다. 하나님은 언젠가 예수 그리스도를 다시 보내실 것이다. 그날은 "새롭게 되는 날"로서 죄로 물든 온 세상이 완전히 회복되는 날이다. 베드로는 "하나님이 영원 전부터 거룩한 선지자들의 입을 통하여 말씀하신 바 만물을 회복하실 때까지는 하늘이 마땅히 그를 받아 두리라"라고 말한다(21절). 이것은 죄가 없어지고 새롭게 되며 만물이 회복되는 것이 구약에서 예언된 대로 이루어질 것이며, 이러한 약속이 오직 예수 그리스도를 통해서 성취될 것이라는 뜻이다. 다시 말해서, 예수 그리스도는 만물이 회복될 때까지 하늘에 머무실 것이다.[109]

(3) 구원과 심판의 날(3:22-26)

베드로는 이제 모세의 말을 인용한다(22-23절). 이것은 신명기 18:15-22에 예언된 것이다. 신명기 18:15, 18-19에서 하나님은 마지막 날에 "모세와 같은 선지자" 하나를 세우실 것을 말씀하셨다. "모세와 같은 선지자"는 예수님을 가리키는데, 이 개념은 의미심장하다. 모세는 이스라엘 백성에게 말씀을 전하였고 출애굽을 이끌었던 지도자였다. 하나님은 모세를 세우셔서 이스라엘 백성을 종노릇하는 데서 구원하셨다. 이제 예수님은 모세와 같은 일을 하시는 분이 되신다. 즉 예수님은 제2의 출애굽을 이끄신다. 예수님은 온 백성을 죄와 사망으로부터 해방하신다. 예수님을 통하여 인류는 죄와 사망의 종노릇으로부터 구원받는다. 베드로는 모세의 말을 인용하여 사람들이 예수님의 말씀을 들어야 한다고 강변한다(22절b-23절). 신명기 18:19에는 "누구든지 내 이름으로 전하는 내 말을 듣지 아니하는 자는 내게 벌을 받을 것이요"라는 언급이 있다(참고. 레 23:29). 이제 예수님의 말씀을 듣는 자는 구원을 얻을 것이지만, 예수님의 말씀을 듣지 않고 거부하는 자는 멸망을 받을 것이다(참고. 눅 9:35).

베드로는 또한 사무엘 이후의 모든 선지자도 이때를 가리켜 말했다고 한다(24절). 즉 모세 율법뿐만 아니라 모든 선지자도 메시야의 오심과 그 결과를 말했다는 것이다. 베드로가 사무엘을 언급하는 이유는 구약성경에서 사무엘이 대단히 영웅적인 인물이기 때문이며, 또한 유대 전통에서 사무엘이 최초의 선지자로 인식되어 있었기 때문이다. 여기서 베드로가 가리키는 선지자의 말씀이란 분명히 사무엘이 말한바 하나님께서 다윗을 통하여 위대한 메시야의 왕국을 세우실 것이라는 말씀이다(참고. 삼상 13:14; 15:28; 16:13; 28:17; 삼하 7:12 이하).

베드로는 유대인을 "선지자들의 자손"이며 "언약의 자손"이라고 말한다(25절a). 유대인을 "선지자들의 자손"이라고 표현한 것은 유대인들이 곧 선지자들이라는 뜻이 아니다. 오히려 그것은 유대인이 선지자들을 통하여 하나님의 말씀을 듣는 선지자들의 후손들이라는 뜻이며, 따라서 선지자들이 전한바 하나님께서 메시야를 보내어 인류를 구원하시겠다는 말씀을 듣고 순종해야 한다는 뜻이다.[110] 그리고 유대인이 "언약의 자손"이라는 말은 하나님이 아브라함과 언약을 맺으신 것을 반영한다(참고. 창 12:3; 22:18; 26:4; 28:14). 하나님은 아브라함과 언약을 맺으시면서, 땅 위의 모든 족속이 아브라함의 씨로 말미암아 복을 받을 것이라고 말씀하셨다(25절b). 그리고 바울은 갈라디아서 3:16에서 "아브라함의 씨"(후손)가 '예수 그리스도'를 뜻한다고 알려주었다. 따라서 아브라함의 씨로 말미암아 유대인이 복을 받을 것이라는 말은 결국 예수 그리스도로 말미암아 모든 인류가 복을 받을 것이라는 뜻이다.

26절은 설교의 결론이다. 여기서 베드로는 다음과 같은 점을 말한다.[111] 첫째, 예수님은 하나님의 종으로서 이스라엘의 모든 죄를 용서해 주시는 일을 하신다. 둘째, 하나님이 예수님을 그들에게 보내신 목적은 복을 주시기 위해서인데, 이것이 현재 분사로 되어 있어서 그 목적의 분명함을 강조한다. 셋째, 하나님은 예수님을 이스라엘에게 "먼저"(*프로톤*, πρῶτον) 보내셨는데, 이 문구가 헬라어 문장에서 제일 앞에 위치하여 이스라엘의 특권을 드러낸다. 넷째, 예수님이 오심으로 일어나는 일은 이스라엘 사람이 돌이켜서 악함을 버리는 것으로, 여기서 "악함"(*톤 포네리온*, τῶν πονηριῶν)은 복수 형태로 되어 있어서 온갖 종류의 악함을 뜻한다.

교훈과 적용

1. 베드로는 자신의 권능과 경건으로 병자를 치유한 것이 아니라고 말한다. 그는 병자를 치유하신 분은 예수님이라고 말한다. 따라서 베드로는 자신을 철저히 숨기고 오직 주님을 드러낸다. 이것이 사역자의 올바른 자세이다. 오늘날 많은 사역자가 이것에 실패하고 있다. 우리는 놀라운 일을 행한 후에 자신을 부인하고 그 일의 진정한 주체이신 하나님을 드러내야 한다. 우리는 오직 하나님께 영광

을 돌려야 하며, 자신이 주목받지 않게 해야 한다.

2. 베드로는 모여든 사람들에게 말씀을 전했다. 그는 담대하면서도 논리적으로 복음을 전했다. 그는 성부 하나님이 구약에서 메시야를 보내셔서 인류를 구원할 계획을 세우신 사실과 예수 그리스도가 십자가에서 돌아가시고 부활하심으로 구원의 사역을 이루신 사실과 이제 우리가 말씀을 받아들여서 구원을 받아야 한다는 사실을 일목요연하게 전달했다. 우리는 기회가 있는 대로 말씀을 전하여 사람들이 회개하고 돌아오게 해야 하는데, 이때 성경을 충분히 공부하고 신학적 소양을 제대로 갖추어서 성경의 교훈을 정확하게 그리고 이해하기 쉽게 전해야 한다.
3. 베드로와 요한의 사역이 주는 교훈은 다음과 같다.[112] 1) 협력 사역, 2) 사역자들의 겸손, 3) 총체적 사역, 4) 강력한 사역. 우리는 이러한 사도들의 전략을 본받아야 한다. 우리는 사도들의 사역 방법과 형태를 본받아서 성경적이면서도 효과적으로 일해야 한다. 아무리 좋은 일을 한다 하더라도 방법이 성경적이지 않거나 지혜롭지 않으면 효과가 반감될 수 있다.

3. 베드로와 요한이 박해를 받음(4:1-22)

1 사도들이 백성에게 말할 때에 제사장들과 성전 맡은 자와 사두개인들이
이르러 2 예수 안에 죽은 자의 부활이 있다고 백성을 가르치고 전함을 싫
어하여 3 그들을 잡으매 날이 이미 저물었으므로 이튿날까지 가두었으나
4 말씀을 들은 사람 중에 믿는 자가 많으니 남자의 수가 약 오천이나 되었
더라 5 이튿날 관리들과 장로들과 서기관들이 예루살렘에 모였는데 6 대
제사장 안나스와 가야바와 요한과 알렉산더와 및 대제사장의 문중이 다
참여하여 7 사도들을 가운데 세우고 묻되 너희가 무슨 권세와 누구의 이

름으로 이 일을 행하였느냐 8 이에 베드로가 성령이 충만하여 이르되 백
성의 관리들과 장로들아 9 만일 병자에게 행한 착한 일에 대하여 이 사람
이 어떻게 구원을 받았느냐고 오늘 우리에게 질문한다면 10 너희와 모든
이스라엘 백성들은 알라 너희가 십자가에 못 박고 하나님이 죽은 자 가운
데서 살리신 나사렛 예수 그리스도의 이름으로 이 사람이 건강하게 되어
너희 앞에 섰느니라 11 이 예수는 너희 건축자들의 버린 돌로서 집 모퉁이
의 머릿돌이 되었느니라 12 다른 이로써는 구원을 받을 수 없나니 천하 사
람 중에 구원을 받을 만한 다른 이름을 우리에게 주신 일이 없음이라 하였
더라 13 그들이 베드로와 요한이 담대하게 말함을 보고 그들을 본래 학문
없는 범인으로 알았다가 이상히 여기며 또 전에 예수와 함께 있던 줄도 알
고 14 또 병 나은 사람이 그들과 함께 서 있는 것을 보고 비난할 말이 없는
지라 15 명하여 공회에서 나가라 하고 서로 의논하여 이르되 16 이 사람
들을 어떻게 할까 그들로 말미암아 유명한 표적 나타난 것이 예루살렘에
사는 모든 사람에게 알려졌으니 우리도 부인할 수 없는지라 17 이것이 민
간에 더 퍼지지 못하게 그들을 위협하여 이 후에는 이 이름으로 아무에게
도 말하지 말게 하자 하고 18 그들을 불러 경고하여 도무지 예수의 이름으
로 말하지도 말고 가르치지도 말라 하니 19 베드로와 요한이 대답하여 이
르되 하나님 앞에서 너희의 말을 듣는 것이 하나님의 말씀을 듣는 것보다
옳은가 판단하라 20 우리는 보고 들은 것을 말하지 아니할 수 없다 하니
21 관리들이 백성들 때문에 그들을 어떻게 처벌할지 방법을 찾지 못하고
다시 위협하여 놓아 주었으니 이는 모든 사람이 그 된 일을 보고 하나님께
영광을 돌림이라 22 이 표적으로 병 나은 사람은 사십여 세나 되었더라

이 단락에는 사도행전에서 제자들이 당한 첫 번째 박해가 언급되어 있다. 베드로와 요한은 나면서 걷지 못하던 사람을 고쳐 준 후에 유대의 공회에 끌려가서 유대의 종교 지도자들로부터 그들이 무슨 권세와 누구의 이름으로 기적을 행하였는지를 심문받는다. 이에 베드로와 요한은 나사렛 예수 그리스도의 이름으로 기적을 행했다고 담대히 말하면서, 그들의 경고와 위협에 조금도 굴복하지 않는다.

1) 베드로와 요한이 붙잡힘(4:1-4)

베드로와 요한이 백성들에게 말씀을 전하고 있을 때 제사장들과 성전 맡은 자와 사두개인들이 온다(1절).[113] "제사장들"은 성전에서 일하는 자들이며(참고. 6:7; 14:13), "성전 맡은 자"(*호 스트라테고스 투 히에루*, ὁ στρατηγὸς τοῦ ἱεροῦ)는 성전 경비대의 대장(the captain of the temple)으로서 제사장 서열로 대제사장 다음으로 높은 자이며(참고. 5:24, 26; 눅 22:52), "사두개인들"은 성전과 밀접하게 연관된 자들로서 제사장들이나 성전 맡은 자들 가운데 상당수가 이들에게서 나왔다.[114] 따라서 지금 사도들은 성전의 남쪽에 위치한 솔로몬의 행각에서 말씀을 전하고 있으며, 이 자리에 사두개인들이 들이닥친 상황이라고 할 수 있다.

사두개인은 베드로와 요한이 예수님 안에 죽은 자의 부활이 있다고 백성을 가르치고 전하는 것을 싫어한다(2절). 유대 종파들 가운데 사두개인들은 모세오경만을 믿으면서 거기에 부활사상이 없다고 보아서 부활을 부정했다(참고. 눅 20:27-40; 행 23:6-10).[115] 그들은 또한 부유한 귀족 계층으로서 로마와 정치적으로나 경제적으로 결탁하여 이득을 취하고 있었기에 사도들이 가르치는 메시야 사상이 자신들과 로마의 밀접한 관계를 흔들 수 있다고 생각하여 경계했다. 그래서 그들은 사도들이 더 이상 말씀을 전하지 못하게 한다. 이처럼 사도행전에서 사두개인들은 사도들을 경계하는데, 그들은 5:17이하에서도 사도들을 잡아다가 옥에 가둔다.

그런데 사두개인들은 베드로와 요한을 체포하지만, 날이 이미 저물어서 이튿날까지 그들을 가두어 둔다(3절; 참고. 눅 22:66; 행 23:20). 이것은 날이 저물면 회의를 소집하여 재판하지 않은 당시의 관례를 따른 것이다. 사도들은 오후 3시 기도 시간에 성전에 올라가서 말씀을 전하기 시작했기에(참고. 3:1), 그들이 체포되었고 날이 저물었다는 것은 그들이 말씀을 전한지 몇 시간이 경과했음을 의미한다. 한편, 복음서에는 예수님께서 밤에 심문을 받으신 일이 기록되어 있는데(참고. 막 14:53; 눅 22:54), 이는 그 사안이 심각하고 급박했기 때문이었다.[116]

누가는 말씀을 들은 사람 중에 믿는 자가 많았는데, "남자의 수가 약 오천"이나 되었다고 말한다(4절). 남자의 수가 오천이나 되었다는 것은 여성과 아이까지 합하면 훨씬 많은 사람이 예수님을 믿게 된 것이라 할 수 있다. 이렇게 엄청나게 많은 사람이 예수님을 믿게 되었다는 언급은 2:41과 2:47에 기록된 일을 생각나게 한다. 2:41에는 삼천 명의 사람들이 믿고 세례를 받은 일이 기록되어 있고, 2:47에는 구원 받는 사람이 날마다 더해졌다는 언급이 있는데, 여기에는 남자의 수가 약 오천 명이 되었다고 함으로 기독교인의 수가 기하급수적으로 증가하고 있음을 알 수 있다(참고. 8:1, 4; 11:19).

2) 베드로와 요한이 심문을 받음(4:5-7)

이튿날 관리들과 장로들과 서기관들이 예루살렘에 모인다(5절). 이들은 유대 사회에서 가장 큰 권한을 가진 "공회"(Sanhedrin)의 회원들이다(참고.

15절).[117] "공회"는 모세를 도운 70인 장로들의 모임에서 유래했다(참고. 민 11:16). 그리고 주후 1세기에 공회는 고위층 사두개인들(제사장들)과 바리새파 율법학자들(서기관들)과 백성의 장로들로 구성된 70인에다가 공회의 의장을 맡은 대제사장으로 이루어져 있었다. 그들은 안식일이나 특별한 절기를 제외하고 거의 매일 모였는데, 물론 모일 때마다 71인 전원이 모인 것은 아니었을 것이다. 그들의 주요 임무는 판결(재판)하는 일이었다. 따라서 그들은 지금 사도들을 재판하려고 한다.

더욱이 이 자리에는 대제사장 안나스, 가야바, 요한, 알렉산더, 그리고 대제사장의 문중이 다 참여했다(6절). 안나스는 주후 6-15년에 대제사장직을 수행하였는데, 예수님을 심문한 자로서(참고. 요 18:14), 당시 유대의 종교 지도자들 중에서 가장 막강한 권력을 가지고 있었다(참고. 눅 3:2). 당시에는 대제사장직에서 물러나도 대제사장이라는 칭호를 유지할 수 있었고, 안나스는 특히 가장 큰 권력을 가지고 있었기 때문에 대제사장이라는 칭호와 함께 이름이 제일 앞에 나왔다. 가야바는 당시의 현직 대제사장으로서 주후 18-36년에 대제사장직을 수행하였다(참고. *Antiquities* 18.26-35).[118] 그는 안나스의 사위로서 안나스와 함께 예수님을 심문하고 죄를 뒤집어씌워서 십자가에 못 박히게 하였다(참고. 요 18:12 이하). 대제사장들과 함께 나오는 요한과 알렉산더와 대제사장의 문중들은 고위 제사장들로 보이는데, 이들 중 요한은 아마도 안나스의 아들로서 주후 36-37년에 대제사장으로 재임했을 것이다(참고. *Antiquities* 18.95).[119] 따라서 이렇게 고위급 공회원들이 모두 모인 것은 그들이 지금 다루려는 사안이 대단히 중대하다는 점을 시사한다.

공회원들은 베드로와 요한을 가운데 세우고 "너희가 무슨 권세와 누구의 이름으로 이 일을 행하였느냐"라고 추궁한다(7절). 여기서 "이 일"이란 사도들이 성전 미문에서 병자를 고쳐 준 일과 더불어 솔로몬 행각에서 설교한 일을 가리킨다. 따라서 그들은 이적이 일어난 것에 아무런 관심을 가지지 않으며, 베드로가 한 설교의 깊이와 내용에 동의하지 않는다. 그들은 오로지 예수님의 제자 공동체를 파멸하려는 욕심에 사로잡혀 있다. 당시에 유대인들에게 있어서 "무슨 권세와 누구의 이름으로 일을 하느냐"라는 질문은 항상 중요했다(참고. 3:12).[120] 공회원들은 사도들이 예수 그리스도의 이름으로 이런 일을 한 것을 소문을 들어 알고 있으면서도 이렇게 물어보았다. 이는 예수 그리스도가 죄인으로 몰려 죽임을 당하신 것을 염두에 두면서, 사도들에게 예수님과 동일한 유죄 판결을 내리려는 의도를 가진 것으로 볼 수 있다.

한편, 예수님께서도 공생애 기간에 성전에서 백성을 가르치시며 복음을 전하실 때 대제사장들과 서기관들과 장로들로부터 "당신이 무슨 권위로 이런 일을 하는지 이 권위를 준 이가 누구인지 우리에게 말하라"라고 심문을 받으신 적이 있다(참고. 눅 20:1-2). 따라서 베드로와 요한은 예수님과 같은 입장에서 유대 종교지도자들에 의하여 심문을 받는 중이다. 아마도 사도들은 이 순간에 예수님이 심문받으신 모습을 회상했을 것이다. 그리고 자신들이 예수님의 사역을 바르게 계승하고 있다고 생각했을 것이다. 결국, 지금 상황은 예수님께서 이미 약속하신 바 "사람이 너희를 회당이나 위정자나 권세 있는 자 앞에 끌고 가거든 어떻게 무엇으로 대답하며 무엇으로 말할까 염려하지 말라 마땅히 할 말을 성령이 곧 그때에 너희에게 가르치시리라"라는 말씀이 실현되는 순간이다(눅 12:11-12; 참고. 벧전 3:15).

3) 베드로가 대답함(4:8-12)

베드로는 성령이 충만하여 대답한다(8절). 4-12절에 기록된 베드로의 대답은 사도행전에 기록된 베드로의 다섯 개의 설교 중 세 번째이다(참고. 2:14-39; 3:12-26; 5:29-32; 10:34-43). 성령으로 충만한 베드로는 막강한 권력을 가진 자들 앞에서 조금도 굴하지 않고 담대히 말한다. 그는 "병자에게 행한 착한 일"이라는 표현과 "구원"이라는 용어를 사용하여 병자가 고침 받은 것을 단순히 육적인 질병만 고침을 받은 것이 아니라 영혼과 육체의 전인적인 치유, 즉 온전한 구원을 받은 것임을 분명히 한다(9절). 그리고 이는 병자가 고침을 받은 후에 성전에 들어가서 하나님을 찬송한 일을 반영한다(참고. 3:8).

이어서 베드로는 공회원들이 무슨 권세와 누구의 이름으로 이런 일을 행하였느냐고 물은 질문에 대하여, "너희가 십자가에 못 박고 하나님이 죽은 자 가운데서 살리신 나사렛 예수 그리스도의 이름으로 이 사람이 건강하게 되어 너희 앞에 섰느니라"라고 대답한다(10절; 참고. 3:6). 이때 그는 시편 118:22를 인용하여 예수 그리스도를 언급한다(11절; 참고. 사 28:16). 예수님은 건축자들이 버린 돌이었지만 집 모퉁이의 머릿돌이 되었다. 즉 예수님은 이스라엘 백성들이 버린 돌이었으나, 하나님이 그를 살아나게 하셔서 모퉁이의 머릿돌이 되게 하셨다. 당시에 모퉁이의 머릿돌은 벽과 벽을 연결해 주었으며, 건물을 지을 때 기준으로 삼는 중요한 역할을 했다. 따라서 예수님을 머릿돌이라고 표현한 것은 예수님의 우월성을 드러낸다.

베드로는 또한 "다른 이로써는 구원을 받을 수 없나니 천하 사람 중에 구원을 받을 만한 다른 이름을 우리에게 주신 일이 없음이라"라고 말함으로 예수님이 유일한 구원자이심을 선언한다(12절; 참고. 마 11:27; 요 3:18;

14:6; 요일 5:12). 선교 역사적으로 이 선언은 복음이 전파되는 곳에서 매우 분명하고 빈번하게 제시되는 말씀인데, 당시에 베드로가 공회원으로부터 상당한 위협을 받는 상황에서 주어진 것이라는 점에서 큰 의의를 지닌다. 베드로는 예수 그리스도가 유일한 구원자라는 확신을 가지고 있었는데, 이런 신념은 예수 그리스도의 가르침과 부활 목격과 성령 강림으로 확립되었으며, 어떠한 압력과 위협에도 철회되지 않고 유지되었다.

4) 공회원들의 의논(4:13-17)

그들은 베드로와 요한이 "담대하게" 말하는 것을 보고 그들을 본래 "학문 없는 범인"으로 알았다가 이상히 여긴다(13절a). '담대함'(*파레시아*, παρρησία)이라는 단어는 사도행전에서 주로 복음을 전하는 상황에서 자주 사용되었다(예. 2:29; 4:13, 29, 31; 9:27, 28; 13:46; 14:3; 18:26; 19:8; 26:26; 28:31).[121] "학문 없는 범인"(uneducated and ordinary men)이라는 표현은 글을 모르는 사람이라는 뜻이 아니라, 전문적인 지식 훈련을 받지 못한 사람이라는 뜻으로, 특히 여기서는 랍비 교육을 받지 못한 사람을 가리킨다(참고. 요 7:15). 베드로와 요한은 랍비 교육을 받지 못했지만, 성령으로 충만하여 설교했기에 논리적이었고 짜임새가 있었다.

공회원들은 베드로와 요한이 전에 예수님과 함께 있던 줄을 알고 있었지만 어떻게 할 수가 없었다(13절b).[122] 그들은 또한 병에서 고침을 받은 사람이 베드로와 요한과 함께 서 있는 것을 보고 비난할 말이 없었다(14절). 이적이 일어난 것이 너무나 분명하기 때문에 그 사실 자체를 도무지 부인할 수 없었던 것이다. 그런데 이러한 공회원들의 반응은 다시금 이적이 사실임을 증명한다. 즉 고침을 받은 사람은 오랜 세월 성전 문 앞에 앉아서 구걸했던 사람이고, 모든 사람이 그의 정체를 알고 있었는데, 이제 그가 걸을 수 있게 된 것이 확실하다는 사실을 보여준다.

공회원들은 베드로와 요한에게 "공회"(*쉬네드리온*, συνέδριον)에서 나가라고 명령하고 자기들끼리 의논한다(15절). 그런데 누가가 어떻게 공회원들끼리 비밀스럽게 회의한 것을 알고 기록했을까? 분명하지 않지만, 아마도 바울이나 가말리엘이 후에 알려주었을 수도 있고 공회원 가운데 일부가 회심하고 알려주었을 수도 있다. 공회원들은 사도들로 말미암아 유명한 표적 나타난 것이 예루살렘에 사는 모든 사람에게 알려졌으니 자신들도 부인할 수 없다고 말한다(16절). 그러나 그들은 부인하지 않지만, 그렇다고 인정하지도 않는다. 그들에게는 성령이 계시지 않았으므로 성령의 선물인 믿음이 없다. 그리하여 그들은 소문이 민간에 더 퍼지지 못하게 사도들을 위협하여 이후에는 예수님의 이름으로 복음을 전하지 말게 하자고 결정한다(17절). 이는 그들이 예수님의 이름을 대단히 경계하고 그 이름이 가지는 파장을 두려워하는 것이다.

5) 공회원들의 경고와 베드로의 거부(4:18-22)

공회원들은 베드로와 요한을 불러 예수님의 이름으로 말하지도 말고 가르치지도 말라고 경고한다(18절). 그러나 베드로와 요한은 공회원의 경고에 굴복하지 않는다. 그들은 오히려 "하나님 앞에서 너희의 말을 듣는 것이 하나님의 말씀을 듣는 것보다 옳은가 판단하라"라고 반박한다(19절). 그리고 이어서 "우리는 보고 들은 것을 말하지 아니할 수 없다"라고 단호하게 말한다(20절; 참고. 5:29). 베드로와 요한이 동시에 같은 말을 하는 것은 이러한 것이 열두 제자의 공통된 신앙고백이었음을 암시한다.[123] 참으로, 베드로와 요한의 대답은 생명의 위협을 무릅쓴 용기를 담은 것이었다. 그들은 유대 사회에서 가장 막강한 권력을 가진 공회 앞에서 조금도 굴하지 않고 자신들의 소신을 담대히 밝힌다. 그들은 부활 신앙을 가지고 있었고, 그에 따라서 죽음의 두려움을 가지지 않았기에 이렇게 말할 수 있었다.

백성들이 이적을 보고 하나님께 영광을 돌리면서 사도들을 지지하고 있었기 때문에 관리들은 백성을 두려워하여 사도들을 처벌할 방법을 찾지 못하고 다시 위협한 후 놓아 준다(21절). 누가는 단화(pericope)의 마지막에서 이 표적으로 병 나은 사람의 나이가 40여 세나 되었다고 밝힌다(22절). 이렇게 누가가 이 사람의 나이를 밝히는 것은 이적의 사실성을 드러내는 역할을 한다. 그리고 이것은 3:1에서 시작된 이적 이야기가 이제 비로소 끝났음을 보여준다. 사도들이 예수 그리스도의 이름으로 이적을 일으킨 것은 사도들이 복음을 전할 기회가 되어서 엄청나게 많은 사람이 복음을 듣고 예수님을 믿는 결과로 이어졌다. 결국, 사도들은 성령 충만함으로 담대하게 복음을 전할 수 있었으며, 공회의 위협과 경고에 굴복하지 않을 수 있었다.

교훈과 적용

1. 유대의 종교지도자들(특히 사두개인들)은 베드로와 요한이 예수님의 이름으로 설교하고 병을 고치는 것을 그냥 두고 볼 수 없었다. 그들은 사도들의 사역으로 인하여 자신들의 지위가 위협받을 것을 두려워하였다. 특히 자신들과 로마 정부 사이에 있는 경제적, 정치적 이득이 손실을 볼 것을 염려하였다. 그리하여 그들은 사도들을 체포했다. 이처럼 세상의 악한 사탄적 세력들은 복음전파를 언제나 방해한다. 그리고 그들의 명분은 항상 정당하지 않다.
2. 베드로와 요한은 비록 전문적인 교육을 받지 못했으나, 성령의 능력으로 인하

여 최고위층 율법학자들 앞에서 자신 있고 정확하게 말씀을 전할 수 있었다. 성령의 충만함을 입은 베드로와 요한은 그들의 경고와 위협에 조금도 굴복하지 않았다. 그들은 보고 들은 것을 말하지 않을 수 없다고 하면서 담대히 복음을 전했다. 우리는 이러한 자세를 본받아야 한다. 우리는 세상의 권력 앞에 위축되어 복음을 전하지 못하는 어리석은 자가 되지 말아야 한다.

3. 베드로는 "다른 이로써는 구원을 받을 수 없나니 천하 사람 중에 구원을 받을 만한 다른 이름을 우리에게 주신 일이 없음이라"라고 말함으로 예수님만이 유일한 구원자이심을 선언하였다. 필시 우리는 예수 그리스도가 유일한 구원의 길임을 확신해야 한다. 이것은 불변하는 진리이다. 오늘날 종교다원주의에 물든 자들은 이러한 사상을 부정한다. 그들은 아무 종교나 잘 믿으면 구원받을 수 있다고 가르친다. 이것은 대단히 위험한 이단 사상이다. 우리는 오직 예수 그리스도를 통해서만 구원받을 수 있다는 사실을 절대로 양보하지 말아야 한다.

4. 신자들의 기도(4:23-31)

23 사도들이 놓이매 그 동료에게 가서 제사장들과 장로들의 말을 다 알리
니 24 그들이 듣고 한마음으로 하나님께 소리를 높여 이르되 대주재여 천
지와 바다와 그 가운데 만물을 지은 이시요 25 또 주의 종 우리 조상 다윗
의 입을 통하여 성령으로 말씀하시기를 어찌하여 열방이 분노하며 족속들
이 허사를 경영하였는고 26 세상의 군왕들이 나서며 관리들이 함께 모여
주와 그의 그리스도를 대적하도다 하신 이로소이다 27 과연 헤롯과 본디
오 빌라도는 이방인과 이스라엘 백성과 합세하여 하나님께서 기름 부으신
거룩한 종 예수를 거슬러 28 하나님의 권능과 뜻대로 이루려고 예정하신
그것을 행하려고 이 성에 모였나이다 29 주여 이제도 그들의 위협함을 굽

> 어보시옵고 또 종들로 하여금 담대히 하나님의 말씀을 전하게 하여 주시
> 오며 30 손을 내밀어 병을 낫게 하시옵고 표적과 기사가 거룩한 종 예수의
> 이름으로 이루어지게 하옵소서 하더라 31 빌기를 다하매 모인 곳이 진동
> 하더니 무리가 다 성령이 충만하여 담대히 하나님의 말씀을 전하니라

공회는 베드로와 요한에게 예수님의 이름으로 말하지도 말고 가르치지도 말라고 경고한 후에 베드로와 요한을 풀어주었다. 베드로와 요한은 풀려나서 그들의 동료들에게 가서 있었던 일을 알려준다. 그리고 그들은 이 일에 대하여 하나님께 기도하며, 하나님은 그들의 기도에 응답하신다. 즉 이 단락에서 우리는 사도들의 모범을 통하여 기도의 중요성과 가치를 배울 수 있다. 비록 유대의 권력자들은 사도들을 위협했으나, 사도들은 기도함으로 모두 성령이 충만하여 담대히 하나님의 말씀을 전할 수 있게 되었다. 결국, 복음전파는 중단되지 않는다.

1) 사도들의 보고와 합심기도(4:23-24)

베드로와 요한은 감옥에서 풀려난 후에 그들의 동료들에게 가서 제사장들과 장로들의 말을 모두 알린다(23절). 본문에는 베드로와 요한의 동료들이 누구인지 그리고 그들이 어디에 모여 있었는지가 언급되어 있지 않다. 아마도 그들의 동료들이란 다른 사도들과 일부 신자들을 포함한 소수의 무리일 것이다. 그들은 공회에서 제사장들과 장로들로부터 예수님의 이름으로 말하지도 말고 가르치지도 말라고 위협적으로 경고 받았던 일을 동료들에게 보고한다(참고. 18절; 21절). 당시 유대 사회에서 공회의 지위와 권한을 고려할 때, 공회의 위협과 경고는 결코 가볍게 넘길 일이 아니었다. 그것

은 사도들의 공동체에 치명적인 타격을 줄 수 있었다.

그리하여 그들은 한마음으로 하나님께 소리를 높여 기도한다(24절a). 그들의 기도는 앞으로 당할 핍박을 이길 수 있게 하기 위한 것이다. "한마음으로"에 해당하는 *호모뛰마돈*(ὁμοθυμαδόν)이라는 헬라어 단어는 누가가 좋아하는 것으로, 신약에 11회 나오는데, 사도행전에만 10회 나온다(참고. 1:14; 2:46; 4:24; 5:12; 7:57; 8:6; 12:20; 15:25; 18:12; 19:29; 롬 15:6). 그들은 같은 목적을 가지고 같은 마음으로 같이 기도한다. 그들이 같이 기도하는 것은 오늘날의 통성기도라기보다는 당시의 습관대로 한 사람이 기도하면 나머지 사람들이 "아멘"으로 화답하는 방식일 것이다(참고. 신 27:15-26).[124] 이는 "소리"에 해당하는 헬라어 단어 *포넨*(φωνήν)이 단수형이라는 점에 의해서도 지지를 받는다.

그들은 대주재이시며 천지와 바다와 그 가운데 만물을 지으신 하나님께 기도한다(24절b). "대주재"(*데스포테스*, δεσπότης)는 절대적인 힘을 가지고 다스리는 통치자를 의미한다(참고. 눅 2:29). 그들은 유대의 산헤드린이 권력을 가지고 통치하는 것이 아니라고 생각하며 오히려 하나님이 진정한 우주의 통치자시라는 사실을 믿고 하나님을 이렇게 부른다. 즉 그들은 산헤드린의 명령대로 움직이는 자들이 아니라 대주재이신 하나님의 명령대로 움직이는 자들이라는 사실을 분명히 고백한다. 그들은 하나님께서 우주 만물을 창조하신 분이시며 세상을 주권적으로 다스리시는 분이시기에 이 어려운 상황을 해결해 주실 것이라고 믿으면서 기도한다.

2) 악한 세력들이 그리스도와 제자들을 대적함(4:25-28)

그들은 하나님을 "다윗의 입을 통하여 성령으로 말씀하시는 분"으로 인식한다(25절a). 하나님께서 다윗의 입(시편)을 통하여 말씀하셨다는 사상은 이미 누가-행전에서 여러 번 언급되었다(참고. 눅 24:44; 행 1:16; 2:25, 30-31).[125] 그들은 시편 2:1-2를 인용하여 세상의 군왕들과 관리들이 "주와 그의 그리스도"를 대적한다고 말한다(25절b-26절). 시편에서 '주와 그의 그리스도'(the Lord and his Messiah)란 하나님과 그분이 기름을 부어 세우신 다윗을 의미한다. "그리스도"는 '기름 부음을 받은 자'(Anointed One)를 의미하는데, 구약 시대에 왕과 제사장과 선지자를 세울 때 기름을 부었다. 그런데 구약에서 하나님과 다윗을 대적한 자들은 이제 예수 그리스도와 그분의 사도들을 위협하는 자들에 적용된다. 여기서 대적자들은 '열방들', '족속들', '세상의 군왕들', '관리들'로 다양하게 묘사된다. 그들은 모두 사탄의 세력이다. 사탄의 세력은 역사상 계속해서 예수 그리스도와 그분의 종들을 대적한다.

25-26절에 묘사된 대적자들의 계략은 27-28절에서 구체적으로 적용된다. 헤롯과 본디오 빌라도와 이방인과 유대인은 합세하여 하나님께서 기름 부으신 거룩한 종 예수님을 죽였다(27절). 즉 구약에서 열방들과 족속들과 세상의 군왕들과 관리들이 하나님께서 기름을 부어 세우신 다윗을 대적했듯이, 신약에서 헤롯과 빌라도와 이방인과 유대인은 하나님께서 기름을 부어 세우신 예수님을 대적했다. 그런데 악한 세력들의 행동은 이미 하나님께서 예정하신 일이었다(28절; 참고. 3:18). 즉 악한 세력들이 연합하여 예수님을 죽인 것은 결과적으로 하나님이 예정하신 뜻을 이룬 것이었다. 그렇지만 악한 세력들에게 죄가 없는 것은 아니다. 그들은 분명히 죄인이며(참고. 2:23), 따라서 자신의 죄에 대한 책임을 져야 한다(참고. 3:13-15). 한편, 하나님의 예정은 신자들이 안심할 수 있게 한다. 신자는 하나님께서 악한 자들의 계획을 미리 아시고 그 가운데서 선을 이끌어 내셨다는 사실로 인하여

두려워하지 않고 담대할 수 있다.

3) 기도의 내용과 하나님의 응답(4:29-31)

그들은 하나님께서 대적자들의 위협을 굽어보시고 그들이 담대히 하나님의 말씀을 전할 수 있게 해 달라고 기도한다(29절). 따라서 그들은 어렵고 위험한 상황을 벗어나게 해 달라는 것이 아니라, 오히려 어렵고 위험한 상황에서도 담대히 복음을 전할 수 있게 해 달라고 기도한다. 그리고 그들은 치유와 표적과 기사가 예수 그리스도의 이름으로 일어날 수 있도록 기도한다(30절). 표적과 기사는 말씀을 전하는 자의 권위와 말씀 자체의 권위를 입증한다. 그런데 베드로와 요한이 박해를 받기 시작한 것은 성전 문에서 구걸하던 나면서부터 걷지 못하는 사람을 고쳐 준 일로 인한 것이었다(참고. 3:1-10). 하지만 그 일로 인하여 오히려 많은 사람이 복음에 주의를 기울였기에 그들은 위험을 감수하면서도 다시 이런 일을 행하게 해달라고 기도한다.

그들이 기도하기를 다하자 모인 곳이 진동한다(31절a). 구약성경에서 진동은 하나님의 신현(theophany)의 표시였다(참고. 출 19:16-18; 사 6:4).[126] 따라서 지금 하나님께서는 그들의 기도를 들으셨다는 것을 알려주시기 위하여 이러한 가시적인 증거를 주신다. 그리고 그들은 다 성령이 충만하여 담대히 하나님의 말씀을 전한다(31절b). 구약에서도 선지자들은 성령이 충만하였을 때에야 비로소 하나님의 말씀을 전할 수 있었다(참고. 신 18:19; 사 1:10; 28:14; 욜 1:1; 암 1:1; 3:1; 4:1; 7:16; 욘 1:1; 미 1:1; 슥 1:1).[127] 그들이 담대히 하나님의 말씀을 전하였다는 것은 그들의 기도가 응답을 받아 성령의 권능이 그들에게 임한 것을 의미한다(참고. 29절; 1:8). 특히 이 구절에서 "전하니라"에 해당하는 헬라어 *엘라룬*(ἐλάλουν)은 미완료 시상인데, 이는 그들이 계속해서 하나님의 말씀을 전하고 있는 것을 뜻한다.

교훈과 적용

1. 공회가 예수님의 이름으로 말하지도 말고 가르치지도 말라고 위협한 가운데 사도들은 한마음으로 하나님께 소리를 높여 기도하였다. 그들은 하나님이 세상을 만드신 분이시며 세상을 다스리시는 분이신 것을 믿었다. 그들은 하나님의 능력이 공회의 능력보다 강하며, 그들 모두의 운명은 오직 하나님의 손에 달려 있다고 생각하였다. 그리하여 그들은 하나님께 기도하였다. 우리도 모든 사안에 기도해야 한다. 하나님이 역사하시고 간섭하시도록 기도해야 한다.
2. 사탄과 그의 세력들은 주님과 주님의 제자들을 대적하였다. 그들은 복음이 더 이상 확장되지 못하도록 온갖 수단을 동원하여 방해하였다. 그러한 방해는 지금도 여전하다. 따라서 우리는 사탄의 위협과 박해를 이상하게 생각하지 말아야 한다. 오히려 그것을 자연스러운 것이라고 여겨야 한다. 우리는 어떠한 위협에도 굴복하지 말고 계속해서 주님의 일을 해야 한다. 심지어 생명을 내어 놓으면서 주님이 우리에게 명령하신 복음 전파의 사명을 감당해야 한다.
3. 하나님께서는 제자들의 기도에 응답하셨다. 하나님은 제자들이 모인 곳을 진동하게 하심으로 하나님이 그들의 기도를 들으셨다는 표시를 주셨다. 그리고 하나님은 제자들에게 성령으로 충만하게 하셨다. 그 결과 그들은 하나님의 말씀을 담대히 전하였다. 우리는 하나님이 우리의 기도를 들으시고 성령의 능력을 주셔서 말씀을 담대히 전할 수 있게 하신다는 사실을 기억해야 한다. 말씀을 더욱 담대히 전할 수 있도록 성령 충만을 위해서 기도하자.

5. 신자들이 물건을 통용함(4:32-37)

32 믿는 무리가 한마음과 한 뜻이 되어 모든 물건을 서로 통용하고 자기
재물을 조금이라도 자기 것이라 하는 이가 하나도 없더라 33 사도들이 큰
권능으로 주 예수의 부활을 증언하니 무리가 큰 은혜를 받아 34 그 중에
가난한 사람이 없으니 이는 밭과 집 있는 자는 팔아 그 판 것의 값을 가져
다가 35 사도들의 발 앞에 두매 그들이 각 사람의 필요를 따라 나누어 줌
이라 36 구브로에서 난 레위족 사람이 있으니 이름은 요셉이라 사도들이
일컬어 바나바라(번역하면 위로의 아들이라) 하니 37 그가 밭이 있으매
팔아 그 값을 가지고 사도들의 발 앞에 두니라

사도들의 사역을 통해서 예루살렘에 교회가 세워지고, 복음이 예루살렘 전역에 확산된다. 그리하여 교회는 더욱 큰 은혜를 받아 크게 부흥한다. 그리고 신자들이 하나가 되어 물건을 통용하는 일이 일어난다. 이러한 장면은 이미 2:42-47에서 묘사되었는데, 여기에 다시 묘사됨으로써 교회의 부흥이 중단되지 않고 계속되고 있음이 드러난다.

1) 신자들이 한마음과 한 뜻이 됨(4:32)

믿는 무리가 "한마음과 한 뜻"이 되었다(32절a). "한마음과 한 뜻"(*카르디아 카이 프쉬케 미아*, καρδία καὶ ψυχὴ μία, one in heart and mind)에서 "마음"(*카르디아*)과 "뜻"(*프쉬케*)은 '마음'과 '혼'으로 번역할 수 있는데, 두 단어의 의미를 굳이 구분할 필요는 없다. 비슷한 의미를 가진 두 단어가 같이 사용된 것은 그들이 하나가 되었음을 강조하기 위한 것이다. 신자들은 24절에

서 "한마음"으로 하나님께 기도하였는데, 이제 여기서 그 결과로 "한마음과 한 뜻"이 되었다. 실로 그들이 하나가 되는 것은 성령 하나님께서 역사하신 결과이다. 그들은 성령의 충만함을 입어 하나가 되었고, 서로를 섬기려는 마음을 가지게 되었다.

신자들이 연합한 결과로 모든 물건을 서로 통용하고 자기 재물을 조금이라도 자기 것이라고 하는 이가 하나도 없었다(32절b). 예루살렘 교회의 교인들 가운데에는 부자도 있었고, 가난한 자도 있었다. 그런데 부자들이 가난한 자들을 위하여 물질을 기부한 예는 그리 흔하지 않았다. 당시에 빈부의 차이는 사회제도 자체였으며 당연시된 문화였다. 그런데 그들이 복음과 성령으로 변화되자 전통적인 통념들이 무너졌다. 여기서 누가는 진정한 하나됨을 물질의 공유로 표현하는데, 이것은 인간이 물질에 대하여 가지는 태도를 반영한다. 즉 물질의 공유는 가족이라야 가능한 것인데, 예루살렘 교회가 그것을 이룬 것은 교회 공동체가 단지 종교적인 집합체가 아니라 한 가족임을 입증하는 것이다. 결국, 이것은 복음의 능력을 보여준다. 이것은 복음이 세상의 제도나 체계가 바꾸지 못하는 것을 바꿀 수 있는 힘을 가지고 있음을 드러낸다.[128]

2) 가난한 사람이 없어짐(4:33-35)

누가는 사도들이 큰 권능으로 주 예수님의 부활을 증언하였고 무리가 큰 은혜를 받았다고 말한다(33절). 이 언급은 초대교회에 나타난 소유의 혁명이 결코 사람들 간의 친목으로 인한 것이 아니었음을 분명히 해 준다. 사도들이 큰 권능으로 주 예수님의 부활을 증언한 것은 이미 사도행전 3장과 4장에서 어느 정도 언급되었는데, 앞으로 계속해서 언급될 것이다. 그리고 무리

가 큰 은혜를 받았다는 진술은 4:23-31에 기록된 기도가 응답된 것이다.[129]

신자들이 서로의 물건을 나누자 그들 가운데 "가난한 사람"(*엔데에스*, ἐνδεής, a needy person)이 없어진다(34절a). 그런데 여기서 사용된 단어 *엔데에스*가 신명기 15:4의 70인역에 그대로 사용되었음을 주목해야 한다. "네가 만일 네 하나님 여호와의 말씀만 듣고 내가 오늘 네게 내리는 그 명령을 다 지켜 행하면 네 하나님 여호와께서 네게 기업으로 주신 땅에서 네가 반드시 복을 받으리니 너희 중에 '가난한 자'(ἐνδεής)가 없으리라." 따라서 초대교회에 가난한 자가 없다는 말은 신명기의 약속이 초대교회에서 이루어진 것을 의미한다. 이것은 복음 전파와 성령의 역사로 말미암아 초대교회의 교인들이 이기심을 극복하고 참된 사랑을 실천했음을 보여준다.[130]

신자들 중에는 심지어 밭과 집까지 팔아서 가져온 사람들도 있다(34절b). 그런데 여기서 명심해야 할 사실이 두 가지 있다. 우선, 초대교회의 구성원이 소유한 재산을 모두 판 것은 아니라는 사실이다. 그들은 가지고 있는 물질을 공동체에 모두 가져다주고 각자 필요한 것을 가져다 쓰는 형태를 취하지 않았다. 그들은 사유재산제도를 인정했으며, 자신의 재산을 여전히 가지고 있었다. 다음으로, 초대교회 성도들의 나눔은 자발적인 것이지 강제적인 것이 아니었다는 사실이다. 그들은 자원해서 자신의 재산을 팔아 가난한 자들을 위해 사용할 수 있도록 가져왔다. 따라서 초대교회의 경제 체제는 오늘날 공산주의의 경제 체제와 분명히 달랐다.

신자들은 돈을 "사도들의 발 앞에" 두는데(35절a), 이 표현은 사도행전에 세 번 나온다(4:35; 37; 5:2). 구약에서 이것과 유사한 표현이 발견되는데, 순종과 의탁을 표시할 때 이렇게 하였다(참고. 수 10:24; 삼상 25:24, 41; 삼하 22:39). 이것은 사도들에게 재산 사용 권한을 양도한다는 뜻이다.[131] 신자들은 사도들의 권위를 절대적으로 인정하고 사도들에게 복종했으며, 이는 물질의 사용이라는 민감한 문제에 있어서도 마찬가지였다. 그러자 사도들은 신자들이 바친 재산을 각 사람의 필요에 따라 적절하게 나누어 준다(35절 b). 사도들은 처음에 말씀을 전하는 일과 함께 신자들이 바친 돈을 가난한 자들에게 배분(구제)하는 일까지 하였다. 그러다가 점차 공동체의 규모가 커지고 배분에 문제가 발생하자 그들은 회중 중에서 '일곱 사람'을 뽑아서 이 일을 맡긴다(참고. 6:1-6).

3) 바나바가 밭을 팔아서 바침(4:36-37)

누가는 초대교회 교인들의 자발적인 재산 통용 이야기 가운데 하나의 사례를 소개한다. 그것은 바나바가 밭을 팔아서 바친 일이다. 누가가 여기서 바나바의 경우를 언급하는 것은 앞으로 바나바가 바울과 함께 선교에 있어서 중요한 임무를 수행할 것이기 때문이다(참고. 9-15장). 이렇게 등장인물을 미리 말하는 것은 누가의 문학 기법이다. 바나바의 이름은 사도행전에 23회 나오는데, 그는 바울과 예루살렘 교회 사이에서 중요한 임무를 수행한다. 그는 안디옥 교회의 중요한 지도자였으며(참고. 11:19-26), 마가 요한이 그의 사촌이었다(참고. 골 4:10).[132]

누가는 바나바에 대해서 비교적 상세히 소개한다(36절). 바나바는 구브로(Cyprus) 출신의 레위족이다. 그의 이름은 요셉이지만 사도들은 그를 바나바라고 부른다. 이렇게 바나바의 본명과 사도들이 그에게 지어 준 별명이 소개된 것은 그가 중요한 인물임을 의미한다. 누가는 바나바라는 이름을 번역하면 "위로의 아들"(*휘오스 파라클레세오스*, υἱὸς παρακλήσεως, son of encouragement)이라고 알려준다. 바나바는 아람어로 '네보의 아들'(son of

Nebo)이라는 뜻이다. '네보'는 선지자를 뜻하는 히브리어 *나비*(נָבִיא)서 나온 것인데, 선지자는 '위로하는 사람'이다. 따라서 그의 이름을 번역하면 "위로의 아들"이 된다. 사도행전에서 누가가 바나바의 이름을 "요셉"이라고 하지 않고 줄곧 "바나바"라고 한 것은 그의 이름(위로의 아들)과 그의 사역(위로)이 잘 어울리기 때문이다(참고. 13:1, 15; 14:12, 14).[133]

바나바는 밭을 팔아 그 값을 가지고 사도들의 발 앞에 둔다(37절). 그가 소유했던 밭은 헬라어로 *아그로스*(ἀγρός)인데, 이것은 상당히 넓은 밭 혹은 땅을 가리킨다. 바나바는 밭을 판 값을 사도들의 발 앞에 두어서 사도들이 마음대로 사용(처분)하도록 권한을 위임한다. 바나바는 레위인이다. 원래 레위인은 재산을 소유할 수 없었으나(참고. 민 18:20; 신 10:9), 예외적으로 재산을 소유한 사람들이 있었고, 주후 1세기에는 일반적으로 재산을 소유하고 있었으며, 어떤 레위인은 상당히 많은 재산을 가지고 있기도 했다(참고. 렘 32:7-44; Josephus, *Life* 13-15.68-83; 76.422-30).[134]

교훈과 적용

1. 초대교회 교인들은 한마음과 한 뜻이 되었다. 한마음과 한 뜻을 가지는 것은 같은 말씀과 함께하는 기도를 통해서 가능하다. 즉 같은 교리와 신조를 지닌 사람들이 한마음과 한 뜻을 가질 수 있다. 인간적인 연합과 공익으로 하나가 되는 것은 일시적이며 한계가 있다. 우리는 그리스도 안에서 함께 교제해야 하며, 함께 음식을 먹어야 하며(가족), 함께 떡을 떼어야 한다(성찬). 우리는 이를 통하여 하나의 몸인 것을 확인할 수 있다.
2. 초대교회 교인들은 재산과 물질을 공유하였다. 그리하여 사랑의 공동체를 이루었다. 하지만 그들의 재산 공유는 공산주의적인 개념이 아니었다. 그들은 사유

재산제도를 유지하면서 자발적으로 자신의 물건을 가난한 사람들에게 나누어 주었다. 우리도 나눔을 실천해야 한다. 어려운 이웃을 위해서 자신이 가진 것을 나누어 줌으로 더욱 행복한 세상을 만들 수 있다.

3. 바나바는 자신의 밭을 팔아서 사도들의 발 앞에 두었다. 그는 자신의 재산이 하나님의 뜻대로 사용되기를 원했다. 그의 모습은 신앙인의 본이 된다. 오늘날 우리는 물질을 중요하게 여기며, 심지어 물질을 숭배하기까지 한다. 하나님이 그들에게 왜 물질을 주셨는지를 모른 채 자기 배만 불린다. 우리는 하나님의 뜻대로 우리에게 주어진 물질을 사용해야 한다. 그리고 비단 물질뿐만 아니라 우리의 재능과 시간을 주님 앞에 바쳐 드려야 한다.

6. 아나니아와 삽비라의 죽음(5:1-11)

1 아나니아라 하는 사람이 그의 아내 삽비라와 더불어 소유를 팔아 2 그
값에서 얼마를 감추매 그 아내도 알더라 얼마만 가져다가 사도들의 발 앞
에 두니 3 베드로가 이르되 아나니아야 어찌하여 사탄이 네 마음에 가득
하여 네가 성령을 속이고 땅 값 얼마를 감추었느냐 4 땅이 그대로 있을 때
에는 네 땅이 아니며 판 후에도 네 마음대로 할 수가 없더냐 어찌하여 이
일을 네 마음에 두었느냐 사람에게 거짓말한 것이 아니요 하나님께로다
5 아나니아가 이 말을 듣고 엎드러져 혼이 떠나니 이 일을 듣는 사람이 다
크게 두려워하더라 6 젊은 사람들이 일어나 시신을 싸서 메고 나가 장사
하니라 7 세 시간쯤 지나 그의 아내가 그 일어난 일을 알지 못하고 들어오
니 8 베드로가 이르되 그 땅 판 값이 이것뿐이냐 내게 말하라 하니 이르되
예 이것뿐이라 하더라 9 베드로가 이르되 너희가 어찌 함께 꾀하여 주의
영을 시험하려 하느냐 보라 네 남편을 장사하고 오는 사람들의 발이 문 앞

에 이르렀으니 또 너를 메어 내가리라 하니 10 곧 그가 베드로의 발 앞에 엎드러져 혼이 떠나는지라 젊은 사람들이 들어와 죽은 것을 보고 메어다가 그의 남편 곁에 장사하니 11 온 교회와 이 일을 듣는 사람들이 다 크게 두려워하니라

초기 기독교의 부흥은 성도들이 자신들의 물질을 가난한 사람들에게 나누어 주는 경제적인 나눔의 현상으로 이어졌다(참고. 4:32-35). 그런데 그러한 아름다운 분위기에 찬물을 끼얹는 한 이야기가 이 단락에 소개되어 있다. 그것은 아나니아와 그의 부인 삽비라가 자신들의 소유(땅)를 판 후에 그 값에서 얼마를 감추었고, 그 일로 인하여 그들이 생명을 잃게 된 사건이다. 누가는 초기 기독교회에서 일어났던 부정적인 사건을 숨기지 않고 있는 그대로 진술한다.[135]

1) 아나니아와 삽비라의 범죄(5:1-2)

아나니아가 그의 부인 삽비라와 "더불어" 그들의 소유(땅)를 판다(1절). 이것은 다른 사람들과 마찬가지로 그들이 소유를 팔아서 교회에 내놓는 것을 의미한다(참고. 4:34-35). 즉 아나니아는 바나바와 똑같은 일을 한다(참고. 4:36-37). 누가는 여기서 "더불어"(together with)라는 표현을 사용하는데, 이는 아나니아와 삽비라가 사전에 공모한 것을 의미하며, 더군다나 여자의 이름을 직접 거명함으로써 이 일에 그녀의 역할이 컸음을 드러낸다. 누가는 이후에도 "그 아내도 알더라"(2절), 그녀의 거짓말(8절), 그리고 "함께 꾀하여"(9절)라는 표현 등을 통해서 그녀에게 잘못이 있음을 명시한다.

그들은 소유를 판 후에 그 값에서 얼마를 감춘다(2절a). 여기에 사용된

“감추다”(노스피조, νοσφίζω)라는 동사는 신약성경에서 디도서 2:10에 한 번만 나온다(참고. *2 Maccabees* 4:32). 특히 이 단어는 여호수아 7:1의 70인역(LXX)에서 이스라엘이 여리고를 점령한 후 아간이 하나님께 바쳐진 전리품 얼마를 감추었을 때 사용되었다. 따라서 누가는 의도적으로 구약성경의 언어를 사용함으로써 아나니아의 죄악을 아간의 죄악과 연관시킨다. 이때 누가는 아나니아의 아내 삽비라도 알았다고 말함으로써 아나니아와 삽비라가 재산을 감추는 데 공모했음을 시사한다(2절b). 아나니아와 삽비라는 자신들의 소유를 팔아 사도들의 발 앞에 둔다. “사도들의 발 앞에 둔다”라는 표현은 사도들이 마음대로 사용(처분)하도록 권한을 위임하는 것을 의미한다(참고. 4:35, 37).

2) 베드로의 책망(5:3-4)

베드로는 그들이 자신을 속인 것을 알게 된다(3절). 어떤 학자들은 베드로가 그들의 죄책감에 사로잡힌 얼굴을 보고 알았을 것이라고 주장하고, 다른 학자들은 누군가가 베드로에게 그들에 대한 정보를 제공했다고 주장하지만, 본문에는 그러한 주장들을 뒷받침할 만한 증거가 없다. 오히려 베드로에게 하나님께서 가르쳐 주신 것으로 보아야 한다. 즉 베드로는 하나님께서 주신 ‘영감’(the prophetic insight)으로 아나니아와 삽비라의 행위를 알게 된 것이다. 베드로는 사탄이 그의 마음에 가득하여 그가 성령을 속였다고 말한다(참고. 눅 22:3). 이는 그의 죄가 대단히 심각하다는 것을 의미한다. 특히 베드로는 교회를 속인 것이 아니라 성령을 속였다고 말함으로써 교회의 특별한 권위를 드러낸다.

베드로는 “땅이 그대로 있을 때에는 네 땅이 아니며 판 후에도 네 마음대로 할 수가 없더냐"라고 말한다(4절a). 베드로의 말을 통해서 알 수 있는 것은 초기 기독교가 사유재산제도를 인정했다는 사실이다. 초기 기독교인들은 자신들의 재산을 유지하고 있었고, 재산을 바치는 행위가 억지로가 아닌 자발적으로 이루어졌다(참고. 4:34의 주해). 사도행전에는 그리스도인들이 사유재산제도를 유지했다는 사실이 광범위하게 드러나며, 사유재산제도를 부정했다는 증거나 흔적이 전혀 없다. 아나니아와 삽비라는 땅을 팔기 전에 그것에 대한 소유권을 가지고 있었고, 땅을 판 후에도 여전히 그 판 값을 소유할 수 있었다. 따라서 그들이 자신들의 돈을 감춘 이유를 이해하기가 쉽지 않다.

우리는 그들의 문제점을 이 단락(행 5:1-11) 바로 앞에 있는 바나바의 예(4:36-37)를 통해서 발견할 수 있다. 바나바는 자신의 땅을 팔아서 사도들의 발 앞에 두었다. 앞에서 언급했듯이, 누가가 이러한 예를 소개하면서 성경이 바나바의 출신지와 사도들이 지어 준 별명을 언급한 것은 그의 업적을 칭송하고 사도들이 그와 좋은 관계를 유지했음을 보여주기 위한 것이다. 그런데 아나니아와 삽비라는 바나바의 경우를 보고 바나바와 같이 인정받으며 존경받고 싶은 마음을 가졌을 것이다. 더욱이 그들은 작은 규모의 땅(*코리온*, χωρίον)을 팔았는데(참고. 3절), 이는 바나바가 판 큰 규모의 땅(*아그로스*, ἀγρός)과 대조된다(참고. 4:37). 그들은 작은 규모의 땅을 팔아 바치면서 바나바와 같이 큰 칭찬을 얻으려고 하였다.

3) 아나니아의 죽음(5:5-6)

아나니아는 베드로의 말을 듣고 엎드러져 혼이 떠나 죽었고, 이 일을 들은 사람들은 다 크게 두려워하였다(5절). 베드로의 말을 들은 아나니아는 아무런 변명도 하지 못했다. 그는 베드로의 말을 듣자마자 그냥 죽어 버렸다. 그가 어떤 식으로 죽었는지 그리고 왜 죽었는지 분명하지가 않다. 베드로는 아나니아를 쳐서 죽이지 않았다. 그에게 죽음의 형벌을 선고한 것도 아니었다. 단지 아나니아는 베드로의 말을 듣고 죽어 버렸다. 어떤 사람들은 아나니아가 베드로의 말을 듣고 심리적으로 너무 큰 충격을 받아서 죽었다고 생각하지만, 문맥상 그는 하나님의 심판을 받아서 죽은 것이 분명하다.

그렇다면 아나니아의 죄악이 도대체 무엇이었기에 그가 생명을 잃게 되었을까? 그는 하나님을 속였다(참고. 3절). 그는 전리품을 가로챔으로써 하나님의 영광을 가로챈 아간과 같은 종류의 죄를 범했다. 즉 그의 죄는 단지 윤리적인 차원의 죄가 아니라 교회의 신적인 정결함을 해친 신성모독적인 차원의 죄였다. 이제 옛 질서가 사라지고 새로운 질서가 시작되는 시점에서 그는 교회의 거룩한 권위를 멸시하고 훼손하였다. 따라서 하나님은 그를 죽이심으로써 하나님을 두려워하지 않고 하나님의 신성한 교회를 경멸하여 하나님의 구속역사를 방해한 자에게 엄중한 심판을 내리셨다.

젊은 사람들이 그의 시신을 싸서 메고 나가 장사한다(6절).[136] 여기에 나오는 젊은 사람들이 누구인지 분명하지가 않다. 그들은 아마도 주변에 서 있던 젊은 사람들일 것이다. 그런데 그의 아내가 돌아오기도 전에 급하게 시신을 장사한 이유는 무엇인가? 삽비라는 아나니아가 죽은 지 약 3시간 후에 돌아왔는데(참고. 7절), 그의 아내도 모르게 너무 일찍 장사한 것이 아닌가? 구약에서 나답과 아비후의 죽음(참고. 레 10:1-5)과 아간의 죽음(참고. 수 7:25-26)을 참고할 때, 하나님께 형벌을 받아 죽임을 당한 자는 신속하고 조용하게 장사하도록 되어 있었다. 따라서 그를 신속하게 장사했다는 것은 그의 죽음이 하나님의 심판이라는 것을 모든 사람이 인지하고 있었다는 뜻이다.

4) 삽비라의 죽음(5:7-11)

아나니아를 장사한 지 세 시간쯤 지났을 때 아나니아의 아내 삽비라가 그 일어난 일을 알지 못하고 들어온다(7절). 여기서 그녀가 "알지 못하고" 들어온다는 표현은 2절에서 그녀가 "알더라"라는 표현과 묘한 대조를 불러일으킨다. 아나니아와 삽비라의 공모는 베드로의 선지자적인 심판에 의해서 파괴되었으며, 삽비라는 그녀와 음모를 같이 꾸몄던 남편에게 일어난 일을 알지 못하는 실정이다.[137] 베드로가 삽비라에게 땅을 판 값이 이것뿐이냐고 묻자, 그녀는 그것뿐이라고 대답한다(8절). 이러한 베드로의 질문은 삽비라에게 돌이킬 수 있는 기회를 주기 위한 것이었지만, 그녀는 끝내 돌이키기를 거부하고 거짓말을 한다.

이에 베드로는 "너희가 어찌 함께 꾀하여 주의 영을 시험하려 하느냐"라고 책망한다(9절a). '주의 영을 시험한다'라는 말은 '사탄이 마음에 가득하여 성령을 속였다'라는 말과 같은 뜻이다(참고. 3절). 삽비라는 아나니아의 죄악에 동조했고 모든 것을 알면서도 묵인했다(참고. 1-2절). 초대교회 공동체는 '한마음으로' 복음에 합당한 삶을 살았지만 아나니아와 삽비라는 "함께 꾀하여" 복음에 반대되는 삶을 살았다. 그리하여 그녀 역시 하나님에 의해서 죽임을 당한다(9절b-10절). 삽비라의 죽음은 단지 심리적인 요인에 의한 것이 아니었다. 누가는 명백히 그녀가 하나님의 심판을 받아 죽었음을 드러낸다.[138] 그녀는 "베드로의 발 앞에 엎드러져" 죽는데, 이는 초기 기독교인들이 자신들의 소유를 "사도들의 발 앞에" 두었던 것과 비교된다.

이 이야기는 그녀의 죽음을 본 사람들의 두려움으로 끝을 맺는다(11절).

이것은 실로 하나님을 두려워하지 않고 교회를 경멸하는 자들에게 내려진 하나님의 엄중한 심판 이야기이다. 필시 아나니아와 삽비라의 인간적인 욕심은 교회를 파괴하는 행위였기 때문에 하나님은 그들을 죽이심으로써 교회의 절대적인 권위와 거룩한 속성을 드러내셨다. 이 일을 본 사람들은 하나님의 교회를 더욱 인정하게 되었고 교회의 질서에 철저히 순응하게 되었다. 그리고 여기에 복음서와 사도행전에서 처음으로 *에클레시아*(ἐκκλησία, 교회)라는 단어가 나오는데, 이후에 이 단어는 사도행전에 18차례 더 언급된다.

한편, 비평학자들은 사람이 갑자기 죽을 수 없다는 것과 죽음이 기독교의 정신과 하나님의 성품에 맞지 않는다는 것 때문에 이 이야기를 꾸며진 것이라고 주장한다. 하지만 이 이야기는 오히려 기독교의 정신을 생생하게 담고 있으며 하나님의 성품을 고스란히 드러낸다. 따라서 이 이야기가 실제로 일어난 일이라고 생각할 수 있다.

교훈과 적용

1. 누가는 초대교회를 마냥 아름답게만 묘사하지 않는다. 그는 부정적인 사례를 소개함으로써 인간들이 여전히 죄인임을 알린다. 그리고 하나님이 이러한 어려운 상황 가운데에서도 교회와 성도들을 지키심을 보여준다. 하나님은 죄에 대해서 벌하심으로 죄를 짓지 말아야 한다는 사실을 가르쳐 주신다. 그리고 그것은 결국 하나님이 우리를 보호하시는 수단이 된다. 우리는 죄에 대한 경각심을 가지는 동시에 하나님이 징계하실 때 회개하고 돌아와야 한다.
2. 우리는 이 이야기를 통하여 교회의 권위를 생각할 수 있다. 교회는 하나님이 친히 설립하신 신성한 기관이며 더군다나 그리스도의 몸이다. 따라서 교회를 속이

는 것은 하나님을 속이는 것이다. 아나니아의 죄는 단순히 정직함과 청렴결백함의 문제가 아니다. 그의 죄는 교회의 정결함을 파괴한 일이다. 교회가 시작되는 시점에 발생한 이 이야기는 옛 질서에 속한 구습들이 사라져야 함을 보여준다. 우리는 교회를 신성하게 여겨야 하고 교회의 권위에 순종해야 한다.

3. 아나니아와 삽비라는 초신자가 아니었다. 그들은 초대교회에서 비중 있는 인물이었다. 그들은 부부가 함께 교회에 가입한 신실함을 보여주었고, 자신들의 재산을 바치는 헌신을 보여주었다. 그러나 그들의 믿음과 헌신은 위선적이었다. 그들은 사람들로부터 인정과 칭찬을 받고 싶어 했다. 오늘날 우리에게는 이러한 모습이 없는지 돌아보아야 한다. 우리는 사람의 인정과 칭찬을 좋아하고 있지 않는가? 우리는 진정 누구를 기쁘게 하는가?

7. 사도들이 많은 사람을 고침(5:12-16)

12 사도들의 손을 통하여 민간에 표적과 기사가 많이 일어나매 믿는 사람
이 다 마음을 같이하여 솔로몬 행각에 모이고 13 그 나머지는 감히 그들과
상종하는 사람이 없으나 백성이 칭송하더라 14 믿고 주께로 나아오는 자
가 더 많으니 남녀의 큰 무리더라 15 심지어 병든 사람을 메고 거리에 나
가 침대와 요 위에 누이고 베드로가 지날 때에 혹 그의 그림자라도 누구에
게 덮일까 바라고 16 예루살렘 부근의 수많은 사람들도 모여 병든 사람과
더러운 귀신에게 괴로움 받는 사람을 데리고 와서 다 나음을 얻으니라

이 단락에는 초대교회에서 일어난 기사와 표적이 기록되어 있다. 앞 단락(5:1-11)에 소개된 아나니아와 삽비라의 죽음 이야기는 사도들과 교인들을 실망시켰지만, 그럼에도 불구하고 복음전파의 위축을 가져오지 않았다. 오

히려 사도들은 더욱 열심히 복음을 전했고, 하나님의 역사는 더욱 강력해졌다. 어떤 세력도 복음의 전진을 방해할 수 없었다.

1) 표적과 기사(5:12)

사도들의 손을 통하여 민간에 "표적과 기사"가 많이 일어난다(12절a). 사도행전에서 "표적"(signs)과 "기사"(wonders)는 같은 의미를 가진 단어이다. 이 문맥에서 이 단어들은 질병의 치유(healing)를 가리킨다. 사도행전에서 표적과 기사는 사도들의 권위에 대한 하나님의 입증 방편이다(참고. 3:16-21; 4:9, 12, 22). 즉 하나님이 사도들과 함께하신다는 가시적인 증거이다. 사도들은 공회의 명령을 거부하고 담대히 표적과 기사를 행한다. "일어나매"에 해당하는 헬라어 단어 *에기네토*(ἐγίνετο)의 시상은 미완료형인데, 이는 표적과 기사가 계속해서 일어났음을 뜻한다. 믿는 사람들은 다 마음을 같이하여 "솔로몬 행각"에 모인다(12절b). "솔로몬 행각"(Solomon's Colonnade)은 사람들이 모이기에 적당한 넓은 장소이다. 그들은 이전에도 여기에서 모인 적이 있었다(참고. 3:11).

2) 사람들의 반응(5:13-14)

누가는 "그 나머지는 감히 그들과 상종하는 사람이 없으나"라고 말한다(13절a). 여기서 "그 나머지"(*톤 로이폰*, τῶν λοιπῶν)라고 표현된 자들이 누구인지에 대하여 논란이 있다. 어떤 학자는 신자들을 가리킨다고 보고, 어떤 학자는 불신자들을 가리킨다고 본다. 확실히 단정하기는 어렵지만, 아마도 이들은 불신자들이거나 아니면 믿음이 약한 자들일 것이다. 이들은 아나니아와 삽비라가 죽은 것을 보면서 두려움을 가졌던 것 같다. 그래서 그들은 사도들이나 다른 무리들과 합류하기를 주저한다. 13절b는 "그러나"(*알라*, ἀλλά)라는 접속사로 시작한다. 비록 두려워서 가까이 가지는 못하지만, "그러나" 백성들은 신자들을 칭송한다(13절b). 사도들이 복음을 전하고 이적을 일으킨 결과로 믿고 주님께로 나아오는 사람이 더욱 많았다(14절).

3) 사도의 능력(5:15-16)

15-16절은 12-13절의 상황을 다른 각도에서 묘사한 것이다. 누가는 사도들을 통하여 많은 표적과 기사가 일어나는 상황에서, 병든 사람들이 사도들에게 나아와 고침을 받는 장면을 생생하게 묘사한다. 사도들의 이적은 사도들이 전한 말씀의 권위를 드러내 준다. 15절은 '결과'를 의미하는 *호스테 카이*(ὥστε καὶ)라는 표현으로 시작된다. 이는 4:34가 '이유'를 뜻하는 *가르*(γὰρ)로 시작하는 것과 일치한다. 4:34에 사도들이 주 예수님의 부활을 증언하므로 사람들이 은혜를 받아 소유의 혁명이 일어난 것이 기록되어 있듯이, 5:15에도 사도들의 손을 통하여 표적과 기사가 많이 일어나므로 사람들이 사도들에게 나아오는 것이 언급되어 있다.

사람들은 베드로가 지나갈 때 혹시 베드로의 그림자라도 누구에게 덮이면 나을 것이라고 믿는다(15절). 이것은 마치 예수님이 지나가실 때 예수님의 옷자락을 만지면 나을 것이라고 믿은 것과 같다(참고. 눅 8:43-44). 고대인들에게 그림자는 어떤 사람의 영향력과 능력을 상징했다. 고대인들은 영웅의 그림자에라도 덮이는 것을 영예롭게 생각했다. "그의 그림자라도 누구에게 덮일까 바라고"라는 표현에서 '덮이고'는 헬라어로 *에피스키아세*(ἐπισκιάσῃ)이다.[139] 이 단어는 누가복음에 두 번 나오는데(참고. 1:35; 9:34), 하나님의 임재와 능력을 상징한다. 따라서 누가는 베드로 개인의 능력을 드러내지 않고, 하나님의 능력이 하나님의 종을 통하여 나타나는 것을 말한다. 그리고 훗날 바울에게도 유사한 일이 일어난다(참고. 19:11-12).

예루살렘 근처의 다른 마을에서도 사람들이 많이 몰려와서 고침을 받는다(16절). 누가는 병든 사람과 더러운 귀신에게서 괴로움을 받는 사람이 다 나음을 얻는다고 말함으로써 '병든 사람들'과 '귀신 들린 사람들'을 구분한다. 분명히 질병이 귀신에게서 온 것일 수 있지만, 그렇다고 해서 모든 질병이 귀신에게서 온 것은 아니다. 여기서 "귀신"은 "더러운"과 결합하여 "더러운 귀신"(*프뉴마톤 아카다르톤*, πνευμάτων ἀκαθάρτων)으로 표현되었다. 신약성경에는 이렇게 두 단어를 결합한 채로 사용된 곳이 23회 있다(예. 마 10:1; 12:43; 막 1:23, 26, 27; 3:11, 30; 5:2 , 8, 13 등).[140] 귀신은 사람을 더럽게 하며, 고통스럽게 하고, 결국 영원한 사망에 이르게 한다. 그리하여 예수님은 공생애 기간에 많은 사람을 귀신에게서 놓이게 해 주셨는데(참고. 눅 4:33, 36; 6:18; 8:29; 9:42; 11:24), 이제 사도들이 그분의 일을 계승한다.

교훈과 적용

1. 사도들을 통하여 많은 표적과 기사가 일어났다. 표적과 기사는 하나님께서 사도들과 함께하신다는 사실을 입증한다. 그리고 이것은 사도들이 전한 말씀의 권위를 드러내 준다. 하나님께서는 그분의 종들과 늘 함께하신다. 언제나 하나님은 여러 다양한 방법으로 그들의 권위를 높여 주신다. 우리는 하나님의 일을 하는 분들을 존경해야 하며, 그분들이 열심히 일할 수 있도록 도와드려야 한다.
2. 오늘날에도 표적과 기사가 일어나지만, 사도들의 시대만큼 그리 빈번하게 일어나지 않는다. 이는 하나님의 역사가 약해진 것이 아니라 하나님께서 그러한 병 고치는 일들을 의료시설(병원 등)을 통하여 하시기 때문이다. 즉 하나님께서는

의학을 발전시켜 주셔서 우리가 혜택을 얻을 수 있게 하셨다. 그러므로 우리는 주님께서 발달하게 하신 의학적인 기술의 혜택을 입어야 한다. 물론 기도하면서 말이다.

3. 이 단락에서 우리는 표적과 기사를 보았다고 해서 기계적으로 믿음이 생기는 것이 아니라는 사실을 깨닫는다. 표적과 기사를 경험한 사람 가운데 믿음을 가지지 못하는 사람이 분명히 있다. 심지어 사람들은 사도들에게 직접 다가가지 않으면서도, 사도들이 지나갈 때에 치료를 받을 수 있기를 바랐다. 즉 믿음과 별개로 신비한 혜택을 누리고자 했다. 오늘날 많은 사람이 신비로운 체험을 기대한다. 하지만 믿음은 성령 하나님의 선물이며, 그것은 말씀을 통해서 우리에게 온다. 그러므로 무엇보다도 말씀을 더욱 부지런히 듣고 읽고 공부해야 한다.

8. 말씀 전하기를 그치지 않음(5:17-42)

17 대제사장과 그와 함께 있는 사람 즉 사두개인의 당파가 다 마음에 시기
가 가득하여 일어나서 18 사도들을 잡아다가 옥에 가두었더니 19 주의 사
자가 밤에 옥문을 열고 끌어내어 이르되 20 가서 성전에 서서 이 생명의
말씀을 다 백성에게 말하라 하매 21 그들이 듣고 새벽에 성전에 들어가서
가르치더니 대제사장과 그와 함께 있는 사람들이 와서 공회와 이스라엘
족속의 원로들을 다 모으고 사람을 옥에 보내어 사도들을 잡아오라 하니
22 부하들이 가서 옥에서 사도들을 보지 못하고 돌아와 23 이르되 우리가
보니 옥은 든든하게 잠기고 지키는 사람들이 문에 서 있으되 문을 열고 본
즉 그 안에는 한 사람도 없더이다 하니 24 성전 맡은 자와 제사장들이 이
말을 듣고 의혹하여 이 일이 어찌 될까 하더니 25 사람이 와서 알리되 보
소서 옥에 가두었던 사람들이 성전에 서서 백성을 가르치더이다 하니 26

성전 맡은 자가 부하들과 같이 가서 그들을 잡아왔으나 강제로 못함은 백
성들이 돌로 칠까 두려워함이더라 27 그들을 끌어다가 공회 앞에 세우니
대제사장이 물어 28 이르되 우리가 이 이름으로 사람을 가르치지 말라고
엄금하였으되 너희가 너희 가르침을 예루살렘에 가득하게 하니 이 사람
의 피를 우리에게로 돌리고자 함이로다 29 베드로와 사도들이 대답하여
이르되 사람보다 하나님께 순종하는 것이 마땅하니라 30 너희가 나무에
달아 죽인 예수를 우리 조상의 하나님이 살리시고 31 이스라엘에게 회개
함과 죄 사함을 주시려고 그를 오른손으로 높이사 임금과 구주로 삼으셨
느니라 32 우리는 이 일에 증인이요 하나님이 자기에게 순종하는 사람들
에게 주신 성령도 그러하니라 하더라 33 그들이 듣고 크게 노하여 사도들
을 없이하고자 할새 34 바리새인 가말리엘은 율법교사로 모든 백성에게
존경을 받는 자라 공회 중에 일어나 명하여 사도들을 잠깐 밖에 나가게 하
고 35 말하되 이스라엘 사람들아 너희가 이 사람들에게 대하여 어떻게 하
려는지 조심하라 36 이 전에 드다가 일어나 스스로 선전하매 사람이 약 사
백 명이나 따르더니 그가 죽임을 당하매 따르던 모든 사람들이 흩어져 없
어졌고 37 그 후 호적할 때에 갈릴리의 유다가 일어나 백성을 꾀어 따르게
하다가 그도 망한즉 따르던 모든 사람들이 흩어졌느니라 38 이제 내가 너
희에게 말하노니 이 사람들을 상관하지 말고 버려 두라 이 사상과 이 소행
이 사람으로부터 났으면 무너질 것이요 39 만일 하나님께로부터 났으면
너희가 그들을 무너뜨릴 수 없겠고 도리어 하나님을 대적하는 자가 될까
하노라 하니 40 그들이 옳게 여겨 사도들을 불러들여 채찍질하며 예수의
이름으로 말하는 것을 금하고 놓으니 41 사도들은 그 이름을 위하여 능욕
받는 일에 합당한 자로 여기심을 기뻐하면서 공회 앞을 떠나니라 42 그들

이 날마다 성전에 있든지 집에 있든지 예수는 그리스도라고 가르치기와 전도하기를 그치지 아니하니라

이 단락은 사도들이 옥에 갇힌 것을 모티프로 한다. 이전에 제사장들과 사두개인들은 베드로와 요한이 병자를 고치고 부활의 복음을 전하는 것을 싫어하여 잡아서 가둔 적이 있다(참고. 4:1-3). 하지만 그들은 베드로와 요한을 계속 붙잡아 두지 못하고 다시는 복음을 가르치지 말라고 경고한 후에 놓아 주었다(참고. 4:13-22). 그런데 이 단락에서 대제사장과 사두개인들은 자신들의 말을 무시하고 계속해서 복음을 전하는 사도들을 다시 잡아들인다.

1) 투옥과 출옥(5:17-25)

대제사장과 사두개인의 당파가 사도들로 인하여 마음에 시기가 가득하였다(17절). 그들은 복음을 전하지 말라는 자신들의 경고를 무시한 사도들을 미워하였을 뿐만 아니라(참고. 4:13-22), 사도들이 복음을 전하여 교회가 크게 부흥함으로 자신들의 위상이 추락하는 것을 보면서 시기심이 발동하여 그냥 놔둘 수 없었다. 즉 자신들의 지위와 권세는 점점 쇠락해 가는 반면에 사도들의 공동체는 점점 왕성해 가며, 이에 따라 사람들이 자신들을 신뢰하기보다는 사도들을 신뢰하는 현실에 위협을 느낀 것이다. 그리하여 그들은 사도들을 잡아다가 옥에 가둔다(18절). 그런데 전에는 베드로와 요한 두 사람만 옥에 가두었지만 이번에는 더 많은 사도를 옥에 가둔다. 아마도 대부분의 사도들을 옥에 가두었을 것이다.

그러나 "주의 사자"가 밤에 옥문을 열고 그들을 풀어 준다(19절). "주의 사자"는 '천사'(*앙겔로스*, ἄγγελος)를 가리키는데, 천사는 하나님으로부터

보냄을 받아서 하나님의 말씀을 전달하고 하나님의 일을 대신 수행한다. 누가-행전에서 천사는 중요한 역할을 한다. 누가복음에는 천사가 자주 나오며 매우 중요한 일을 수행한다(참고. 눅 1:11, 18, 19, 26; 2:9, 13; 22:43; 24:33). 그리고 사도행전에서도 천사는 갈 길을 알려주고(참고. 8:26; 10:3), 격려해주며(참고. 27:23), 하나님의 백성들을 옥에서 나가게 하고(참고. 5:19; 12:7-11), 악한 자들을 심판한다(참고. 12:23).[141] 한편, 사도행전에는 이적에 의하여 옥의 문이 열리는 일이 세 번 나오는데[참고. 12:6-11(천사에 의하여), 16:26-30(지진에 의하여)], 본문이 첫 번째이다.

천사는 사도들에게 "가서 성전에 서서 이 생명의 말씀을 다 백성에게 말하라"라고 명령한다(20절). "성전에 서서" 말씀을 전하라고 한 이유는 당시에 사람들이 가장 많이 모이는 곳이 성전이었기 때문이다. 사도들은 방금 옥에서 나왔기 때문에 사람들이 없는 안전한 곳에 피신하는 것이 바람직해 보인다. 그러나 천사가 사도들에게 명령한 것은 실상 하나님의 명령이기에 사도들은 하나님의 명령에 순종해야 한다. 결국, 사도들은 예수님의 이름으로 말하지 말라는 공회의 명령을 무시해야 하며(참고. 4:17), 다시 잡혀갈 위험을 감수해야 한다.

사도들은 천사의 말을 듣고 새벽에 성전에 들어가서 말씀을 가르친다(21절a). 성전의 문은 새벽에 열리는데, 그들은 밤에 옥에서 나가자마자 안전한 곳으로 피신하지 않고 곧장 사람들이 많이 모여 있는 성전으로 가서 말씀을 전한다. 이때 대제사장과 그와 함께 있는 사람들은 사도들이 탈출한 것을 알지 못한 채 공회(Sanhedrin)와 이스라엘 족속의 원로들을 다 모으고 사람을 옥에 보내어 사도들을 잡아 오라고 명령한다(21절b). 결국, 유대의 종교지도자들은 천사가 옥문을 열어서 사도들이 탈출한 사실을 전혀 상상하지 못한다.

그들의 부하들이 옥에 가서 사도들을 보지 못하고 돌아와서 상황을 보고하는데, 옥은 든든하게 잠겨 있었고, 지키는 자들은 문에 서 있었지만, 문을 열고 보니 그 안에는 한 사람도 없었다고 말한다(22-23절). 이것은 사도들이 옥에서 나온 것이 초자연적인 현상이었음을 보여준다. 이에 성전 맡은 자(성전 경비대장)와 제사장들은 이 말을 듣고 의혹해 하면서 "이 일이 어찌 될까"(what would come of this?)라며 염려한다(24절). 그들은 어떻게 사도들이 옥에서 나올 수 있었는지, 그리고 옥에서 나온 일에 대해서 앞으로 자신들이 어떠한 책임을 져야 할지를 염려한다. 이때 어떤 사람이 와서 옥에 가두었던 사도들이 성전에 서서 백성들을 가르치고 있다고 알려준다(25절).

2) 심문과 증언(5:26-33)

성전 맡은 자, 즉 성전 경비대장이 부하들과 같이 가서 그들을 잡아 온다(26절a). 성전 경비대장은 사도들이 다시 도망하지 못하도록 상당히 강력한 힘을 사용하여 그들을 체포하려고 했을 것이다. 그리고 사도들에게 모진 박해를 가하려고 했을 것이다. 그러나 그들은 사도들을 어떻게 하지 못하는데, 이는 백성들이 그들을 돌로 칠까 두려워했기 때문이다(26절b). 이미 사도들은 백성들에게 상당한 신임을 얻고 있었다. 사도들이 전한 생명의 말씀은 백성에게 믿음을 심어 주었고, 백성은 그러한 말씀을 전하는 사도들을 신뢰하였다.

사두개인들이 사도들을 잡아다가 공회 앞에 세우니 대제사장이 심문한다(27절). 대제사장은 사도들이 어떻게 탈출했는지를 물어보지 않는다. 그는 사도들이 초자연적인 방식으로 탈출한 것을 알면서도 이에 전혀 관심을 보이지 않는다. 따라서 그는 철저한 불신앙인이다. 오히려 그는 1차 심문 때 말했던 내용(참고. 4:17-18)을 상기시키면서 사도들을 위협한다(28절). 더욱이 그는 “이 사람의 피를 우리에게로 돌리고자 함이로다”라고 말하는데, 이것은 ‘예수님의 죽음에 대한 복수’를 가리킨다(참고. 창 4:10-11; 신 19:10, 13; 21:8-9; 잠 6:17).[142] 즉 대제사장은 사도들이 예수님의 죽음을 복수하기 위해서 이런 일을 벌인다고 생각한다.

대제사장의 심문에 대해서 베드로와 사도들은 “사람보다 하나님께 순종하는 것이 마땅하니라”라는 이전과 같은 말(참고. 4:19)로 대답한다(29절). 그들은 공회의 위협을 조금도 두려워하지 않고 자신들이 믿고 전하는 복음을 담대하게 말한다. 그들이 믿는 복음은 명료하다. 그것은 ‘너희가 나무에 달아 죽인 예수님을 하나님이 살리셨다’이다(30절). 30절은 신명기 21:23의 “시체를 나무 위에 밤새도록 두지 말고 그날에 장사하여 네 하나님 여호와께서 네게 기업으로 주시는 땅을 더럽히지 말라 나무에 달린 자는 하나님께 저주를 받았음이니라”라는 말씀을 인용한 것이다. 사도행전에서 이 구절은 이곳과 10:39와 13:29에서 다시 인용된다.[143] 특히 사도들은 사두개인들 앞에서 ‘부활’에 관하여 언급한다. 사도들은 사두개인이 부활을 부정한다는 사실을 잘 알면서도 그들 앞에서 의도적으로 그리고 담대하게 부활을 말한다. 따라서 사도들은 권력자들의 위협 앞에 조금도 굴하지 않는다. 그들은 용기를 가지고 해야 할 말을 한다.

사도들은 예수님이 부활하셨다는 사실에서 더 나아가 하나님께서 이스라엘에게 회개함과 죄 사함을 주시려고 예수님을 높이셔서 임금과 구주로 삼으셨다고 말한다(31절). 이 말은 예수님이 승귀하게 되신 이유가 이스라엘로 하여금 회개하고 죄 사함을 받게 하시기 위함이지, 이스라엘을 위협하시거나 파괴하시기 위함이 아니라는 뜻이다. 그러므로 이스라엘 백성은 예수님을 임금과 구주로 영접해야 하며, 회개하고 죄 사함을 받아야 하지, 그분을 거부해서는 안 된다는 것이다. 결국, 사도들의 말은 이스라엘의 결단을 촉구하는 것이다.

사도들은 이어서 "우리는 이 일에 증인이요 하나님이 자기에게 순종하는 사람들에게 주신 성령도 그러하니라"라고 말한다(32절). 성령 하나님의 사역은 성자 예수님을 증언하는 것이다(참고. 요 15:26). 성령께서는 사도들에게 전해야 할 말씀을 주시고, 사도들은 성령께서 주시는 말씀을 전한다. 특히 하나님은 "자기에게 순종하는 사람들에게" 성령을 주시는데, 이 말은 하나님께서 예수님을 전하는 자들을 성령으로 충만하게 하신다는 뜻이다. 그러므로 지금 재판 상황에서 원래의 예상과 달리, 피고는 이스라엘의 종교지도자들이 되었고, 증인은 사도들과 그들 가운에 역사하시는 성령이 되었다.

유대의 종교지도자들은 사도들의 말을 듣고 크게 분노하여 사도들을 죽이고자 한다(33절). 그들은 사도들의 말에 논리적인 대응을 하지 못하고 단지 분노만 표출하며, 오로지 사도들을 죽이는 것이 능사라고 생각한다. 당시에 유대의 종교지도자들이 사도들을 죽일 수 있는 방법은 두 가지였다. 즉 스데반의 경우와 같이 신성모독죄 등을 들어서 돌로 쳐 죽이거나(참고. 7장), 아니면 로마 총독이나 관리에게 데리고 가서 이들을 정치적인 범죄인이라고 고발하여 사형을 집행해 달라고 요청하는 것이었다.[144] 여기서는 정황상 전자를 선택하려 했던 것으로 보인다.

3) 가말리엘의 변호(5:34-39)

이때 가말리엘이 일어나서 말한다(34절). 누가는 가말리엘이 바리새인이며, 율법교사이고, 모든 백성에게 존경을 받는 자라고 설명한다. 후기 랍비 문헌에는 가말리엘이 힐렐(Hillel)의 후손(아마도 손자?)이라고 되어 있으나, 초기 문헌에는 그가 힐렐의 계승자라고 되어 있다.[145] 당시에 힐렐 학파와 샴마이 학파는 대표적인 양대 문파였는데, 힐렐 학파가 샴마이 학파보다 진보적이고 대중적인 가르침을 폈으며, 그런 힐렐 학파의 문하생 가운데 사울(바울)이 있었다(참고. 22:3). 가말리엘은 사도들을 잠깐 밖에 나가게 한다. 이는 공회가 비밀리에 이 일을 처리하게 하기 위해서이다.

가말리엘은 "이스라엘 사람들아 너희가 이 사람들에게 어떻게 하려는지 조심하라"라고 말함으로 이 사건을 감정적으로 다루지 말아야 할 것을 촉구한다(35절). 이러한 주의 당부는 변호의 시작과 마지막 부분에 모두 나온다. 그는 사도들이 이적을 일으키고 초자연적인 능력으로 옥에서 나오는 것을 보면서 하나님이 그들과 함께하시는지도 모른다고 생각한 것 같다. 본문에서 가말리엘은 매우 현명하고 신중한 사람으로 비춰진다. 그는 바리새파에 속해 있었지만, 예수님의 복음 운동을 급진적으로 반대하는 것 같이 보이지 않는다.

가말리엘은 역사적인 선례 두 가지를 들어서 설명한다(36-37절).[146] 즉 예수님의 제자들에 의한 복음 운동을 이전에 일어났던 저항 운동과 비교한다. 그는 "드다"라는 사람과 "갈릴리 유다"라는 사람을 예로 든다. 그는 그들에 관해서 간략하게 이야기한다. 과거에 드다가 일어나 메시야로 자처하자 사람들이 약 400명이나 따랐지만, 그가 죽임을 당하자 따르던 사람들이 흩어졌다(36절). 그리고 그 후에 갈릴리 유다가 일어나서 백성을 꾀어 따르게 했지만, 그도 망하자 따르던 사람들이 모두 흩어져 버렸다(37절).

가말리엘이 두 사람의 예를 통하여 말하고자 하는 것은 지도자가 죽으면 추종자들이 흩어지고 따라서 자연스럽게 조직이 붕괴한다는 사실이다. 따라서 그는 "이 사람들을 상관하지 말고 버려두라"라고 제안한다(38절a). 즉 유대의 종교지도자들이 굳이 과격한 방법으로 반대자를 처리할 필요가 없다는 것이다. 가말리엘은 만일 이 사상과 이 소행이 사람으로부터 났으면 무너질 것이고, 만일 하나님으로부터 났으면 그들이 이 사람들을 무너뜨릴 수 없고 도리어 하나님을 대적하는 것이 된다고 말한다(38절b-39절). 따라서 그는 하나님께서 공의로운 판결을 내리실 것이기에 하나님께 이 사안을 맡기자고 호소한다.

그런데 가말리엘이 예로 든 사건은 성경에 나오지 않는다. 대신 요세푸스의 기록에 유사한 사건이 나온다.[147] 요세푸스에 따르면, 파두스(Fadus)라는 사람이 유대의 행정관으로 있을 때 '드다'라는 마술사가 사람들을 미혹하여 요단강을 갈라지게 하려다가 붙잡혀서 참수를 당한 사건이 있었다(참고. *Antiquities* 20.97-99). 그리고 이후에 갈릴리 출신의 '유다'라는 사람이 열심당원이었는데, 동족들로 하여금 로마 정부에 세금을 내지 말자고 선동한 일이 있었다(참고. *Antiquities* 18.1-10; *War* 2.117-118; 7.252-258).[148] 하지만 문제는 요세푸스가 제시한 드다와 유다의 봉기가 가말리엘이 말한 것과 연대기적으로 일치하지 않는다는 점이다. 드다는 유다보다 약 40년 후에 활동한 사람이고, 가말리엘이 말하고 있을 때보다 적어도 10년 이후에 사건을 일으킨 사람이다.[149] 따라서 요세푸스와 가말리엘은 서로 다른 사람에 대해서 말했을 수 있다. 당시에는 민중들의 봉기가 많았으며, 유대에 같은 이름을 가진 경우가 흔했다.

4) 석방과 증언(5:40-42)

종교지도자들은 가말리엘의 말을 옳게 여겨 사도들을 놓아주기로 결정한다(40절). 하지만 그들은 사도들을 그냥 놓아주는 것이 아니라, 채찍질하면서 예수님의 이름으로 말하는 것을 금하고 놓아준다. 그들은 당시 유대의 관행에 따라 "사십에 하나 감한 매"를 때렸을 것이다(참고. 신 25:3). 이렇게 사도들이 채찍질을 당한 것은 예수님이 십자가에 달리시기 전에 채찍질 당하신 것을 떠올리게 한다(참고. 마 27:26). 따라서 사도들은 예수님이 가신 길을 걸어가고 있음이 분명하다. 또한 종교지도자들은 사도들에게 더 이상 예수님의 이름으로 말하지 말라고 명령한다. 이것은 이미 4:18과 4:21에서 요구되었던 것인데, 사도들은 이전에도 그 명령을 따르지 않았기에 이번에도 따르지 않을 것이다(참고. 42절).

사도들은 예수님의 이름을 위하여 능욕 받는 일에 합당한 자로 여기심을 기뻐하면서 공회 앞을 떠난다(41절). 여기서 "기뻐하면서"에 해당하는 헬라어 *카이론테스*(χαίροντες)는 현재 능동태 분사로 되어 있어서 그들의 기쁨을 생생하게 드러낸다. 초기 기독교 공동체에서 신자들은 박해 가운데 기뻐했으며, 그리스도를 위하여 고난 받는 것을 당연한 것으로 여기도록 권면을 받았다(참고. 마 5:11이하; 고후 6:10; 벧전 4:13). 즉 그들은 "우리가 하나님의 나라에 들어가려면 많은 환난을 겪어야 할 것이라"라는 말씀을 염두에 두었다(참고. 14:22).[150] 그들은 예수님의 가르침, 곧 "인자로 말미암아 사람들이 너희를 미워하며 멀리하고 욕하고 너희 이름을 악하다 하여 버릴 때는 너희에게 복이 있도다 그날에 기뻐하고 뛰놀라 하늘에서 너희 상이 큼이라 그들의 조상들이 선지자들에게 이와 같이 하였느니라"라는 말씀에 순종했다(참고. 눅 6:22-23).

더군다나 사도들은 종교지도자들의 복음전파 금지 명령을 따르지 않는다. 그들은 오히려 날마다 성전에 있든지 집에 있든지 예수님이 그리스도라고 가르치기와 전도하기를 그치지 않는다(42절). 이 구절에 사용된 용어들은 복음전파의 역동성과 활력을 보여준다. 이 구절의 "날마다"와 "성전에 있든지 집에 있든지"와 "가르치기와 전도하기를"과 "그치지 아니하니라"라는 문구들은 모두 사도들이 종교지도자들의 위협과 핍박을 전혀 아랑곳하지 않고 있음을 보여준다. 특히 "그치지 아니하니라"(*우크 에파우온토*, οὐκ ἐπαύοντο)라는 문구는 미완료 시상인데, 이것은 누구도 사도들의 복음 전파 의지를 꺾을 수 없다는 사실을 잘 드러낸다.

교훈과 적용

1. 유대의 종교지도자들은 사도들을 시기했다. 그들은 인간적으로 사도들을 미워했지만, 사실은 복음의 대적자가 되어서 복음이 전파되는 것을 두려워하였다. 그리하여 그들은 복음을 전하지 못하게 하려고 사도들을 가두었다. 오늘날 우리 시대에도 사탄은 복음이 전해지는 것을 두려워하여 다양한 방법으로 복음 전파자들을 박해한다. 우리는 그러한 박해가 당연히 있는 것임을 알고 두려워하지 말아야 한다. 우리는 강력한 믿음과 의지로 사명을 감당해야 한다.
2. 하나님은 그분의 일꾼이 환난 가운데 있거나 어려움에 직면해 있을 때 그냥 두고 보지 않으신다. 이 단락에서 하나님은 천사들을 보내셔서 옥에 갇혀 있는 사도들을 초자연적인 방식으로 풀어 주셨다. 그리고 사도들이 재판을 받을 때는 생각지도 않게 가말리엘이라는 영향력 있는 사람을 사용하셔서 위기에서 벗어나게 해 주셨다. 하나님은 오늘날 우리가 어려움을 당할 때 우리가 미처 생각하지 못한 방식으로 우리를 구해 주신다. 우리는 그러한 하나님을 믿고 신뢰해야 한다.

3. 사도들은 옥에서 풀려난 후에 생명의 말씀을 전하러 성전에 갔다. 그들은 다시 잡혀서 재판을 받고 경고를 받은 후에도 다시 말씀을 전하였다. 우리는 죽음의 위협에 조금도 굴하지 않고 복음을 전한 사도들의 이러한 모습을 본받아야 한다. 우리는 사명이 생명보다 귀하다는 사실을 알아야 한다. 우리의 전도로 다른 사람이 구원을 받을 수 있다는 사실에 자부심을 가져야 한다. 우리는 오직 사명을 위해서 살아갈 뿐이다.

3

문제의 발생, 핍박, 그리고 그 결과

(6:1-8:40)

대한예수교장로회 고신총회 설립 60주년 기념

성경주석

사도행전

A c t s

3
문제의 발생, 핍박, 그리고 그 결과
(6:1-8:40)

본문 개요

사도행전 6-8장은 초대교회가 크게 부흥했지만, 문제도 가지고 있었음을 보여주며, 또한 적대자들의 핍박으로 성도들이 큰 어려움을 겪은 일을 알려준다. 초대교회는 여전히 이 땅에 있었으며, 여전히 연약한 사람들이 모인 곳이었고, 더욱이 사탄에 의해서 강하게 대적을 받는 곳이었기에 여러 다양한 어려움을 겪을 수밖에 없었다. 하지만 그 가운데에서도 제자들(특히 스데반과 빌립)의 뛰어난 활약으로 복음이 계속해서 전파되었으며 많은 사람들이 회심하였다.

내용 분해

1. 일곱 일꾼을 선출함(6:1-7)
   1) 문제의 발생(6:1)

2) 사도들의 제안(6:2-4)

3) 일꾼들을 선출함(6:5-6)

4) 일꾼들을 선출한 결과(6:7)

2. 스데반이 붙잡힘(6:8-15)

1) 스데반의 사역과 자유민의 반응(6:8-10)

2) 스데반이 고소당함(6:11-15)

3. 스데반의 설교(7:1-53)

1) 대제사장의 질문(7:1)

2) 설교(7:2-53)

(1) 아브라함(7:2-8)

(2) 요셉(7:9-16)

(3) 모세(7:17-43)

(4) 증거의 장막(7:44-50)

(5) 죄에 대한 책망(7:51-53)

4. 스데반의 순교와 그 결과(7:54-8:3)

1) 스데반이 죽임을 당함(7:54-8:1a)

2) 예루살렘 교회가 박해를 받음(8:1b-3)

5. 사마리아 전도(8:4-25)

1) 빌립이 사마리아에서 전도함(8:4-8)

2) 마술사 시몬 이야기(8:9-25)

(1) 마술사 시몬의 거짓 회심(8:9-13)

(2) 사마리아에 성령이 성령 강림(8:14-17)

(3) 마술사 시몬의 오해(8:18-25)

6. 빌립과 에디오피아 내시(8:26-40)

1) 빌립이 에디오피아 내시에게로 감(8:26-31)

2) 빌립이 내시에게 성경을 가르침(8:32-38)

3) 빌립이 내시에게 세례를 베풂(8:39-40)

본문 주해

1. 일곱 일꾼을 선출함(6:1-7)

1 그때에 제자가 더 많아졌는데 헬라파 유대인들이 자기의 과부들이 매일
의 구제에 빠지므로 히브리파 사람을 원망하니 2 열두 사도가 모든 제자
를 불러 이르되 우리가 하나님의 말씀을 제쳐 놓고 접대를 일삼는 것이 마
땅하지 아니하니 3 형제들아 너희 가운데서 성령과 지혜가 충만하여 칭
찬 받는 사람 일곱을 택하라 우리가 이 일을 그들에게 맡기고 4 우리는 오
로지 기도하는 일과 말씀 사역에 힘쓰리라 하니 5 온 무리가 이 말을 기뻐
하여 믿음과 성령이 충만한 사람 스데반과 또 빌립과 브로고로와 니가노
르와 디몬과 바메나와 유대교에 입교했던 안디옥 사람 니골라를 택하여 6
사도들 앞에 세우니 사도들이 기도하고 그들에게 안수하니라 7 하나님의
말씀이 점점 왕성하여 예루살렘에 있는 제자의 수가 더 심히 많아지고 허
다한 제사장의 무리도 이 도에 복종하니라

초대교회는 빠른 속도로 부흥했다. 그것은 성령의 강력한 역사로 말미암

았으며, 사도들의 헌신과 수고로 가능했다. 그런데 교회의 부흥과 더불어 문제가 생겼다. 구제에 대한 일로 헬라파 유대인들과 히브리파 유대인들 사이에 갈등이 일어난 것이다. 사도들은 이 문제를 해결하기 위하여 일곱 명의 일꾼을 선출하기로 한다. 그리고 일곱 일꾼의 선출로 교회는 새로운 국면에 접어든다. 한편, 이 이야기는 이어서 나오는 스데반과 빌립이 등장하게 된 배경이 된다.

1) 문제의 발생(6:1)

누가는 "그때에 제자가 더 많아졌는데"라는 언급으로 이야기를 시작한다(1절a). 이것은 교회의 부흥에 관한 묘사이다. 이렇게 교회가 부흥하는 것에 관한 언급이 이 단락의 처음과 마지막을 장식한다(참고. 7절의 "제자의 수가 더 심히 많아지고"). 여기서 누가는 사도행전에서 처음으로 "제자"(*마떼테스*, μαθητής)라는 용어를 사용한다. 그리고 이후에는 사도행전에서 이 용어가 빈번하게 나온다(예. 6:7; 9:1, 10, 19, 25; 11:26 등). 사도행전에서 "제자"는 더 이상 열두 사도에 한정되지 않으며, 그리스도를 믿고 말씀에 순종하는 모든 자들을 가리킨다.[151] 이렇게 그리스도인을 "제자"라고 부르는 것은 그리스도인이 성숙했다는 사실을 함의하는 것으로 그들이 본격적으로 주님의 도를 따랐음을 보여준다. 즉 이것은 교회가 더욱 성숙해지고 더욱 튼실한 체계를 갖추게 되었음을 의미한다. 초기 기독교는 양과 질 모든 면에서 부흥했다.

하지만 누가는 교회의 상황을 마냥 낭만적으로만 기술하지 않는다(참고. 8:18-24; 11:1-18). 그는 아나니아와 삽비라 이야기(참고. 5:1-11)와 마찬가지로, 이 단락에서도 교회 내부의 부정적인 한 사건을 언급한다. 그것은 헬라파 유대인들이 자기의 과부들이 매일의 구제에 빠지므로 히브리파 유대인들을 원망한 일이다(1절a). "헬라파 유대인들"(Grecian Jews)이란 헬라어를 사용하는 유대인들이다. 그들은 헬라 땅에서 살던 유대인들(Diaspora Jews)이었는데, 일생의 마지막을 고국에서 지내기 위하여 유대 땅에 정착한 이들이다. 하지만 '히브리파 유대인들'(Hebraic Jews)이란 원래부터 유대 땅에 살면서 히브리 말(Aramaic)을 사용하던 유대인들이다. 따라서 이 두 부류의 유대인들은 언어적, 문화적, 사상적 차이를 가지고 있었고, 다소 갈등과 경쟁의식을 가지고 있었다.

특히 당시에 홀로된 과부들은 생계를 이어갈 만한 직업을 가지지 못했다. 그래서 유대 사회에서는 율법의 가르침에 따라 가난한 사람을 도와주는 시스템을 갖추고 있었다(참고. 신 10:18; 14:29; 16:11, 14; 24:17, 19-21; 26:12-13; 27:19).[152] 그리고 교회는 그러한 사회적인 혹은 종교적인 구제 장치를 사용하여 가난한 사람들을 지원했다. 그러나 헬라파 유대인은 유대에서 태어나지 않은 사람들이었기에 그런 혜택을 제대로 받지 못했던 것 같다. 이에 헬라파 유대인은 비록 자신들의 나라에 돌아왔지만, 히브리파 유대인에게서 정서적으로나 경제적으로 박탈감과 서운함을 느꼈을 것이다. 더욱이 교회가 급속히 성장하면서 일꾼이 모자라다 보니 그들에게 충분한 관심을 보여주지 못했을 것이다.

2) 사도들의 제안(6:2-4)

문제가 발생하자 열두 사도는 회의를 소집한다. 그들은 모든 제자를 불러 모아서 "우리가 하나님의 말씀을 제쳐 놓고 접대를 일삼는 것이 마땅하지 아니하니"라고 말한다(2절). 문제가 발생하기 전에는 사도들이 접대(구제)

하는 일을 맡았다. 이는 당시 교회에 마땅한 일꾼이 없었기 때문이다. 하지만 문제가 발생하자 그들은 하나님의 말씀을 소홀히 하면서까지 자신들이 접대에 집중하는 것이 옳지 않다고 생각한다. 물론 그렇다고 해서 사도들이 접대를 등한시하겠다는 것은 아니었다. 다만 일손이 모자라서 그런 것이었다. 결국, 사도들은 하나님의 말씀을 전하는 것에 우선순위를 두기로 한다.

사도들은 일곱 명의 일꾼을 선출하자고 제안한다(3절). 그들이 굳이 "일곱" 명의 일꾼을 선출하자고 한 이유는 당시에 유대인들이 어떤 일을 수행하기 위해 대개 일곱 명을 선출했기 때문이다. 따라서 여기에서 "일곱"은 온전한 그룹을 상징한다. 그들은 일꾼의 자격을 제시한다. 그것은 "성령과 지혜가 충만하여 칭찬 받는 사람"이다. "성령과 지혜"는 원인과 결과의 관계를 가진다. 즉 성령이 충만해지면 지혜가 충만해진다. 그리고 그런 사람들은 하나님과 사람들에게 칭찬을 받는다. 따라서 일꾼의 자격은 하나님의 인정을 받는 사람이면서 동시에 사람들로부터도 좋은 평판을 듣는 사람이다. 즉 일꾼은 신앙이 분명해야 할 뿐만 아니라 사회적인 평판도 좋아야 한다.

사도들은 "오로지 기도하는 일과 말씀 사역에 힘쓰리라"라고 말한다(4절). 말씀 사역이란 말씀을 전하는 일체의 행동을 포괄한다. 말씀이 새로운 회심자를 얻을 수 있는 방법이 되며, 교회를 든든히 세울 수 있기에 사도들은 말씀 사역을 최우선순위에 두어야 했다. 그런데 사도들은 말씀 사역에 기도를 덧붙이는데, 이는 말씀과 기도가 분리될 수 없는 성질의 것이기 때문이다. 실로 말씀이 능력을 발휘하려면 성령의 역사를 구하는 기도가 필수적이다. 사도들은 말씀을 담대히 전할 수 있도록, 말씀 사역을 방해하는 자들이 없도록, 말씀을 전할 수 있는 기회를 얻기 위하여, 그리고 말씀을 듣고 믿는 자들이 있기를 위하여 기도해야 했다(참고. 4:24-31; 12:5-17; 13:1-3;

20:28-36).[153]

그런데 여기서 일곱 일꾼이 구제하는 일과, 사도들이 말씀 사역을 하는 일에 사용된 용어가 같다. 즉 구제하는 일에 *디아코니아*(διακονία)가 사용되었는데(1절), 말씀 사역에도 *디아코니아*(διακονία)가 사용된다(4절). 이것은 일꾼의 일과 사도의 일이 모두 중요하다는 사실을 뜻한다. 그것은 모두 교회를 섬기는 일이다. 교회에 구제만 있고 말씀이 없거나, 말씀만 있고 구제가 없는 것은 모두 바람직하지 않다. 교회는 구제하는 일과 말씀을 전하는 일 모두를 중요하게 여겨야 한다. 아울러, 구제를 담당하는 이들과 말씀을 전하는 이들은 긴밀하게 연합하고 협력해야 한다.

3) 일꾼들을 선출함(6:5-6)

모든 사람들이 사도들의 말을 기뻐하여 믿음과 성령이 충만한 사람 일곱을 택한다(5절). 이는 헬라파 유대인들과 히브리파 유대인들이 모두 동의하여 일꾼을 택했다는 뜻이다. 선출된 일꾼들은 스데반, 빌립, 브로고로, 니가노르, 디몬, 바메나, 니골라이다. 이들을 어떻게 선출했는지는 본문에 기록되어 있지 않다. 아마도 후보를 정해 놓고 투표를 해서 뽑았을 것이다. 여기서 눈여겨보아야 할 점은 일곱 일꾼을 선출할 때 회중이 직접 선출했으며 사도들이 일절 개입하지 않았다는 사실이다. 사도들은 오직 제안을 했을 뿐 선출은 회중이 직접 했다. 이는 초기 기독교회가 민주적이고 자발적인 회중 중심의 공동체였음을 보여준다.

그런데 일곱 일꾼의 이름을 보면, 스데반과 빌립이 제일 앞에 있다. 이는 스데반과 빌립이 이어서 나오는 이야기의 '주인공'이기 때문이다. 그리고 일꾼의 이름이 모두 헬라식이다. 물론 이들이 모두 헬라파 유대인인지 그렇지 않은지는 분명하지 않다. 이는 당시에 많은 유대인이 여러 가지 이름, 즉 히브리식, 헬라식 혹은 로마식 이름을 가지고 있었기 때문이다. 하지만 이들 중 적어도 니골라와 스데반은 헬라파 유대인이 분명하다. 이는 니골라가 "유대교에 입교했던 안디옥 사람"이라고 언급된 점(참고. 5절)과 스데반이 후에 헬라파 회당에서 사역했다는 점(참고. 9절) 때문이다. 아무튼 일곱 일꾼은 헬라파 유대인의 처지를 대변해 줄 수 있는 인물인 것이 분명해 보인다.[154]

그런데 이 단락을 읽을 때 '일곱 집사'를 떠올리는 경향이 있지만 정작 본문에는 '집사'라는 단어가 나오지 않는다. 아마도 일곱 일꾼이 하는 일이 구제인데, 구제에 해당하는 헬라어 단어 *디아코니아*(διακονία)가 집사를 가리키는 헬라어 *디아코노스*'(διάκονος)와 어근이 같기 때문에 이렇게 생각하는 것 같다(참고. 빌 1:1; 딤전 3:8). 어떤 이들은 사도행전 21:8에서 빌립을 "일곱 집사 중 하나"라고 했기에 여기에 나오는 일꾼을 집사라고 볼 수 있다고 주장하지만, 21:8의 원문에는 '일곱 중 하나'(*온토스 에크 톤 헵타*, ὄντος ἐκ τῶν ἑπτά, NIV: 'one of the Seven')라고 되어 있어서 한글성경 개역개정판의 번역이 옳지 않은 것임을 알 수 있다.

그러나 여기에 '집사'라는 단어가 나오지 않는다고 해서 이들 일곱 명을 집사와 전혀 다른 인물로 볼 필요는 없다. 그들은 집사직의 기원이 되었을 가능성이 높다. 그들이 행했던 구제는 분명히 후대에 집사가 하는 일이었다. 물론 이 단락에 나오는 일곱 일꾼은 집사 이상의 일을 했다. 스데반은 기사와 표적을 일으켰고(참고. 6:8), 말씀을 전했으며(참고. 7:2-53), 빌립은 말씀을 전하고, 기적을 행하며, 말씀을 해석하고, 세례를 베풀었다(참고. 8:4-8, 26-40). 하지만 그들의 주된 업무는 구제였고, 후대에 집사들은 구제하는 일에 힘썼다. 그러므로 일곱 일꾼을 집사의 기원으로 보는 데에는 무리가 없다. 사도들은 선출된 일곱 일꾼을 기도하고 안수하여 세운다(6절; 참고. 출 29:10; 레 1:4, 11; 4:15; 16:21; 민 8:10).

4) 일꾼들을 선출한 결과(6:7)

일곱 일꾼을 선출한 결과 사도들이 말씀 사역에 집중할 수 있었기 때문에 "하나님의 말씀이 점점 왕성"해진다(7절a). '하나님의 말씀이 점점 왕성해진다'라는 표현은 사도행전에 세 번 나오는데(예. 6:7; 12:24; 19:20), 본문이 첫 번째이다. 그리고 말씀이 왕성해짐에 따라 제자의 수가 더욱 많아진다(참고. 2:41, 47; 4:4; 5:14). 여기서 말씀이 '왕성하다'(*에욱사넨*, ηὔξανεν)와 사람들이 '많아지다'(*에플레뛰네토*, ἐπληθύνετο)에 해당하는 헬라어 단어는 미완료 시상인데, 이는 말씀이 왕성한 것과 제자의 수가 많아진 것이 상당히 활발했고 지속적이었음을 뜻한다. 그리고 이런 현상은 사도들의 결정이 옳았음을 증명한다.

사도들이 말씀을 열심히 전하자 제자의 수가 더 많아지고 특히 많은 제사장이 회심을 한다(7절b). 당시에 유대의 제사장들은 수천 명이나 되었기 때문에 이러한 언급이 유대교의 붕괴를 뜻하는 것은 아니다. 하지만 유대의 제사장들이 회심한 것은 대단히 의미 있는 일이다. 왜냐하면 그들은 유대의 가르침에 더욱 깊이 젖어 있던 사람들이기 때문이다. 이처럼 많은 제사장들은 주 예수님의 복음을 듣고 그것이 옳다고 받아들이게 되었다. 그리하여 이제 복음은 제사장과 같은 완고한 자들을 비롯하여 모든 계층의 사람에게 영향을 미치기 시작한다. 결국, 복음은 그 자체로 설득하는 수행력(performative power)을 가지고 있다는 것이 드러난다.

교훈과 적용

1. 우리는 교회가 부흥할 때 방심하거나 나태하지 말아야 한다. 이런 때일수록 더욱 조심해야 한다. 마귀는 교회의 부흥을 그냥 가만히 두고 보지 않는다. 그는 다양한 방법으로 교회를 괴롭히고 파괴하려 한다. 때로는 교회 외부의 세력을 이용하여, 그러나 때로는 교회 내부의 세력을 이용하여 교회를 어렵게 한다. 그러므로 우리는 부흥의 때에 정신을 차려야 한다. 마귀는 결코 쉬거나 포기하지 않는다는 사실을 명심해야 한다.
2. 교회 안에서 소외된 사람들이 없게 해야 한다. 이 단락에서 헬라파 유대인 과부들은 상대적으로 불쌍하고 연약한 사람들이다. 그들이 여러 이유 때문에 구제에서 빠진 것은 부흥의 뒤안길에서 종종 생길 수 있는 일이다. 우리는 교회 안에서, 특히 큰 교회일수록 약한 자들에 대한 소홀함이 없는지 잘 챙겨 보아야 한다. 너무 분주하고 바쁜 가운데 소외된 사람들이 관심에서 멀어져 상처를 입을 수 있다. 우리는 주의 깊게 처신하여 그런 사람이 없게 해야 한다.
3. 교회 안에서는 직분의 구별과 역할분담이 분명해야 한다. 목사는 기도하는 일과 말씀을 전하는 일에 매진해야 한다. 목사는 설교와 성경공부 인도와 예배를 기획하고 인도하는 등의 일에 전무할 필요가 있다. 그리고 집사는 구제하는 일이나 여러 행정적인 일에 힘써야 한다. 그렇게 할 때 교회의 본질과 기능이 잘 유지될 것이다. 하지만 목사의 말씀 사역이나 집사의 구제는 교회 안에서 모두 중요하다. 양자는 모두 존중되어야 하며 서로 보완적이어야 한다.

2. 스데반이 붙잡힘(6:8-15)

8 스데반이 은혜와 권능이 충만하여 큰 기사와 표적을 민간에 행하니 9 이
른 바 자유민들 즉 구레네인, 알렉산드리아인, 길리기아와 아시아에서 온

사람들의 회당에서 어떤 자들이 일어나 스데반과 더불어 논쟁할새 10 스
데반이 지혜와 성령으로 말함을 그들이 능히 당하지 못하여 11 사람들을
매수하여 말하게 하되 이 사람이 모세와 하나님을 모독하는 말을 하는 것
을 우리가 들었노라 하게 하고 12 백성과 장로와 서기관들을 충동시켜 와
서 잡아가지고 공회에 이르러 13 거짓 증인들을 세우니 이르되 이 사람이
이 거룩한 곳과 율법을 거슬러 말하기를 마지 아니하는도다 14 그의 말에
이 나사렛 예수가 이 곳을 헐고 또 모세가 우리에게 전하여 준 규례를 고
치겠다 함을 우리가 들었노라 하거늘 15 공회 중에 앉은 사람들이 다 스데
반을 주목하여 보니 그 얼굴이 천사의 얼굴과 같더라

누가는 일곱 일꾼의 선출에 대한 이야기 후에 일곱 일꾼 중 제일 앞에 이름이 나왔던 스데반에 관한 이야기를 들려준다. 즉 여기서는 스데반 이야기가 나오고, 8장에서는 두 번째로 이름이 나왔던 빌립 이야기가 나온다. 스데반이 붙잡힌 일과 그가 유대의 종교지도자들 앞에서 설교한 일과 결국 순교한 일은 초기 기독교의 선교에 있어서 큰 전환기를 형성한다.

1) 스데반의 사역과 자유민의 반응(6:8-10)

스데반은 "은혜와 권능"이 충만하여 큰 기사와 표적을 민간에 행한다(8절). 스데반은 이미 "성령과 지혜"가 충만한 사람으로 인정되었고(3절), "믿음과 성령"이 충만한 사람으로 묘사되었는데(5절), 여기서는 "은혜와 권능"이 충만한 사람으로 소개된다. 따라서 스데반은 하나님 앞에서 온전했으며 사람들 앞에서 칭찬을 받았다. 그는 큰 기사와 표적을 행한다. 이적을 행하는 것은 선지자의 표식(marks)이다(참고. 2:19, 22, 43; 4:16, 22, 30;

5:12).[155] 사도행전에서 지금까지는 사도들만 기사와 표적을 행했으나 이제는 사도가 아닌 사람도 기사와 표적을 행한다. 이는 하나님의 역사가 더욱 보편화되었음을 시사한다.

그러나 스데반의 사역에 대해서 적대적인 반응이 일어난다(9절). 이른바 "자유민들"이 스데반과 논쟁을 한다. "자유민"(*리베르티노스*, λιβερτῖνος, freedman)은 헬라파 유대인들로서 포로로부터 혹은 종으로부터 자유롭게 된 사람들이다. 당시 많은 유대인이 로마의 폼페이(Pompey) 장군의 포로가 되었다가 자유롭게 된 일이 있었다(참고. Philo, *Embassy of Gaius* 155-157). 그들은 자유민이 되어 구레네, 알렉산드리아(북 아프리카), 길리기아, 그리고 아시아(소아시아)로부터 예루살렘에 도착했다. 그리고 그들은 자신들만의 회당, 곧 '자유민들의 회당'(Synagogue of the Freedmen)을 만들어서 모였다.

하지만 스데반이 "지혜와 성령"으로 말함으로 그들은 능히 당해내지 못한다(10절). "지혜와 성령"은 일꾼이 될 수 있는 자격으로서 스데반은 이것이 충만하였다(참고. 6:3; 눅 12:12). 한편, 길리기아에서 온 사람들 가운데 사울이 포함되어 있었는지는 분명하지 않다. 아마도 포함되어 있었거나 혹은 사울과 가까운 사람들이 거기에 끼어 있어서 후에 스데반이 순교할 때 사울이 관여했을 가능성이 있다(참고. 7:58). 어쨌든 그들은 스데반 한 사람을 당해내지 못한다. 곧 스데반이 "성령과 지혜"가 충만하고, "믿음과 성령"이 충만하며, "은혜와 권능"이 충만하여 큰 기사와 표적을 일으키고, 생명의 말씀을 힘있게 전하는 것을 아무도 막지 못한다.

2) 스데반이 고소당함(6:11-15)

그들은 사람들을 매수하여 스데반을 잡으려 하는데, 그들이 고발한 스데반의 죄목은 "모세와 하나님"에 대한 모독이다(11절). 모세와 하나님에 대한 모독은 유대인의 분노를 이끌어 내기에 최적의 죄목이다. 그래서 그들은 백성과 장로와 서기관들을 충동시켜 스데반을 잡아가지고 "공회"에 끌고 간다(12절). "공회"(Sanhedrin)는 유대 사회의 최고 법정이었다(참고. 4:5-7의 주해). 공회는 고위층 사두개인들(대제사장, 제사장, 평신도)과 바리새파 율법학자들(서기관)로 구성되어 있었다. 그들은 유대 사회에서 일어나는 각종 사안에 대해서 판결을 내렸다. 공회가 유대인에게 가장 막강한 권한을 행사하는 조직체였기에 스데반은 지금 심각한 위기에 처하게 된다.

그들은 "거짓 증인들"을 세운다(13절a). 십계명에 '거짓 증거하지 말라'라는 항목이 명백히 있음에도 불구하고 이들이 거짓 증인을 세우는 것은 이들이 스데반을 잡기 위해서 스스로 율법을 범하고 있을 뿐만 아니라 어떠한 범죄도 저지를 수 있음을 보여준다(참고. 출 20:16). 이처럼 유대인들이 거짓 증인을 세운 일은 예수님에게 일어났던 일을 상기시킨다. 예수님이 잡히셔서 심문을 받으실 때 거짓 증인들이 동원되었는데(참고. 마 26:60), 이제 스데반이 심문을 받는 순간에도 거짓 증인들이 동원된다. 따라서 스데반은 주님의 뒤를 따라가는 제자임이 드러난다. 한편, 이후에 스데반이 순교를 당하는 상황에서 자신을 죽이는 자들의 죄를 용서해 달라고 하나님께 간구하는 모습 역시 예수님의 모습과 닮았다(참고. 눅 23:34).

거짓 증인들은 스데반을 가리켜 "이 사람"이라고 칭하는데, 이것은 경멸적인 표현이다(13절b). 그들은 스데반의 인격을 철저히 능멸하고 있다. 그들은 스데반이 "거룩한 곳"과 "율법"을 거슬러 말하였다고 증언한다. 여기서

"거룩한 곳"은 성전, 곧 하나님의 집을 가리킨다. 따라서 성전과 율법을 모독했다는 말은 11절에 나오는 모세(율법)와 하나님(성전)을 모독했다는 말과 동일하다. 성전은 하나님이 거하시는 곳이고 "율법"은 하나님께서 계시하신 말씀으로, 이 둘은 유대인에게 가장 신성하고 귀중한 것이었다. 따라서 스데반이 이 두 가지를 거슬러 말했다는 것은 그가 가장 치욕적이고 심각한 죄를 저질렀다는 뜻이다.

거짓 증인들은 이어서 스데반으로부터 성전을 헐고 모세가 전하여 준 율법을 고치겠다는 예수님의 말을 들었다고 증언한다(14절). 이 말에서 성전에 대한 부분은 "너희가 이 성전을 헐라 내가 사흘 동안에 일으키리라"라는 예수님의 말씀(요 2:19)에 대한 유대인들의 오해, 즉 "이 사람의 말이 내가 하나님의 성전을 헐고 사흘 동안에 지을 수 있다 하더라"에 근거한다(마 26:61). 그리고 율법에 대한 부분은 율법에 대한 예수님의 해설(예. 막 7:15)에 대한 오해에서 비롯되었다. 예수님은 "내가 율법이나 선지자를 폐하러 온 줄로 생각하지 말라 폐하러 온 것이 아니요 완전하게 하려 함이라"라고 분명히 말씀하셨다(마 5:17). 따라서 거짓 증인들의 주장은 이미 복음서에서 거짓으로 판명된 것들이다. 결국, 이들의 말은 스데반이 예수님께서 지으신 것과 같은 죄를 지었기에 예수님이 죽으신 것처럼 죽음의 형벌을 받아야 한다는 뜻이다. 그리고 이 죄목들은 후에 바울에게도 적용된다(참고. 21:20-21, 28; 24:6; 25:8).

공회에 앉은 자들이 스데반을 보니 그의 얼굴이 천사의 얼굴과 같았다(15절). 스데반의 얼굴에는 두려움이 전혀 없는데, 이는 그의 마음이 평온하다는 뜻이다. 그의 얼굴에는 하나님의 영광이 반영되어 있다. 이것은 구약성경에서 모세가 하나님을 뵙고 난 후의 얼굴 모습과 같다(참고. 출 34:29-

35; 고후 3:12-18). 그리고 무엇보다도 예수님의 얼굴을 생각나게 한다(참고. 눅 9:29). 따라서 이러한 묘사를 통하여 하나님이 스데반과 함께 하신다는 사실, 곧 스데반의 사역이 성령의 영감에 의한 것이라는 사실이 강하게 암시된다.[156] 그리고 동시에 스데반과 논쟁을 벌인 자유민들은 하나님이 보시기에 옳지 않았음이 드러난다.

한편, 스데반이 헬라파 유대인인데, 스데반을 공격한 자들도 같은 헬라파 유대인이라는 사실은 아이러니이다. 이는 스데반이 일꾼으로 선출되어서 헬라파 유대인 과부들을 구제에 참여하도록 도왔을 것이기에 더욱 그러하다. 더군다나 이들이 지적한 스데반의 죄목은 율법과 성전에 관한 것으로서 이것들은 사실 히브리파 유대인들에게 더욱 민감한 사안들이었다. 따라서 그들은 스데반에게서 죄를 발견할 수 없었기 때문에 이런 죄목을 갖다 붙인 것이라고밖에 볼 수 없다. 실제로 복음을 대적하는 일에 이성적인 분별은 언제나 없었다.

교훈과 적용

1. 이 단락에서부터 7장 마지막까지에 걸쳐 스데반을 중심으로 이야기(narrative)가 진행된다. 스데반은 짧은 기간 활동했지만 큰 영향을 미쳤다. 그의 행적과 설교와 순교는 기독교가 예루살렘 중심에서 이방으로 확장되어 가는 계기가 되었다. 스데반은 은혜와 권능이 충만하고 지혜와 성령이 충만하여 힘있게 사역하였다. 우리는 스데반의 자질과 행적을 본받아야 한다. 우리도 스데반처럼 날마다 성령으로 충만해져서 힘있게 일해야 한다.
2. 유대의 종교지도자들은 스데반에게 하나님을 모독했다는 신성모독죄를 적용했다. 그런데 이것은 과거에 유대의 종교지도자들이 예수님에게 적용했던 죄목이

다(참고. 막 14:64). 그들은 자신들이 하나님을 잘 섬긴다고 생각하고 예수님과 사도들을 신성모독죄를 뒤집어씌워서 죽였으나 사실은 자신들이 하나님을 모독하는 자들이었다. 우리는 기독교인이라 하면서도 하나님을 바르게 믿고 있는지 생각해 보아야 한다. 우리의 신앙을 성경 말씀에 비추어 보아야 한다.

3. 예수님은 "사람이 너희를 회당이나 위정자나 권세 있는 자 앞에 끌고 가거든 어떻게 무엇으로 대답하며 무엇으로 말할까 염려하지 말라 마땅히 할 말을 성령이 곧 그때에 너희에게 가르치시리라"라고 말씀하셨다(눅 12:11-12). 그리고 스데반은 실제로 그 말씀대로 성령께서 인도하시는 대로 말함으로 자유민들의 반론을 이겨냈다. 우리는 말씀을 전할 때 성령님의 인도를 믿고 간구해야 한다. 성령님이 우리에게 할 말을 주시도록 기도하자.

3. 스데반의 설교(7:1-53)

1 대제사장이 이르되 이것이 사실이냐 2 스데반이 이르되 여러분 부형들
이여 들으소서 우리 조상 아브라함이 하란에 있기 전 메소보다미아에 있
을 때에 영광의 하나님이 그에게 보여 3 이르시되 네 고향과 친척을 떠나
내가 네게 보일 땅으로 가라 하시니 4 아브라함이 갈대아 사람의 땅을 떠
나 하란에 거하다가 그의 아버지가 죽으매 하나님이 그를 거기서 너희 지
금 사는 이 땅으로 옮기셨느니라 5 그러나 여기서 발 붙일 만한 땅도 유업
으로 주지 아니하시고 다만 이 땅을 아직 자식도 없는 그와 그의 후손에게
소유로 주신다고 약속하셨으며 6 하나님이 또 이같이 말씀하시되 그 후손
이 다른 땅에서 나그네가 되리니 그 땅 사람들이 종으로 삼아 사백 년 동
안을 괴롭게 하리라 하시고 7 또 이르시되 종 삼는 나라를 내가 심판하리
니 그 후에 그들이 나와서 이곳에서 나를 섬기리라 하시고 8 할례의 언약

을 아브라함에게 주셨더니 그가 이삭을 낳아 여드레 만에 할례를 행하고
이삭이 야곱을, 야곱이 우리 열두 조상을 낳으니라 9 여러 조상이 요셉을
시기하여 애굽에 팔았더니 하나님이 그와 함께 계셔 10 그 모든 환난에서
건져내사 애굽 왕 바로 앞에서 은총과 지혜를 주시매 바로가 그를 애굽과
자기 온 집의 통치자로 세웠느니라 11 그때에 애굽과 가나안 온 땅에 흉년
이 들어 큰 환난이 있을새 우리 조상들이 양식이 없는지라 12 야곱이 애
굽에 곡식 있다는 말을 듣고 먼저 우리 조상들을 보내고 13 또 재차 보내
매 요셉이 자기 형제들에게 알려지게 되고 또 요셉의 친족이 바로에게 드
러나게 되니라 14 요셉이 사람을 보내어 그의 아버지 야곱과 온 친족 일흔
다섯 사람을 청하였더니 15 야곱이 애굽으로 내려가 자기와 우리 조상들
이 거기서 죽고 16 세겜으로 옮겨져 아브라함이 세겜 하몰의 자손에게서
은으로 값 주고 산 무덤에 장사되니라 17 하나님이 아브라함에게 약속하
신 때가 가까우매 이스라엘 백성이 애굽에서 번성하여 많아졌더니 18 요
셉을 알지 못하는 새 임금이 애굽 왕위에 오르매 19 그가 우리 족속에게
교활한 방법을 써서 조상들을 괴롭게 하여 그 어린 아이들을 내버려 살지
못하게 하려 할새 20 그때에 모세가 났는데 하나님 보시기에 아름다운지
라 그의 아버지의 집에서 석 달 동안 길리더니 21 버려진 후에 바로의 딸
이 그를 데려다가 자기 아들로 기르매 22 모세가 애굽 사람의 모든 지혜를
배워 그의 말과 하는 일들이 능하더라 23 나이가 사십이 되매 그 형제 이
스라엘 자손을 돌볼 생각이 나더니 24 한 사람이 원통한 일 당함을 보고
보호하여 압제 받는 자를 위하여 원수를 갚아 애굽 사람을 쳐 죽이니라 25
그는 그의 형제들이 하나님께서 자기의 손을 통하여 구원해 주시는 것을
깨달으리라고 생각하였으나 그들이 깨닫지 못하였더라 26 이튿날 이스라

엘 사람끼리 싸울 때에 모세가 와서 화해시키려 하여 이르되 너희는 형제
인데 어찌 서로 해치느냐 하니 27 그 동무를 해치는 사람이 모세를 밀어뜨
려 이르되 누가 너를 관리와 재판장으로 우리 위에 세웠느냐 28 네가 어제
는 애굽 사람을 죽임과 같이 또 나를 죽이려느냐 하니 29 모세가 이 말 때
문에 도주하여 미디안 땅에서 나그네 되어 거기서 아들 둘을 낳으니라 30
사십 년이 차매 천사가 시내 산 광야 가시나무 떨기 불꽃 가운데서 그에
게 보이거늘 31 모세가 그 광경을 보고 놀랍게 여겨 알아보려고 가까이 가
니 주의 소리가 있어 32 나는 네 조상의 하나님 즉 아브라함과 이삭과 야
곱의 하나님이라 하신대 모세가 무서워 감히 바라보지 못하더라 33 주께
서 이르시되 네 발의 신을 벗으라 네가 서 있는 곳은 거룩한 땅이니라 34
내 백성이 애굽에서 괴로움 받음을 내가 확실히 보고 그 탄식하는 소리를
듣고 그들을 구원하려고 내려왔노니 이제 내가 너를 애굽으로 보내리라
하시니라 35 그들의 말이 누가 너를 관리와 재판장으로 세웠느냐 하며 거
절하던 그 모세를 하나님은 가시나무 떨기 가운데서 보이던 천사의 손으
로 관리와 속량하는 자로서 보내셨으니 36 이 사람이 백성을 인도하여 나
오게 하고 애굽과 홍해와 광야에서 사십 년간 기사와 표적을 행하였느니
라 37 이스라엘 자손에 대하여 하나님이 너희 형제 가운데서 나와 같은 선
지자를 세우리라 하던 자가 곧 이 모세라 38 시내 산에서 말하던 그 천사
와 우리 조상들과 함께 광야 교회에 있었고 또 살아 있는 말씀을 받아 우
리에게 주던 자가 이 사람이라 39 우리 조상들이 모세에게 복종하지 아니
하고자 하여 거절하며 그 마음이 도리어 애굽으로 향하여 40 아론더러 이
르되 우리를 인도할 신들을 우리를 위하여 만들라 애굽 땅에서 우리를 인
도하던 이 모세는 어떻게 되었는지 알지 못하노라 하고 41 그때에 그들이

송아지를 만들어 그 우상 앞에 제사하며 자기 손으로 만든 것을 기뻐하더
니 42 하나님이 외면하사 그들을 그 하늘의 군대 섬기는 일에 버려 두셨으
니 이는 선지자의 책에 기록된 바 이스라엘의 집이여 너희가 광야에서 사
십 년간 희생과 제물을 내게 드린 일이 있었느냐 43 몰록의 장막과 신 레
판의 별을 받들었음이여 이것은 너희가 절하고자 하여 만든 형상이로다
내가 너희를 바벨론 밖으로 옮기리라 함과 같으니라 44 광야에서 우리 조
상들에게 증거의 장막이 있었으니 이것은 모세에게 말씀하신 이가 명하
사 그가 본 그 양식대로 만들게 하신 것이라 45 우리 조상들이 그것을 받
아 하나님이 그들 앞에서 쫓아내신 이방인의 땅을 점령할 때에 여호수아
와 함께 가지고 들어가서 다윗 때까지 이르니라 46 다윗이 하나님 앞에서
은혜를 받아 야곱의 집을 위하여 하나님의 처소를 준비하게 하여 달라고
하더니 47 솔로몬이 그를 위하여 집을 지었느니라 48 그러나 지극히 높으
신 이는 손으로 지은 곳에 계시지 아니하시나니 선지자가 말한 바 49 주께
서 이르시되 하늘은 나의 보좌요 땅은 나의 발등상이니 너희가 나를 위하
여 무슨 집을 짓겠으며 나의 안식할 처소가 어디냐 50 이 모든 것이 다 내
손으로 지은 것이 아니냐 함과 같으니라 51 목이 곧고 마음과 귀에 할례를
받지 못한 사람들아 너희도 너희 조상과 같이 항상 성령을 거스르는도다
52 너희 조상들이 선지자들 중의 누구를 박해하지 아니하였느냐 의인이
오시리라 예고한 자들을 그들이 죽였고 이제 너희는 그 의인을 잡아 준 자
요 살인한 자가 되나니 53 너희는 천사가 전한 율법을 받고도 지키지 아니
하였도다 하니라

이 단락에는 스데반의 설교가 기록되어 있다. 이것은 사도행전에 나오는

설교 중에서 가장 길다. 이 설교는 단지 스데반이 자신의 무죄를 입증하기 위해서 행한 것이 아니다.[157] 스데반은 이 기회를 통하여 구약성경이 가리키는 이가 바로 "예수 그리스도"라는 사실을 말하므로 바른 복음을 전하려고 한다. 스데반은 구약의 주요 인물(아브라함, 요셉, 모세, 여호수아, 다윗, 솔로몬)과 주요 주제(장막과 성전)를 구속사적으로 설명한다.

1) 대제사장의 질문(7:1)

스데반이 공회에 끌려와서 심문을 받는다. 공회의 의장인 대제사장이 스데반에게 "이것이 사실이냐"라고 묻는다(1절). 여기에 나오는 대제사장은 당시 현직 대제사장인 가야바일 것이다. 그가 물은 것은 앞에서 자유민들이 사람들을 매수하고 거짓 증인들을 세워서 스데반을 고소한 내용, 즉 스데반이 "거룩한 곳"(성전)과 "율법"을 거슬러 말하였다고 증언하게 한 내용을 가리킨다(참고. 6:13-14). 이에 스데반은 자신이 성전과 율법을 무시한 것이 아니라 오히려 그것들을 바르게 이해한 것임을 설교를 통해 증언한다. 즉 그는 자신이 신성을 모독한 것이 아니라 이스라엘 백성들이 성전과 율법을 모독했음을 드러내고 그들이 회개할 것을 촉구한다.

스데반은 이스라엘 역사에서 중요한 네 시대를 선택하여 그 시대 가운데 하나님이 어떻게 일하셨는지를 말한다. 특히 그는 하나님께서 어느 특정한 지역과 민족에게 제한된 적이 없으시며 온 세상에 계시다는 사실을 언급한다. 스데반이 언제 이렇게 구속사적 성경 이해력을 갖추었는지 알기란 어렵다. 아마도 그들이 열두 사도들로부터 성경을 열심히 배웠을 가능성이 높다. 초기 예루살렘 교회에서 열두 사도의 성경 이해와 가르침은 매우 뛰어났고 효과적이었을 것이다. 사실 성경에 기록되어 있지 않지만, 아마도 당시에 제자들 가운데 많은 이들이 말씀에 관한 뛰어난 지식을 갖추어서 올바르고 효과적으로 말씀을 전했을 것이다.

2) 설교(7:2-53)

(1) 아브라함(7:2-8)

스데반은 공회원들과 유대인 청중을 향해 "부형들이여"(*아델포이 카이 파테레스*, ἀδελφοὶ καὶ πατέρες)라고 말한다. 이는 '형제들과 아버지들이여'(NASB: 'brethren and fathers')라는 뜻이다. 스데반이 자신에게 적대적인 자들에게 이런 호칭을 붙이는 것은 그가 여전히 유대인을 사랑하고 있음을 보여주기 위해서이다. 아울러 스데반은 자신이 그들에게 나쁜 감정을 전혀 가지고 있지 않다는 것을 드러내고자 한다. 게다가 스데반은 아브라함을 말하면서 "우리 조상"이라는 칭호를 사용함으로써 헬라파 유대인인 자신과 히브리파 유대인 청중이 같은 민족이라는 점을 인지시켜 준다.

스데반은 아브라함의 이야기로부터 시작한다. 그는 아브라함이 하란에 있기 전 메소보다미아에 있을 때 영광의 하나님이 그에게 나타나셔서 "네 고향과 친척을 떠나 내가 네게 보일 땅으로 가라"라고 하셨던 일을 말한다(2-3절; 참고. 창 12:1). 이는 하나님께서 예루살렘에서만 나타나시는 분이 아님을 보여준다. 아브라함은 갈대아 사람의 땅을 떠나 하란에 거하다가 그의 아버지가 죽자 가나안으로 옮겼으며, 이후에 그의 후손들은 이집트에 들어가서 400년간 종살이 하다가 하나님께서 이집트를 심판하시면 출애굽하여 가나안에서 하나님을 섬길 것이라는 약속을 받았다(4-7절).[158] 하나님께서 할례의 언약을 아브라함에게 주셔서 아들 이삭에게 할례를 행하였고, 이삭은 야곱을 낳았고, 야곱은 이스라엘의 열두 조상을 낳았다(8절).

(2) 요셉(7:9-16)

스데반은 아브라함에 이어서 요셉 이야기를 한다. 야곱의 아들들은 요셉을 시기하여 이집트에 팔았지만 하나님께서는 요셉과 함께 계셔서 그 모든 환난에서 건져 내시고 이집트 왕 바로 앞에서 은총과 지혜를 주심으로 바로가 그를 이집트와 자기 온 집의 통치자로 세웠다(9-10절). 스데반은 여기서도 하나님이 이스라엘에만 계시는 분이 아니라 이집트에도 계시는 분임을 드러낸다. 이후 가나안과 이집트에 흉년이 들어 큰 환난이 있을 때 야곱과 그의 아들들은 요셉 덕분에 이집트로 옮겨서 살게 되었다(11-13절). 요셉은 사람을 보내어 그의 아버지 야곱과 온 친족 일흔다섯 사람을 청하였는데,[159] 거기서 야곱과 그의 아들들이 죽었고 그들의 시신은 세겜으로 옮겨져 아브라함이 세겜 하몰의 자손에게서 구입한 무덤에 장사되었다(14-16절).[160]

(3) 모세(7:17-43)

스데반은 다음으로 모세에 대해서 말한다. 스데반은 모세에 대해서 유독 길게 말하는데, 이는 그가 모세를 모독했다는 비난을 받았기 때문이다(참고. 6:11). 하나님께서 아브라함에게 약속하신 때, 즉 출애굽의 때가 가까워지니 이스라엘 백성이 이집트에서 많이 번성하였다(17절). 당시에 요셉을 알지 못하는 새 임금이 이집트의 왕위에 오르자 그는 교활한 방법을 써서 이스라엘 백성을 괴롭게 하였다(18-19절). 이때 모세가 태어났는데 하나님이 보시기에 아름다웠으며 바로의 딸에 의해서 양육을 받았고 이집트 사람의 모든 지혜를 배워 그의 말과 하는 일들이 능하였다(20-22절). 따라서 하나님은 세월이 많이 흘렀어도 이집트에서 여전히 역사하셨음이 드러난다. 모세는 사십 세가 되자 동족 이스라엘 백성을 위하려 하다가 오히려 어려움에 처하자 미디안 땅으로 도망하여 거기서 아들 둘을 낳고 살았다(23-29절).

이제 스데반은 모세가 하나님의 부름을 받고 사명을 감당한 일을 언급한다. 모세가 80세가 되었을 때 가시나무 떨기 불꽃 가운데에서 하나님의 음성을 듣게 되었다(30-31절). 하나님은 모세에게 "네 발의 신을 벗으라 네가 서 있는 곳은 거룩한 땅이니라"라고 말씀하셨다(32-33절). 광야를 "거룩한 땅"이라고 한 것은 유대인들에게 충격적이다. 하지만 이것 역시 하나님이 이스라엘 밖의 광야에도 계시는 분임을 드러낸다. 하나님께서는 모세에게 이스라엘 백성을 구원하라는 소명을 주셨다(34절). 비록 백성은 모세의 권위를 의심했지만 하나님은 모세를 "관리와 속량하는 자"로 보내셨다(35절). 여기서 "관리"(*아르콘*, ἄρχων)는 다스리는 자를 의미하며, "속량하는 자"(*뤼트로테스*, λυτρωτής)는 구원자를 의미한다. 모세는 이스라엘 백성들을 이집트에서 인도하여 나오게 했으며, 이집트와 홍해와 광야에서 40년간 기사와 표적을 행했다(36절).

스데반은 "하나님이 너희 형제 가운데서 나와 같은 선지자를 세우리라 하던 자가 곧 이 모세라"라는 모세의 말을 인용한다(37절). 이것은 신명기 18:15에 "네 하나님 여호와께서 너희 가운데 네 형제 중에서 너를 위하여 나와 같은 선지자 하나를 일으키시리니 너희는 그의 말을 들을지니라"라는 말을 인용한 것이다. 베드로 역시 3:22-23에서 이 구절을 인용했는데, 베드로와 스데반이 인용한 "모세와 같은 선지자"는 바로 예수 그리스도이시다. 따라서 이 언급은 모세가 예수 그리스도를 증언했다는 뜻이다.

스데반은 이어서 모세가 "광야 교회"에 있었는데, 시내 산에서 말하던 천사와 함께 있었고, 조상들과 함께 있었으며, 모세가 "살아 있는 말씀"을 받아 우리에게 주었다고 말한다(38절). 여기서 스데반은 "광야 교회"라는 표현을 사용하여 하나님이 모으신 백성들의 공동체가 이미 구약 시대부터 존재했음을 보여준다. 그리고 스데반은 모세가 전해 준 율법을 "살아 있는 말씀"이라고 표현하여 비록 무리들이 자신에 대하여 하나님의 율법을 거슬러 말했다고 하지만, 자신은 율법을 하나님의 살아 있는 말씀으로 여기고 있다는 사실을 드러낸다(참고. 6:11, 13-14).[161]

스데반은 광야에서 생활하던 이스라엘 백성은 모세에게 복종하지 않고 이집트를 그리워하던 중 모세가 율법을 받으러 시내 산에 올라갔을 때(참고. 출 32장), 모세가 내려오지 않자 아론에게 자신들을 인도할 신을 만들라고 요청하고 송아지 우상을 만들어서 제사했던 일을 말한다(39-41절). 여기서 스데반은 백성이 모세에게 복종하지 않은 것을 그들이 하나님께 복종하지 않은 것으로 해석한다. 그리고 모세가 백성과 함께 있지 않을 때 백성은 마음을 이집트로 돌리며, 우상을 만들어 경배하며, 모세를 잊어버린 일을 언급하면서 인간의 완악함을 폭로한다.

스데반은 이에 하나님께서 외면하셔서 그들을 "하늘의 군대" 섬기는 일에 버려두셨다고 말한다(42절a). 여기서 "하늘의 군대"란 하늘의 별들을 뜻하는 것으로 '별신들'(star gods)을 가리킨다. 스데반은 이것이 선지자의 책에 기록되었다고 하는데, 그가 인용한 선지자는 아모스(암 5:25-27)이다. 아모스는 이스라엘 백성들이 40년간 광야에서 하나님께 희생과 제물을 드린 일이 없다고 말했다(42절b). 오히려 그들은 몰록의 장막과 신 레판의 별을 받들었다(43절a). 이스라엘 백성은 하나님 대신 이방의 신을 섬겼으며 이에 하나님은 그들을 바벨론 밖으로 옮기셨다(43절b). 결국, 스데반은 하나님께서 어느 곳에나 계신다는 사실과 가나안만 거룩한 곳은 아니라는 사실을 말한다.

(4) 증거의 장막(7:44-50)

스데반은 이제 "증거의 장막"(the tabernacle of the Testimony)에 대해서 말한다(44-50절). 여기에 모세, 여호수아, 다윗, 그리고 솔로몬의 이름이 등장한다. 그리하여 스데반은 아브라함으로부터 시작된 이스라엘의 역사를 솔로몬으로까지 확장한다. "증거의 장막"은 하나님께서 명하신 대로 제작되었다(44절). 모세에 의해서 만들어진 증거의 장막은 여호수아에 의해서 가나안 땅에 들어갔으며 그곳에서 다윗의 때까지 있었다(45절). 이것은 하나님께서 늘 이스라엘과 함께 하신 것을 상징한다. 다윗은 하나님 앞에서 은혜를 받아 야곱의 집을 위하여 하나님의 처소인 성전을 준비하기를 간구했지만 그것은 솔로몬에 의해서 지어졌다(46-47절). 여기서 "야곱의 집을 위하여"라는 표현은 야곱의 후손인 '이스라엘 백성들을 위하여'라는 뜻이다.

스데반은 지극히 높으신 하나님께서 "손으로 지은 곳"에 계시지 않는다고 말한다(48절; 참고. 왕상 8:27). 여기서 "손으로 지은 곳"이라는 표현은 41절의 "손으로 만든 것"을 연상하게 한다. 즉 광야에서 우상을 섬긴 조상들처럼 이들이 지금 성전을 우상화하고 있음을 지적한다. 이것은 그의 설교를 듣고 있던 공회원들과 유대인 청중의 분노를 살 수 있었다. 그는 자신을 고소한 자들이 성전을 소재로 삼았기에 성전을 가지고 반격한다. 그는 성전에 대한 전통적이면서 편협한 유대주의적 사고에 대항하여 하나님이 성전에 갇혀 계시는 분이 아님을 말한다. 즉 유대인의 성전 지상주의적 사고가 옳지 않다는 것이다. 그는 이사야 66:1-2를 인용하여 하나님께서 온 우주에 거하시는 분임을 말한다. 실로 하나님은 온 세상을 지으신 분으로서 하늘이 그분의 보좌요 땅이 그분의 발등상이므로 세상 모든 곳이 그분이 거하실 처소이다(49-50절).

(5) 죄에 대한 책망(7:51-53)

스데반은 마지막으로 공회원들과 유대인 청중의 죄를 지적한다. 스데반은 지금까지 청중을 향하여 호의적인 단어인 "우리"를 사용했다. 하지만 그는 이제 그들을 향하여 "너희"라는 단어를 사용하여 거리를 둔다. 그는 그들이 목이 곧고 마음과 귀에 할례를 받지 못한 사람들이라고 맹렬히 비난하면서 그들이 그들의 조상과 같이 항상 성령을 거스른다고 지적한다(51절; 참고. 신 9:6, 27). 또한 그들의 조상들이 선지자들을 박해하였고, 의인(메시야)이 오실 것이라고 예언한 자들을 죽였으며, 이제는 그들이 그 의인(메시야)을 잡아 준 자이며 살인한 자가 되었다고 말한다(52절). 그리고 그들이 천사가 전한 율법을 받고도 지키지 않았다고 언급한다(53절). 비록 유대인들은 율법을 받은 민족이라는 자부심과 긍지를 가지고 있었지만, 스데반은 그들이 율법을 지키지 않았다고 지적한다. 따라서 그들의 죄는 지극히 크다고 할 수 있다.

교훈과 적용

1. 스데반의 설교는 구속사적이다. 스데반은 아브라함, 모세, 다윗과 같은 인물들, 그리고 장막과 성전과 같은 모형들을 사용하여 삼위 하나님의 사역을 말한다. 우리는 성경을 단순히 윤리적이고 도덕적인 규범집으로 볼 것이 아니라 삼위 하

나님께서 역사 가운데 어떻게 일하셨는지를 드러내는 구속사적인 계시로 보아야 한다. 이러한 이해가 진정한 이해이며 이러한 적용이 진정한 적용이다. 성경을 읽을 때 언제나 삼위 하나님의 속성과 사역을 보아야 한다.

2. 스데반의 설교는 선교적이다. 스데반은 하나님이 유대 땅뿐만 아니라 이방 땅에서도 활동하시는 분이시라고 말했다. 하나님은 성전 안에 갇혀 계시는 분이 아니며 성전을 초월하시는 분이시다. 온 세상이 하나님의 활동무대이다. 따라서 우리는 편협한 민족주의나 지역주의에 빠져서는 안 된다. 우리는 하나님께서 사랑하시는 모든 민족에게로 나아가야 한다. 모든 민족이 하나님께 돌아오도록 그들에게 나아가서 복음을 전해야 한다.
3. 스데반은 담대하게 설교했다. 스데반이 유대의 공회원들 앞에서 그들의 죄를 지적하는 일은 쉽지 않았다. 그들이 그를 죽이려고 작정하면서 심문하였기 때문이다. 그러나 그는 자신에 대하여 적대적인 감정을 가지고 있는 자들 앞에서 조금도 굽힘이 없이 설교하였다. 우리는 하나님의 말씀을 전할 때 있는 그대로 전해야 한다. 두려워하지 말아야 한다. 담대해야 한다. 하나님의 뜻을 전하는 자에게는 강한 용기와 분명한 신념이 필요하다.

4. 스데반의 순교와 그 결과(7:54-8:3)

54 그들이 이 말을 듣고 마음에 찔려 그를 향하여 이를 갈거늘 55 스데반
이 성령 충만하여 하늘을 우러러 주목하여 하나님의 영광과 및 예수께서
하나님 우편에 서신 것을 보고 56 말하되 보라 하늘이 열리고 인자가 하
나님 우편에 서신 것을 보노라 한대 57 그들이 큰 소리를 지르며 귀를 막
고 일제히 그에게 달려들어 58 성 밖으로 내치고 돌로 칠새 증인들이 옷을
벗어 사울이라 하는 청년의 발 앞에 두니라 59 그들이 돌로 스데반을 치

니 스데반이 부르짖어 이르되 주 예수여 내 영혼을 받으시옵소서 하고 60
무릎을 꿇고 크게 불러 이르되 주여 이 죄를 그들에게 돌리지 마옵소서 이
말을 하고 자니라 8:1 사울은 그가 죽임 당함을 마땅히 여기더라 그날에
예루살렘에 있는 교회에 큰 박해가 있어 사도 외에는 다 유대와 사마리아
모든 땅으로 흩어지니라 2 경건한 사람들이 스데반을 장사하고 위하여 크
게 울더라 3 사울이 교회를 잔멸할새 각 집에 들어가 남녀를 끌어다가 옥
에 넘기니라

스데반의 설교가 끝났다. 아마 청중이 더 이상 설교를 하지 못하게 막았을 수도 있다. 그럼에도 불구하고 그는 해야 할 말을 다 했다. 그의 설교는 구약과 신약의 구속사를 요약한 것으로 그 설교를 받아들이는 자들은 구원을 얻을 것이다. 그러나 안타깝게도 그 자리에 있던 자들은 회개하지 않는다. 오히려 그들은 스데반을 증오한다. 그리하여 스데반은 죽임을 당한다. 스데반의 마지막 모습은 우리 주 예수님의 마지막 모습을 닮았다. 그는 제자의 전형이다.

1) 스데반이 죽임을 당함(7:54-8:1a)

청중은 스데반의 말을 듣고 마음에 찔려 그를 향해 이를 간다(54절). 그러나 스데반은 그들의 적대적인 반응에도 불구하고 성령 충만하여 하늘을 우러러 주목하여 하나님의 영광과 예수께서 하나님 우편에 서신 것을 본다(55절; 참고. 2:32, 36; 5:31). 스데반은 지금 담대할 뿐만 아니라 평온하기까지 하다. 그에게는 두려움이 전혀 없다. 그런데 놀랍게도 여기에 성령님, 하나님, 예수님이 나오셔서 그가 삼위 하나님과 교제하고 있음이 드러난다.

스데반은 성령님의 도우심으로 하나님의 영광을 보며 그 옆에 계시는 예수님을 보는 큰 은혜를 누린다.

스데반은 사람들에게 자신이 보고 있는 것을 말한다. 그는 "보라 하늘이 열리고 인자가 하나님 우편에 서신 것을 보노라"라고 말한다(56절; 참고. 눅 22:69; 행 2:23; 5:31; 롬 8:34; 골 3:1; 히 1:3; 8:1; 10:12; 12:2; 벧전 3:22 등). 이것은 다니엘 7:13과 시편 110:2-7을 배경으로 한 것이다.[162] 예수님이 하나님의 우편에 서 계신 것은 예수님이 스데반을 변호하시고 중보하시는 모습이다(참고. 눅 12:8). 스데반은 지금까지 귀로 들었던 예수님을 전파했지만 이제는 눈으로 본 예수님을 전파한다. 이렇게 스데반이 하늘의 광경을 본 것은 비록 그에게 하나님의 말씀이 들리지 않았으나 말씀을 들은 것과 같은 일이 된다.[163] 한편, 예수님을 "인자"(the Son of Man)라고 칭한 곳은 복음서 외에 여기가 유일하다.[164]

스데반의 증언에 대해 유대인들은 큰소리를 지르며 귀를 막고 일제히 그에게 달려든다(57절). 유대인들이 큰소리를 지르며 귀를 막는 것은 신성모독죄에 대한 분노를 반영한다. 그들은 스데반을 성 밖으로 내치고 돌로 치는데, 이것도 신성모독죄를 지은 자에게 가해지는 형벌이다(58절a; 참고. 레 24:14). 극도로 흥분한 자들에게 공회의 재판절차는 의미가 없었다. 하지만 사람을 죽이는 데에는 증인이 필요했다. 따라서 증인들은 옷을 벗어 사울이라 하는 청년의 발 앞에 둔다(58절b). 누가는 여기서 사울(바울)을 처음으로 소개한다. 사울은 어느 정도의 지위를 가진 것 같은데, 이 상황에서 책임 있는 위치에 있는 것으로 보인다. 증인들이 옷을 벗어 사울의 발 앞에 둔 것은 초대 기독교인들이 재산을 팔아 사도의 발 앞에 둔 것과 같은 맥락에서 이해할 수 있다(참고. 4:35, 37, 5:2). 이것은 그의 권위를 인정하여 자신의 권리를 마음대로 처분하도록 양도하는 것을 의미한다.

사람들이 돌로 스데반을 치니 스데반은 "주 예수여 내 영혼을 받으시옵소서"라고 부르짖어 기도한다(59절). 그리고 그는 무릎을 꿇고 "주여 이 죄를 그들에게 돌리지 마옵소서"라고 크게 기도한 후 숨을 거둔다(60절). 스데반이 심문을 받고 죽임을 당하는 것은 예수님이 심문을 받으시고 죽임을 당하신 것과 유사하다. 실로 예수님의 죽음과 스데반의 죽음은 닮았다. 예수님과 스데반은 모두 공회의 심문을 받았으며, 거짓 증인의 모함을 받았고, 결정적으로 성전에 대한 언급으로 인하여 죽게 되었다. 그리고 예수님과 비슷하게 스데반은 죽으면서 기도할 때 자신의 영혼을 주 예수님께 맡기며(참고. 눅 23:46), 자신을 죽이는 자들의 죄를 그들에게 돌리지 말아 달라고 간구한다(참고. 눅 23:34). 결국, 누가는 이러한 모습을 기술함으로써 스데반이 예수님을 따른 진정한 제자임을 드러낸다.

누가는 스데반의 설교와 순교 이후에 사울을 다시 언급한다(1절a; 참고. 7:58). 이런 식으로 사울이라는 인물이 자연스럽게 소개되는데, 사도행전에서 누가는 주요인물을 미리 등장시키는 문학적 기교를 종종 사용한다.[165] 사울은 후에 사도행전의 중심인물이 된다. 사울은 스데반의 죽음을 마땅히 여긴다. 그는 자신의 신학적 기준으로 볼 때 스데반을 죽인 것을 율법에 따른 정당한 처분이라고 생각한다. 그리고 이러한 그의 신학적 기준은 공회원과 대다수 유대인의 보편적인 인식을 반영한다. 당시 유대인은 성전중심주의, 예루살렘중심주의, 율법주의, 선민의식 등에 빠져 있었다. 그러나 스데반은 성전과 예루살렘과 유대인 중심에서 탈피하여 복음이 온 세상으로 전파되어야 함을 호소했다. 이에 그들은 스데반을 못마땅하게 여겨 죽였다.

2) 예루살렘 교회가 박해를 받음(8:1b-3)

스데반이 죽은 날에 예루살렘 교회에 큰 박해가 있어서 사도들 외에는 모두 유대와 사마리아 지역으로 흩어진다(1절b). 그날 예루살렘 교회가 당한 박해는 이전의 박해와 비교할 수 없는 규모이다. 유대의 종교지도자들은 기독교 공동체가 자신의 전통과 신념을 무너뜨리는 대단히 위험한 세력이라고 판단하여 공동체 자체를 소멸시키려고 한다. 이로 인하여 많은 신자가 유대와 사마리아 지역으로 흩어진다. 이때 사도들은 예루살렘에 남아 있었는데, 이는 그들이 죽음을 두려워하지 않고 예루살렘 교회를 지키려 했기 때문이다. 그들은 아직 예루살렘 선교가 끝나지 않았기에 이곳에 남아서 복음을 전해야 한다고 생각했다.[166] 물론 박해가 히브리파 유대인보다는 주로 헬라파 유대인을 겨냥한 것이었겠지만 분노한 유대의 군중 앞에서는 사도들 역시 안전하지 않았다. 그런데 신자들의 흩어짐은 오히려 선교를 가중하는 결과를 가져왔다. 그들은 1:8의 약속대로 온 유대와 사마리아와 땅 끝으로 나아간다.

"경건한 사람들"이 스데반을 장사하고 위하여 크게 운다(2절). 신약성경과 당시 문헌들에서 "경건한 사람들"(*안드레스 율라베이스*, ἄνδρες εὐλαβεῖς)이란 용어는 주로 유대인에게 사용되었는데, 여기서는 그 의미가 분명하지 않다. 그들이 그리스도인인지 아닌지도 정확히 알 수 없다.[167] 게다가 스데반을 장사한 시점이 본격적인 박해가 시작되기 전이었는지 아니면 그 이후였는지도 알기가 어렵다. 어쨌건 그들은 스데반을 의로운 사람이라고 생각했다. 특히 당시에는 공적인 법 집행으로 처형된 자를 위해 애곡하는 것이 허용되지 않았는데도 그들이 이렇게 크게 울었다는 것은 그들이 스데반의 죽음을 정당하지 않다고 여겼기 때문이었다.[168]

사울은 교회를 잔멸하기 위하여 각 집에 들어가 남녀를 끌어다가 옥에 넘긴다(3절; 참고. 9:1; 22:4; 26:10). 이 구절에서 '잔멸하다'에 해당하는 헬라어 단어 *뤼마이노*(λυμαίνω)는 70인역(LXX)에서 사나운 짐승이 고기를 찢는 것에 사용되었다[참고. 고후 16:10; 시 80:13(LXX 79:13)].[169] 따라서 누가는 바울이 엄청난 증오심을 가지고 매우 사납게 기독교인을 박해했다는 점을 말한다. 한편, 바울은 자신의 행동에 대해서 "내가 이전에 유대교에 있을 때에 행한 일을 너희가 들었거니와 하나님의 교회를 심히 박해하여 멸하고" 라고 말했고(갈 1:13), 세월이 더 지나서 "내가 전에는 비방자요 박해자요 폭행자였으나"라고 말했다(딤전 1:13).

교훈과 적용

1. 스데반의 설교는 유대인들의 분노를 샀다. 그들은 스데반의 설교를 듣고 마음에 찔려 그를 향해 이를 갈았다. 그리고 큰 소리를 지르며 귀를 막고 일제히 그를 향하여 달려들어 성 밖으로 내치고 돌로 쳤다. 이것은 마귀에게 사로잡힌 사람이 바른 복음을 전하는 자에게 보이는 적대적인 반응이다. 우리는 말씀을 전하다가 고난을 받을 수 있다는 것을 당연한 사실로 받아들여야 한다. 미리 박해를 각오하고 말씀을 전해야 한다.
2. 스데반은 마지막 순간에 예수님과 비슷하게 죽음을 맞이하였다. 그는 자신을 돌로 치는 자들을 예수님처럼 용서했으며 자신의 영혼을 예수님께 의탁했다. 물론 그는 살아 있을 때 주님의 발자취를 따랐지만, 마지막 순간에도 더욱 주님을 따랐다. 따라서 우리는 스데반에게서 제자의 삶의 전형을 본다. 우리는 주 예수님께서 행하신 대로 행해야 한다. 심지어 죽음을 맞이할 때도 주 예수님처럼 그리고 스데반처럼 맞이해야 한다. 우리는 박해자를 미워하지 말아야 한다. 오히려 그들을 긍휼히 여기고 용서해 주어야 한다.

3. 스데반의 죽음 이후 예루살렘에 있는 교회들에 큰 박해가 있자 사람들은 유대와 사마리아 모든 땅으로 흩어졌다. 따라서 스데반의 죽음은 복음이 여러 지역으로 확산되는 계기가 되었다. 우리는 환난과 박해를 부정적으로만 볼 것이 아니다. 그 가운데에서 하나님이 일하신다는 점을 알아야 한다. 중요한 것은 우리의 신변이 아니라 주님의 말씀이다. 우리는 매임을 받더라도 주님의 말씀은 매이지 않아야 한다(참고. 딤후 2:9).

5. 사마리아 전도(8:4-25)

4 그 흩어진 사람들이 두루 다니며 복음의 말씀을 전할새 5 빌립이 사마리
아 성에 내려가 그리스도를 백성에게 전파하니 6 무리가 빌립의 말도 듣
고 행하는 표적도 보고 한마음으로 그가 하는 말을 따르더라 7 많은 사람
에게 붙었던 더러운 귀신들이 크게 소리를 지르며 나가고 또 많은 중풍병
자와 못 걷는 사람이 나으니 8 그 성에 큰 기쁨이 있더라 9 그 성에 시몬이
라 하는 사람이 전부터 있어 마술을 행하여 사마리아 백성을 놀라게 하며
자칭 큰 자라 하니 10 낮은 사람부터 높은 사람까지 다 따르며 이르되 이
사람은 크다 일컫는 하나님의 능력이라 하더라 11 오랫동안 그 마술에 놀
랐으므로 그들이 따르더니 12 빌립이 하나님 나라와 및 예수 그리스도의
이름에 관하여 전도함을 그들이 믿고 남녀가 다 세례를 받으니 13 시몬도
믿고 세례를 받은 후에 전심으로 빌립을 따라다니며 그 나타나는 표적과
큰 능력을 보고 놀라니라 14 예루살렘에 있는 사도들이 사마리아도 하나
님의 말씀을 받았다 함을 듣고 베드로와 요한을 보내매 15 그들이 내려가
서 그들을 위하여 성령 받기를 기도하니 16 이는 아직 한 사람에게도 성령

내리신 일이 없고 오직 주 예수의 이름으로 세례만 받을 뿐이더라 17 이
에 두 사도가 그들에게 안수하매 성령을 받는지라 18 시몬이 사도들의 안
수로 성령 받는 것을 보고 돈을 드려 19 이르되 이 권능을 내게도 주어 누
구든지 내가 안수하는 사람은 성령을 받게 하여 주소서 하니 20 베드로가
이르되 네가 하나님의 선물을 돈 주고 살 줄로 생각하였으니 네 은과 네가
함께 망할지어다 21 하나님 앞에서 네 마음이 바르지 못하니 이 도에는 네
가 관계도 없고 분깃 될 것도 없느니라 22 그러므로 너의 이 악함을 회개
하고 주께 기도하라 혹 마음에 품은 것을 사하여 주시리라 23 내가 보니
너는 악독이 가득하며 불의에 매인 바 되었도다 24 시몬이 대답하여 이르
되 나를 위하여 주께 기도하여 말한 것이 하나도 내게 임하지 않게 하소서
하니라 25 두 사도가 주의 말씀을 증언하여 말한 후 예루살렘으로 돌아갈
새 사마리아인의 여러 마을에서 복음을 전하니라

누가는 초대교회의 일곱 일꾼 가운데 스데반과 빌립의 활동을 소개한다. 누가는 사도행전 6-7장에서 스데반의 활동을 묘사하고, 8장에서 빌립의 활동을 묘사한다. 스데반은 이방선교를 시사하는 설교를 하고 순교했는데, 스데반이 순교한 후에 빌립은 사마리아에 가서 복음을 전한다. 이때 사마리아에는 시몬이라는 마술사가 있었는데, 그는 성령의 권능을 오해하여 돈을 주고 사려 하다가 엄한 책망을 듣는다. 누가는 이 일을 기록함으로써 성령의 권능에 대하여 가르치는 동시에 성령에 관해 오해하지 말아야 한다는 사실을 말한다.[170]

1) 빌립이 사마리아에서 전도함(8:4-8)

스데반이 죽은 이후 박해로 인해 흩어진 사람들이 두루 다니며 복음의 말씀을 전한다(4절).[171] 여기서 "전할새"(*유앙겔리조메노이*, εὐαγγελιζόμενοι)라는 현재분사가 사용되었는데,[172] 이것은 전도자들이 복음에 대한 확신을 가지고 담대하고 활발하게 복음을 전하는 모습을 보여준다. 그리고 "두루 다니며"(*디엘똔*, διῆλθον)라는 단어가 사용되었는데, 이것은 예루살렘 바깥 지역, 즉 유대와 사마리아 지역을 뜻하며, 나아가서 더욱 넓은 주변지역을 가리킨다. 이것은 1:8과 같이 복음이 예루살렘과 온 유대와 사마리아와 이방지역으로 전파되는 것을 의미한다. 그러므로 스데반의 죽음은 복음 전파를 위축시킨 것이 아니라 도리어 복음의 확산을 촉진하였다.

흩어진 사람들 가운데 한 사람인 빌립은 사마리아 성에 내려가 그리스도를 전한다(5절). 빌립은 예루살렘 교회의 일곱 일꾼 중 한 명이다. 예루살렘에서 사마리아까지는 약 60km 떨어져 있었기에 하루나 이틀이면 도착할 수 있었다.[173] 당시에 유대인과 사마리아인은 사이가 좋지 않았으며 서로 상종하지도 않았다(참고. 요 4:9). 그들 간의 적대적인 관계는 주전 722년 아시리아가 사마리아를 점령하고 많은 이방인이 그곳에 들어와서 사는 가운데 유대인과 이방인의 혼혈족이 생겨나면서부터 시작되었다. 이후 주전 6세기에 유대인들이 바벨론 포로에서 돌아와서 예루살렘 성전을 재건하려 할 때 사마리아인들이 유대인을 돕겠다고 제안했으나 유대인들이 거절하면서 크게 악화되었다(참고. 스 3:7-4:5). 그래서 주전 4세기에 사마리아인은 그리심 산에 독자적인 성전을 세웠으며 모세오경을 제외한 구약성경을 거부하였다. 이로 인해 유대인과 사마리아인의 갈등의 골은 더욱 깊어졌다. 마침내 유대의 통치자 요한 힐카누스(John Hyrcanus)는 주전 2세기에 그리심 성전을 파괴하고 사마리아를 점령하였다. 그러다가 주전 63년 로마가 팔레스타인을 정복했을 때 사마리아는 유대로부터 독립하였다.

따라서 유대인인 빌립으로서는 자기 민족과 적대적인 관계에 있던 사마리아 사람들에게 복음을 전하기가 쉽지 않았다. 그러나 스데반이 박해의 가능성이 대단히 높았던 자유민들의 회당에 들어가서 담대히 복음을 전했듯이, 빌립은 유대인과 사마리아인 사이가 좋지 않은 것을 알고 있음에도 불구하고 사마리아에 내려가서 담대히 복음을 전한다. 빌립이 구체적으로 사마리아의 어느 지역에 들어가서 활동했는지는 분명하지 않다. 사마리아의 주요 지역인 세겜일 수도 있고 다른 지역일 수도 있다. 누가는 사마리아의 특정한 지역을 밝히는 것에 관심을 가지지 않는다. 그의 관심은 '사마리아' 그 자체이다.

사람들은 빌립의 "말"도 듣고 그가 행하는 "표적"도 보면서 한마음으로 그가 하는 말을 따른다(6절). "표적"(*세메이온*, σημεῖον)이란 복음의 말씀이 신적인 권위를 갖춘 것임을 입증해 주는 역할을 하기 때문에 당시에 표적을 행하는 것은 말씀을 전하는 데 매우 효과적이었다.[174] 복음서에서는 예수님이 기사와 표적을 행하셨고(참고. 2:19, 22), 사도행전에서는 처음에 예루살렘에서 사도들이 기사와 이적을 행했으며(참고. 2:43; 3:1-10; 4:33; 5:12-16), 이후에 스데반도 기사와 표적을 행했는데(참고. 6:8), 이제는 사마리아에서 빌립이 표적을 행한다.

빌립의 활동으로 많은 사람에게 붙었던 더러운 귀신들이 크게 소리를 지르며 나가고 또 많은 중풍병자와 못 걷는 사람이 낫는다(7절). 여기서 "많은 사람"이라는 표현은 이적이 한두 번 행해진 것이 아니라 제법 빈번하게 행해졌음을 의미한다. 그리고 귀신들이 "크게 소리를 지르며 나가고"라고 표현된 것은 귀신의 축출이 사람들에게 분명한 사실로 확인되었다는 점을 강조한다. 또한 "많은 중풍병자와 못 걷는 사람이 나으니"라는 표현은 이 질병들의 치료가 눈으로 확인할 수 있는 것이기에 이적이 신빙성을 가진다는 점을 드러낸다. 더군다나 "나으니"에 해당하는 헬라어 단어 *에떼라퓨떼산*(ἐθεραπεύθησαν)이 수동태로 되어 있는 것은 이적을 일으킨 주체가 빌립이 아니라 하나님이심을 알게 해 준다.[175]

빌립의 사역으로 말미암아 그 성에 큰 기쁨이 있다(8절). 실로 많은 사람에게 붙었던 귀신들이 나가고 불치병자들이 고침을 받는 것은 큰 기쁨의 요인이 된다. 그렇지만 누가가 여기서 "큰 기쁨"을 말하는 것은 비단 병 고침 때문만이 아니다. 누가는 이 표현을 통하여 하나님의 나라가 임한 것을 말하고자 했다. 근본적으로 귀신들이 나가고 병자가 고침을 받는 것은 예수님께서 행하신 일로서 하나님의 나라가 임한 것을 보여주는 표식이다(참고. 마 10:7-8; 11:5). 따라서 그런 놀라운 일이 빌립에 의해서 행해지고 있는 것은 하나님 나라의 임재가 보편화되어간다는 것을 의미한다. 하나님 나라의 특징은 "의와 평강과 희락"이다(참고. 롬 14:17).

2) 마술사 시몬 이야기(8:9-25)

빌립이 사마리아에서 전도하는 이야기(8:4-8)와 그가 에디오피아 내시에게 성경을 가르쳐주는 이야기(8:26-40) 사이에 마술사 시몬 이야기가 끼어 있다. 이것은 누가의 의도적인 배치로 보인다. 누가는 빌립과 시몬을 대조하고 사마리아 사람들과 시몬을 대조한다.[176] 빌립은 성령의 권능을 입은 사람이지만, 시몬은 성령의 능력을 오해한 사람이고, 사마리아 사람들은 복음을 듣고 참된 믿음을 가지지만, 시몬은 이적만을 좋아하다가 멸망할 것이라는 경고를 받는다.

(1) 마술사 시몬의 거짓 회심(8:9-13)

빌립이 사마리아에서 활발하게 복음을 전하며 이적을 일으키자 많은 사람이 빌립의 사역에 관심을 가진다. 그들 중에 시몬(Simon)이라는 사람이 있었는데, 그는 마술을 행하여 사마리아 사람들을 놀라게 하며 자칭 '큰 자'라고 불리었다(9절). 그는 이적을 일으켜서 사람들에게 인기를 얻고 있었는데 "낮은 사람부터 높은 사람까지" 다 그를 따르면서 "이 사람은 크다 일컫는 하나님의 능력이라"라고 칭송했다(10절). 그리하여 그 지역 사람들은 오랫동안 시몬의 마술에 놀라서 그를 따르고 있었다(11절). 시몬의 이적이 단순한 속임수인지 아니면 실제 이적인지가 모호하다. 아마도 그가 빌립에게 매력을 느낀 것을 볼 때 그의 이적은 속임수였던 것 같다.[177]

그런데 빌립이 사마리아에 와서 하나님 나라와 예수 그리스도의 이름에 관하여 전하자 사람들이 믿고 세례를 받는다(12절). 그리고 이때 시몬도 믿고 세례를 받은 후에 전심으로 빌립을 따라다니며 그가 행하는 표적과 능력을 보고 놀란다(13절). 따라서 사람들을 놀라게 했던 시몬은 이제 자신이 빌립으로 인하여 놀란다. 하지만 조금 후에 시몬의 믿음은 거짓 믿음으로 밝혀진다(참고. 18절 이하; 약 2:19-20). 사마리아인은 빌립이 전하는 말씀에 관심을 가져서 참된 믿음에 이르렀으나, 시몬은 빌립이 행하는 이적에만 관심을 가져서 참된 믿음에 이르지 못한다.

(2) 사마리아에 성령이 성령 강림(8:14-17)

예루살렘에 있는 사도들이 사마리아도 하나님의 말씀을 받았다는 소식을 듣고 베드로와 요한을 보낸다(14절). 누가는 예루살렘의 사도들이 왜 베드로와 요한을 보냈는지를 명시적으로 설명하지 않는다. 어떤 학자들은 이어지는 구절들에 성령의 오심에 대한 언급이 있는 것으로 보아 사마리아에 성령이 오시기를 구하기 위해서 내려갔을 것이라고 추정한다. 하지만 성령의 오심을 구하기 위하여 사도들이 굳이 내려가야 할 이유가 있을까 하는 의문이 든다. 따라서 사도들이 내려간 것은 사마리아 사람들에게 더욱 깊은 신앙교육을 실시하기 위한 것과 동시에 오순절 성령 강림 때와 같이 성령의 오심을 위하여 함께 기도하기 위한 것이라고 볼 수 있다.

두 사도는 사마리아에 내려가서 그들을 위하여 성령 받기를 기도한다(15절). 이때 누가는 사마리아에서 "아직 한 사람에게도 성령 내리신 일이 없고 오직 주 예수의 이름으로 세례만 받을 뿐이더라"라고 말한다(16절). 즉 빌립의 전도로 사람들은 물세례만 받았으며 아직 성령을 받지 못했다는 것이다. 이제 두 사도가 사람들에게 안수하자 그들은 성령을 받는다(17절). 신약성경에서 '안수'는 성령의 능력을 수여하는 수단이 된다(참고. 19:6; 눅 4:40). 그러나 안수 자체가 신비한 힘을 가지고 있거나 능력의 물리적인 원천이 되는 것은 아니다.

그렇다면 사마리아에 성령이 강림하신 사건을 어떻게 이해할 수 있을까? 성령께서는 이미 오순절에 예루살렘에 강림하셨는데, 왜 사마리아에는 여태까지 강림하시지 않다가 이제야 강림하시는가? 이런 의문에 대해서, 오순절 날 예루살렘에 성령이 강림하신 것과 지금 사마리아에 성령이 강림하신 것은 같은 사건이라고 답변할 수 있겠다. 성령의 강림은 구속사의 일정에 포함된 과정이다. 성부 하나님께서는 구속을 위하여 성자 예수님을 십자가에서 죽게 하시고, 부활하게 하시며, 승천하게 하신 후 성령 하나님으로 구속을 적용할 수 있게 하셨는데, 그 일이 오순절에 예루살렘에서 있었고(참고. 2장), 지금 사마리아에서 있으며, 이후에 이방지역(참고. 10장의 가이사랴에서 고넬료; 19장의 에베소)에서 있을 것이다. 그리하여 유대인이 구원을 받았듯이, 사마리아인도 구원을 받으며, 앞으로 이방인도 구원을 받을 것이다. 그리고 유대인과 마찬가지로 사마리아인도 신약 교회에 가입하게 되었으며, 앞으로 이방인도 신약교회에 가입하게 될 것이다.[178] 더욱이 이런 일은 이미 베드로에 의해서 선포되었는데, 이전에 베드로는 회개하고 세례를 받으면 성령을 선물로 받을 것이라고 말했다(참고. 2:38).[179]

(3) 마술사 시몬의 오해(8:18-25)

드디어 마술사 시몬이 본심을 드러낸다. 그는 사도들이 사람들에게 안수하여 성령을 받을 때 신비한 현상들이 일어나는 것을 보았다. 그리하여 이 권능을 돈을 주고 사서 자신이 안수하는 사람들이 성령을 받게 해 달라고 요청한다(18-19절). 그는 아마도 이전에 마술을 행하면서 많은 돈을 벌었을 것이다. 따라서 그는 성령을 통해 나타나는 이적을 사용하여 더 많은 돈을 벌고 싶어 한다. 그는 성령을 인격이신 하나님으로 인식하는 것이 아니라 어떤 초자연적인 능력으로 인식한다. 더욱이 그는 성령의 권능을 돈을 주고 살 수 있는 것으로 생각한다.

베드로는 이러한 시몬의 생각을 대단히 준엄하게 책망한다. 베드로는 시몬에게 "네가 하나님의 선물을 돈 주고 살 줄로 생각하였으니 네 은과 네가 함께 망할지어다"라고 선언한다(20절). 이것은 성령에 대한 당시 사람들의 미흡한 인식에 큰 충격을 주는 말이다. 그리고 그를 향하여 "하나님 앞에서 네 마음이 바르지 못하니 이 도에는 네가 관계도 없고 분깃 될 것도 없느니라"라고 말한다(21절). "도"에 해당하는 헬라어는 로고스(λόγος)인데, 이 문맥에서 이 단어는 '복음'을 의미한다. "네가 관계도 없고 분깃 될 것도 없느니라"라는 말은 그가 복음과 아무런 관련이 없다는 뜻으로 아직 회심하지 않았다는 뜻이다.

그러므로 베드로는 시몬이 회개하기를 촉구한다. 그는 시몬이 악함을 회개하고 주님께 기도하면 하나님께서 그의 마음에 품은 것을 용서해 주실 것이라고 말한다(22절). 베드로는 시몬의 마음을 간파하고 있다. 즉 베드로는 권능을 입은 사도로서 시몬의 마음을 꿰뚫어 보고 있다. 그래서 그는 시몬을 향해 "내가 보니 너는 악독이 가득하며 불의에 매인 바 되었도다"라고 한다(23절). 한편, 그는 이전에도 아나니아와 삽비라가 범죄하였을 때 아나니아를 향하여 "아나니아야 어찌하여 사탄이 네 마음에 가득하여 네가 성령을 속이고"라고 말했다(참고. 5:3).

베드로의 말을 들은 시몬은 두려워하여 베드로가 책망한 말들이 하나도 이루어지지 않도록 기도해 달라고 부탁한다(24절). 그는 하나님께 직접 기도하지 않고 베드로에게 기도해 달라고 부탁하는데, 이것은 그에게 믿음이 없음을 보여준다. 그가 관심을 가진 것은 하나님의 용서가 아니라 하나님의 심판이다. 누가는 이후에 이 사건이 어떻게 되었는지를 말하지 않는다. 다만 교회 안에 거짓된 믿음을 가진 사람들이 있다는 점과 성령의 권능에 대하여 오해하지 말아야 한다는 점과 교회의 거룩함을 보전하기 위하여 권징이 필요하다는 점을 암시적으로 드러낸다.

두 사도는 사마리아에서 주님의 말씀을 증언한 후 예루살렘으로 돌아간다. 그런데 그들은 돌아가는 길에 사마리아인의 여러 마을에서 복음을 전한다(25절). 이렇게 하여 '연약한 일꾼'(junior person) 빌립의 사역이 '강력한 지도자들'(senior leaders)의 사역으로 마무리된다.[180] 베드로는 이 이야기 이후에 9:32에서 다시 모습을 드러낸다. 그리고 요한의 이름은 12:2에서 그의 형제 야고보와 함께 다시 언급된다.[181] 특히 이전에 예수님께 사마리아 성에 불을 내려야 할지를 물었던 요한이(참고. 눅 9:51-55) 사마리아 성에 복음을 전한 것은 놀라운 일이다. 결국, 사도들의 일련의 행위들을 통해 예루살렘과 함께 사마리아 지역도 하나님의 자녀들이 될 수 있는 곳이라는 사실이 드러난다. 그리하여 1:8의 말씀이 계속해서 실현된다.

교훈과 적용

1. 스데반의 순교로 예루살렘에 박해가 있어서 사람들이 유대와 사마리아로 흩어졌다. 이들 중 빌립은 사마리아에 도착하여 사마리아 사람들에게 복음을 전하였다. 하나님께서는 박해 가운데에서도 일하신다. 하나님은 그분이 사랑하시는 일꾼들을 사용하셔서 어려운 환경 가운데에서도 복음이 전파되게 하신다. 우리는 박해를 끝이라고 생각하지 말아야 한다. 박해 가운데에서도 복음이 전파될 수 있음을 믿어야 한다. 하나님의 일은 결코 중단되지 않는다.
2. 베드로와 요한은 사마리아에 내려가서 사람들에게 안수하여 성령을 받게 하였다. 베드로는 마술사 시몬이 성령에 대하여 오해한 것을 바로 잡음으로 사람들에게 성령에 대한 바른 인식을 심어 주었다. 오늘날에도 성령의 권능을 오해하는 사람들이 있다. 그들은 성령을 하나의 초자연적 힘으로만 생각한다. 그리하여 성령을 돈을 주고 살 수 있는 존재로 생각한다. 이것은 신성모독적인 생각이다. 우리는 성령 하나님에 대하여 바른 지식을 가져야 한다.
3. 마술사 시몬은 거짓된 믿음의 전형이다. 그는 마술을 익혀 사람들에게 돈을 벌던 자이다. 그런데 그는 빌립이 행하는 표적에 매료되었다. 성령을 통한 권능의 현상적인 측면에만 관심을 가졌다. 그리하여 세례를 받고 빌립을 따라다녔다.

이후에 그는 성령을 돈 주고 사려 하다가 베드로에게 책망을 받았다. 우리는 교회 공동체 안에 거짓된 믿음을 가진 자들이 있음을 기억해야 한다. 현재의 교회에는 알곡과 가라지가 섞여 있다. 우리의 믿음을 점검하자.

6. 빌립과 에디오피아 내시(8:26-40)

26 주의 사자가 빌립에게 말하여 이르되 일어나서 남쪽으로 향하여 예루
살렘에서 가사로 내려가는 길까지 가라 하니 그 길은 광야라 27 일어나 가
서 보니 에디오피아 사람 곧 에디오피아 여왕 간다게의 모든 국고를 맡은
관리인 내시가 예배하러 예루살렘에 왔다가 28 돌아가는데 수레를 타고
선지자 이사야의 글을 읽더라 29 성령이 빌립더러 이르시되 이 수레로 가
까이 나아가라 하시거늘 30 빌립이 달려가서 선지자 이사야의 글 읽는 것
을 듣고 말하되 읽는 것을 깨닫느냐 31 대답하되 지도해 주는 사람이 없
으니 어찌 깨달을 수 있느냐 하고 빌립을 청하여 수레에 올라 같이 앉으라
하니라 32 읽는 성경 구절은 이것이니 일렀으되 그가 도살자에게로 가는
양과 같이 끌려갔고 털 깎는 자 앞에 있는 어린 양이 조용함과 같이 그의
입을 열지 아니하였도다 33 그가 굴욕을 당했을 때 공정한 재판도 받지 못
하였으니 누가 그의 세대를 말하리요 그의 생명이 땅에서 빼앗김이로다
하였거늘 34 그 내시가 빌립에게 말하되 청컨대 내가 묻노니 선지자가 이
말한 것이 누구를 가리킴이냐 자기를 가리킴이냐 타인을 가리킴이냐 35
빌립이 입을 열어 이 글에서 시작하여 예수를 가르쳐 복음을 전하니 36 길
가다가 물 있는 곳에 이르러 그 내시가 말하되 보라 물이 있으니 내가 세
례를 받음에 무슨 거리낌이 있느냐 37 (없음) 38 이에 명하여 수레를 멈추

고 빌립과 내시가 둘 다 물에 내려가 빌립이 세례를 베풀고 39 둘이 물에
서 올라올새 주의 영이 빌립을 이끌어간지라 내시는 기쁘게 길을 가므로
그를 다시 보지 못하니라 40 빌립은 아소도에 나타나 여러 성을 지나 다니
며 복음을 전하고 가이사랴에 이르니라

이 단락에는 빌립이 에디오피아 내시를 만나서 성경을 가르쳐주고 세례를 베푸는 모습이 기록되어 있다. 빌립은 주님의 지시를 받고 에디오피아 내시에게 가서 성경을 가르쳐 주며 이후에 다시 주님의 인도를 받아 다른 곳으로 간다. 그래서 그는 전도자의 전형을 보여준다. 그리고 내시는 복음을 듣고 변화되는 그리스도인의 모델이 된다.[182]

1) 빌립이 에디오피아 내시에게로 감(8:26-31)

주님의 사자(천사)가 빌립에게 나타나서 남쪽으로 향하여 예루살렘에서 가사(Gaza)로 내려가는 길까지 가라고 지시한다(26절).[183] 사도행전에서 천사가 주님의 명령을 전달하는 것은 전혀 생소하지 않으며, 주님의 종들이 주님의 인도와 지시를 받아 활동하는 일도 빈번하다(참고. 5:19; 10:3, 7, 22; 11:13; 12:7-11, 23; 27:23).[184] 가사는 예루살렘에서 서쪽 해변을 지나 이집트로 가는 광야 길에 위치해 있었으며 당시에 사람들이 많이 지나다녔다. 이처럼 빌립은 다른 사역으로 부르심을 받는다. 이는 복음이 예루살렘과 유대와 사마리아뿐만 아니라 다른 지역(온 세상)에도 전파되어야 하기 때문이다(참고. 1:8). 빌립이 주님의 사자로부터 지시를 받았을 때 그가 예루살렘에 있었는지 혹은 사마리아나 다른 지역에 있었는지 분명하지가 않다.

빌립은 천사의 말에 순종한다(27절a). 천사의 말이 이상하게 들렸을 수도

있겠지만 그는 개의치 않는다. 그는 거기서 에디오피아 여왕 간다게의 모든 국고를 맡은 관리인 내시를 만난다. 여기서 에디오피아(Ethiopia)는 이집트 남쪽에 있는 누비아 왕국(Nubian Kingdom)으로 수도는 메로에(Meroe)이다(참고. 겔 29:10).[185] 이곳은 오늘날 수단(Sudan)의 일부이다. 이 나라는 주전 540년부터 주후 339년까지 번성했다. 구약에서는 "구스"(Cush)라고 불렸으며 함족이 살고 있었다(참고. 창 2:13; 사 11:11). 에디오피아에는 흑인들이 살았지만, 고대에는 피부 색깔로 인한 차별이 없었다.[186] 어쨌든 이렇게 하여 복음은 새로운 인종에게 전파된다.[187]

"간다게"(Candace, Κανδάκη)는 사람의 이름이 아니라 에디오피아 여왕(왕의 어머니)을 부르는 공식 명칭이었다.[188] 그것은 마치 이집트 왕을 '파라오'(Pharaoh)라고 부르는 것과 같다. 당시 에디오피아의 왕은 태양의 아들로서 신성한 존재로 여겨졌으며 명목상의 왕일뿐 국정을 직접 담당하지 않았다. 국정은 왕의 어머니인 여왕 간다게가 맡았다. 따라서 간다게는 실질적인 왕이었다. 한편, 주후 1세기 중반에 에디오피아(누비아)의 간다게는 나위데막 여왕(Queen Nawidemak)으로 알려져 있는데, 그녀는 아마도 본문에 언급된 여왕일 것이다.[189]

여왕의 종인 "내시"(*유누코스*, εὐνοῦχος)의 정체에 대해서는 학자들 사이에 논란이 있다. 단어 자체로는 그가 거세당한 사람인지 아닌지가 분명하지 않다. 왜냐하면 고대에 이 단어가 왕궁에서 일하는 충직한 일꾼들에게 사용되기도 했기 때문이다.[190] 하지만 여러 정황으로 미루어 볼 때 그는 거세당한 사람이었을 것이다. 왜냐하면 당시에 여왕을 가까이에서 모시는 직책은 아무래도 거세당한 자에게 적합했을 것이기 때문이다. 게다가 그가 읽고 있던 책인 이사야 56:3-7에는 거세당한 내시에 대한 약속의 말씀이 담겨 있다

(참고. 32-33절). 유대의 전통에서 거세당한 자는 종교적 차별을 받았다. 거세당한 자는 제사장의 직무를 수행할 수 없었으며(참고. 레 21:16-23), 여호와의 총회에 들어올 수 없었다(참고. 신 23:1). 따라서 지금 내시가 복음을 듣고 하나님의 자녀가 되는 것은 새로운 시대에 이루어진 구원의 온세계성을 함의한다.

내시는 여왕 간다게의 모든 국고를 맡은 관리인이다. 따라서 그는 높은 지위에 있는 공직자이다. 더욱이 그가 수레를 타고 가고 있었던 점을 볼 때 여러 수행원을 거느리고 있었음이 틀림없다(참고. 28절, 38절). 그는 예배하러 예루살렘에 왔다가 돌아가는 길이었다(27절b-28절a). 아마도 그는 유대의 절기를 맞이하여 성전에 예물을 드리러 왔을 것이다. 혹은 에디오피아 여왕 간다게의 특사로 파견되었을 가능성도 있다. 그는 유대인으로 보이지 않는다. 아마도 '하나님을 경외하는 자'이거나 '개종자'일 것이다.[191]

내시는 선지자 이사야의 글을 읽고 있었다(28절b). 내시가 성경책(혹은 단편모음집)을 개별적으로 가지고 있었다는 것은 그가 부자였음을 보여주는 동시에 성경에 대한 그의 열정을 드러내 준다.[192] 그리고 "읽더라"에 해당하는 헬라어 동사 *아네기노스켄*(ἀνεγίνωσκεν)은 미완료 시상으로 되어 있는데, 이는 그가 상당히 오랫동안 집중해서 이사야서를 읽고 있었음을 의미한다. 그는 아마도 이사야서를 처음부터 읽고 있었을 것인데, 빌립을 만났을 때는 오늘날 우리가 알고 있는 이사야 53장에 도달해 있었다.[193] 따라서 그의 종교적 열정은 대단했다.

성령께서는 빌립에게 수레로 가까이 나아가라고 지시하신다(29절). 앞에서는 주님의 천사가 빌립에게 지시했지만, 여기서는 성령이 빌립에게 직접 지시하신다. 천사는 성령의 명령을 받아서 전하는 존재이기에 천사의 명령과 성령의 명령은 다른 것이 아니다. 성령께서 빌립에게 수레에 가까이 나아가라고 하신 이유는 수레에 타고 있던 내시가 이방인이었기에 유대인인 빌립이 가까이 하기를 꺼렸기 때문일 수도 있고, 그가 번성한 나라의 고위급 관리였기에 평범한 사람인 빌립으로서 접근하기가 쉽지 않았기 때문일 수도 있다.

빌립은 성령의 명령에 순종하여 달려가서 내시에게 "읽는 것을 깨달을 수 있느냐"라고 묻는다(30절). 고대에는 보통 글을 크게 소리 내어서 읽었기 때문에 빌립으로서는 내시가 말하는 것을 쉽게 들을 수 있었다. 빌립의 물음에 내시는 "지도해 주는 사람이 없으니 어찌 깨달을 수 있느냐"라고 대답한다(31절a). 내시는 글자를 알았기 때문에 이사야서를 문자적으로 읽을 수 있었고, 따라서 본문의 표면적인 의미를 알았을 것이다. 하지만 34절에서 볼 수 있듯이 그는 이사야가 가리키는 사람이 이사야 자신인지 아니면 다른 사람인지를 몰랐다. 이것은 내시가 이사야서의 구속사적인 의미를 몰랐다는 뜻이다. 이에 내시는 빌립에게 수레에 올라 같이 앉으라고 청한다(31절b). 내시는 빌립이 범상치 않은 인물임을 알아본 것 같다. 성령께서 내시의 마음에 감동을 주셨는지도 모른다.

2) 빌립이 내시에게 성경을 가르침(8:32-38)

내시는 이사야 53:7-8의 70인역을 읽고 있었다(32-33절).[194] 내시는 빌립에게 "선지자가 이 말한 것이 누구를 가리킴이냐 자기를 가리킴이냐 타인을 가리킴이냐"라고 묻는다(34절). 사실 예수 그리스도를 모르는 상태에서 이 구절을 이해하기란 쉽지 않다. 당시 사람들은 이사야 53장을 메시야의 고난을 의미하는 것으로 생각하지 않았고, 단지 이사야 자신의 고난이거나 이스라엘의 국가적 고난으로 보았다. 그런데 내시가 이사야 53장을 읽으면서 고난 받는 이의 정체에 대하여 궁금증을 가진 것은 성령께서 그에게 조명(illumination)을 주셨기 때문이다.

이에 빌립은 "이 글에서 시작하여", 즉 이사야 53장에서 시작하여 예수 그리스도를 가르쳐 복음을 전한다(35절; 참고. 눅 24:27). 이사야 53장은 메시야를 직접적으로 언급하는 부분이기에 빌립은 예수님에 관하여 효과적으로 말할 수 있었다. 원래 이사야 53장에 나오는 고난을 받고 죽임을 당하는 종을 예수 그리스도에게 적용한 것은 주후 1세기 유대주의자들이나 심지어 사도들에 의해서가 아니었다. 그것은 예수님 자신에 의해서였다. 예수님은 "인자가 온 것은 섬김을 받으려 함이 아니라 도리어 섬기려 하고 자기 목숨을 많은 사람의 대속물로 주려 함이니라"라고 말씀하심으로 자신의 구속사적 생애를 알리셨다(막 10:45; 참고. 요 12:38).

내시와 빌립은 함께 수레를 타고 가사로 가면서 말씀을 나누고 있었는데, 물 있는 곳에 이르자 내시가 "보라 물이 있으니 내가 세례를 받음에 무슨 거리낌이 있느냐"라고 묻는다(36절). 아마도 빌립은 복음을 전한 후에 믿음과 세례에 대해서 말했을 것이고 내시는 세례를 받고 싶어 했을 것이다. 여기서 '거리끼다'에 해당하는 헬라어 단어 *콜뤼오*(κωλύω)는 10:47과 11:17에서 세례와 관련하여 사용된다. 따라서 이 단어는 초기 기독교회에서 세례를 베풀기 전에 사용했던 공식 문구로 보인다. 그리고 이는 당시에 세례가 즉흥적으로 베풀어진 것이 아니라 분명한 예전 의식을 가지고 베풀어진 것임을 시사한다.

빌립은 내시에게 세례를 베푸는 데 아무런 거리낌이 없다고 생각한다. 그래서 수레를 멈추게 하고 물에 내려가 내시에게 세례를 베푼다(38절).[195] 이 구절의 동사들은 매우 생생하다. 즉 네 개의 동사가 아오리스트(aorist) 시상으로 구성되어서 일어난 일을 현장감 있게 기술한다. 내시는 수레를 운전하는 종에게 '명령하기를'(*에켈류센*, ἐκέλευσεν) 수레를 '멈추라'(*스테나이*, στῆναι)고 하고, 수레에서 내린 빌립과 내시는 물에 '내려가'(*카테베산*, κατέβησαν) 빌립이 '세례를 베풀었다'(*에밥티센*, ἐβάπτισεν).[196] 누가가 일부러 동사들을 모두 아오리스트로 만든 것은 빌립이 내시에게 세례를 베푸는 일을 감동적이고 흥분될 만한 일로 간주했기 때문이다.

3) 빌립이 내시에게 세례를 베풂(8:39-40)

빌립이 내시에게 세례를 베풀고 물에서 올라오자 주의 영(성령)이 빌립을 이끌어 가시고 내시는 기쁘게 길을 가므로 그를 다시 보지 못한다(39절). 이 구절에서 "이끌어간지라"에 해당하는 헬라어 동사 *헤르파센*(ἥρπασεν) 자체는 일반적인 행동이나 사건을 의미하지만, 여기서는 문맥상 성령의 초자연적인 행위를 가리킨다(참고. 고후 12:2, 4; 살전 4:17; 계 12:5).[197] 빌립은 주의 영에 의해 내시에게 갔는데, 이제 다시 주의 영에 의해 다른 곳으로 간다. 그리고 내시는 예수 그리스도에 대해서 들었고 공적으로 세례를 받음으로 온전한 그리스도인이 되어 기쁘게 가던 길을 간다. 결국, 이렇게 돌아간 내시에 의하여 에디오피아에 복음이 전해질 것이다.

이 사건 후에 빌립은 아소도(Azotus)에 나타나 여러 성을 지나 다니며 복음을 전하고 가이사랴(Caesarea)에 이른다(40절). 가사(Gaza)에서 해안을 따라 북쪽으로 30km 정도 올라가면 아소도가 나온다. 그리고 가이사랴는 가사에서 북쪽으로 올라가는 길에 있다. 아소도에서 가이사랴로 가는 길에 얍니아, 안디바드리, 룻다, 욥바 등이 있었기 때문에 빌립은 욥바에서 활동한 베드로에 앞서 그곳에서 복음을 전했다고 볼 수 있다(참고. 10장).[198] 약 20년 후에 빌립은 가이사랴에서 네 명의 예언자 처녀 딸을 둔 아버지로 소개된다(참고. 21:8). 거기서 빌립은 "전도자"로 언급되는데, 그의 활동 내력을 고려해 볼 때 이는 아주 적절한 칭호(title)이다.[199]

교훈과 적용

1. 빌립은 주님의 인도를 받으며 주님께 순종하며 살았던 사람이다. 그는 자신이 하고 싶은 대로 하지 않았고, 가고 싶은 데로 가지 않았다. 그는 주님의 말씀에 순종하여 오랜 세월 순회 전도자로서의 삶을 살았다. 우리는 모두 주님의 종이다. 주님의 종은 주님께 얽매인 사람이다. 우리는 주님의 세밀한 인도를 받으며, 주님의 명령에 철저히 순종하면서 살아야 한다.
2. 에디오피아 내시는 이사야 선지자의 글을 읽었지만 이해하지 못했다. 이에 빌립이 나타나 그 글에 기록된 예수님에 대하여 설명해 주었다. 우리는 성경을 바르게 가르쳐 주는 교사의 역할에 대해서 생각해 보아야 한다. 오늘날 성경을 바르게 가르치고 배울 수 있는 장치가 충분히 마련되어야 한다. 목사들과 교사들은 더욱 성경을 잘 공부하여 교인들에게 가르쳐야 한다. 교인들은 성경을 함부로 해석할 것이 아니라 훈련된 선생으로부터 잘 배워야 한다.
3. 우리는 빌립이 이사야 53장을 해석하면서 예수 그리스도를 가르친 것을 통하여 성경을 그리스도 중심적으로 이해해야 할 필요와 가치를 깨닫는다. 성경의 주인공은 예수 그리스도이시다. 성경은 예수님의 오심과 그분으로 말미암는 구원을 말한다. 따라서 우리는 성경을 단지 윤리적이고 도덕적인 교훈집으로만 보지 말아야 한다. 오히려 성경을 구속사적(계시역사적, 그리스도 중심적)으로 이해해야 한다.

4

사울의 회심과 사역 시작

(9:1–31)

대한예수교장로회 고신총회 설립 60주년 기념

성경주석

사도행전

A c t s

4
사울의 회심과 사역 시작
(9:1–31)

본문 개요

사도행전 9장은 대단히 중요한 인물인 사울에 대하여 말한다. 9장은 두 부분으로 나뉜다. 9:1-19a에는 사울(바울)이 다메섹으로 가던 도중 주님을 만나서 회심한 일과 주님이 아나니아를 준비하셔서 사울을 돌보아 주신 일이 기록되어 있다. 그리고 9:19b-31에는 사울이 다메섹에서 복음을 전하기 시작한 일과 예루살렘을 방문한 일이 기록되어 있다. 사울의 회심은 극적으로 이루어졌으며, 그의 사역으로 기독교 복음이 엄청난 속도로 이방 지역에 전파되었다.

내용 분해

1. 사울의 회심(9:1-19a)

  1) 사울이 다메섹으로 감(9:1-2)

2) 사울이 예수님을 만남(9:3-7)

3) 사울이 다메섹으로 들어감(9:8-9)

4) 주님이 아나니아를 부르심(9:10-16)

5) 아나니아가 사울에게 안수함(9:17-19a)

2. 사울이 사역을 시작함(9:19b-31)

1) 사울이 다메섹에서 복음을 전파함(9:19b-22)

2) 사울이 성을 탈출함(9:23-25)

3) 사울이 예루살렘을 방문함(9:26-30)

4) 교회의 부흥(9:31)

본문 주해

1. 사울의 회심(9:1-19a)

1 사울이 주의 제자들에 대하여 여전히 위협과 살기가 등등하여 대제사장
에게 가서 2 다메섹 여러 회당에 가져갈 공문을 청하니 이는 만일 그 도를
따르는 사람을 만나면 남녀를 막론하고 결박하여 예루살렘으로 잡아오려
함이라 3 사울이 길을 가다가 다메섹에 가까이 이르더니 홀연히 하늘로부
터 빛이 그를 둘러 비추는지라 4 땅에 엎드러져 들으매 소리가 있어 이르
시되 사울아 사울아 네가 어찌하여 나를 박해하느냐 하시거늘 5 대답하되
주여 누구시니이까 이르시되 나는 네가 박해하는 예수라 6 너는 일어나
시내로 들어가라 네가 행할 것을 네게 이를 자가 있느니라 하시니 7 같이

가던 사람들은 소리만 듣고 아무도 보지 못하여 말을 못하고 서 있더라 8
사울이 땅에서 일어나 눈은 떴으나 아무 것도 보지 못하고 사람의 손에 끌
려 다메섹으로 들어가서 9 사흘 동안 보지 못하고 먹지도 마시지도 아니
하니라 10 그때에 다메섹에 아나니아라 하는 제자가 있더니 주께서 환상
중에 불러 이르시되 아나니아야 하시거늘 대답하되 주여 내가 여기 있나
이다 하니 11 주께서 이르시되 일어나 직가라 하는 거리로 가서 유다의 집
에서 다소 사람 사울이라 하는 사람을 찾으라 그가 기도하는 중이니라 12
그가 아나니아라 하는 사람이 들어와서 자기에게 안수하여 다시 보게 하
는 것을 보았느니라 하시거늘 13 아나니아가 대답하되 주여 이 사람에 대
하여 내가 여러 사람에게 듣사온즉 그가 예루살렘에서 주의 성도에게 적
지 않은 해를 끼쳤다 하더니 14 여기서도 주의 이름을 부르는 모든 사람을
결박할 권한을 대제사장들에게서 받았나이다 하거늘 15 주께서 이르시되
가라 이 사람은 내 이름을 이방인과 임금들과 이스라엘 자손들에게 전하
기 위하여 택한 나의 그릇이라 16 그가 내 이름을 위하여 얼마나 고난을
받아야 할 것을 내가 그에게 보이리라 하시니 17 아나니아가 떠나 그 집에
들어가서 그에게 안수하여 이르되 형제 사울아 주 곧 네가 오는 길에서 나
타나셨던 예수께서 나를 보내어 너로 다시 보게 하시고 성령으로 충만하
게 하신다 하니 18 즉시 사울의 눈에서 비늘 같은 것이 벗어져 다시 보게
된지라 일어나 세례를 받고 19 음식을 먹으매 강건하여지니라 사울이 다
메섹에 있는 제자들과 함께 며칠 있을새

누가는 8장에서 사마리아 사람들의 회심과 에디오피아 내시의 회심을 말했는데, 이제 9장에 이르러서 사울의 회심을 말한다. 그리고 그는 이어지는

10-11장에서 고넬료의 회심을 말한다. 사울의 회심 이야기는 사도행전의 회심 이야기 중에서 가장 극적이다. 사울의 회심은 9장에서 누가에 의해 자세히 소개되며, 22장과 26장에서 사울 자신의 입으로 고백 된다.[200]

1) 사울이 다메섹으로 감(9:1-2)

스데반이 순교할 때(7:58-8:3) 잠시 등장했던 사울이 여기에 다시 등장한다. 누가는 앞에서 사울에 대하여 스데반의 죽음을 주도하고 신자들을 극심하게 핍박하던 자로 소개했다. 그런데 그는 여기서 사울에 대한 기본적인 정보(출생, 배경, 사상 등)를 알려주지 않은 채 느닷없이 그의 활동을 언급한다. 따라서 독자이 사울에 대하여 가진 유일한 정보는 그가 신자들을 심하게 핍박하는 자라는 것뿐이다. 사울은 주님의 제자들에 대하여 "여전히"(*에티*, ἔτι, still) 위협과 살기가 등등하다(1절a). 그는 스데반을 죽인 것에 모자라서 기독교인을 말살하려 한다.

당시에 사울을 비롯한 유대인들이 기독교인을 심하게 핍박한 이유는 전통적인 유대교 신앙을 수호하기 위해서였다. 유대교적인 입장에서 볼 때 십자가에서 처형되신 예수님을 하나님의 아들이자 메시야이며 구세주로 인정하는 것은 용납할 수 없는 일이었다. 그들은 예수님을 믿는 것을 하나님에 대한 모독(신성모독)으로 간주했다. 따라서 그들은 기독교인을 박해하는 것을 당연하게 여겼고 자랑스럽게 생각했다. 한편, 사울은 회심한 이후 자신이 과거에 하나님의 교회를 심히 박해했던 사람이라는 것을 여러 차례 고백하였다(참고. 고전 15:9; 갈 1:13).

사울은 대제사장에게 가서 다메섹 여러 회당에 가져갈 공문을 청한다(1절b-2절a; 참고. 14절; 26:10, 12). 당시 다메섹은 매우 크고 발달된 도시였는데, 유대인이 많이 살고 있었고, 따라서 유대인의 회당도 여러 개 있었다(*War* 2.561; 7.368).[201] 그리고 이곳은 나바티아(Nabatea)의 왕 아레다 4세(Aretas IV, 주전 9년-주후 40년)의 통치 아래 있었다(참고. 고후 11:32-33). 아레다 왕은 유대인의 환심을 사려고 유대의 대제사장과 긴밀한 협력관계를 유지하고 있었으며, 특히 종교적인 문제에 있어서 대제사장의 권위를 크게 인정하였다.[202] 따라서 사울은 대제사장의 공문을 사용하여 다메섹에 있던 종교 죄인들(그리스도인들)을 대대적으로 체포할 수 있을 것이라고 생각했다.

누가는 그리스도인들을 "주의 제자"라고 표현하여 그리스도인들이 더욱 성숙했음을 시사한다. 실로 유대인들의 박해가 있었지만 교회의 부흥은 멈추지 않았다. 그들은 점점 커져 갔고 자라 갔다. 그리고 여기서 그리스도인들은 "그 도를 따르는 사람"이라고 묘사되었는데, "그 도"(*헤 호도스*, ἡ ὁδός, the Way)란 사도행전에서 기독교의 진리를 지칭하는 용어로 사용되었다(참고. 19:9, 23; 22:4; 24:14, 22).[203] 사울은 그리스도인을 만나면 남녀를 막론하고 결박하여 예루살렘으로 잡아 오려고 한다(2절b). 지금 그의 마음은 그리스도인에 대한 증오와 편견으로 가득 차 있다.

2) 사울이 예수님을 만남(9:3-7)

사울이 길을 가다가 다메섹에 가까이 이른다(3절a). 다메섹은 예루살렘에서 약 217km 떨어져 있었기에 도보로 6일 정도 소요되었다.[204] 사울과 그의 일행은 일주일이나 걸린 긴 여행으로 다소 피로했지만, 여전히 위협과 살기를 가지고 있었다. 그들은 오로지 그리스도인을 잡으려는 일에 집착해 있었다. 그런데 사울이 목적지에 거의 도착했을 때 갑자기 초자연적인 경험을 하게 된다. 홀연히 하늘로부터 빛이 사울을 둘러 비춘다(3절b). 사울이 하늘로부터 '큰 빛', 곧 '해보다 더 밝은 빛'을 본 시간은 낮 12시쯤이었다(참고. 22:6).

사울은 갑자기 일어난 일로 인하여 너무나 두려워 땅에 엎드러지고, 이때 "사울아 사울아 네가 어찌하여 나를 박해하느냐"라는 소리가 들린다(4절). "사울아 사울아"라고 이름을 두 번 부르는 것은 상황이 긴박하다는 것과 신성한 사명을 부여하는 것을 시사한다. 구약에서 아브라함이 이삭을 하나님께 바치려 할 때 하나님은 "아브라함아 아브라함아"라고 이름을 두 번 부르셨으며(참고. 창 22:11), 야곱은 가나안을 떠나 요셉이 있는 이집트로 가려고 할 때 "야곱아 야곱아"라고 이름을 두 번 불렀고(참고. 창 46:2), 하나님은 모세에게 사명을 주실 때 "모세야 모세야"라고 이름을 두 번 부르셨다(참고. 출 3:4).

사울은 자신을 부르는 소리를 듣고 "주여 누구시니이까"라고 묻는다(5절a). 여기서 사울이 "주여"라고 부른 것은 목소리의 주인공이 예수님인 것을 알았다는 뜻이 아니다. 그는 예수님이 나타나셨다는 생각을 아직 하지 못하고 있다. 다만 그는 뭔가 신적인 존재가 자신 앞에 나타났다(theophany)는 생각에 이렇게 부른다. 이에 예수님은 "나는 네가 박해하는 예수라"라고 대답하신다(5절b). 앞에서 예수님은 사울에게 "어찌하여 나를 박해하느냐"라고 물으심으로 자신과 교회(그리스도인들)를 동일시하셨는데(참고. 4절), 이제는 "나는 네가 박해하는 예수라"라고 대답하심으로 그러한 사실을 확증해 주신다(참고. 눅 10:16).[205]

예수님은 사울에게 "너는 일어나 시내로 들어가라 네가 행할 것을 네게 이를 자가 있느니라"라고 지시하신다(6절). 여기서 "시내"(city)는 다메섹 시내를 뜻하며, 구체적으로 "직가"(Straight Street)라는 거리에 있는 유다의 집을 가리킨다(참고. 11절). 그리고 "네게 이를 자"는 주님의 제자 아나니아를 가리킨다(참고. 10절). 따라서 예수님은 사울에게 나타나셔서 그를 변화시키시면서 이미 그가 지낼 장소와 그를 돌보아 줄 사람을 준비해 놓으셨다. 사울의 회심 이야기는 22장과 26장에서 다시 볼 수 있는데, 22:12에서 아나니아는 "모든 유대인에게 칭찬을 듣는" 사람으로 소개되며, 22:13-16에서 그는 사울에게 주님의 뜻을 상세히 알려준 사람으로 언급된다.

사울과 같이 가던 사람들은 소리만 듣고 아무도 보지 못하며 말을 못하고 서 있다(7절). 그런데 이곳에는 사울의 동행자들이 소리를 들은 것으로("소리만 듣고") 기록되어 있지만, 22:9에는 그들이 소리도 듣지 못했다("소리는 듣지 못하더라")고 기록되어 있다. 또한 여기에는 아무도 보지 못했다("아무도 보지 못하며")고 기록되어 있지만, 22:9에는 그들이 빛을 보았다("사람들이 빛은 보면서도")고 기록되어 있다. 이러한 차이가 있는 것은 기록의 오류 때문이 아니라 의미 전달의 방식 때문이다. 사울 주위에 있던 사람들은 빛을 보았지만 다른 것을 보지 못했고, 어떤 소리를 들었지만 그것이 무슨 뜻인지 분별하지 못했다.[206]

3) 사울이 다메섹으로 들어감(9:8-9)

사울은 땅에서 일어나 눈을 떴으나 아무것도 보지 못하고 함께 가던 사람들의 부축을 받아서 다메섹으로 들어간다(8절). 그는 강렬한 빛으로 말미암아 시력을 상실했으며, 너무 큰 충격을 받아서 힘을 완전히 잃어버렸다. 그는 불과 몇 시간 전만 해도 위협과 살기가 등등한 사람이었지만 지금은 일생일대의 충격적인 경험을 하고서 아무것도 할 수 없는 상태가 되었다. 그는 사흘 동안 보지 못하고 먹지도 못하고 마시지도 못한다(9절). 아마도 그는 금식하며 기도했을 것이다(참고. 11절). 그는 지난날을 돌아보면서 철저히 회개하며 이 기간을 보냈을 것이다.[207]

4) 주님이 아나니아를 부르심(9:10-16)

그때 다메섹에 "아나니아"라 하는 제자가 있었는데 주님이 환상 중에 그를 부르신다(10절).[208] 주님은 사울에게 나타나셔서 그를 변화시키신 동시에 아나니아에게 나타나셔서 사울을 맞이하게 하신다. 아나니아가 어떻게 예수님의 제자(신자)가 되었는지는 알려지지 않았다. 아마도 예루살렘의 신자들이 다메섹으로 피할 때 같이 피신했거나 아니면 다메섹에서 살고 있다가 피신 온 예루살렘의 신자들로부터 복음을 들었을 것이다. 혹은 그 이전에 다른 방법으로 복음을 들었을 가능성도 있다(참고. 2:9-12). 주님의 말씀에 아나니아는 "주여 내가 여기 있나이다"(Here I am, Lord.)라고 대답한다(참고. 창 22:1; 삼상 3:6, 8). 이것은 사울이 "주여 누구시니이까"(Who are you, Lord?)라고 반응한 것과 대조된다. 사울은 주님의 제자가 아니었기에 주님의 계시에 익숙해 있지 않았으나, 아나니아는 주님의 제자였기에 주님의 계시에 익숙해 있었다.

주님은 아나니아에게 일어나 "직가"라 하는 거리로 가서 유다의 집에서 다소 사람 사울이라 하는 사람을 찾으라고 말씀하신다(11절a). "직가"(Straight Street)는 다메섹 도성 안에 동서 방향으로 연결된 직선 도로이다. 이 도로는 지금도 유적으로 남아 있다. 주님은 사울이 지금 기도하고 있는 중이라고 말씀하신다(11절b). 아마도 이때 주님은 사울에게 많은 것을 보여 주셨고 많은 것을 깨닫게 해 주셨을 것이다. 주님은 사울이 기도하는 중에

"아나니아라 하는 사람이 들어와서 자기에게 안수하여 다시 보게 하는 것을 보았느니라"라고 말씀하신다(12절). 이것은 사울이 기도하던 중 환상을 통하여 그에게 일어날 일(아나니아의 안수)을 보았다는 뜻이다.

그렇지만 아나니아는 사울의 악명을 이미 듣고 있었다. 그래서 그는 주님께 사울이 예루살렘에서 성도들에게 적지 않은 해를 끼친 사실과 그가 여기에서도 주의 이름을 부르는 모든 사람을 결박할 권한을 대제사장들에게서 받았다는 사실을 말한다(13-14절). 실로 사울이 그리스도인을 극심하게 핍박하는 사람으로 널리 알려져 있었기에 아나니아는 그리스도인을 박해하는 사울을 두려워하여 접근하려 하지 않을 뿐 아니라 그에게 안수도 하지 않으려 한다. 한편, 여기서 아나니아는 신자를 향하여 "주의 성도"라는 명칭과 "주의 이름을 부르는 사람"이라는 명칭을 붙인다. 이것은 신자들이 신실하게 신앙생활을 하고 있음을 시사한다.

아나니아가 머뭇거리자 주님은 "가라"라고 단호하게 명령하시면서, 사울이 어떠한 사명을 받았는지를 말씀하신다(15절). 주님은 사울에 대하여 "이 사람은 내 이름을 이방인과 임금들과 이스라엘 자손들에게 전하기 위하여 택한 나의 그릇이라"라고 하신다. 주님의 말씀은 이후에 그대로 이루어진다. 사울의 사역은 주로 이방인을 대상으로 한 것이었으며(참고. 13:46-47), 임금들 앞에서 복음을 전했고,[209] 유대인들에게도 복음을 전했다.[210] 주님은 또한 그가 주님의 이름을 위하여 많은 고난을 받을 것이라고 말씀하신다(16절). 교회에 고난을 주었던 사울은 이제 교회를 위하여 고난을 받게 된다.[211]

5) 아나니아가 사울에게 안수함(9:17-19a)

아나니아는 주님의 명령에 순종하여 그 집에 들어가서 사울을 만나고 그에게 안수한다(17절). 사도행전에서 “안수”는 성령의 권능이 전달되는 수단이다(참고. 4:30; 5:12; 6:6; 8:17-19; 19:6).[212] 아나니아는 사울을 향해 “형제 사울아”라고 친근하게 부른다(참고. 22:14-16). 그는 더 이상 적대적인 감정이 담긴 “이 사람”이라고 부르지 않는다(참고. 13절). 사울을 향한 아나니아의 안수와 호칭은 그가 사울을 그리스도인으로 받아들였음을 보여준다.[213] 아나니아는 사울에게 “예수께서 나를 보내어 너로 다시 보게 하시고 성령으로 충만하게 하신다”라고 말한다. 실제로 13:9에서 사울은 성령으로 충만한 사람으로 묘사된다.

사울은 아나니아의 도움으로 회복된다. 즉시 사울의 눈에서 비늘 같은 것이 벗어져 다시 보게 된다(18절a). 누가는 의사인지라 의학적인 용어를 사용하여 사울의 상태를 설명한다. 이제 사울은 단지 육적인 눈만 뜬 것이 아니라 영적인 눈도 떴다. 그리고 사울은 일어나 세례를 받는다(18절b). 아마도 그는 아나니아에게서 세례를 받았을 것이다. 세례를 받는 것은 그리스도인이 되어 죄 사함을 받았음을 여러 증인 앞에서 공식적으로 알리는 표식이다(참고. 22:16). 당시 아나니아와 사울 주위에 집주인 유다를 비롯하여 여러 증인이 있었을 것이다(참고. 11절). 사울은 음식을 먹고 강건하여진다(19절a). 그리하여 사울은 예수님을 만난 지 사흘 만에 완전히 변화되어 새로운 사람이 된다.

교훈과 적용

1. 우리는 이 단락에서 사울이 어떻게 변화되었는지를 보게 된다. 그는 주님의 제자들에 대하여 “여전히” 위협과 살기가 등등하였다. 그는 스데반을 죽인 것에 모자라 기독교인들을 말살하려고 하였다. 따라서 사울이 등장하는 모습을 보아서

는 그가 회심할 것이라는 예상이 전혀 들지 않는다. 하지만 그는 주님을 만나고서 완전히 변화되었다. 우리는 누군가에 대해서 선입관을 가지고 접근하지 않는가? 상대방이 복음을 받아들일 것인지 아닌지는 우리가 알 바가 아니다. 다만 우리는 만나는 사람에게 부지런히 복음을 전하는 일에 최선을 다해야 한다.

2. 우리는 회심의 경험이 모두 같은 것이 아님을 알아야 한다. 사울은 다메섹으로 가던 중 강렬한 빛을 보고 빛 가운데 계신 주님을 만나서 변화되었다. 하지만 누군가에게는 그러한 경험이 없을 수 있다. 사실 그러한 경험을 하지 못하는 경우가 더 많다. 모든 사람에게 같은 경험이 있는 것은 아니다. 이는 마치 모든 사람이 다메섹으로 가야 하는 것이 아닌 것과 마찬가지다. 주님은 다양한 방법으로 사람들을 새롭게 하신다.
3. 주님은 사울을 맞이하고 보호하도록 아나니아를 준비하셨다. 아나니아는 두려웠고 꺼림칙했지만, 주님의 말씀에 기꺼이 순종하여 사울을 보살펴 주었다. 우리도 새로운 신자들을 보살펴 주어야 한다. 그들의 믿음이 성장하고 교회 생활에 잘 적응하도록 도와야 한다. 그들에게 하나님의 말씀을 잘 가르쳐 주어야 한다. 그러기 위해서는 우리가 먼저 하나님의 말씀을 열심히 공부해야 한다. 참으로 우리는 교회 안에 있는 새신자들을 찾아서 사랑을 베풀어야 한다.

2. 사울이 사역을 시작함(9:19b-31)

19 음식을 먹으매 강건하여지니라 사울이 다메섹에 있는 제자들과 함께
며칠 있을새 20 즉시로 각 회당에서 예수가 하나님의 아들이심을 전파하
니 21 듣는 사람이 다 놀라 말하되 이 사람이 예루살렘에서 이 이름을 부
르는 사람을 멸하려던 자가 아니냐 여기 온 것도 그들을 결박하여 대제사
장들에게 끌어가고자 함이 아니냐 하더라 22 사울은 힘을 더 얻어 예수를

그리스도라 증언하여 다메섹에 사는 유대인들을 당혹하게 하니라 23 여
러 날이 지나매 유대인들이 사울 죽이기를 공모하더니 24 그 계교가 사울
에게 알려지니라 그들이 그를 죽이려고 밤낮으로 성문까지 지키거늘 25
그의 제자들이 밤에 사울을 광주리에 담아 성벽에서 달아 내리니라 26 사
울이 예루살렘에 가서 제자들을 사귀고자 하나 다 두려워하여 그가 제자
됨을 믿지 아니하니 27 바나바가 데리고 사도들에게 가서 그가 길에서 어
떻게 주를 보았는지와 주께서 그에게 말씀하신 일과 다메섹에서 그가 어
떻게 예수의 이름으로 담대히 말하였는지를 전하니라 28 사울이 제자들
과 함께 있어 예루살렘에 출입하며 29 또 주 예수의 이름으로 담대히 말하
고 헬라파 유대인들과 함께 말하며 변론하니 그 사람들이 죽이려고 힘쓰
거늘 30 형제들이 알고 가이사랴로 데리고 내려가서 다소로 보내니라 31
그리하여 온 유대와 갈릴리와 사마리아 교회가 평안하여 든든히 서 가고
주를 경외함과 성령의 위로로 진행하여 수가 더 많아지니라

사울은 개인적인 회심에서 머물지 않고 주님을 전도하는 데로 나아간다. 그러나 그가 전도하기 시작하자 고난이 찾아온다. 유대인들이 그를 죽이려고 공모한 것이다. 기독교인을 죽이려고 공모하던 사울이 오히려 기독교인이 되었기 때문에 죽임을 당할 위기에 처한 것은 아이러니이다. 하지만 하나님은 사울을 위기에서 벗어나게 하신다. 이후 사울은 예루살렘의 제자들을 만나서 교제함으로 주님의 제자가 되었음을 인정받는다.

1) 사울이 다메섹에서 복음을 전파함(9:19b-22)

사울은 다메섹에 있는 주님의 제자들과 함께 며칠을 지낸다(19절b). 얼

마 전까지 사울은 이들을 적대적으로 생각했으며 이들 역시 사울을 두려워하였으나 이제는 형제가 되어 함께 지내며 교제한다. 이 기간에 사울은 주님의 제자들과 복음에 대해서 많은 토론을 벌였을 것이다. 사울은 "즉시"(*유떼오스*, εὐθέως) 각 회당에서 예수님이 "하나님의 아들"이심을 전파한다(20절).[214] 따라서 그는 급속도로 복음 전파자의 삶을 살기 시작한다. 즉 그는 이전에 회당에서 예수님의 제자들을 결박하여 잡으려 했지만, 이제는 완전히 변화되어 바로 그 회당에서 예수님을 전파한다(참고. 2절). 이후에 사울은 주로 회당에서 가르쳤으며, 회당에서 쫓겨나게 되자 다른 여러 곳에서 가르쳤다(참고. 13:5, 13-16; 14:1; 16:13, 16; 17:1; 18:4; 19:8).[215]

사울의 설교를 듣는 사람들은 다 놀라면서 그가 예루살렘에서 예수님의 이름을 부르는 사람을 멸하려던 자이며 그가 여기에 온 것도 그들을 결박하여 대제사장들에게 끌어가고자 함이 아니냐고 묻는다(21절; 참고. 갈 1:23). 사람들은 사울의 악명을 잘 알고 있었다. 그들은 사울이 예수님의 제자를 핍박하는 자로 유명했는데, 이제 완전히 변화되어서 예수님을 하나님의 아들이라고 전하는 것을 믿지 못한다. 따라서 이전에는 아나니아가 사울을 의심했듯이(참고. 13-14절), 이제는 많은 사람이 사울을 의심한다. 본문에는 그들의 질문에 대한 답변이 주어져 있지 않다. 하지만 아나니아가 그들에게 상황을 잘 설명하고 그들을 안심시켰을 것이다.

사울은 "힘을 더 얻어" 예수님을 그리스도라 증언하여 다메섹에 사는 유대인들을 "당혹하게" 한다(22절). 여기서 "힘을 더 얻어"(*에네뒤나무토*, ἐνεδυναμοῦτο, grew stronger)라는 표현은 그가 다메섹으로 오는 가운데 경험한 강렬한 빛으로 인한 엄청난 충격과 사흘 동안 아무것도 먹지 못하면서 생긴 기력쇠진과 아나니아로부터 말씀을 들으면서 받은 여러 정신적 혼돈으로부터 점점 회복되고 있음을 의미한다. 즉 이 문구는 사울이 육체적으로 강건해지는 것과 더불어 예수 그리스도의 복음에 대한 확신이 생기는 것을 모두 뜻한다. 또한 이 구절에서 "당혹하게"에 해당하는 헬라어 *쉰에퀸넨*(συνέχυννεν)은 미완료형으로 되어 있는데, 이것은 사울이 회당에서 여러 번 혹은 여러 날 설교했음을 시사한다.[216] 따라서 그는 회심한 지 얼마 되지 않았으나 빠른 속도로 회복되고 변화되어 주님의 일에 활발히 참여한다.

2) 사울이 성을 탈출함(9:23-25)

"여러 날"이 지났다(23절a). 헬라어로 "여러 날"에 해당하는 말은 *헤메라이 히카나이*(ἡμέραι ἱκαναι)인데, 이것은 '많은 날'(many days) 혹은 '충분한 날'(sufficient days)이라는 뜻이다. 사울이 다른 곳에서[참고. 갈 1:11-24(특히 1:17); 고후 11:32-33 등] 증언한 것을 참고할 때 여기에서 "여러 날"은 그가 회심하고 아라비아로 갔다가 다시 다메섹으로 돌아온 이후이다. 즉 사울은 회심한 후에 다메섹에서 복음을 전하다가(참고. 22절), 아라비아에 가서 머물다가(참고. 갈 1:17), 다시 다메섹으로 돌아와서 지금 복음을 전하고 있다. 그런데 아라비아가 다메섹에 닿아 있었기 때문에 그가 먼 거리를 다녀온 것은 아니었다.

유대인들은 사울을 죽이기로 공모한다(23절b). 유대인들의 입장에서 사울을 그냥 놔두는 것은 유대교적 신념과 그 신념 위에 세워진 사회 체제가 붕괴될 수 있는 위험한 일이었다. 그리하여 그들은 사울을 죽이려고 한다. 그렇지만 그들의 계교는 사울에게 알려진다(24절a). 어떻게 알려졌는지는 모르지만, 그것은 분명히 사울을 보호하시려는 하나님의 뜻이었다. 유대인들은 사울을 죽이려고 밤낮으로 성문까지 지킨다(24절b). 그러나 사울의 제자들은 밤에 사울을 광주리에 담아 성벽에서 달아내려 도망하게 한다(25절). 사울에게 이미 제자들이 있었다는 것은 그의 성장 속도가 대단히 빨랐으며 그의 영향력이 상당했음을 의미한다.

한편, 고린도후서 11:32-33에는 아레다 왕의 고관이 사울을 잡으려고 다메섹 성을 지켰으나 사울이 광주리를 타고 들창문으로 성벽을 내려가 도망을 했다는 사울의 증언이 나온다. 이것은 당시에 다메섹이 나바티아 왕국의 아레다 왕의 영향을 받았는데, 사울이 나바티아 왕국의 영토인 아라비아에서 지내는 동안 왕의 시책에 반하는 행동을 했을 가능성을 암시한다.[217] 즉 그는 아라비아에서 아무 것도 하지 않고 조용히 지낸 것이 아니라 적극적으로 예수님의 복음을 전하며 지낸 것으로 보인다. 이에 아레다 왕은 사람을 보내어 사울을 잡으려 한 것 같다.

3) 사울이 예루살렘을 방문함(9:26-30)

사울은 다메섹을 탈출한 후에 예루살렘으로 가서 예루살렘에 있는 제자들을 사귀고자 하였으나 다 그를 두려워하여 그가 제자 된 것을 믿지 않는다(26절). 사울은 불과 얼마 전까지만 하더라도 교회를 잔인하게 핍박했던 자였기에 제자들이 그를 받아들이기란 쉽지 않았을 것이다. 이때 바나바가 나선다(27절). 바나바는 사도들로부터 인정받는 사람이었다(참고. 4:36-37; 15:25-26). 그는 사울을 데리고 사도들에게 가서 사울이 회심하고 소명을 받은 과정을 설명한다. 그리하여 바나바의 중재와 추천으로 사울은 사도들과 교제할 수 있게 되었다.

사울은 제자들과 함께 지내면서 예루살렘에 출입한다(28절). 갈라디아서 1:18-20에 따르면, 이 기간에 그는 베드로와 야고보를 자주 만났다. 그는 예루살렘에서 15일을 보냈는데, 이때 제자들로부터 예수님과 성경에 대해서 많이 배우며 활발하게 토론했을 것이다. 누가는 "출입하며"(*에이스포류오메노스 카이 에크포류오메노스*, εἰσπορευόμενος καὶ ἐκπορευόμενος)라는 표현을 사용하는데, 이것은 1:21에서 예수님의 사역에 사용되었다. 그는 바울이 예루살렘의 제자들과 즐겁게 교제하며 복음에 대하여 토론한 것을 알리기 위해 이 표현을 사용한 것 같다.[218]

사울은 예루살렘에서 주 예수님의 이름으로 담대히 말하고, 헬라파 유대인들과 함께 변론한다(29절a). "말하고"(*엘라레이*, ἐλάλει)와 "변론하니"(*쉬네제테이*, συνεζήτει)의 시상은 모두 미완료형이다. 이것은 사울이 중단 없이 계속해서 말하고(전파하고) 변론한(변증한) 것을 시사한다. 그런데 헬라파 유대인들은 디아스포라 유대인들로서 스데반을 죽인 자들이다(참고. 6:8-15). 따라서 이들과의 변론은 죽음을 각오한 것이었다. 그러나 사울은 죽음을 무릅쓰고 헬라파 유대인들과 토론을 벌인다. 결국, 헬라파 유대인들은 사울을 죽이려고 힘쓴다(29절b).

형제들은 그들의 음모를 알고 사울을 가이사랴로 데리고 내려갔다가 다시 길리기아의 수도인 다소로 보낸다(30절). 다소는 사울의 고향이다(참고. 9:11; 21:39; 22:3; 갈 1:21). 따라서 그들은 다소가 사울에게 가장 안전한 곳이라고 판단하여 보낸 것 같다. 이후 사울은 잠시 등장하지 않다가 11:25에서 바나바가 사울을 찾으러 다소로 가는 장면에서 다시 등장한다.[219] 그는 사도행전의 후반부(13장 이후)의 주요 인물이 된다. 사울은 예수님에 대하여 이전과는 전혀 다른 인식을 가지게 되었다. 그는 십자가에서 저주받아 죽으신 예수님이 실상은 하나님의 명령에 순종하여 죽으신 분임을 깨닫게 되었다. 그리하여 그는 담대히 주 예수님을 전파한다.

4) 교회의 부흥(9:31)

누가는 교회가 놀라울 정도로 부흥한다는 사실을 알려준다(31절). "온 유대와 갈릴리와 사마리아 교회"라는 표현은 성령이 임하시면 일어날 결과로 이미 예언되었던 것이다(참고. 1:8). 스데반이 순교한 이후 예루살렘에 있는 제자의 수가 더 심히 많아졌는데(참고. 6:7), 이제 여러 제자의 활동으로 유대와 갈릴리와 사마리아 지역에도 복음이 전파되어 교회가 부흥한다. 한편, 이 구절에서 "교회"에 해당하는 헬라어(*멘 에클레시아*, μὲν ἐκκλησία)가 단수형으로 제시된 것은 교회의 보편성을 시사한다.[221] 즉 팔레스타인 지역에 있는 교회를 뜻한다.

그런데 사도행전 전반부를 살펴보면, 5:16에서 이미 유대에 교회가 세워졌다는 암시가 발견되며, 8:4-25에서 사마리아에 복음이 활발하게 전파되어 교회가 세워진 일을 만날 수 있지만, 갈릴리에 복음이 전파되어서 교회가 세워졌다는 언급은 발견되지 않는다.[221] 따라서 아마도 어느 순간엔가 이 지역에 제자들이 들어가서 복음을 전했던 것으로 추정된다. 이 지역은 예수님이 주로 활동하셨던 곳이기에 복음이 전파되고 교회가 세워지는데 큰 어려움이 없었을 것이다. 그래서 사도행전이 기록될 당시에는 교회가 제법 견실하게 성장하고 있었을 것이다.

누가는 여기서 2:41-47, 4:32-37, 5:12-16, 6:7에서와 유사한 형태로 교회의 부흥을 서술한다. 그는 "평안", "든든함", "경외함", "성령의 위로", "수가 더 많아짐"과 같은 표현을 사용하여 교회의 부흥을 이상적으로 진술한다. "평안"이라는 개념은 누가의 책에서 복음과 밀접하게 연관되어 있다(참고. 눅 1:79; 2:14, 29; 7:50; 8:48; 10:5-6; 12:51; 19:38, 42; 24:36; 행 7:26; 10:36).[222] 아마도 스데반의 순교 이후에 심했던 박해가 잠시 누그러졌을 것이다. "든든히 서 가고"라는 표현은 현재 분사형으로 교회가 지속적으로 견고하게 세워져 가고 있음을 보여준다. "성령의 위로"에서 "위로"(*파라클레시스*, παράκλησις, encouragement)는 성령의 도우심과 후원이라고 이해할 수 있다. "수가 더 많아지더라"라는 말은 교회 성장에 대한 전형적인 묘사인데, 부흥이란 질(영적 성숙)과 양(수적 성장) 모두를 포괄한다.

교훈과 적용

1. 사울은 완전히 변화되었다. 그는 자신이 그동안 알고 있던 구약성경을 새롭게 이해하였다. 그리고 그는 하나님의 아들이신 주 예수 그리스도를 발견하였다. 그러나 그는 개인적인 회심에서 머물지 않고 예수 그리스도를 증언하는 증인이 되었다. 우리도 개인적인 회심에서 멈추지 않아야 한다. 여기서 더 나아가서 우리를 변화시키신 주님을 사람들에게 전파해야 한다. 분명한 확신을 가지고 더 힘을 얻어 담대히 주님을 전해야 한다.
2. 사울은 회심한 이후 예수 그리스도를 전하면서 고난을 당하기 시작했다. 그의 고난은 이미 예견된 것이었으나 실제로 얼마 지나지 않아 고난을 당했다. 고난은 제자 됨의 표징이다. 우리는 주님의 일을 하면서 당하는 고난을 이상하게 생각하지 말아야 한다. 그것은 당연한 일이다. 그러나 사울은 고난에 굴하지 않고 여전히 복음을 전했다. 우리도 주님의 말씀을 전할 때 외적인 어려움을 겪더라도 잘 이겨내야 한다.
3. 처음에 사울을 보호해 주고 사울과 신자들 사이를 연결해 준 사람은 아나니아였다. 그리고 이후에 사울을 예루살렘의 사도들과 연결시켜 준 사람은 바나바였다. 즉 사울이 신자들 앞에 설 수 있었던 배경에는 아나니아와 바나바 같은 조력자들이 있었다. 성경에서 아나니아와 바나바는 주된 인물이 아니지만, 보조적인 인물로서 자기의 사명을 충실히 감당하는 본이 된다. 우리는 이러한 조력자들의

역할과 가치를 존중해야 한다. 그리고 우리 자신이 남에게 도움이 되는 사람이 될 수 있어야 한다.

5

베드로의 순회 전도 사역
(9:32-12:25)

대한예수교장로회 고신총회 설립 60주년 기념

성경주석

사도행전

A c t s

5
베드로의 순회 전도 사역
(9:32-12:25)

본문 개요

이 단락에는 베드로의 사역이 언급되어 있다. 베드로는 유대인으로서 그동안 유대 지역에서 복음을 전했지만, 어느 순간에 여러 경험을 하면서 복음이 이방인에게도 전파되어야 한다는 사실을 알게 된다. 그리하여 그는 이방인에게 적극적으로 나아가서 복음을 전한다. 베드로의 인식과 행적은 복음의 보편성과 구원의 온세계성을 강하게 지지하는 토대가 된다. 이 단락을 기점으로 하여 복음은 이방 지역에 더욱 널리 퍼져 나가게 되고, 바울이 그 일을 담당할 중추적인 인물로 부각된다.

내용 분해

1. 베드로의 순회사역(9:32-43)
   1) 베드로가 애니아를 고쳐 줌(9:32-35)

2) 베드로가 다비다를 살려줌(9:36-43)

2. 두 개의 환상(10:1-23a)

1) 고넬료가 환상을 봄(10:1-8)

2) 베드로가 환상을 봄(10:9-16)

3) 성령께서 베드로에게 말씀하심(10:17-23a)

3. 고넬료의 회심(10:23b-48)

1) 베드로가 고넬료의 집에 들어감(10:23b-33)

2) 베드로가 설교함(10:34-43)

3) 이방인들이 성령을 받음(10:44-48)

4. 이방인 선교를 인정함(11:1-18)

1) 할례자들의 비난(11:1-3)

2) 베드로의 변호(11:4-17)

3) 사람들의 반응(11:18)

5. 안디옥 교회(11:19-30)

1) 헬라인들에게 복음이 전파됨(11:19-21)

2) 바나바의 활동(11:22-26)

3) 안디옥 교회가 예루살렘 교회를 지원함(11:27-30)

6. 베드로의 이적적인 출옥(12:1-25)

1) 베드로가 옥에 갇힘(12:1-5)

2) 베드로가 천사의 도움으로 옥에서 나옴(12:6-10)

3) 베드로가 동료들에게 돌아감(12:11-19)

4) 헤롯의 죽음(12:20-24)

5) 바나바와 사울이 안디옥으로 돌아옴(12:25)

본문 주해

1. 베드로의 순회사역(9:32-43)

32 그때에 베드로가 사방으로 두루 다니다가 룻다에 사는 성도들에게도
내려갔더니 33 거기서 애니아라 하는 사람을 만나매 그는 중풍병으로 침
상 위에 누운 지 여덟 해라 34 베드로가 이르되 애니아야 예수 그리스도께
서 너를 낫게 하시니 일어나 네 자리를 정돈하라 한대 곧 일어나니 35 룻
다와 사론에 사는 사람들이 다 그를 보고 주께로 돌아오니라 36 욥바에 다
비다라 하는 여제자가 있으니 그 이름을 번역하면 도르가라 선행과 구제
하는 일이 심히 많더니 37 그때에 병들어 죽으매 시체를 씻어 다락에 누이
니라 38 룻다가 욥바에서 가까운지라 제자들이 베드로가 거기 있음을 듣
고 두 사람을 보내어 지체 말고 와 달라고 간청하여 39 베드로가 일어나
그들과 함께 가서 이르매 그들이 데리고 다락방에 올라가니 모든 과부가
베드로 곁에 서서 울며 도르가가 그들과 함께 있을 때에 지은 속옷과 겉
옷을 다 내보이거늘 40 베드로가 사람을 다 내보내고 무릎을 꿇고 기도하
고 돌이켜 시체를 향하여 이르되 다비다야 일어나라 하니 그가 눈을 떠 베
드로를 보고 일어나 앉는지라 41 베드로가 손을 내밀어 일으키고 성도들
과 과부들을 불러 들여 그가 살아난 것을 보이니 42 온 욥바 사람이 알고
많은 사람이 주를 믿더라 43 베드로가 욥바에 여러 날 있어 시몬이라 하는
무두장이의 집에서 머무니라

이전 단락에 잠시 바울 이야기가 있었는데, 여기서 다시 베드로 이야기가

언급된다. 이처럼 사도행전에는 전반부에서 베드로를 중심으로 이야기가 전개되고, 중반부에서 베드로-바울-베드로-바울이 등장하는 사이클이 반복되며, 후반부(13장 이하)에서 바울을 중심으로 이야기가 전개된다. 이 단락에는 베드로가 애니아를 고쳐 준 일과 다비다를 살려준 일이 기록되어 있다.

1) 베드로가 애니아를 고쳐 줌(9:32-35)

베드로는 사방으로 두루 다니며 왕성하게 순회 전도 사역을 한다(32절a). 비록 사도행전에 일일이 기록되어 있지 않지만, 베드로는 많은 곳을 다니면서 복음을 전했을 것이다.[223] 그리고 이는 베드로뿐만 아니라 다른 사도도 마찬가지였을 것이다. 이전에 예루살렘에 큰 박해가 있을 때 신자들이 여러 곳으로 흩어졌지만, 사도들은 다른 곳으로 가지 않고 예루살렘을 지켰다(참고. 8:1b). 당시에 그들은 예루살렘 교회를 지키는 것이 옳다고 판단했던 것 같다. 하지만 이제 박해가 어느 정도 진정되자 그들은 여러 곳을 다니면서 복음을 전한다.

베드로는 룻다에 사는 성도들을 방문한다(32절b). 룻다(Lydda)는 예루살렘에서 약 40km 떨어진 곳에 위치해 있었다(참고. *1 Maccabees* 11:34; *War* 3.55).[224] 이곳에 성도들이 있었던 것은 제자들이 다니면서 복음을 전하는 가운데 이곳에 와서 복음을 전하고 교회를 세워 놓았기 때문일 수 있고, 8:1에 기록된 박해로 인하여 성도들이 흩어질 때 일부가 이곳에 왔었기 때문일 수도 있으며, 8:40에 근거하여 빌립이 아소도에서 가이사랴로 이동하는 과정에 이곳에 들러서 복음을 전했기 때문일 수도 있다.[225] 어쨌든 복음은 예상보다 훨씬 빨리 전파되고 있다. 베드로는 룻다를 방문하여 복음을 전할 뿐만 아니라 이곳에 있는 성도들에게 말씀을 깊이 있게 가르치고 격려

한다.

베드로는 룻다에서 애니아(Aeneas)라는 사람을 만나는데, 그는 중풍병으로 침상 위에 누운 지 여덟 해가 된 사람이다(33절). 이 구절에서 "중풍병"이라는 것과 "여덟 해"라는 단어가 같이 결합되어 있는 것은 그가 도저히 나을 수 없는 상태에 있음을 의미한다(참고. 3:2). 베드로는 "애니아야 예수 그리스도께서 너를 낫게 하시니 일어나 네 자리를 정돈하라"라고 말한다(34절a). 베드로는 별다른 행동을 취하거나 의식을 치르지 않는다(참고. 3:7). 그는 단지 '일어나라'고 명령할 뿐이다. 그러자 그가 "곧"(*유떼오스*, εὐθέως, immediately) 일어난다(34절b). 이 사건은 예수님이 가버나움에서 중풍병자에게 "내가 네게 이르노니 일어나 네 침상을 가지고 집으로 가라"라고 말씀하신 것을 떠올린다(참고. 눅 5:24; 막 2:11).[226]

베드로가 애니아를 고쳐 준 소식을 듣고 룻다와 사론에 사는 사람들이 "다" 주님께로 돌아온다(35절; 참고. 42절). 여기서 "다"(*판테스*, πάντες, '모든')라는 표현은 문자적인 '모든'이 아니라 '많은'을 의미한다.[227] 당시에 룻다는 국제해상고속도로가 통과하는 교통의 요충지였다. 따라서 룻다에서 일어난 이적 사건은 빠른 속도로 많은 사람에게 퍼질 수 있었다. 그리고 사론(Sharon)은 룻다 근처의 해안 평야이다(참고. 사 33:9). 따라서 룻다에서 일어난 일은 금방 사론에 알려졌을 것이다. 이적은 그 자체로 사람을 회심하게 할 수 없지만, 사람들로 하여금 하나님의 말씀에 주목하게 하며 하나님의 말씀을 신뢰하게 만들어 회심으로 이끄는 계기를 제공하기도 한다(참고. 8:6-8).[228]

2) 베드로가 다비다를 살려줌(9:36-43)

욥바에 다비다라는 여제자가 있었는데, 그녀의 이름을 번역하면 도르가였다(36절a). 욥바(Joppa)는 룻다에서 약 20km 정도 떨어져 있는 예루살렘에서 가장 가까운 항구도시로서 오늘날 자파(Jaffa)라고 불린다(참고. 수 19:46; 스 3:7; 욘 1:3).[229] 다비다는 아람어 이름이며 도르가는 헬라어 이름인데, 이 이름은 '영양'(羚羊, gazelle)이라는 뜻을 가지고 있다.[230] 그녀에게는 '여제자'(*마떼트리아*, μαθήτρια)라는 칭호가 붙었는데, 제자를 여성형으로 묘사한 곳은 신약성경에서 오직 여기에만 등장한다.[231] 이 칭호는 그녀가 상당히 성숙한 신자임을 보여준다.

그녀는 선행과 구제하는 일이 심히 많았다(36절b). 당시에 여인들이 적극적으로 사회에서 선행을 실천하기란 쉽지 않았을 것이지만 다비다는 그러한 일을 했다. 누가는 다비다의 선행과 구제가 "심히"(*플레레스*, πλήρης) 많았다고 함으로써 그녀의 업적을 강조한다(참고. 10:2). 초기 기독교회에는 훌륭한 여성 신자(제자)들이 많았는데, 예수님이 지상에 계실 때 예수님을 따라 다녔던 막달라 마리아를 비롯한 많은 여인과 바울의 동역자로 수고했던 루디아, 뵈뵈, 브리스길라(브리스가) 등이 있었다. 이러한 여인들의 수고로 주님의 교회가 든든히 세워졌다.

그때 다비다가 병들어 죽자 사람들이 그녀의 시체를 씻어 다락에 누인다(37절). 그녀의 시체를 씻어서 다락에 누였다는 것은 그녀가 공동체에서 차지하는 비중이 컸다는 사실을 시사한다. 그리고 여기서 "다락"(*휘페론*, ὑπερῷον)이란 욥바의 제자 공동체가 모였던 장소일 것이다(참고. 1:13; 9:39; 20:8).[232] 다비다의 가족이나 주위 사람들이 장례를 치르려고 했는지, 아니면 그들이 베드로에 대한 소문을 듣고 베드로가 욥바에 오면 다비다를 다시 살릴 수 있을 것이라고 믿어서 장례를 치르지 않고 있었는지는 분명하지 않다. 문맥을 참고할 때 후자일 가능성이 크다. 만일 그들이 부활 신앙을 가지고 있었다면 그들은 상당히 성숙한 신자들이다.

룻다가 욥바에서 가깝기 때문에 제자들은 베드로가 룻다에서 애니아를 고쳐 준 일을 들었고, 따라서 그가 욥바에 와서 다비다를 살려주기를 바라면서 두 사람을 보내어 지체 말고 와 달라고 간청한다(38절; 참고. 왕상 17:19). 한편, 사람을 두 명 보내는 것은 유대 사회와 초기 기독교회의 관행이었다(참고. 눅 10:1; 행 3:1; 8:14; 13:2).

베드로가 그들과 함께 욥바에 도착하니 사람들이 그를 데리고 다락방에 올라간다(39절a). 이때 모든 과부들이 베드로 곁에 서서 울며 다비다가 그들과 함께 있을 때 지어 준 속옷과 겉옷을 다 보여준다(39절b). 다비다는 가난한 과부를 많이 도와주었는데, 특히 그들을 위하여 속옷과 겉옷을 많이 지어준 것 같다. 당시에 과부들은 자신들을 일할 곳을 찾을 수 없어서 경제적으로 매우 궁핍하게 살아야 했기에 누군가의 도움이 절실했다(참고. 신 24:19-21; 욥 29:13; 사 1:17, 23; 딤전 5:16).[233] 과부들이 베드로 앞에서 다비다가 지어 준 속옷과 겉옷을 보여주는 것은 베드로에게 다비다를 반드시 살려 달라고 하는 소원을 전달하는 것이다.

베드로는 사람들을 다 내보낸 후 무릎을 꿇고 기도하고 돌이켜 시체를 향하여 "다비다야 일어나라"라고 명령한다(40절a). 베드로가 사람들을 다락방에서 다 내 보낸 이유는 조용히 기도하고 싶었는데 사람들이 너무 시끄럽게 울었기 때문일 것이다. 이러한 베드로의 행동은 예수님이 야이로의 딸을 고치실 때 사람들을 다 내보내시고 야이로의 딸에게 "일어나라"(달리다굼)라고 명령하심으로 살리신 일을 기억나게 한다(참고. 눅 8:49-56).[234] 베드로가 다비다에게 명령하자 다비다가 눈을 떠서 베드로를 보고 일어나 앉는다(40절b). 따라서 베드로는 남자인 애니아를 고친데 이어, 여자인 다비다를 살림으로 성별을 포괄하는 구원의 보편성을 드러낸다.

베드로는 손을 내밀어 다비다를 일으키고 성도들과 과부들을 다락방으로 불러 들여 그녀가 살아난 것을 볼 수 있게 한다(41절). 그 결과 "온" 욥바 사람이 알고 "많은" 사람이 주님을 믿는다(42절). 이것은 베드로가 룻다에서 이적을 일으킴으로 룻다와 사론에 사는 사람들이 "다"('많은') 주님께로 돌아온 것과 동일하다(참고. 35절). 베드로가 이적을 일으킴으로 사람들은 하나님이 살아서 역사하시는 것을 알게 되었고, 베드로가 전한 복음이 진실하다는 사실을 인정하게 되었다. 따라서 초자연적인 이적은 다시금 메시지를 인증하고 확인하는 역할을 한다.

이후에 베드로는 욥바에서 여러 날 동안 시몬이라 하는 무두장이의 집에서 머문다(43절). 따라서 누가는 이 이야기를 생소한 표현으로 마무리하는데,[235] 이러한 구성은 이어지는 이야기를 준비하는 역할을 한다.[236] "무두장이"(tanner, 피혁공)는 죽은 짐승을 다루는 부정한 직업으로서 다른 사람들과 격리되어 살아야 했기에(참고. 레 11:39), 일반적으로 마을 밖에서 살든지 아니면 해변이나 물가에서 살았다(참고. 10:6). 따라서 전형적인 유대인인 베드로가 이런 부정한 사람의 집에 머문다는 것은 대단히 파격적인 일이 아닐 수 없다. 그런데 누가가 이러한 점을 여기서 언급하는 이유는 앞으로 일어날 이방인 고넬료의 개종을 말하기 위해서이다(참고. 10:6, 17, 32). 즉 누가는 고넬료의 회심 과정에서 정결과 부정의 진정한 개념을 제시하는데, 여기서 이를 미리 언급함으로써 독자들이 다음에 일어날 일을 준비할 수 있게 한다.

교훈과 적용

1. 베드로는 룻다에서 애니아를 고쳐주고 욥바에서 다비다를 살려준다. 누가가 지역의 이름(룻다, 욥바)과 사람의 이름(애니아, 다비다)을 구체적으로 거명하는 것은 이 이야기가 실제로 일어난 것이라는 점을 부각시키기 위해서이다. 즉 베드로가 사람들을 고치고 살린 일이 꾸며낸 이야기가 아니라 역사적으로 믿을 만한 이야기라는 것을 드러내기 위해서이다. 우리는 주님의 역사가 실제로 일어났으며, 또한 일어날 수 있음을 믿어야 한다. 성경은 신뢰할 만한 책이며, 하나님의 역사는 실제적이다.
2. 사람들이 베드로가 일으킨 이적을 보고 예수님을 믿은 것은 베드로가 일으킨 이적이 베드로 자신에게서 나온 것이 아니라 예수님에게서 나온 것임을 알았기 때문이다. 베드로는 이적을 일으키는 과정에서 주님의 이름을 말했고 주님의 능력을 강조했다. 우리는 어떤 일이든 주님의 이름으로 행해야 하며, 어떤 공로가 있을 때 그것을 자신의 것이라고 포장하지 말고 주님의 것으로 돌려 드려야 한다. 오직 주님의 능력으로 그러한 일이 있었음을 밝히고, 주님의 영광만을 드러내야 한다.
3. 베드로의 이적으로 많은 사람이 주님께 돌아왔다. 이처럼 이적과 표적의 역할은 주님의 능력을 드러내고 말씀의 신뢰성을 강화하는 것이다. 그러므로 우리는 초자연적인 표적 자체에 지나친 관심을 두지 말아야 한다. 그것에만 관심을 두다가 정작 그러한 일의 주인공이신 하나님을 잊어버리거나 등한시할 수 있다. 이적은 그 자체로 의미가 있는 것이 아니라 주님의 능력을 드러내고 주님의 말씀의 힘을 보여주는 역할을 한다는 사실을 염두에 두어야 한다.

2. 두 개의 환상(10:1-23a)

1 가이사랴에 고넬료라 하는 사람이 있으니 이달리야 부대라 하는 군대의
백부장이라 2 그가 경건하여 온 집안과 더불어 하나님을 경외하며 백성을
많이 구제하고 하나님께 항상 기도하더니 3 하루는 제 구 시쯤 되어 환상
중에 밝히 보매 하나님의 사자가 들어와 이르되 고넬료야 하니 4 고넬료
가 주목하여 보고 두려워 이르되 주여 무슨 일이니이까 천사가 이르되 네
기도와 구제가 하나님 앞에 상달되어 기억하신 바가 되었으니 5 네가 지
금 사람들을 욥바에 보내어 베드로라 하는 시몬을 청하라 6 그는 무두장
이 시몬의 집에 유숙하니 그 집은 해변에 있다 하더라 7 마침 말하던 천사
가 떠나매 고넬료가 집안 하인 둘과 부하 가운데 경건한 사람 하나를 불러
8 이 일을 다 이르고 욥바로 보내니라 9 이튿날 그들이 길을 가다가 그 성
에 가까이 갔을 그때에 베드로가 기도하려고 지붕에 올라가니 그 시각은
제 육 시더라 10 그가 시장하여 먹고자 하매 사람들이 준비할 때에 황홀
한 중에 11 하늘이 열리며 한 그릇이 내려오는 것을 보니 큰 보자기 같고
네 귀를 매어 땅에 드리웠더라 12 그 안에는 땅에 있는 각종 네 발 가진 짐
승과 기는 것과 공중에 나는 것들이 있더라 13 또 소리가 있으되 베드로야
일어나 잡아 먹어라 하거늘 14 베드로가 이르되 주여 그럴 수 없나이다 속
되고 깨끗하지 아니한 것을 내가 결코 먹지 아니하였나이다 한대 15 또 두
번째 소리가 있으되 하나님께서 깨끗하게 하신 것을 네가 속되다 하지 말
라 하더라 16 이런 일이 세 번 있은 후 그 그릇이 곧 하늘로 올려져 가니라
17 베드로가 본 바 환상이 무슨 뜻인지 속으로 의아해 하더니 마침 고넬료
가 보낸 사람들이 시몬의 집을 찾아 문 밖에 서서 18 불러 묻되 베드로라

하는 시몬이 여기 유숙하느냐 하거늘 19 베드로가 그 환상에 대하여 생각
할 때에 성령께서 그에게 말씀하시되 두 사람이 너를 찾으니 20 일어나 내
려가 의심하지 말고 함께 가라 내가 그들을 보내었느니라 하시니 21 베드
로가 내려가 그 사람들을 보고 이르되 내가 곧 너희가 찾는 사람인데 너희
가 무슨 일로 왔느냐 22 그들이 대답하되 백부장 고넬료는 의인이요 하나
님을 경외하는 사람이라 유대 온 족속이 칭찬하더니 그가 거룩한 천사의
지시를 받아 당신을 그 집으로 청하여 말을 들으려 하느니라 한대 23 베드
로가 불러 들여 유숙하게 하니라 이튿날 일어나 그들과 함께 갈새 욥바에
서 온 어떤 형제들도 함께 가니라

이 단락에는 이방인 백부장 고넬료의 회심 이야기가 기록되어 있다. 사도행전에서 고넬료의 회심 이야기는 대단히 중요한데, 이는 그것이 이방인 선교의 중요한 전환점 역할을 하기 때문이다.[237] 유대인 사도 베드로는 이방인 백부장 고넬료에게 복음을 전하고, 그로 인하여 고넬료는 성령을 받아 새로운 사람이 됨으로써 복음의 보편화 혹은 구원의 온세계성이 공식적으로 드러난다. 그리하여 주 예수님이 1:8에서 말씀하신 내용이 계속해서 성취되어 간다.

1) 고넬료가 환상을 봄(10:1-8)

누가는 "고넬료"라는 사람을 소개한다. 고넬료는 가이사랴에 살고 있으며 이달리야 부대라 하는 군대의 백부장이다(1절). 가이사랴는 현재 베드로가 머물고 있는 욥바에서 북쪽으로 약 50km 떨어진 곳에 위치해 있었다(참고. 9절).[238] 가이사랴는 아름다운 해변도시로서 주후 1세기에 로마 총독과

군인이 거주하고 있었다. 그리고 이곳에는 주로 이방인이 살았다.[239] 사도행전에서 가이사랴는 의미 있는 곳이다. 빌립은 여러 성을 다니며 복음을 전하다가 가이사랴에 이르렀으며(참고. 8:40), 사울은 다소로 가는 길에 가이사랴를 지나갔다(참고. 9:30). 이후에도 이곳에서는 중요한 사건들이 많이 일어난다(참고. 12:19; 18:22; 21:8, 16; 23:23, 33; 25:1, 4, 6, 13).[240] "이달리야 부대"(Italian Regiment)는 로마의 보병대(*speira*)로서 600명 정도로 구성되어 있었다. 이 부대의 지휘관은 천부장이고, 그 아래에 8-10명의 백부장이 있었다.[241]

고넬료는 경건하여 온 집안사람들과 더불어 "하나님을 경외하며", 백성을 많이 구제하고, 하나님께 항상 기도하는 사람이었다(2절; 참고. 22절). 그는 이방인이지만 하나님을 믿고 선을 베푸는 의로운 사람이었다. "하나님을 경외하며"라는 표현은 '하나님을 경외하는 자'(*포부메노스 톤 떼온*, φοβούμενος τὸν θεὸν, God-fearer)라는 뜻인데, '하나님을 경외하는 자'란 특정한 부류의 사람들을 가리키는 전문용어이다(참고. 34-35절). 이들은 '개종자'(proselyte)와 구별된다. '하나님을 경외하는 자'는 이방인으로서 하나님을 믿지만 유대의 관습을 받아들이지 않는 사람을 가리키고(참고. 13:16, 26; 17:17), 그러나 '개종자'는 이방인으로서 하나님을 믿으며 동시에 유대의 관습을 받아들이는 사람을 가리킨다(참고. 2:10; 6:5; 13:43).[242]

여기서 고넬료가 중생한 사람인지 그렇지 않은 사람인지에 대해서 의문이 생길 수 있다. 이에 대해서 우리는 고넬료가 중생한 사람이라고 생각할 수 있다. 이는 그가 하나님을 경외하며 경건하게 사는 사람인데다 하나님께서 그의 기도를 들으시고 응답하셨기 때문이다. 이런 사람을 중생하지 못한 사람이라고 보는 것은 합당하지 않다. 하지만 그는 아직 구약시대에 속해 있던 사람이다. 즉 그는 예수 그리스도의 복음이 전파되기 전에 하나님을 믿은 특수한 위치에 속해 있었던 사람이다. 따라서 그는 구약시대 사람이나 사마리아 사람과 같은 처지에 있었다.[243]

고넬료는 어느 날 제 구 시쯤 되어 "환상 중에 밝히" 하나님의 사자를 보게 된다(3절a). 제 구 시는 오늘날의 오후 3시인데, 이 시간은 유대인이 기도하는 시간이다(참고. 3:1; 10:30). "환상 중에 밝히"라는 표현은 그가 본 환상이 확실하고 분명하다는 사실을 강조한다. 따라서 하나님께 항상 기도하던 고넬료에게 환상 중에 하나님의 사자(messenger, 천사)가 나타난 것이다. 사도행전에서 천사는 하나님의 목적을 이루기 위해서 중요한 역할을 맡는다(참고. 5:19; 8:26; 10:3; 12:7; 27:23).[244] 천사가 "고넬료야"하고 부르자(3절b), 고넬료는 두려워하면서 "주여 무슨 일이니이까"라고 묻는다(4절a). 그가 천사를 보고 두려워하는 것은 천사가 하나님의 영광을 반영하기 때문인데, 이는 성경에 자주 묘사되는 전형적인 현상이다(참고. 7:30; 8:26). 천사는 그에게 "네 기도와 구제가 하나님 앞에 상달되어 기억하신 바가 되었으니"라고 말한다(4절b). 이것은 하나님께서 그의 경건한 삶을 아시고 인정하셨다는 뜻이다.

고넬료는 비록 이방인이지만 하나님을 신실하게 믿는 사람이었으며, 그의 기도와 구제는 하나님 앞에 상달되어 기억하신 바가 되었다. 누가는 앞에서 다비다의 구제에 대해서 언급한 적이 있다(참고. 9:36). 그런데 그가 여기서 다시 고넬료의 구제에 대해서 언급하는 것은 참된 경건이 어떤 것인지를 강조하기 위해서이다. 기도와 구제는 금식과 더불어 유대인의 기본적인 경건생활이다. 그런데 이제 그러한 경건은 유대인에게만 한정되어 있지 않고 이방인에게도 나타난다. 따라서 하나님의 복음이 유대를 벗어나 이방으로 나아가는 것이 뚜렷해진다. 이제 유대인과 이방인의 경계가 허물어진다. 실로 복음은 온 세상 사람들을 위한 것이다.

천사는 고넬료에게 지금 사람들을 욥바에 보내어 베드로를 청하라고 말한다(5절). 그는 베드로가 무두장이 시몬의 집에 유숙하고 있으며, 그 집이 해변에 있다고 구체적으로 알려준다(6절). 따라서 고넬료에게 임한 하나님의 말씀이 매우 분명하고 확실하다는 점이 드러난다. 이에 고넬료는 베드로를 청하기 위하여 집안 하인 둘과 부하 가운데 경건한 사람 하나를 불러 욥바로 보낸다(7-8절). 그가 하인 둘을 보내는 것은 임무 수행에 조금도 지장이 없게 하려는 것이며, 경건한 부하 군인 하나를 보내는 것은 안전한 수행을 돕기 위한 것이다. 한편, 무두장이의 집이 해변에 있는 것은 가죽 세공을 위해서 많은 바닷물이 필요하기 때문이다.

2) 베드로가 환상을 봄(10:9-16)

고넬료가 환상을 본 다음날 그가 보낸 사람들이 욥바에 가까이 이르렀을 때, 베드로는 기도하려고 지붕에 올라가 있었는데, 그 시각이 제 육 시(낮 12시)였다(9절). 가이사랴는 욥바에서 50km 정도 떨어져 있었기 때문에 그들은 전날 오후 3시 이후에 출발하여 도중에 하룻밤 자고 다음날 낮에 도착했다.[245] 당시 유대인들은 하루에 세 번(오전 9시, 정오, 오후 3시) 기도했으며, 두 번(오전 9시, 오후 3시) 기도하는 경우도 있었다(참고. 시 55:17; 단 6:10). 베드로는 시장하여 음식을 먹고자 했는데, 사람들이 음식을 준비할 때 갑자기 황홀한 환상을 보게 된다(10절).

베드로는 하늘이 열리며 한 그릇이 내려오는 것을 보았는데, 그것은 큰 보자기 같고 네 귀를 매어 땅에 드리웠다(11절; 참고). 그 안에는 땅에 있는 각종 네 발 가진 짐승과 기는 것과 공중에 나는 것들이 있었다(12절). 따라서 그릇 안에는 온갖 종류의 짐승이 들어 있었다. 여기에는 정결한 짐승과 부정한 짐승이 섞여 있었으며, 먹어도 되는 음식과 먹어서는 안 되는 음식이 섞여 있었다(참고. 레 11:1-47; 신 14:7-20). 이때 하늘에서 소리가 나서 "베드로야 일어나 잡아먹어라"라고 명령한다(13절). 이것은 천사의 소리이지만 실상 하나님의 음성이다.

그러나 베드로는 "주여 그럴 수 없나이다 속되고 깨끗하지 아니한 것을 내가 결코 먹지 아니하였나이다"라고 대답한다(14절). 유대인들은 속된 음식과 깨끗하지 않은 음식을 먹지 않는 것이 경건의 증거라고 생각하였다. 따라서 베드로는 유대의 관례에 근거하여 이러한 부정한 것들을 먹을 수 없다고 말한다. 사실 유대인에게 있어서 정결한 음식만을 먹는 것은 그들의 신분과 정체와 나아가서 하나님과의 관계(구원)를 결정하는 진지한 문제였다. 따라서 베드로는 이러한 음식 먹는 것을 거절하는 것이 하나님께 대한 신실함을 지키는 것이라고 생각하였다.

그러자 두 번째 소리가 나는데, "하나님께서 깨끗하게 하신 것을 네가 속되다 하지 말라"라고 한다(15절). "하나님께서 깨끗하게 하신 것"이란 새로운 계시가 임하였음을 시사한다. 예수님이 이 땅에 오심으로 유대의 의식은 폐지되었다. 깨끗한 음식과 더러운 음식을 구분하는 개념은 사라졌다(참고. 마 15:1-20; 막 7:1-23). 나아가서 깨끗한 사람들(유대인)과 더러운 사람들(이방인)의 구분도 철폐되었다. "이런 일이 세 번 있은 후" 그릇이 곧 하늘로 올리어 간다(16절). "이런 일이 세 번 있은 후"라는 말은 '하나님께서 깨끗하게 하신 것을 네가 속되다 하지 말라는 말씀이 세 번 있은 후'라는 뜻이다. 베드로가 하나님의 말씀을 두 번이나 듣고도(13절, 15절) 자신의 주장을 철회하지 않았기에 세 번째 말씀이 임한 것이다.

3) 성령께서 베드로에게 말씀하심(10:17-23a)

베드로는 자신이 본 환상에 대하여 속으로 의아해 한다(17절a). 왜냐하면 구약의 율법에는 분명히 먹어도 되는 음식과 먹지 말아야 할 음식이 구분되어 있기 때문이다(참고. 레 11:1-47; 20:25-26). 그는 하나님께서 자신을 시험하셔서 부정한 음식을 먹으라고 하신 것이 아닌가 생각한 것 같다. 그런데 이때 마침 고넬료가 보낸 사람들이 무두장이 시몬의 집에 도착한다(17절b). 그들은 베드로라 하는 시몬이 여기에 유숙하느냐고 묻는다(18절). 따라서 베드로가 환상에 대해 의아해한 것과 사람들의 방문이 긴밀히 연결된다. 즉 베드로가 궁금해 하는 것은 그에게 찾아 온 사람들을 통해서 해결될 것이 전망된다.

베드로는 환상의 의미에 대하여 생각하고 있다(19절a). 그가 본 환상이 그가 알고 있던 것과 너무나 달랐기에 그는 혼란 속에서 생각에 잠겨 있다. 여기서 '생각하다'에 해당하는 헬라어 동사 *디엔뛰메오마이*(διενθυμέομαι)는 신약성경에서 여기에만 사용되었다. 이것은 매우 골똘히 생각하는 것을 뜻한다. 이때 성령께서 그에게 말씀하시기를, "두 사람이 너를 찾으니 일어나 내려가 의심하지 말고 함께 가라 내가 그들을 보내었느니라"라고 하신다(19절b-20절).[246] 따라서 베드로는 방문한 사람들에게서 전후 사정을 듣기 전에 성령의 직접적인 지시를 듣는다.

베드로는 자신을 찾아 온 사람들을 향하여 "내가 곧 너희가 찾는 사람인데 너희가 무슨 일로 왔느냐"라고 묻는다(21절). 베드로는 이미 성령의 지시를 받았지만 자신을 찾아 온 이유를 그들에게 물음으로써 확인하려 한다.

그들은 고넬료를 소개하면서 고넬료가 베드로를 자신의 집에 청하여 말씀을 들으려 한다고 대답한다(22절a). 누가는 2절에서 고넬료가 하나님을 경외하는 의로운 사람이라는 사실을 직접 언급했는데, 이제 여기서는 고넬료가 의인이며 하나님을 경외하는 사람이라는 사실을 하인들의 입을 통하여 언급한다. 이러한 중복 소개는 고넬료가 얼마나 신실한 사람인지를 강조하는 효과를 가진다.

특히 하인들은 고넬료가 거룩한 천사의 지시를 받아 베드로를 청하여 말을 들으려 한다고 말한다(22절b). 이는 베드로가 이미 환상을 보았고 천사를 통하여 하나님의 말씀을 받은 것과 연결된다. 게다가 베드로는 친히 성령을 통하여 음성을 들었다. 따라서 베드로가 고넬료를 만나게 되는 과정에는 하나님의 직접적인 명령이 있다. 베드로는 그들을 불러 들여 유숙하게 한다(23절a). 따라서 지금 무두장이 시몬의 집에서 함께 유숙하는 사람들은 부정한 사람 무두장이 시몬, 유대인 베드로, 그리고 이방인 고넬료의 하인들이다. 이것은 매우 큰 의미를 가진다. 그들이 함께 유숙하는 순간은 유대인과 이방인, 즉 정결한 사람과 부정한 사람의 경계가 허물어지는 순간이다.

교훈과 적용

1. 이 단락이 주는 가장 분명한 메시지는 거룩한 사람(민족)과 속된 사람(민족)을 구별하지 말아야 한다는 것이다. 즉 예수 그리스도의 복음으로 말미암아 유대인과 이방인, 곧 정결한 사람과 부정한 사람의 경계가 허물어졌다는 것이다. 복음을 받은 우리는 민족적으로나 계층적으로 나누어지지 말아야 한다. 아울러 우리는 모든 사람에게 나아가서 복음을 전해야 한다. 그리스도 안에서는 누구나 동일한 구원의 대상자이다. 실로 복음은 보편성과 온세계성을 가진다.

2. 이 이야기에서 우리는 하나님이 베드로와 고넬료를 분명하게 인도하신 일을 볼 수 있다. 하나님은 고넬료에게 환상을 통하여 말씀하셨고, 베드로에게 환상을 통하여 말씀하셨다. 그리고 천사와 성령의 음성이 들렸다. 이에 고넬료와 베드로는 하나님의 분명한 지시와 인도를 받아 행동하였다. 이제 우리는 성경을 가지고 있는데, 이 성경은 하나님의 말씀을 가장 정확하고 분명하게 담고 있다. 우리는 오직 성경에 기록되어 있는 대로 순종하며 살아야 한다.
3. 천사는 고넬료에게 직접 복음을 전하지 않고 베드로를 통하여 전하게 한다. 이것은 복음의 전파자가 사람인 것을 보여준다. 하나님은 직접 복음을 전하실 수 있지만 사람을 통하여 전하기를 기뻐하신다. 우리는 주님의 명령에 순종하여 밖으로 나가서 사람들에게 복음을 전해야 한다. 우리는 복음을 전하는 도구로 쓰임 받는 것을 영광스럽게 생각해야 한다. 우리의 입술과 삶을 통하여 사람이 생명을 얻는 일을 보며 즐거워해야 한다.

3. 고넬료의 회심(10:23b-48)

23 베드로가 불러 들여 유숙하게 하니라 이튿날 일어나 그들과 함께 갈새
욥바에서 온 어떤 형제들도 함께 가니라 24 이튿날 가이사랴에 들어가니
고넬료가 그의 친척과 가까운 친구들을 모아 기다리더니 25 마침 베드로
가 들어올 때에 고넬료가 맞아 발 앞에 엎드리어 절하니 26 베드로가 일으
켜 이르되 일어서라 나도 사람이라 하고 27 더불어 말하며 들어가 여러 사
람이 모인 것을 보고 28 이르되 유대인으로서 이방인과 교제하며 가까이
하는 것이 위법인 줄은 너희도 알거니와 하나님께서 내게 지시하사 아무
도 속되다 하거나 깨끗하지 않다 하지 말라 하시기로 29 부름을 사양하지
아니하고 왔노라 묻노니 무슨 일로 나를 불렀느냐 30 고넬료가 이르되 내

가 나흘 전 이맘때까지 내 집에서 제 구 시 기도를 하는데 갑자기 한 사람
이 빛난 옷을 입고 내 앞에 서서 31 말하되 고넬료야 하나님이 네 기도를
들으시고 네 구제를 기억하셨으니 32 사람을 욥바에 보내어 베드로라 하
는 시몬을 청하라 그가 바닷가 무두장이 시몬의 집에 유숙하느니라 하시
기로 33 내가 곧 당신에게 사람을 보내었는데 오셨으니 잘하였나이다 이
제 우리는 주께서 당신에게 명하신 모든 것을 듣고자 하여 다 하나님 앞에
있나이다 34 베드로가 입을 열어 말하되 내가 참으로 하나님은 사람의 외
모를 보지 아니하시고 35 각 나라 중 하나님을 경외하며 의를 행하는 사람
은 다 받으시는 줄 깨달았도다 36 만유의 주 되신 예수 그리스도로 말미
암아 화평의 복음을 전하사 이스라엘 자손들에게 보내신 말씀 37 곧 요한
이 그 세례를 반포한 후에 갈릴리에서 시작하여 온 유대에 두루 전파된 그
것을 너희도 알거니와 38 하나님이 나사렛 예수에게 성령과 능력을 기름
붓듯 하셨으매 그가 두루 다니시며 선한 일을 행하시고 마귀에게 눌린 모
든 사람을 고치셨으니 이는 하나님이 함께 하셨음이라 39 우리는 유대인
의 땅과 예루살렘에서 그가 행하신 모든 일에 증인이라 그를 그들이 나무
에 달아 죽였으나 40 하나님이 사흘 만에 다시 살리사 나타내시되 41 모
든 백성에게 하신 것이 아니요 오직 미리 택하신 증인 곧 죽은 자 가운데
서 부활하신 후 그를 모시고 음식을 먹은 우리에게 하신 것이라 42 우리에
게 명하사 백성에게 전도하되 하나님이 살아 있는 자와 죽은 자의 재판장
으로 정하신 자가 곧 이 사람인 것을 증언하게 하셨고 43 그에 대하여 모
든 선지자도 증언하되 그를 믿는 사람들이 다 그의 이름을 힘입어 죄 사함
을 받는다 하였느니라 44 베드로가 이 말을 할 때에 성령이 말씀 듣는 모
든 사람에게 내려오시니 45 베드로와 함께 온 할례 받은 신자들이 이방인

들에게도 성령 부어 주심으로 말미암아 놀라니 46 이는 방언을 말하며 하
나님 높임을 들음이러라 47 이에 베드로가 이르되 이 사람들이 우리와 같
이 성령을 받았으니 누가 능히 물로 세례 베풂을 금하리요 하고 48 명하여
예수 그리스도의 이름으로 세례를 베풀라 하니라 그들이 베드로에게 며
칠 더 머물기를 청하니라

베드로는 가이사랴에 도착하여 고넬료의 집에 들어가서 말씀을 전한다. 그는 예수 그리스도의 생애와 죽음과 부활을 증언한다. 이때 성령이 말씀을 듣는 모든 사람에게 임하신다. 이후 그들은 물로 세례를 받음으로 하나님의 백성이 되고 교회의 회원이 된다. 그리하여 이방인 고넬료의 회심은 복음이 이방인에게로 확장되는 것을 공식적으로 알리는 역할을 한다.

1) 베드로가 고넬료의 집에 들어감(10:23b-33)

이튿날 베드로는 고넬료가 보낸 사람들과 욥바에 있던 형제들과 함께 해안도로를 따라 북쪽을 향하여 가이사랴로 간다(23절b). 베드로의 동행자들은 베드로 자신과 고넬료가 보낸 사람들 3명과 욥바의 형제들 6명(참고. 11:12) 등 모두 10명이다. 그들은 욥바에서 가이사랴까지 약 50km를 걸어서 이튿날 도착한다(참고. 9절). 그곳에 도착하니 고넬료가 친척과 가까운 친구들을 모아 놓고 기다리고 있었다(24절). 즉 고넬료는 이 자리에 여러 사람을 초청함으로 복음에 대한 사모함을 드러낸다. 그는 이방인이지만 사람들 앞에서 복음을 부끄러워하지 않는다.

고넬료는 베드로가 들어올 때 발 앞에 엎드리어 절한다(25절; 참고. 4:35). 그는 마치 천사나 혹은 그보다 더 우월한 존재를 맞이하는 것과 같은

자세로 베드로를 맞이한다. 사실 로마의 백부장이 식민 지배를 하는 유대의 평민에게 이렇게 극진한 예의를 갖추는 것은 놀라운 일이다. 이에 베드로는 자신도 사람이라고 말하면서 고넬료의 행위를 만류한다(26절; 참고. 14:11-18). 베드로는 권능을 행한 사람으로서 많은 사람으로부터 추앙을 받고 있었으나 고넬료 앞에서 겸손한 자세를 취한다. 그는 오로지 하나님께만 영광이 돌아가기를 바란다.

베드로는 고넬료의 집 안에 들어가서 여러 사람이 모여 있는 것을 본다(27절). 그는 유대인으로서 이방인과 교제하며 가까이 하는 것이 위법인 것을 주지시키면서 하나님께서 자신에게 지시하시기를 아무도 속되다 하거나 깨끗하지 않다 하지 말라 하셨기에 부름을 사양하지 아니하고 왔다고 말하며 무슨 일로 자신을 불렀느냐고 묻는다(28-29절). 따라서 베드로는 유대의 민족적인 금기를 깨뜨리고 다른 유대인들로부터의 비난을 감수하면서까지 고넬료의 집에 들어가서 그들과 대화한다. 실로 베드로는 자신에게 임하신 하나님의 명령에 절대적으로 순종한다.

베드로의 질문에 고넬료는 나흘 전에 기도하던 중 보았던 환상에 대하여 말한다(30-33절). 고넬료는 환상 중에 "한 사람이 빛난 옷을 입고" 자신 앞에 선 것을 보았다. "한 사람"이라는 표현은 천사가 사람의 모습으로 고넬료에게 나타났음을 의미한다. 그리고 그가 "빛난 옷"을 입은 것은 하나님의 찬란한 광채를 반영한다(참고. 1:10; 눅 24:4). 고넬료는 천사가 자신에게 말한 내용을 그대로 옮긴다(참고. 3-6절). 그런 후에 "우리는 주께서 당신에게 명하신 모든 것을 듣고자 하여 다 하나님 앞에 있나이다"라고 말한다. 그들은 하나님의 말씀을 사모하고 있다.

2) 베드로가 설교함(10:34-43)

베드로가 입을 열어 말한다. 이것은 사도행전에 기록된 베드로의 다섯 개의 설교 중 마지막이다(참고. 2:14-39; 3:12-26; 4:8-12; 5:29-32).[247] 베드로는 하나님이 사람의 외모를 보지 아니하시고 각 나라 중 하나님을 경외하며 의를 행하는 사람을 다 받으시는 줄 깨달았다고 말한다(34-35절). 여기서 "외모"(*프로소포렘프테스*, προσωπολήμπτης)는 '편애'(partiality)를 뜻하는데, 민족, 인종, 성별, 계층 등의 외적인 기준을 포괄한다. 따라서 베드로의 말은 하나님이 유대인뿐만 아니라 모든 사람을 구원하시는 것을 기뻐하신다는 뜻이다. 베드로는 유대인의 편견을 깨뜨리면서 인류에 대한 새로운 시각을 드러낸다. 그는 복음의 보편성과 구원의 온세계성을 드러낸다.[248]

베드로는 "만유의 주"라는 표현과 "화평의 복음"이라는 표현을 사용함으로써 유대인과 이방인의 경계를 전제적으로 허물어 버린다(36절; 참고. 롬 10:12). 그는 예수 그리스도의 생애와 사역을 간략히 요약하여 말하는데, 요한이 세례와 회개를 전한 일과 예수님이 세례를 받고 성령과 능력을 받으신 일, 예수님이 두루 다니시며 선한 일을 행하시고 마귀에게 눌린 사람을 고치신 일을 말한다(37-38절; 참고. 눅 4:18). 그러므로 베드로는 누구든지 하나님을 경외하며 의를 행하는 사람을 하나님이 다 받으시지만, 예수 그리스도께서 하신 일을 인정하는 사람을 받아들이신다는 메시지를 전달한다.

베드로는 이어서 예수 그리스도의 죽음과 부활에 대하여 말한다. 그는 유대와 예루살렘에서 예수님이 행하신 모든 일에 자신과 다른 사도들이 증인이라고 고백한다(39절a). 실제로 사도들은 예수님에 대한 모든 것을 목격한 자들이다. 베드로는 사람들이 예수님을 나무에 달아 죽였으나 하나님께서 사흘 만에 예수님을 다시 살리셨다고 증언한다(39절b-40절).[249] 그는 이에 대하여 보다 자세히 설명하는데, 이는 사람들이 예수님의 부활을 믿기가 쉽지 않았기 때문이다. 더군다나 지금 베드로의 설교를 듣고 있는 청중들은 이방인이기에 더욱 강조했다.

베드로는 예수님이 부활하신 후 모든 백성에게 나타나신 것이 아니라 오직 미리 택하신 증인들, 곧 제자들에게만 나타나셨다고 말한다(41절). 그리고 제자들에 대하여 "죽은 자 가운데서 부활하신 후 그를 모시고 음식을 먹은 우리"라고 진술한다(참고. 요 21:13). 따라서 베드로는 제자들이 부활하신 예수님과 함께 음식을 먹었다고 말함으로 예수님이 육체적으로 부활하셨음을 강조한다. 필시 사도들은 그리스도의 부활을 눈으로 보고 함께 지내면서 체험했기에 목숨을 걸고 복음을 전할 수 있었다. 만일 그들이 부활을 확신하지 못했다면 복음을 담대하게 전하지 못했을 것이다(참고. 고전 15장).

베드로는 예수님이 자신들에게 명하신 일이 전도임을 말하면서, "하나님이 살아 있는 자와 죽은 자의 재판장으로 정하신 자가 곧 이 사람인 것을 증언하게" 하셨다고 한다(42절). 그리고 예수님에 대하여 모든 선지자도 증언하였다고 하면서, "그를 믿는 사람들이 다 그의 이름을 힘입어 죄 사함을 받는다"라고 한다(43절). 즉 베드로는 누구든지 예수님을 믿는 자가 구원을 받는다는 말로 결론을 맺는다. 여기서 베드로의 설교는 그가 이전에 유대인 앞에서 행한 설교와 다르지 않다(참고. 2:14 이하; 5:29 이하). 복음은 본질적으로 유대인에게나 이방인에게나 동일하다. 실로 복음은 전 세계적이다. 이제 복음을 들은 자는 결단을 요청받는다. 그들은 예수님을 받아들이든지 그렇지 않든지를 결정해야 한다.

3) 이방인들이 성령을 받음(10:44-48)

베드로가 설교하고 있을 때 성령이 말씀을 듣는 모든 사람에게 내려오신다(44절). 이는 그들이 베드로의 설교를 들으면서 예수님에 대한 온전한 지식과 믿음을 가졌기 때문이다. 비록 누가는 베드로의 설교를 요약하여 소개하지만, 베드로는 예수님에 대한 충분한 지식과 회개와 믿음에 대한 결단을 말했고, 사람들이 이에 순종했기에 성령께서 그들 모두에게 임하시는 것이다. 그런데 그들은 성령이 임하실 것을 기도하지 않았으며 심지어 기대하지도 않았다. 하지만 성령께서는 그분의 주권과 의지에 따라 사람들에게 임하신다.

베드로와 함께 온 할례 받은 신자들, 즉 여섯 명의 유대인 형제들은(참고. 10:23b) 이방인에게도 성령을 부어 주심으로 말미암아 놀란다(45절). 여기서 누가는 '놀라다'에 해당하는 헬라어 동사로 *엑시스테미*(ἐξίστημι)를 사용하는데, 이는 정신이 번쩍 들 정도로 많이 놀란다는 뜻이다. 그들은 이방인들이 방언을 말하며 하나님을 높이는 것을 듣는다(46절). 방언을 말하는 것은 성령이 임하신 것을 가시적으로 드러내는 역할을 한다(참고. 2:1-5). 유대인에게 부어진 성령이 이제 이방인에게도 부어진다. 따라서 하나님의 우주적인 구원사역이 시작된다.

베드로는 이 사람들이 성령을 받았음을 확인해 준다(47절a). 여기서 그는 "이 사람들이 우리와 같이 성령을 받았으니"라고 말함으로 유대인과 이방인의 구별을 없앤다. 이것은 사도행전에서 세 번째 성령이 임하신 경우이다. 첫 번째 성령 강림은 2장에 나오는데, 유대인들에게 성령이 임하신 일이다. 두 번째 성령 강림은 8장에 나오는데, 사마리아 사람(유대인과 이방인의 혼혈인)에게 성령이 임하신 일이다. 그리고 여기에서는 이방인에게 성령이 임하신다. 앞으로 19장에 성령 강림이 한 번 더 나올 것인데, 에베소 사람(이방인)에게 성령이 임하시는 일이다. 2장의 성령 강림을 유대인의 오순절이라고 한다면, 8장의 성령 강림을 혼혈인의 오순절이라고 할 수 있고, 이곳과 19장의 성령 강림을 이방인의 오순절이라고 할 수 있다.

베드로는 이방인에게 성령이 임하신 것을 통하여 그들이 하나님의 백성이 되었다고 본다. 그리하여 그는 동행한 유대인 형제들에게 명령하여 이방인에게 세례를 베풀게 한다(47절b-48절a). 이때 베드로는 "누가 능히 물로 세례 베풂을 금하리요"라고 말하는데, 이것은 내시가 빌립에게 세례를 요청할 때 "내가 세례를 받음에 무슨 거리낌이 있느냐"라고 묻는 것과 일맥상통한다(참고. 8:36; 11:17). "금하리요"와 "거리끼다"에 해당하는 헬라어 단어는 *콜뤼오*(κωλύω)로서 동일하다. 앞에서 언급했듯이, 이 단어는 초기 기독교에서 세례를 베풀기 전에 사용했던 공식 문구로 보인다. 초기 기독교회는 아무렇게나 세례를 베풀지 않았고 엄격한 예전 의식에 따라 세례를 베푼 것 같다(참고. 8:36의 주해).

사람들은 베드로에게 며칠 더 머물기를 청한다(48절b). 이는 그들이 베드로에게서 하나님의 말씀을 더 많이 듣고 싶어 했기 때문이다. 고넬료는 성령의 임하심에 만족하지 않고 말씀을 계속 듣고 싶어 하는데 이것은 구원을 받은 자의 자연스러운 반응이다. 베드로가 실제로 고넬료의 집에 며칠 더 머물렀는지는 성경에 명시되어 있지 않지만, 아마도 며칠 더 머물면서 성경을 가르쳐 주었을 것이다. 결국, 이방인은 복음을 듣고 성령을 받고 세례를 받음으로 하나님의 백성이 되었고 교회의 회원으로 받아들여졌다.[250] 고넬료와 그의 식솔들은 새로운 사람이 되었으며, 베드로는 유대인과 이방인 사이의 편견을 벗어버림으로 한층 더 변화되었다. 그들은 주님 안에서 하나가 되었으며, 서로를 이해할 수 있게 되었다.

교훈과 적용

1. 베드로는 자신의 신념과 사상을 깨뜨리고 하나님의 말씀에 순종하여 고넬료의 집으로 갔다. 유대인으로서 이방인의 집에 들어가서 그들과 함께 먹고 마시며 교제하는 일은 결코 쉬운 일이 아니었다. 자기 양심의 가책과 함께 동족의 비난을 감수해야 하는 일이었다. 그러나 그는 하나님의 말씀에 순종하였다. 우리는 우리의 체면과 주위의 비난을 무릅쓰고서라도 하나님의 말씀에 순종하여야 한다. 그러한 삶은 결코 쉽지 않지만 반드시 필요하다.
2. 오늘날 해외에서 복음을 전하는 선교사가 많이 있다. 선교사는 다른 언어와 이질적인 문화와 적응하기 쉽지 않은 생활방식 등으로 인하여 어려움을 겪는다. 그러나 복음을 전하기 위해서는 그러한 차이로부터 오는 어려움을 견뎌 내야 한다. 하나님은 모든 사람이 복음을 듣기를 원하신다. 우리는 여러 지역과 여러 나라에 선교사로 나가야 하며, 이미 나가 있는 선교사를 위해 날마다 기도해야 하고, 그들을 향한 재정적인 지원을 아끼지 말아야 한다.
3. 고넬료는 말씀에 대한 갈급함을 가지고 있었다. 그는 멀리 있는 베드로를 초청하여 말씀을 들었고, 성령을 체험했으며, 세례를 받았다. 그런 후에 베드로에게 며칠 더 머물면서 말씀을 가르쳐 달라고 요청하였다. 성령이 임하시고 세례를 받은 것만으로는 충분하지 않다. 하나님이 세우신 말씀 교사로부터 많이 배워야 한다. 우리는 얼마나 말씀을 배우고 싶어 하는가? 우리에게는 훌륭한 말씀 교사가 있는가? 우리 자신은 다른 사람에게 훌륭한 말씀 교사인가?

4. 이방인 선교를 인정함(11:1-18)

1 유대에 있는 사도들과 형제들이 이방인들도 하나님의 말씀을 받았다 함
을 들었더니 2 베드로가 예루살렘에 올라갔을 때에 할례자들이 비난하여
3 이르되 네가 무할례자의 집에 들어가 함께 먹었다 하니 4 베드로가 그들
에게 이 일을 차례로 설명하여 5 이르되 내가 욥바 시에서 기도할 때에 황
홀한 중에 환상을 보니 큰 보자기 같은 그릇이 네 귀에 매어 하늘로부터
내리어 내 앞에까지 드리워지거늘 6 이것을 주목하여 보니 땅에 네 발 가
진 것과 들짐승과 기는 것과 공중에 나는 것들이 보이더라 7 또 들으니 소
리 있어 내게 이르되 베드로야 일어나 잡아 먹으라 하거늘 8 내가 이르되
주님 그럴 수 없나이다 속되거나 깨끗하지 아니한 것은 결코 내 입에 들
어간 일이 없나이다 하니 9 또 하늘로부터 두 번째 소리 있어 내게 이르되
하나님이 깨끗하게 하신 것을 네가 속되다고 하지 말라 하더라 10 이런 일
이 세 번 있은 후에 모든 것이 다시 하늘로 끌려 올라가더라 11 마침 세 사
람이 내가 유숙한 집 앞에 서 있으니 가이사랴에서 내게로 보낸 사람이라
12 성령이 내게 명하사 아무 의심 말고 함께 가라 하시매 이 여섯 형제도
나와 함께 가서 그 사람의 집에 들어가니 13 그가 우리에게 말하기를 천사
가 내 집에 서서 말하되 네가 사람을 욥바에 보내어 베드로라 하는 시몬을
청하라 14 그가 너와 네 온 집이 구원 받을 말씀을 네게 이르리라 함을 보
았다 하거늘 15 내가 말을 시작할 때에 성령이 그들에게 임하시기를 처음
우리에게 하신 것과 같이 하는지라 16 내가 주의 말씀에 요한은 물로 세례
를 베풀었으나 너희는 성령으로 세례를 받으리라 하신 것이 생각났노라
17 그런즉 하나님이 우리가 주 예수 그리스도를 믿을 때에 주신 것과 같은

선물을 그들에게도 주셨으니 내가 누구이기에 하나님을 능히 막겠느냐
하더라 18 그들이 이 말을 듣고 잠잠하여 하나님께 영광을 돌려 이르되 그
러면 하나님께서 이방인에게도 생명 얻는 회개를 주셨도다 하니라

베드로가 이방인에게 하나님의 말씀을 전함으로 이방인이 말씀을 듣고 회심한 사실이 예루살렘에 있는 사도들과 형제들에게 알려졌다. 그런데 베드로가 예루살렘에 도착했을 때 할례자들은 베드로가 무할례자의 집에 들어가서 그들과 함께 음식 먹은 일을 비난한다. 이에 베드로는 자신에게 일어난 일을 설명하면서 자신의 행동을 변호한다.

1) 할례자들의 비난(11:1-3)

유대에 있는 사도들과 형제들은 이방인들도 하나님의 말씀을 받았다는 소식을 들었다(1절). 사도들과 형제들은 예루살렘 교회의 지도자들과 신실한 그리스도인들이다. 그들은 다음 구절에 나오는 "할례자들"(circumcision party)과 구별되는 사람들이다. 누가는 사도들과 형제들이 베드로가 이방인 고넬료의 집에 들어가서 함께 음식을 먹고 교제한 일에 대하여 비난하지 않았으며, 이방인이 하나님의 말씀을 듣고 회심한 일에 대하여 거부반응을 보이지 않았음을 암묵적으로 말한다. 따라서 사도들은 할례자들과 분명히 다른 입장을 가지고 있었다.

그런데 베드로가 예루살렘에 올라갔을 때 할례자들은 베드로가 무할례자의 집에 들어가 함께 음식을 먹었다고 비난한다(2-3절). "할례자들"은 '할례를 받은 신자들'(the circumcised believers)을 가리킨다. 원래 할례자들은 유대에서 태어난 민족적인 유대인 그리스도인과 유대교로 개종하여 할례를

받은 이방인 그리스도인으로 이루어져 있지만 여기서는 유대인 그리스도인만을 뜻하는 것으로 보인다. 그들은 그리스도인이었지만 아직 유대의 전통에서 벗어나지 못하고 있었다. 한편, 사도행전 10장에 베드로가 이방인과 함께 음식을 먹었다는 직접적인 언급은 없지만, 그들과 함께 유숙한 것 자체가 이미 그것을 암시한다(참고. 10:48).[251]

유대인은 부정한 자들과 함께 음식 먹는 것을 철저히 꺼렸다(참고. 막 2:16; 눅 5:30; 15:1-2; 고전 5:11; 갈 2:12). 고대 지중해 연안 국가에서 음식을 함께 먹는 것은 정체성의 동일시를 의미했기에 유대인은 이방인과 같은 부정한 사람과 음식을 함께 먹지 않았다. 심지어 그들은 이방인과 음식을 먹는 것을 그들과 영적으로 교제하는 것으로 보아서 우상숭배의 죄를 짓는 것으로 간주하였다(참고. *2 Maccabees* 5:27).[252] 따라서 베드로가 이방인의 집에 들어가서 함께 음식을 먹은 것은 그들의 관점에서 볼 때 용인될 수 없는 일이었다.

할례자들은 이방인이 예수 그리스도를 믿고 구원을 받은 이후라도 유대의 율법을 지켜야 한다고 주장하였다. 그들은 유대의 절기와 의식을 지켜야 하며 남자의 경우 할례를 받아야 한다고 생각하였다. 그들은 이에 대해 대단히 강경한 입장을 가지고 있어서 자신들의 주장을 굽히지 않았다. 이로 인하여 기독교인 가운데에서도 유대인과 유대인 사이에, 그리고 유대인과 이방인 사이에, 심지어 이방인과 이방인 사이에 갈등이 생겨났다. 이에 사도행전 15장에는 이 문제를 다루기 위하여 예루살렘에서 회의가 열린 것을 언급한다.

2) 베드로의 변호(11:4-17)

할례자들의 비난에 대하여 베드로는 그동안 일어난 일을 차례로 설명한다(4절). 그는 10:9-16에 기록된 내용을 여기서 거의 그대로 말한다(5-10절). 이것은 10:28에 요약된 형태로 나오기 때문에, 이번이 세 번째 진술이다. 이렇게 누가는 베드로의 환상을 반복해서 수록함으로써 하나님이 베드로를 통하여 말씀하신 교훈을 강조하여 드러낸다. 하나님께서 베드로에게 이방인의 집에서 음식을 먹게 하신 일은 하나님이 유대인과 이방인의 민족적인 경계를 허물어 버리신 것을 의미한다. 더욱이 이것은 이방인에게 구원의 길이 열렸음을 공적으로 선포하는 것이다.

베드로는 일어난 일을 계속해서 말한다. 그러나 앞의 내용과 똑같이 말하지 않고 조금 다르게 말한다. 곧 이것은 앞의 내용을 보완한다. 그는 성령님의 명령에 순종하여 사람들을 따라 가이사랴에 가서 그 사람의 집에 들어가게 되었다고 말한다(11-14절). 이때 그는 할례자들의 비난을 의식해서인지 무두장이 시몬의 집에 머물렀던 일과 백부장 고넬료의 이름과 고넬료가 보낸 사람들과 하룻밤 유한 일을 말하지 않는다. 다만 "여섯 형제들"을 언급하는데, 이는 그들이 "할례 받은 신자들"이어서 베드로를 변호해 줄 수 있을 것이기 때문이다(참고. 10:45).

베드로는 자신이 설교를 시작할 때 성령이 그들에게 임하신 것에 대해서, "처음 우리에게 하신 것과 같이 하는지라"라고 말한다(15절).[253] 이것은 성령이 유대인에게 임하신 것처럼 이방인에게 임하셨다는 뜻이다. 베드로는 이방인에게 성령이 임하신 것을 통해 유대인과 이방인 사이에 편견이 깨어져야 한다는 사실을 강조한다. 그는 이어서 "내가 주의 말씀에 요한은 물로 세례를 베풀었으나 너희는 성령으로 세례를 받으리라 하신 것이 생각났노라"라고 말한다(16절). 이것은 1:5에 언급된 예수님의 말씀을 인용한 것이다(참고. 눅 3:16). 따라서 베드로는 이방인에게 성령 강림이 일어났음을 확신했다. 한편, 물로 세례를 베푸는 것은 그들을 교회의 회원으로 받아들이는 것을 상징한다. 따라서 베드로는 유대인과 이방인 모두가 하나의 교회에 가입되었다는 사실을 시사한다.

베드로는 말을 마치면서 "그런즉 하나님이 우리가 주 예수 그리스도를 믿을 때에 주신 것과 같은 선물을 그들에게도 주셨으니 내가 누구이기에 하나님을 능히 막겠느냐 하더라"라고 말한다(17절). 여기서 "같은 선물"이란 유대인과 이방인이 동일하게 '성령'을 선물로 받은 것을 의미한다. 그리고 "막겠느냐"(*콜뤼오*, κωλύω)라는 단어는 10:47에서 사용된 "금하리요"(*콜뤼오*)와 같은 단어인데, 베드로는 의도적으로 같은 단어를 사용하여 유대인이 물과 성령으로 세례를 받은 것과 이방인이 물과 성령으로 세례를 받은 것이 같은 것임을 강변한다.

여기서 주의 깊게 생각해야 할 사실은 베드로에게 임한 하나님의 계시가 황홀한 환상과 직접적인 명령, 사람을 통한 확인이라는 다중적인 수단으로 이루어져 있다는 사실이다. 즉 베드로는 하늘에서 내려오는 보자기 같은 그릇에 담겨 있는 온갖 종류의 동물을 보았는데, 그곳에는 부정한 것과 거룩한 것이 섞여 있어서 베드로의 성-속을 구분하는 이원론적 선입견을 깨뜨렸다. 또한 그는 일어나 잡아 먹으라는 명령과 하나님이 깨끗하게 하신 것을 속되다고 하지 말라는 말씀과 고넬료가 보낸 사람들을 따라가라는 성령의 직접적인 음성을 들었다.

이러한 다중적인 계시는 베드로가 가지고 있는 인종적이고 종교적인 편견을 깨뜨리시려는 하나님의 방법이었을 뿐만 아니라 또한 이 계시가 교회사적으로 매우 중요하다는 점을 보여준다. 이제는 복음이 유대인에게서 이방인에게로 전파되어야 할 시점인데, 마침 예루살렘 교회의 최고 지도자인 베드로가 먼저 이방인 선교에 눈을 뜸으로써 다른 사람도 그 길을 따라갈 수 있게 되었다. 따라서 베드로가 이방인에게 복음을 전하여 그들을 회심하게 한 일은 실상 베드로 자신의 변화와 나아가서 유대에 있는 형제들의 변화를 가져오는 계기가 되었다.

3) 사람들의 반응(11:18)

베드로의 증언을 들은 사람들은 더 이상 말을 하지 않는다(18절a). 이는 베드로의 증언이 설득력을 가지고 있었기 때문이다. 게다가 성령이 이방인들에게 임하신 일은 더 이상 부정할 수 없는 강력한 증거가 되었다. 그들은 베드로의 말에 반박할 수 없어서 침묵을 지킨다. 오히려 그들은 하나님께 영광을 돌리면서 "하나님께서 이방인에게도 생명 얻는 회개를 주셨도다"라고 반응한다(18절b). 결국, 베드로의 증언을 통하여 예루살렘 교회는 이방인들에게 구원의 은혜가 임한 것을 인정하게 된다. 이제 이방인 선교가 더욱 활기차게 진행될 것이다.

교훈과 적용

1. 성령이 강림하셨고 교회가 많이 부흥했지만, 할례를 받은 신자들은 여전히 민족적이고 인종적인 선입견을 품고 있었다. 그들은 베드로와 같은 위대한 사도가 한 일에 대해서도 비난을 멈추지 않았다. 이것은 사람이 변화되는 것이 얼마나 어렵고 힘든 일인지를 보여준다. 우리는 오랜 세월 신앙생활을 했지만 변하지 않는 자신의 모습을 보게 된다. 우리는 오늘도 성령과 말씀으로 변화되기를 갈

망해야 한다. 겸손한 모습으로 끊임없이 변화를 사모하자.

2. 고넬료가 회심을 하게 된 사건은 고넬료의 변화뿐만 아니라 베드로와 다른 사도들과 형제들의 변화를 가져왔다. 처음에 베드로는 유대인으로서 이방인과 함께 지내는 것을 부정하게 여겼으나 하나님이 명령하시자 이방인의 집에 가서 함께 음식을 먹으며 교제했다. 그리고 그들에게 말씀을 전하고 세례를 베풀었다. 그래서 베드로는 더욱 성장하게 되었다. 그리고 그의 성장과 더불어 이방인 선교가 탄력을 얻게 되었다. 지도자의 변화와 성장은 매우 중요하다.
3. 베드로는 자신에게 임한 하나님의 명령과 일어난 일을 차례로 설명했다. 그는 하나님과 긴밀한 교제를 누리며 하나님의 명령에 순종하고 일어난 일을 예의 주시했다. 우리도 하나님과의 교제를 중요하게 여겨야 한다. 하나님은 성경을 통하여 우리에게 말씀하신다. 그리고 우리가 기도할 때 우리의 마음에 감동을 주신다. 우리는 하나님과 지속적으로 교제해야 하며, 하나님께서 말씀하실 때 적극적으로 그리고 자발적으로 순종해야 한다.

5. 안디옥 교회(11:19-30)

19 그때에 스데반의 일로 일어난 환난으로 말미암아 흩어진 자들이 베니
게와 구브로와 안디옥까지 이르러 유대인에게만 말씀을 전하는데 20 그
중에 구브로와 구레네 몇 사람이 안디옥에 이르러 헬라인에게도 말하여
주 예수를 전파하니 21 주의 손이 그들과 함께 하시매 수많은 사람들이 믿
고 주께 돌아오더라 22 예루살렘 교회가 이 사람들의 소문을 듣고 바나바
를 안디옥까지 보내니 23 그가 이르러 하나님의 은혜를 보고 기뻐하여 모
든 사람에게 굳건한 마음으로 주와 함께 머물러 있으라 권하니 24 바나바
는 착한 사람이요 성령과 믿음이 충만한 사람이라 이에 큰 무리가 주께 더

하여지더라 25 바나바가 사울을 찾으러 다소에 가서 26 만나매 안디옥에
데리고 와서 둘이 교회에 일 년간 모여 있어 큰 무리를 가르쳤고 제자들이
안디옥에서 비로소 그리스도인이라 일컬음을 받게 되었더라 27 그때에
선지자들이 예루살렘에서 안디옥에 이르니 28 그 중에 아가보라 하는 한
사람이 일어나 성령으로 말하되 천하에 큰 흉년이 들리라 하더니 글라우
디오 때에 그렇게 되니라 29 제자들이 각각 그 힘대로 유대에 사는 형제들
에게 부조를 보내기로 작정하고 30 이를 실행하여 바나바와 사울의 손으
로 장로들에게 보내니라

누가는 앞 단락을 "이방인들도 하나님의 말씀을 받았다"라는 말로 시작하였고(11:1), "하나님께서 이방인에게도 생명 얻는 회개를 주셨도다"라는 말로 마쳤다(11:18). 그런데 그는 이 단락을 "헬라인에게도 말하여 주 예수를 전파하니"라는 말로 시작한다(11:20). 그리하여 이방인 선교가 본격화되고 있음을 알린다. 이 단락에는 이름 없는 전도자들의 활동과 안디옥 교회의 설립으로 복음이 더욱 널리 전파되는 계기가 마련되는 장면이 담겨 있다.

1) 헬라인들에게 복음이 전파됨(11:19-21)

19절은 8:4에서 이어진다. 19절a("그때에 스데반의 일로 일어난 환난으로 말미암아 흩어진 자들이")과 8:4("그 흩어진 사람들이 두루 다니며 복음의 말씀을 전할새")는 유사하다. 그 사이에 있는 8:5-11:18은 빌립의 사마리아 선교와 에디오피아 내시 전도, 사울의 회심과 활동, 베드로의 활동, 고넬료의 회심 등으로 구성되어 있다. 누가는 스데반의 순교 이후에 제자들이 여러 곳으로 가서 복음 전하는 모습을 역동적으로 서술한다. 스데반의 순

교는 환난으로 이어졌지만, 그 환난이 결코 비관적이지만은 않았다. 오히려 그것은 복음 확장의 계기가 되었다.

흩어진 사람들 중 어떤 사람들은 베니게와 구브로와 안디옥까지 이른다(19절b). 이들이 누구인지 본문에 구체적으로 명시되어 있지 않다. 그들은 분명히 사도가 아니며 이름 없는 전도자이다. 사실 누가는 8:5 이하에서 잘 알려진 몇몇 제자의 이름을 말할 뿐 다른 전도자의 이름을 말하지 않는다. 예나 지금이나 주님은 이름 없는 많은 신실한 종을 사용하셔서 복음이 전파되게 하신다. 베니게는 가이사랴 윗쪽에 있었고(오늘날의 레바논), 구브로는 베니게 근처에 있는 섬이었다. 안디옥(수리아 안디옥)은 지중해에서 29km 떨어진 곳으로, 당시에 인구가 약 50만이나 되는 큰 도시로서, 요세푸스는 이곳이 로마와 알렉산드리아 다음으로 컸으며, 이곳에 많은 유대인이 살고 있었다고 증언했다(참고. *War* 3.29; 7.41-62).[254]

복음은 이제 예루살렘과 유대와 사마리아를 넘어서 이방인에게로 전파된다. 하지만 흩어진 제자들은 아직 "유대인에게만" 말씀을 전한다. 여기서 유대인이란 각 지역에 있는 '흩어진 유대인들'(Diaspora Jews)과 '하나님을 경외하는 자들'과 '개종자들'을 의미한다. 오랫동안 유대인은 이방인과 대화하지 않았다. 그들은 종교적으로나 문화적으로 너무나 달랐다. 유대인은 이방인과 어울리는 것을 죄악시했으며, 이방인은 유대인을 혐오하였다. 그리하여 유대인 신자는 아직 이방인에게 복음을 전하지 않고 있었다.

그런데 구브로와 구레네에서 온 몇 사람이 안디옥에 이르러 헬라인에게도 주 예수님을 전파한다(20절). 구브로는 바나바의 고향이며(참고. 4:36), 구레네는 아프리카 북부 연안지역이다. 거기서 온 사람들 가운데에는 13:1에 나오는 "구레네 사람 루기오"도 포함될 것이다. 그들 대부분은 유대인이었겠지만 용기를 내어서 헬라인들에게 복음을 전한다. 여기서 "헬라인들"이란 문자 그대로 헬라 사람들과 헬라파 유대인(헬라어를 사용하는 유대인)을 모두 포함한다. 결국, 이렇게 하여 안디옥은 이방인 선교의 중심지가 되어간다.

한편, 여기에 나오는 "헬라인들"이 헬라 사람들을 가리키느냐, 아니면 헬라파 유대인들을 가리키느냐에 대해서 학자들 간에 논쟁이 있다. 단어 자체로 볼 때는 어느 것이 옳은지 알기 어렵다. 문맥으로 결정하기도 쉽지 않다. 그래서 아직 만족스러운 결론이 도출되지 않았다. 사실 그것이 본문의 의미에 큰 영향을 미치지도 않는다. 그렇지만 19절에 "유대인에게만"이라는 표현이 나오기 때문에 여기에 나오는 "헬라인"을 헬라 사람들로 보는 것이 자연스럽다. 그리고 여기에는 헬라파 유대인도 포함되어 있었을 것이다. 왜냐하면 당시에 안디옥에 헬라파 유대인이 많이 살고 있었기 때문이다. 특히 누가는 안디옥 교회에 유대인과 이방인이 같이 섞여 있었음을 언급한다.

누가는 "주의 손이 그들과 함께 하시매 수많은 사람들이 믿고 주께 돌아오더라"라고 말한다(21절). "주의 손이 그들과 함께 하시매"라는 문구는 주님의 권능이 주님의 말씀 가운데 임했다는 뜻인데, 결국 주님이 그들의 사역을 인증하셨다는 뜻이다. 그리고 "수많은 사람들이 믿고 주께 돌아오더라"라는 말은 안디옥 교회의 성장을 가리키는데, 누가는 이어지는 24절에서도 "큰 무리가 주께 더하여지더라"라고 말함으로 안디옥 교회의 성장을 묘사한다.[255] 한편, 당연히 이들이 복음을 받아들일 때 성령께서 임하셨겠지만, 누가는 이미 10장에서 이방인에게 성령이 임하신 일을 충분히 다루었기에 여기서 생략한다.

2) 바나바의 활동(11:22-26)

예루살렘 교회는 이 사람들의 소문을 듣고 바나바를 안디옥까지 보낸다(22절). 이전에도 예루살렘 교회는 사마리아 사람들이 하나님의 말씀을 받았다는 소식을 듣고 베드로와 요한을 보낸 적이 있다(참고. 8:14). 예루살렘 교회는 모체 역할을 감당하고 있었으며, 특히 이방선교에 대한 의무와 책임을 지니고 있었다. 예루살렘 교회는 이방 교회에 어떤 신학적 문제가 없는지와 교회의 형편이 어떠한지를 파악하고 교회를 굳건히 세우기 위하여 바나바를 파견한다. 곧 사도들은 바나바('위로의 아들'이란 뜻)가 이런 일에 적임자라고 생각했다(참고. 4:36).[256]

바나바는 안디옥에 이르러 "하나님의 은혜"를 보고 기뻐한다(23절a). "하나님의 은혜"는 구원의 방편인데, 사람들은 하나님의 은혜로 인하여 믿음으로 말미암아 구원을 받는다(참고. 엡 2:8). 바나바가 하나님의 은혜를 보고 기뻐한 것은 그들에게 임한 구원이 사실임을 보증하고 인준하는 것이다. 그는 사도들의 권위를 가지고 이방 교회에 보냄을 받았기에 사도적 권위를 가지고 활동한다. 그리하여 그는 모든 사람에게 굳건한 마음으로 주와 함께 머물러 있으라고 권한다(23절b). 이것은 주님을 더욱 강하게 신뢰하고 더욱 잘 섬기라는 권면이다.

누가는 바나바의 인물 됨됨이를 "바나바는 착한 사람이요 성령과 믿음이 충만한 사람이라"라고 묘사한다(24절a). 누가의 평가는 곧 하나님의 평가이며 동시에 신자들의 일반적인 평가이다. 실로 사도행전에서 바나바는 귀하고 유능한 일꾼이다. 그의 수고로 큰 무리가 주께 더해져서 교회가 크게 부흥한다(24절b). 사도행전에서 '더해지다'(*프로스티떼미*, προστίθημι)라는 단어는 교회의 부흥을 가리키는 전문용어이다. 누가는 오순절 날 성령이 임하신 이후에 이 단어를 사용했고(참고. 2:41), 이후 몇 차례 더 이 단어를 사용한다(참고. 2:47; 5:14; 11:24).

바나바는 사울(바울)을 찾으러 다소에 간다(25절). 사울은 이전에 예루살렘에서 복음을 전하다가 헬라파 유대인들로부터 위협을 받게 되자 그의 고향인 다소에 보내어졌다(참고. 9:28-30). 그것은 이때(주후 43년경)로부터 약 8년 전(주후 35년경)에 일어난 일이었다. 사울이 다소에서 무엇을 하며 지냈는지는 알려지지 않았다. 아마도 그곳에서 복음을 전했을 것이지만, 동시에 친족들로부터 박해도 받았을 것이다(참고. 고후 11:23 이하; 빌 3:8). 바나바는 사울이 이방인을 위한 사도로 부르심을 받은 것을 알고 함께 동역하려고 한다(참고. 9:15, 27).

바나바는 다소에 머물고 있는 사울을 찾아 안디옥으로 데리고 와서 1년간 같이 일하면서 큰 무리를 가르친다(26절a). 안디옥 교회에는 신자들이 계속 들어오며 바나바와 사울은 함께 말씀을 가르친다. 사도행전에서 '가르침'은 복음이 전파되는 과정에서 매우 중요한 역할을 하며(참고. 2:14-36; 3:12-26; 13:16-41), 교회가 성장하고 신자들이 영적으로 성장하는데 매우 중요한 요소가 된다(참고. 14:21-22; 18:11, 24-28; 19:8-10; 20:17-35). 그리하여 바나바와 사울의 수고로 안디옥 교회는 양적으로나 질적으로 성장한다.[257]

누가는 이때 제자들이 "그리스도인"이라 일컬음을 받게 되었다고 말한다(26절b). "그리스도인"이라는 명칭은 그들 스스로가 붙인 것이 아니라 다른 사람들에 의해 붙여진 것이다. "그리스도인"(*크리스티아노스*, Χριστιανός)은 신약에서 사도행전 26:28과 베드로전서 4:16에 다시 나오는데, '그리스도에게 속한 사람' 혹은 '그리스도의 추종자'란 뜻이다. 이 용어에 존경이나 조롱의 의미가 담겨 있지는 않아 보인다. 하지만 그리스도인들은 이 용어를 자신들에게 적용하기를 주저하지 않았다. 그들은 이제 더 이상 유대인이 아니며 이방인도 아니다. 그들은 새로운 민족인 "그리스도인"이다.

3) 안디옥 교회가 예루살렘 교회를 지원함(11:27-30)

그때 선지자들이 예루살렘에서 안디옥에 이른다(27절). 그들 중에서 아가보라 하는 한 사람이 일어나 성령으로 말하기를 천하에 큰 흉년이 들리라고 했는데, 누가는 글라우디오 때 그렇게 되었다고 설명한다(28절). 글라우디오(Claudius)는 주후 41-54년에 로마의 황제로 재임했다. 요세푸스의 기록을 참고하면 주후 46년 전후에 예루살렘에 흉년이 든 것으로 보인다(참고. *Antiquities* 3.320-321).[258] 이에 제자들은 각각 그 힘대로 유대에 사는 형제들에게 부조를 보내기로 작정하고 이를 실행하여 바나바와 사울의 손으로 장로들에게 보낸다(29-30절).[259]

안디옥 교회의 제자들이 예루살렘 교회를 지원한 때는 주후 47년경인데, 이때 바나바와 사울은 안디옥 교회의 지원금을 가지고 예루살렘을 방문한다. 이것은 바울의 제2차 예루살렘 방문이다[참고. 갈 2:1-10의 방문과 동일함; 제1차 방문은 주후 35년에 15일간(9:19b-30; 갈 1:18-20)]. 바울은 이러한 기회를 통하여 이방 교회와 예루살렘 교회가 좋은 관계를 유지하기를 기대한다. 특히 바울은 이때 예루살렘의 사도들과 이방인 선교에 대하여 의논하였으며, 예루살렘 교회는 이방인 선교를 승인하였고, 이에 따라 이방인 선교는 활기를 띠게 되었다.

교훈과 적용

1. 스데반의 일 때문에 생긴 박해는 사람들을 흩어지게 하였다. 하지만 그것은 복음의 씨앗이 흩어지는 것이었다. 우리는 박해를 받게 된 것을 부정적으로만 여기지 말아야 한다. 박해로 말미암아 믿음이 커지는 경우가 많으며 박해 때문에 교회가 단결하여 부흥하는 경우도 많다. 어떤 경우는 박해로 인하여 복음이 더욱 널리 퍼지게 된다. 그러므로 우리는 박해를 받을 때 기쁨과 감사함으로 견뎌내야 한다.
2. 이 단락에는 이름이 알려지지 않은 제자들의 활동이 나온다. 우리는 그들이 누구인지 모른다. 그들의 이름은 역사 속에 사라져 버렸다. 하지만 주님은 그들의 이름을 기억하신다. 그들은 지금 천국에서 주님의 칭찬을 받으며 지낼 것이다. 우리는 이름 없이 빛도 없이 일하기를 기뻐해야 한다. 사람들이 알아주지 않는 곳에서 일해야 한다. 우리는 남들에게 알려지지 않게 선을 베풀라고 하신 주님의 말씀을 기억해야 한다. 그리고 이름 없는 종들을 존경해야 한다.
3. 이 단락에는 특히 바나바의 활동이 두드러진다. 그는 '위로의 아들'이라는 별명답게 사람들을 중재하고 권면하는 은사를 가진 사람이었다. 바나바는 그리 두각을 나타내는 사람이 아니었다. 하지만 바나바로 인하여 바울과 예루살렘의 사도들이 교제하게 되었으며 그로 말미암아 안디옥 교회의 일들이 해결되었다. 우리는 바나바와 같이 사람들 사이에 평화를 가져오며 사람들의 마음을 위로해 주는 따스한 중재자가 되어야 한다.

6. 베드로의 이적적인 출옥(12:1-25)

1 그때에 헤롯 왕이 손을 들어 교회 중에서 몇 사람을 해하려 하여 2 요한
의 형제 야고보를 칼로 죽이니 3 유대인들이 이 일을 기뻐하는 것을 보고

베드로도 잡으려 할새 때는 무교절 기간이라 4 잡으매 옥에 가두어 군인
넷씩인 네 패에게 맡겨 지키고 유월절 후에 백성 앞에 끌어내고자 하더라
5 이에 베드로는 옥에 갇혔고 교회는 그를 위하여 간절히 하나님께 기도
하더라 6 헤롯이 잡아 내려고 하는 그 전날 밤에 베드로가 두 군인 틈에서
두 쇠사슬에 매여 누워 자는데 파수꾼들이 문 밖에서 옥을 지키더니 7 홀
연히 주의 사자가 나타나매 옥중에 광채가 빛나며 또 베드로의 옆구리를
쳐 깨워 이르되 급히 일어나라 하니 쇠사슬이 그 손에서 벗어지더라 8 천
사가 이르되 띠를 띠고 신을 신으라 하거늘 베드로가 그대로 하니 천사가
또 이르되 겉옷을 입고 따라오라 한대 9 베드로가 나와서 따라갈새 천사
가 하는 것이 생시인 줄 알지 못하고 환상을 보는가 하니라 10 이에 첫째
와 둘째 파수를 지나 시내로 통한 쇠문에 이르니 문이 저절로 열리는지라
나와서 한 거리를 지나매 천사가 곧 떠나더라 11 이에 베드로가 정신이 들
어 이르되 내가 이제야 참으로 주께서 그의 천사를 보내어 나를 헤롯의 손
과 유대 백성의 모든 기대에서 벗어나게 하신 줄 알겠노라 하여 12 깨닫고
마가라 하는 요한의 어머니 마리아의 집에 가니 여러 사람이 거기에 모여
기도하고 있더라 13 베드로가 대문을 두드린대 로데라 하는 여자 아이가
영접하러 나왔다가 14 베드로의 음성인 줄 알고 기뻐하여 문을 미처 열지
못하고 달려 들어가 말하되 베드로가 대문 밖에 섰더라 하니 15 그들이 말
하되 네가 미쳤다 하나 여자 아이는 힘써 말하되 참말이라 하니 그들이 말
하되 그러면 그의 천사라 하더라 16 베드로가 문 두드리기를 그치지 아니
하니 그들이 문을 열어 베드로를 보고 놀라는지라 17 베드로가 그들에게
손짓하여 조용하게 하고 주께서 자기를 이끌어 옥에서 나오게 하던 일을
말하고 또 야고보와 형제들에게 이 말을 전하라 하고 떠나 다른 곳으로 가

니라 18 날이 새매 군인들은 베드로가 어떻게 되었는지 알지 못하여 적지
않게 소동하니 19 헤롯이 그를 찾아도 보지 못하매 파수꾼들을 심문하고
죽이라 명하니라 헤롯이 유대를 떠나 가이사랴로 내려가서 머무니라 20
헤롯이 두로와 시돈 사람들을 대단히 노여워하니 그들의 지방이 왕국에
서 나는 양식을 먹는 까닭에 한마음으로 그에게 나아와 왕의 침소 맡은 신
하 블라스도를 설득하여 화목하기를 청한지라 21 헤롯이 날을 택하여 왕
복을 입고 단상에 앉아 백성에게 연설하니 22 백성들이 크게 부르되 이것
은 신의 소리요 사람의 소리가 아니라 하거늘 23 헤롯이 영광을 하나님께
로 돌리지 아니하므로 주의 사자가 곧 치니 벌레에게 먹혀 죽으니라 24 하
나님의 말씀은 흥왕하여 더하더라 25 바나바와 사울이 부조하는 일을 마
치고 마가라 하는 요한을 데리고 예루살렘에서 돌아오니라

앞 단락에는 사울(바울)의 예루살렘 방문 이야기가 나왔는데, 이 단락에는 베드로의 출옥 이야기가 나온다. 이후 12:25에 다시 바울이 안디옥으로 돌아왔다는 이야기가 나온다. 이처럼 7장 후반부부터는 바울과 베드로의 이야기가 번갈아 나오다가 자연스럽게 베드로가 사라지고 바울이 나오는 형태를 띤다. 이것은 유대 선교에서 이방 선교로 흐름이 옮겨가는 것을 보여준다.

1) 베드로가 옥에 갇힘(12:1-5)

1절 문두의 "그때"가 언제를 가리키는지 다소 논란이 있기는 하지만, 바나바와 사울이 안디옥 교인들의 부조금을 가지고 예루살렘에 올라갔을 때를 가리키는 것으로 보는 것이 자연스럽다(참고. 11:29-30). 이때 헤롯이 그

리스도인 중에서 몇 사람을 해하려 하여 요한의 형제 야고보를 칼로 죽인다(1-2절). 일찍이 예수님은 야고보와 요한이 그분의 잔을 마실 것이라고 말씀하셨는데 결국 야고보가 사도들 중에서 제일 먼저 죽임을 당한다(참고. 막 10:38-39). 그리고 훗날 요한은 밧모 섬으로 유배를 가며 주님의 고난에 동참한다(참고. 계 1:9).

여기서 헤롯은 헤롯 아그립바 1세(Herod Agrippa I)로서 아리스도불로(Aristobulus)의 아들이며 헤롯 대왕(Herod the Great)의 손자이다(참고. 24:24의 주해). 그는 로마 황제 칼리굴라 및 글라우디오와 친분을 가지고 있어서 그들로부터 왕으로 임명을 받아 주후 41-44년에 팔레스타인을 다스렸다.[260] 그는 하스몬가에 속해 있었고, 이두미아인의 혈통을 가졌으나 또한 유대인의 혈통도 가지고 있었기 때문에 친유대주의 정책을 폈으며, 따라서 유대인에게 굉장히 인기가 많았다. 당시에 예루살렘에서 그리스도인의 숫자가 점점 늘어나자 유대인들이 좋아하지 않았다. 이에 그는 유대인을 기쁘게 하려고 그리스도인을 박해했다.

헤롯은 사도 야고보를 죽인 후에 사도 베드로도 잡으려 하였는데 이때는 무교절 기간이었다(3절). 무교절은 유월절(니산월 14일) 이후 일주일간 지내는 절기이지만, 때로는 무교절과 유월절이 엄밀하게 구분되지 않기도 하였다(참고. 눅 22:1). 유대인들의 관례는 그 기간에 재판하거나 처형하는 것을 금지하였다. 이에 헤롯은 베드로를 바로 처형하지 못하고 일단 옥에 가두어 둔다. 유월절과 무교절을 지나면서 유대인들의 민족적 자긍심이 최고조에 달해 있었는데, 헤롯은 이 기회를 놓치지 않고 베드로를 처형하여 유대인들의 인기를 얻고자 한다. 따라서 헤롯은 베드로를 죽이는 것을 매우 중요하게 여긴다.

베드로는 아마도 성전 북쪽 모퉁이에 있는 안토니오 요새 안의 옥에 갇혔을 것이다. 헤롯은 베드로를 옥에 가두고 군인 넷씩인 네 패에게 맡겨 지키다가 유월절 후에 백성 앞에 끌어내고자 한다(4절). 군인들을 넷씩 네 패로 나누어서 맡긴 것은 4인 4조로 편성하여 맡겼다는 뜻이다. 이것은 베드로의 출옥을 원천적으로 봉쇄할 수 있는 계획이었는데, 이전에 베드로가 옥에서 나온 것을 모를 리가 없는 헤롯으로서는 최선을 다한 조처였다(참고. 5:17-20). 따라서 베드로가 처해 있는 상황은 절망적이었다. 그에게는 생존할 가능성이 거의 없었다.

베드로가 옥에 갇히자 교회는 그를 위하여 "간절히" 하나님께 기도한다(5절). 여기서 "간절히"에 해당하는 헬라어 *엑테노스*(ἐκτενῶς)는 예수님이 잡히시기 전날에 '간절히' 기도하신 일을 생각나게 한다(참고. 눅 22:44). 더욱이 그날도 유월절과 관련되어 있었다. 신자들은 지금까지 하나님의 이적적인 역사를 많이 경험하여 왔다. 그들은 기도의 능력을 알고 있었으며 하나님의 직접적인 개입을 믿고 있었다. 특히 이전에 사도들이 공회원에게 잡혀서 옥에 갇혔을 때 주님의 천사가 밤에 옥문을 열고 사도들을 구해 준 일을 기억하고 있었다(참고. 5:19). 그리하여 그들은 주님이 다시금 이적적인 방식으로 베드로를 구해주실 것을 믿고 간절히 기도한다.

2) 베드로가 천사의 도움으로 옥에서 나옴(12:6-10)

헤롯이 베드로를 잡아서 처형하려고 하는 전날 밤에 베드로는 두 군인 틈에서 두 쇠사슬에 매여 누워 자고 있었으며, 파수꾼들은 문 밖에서 옥을 지키고 있었다(6절). 이처럼 누가는 베드로가 두 군인들 틈에서 두 쇠사슬에 매여 있고 다른 두 파수꾼이 문밖에서 옥을 지키고 있음을 언급함으로 베드로의 탈출이 물리적인 방식으로는 도저히 불가능함을 드러낸다. 게다가 그 날 밤은 처형을 몇 시간 앞둔 때이기에 군인들이 더욱 철저히 그를 지키고 있었음이 틀림없다. 하지만 베드로는 처형을 앞두고 무서워 떨기보다는 오히려 태연히 자고 있다. 이것은 후에 바울이 빌립보에서 옥에 갇혀 있으면서도 하나님을 찬양한 것과 비슷하다(참고. 16:25).

이때 홀연히 주님의 사자가 나타나서 옥중에 광채가 빛나며 또 베드로의 옆구리를 쳐 깨워 말하기를 "급히 일어나라"라고 하니 쇠사슬이 그의 손에서 벗어진다(7절). 그리고 천사가 다시 말하기를 "띠를 띠고 신을 신으라"라고 하니 베드로가 그대로 하고, 천사가 또 말하기를 "겉옷을 입고 따라오라"라고 하니 베드로가 나와서 따라가면서도 천사가 하는 것이 생시인 줄 알지 못하고 환상을 보는가 한다(8-9절). 베드로가 첫째와 둘째 파수를 지나 시내로 통한 쇠문에 이르자 문이 저절로 열림으로 그곳을 나와서 한 거리를 지나니 천사가 곧 떠난다(10절). 이렇게 베드로는 천사의 초자연적인 도움을 받아 옥에서 나온다. 한편, 여기서는 천사가 베드로를 옥에서 탈출하게 해 주지만, 나중에는 천사가 헤롯이 벌레에게 먹혀 죽게 한다(참고. 23절).

3) 베드로가 동료들에게 돌아감(12:11-19)

천사가 떠나자 베드로는 정신이 들어 주님이 천사를 보내어 자신을 헤롯의 손과 유대 백성의 모든 기대에서 벗어나게 하신 것을 깨닫는다(11절). 베드로는 마가라 하는 요한의 어머니 마리아의 집으로 갔는데, 여러 사람이 거기에 모여 기도하고 있었다(12절; 참고. 5절). 그는 신자들이 "마가라 하는 요한의 어머니 마리아의 집"에 모여 있는 것을 이미 알고 있었는데, 이것은 그 집이 가택교회의 모임 장소로 사용되고 있었음을 의미한다. 한편, 이

집이 오순절 직전에 제자들이 모여서 기도하던 곳과 같은 곳인지는 확실하지 않다(참고. 1:12-14의 주해).

베드로가 대문을 두드리자 로데(Rhoda)라고 하는 여자 아이가 영접하러 나온다(13절). 여기서 "여자 아이"에 해당하는 헬라어 *파이디스케*(παιδίσκη)는 여자 하인을 가리킨다(참고. 마 26:69).[261] 누가가 여자 하인의 이름을 굳이 밝히는 이유는 그녀가 베드로의 이적적인 출옥의 증인이기 때문이다. 아마도 그녀는 훗날 베드로에 관하여 여러 사람에게 증언했을 것이다. 그녀는 베드로의 음성인 줄 알고 기뻐하여 문을 미처 열지 못하고 안으로 달려 들어가 베드로가 대문 밖에 서 있다고 말한다(14절). 그녀는 너무나 기뻤던 나머지 대문 열어 주는 것을 잊어버렸다.[262]

기도하던 자들은 로데의 말을 믿지 않고 의심한다(15절). 그들은 로데를 향하여 "네가 미쳤다"라고 말하고, 로데는 힘써 "참말이라"라고 대답한다. 그러자 그들은 "그러면 그의 천사라"라고 대답한다. "그의 천사"라는 개념은 유대인들이 가지고 있었던 수호천사 사상을 반영한다(참고. *Tobit* 5.22; *Testament of Jacob* 1.10; *Shepherd of Hermas*, Mand. 6.2.2).[263] 당시 유대인들은 각 사람을 지켜 주는 천사가 있다고 생각하였다. 분명히 그리스도인들은 베드로의 석방을 위해서 간절히 기도하고 있었지만, 하나님께서 그렇게 빨리 응답해 주실 것이라고 기대하지는 않았다.

그들은 베드로가 문 두드리기를 그치지 않자 문을 열어 주고 베드로를 보며 놀란다(16절). 그들은 베드로를 보자 큰소리를 지르며 환호했을 것이다. 그러자 베드로는 그들에게 손짓하면서 조용하게 하고 주님이 자신을 이끌어 옥에서 나오게 한 일을 설명한다(17절a).[264] 그리고는 야고보와 형제들에게 이 말을 전하라 하고 떠나 다른 곳으로 간다(17절b). 여기서 야고보는 예수님의 형제이면서 예루살렘 교회의 지도자인 야고보이다(참고. 15:13; 21:18; 갈 1:19; 2:9-12). 베드로가 떠난 다른 곳이 어디인지는 모른다. 가톨릭주의자들은 '베드로 행전'(*Acts of Peter*)에 근거하여 이때 베드로가 로마로 갔다고 주장하면서, 베드로가 로마에서 최초의 교황으로 25년간 재임했다고 주장하지만, 이를 받아들일 만한 증거가 없다.[265]

날이 새자 군인들은 베드로가 어떻게 되었는지 알지 못하여 적지 않게 소동한다(18절). 그들은 베드로의 출옥을 도무지 이해할 수 없었다. 과연 베드로가 어떻게 옥에서 나왔으며, 지금 그는 어디에 있다는 말인가? 베드로가 옥에서 나온 소식이 헤롯에게 보고되자 헤롯은 크게 진노한다. 그는 베드로를 찾아도 보지 못하자 파수꾼들을 심문하고 죽이라고 명한다(19절a). 당시 로마법에 따르면, 자기가 맡은 죄수가 도망하면 그 죄수가 받을 벌을 파수꾼이 대신 받게 되어 있었다(참고. 16:27; 27:42). 헤롯은 더 이상 유대에 있을 필요가 없게 되자 가이사랴로 내려가서 머문다(19절b). 당시 아름다운 해변도시이자 휴양도시인 가이사랴는 로마 총독이 머물던 곳인데, 헤롯은 로마 총독을 만나서 정사를 논하기 위해 그곳으로 간 것으로 보인다.

4) 헤롯의 죽음(12:20-24)

누가는 헤롯의 죽음을 언급한다. 헤롯은 두로와 시돈 사람들을 대단히 노여워한다(20절a). 헤롯이 왜 그들을 노여워했는지는 언급되어 있지 않다. 하지만 당시 두로와 시돈 사람들은 유대 왕국에서 나는 양식을 먹었는데, 헤롯이 대단히 노여워함으로 그것을 먹지 못하게 되었다. 그리하여 그들은 헤롯에게 나아와 "왕의 침소 맡은 신하" 블라스도를 설득하여 화목하기를 청한다(20절b). "왕의 침소 맡은 신하"는 왕의 신임을 얻는 자로서 왕에게 쉽게 접근할 수 있는 위치에 있었는데, 두로와 시돈 사람들은 그를 설득하여 왕과 화목할 수 있기를 부탁한다.

헤롯이 날을 택하여 왕복을 입고 단상에 앉아 백성에게 연설한다(21절). 아마 이 날에 블라스도는 왕에게 두로와 시돈 사람들을 위한 청을 하려고 했을 것이다. 헤롯은 왕복을 입고 단상에 앉으므로 위엄 있는 모습을 보이려 한다. 헤롯이 연설하자 백성들은 "이것은 신의 소리요 사람의 소리가 아니라"라고 환호한다(22절; *Antiquities* 19.345).[266] 이것은 왕을 향한 아첨이다. 헤롯은 영광을 하나님께 돌려야 함에도 불구하고 그리하지 않는다(23절a). 그는 백성들의 아첨의 말을 사실로 받아들여 자신을 하나님의 자리에 올려놓는다. 그에게는 하나님이 없다.

누가는 헤롯을 향한 하나님의 진노를 묘사한다(23절b). 주의 사자(천사)가 그를 치자 그는 벌레에게 먹혀 죽는다. 요세푸스는 헤롯이 5일간 복통으로 고생하다가 죽었다고 증언했다(*Antiquities* 19.346-350).[267] 하지만 누가는 의학적인 지식을 가지고 있었기에 헤롯이 벌레에게 먹혀 죽었다고 구체적으로 말한다. 아마도 헤롯의 내장에 회충과 같은 벌레가 들어가서 병을 일으킨 것으로 보인다. 그러나 이것은 궁극적으로 천사를 통해 내려진 형벌이었다. 야고보를 죽이고 베드로마저 죽이려 한 헤롯에 대해서 주님은 죽음의 형벌을 내리셨다. 헤롯이 죽은 이후 그의 뒤를 이어 벨릭스와 베스도가 유대를 통치했다.[268]

누가는 기사를 마무리하면서 "하나님의 말씀은 흥왕하여 더하더라"라고 진술한다(24절). 누가는 사도행전에서 교회의 성장에 대하여 자주 언급한다(참고. 2:47; 6:7; 9:31; 12:24; 16:5; 19:20; 28:30-31). 그는 어떠한 환난과 박해가 있더라도 교회가 성장하고 있다는 사실을 강조한다. 이것은 성령 하나님의 강력한 능력과 주권적 섭리로 가능한 일이었다. 하나님이 하시려는 일을 사람이 막을 수 없다. 하나님은 사도들을 격려하시고 방해 세력들을 제거하시면서 말씀이 널리 전파되게 하신다. 이어지는 단락에서 하나님의 말씀은 더욱 먼 곳으로 확장된다.

5) 바나바와 사울이 안디옥으로 돌아옴(12:25)

예루살렘에 갔던 바나바와 사울은 부조하는 일을 마치고 안디옥으로 돌아온다(25절). 그들은 안디옥 교인들의 부조를 기근을 당한 예루살렘 교회에 전달함으로써 양 교회의 우호를 구축하고자 하였는데, 이제 그 일을 마치고 안디옥으로 돌아온다. 이때 그들은 "마가라 하는 요한"을 데리고 온다. "마가라 하는 요한"은 앞으로 사도행전에서 비중 있는 인물이 된다. 그의 어머니는 예루살렘에서 신자들을 위하여 모임 장소를 제공할 정도로 신실한 여인이었다(참고. 12:12). 안디옥에 도착한 마가라 하는 요한은 앞으로 바나바와 사울을 도와 일할 것이다.

교훈과 적용

1. 이 단락에서 우리는 하나님의 초자연적인 이적을 목격하게 된다. 베드로는 도저히 빠져나갈 수 없는 옥에 갇혀서 죽음을 기다리고 있었다. 그에게는 절망 밖에 남아 있지 않았다. 그러나 하나님은 천사를 보내셔서 베드로를 옥에서 나오게 하셨다. 우리는 하나님의 능력을 신뢰해야 한다. 우리는 하나님이 당신의 일꾼들을 버리지 않으시고 보호하신다는 사실을 믿어야 한다. 베드로가 하나님을 믿고 두려워하지 않았듯이 우리도 하나님을 믿고 두려워하지 말아야 한다.
2. 베드로가 옥에 갇혔을 때 교인들은 한 곳에 모여서 베드로를 위하여 간절히 기

도하였다. 그들은 하나님에 대한 믿음을 가지고 있었는데, 특히 하나님이 베드로를 구해 주실 것을 믿었다. 오늘날 교회는 어려운 일을 앞두고 함께 기도해야 한다. 개별적으로 기도하는 것이 좋지만 함께 기도하는 것도 좋다. 하지만 그들이 베드로가 풀려난 것에 대해서 조금 의심한 것은 아쉽다. 기도하고 난 후에는 의심하지 말아야 한다. 강력한 믿음을 가지고 기도해야 한다.

3. 이 단락을 마무리하면서, 누가는 하나님의 말씀이 흥왕하여 더해진다고 말한다. 이것은 어떠한 어려운 환경에도 불구하고 교회가 성장한다는 것을 보여준다. 하나님은 약속을 지키시는 분이다. 성령이 임하시면 제자들이 권능을 받고 온 세상의 증인이 된다. 하나님은 제자들로 하여금 어떠한 박해와 억압에도 굴하지 않고 복음을 전하게 하신다. 우리는 복음에 장애가 없음을 확신해야 한다. 환난과 박해를 두려워하지 말고 담대하게 복음을 들고 나아가야 한다.

6

제1차 전도여행

(13:1-14:28)

대한예수교장로회 고신총회 설립 60주년 기념

성경주석

사도행전

A c t s

6
제1차 전도여행
(13:1-14:28)

본문 개요

이 단락에는 바울의 제1차 전도여행이 기록되어 있다. 사도행전에서 바울은 세 번에 걸쳐서 전도여행을 하는데, 제1차 전도여행은 주후 47-48년경에 있었으며, 이때는 바울이 개종한 지 약 13-14년이 되었을 때였다. 바울은 바나바와 함께 안디옥에서 파송을 받은 후 구브로에서 전도하기를 시작하여 비시디아 안디옥을 거쳐 이고니온과 루스드라와 더베에서 복음을 전하고 다시 그 지역을 거쳐서 수리아 안디옥으로 돌아온다. 바울은 전도여행을 하는 동안 극심한 박해를 받지만 조금도 굴하지 않으며 오히려 더욱 열심히 복음을 전하여 교회들을 세운다. 제1차 전도여행의 경로는 다음과 같다.

안디옥 → 실루기아 → 구브로(살라미 → 바보) → 버가 →
비시디아 안디옥 → 이고니온 → 루스드라 → 더베 → 루스드라 →
이고니온 → 비시디아 안디옥 → 버가 → 앗달리아 → 안디옥

내용 분해

1. 구브로 선교(13:1-12)

1) 바나바와 사울이 파송됨(13:1-3)

2) 구브로에서 전도함(13:4-12)

2. 비시디아 안디옥 선교(13:13-52)

1) 비시디아 안디옥에 도착함(13:13-15)

2) 설교를 시작함(13:16)

3) 이스라엘의 역사와 메시야(13:17-25)

4) 예수 그리스도의 죽음과 부활(13:26-37)

5) 실천을 촉구함(13:38-41)

6) 설교를 들은 사람들의 반응(13:42-52)

3. 이고니온과 루스드라 선교(14:1-18)

1) 이고니온 선교(14:1-7)

2) 루스드라 선교(14:8-18)

4. 더베 선교와 귀환(14:19-28)

1) 더베 선교(14:19-20)

2) 여러 지역을 다시 방문함(14:21-23)

3) 안디옥으로 돌아옴(14:24-28)

본문 주해

1. 구브로 선교(13:1-12)

1 안디옥 교회에 선지자들과 교사들이 있으니 곧 바나바와 니게르라 하는
시므온과 구레네 사람 루기오와 분봉왕 헤롯의 젖동생 마나엔과 및 사울
이라 2 주를 섬겨 금식할 때에 성령이 이르시되 내가 불러 시키는 일을 위
하여 바나바와 사울을 따로 세우라 하시니 3 이에 금식하며 기도하고 두
사람에게 안수하여 보내니라 4 두 사람이 성령의 보내심을 받아 실루기아
에 내려가 거기서 배 타고 구브로에 가서 5 살라미에 이르러 하나님의 말
씀을 유대인의 여러 회당에서 전할새 요한을 수행원으로 두었더라 6 온
섬 가운데로 지나서 바보에 이르러 바예수라 하는 유대인 거짓 선지자인
마술사를 만나니 7 그가 총독 서기오 바울과 함께 있으니 서기오 바울은
지혜 있는 사람이라 바나바와 사울을 불러 하나님의 말씀을 듣고자 하더
라 8 이 마술사 엘루마는 (이 이름을 번역하면 마술사라) 그들을 대적하여
총독으로 믿지 못하게 힘쓰니 9 바울이라고 하는 사울이 성령이 충만하여
그를 주목하고 10 이르되 모든 거짓과 악행이 가득한 자요 마귀의 자식이
요 모든 의의 원수여 주의 바른 길을 굽게 하기를 그치지 아니하겠느냐 11
보라 이제 주의 손이 네 위에 있으니 네가 맹인이 되어 얼마 동안 해를 보
지 못하리라 하니 즉시 안개와 어둠이 그를 덮어 인도할 사람을 두루 구하
는지라 12 이에 총독이 그렇게 된 것을 보고 믿으며 주의 가르치심을 놀랍
게 여기니라

사도행전 1-12장에는 베드로의 행적이 많이 기록되어 있다. 이는 1-12장에 베드로의 이름이 62회나 기록되어 있다는 사실에서 드러난다. 하지만 13-28장에는 바울의 행적이 두드러진다. 바울은 7:58에서 처음으로 언급된 후 9장에 나왔는데, 13장에서부터는 중심인물이 된다.[269] 이제 선교의 중심지가 예루살렘에서 안디옥으로 바뀌며, 선교의 대상이 유대인에서 이방인으로 바뀌고, 선교의 주체가 베드로에서 바울로 바뀐다. 바나바와 바울은 선교사로 파송을 받으므로 제1차 전도여행을 시작한다. 그들은 첫 번째 전도여행을 구브로에서 시작하는데, 구브로는 바나바의 고향이기에 지리적으로나 정서적으로 다른 지역에 비해 덜 생소했다.

1) 바나바와 사울이 파송됨(13:1-3)

안디옥 교회에는 선지자들과 교사들이 있었는데, 그들은 바나바, 니게르라 하는 시므온, 구레네 사람 루기오, 분봉왕 헤롯의 젖동생 마나엔, 그리고 사울이었다(1절). 주후 1세기에 안디옥은 로마 제국에서 세 번째로 큰 도시였다. 즉 로마와 알렉산드리아 다음으로 큰 도시가 안디옥이었다.[270] 그리고 안디옥 교회에는 다섯 명의 선지자들과 교사들이 있었다. 그런데 여기서 "선지자"와 "교사"의 직분을 굳이 구분할 필요는 없다. 이는 초기 교회에서 직분이 교호적으로(reciprocally) 사용되었기 때문이다. 어쨌든 안디옥 교회는 짧은 역사에 비하여 나름대로 체계와 질서를 잘 갖추고 있었다.

안디옥 교회의 지도자들은 다양한 인종과 여러 지역 출신으로 구성되어 있었다. 바나바는 구브로 출신 유대인으로 예루살렘의 사도들과 친분이 있었다(참고. 4:36-37). 니게르(Niger)라 하는 시므온은 아프리카 출신의 흑인(negro)으로 보이는데, 이는 니게르가 '검은 자'라는 뜻이기 때문이다.[271] 그가 예수님의 십자가를 대신 졌던 구레네 사람 시몬인지는 확실하지 않다(참고. 눅 23:26). 구레네 사람 루기오는 북아프리카 출신이다.[272] 그리고 헤롯의 젖동생 마나엔이 있는데, 여기에 언급된 헤롯은 헤롯 안티파스로서 예수님이 성장하신 갈릴리의 통치자였고(참고. 눅 3:1), "젖동생"(*쉰트로포스*, σύντροφος)은 같은 유모에게서 자란 동생을 뜻한다.

그들은 주를 섬겨 금식하였다(2절a). 아마 안디옥 교인 전체가 주님의 뜻을 묻기 위하여 금식하며 기도했던 것 같다. 이에 성령께서는 "내가 불러 시키는 일을 위하여 바나바와 사울을 따로 세우라"라고 하신다(2절b). 성령께서는 바나바와 사울에게 어떠한 일을 시키실 것인지, 어디로 보내실 것인지 말씀하지 않으신다. 다만 "내가 불러 시키는 일을 위하여"라고 하실 뿐이다. 이것은 하나님이 아브라함을 부르시면서 "내가 네게 지시할 땅으로 가라"라고 말씀하신 것과 동일하다(참고. 창 12:1). 따라서 그들에게는 담대한 믿음과 온전한 순종이 필요했다.[273]

그들은 금식하며 기도하고 두 사람에게 안수하여 보낸다(3절). 2절에는 금식만 나왔는데, 3절에 기도가 같이 나오는 것은 금식과 기도가 언제나 동반되기 때문이다(참고. 14:23; 눅 2:37; 5:33). 그들은 금식 기도를 통하여 바나바와 사울에게 하나님의 능력이 임하기를 간구했다. 그들은 두 사람에게 안수하는데, 안수는 직분을 수여하는 것이 아니라 직무를 성공적으로 수행하도록 교회가 공적으로 승인하는 것이며, 무엇보다도 성령의 권능과 권위를 간청하는 것이다(참고. 6:6; 8:17-19; 9:17). 결국, 이렇게 하여 바나바와 사울은 선교사로 파송된다.

2) 구브로에서 전도함(13:4-12)

바나바와 사울은 성령의 보내심을 받는다(4절a; 참고. 16:6-7). 그들은 성령에 의해 파송 받았기에 성령의 인도를 받아서 선교할 지역으로 간다. 그들은 항구도시 실루기아에 내려가 거기서 배를 타고 구브로에 간다(4절b). 실루기아는 안디옥에서 서쪽으로 약 26km 떨어져 있었다.[274] 구브로는 바나바의 고향이며(참고. 4:36), 구약에서 깃딤으로 알려진 곳이다(참고. 창 10:4). 아마도 이곳이 바나바에게 친숙한 지역이었기에 이곳으로 먼저 온 것 같다.[275] 그들은 구브로의 동쪽 끝에 있는 살라미에 이른다(5절a). 살라미는 상업도시였고, 따라서 사람들의 왕래가 많은 곳이었다.

그들은 유대인의 여러 회당에서 하나님의 말씀을 전한다. 그들이 유대인의 회당을 이용한 이유는 다음과 같다(참고. 9:20; 13:5, 14; 14:1; 17:2, 10, 17; 18:4; 19:8 등). 첫째, 이미 구약성경을 잘 알고 있는 유대인에게 복음을 전하는 것이 효과적이라고 생각했기 때문이다. 둘째, 유대인이 구원에 있어서 우선적인 위치에 있다는 인식 때문이다(참고. 롬 1:16). 셋째, 바나바와 사울이 유대인과 유대교에 입교한 이방인에 대하여 이질감을 가지고 있지 않았기 때문이다. 넷째, 회당장이 성경을 가르치고자 하는 사람들에게 기회를 주었기 때문이다.

누가는 "요한을 수행원으로 두었더라"라고 말한다(5절b). 여기서 "요한"은 12:12와 12:25에 등장하는 "마가라 하는 요한"이다. 누가는 마가가 여행이 시작될 때부터 참여했는지 아니면 중도에 합류했는지에 대해서 아무런 언급을 하지 않는다. 아마도 마가 요한은 바나바의 친척이었기 때문에 자연스럽게 이들을 따라왔을 것이다(참고. 골 4:10). 그는 사도들의 사역을 돕는 역할을 했는데, 구체적으로 어떤 역할을 했는지 기술되어 있지 않다. 사도들을 여러모로 지원했을 수도 있고, 유대인에게 직접 복음을 전했을 수도 있다. 하지만 그는 충분히 준비되어 있지 않은 사람이었다. 그래서 전도여행 중도에 자기 고향 예루살렘으로 돌아갔으며, 이후 제2차 전도여행 때 그를 데리고 가는 문제로 바나바와 사울이 심하게 다투었다(참고. 15:39).

사울 일행은 살라미를 떠나 구브로 섬 가운데로 지나서 구브로 섬의 서쪽 끝에 있는 바보에 이른다(6절a). 이로써 그들은 구브로 섬의 동쪽 해안에서 서쪽 해안까지 약 140km에 이르는 길을 여행한 셈이 된다. 아마도 그들은 섬을 지나면서 섬에 거주하는 사람들에게 복음을 전했을 것이다.[276] 그들은 바보에서 "바예수"(Bar-Jesus), 즉 '구원의 아들'이라고 불리는 유대인 거짓 선지자인 마술사를 만난다(6절b). 당시 사람들은 마술을 신적인 일이라고 믿었다. 따라서 바예수는 마술을 부려 그 섬에 있는 사람들에게 상당한 영향을 미쳤을 것이다.

바예수는 총독 서기오 바울(Sergius Paulus)과 함께 있었다(7절a).[277] 당시에 로마 정치인들은 마술사나 점성가를 옆에 두고 중대한 결정을 내릴 때 조언을 받고는 했다.[278] 총독 서기오 바울은 지혜 있는 사람으로서 바나바와 사울을 불러다가 하나님의 말씀을 듣고자 한다(7절b). 그는 바나바와 사울의 말이 범상하지 않다고 생각한다. 서기오 바울의 정체에 대해서는 알려진 것이 별로 없다. 그가 로마의 "총독"인 것과 "바울"이라는 로마식 이름을 가지고 있는 것을 고려할 때 이방인인 것이 분명하지만, "바예수"라는 유대식 이름을 가지고 있는 마술사를 옆에 두고 있는 것을 볼 때 유대주의에 상당한 관심을 가진 사람이라고 추정할 수 있을 뿐이다.

바예수는 바나바와 사울을 대적하여 총독으로 예수님을 믿지 못하게 힘쓴다(8절). 왜냐하면 총독이 예수님을 믿으면 자신의 위치(기득권)가 상실

될 수 있기 때문이다. 따라서 바예수는 자신의 일(마술)과 예수님에 대한 신앙이 배치된다는 사실을 잘 알고 있었다. 누가는 "마술사"라는 단어에 "엘루마"라는 단어를 첨가하면서, "이 이름을 번역하면 마술사라"라는 설명을 붙인다. 엘루마는 헬라어가 아니고, 바예수에 해당하는 셈어도 아니다.[279] 아마도 "마술사"를 가리키는 셈어로 추정되는데, 누가는 이 언어를 모르는 독자들을 위하여 그 의미를 알려준다.[280]

이때 "바울이라고도 하는 사울이" 성령이 충만하여 그를 주목한다(9절). 누가는 여기서 처음으로 사울을 "바울"이라는 이름으로 말한다.[281] 당시 유대인은 일반적으로 히브리식 이름과 헬라식 이름을 가지고 있었는데, 사울은 히브리식 이름이고 바울은 헬라식 이름이다. 따라서 바울은 처음부터 '사울'이라는 이름과 '바울'이라는 이름을 가지고 있었다. 하지만 누가는 '바울'과 '서기오 바울'의 조화를 위하여 바울이라고 말한 것 같다. 그리고 그는 이제 바울이 본격적으로 이방 지역에서 사역하는 것을 알리려는 의도를 가지고 헬라식 이름을 말한 것으로 보인다. 이제부터 누가는 바울이라는 이름을 사용한다. 더군다나 이제부터는 바나바보다 바울이 앞에 나선다. 그래서 바울의 지도권을 드러낸다. 바울이 성령이 충만하여 바예수를 주목한 것은 사마리아에서 베드로가 마술사 시몬과 대결했던 일을 생각나게 한다(참고. 8:20-24).[282]

바울은 바예수를 향하여 "모든 거짓과 악행이 가득한 자요 마귀의 자식이요 모든 의의 원수여 주의 바른 길을 굽게 하기를 그치지 아니하겠느냐 보라 이제 주의 손이 네 위에 있으니 네가 맹인이 되어 얼마 동안 해를 보지 못하리라"라고 선언한다(10-11절a). 바울은 바예수의 정체를 신랄하게 드러내면서 그가 사람들을 바른 길로 돌아오지 못하게 하였다고 비난한다. 그리고 그 대가로 그가 얼마 동안 맹인이 될 것이라고 하는데, 이것은 바예수가 사람들을 어둠으로 데려갔기 때문이다. 그러자 즉시 안개와 어둠이 그를 덮어 인도할 사람을 구한다(11절b).

총독은 그렇게 된 것을 보고 믿으며 주님의 가르침을 놀랍게 여긴다(12절). 그는 바울이 바예수가 맹인이 될 것이라고 하자 그대로 된 것을 보았고, 바나바와 바울이 전한 복음을 들었다. 누가는 총독에 대해 "믿으며"라는 표현을 사용하는데, 이것은 총독이 그리스도를 영접하고 회심했음을 시사한다. 어떤 학자들은 총독이 회심했다는 명확한 언급이 없고, 게다가 그가 세례를 받지 않았기 때문에 회심한 것이 아니라고 주장하지만, "믿으며"라는 진술은 회심과 연관하여 누가가 다른 곳에서 일반적으로 사용한 용례들과 일치한다(참고. 14:1; 17:34; 19:18).[283] 따라서 우리는 총독이 이 순간에 회심했다고 생각할 수 있다.

교훈과 적용

1. 안디옥 교회는 바나바와 사울을 선교사로 파송하였다. 이때 그들은 금식하며 기도하였고 성령 하나님의 인도와 도우심을 간구하였다. 우리는 초대교회가 철저히 기도하면서 일했던 것을 기억하고 지금 우리의 상황에 그대로 실천해야 한다. 오늘날 주님의 일을 한다고 하면서도 지나치게 인본주의적이거나 세속적인 기술과 요령을 중시하는 경향이 있다. 그러나 성령 하나님의 도우심이 없으면 결코 일이 바르게 진행되지 않는다. 언제나 성령의 역사가 우선이다.
2. 바나바와 사울은 유대의 회당에서 하나님의 말씀을 전했다. 그들은 유대인에게 먼저 하나님의 말씀을 전하는 것이 좋다고 생각했고 회당을 이용하는 것이 효과적이라고 생각했다. 그들은 기도하는 가운데 이런 생각을 얻었을 것이다. 선교에는 지혜와 명철이 필요하다. 그리고 효과적인 전략 수립이 필요하다. 선교사

는 각 민족과 각 지역의 상황과 정서를 고려하며 일해야 한다. 그 민족의 정서와 현실을 무시하면 효과적으로 일할 수 없다. 바나바와 사울이 회당을 이용하여 복음을 전한 것처럼 그 지역에서 어떻게 복음을 전할지를 연구해야 한다.

3. 바울은 성령으로 충만하여 거짓 마술사 바예수를 책망하고 정죄하였다. 그는 바예수가 주님의 길을 거스르고 있다고 비판하였다. 복음을 전하는 현장에는 언제나 바예수와 같은 복음의 대적(방해물)이 있다. 우리는 그들에게 단호한 입장과 태도를 보여주어야 한다. 사탄은 복음을 전하는 현장을 그냥 두지 않는다. 그는 온갖 세력과 방법을 동원하여 전도자의 사역을 저지한다. 따라서 우리는 성령으로 충만해야 하며 성령의 권능과 권위로 무장되어야 한다.

2. 비시디아 안디옥 선교(13:13-52)

13 바울과 및 동행하는 사람들이 바보에서 배 타고 밤빌리아에 있는 버가
에 이르니 요한은 그들에게서 떠나 예루살렘으로 돌아가고 14 그들은 버
가에서 더 나아가 비시디아 안디옥에 이르러 안식일에 회당에 들어가 앉
으니라 15 율법과 선지자의 글을 읽은 후에 회당장들이 사람을 보내어 물
어 이르되 형제들아 만일 백성을 권할 말이 있거든 말하라 하니 16 바울이
일어나 손짓하며 말하되 이스라엘 사람들과 및 하나님을 경외하는 사람
들아 들으라 17 이 이스라엘 백성의 하나님이 우리 조상들을 택하시고 애
굽 땅에서 나그네 된 그 백성을 높여 큰 권능으로 인도하여 내사 18 광야
에서 약 사십 년간 그들의 소행을 참으시고 19 가나안 땅 일곱 족속을 멸
하사 그 땅을 기업으로 주시기까지 약 사백오십 년간이라 20 그 후에 선
지자 사무엘 때까지 사사를 주셨더니 21 그 후에 그들이 왕을 구하거늘 하
나님이 베냐민 지파 사람 기스의 아들 사울을 사십 년간 주셨다가 22 폐하

시고 다윗을 왕으로 세우시고 증언하여 이르시되 내가 이새의 아들 다윗
을 만나니 내 마음에 맞는 사람이라 내 뜻을 다 이루리라 하시더니 23 하
나님이 약속하신 대로 이 사람의 후손에서 이스라엘을 위하여 구주를 세
우셨으니 곧 예수라 24 그가 오시기에 앞서 요한이 먼저 회개의 세례를 이
스라엘 모든 백성에게 전파하니라 25 요한이 그 달려갈 길을 마칠 때에 말
하되 너희가 나를 누구로 생각하느냐 나는 그리스도가 아니라 내 뒤에 오
시는 이가 있으니 나는 그 발의 신발끈을 풀기도 감당하지 못하리라 하였
으니 26 형제들아 아브라함의 후손과 너희 중 하나님을 경외하는 사람들
아 이 구원의 말씀을 우리에게 보내셨거늘 27 예루살렘에 사는 자들과 그
들 관리들이 예수와 및 안식일마다 외우는 바 선지자들의 말을 알지 못하
므로 예수를 정죄하여 선지자들의 말을 응하게 하였도다 28 죽일 죄를 하
나도 찾지 못하였으나 빌라도에게 죽여 달라 하였으니 29 성경에 그를 가
리켜 기록한 말씀을 다 응하게 한 것이라 후에 나무에서 내려다가 무덤에
두었으나 30 하나님이 죽은 자 가운데서 그를 살리신지라 31 갈릴리로부
터 예루살렘에 함께 올라간 사람들에게 여러 날 보이셨으니 그들이 이제
백성 앞에서 그의 증인이라 32 우리도 조상들에게 주신 약속을 너희에게
전파하노니 33 곧 하나님이 예수를 일으키사 우리 자녀들에게 이 약속을
이루게 하셨다 함이라 시편 둘째 편에 기록한 바와 같이 너는 내 아들이라
오늘 너를 낳았다 하셨고 34 또 하나님께서 죽은 자 가운데서 그를 일으키
사 다시 썩음을 당하지 않게 하실 것을 가르쳐 이르시되 내가 다윗의 거룩
하고 미쁜 은사를 너희에게 주리라 하셨으며 35 또 다른 시편에 일렀으되
주의 거룩한 자로 썩음을 당하지 않게 하시리라 하셨느니라 36 다윗은 당
시에 하나님의 뜻을 따라 섬기다가 잠들어 그 조상들과 함께 묻혀 썩음을

당하였으되 37 하나님께서 살리신 이는 썩음을 당하지 아니하였나니 38
그러므로 형제들아 너희가 알 것은 이 사람을 힘입어 죄 사함을 너희에게
전하는 이것이며 39 또 모세의 율법으로 너희가 의롭다 하심을 얻지 못하
던 모든 일에도 이 사람을 힘입어 믿는 자마다 의롭다 하심을 얻는 이것이
라 40 그런즉 너희는 선지자들을 통하여 말씀하신 것이 너희에게 미칠까
삼가라 41 일렀으되 보라 멸시하는 사람들아 너희는 놀라고 멸망하라 내
가 너희 때를 당하여 한 일을 행할 것이니 사람이 너희에게 일러줄지라도
도무지 믿지 못할 일이라 하였느니라 하니라 42 그들이 나갈새 사람들이
청하되 다음 안식일에도 이 말씀을 하라 하더라 43 회당의 모임이 끝난 후
에 유대인과 유대교에 입교한 경건한 사람들이 많이 바울과 바나바를 따
르니 두 사도가 더불어 말하고 항상 하나님의 은혜 가운데 있으라 권하니
라 44 그 다음 안식일에는 온 시민이 거의 다 하나님의 말씀을 듣고자 하
여 모이니 45 유대인들이 그 무리를 보고 시기가 가득하여 바울이 말한 것
을 반박하고 비방하거늘 46 바울과 바나바가 담대히 말하여 이르되 하나
님의 말씀을 마땅히 먼저 너희에게 전할 것이로되 너희가 그것을 버리고
영생을 얻기에 합당하지 않은 자로 자처하기로 우리가 이방인에게로 향
하노라 47 주께서 이같이 우리에게 명하시되 내가 너를 이방의 빛으로 삼
아 너로 땅 끝까지 구원하게 하리라 하셨느니라 하니 48 이방인들이 듣고
기뻐하여 하나님의 말씀을 찬송하며 영생을 주시기로 작정된 자는 다 믿
더라 49 주의 말씀이 그 지방에 두루 퍼지니라 50 이에 유대인들이 경건
한 귀부인들과 그 시내 유력자들을 선동하여 바울과 바나바를 박해하게
하여 그 지역에서 쫓아내니 51 두 사람이 그들을 향하여 발의 티끌을 떨어
버리고 이고니온으로 가거늘 52 제자들은 기쁨과 성령이 충만하니라

바울과 바나바는 구브로에서 버가를 거쳐 비시디아 안디옥으로 이동한다. 따라서 그들은 북서쪽 방향의 내륙으로 올라간다. 그들은 그곳에서도 유대의 회당에 들어가서 복음을 전한다. 바울은 이스라엘의 역사와 메시야에 대하여, 그리고 예수님의 죽음과 부활에 대하여 설교한다. 그는 구약성경을 구속사적으로 해석하면서 그리스도 중심적인 결론을 내린다.

1) 비시디아 안디옥에 도착함(13:13-15)

바울과 그의 동행자들은 바보에서 배를 타고 밤빌리아에 있는 버가에 이른다(13절a). 버가는 바보에서 북서쪽으로 약 280km 떨어져 있었다. 당시에 버가는 매우 발달된 도시였고, 사람들의 왕래가 많은 곳이었다. 고대에 버가에는 아고라, 목욕탕(사우나), 스타디움, 극장 등이 있었고, 도시 전체가 화려한 대리석으로 포장되어 있었는데, 오늘날 그 흔적이 고스란히 남아 있다. 바울은 이곳을 통하여 내륙으로 진입하려고 한다. 누가는 13:9에서 사울이라는 이름을 처음으로 바울로 소개하였다. 하지만 여기서 그는 "바울과 및 동행하는 사람들"이라는 표현을 사용하여 바울이 전도여행 동행자들의 지도자라는 사실을 드러낸다.[284] 이렇게 앞에서 뭔가를 잠시 언급한 후에 뒤에서 본격적으로 말하는 것은 누가의 문예기법 가운데 하나이다. 그리고 누가는 여기서부터 바나바를 주 인물로 배치하지 않고 바울을 주 인물로 배치한다. 즉 앞에서는 "바나바와 사울"로 묘사했지만, 이제부터는 "바울과 바나바"로 묘사한다.

이때 마가 요한이 그들에게서 떠나 예루살렘으로 돌아간다(13절b). 누가는 그가 돌아간 이유를 말하지 않는다. 아마도 질병에 걸렸거나, 향수병이 생겼거나, 사명감이 결여되어서 돌아갔을 것이다. 혹은 그가 바나바의 친척이기에 바울이 지도자가 된 것에 불만을 품고서 돌아갔을 수도 있으며, 그렇지 않으면 그가 파송을 받은 안디옥으로 돌아가지 않고 고향인 예루살렘으로 돌아간 것을 볼 때 향수병에 걸렸을 가능성도 있다(참고. 12:12). 어쨌든 후에 바울이 제2차 전도여행 때 그를 데려가지 않으려고 한 것으로 보아 그가 정당한 이유로 돌아간 것 같지는 않다(참고. 15:37-39). 그러나 마가는 훗날 훌륭한 일꾼이 된다(참고. 골 4:10; 딤후 4:11).

바울 일행은 버가에서 더 나아가 비시디아 안디옥에 이른다(14절a). 비시디아 안디옥은 버가에서 북쪽으로 약 160km 떨어져 있었다.[285] 그리고 버가에서 비시디아 안디옥으로 가는 길에는 타우루스 산맥(Taurus mountains)이 가로질러 있었다.[286] 이 산맥은 대단히 높고 크고 험준해서 도저히 넘어갈 수 없다. 따라서 바울 일행은 타우루스 산맥 사이의 협곡에 생긴 길을 이용하여 비시디아 안디옥으로 갔을 것이다. 이 길은 오늘날까지 트래킹 코스로 애용되고 있는데, 이 길을 통하여 버가에서 비시디아 안디옥까지 이동하려면 대략 일주일이 걸린다.

비시디아 안디옥은 원래 브루기아에 속해 있었으나 비시디아에 가까이 위치해 있었기 때문에 비시디아 안디옥으로 불리었다. 당시 로마 제국에는 '안디옥'이라는 명칭을 가진 도시가 여럿 있었다. 따라서 비시디아 안디옥은 바울과 바나바가 파송을 받은 수리아 안디옥과 구분되어야 한다(참고. 11:19; 13:1). 요세푸스는 당시에 이곳에 많은 유대인이 살고 있었다고 말한다(참고. *Antiquities* 12.147-153).[287] 이는 이곳 회당에 여러 명의 '회당장들'이 있었던 것으로 미루어 사실로 볼 수 있다(참고. 15절). 오늘날 그 유적이 발굴되어 보존되고 있듯이, 비시디아 안디옥의 서쪽 문을 통과하여 북쪽으로 가다 보면 멀지 않은 곳에 유대인의 회당이 있다.

바울은 안식일에 회당에 들어간다(14절b). 회당장들은 율법과 선지자의 글을 읽은 후에 바울과 바나바에게 사람을 보내어서 "형제들아 만일 백성을 권할 말이 있거든 말하라"라고 한다(15절). 당시 안식일에 회당에서는 구약성경의 두 부분, 즉 율법서와 선지서를 읽었다(참고. 눅 4:16-19). 여기서 율법서와 선지서는 유대인이 분류한 구약성경 전체이다. 회당장은 회당을 지을 때 상당한 재정적 기여를 한 사람들 중에서 선출되었다. 이것은 명예직이었으며, 영구직이었고, 세습되기도 했다. 그리고 회당에 따라서 이곳에서처럼 여러 명의 회당장이 있는 경우도 있었다. 당시에 회당장은 회당을 방문한 이들에게 권면할 수 있는 기회를 주었는데, 아마도 바울과 바나바가 회당장들에게 자신들을 미리 소개했을 것이고, 이에 회당장들이 그들에게 설교할 기회를 주었을 것이다.[288]

2) 설교를 시작함(13:16)

바울은 설교를 시작한다. 그는 일어나서 손짓하며 말한다(16절a). 랍비들은 보통 앉아서 설교했지만, 바울이 일어나는 것과 손짓을 하는 것은 친근감과 호소력을 위한 몸짓이다. 이러한 바울의 행동은 베드로의 것과 유사하다.[289] 곧 바울과 마찬가지로, 베드로는 오순절에 예루살렘에서 설교할 때 일어서서 설교했다(참고. 2:14). 그리고 바울의 설교는 베드로의 설교와 분량이나 내용이 비슷하다. 그들은 모두 이스라엘의 역사로부터 출발하여 예수님으로 끝맺는다. 따라서 우리는 누가가 베드로와 바울을 의도적으로 나란히 배치하는 것으로 이해할 수 있다. 베드로는 유대 땅에서 복음을 전하고 있고, 바울은 이방 땅에서 같은 복음을 전하고 있다.

설교를 듣는 청중들은 "이스라엘 사람들과 하나님을 경외하는 사람들"이다(16절b). 이것 역시 베드로의 설교 대상이 "유대인들과 예루살렘에 사는 모든 사람들"인 것과 병행된다(참고. 2:14). "하나님을 경외하는 사람들"이란 '하나님을 경외하는 이방인들'을 가리킨다. 이들은 유대인들의 관습을 따르지 않으면서 하나님을 믿는 이방인들이다. 그런데 여기에는 '개종자들'도 포함되어 있었을 것이다. '개종자들'은 유대인들의 관습을 따르면서 하나님을 믿는 이방인들을 뜻한다. 따라서 이들은 "하나님을 경외하는 사람들"보다 더욱 유대적이다.

3) 이스라엘의 역사와 메시야(13:17-25)

17-23절에서 바울은 이스라엘의 역사를 언급하면서 이스라엘을 해방시켜 주신 하나님이 다윗의 후손을 통하여 우리를 해방시켜 주신다는 사실을 말한다. 바울은 이스라엘의 역사를 구속사의 관점에서 설명한다. 하나님은 "우리 조상들", 즉 아브라함을 택하시고 이집트에서 나그네 생활을 하던 이스라엘 백성을 큰 권능으로 인도하여 내셨다(17절). 이스라엘 백성은 광야에서 약 40년을 보냈는데, 이때 하나님께서는 그들의 소행을 참으셨다(18절). 실로 이스라엘은 연약하여 죄를 범했지만, 하나님은 자신이 택하신 백성을 변함없는 사랑으로 대해 주셨다.

이어서 바울은 이스라엘의 가나안 정착부터 사울 왕 임명까지를 말한다. 하나님께서 이스라엘로 하여금 가나안 땅 일곱 족속을 멸하게 하시고 그 땅을 기업으로 주시기까지 약 450년이 걸렸다(19절).[290] 여기서 약 450년이란 이집트 생활 400년(정확히는 430년)과 광야 생활 40년과 가나안 정복 기간 10년을 합한 것이다. 이후 하나님은 이스라엘에 선지자 사무엘이 나타날 때까지 사사를 주셨다(20절). 사사는 이스라엘을 한시적으로 다스렸던 자들이다. 하지만 그 후에 백성이 왕을 구하자 하나님은 베냐민 지파 사람 사울을 왕으로 40년간 주셨다(21절).

이제 바울은 다윗에 대하여 말한다. 하나님은 사울을 폐하시고 다윗을 왕으로 세우시며, "내가 이새의 아들 다윗을 만나니 내 마음에 맞는 사람이라 내 뜻을 다 이루리라"라고 말씀하셨다(22절). 여기서 "내 마음에 맞는 사람이라"는 말씀과 "내 뜻을 다 이루리라"는 말씀은 다윗을 향한 하나님의 기대감을 보여준다. 특히 바울은 예수님이 다윗의 후손인 것을 염두에 두고 의도적으로 이 부분을 인용한다. 결국 하나님은 약속하신 대로 다윗의 후손에서 "이스라엘을 위하여" 구주를 세우셨는데, 곧 예수 그리스도이시다(23절). 여기서 바울이 "이스라엘을 위하여"라는 문구를 사용하는 이유는 그가 지금 유대인의 회당에서 설교하고 있기 때문이다.

24-25절에서 바울은 세례요한에 대하여 말한다. 예수님이 오시기에 앞서 요한이 먼저 회개의 세례를 이스라엘 모든 백성에게 전파하였다(24절). 요한은 예수님의 길을 준비한 사람으로 "회개의 세례"를 전파함으로 예수님이 오셔서 이루실 구원의 사역을 위한 터를 닦아 두었다. 그런데 요한은 자신의 "달려갈 길을 마칠 때에", 즉 죽음이 임박했을 때 자신과 예수님의 관계에 대하여 분명히 말했다. 그는 자신이 그리스도가 아니며 자신이 그분 발의 신발끈을 풀기도 감당하지 못한다고 고백했다(25절). 이렇게 바울이 세례요한의 말을 인용한 것은 당시 소아시아 지방에서 활동하던 세례요한의 추종자들을 염두에 두었기 때문으로 보인다(참고. 19:3-4).

4) 예수 그리스도의 죽음과 부활(13:26-37)

26-37절에서 바울은 예수님의 죽음과 부활에 대해서 말한다. 이는 예수

님의 죽음과 부활이 구속사의 정점이기 때문이다. 먼저, 26-29절에서 바울은 이스라엘 사람들이 예수님을 죽였다는 사실을 언급한다. 바울은 이스라엘 백성들과 하나님을 경외하는 사람들을 "형제들"이라고 부른다(26절a). 이것은 그가 유대인과 이방인 모두를 구원받아야 할 대상으로 보고 있다는 뜻이다. 그는 하나님께서 "구원의 말씀"을 우리에게 보내셨다고 말한다(26절b). "구원의 말씀"이라는 표현은 예수님을 가리키는데, 예수님은 복음의 주인공이시면서 동시에 복음이시다.

바울은 27절에서 내용을 조금 전환한다.[291] 구약시대에 약속된 예수님이 신약시대에 죽으시고 부활하셨다. 예루살렘에 사는 자들과 유대의 관리들(지도자들)은 예수님이 누구인 줄 알지 못하였고 안식일마다 읽어서 잘 알고 있었던 선지자들의 예언을 알지 못하므로 예수님을 정죄하여 선지자들의 말을 응하게 했다(27절). 즉 구약의 선지자들은 이미 유대인이 예수님을 환영하지 않고 죽일 것이라고 예언했는데, 때가 이르러 그것이 이루어진 것이다(참고. 사 53장). 따라서 바울은 유대인이 하나님의 말씀을 잘 안다고 자부했지만 실상 몰랐다고 질책한다.

바울은 유대인들이 예수님에게서 죽일 죄를 하나도 찾지 못하였으나 빌라도에게 죽여 달라고 부탁했던 일을 말한다(28절).[292] 이를 통해 그는 예수님의 무죄와 유대인의 범죄를 드러낸다. 그리고 그는 이런 일들이 성경에 예수님을 가리켜 기록한 말씀이 다 이루어지게 한 것이라고 설명한다(29절a). 즉 사람들이 미처 알지 못했지만, 그들에게 일어난 모든 일은 선지자들이 일찍이 예언했던 것의 성취라는 것이다. 바울은 사람들이 예수님을 나무에서 내려다가 무덤에 두었다고 하는데, 이러한 표현을 통해 그는 예수님의 확실한 죽음을 강조한다(29절b).[293]

이제 30-37절에서 바울은 예수님의 부활을 언급한다. 하나님께서는 죽은 자 가운데서 예수님을 살리셨다(30절). 그리고 예수님은 부활하신 후 갈릴리로부터 예루살렘에 함께 올라간 사람들, 즉 그분의 제자들에게 여러 날 동안 보이셨으며, 그들이 이제 백성 앞에서 그분의 증인이 되었다(31절). 이어서 바울은 자신도("우리도") 부활의 증인으로서 조상들에게 주신 약속을 전파한다고 말한다(32절). 이것은 과거에 열두 제자가 예수님의 증인이 된 것 같이 자신이 비시디아 안디옥에서 예수님의 증인이 되어서 복음을 전하고 있음을 의미한다. 아울러, 이 말은 바울의 사도권을 드러내는 언급이다. 사도는 그리스도의 생애와 부활을 목격한 자인데, 바울은 그러한 일을 직접 목격하지 못했으나 다메섹으로 가는 길에 목격함으로써 사도가 되었다. 하지만 그럼에도 불구하고 바울의 사도권 문제는 오랫동안 많은 이들에게서 공격받았다.

33-37절에서 바울은 예수님의 부활에 대하여 좀 더 자세히 말한다.[294] 여기서 그는 시편을 세 차례 인용한다. 이것은 그가 유대인의 회당에서 설교하고 있기 때문이다. 첫 번째로, 바울은 "너는 내 아들이라 오늘 너를 낳았다"는 시편 2:7을 인용한다(33절). 원래 시편 2편은 제왕시이므로 이 인용은 예수님이 왕이시라는 사실을 강조한다. 두 번째로, 바울은 "내가 다윗의 거룩하고 미쁜 은사를 너희에게 주리라"는 이사야 55:3을 인용한다(34절). 여기서 "미쁜 은사"란 다윗의 나라가 영원하리라는 약속을 뜻하는데, 이것은 예수님의 부활로 가능하게 된다. 세 번째로, 바울은 "주의 거룩한 자로 썩음을 당하지 않게 하시리라"는 시편 16:10을 인용한다(35절). 여기서 "주의 거룩한 자"는 예수님을 가리킨다. 비록 다윗은 하나님의 뜻을 따라 섬기다가 잠들어 썩음을 당했지만, 하나님께서 살리신 예수님은 썩음을 당하지 않으

셨다(36-37절). 이렇게 바울은 예수님의 부활이 구약에 예언되어 있었음을 밝힌다.

5) 실천을 촉구함(13:38-41)

바울은 다시 청중을 향하여 "형제들아"라고 부름으로써 주의를 환기시킨다(38절a; 참고. 26절). 그는 이스라엘의 역사와 메시야에 관하여 말했고(17-25절), 예수 그리스도의 죽으심과 부활에 관하여 말했다(26-37절). 이제 그는 이스라엘 백성에게 들은 말씀을 실천할 것을 촉구한다(38-41절). 그는 예수님을 힘입어 죄 사함을 얻을 수 있음을 알린다(38절b). 그리고 그들이 모세의 율법으로는 의롭다 하심을 얻지 못하지만, 예수님을 힘입어 의롭다 하심을 얻을 수 있다고 말한다(39절). 이러한 "죄 사함"과 "의롭다 하심"은 구원의 두 측면(혹은 속성)이다.[295]

마지막으로, 바울은 "그런즉 너희는 선지자들을 통하여 말씀하신 것이 너희에게 미칠까 삼가라"라고 경고한다(40절). 그리고 그는 하나님께서 "선지자들을 통하여 말씀하신 것"이 무엇인지를 하박국 1:5를 인용하여 설명한다(41절). 원래 이 구절은 이스라엘 백성이 하나님의 경고를 믿지 않으므로 느부갓네살이 일어나 이스라엘을 공격할 것이라는 예언을 담고 있다. 그런데 이제 바울은 그러한 일이 이스라엘에게 똑같이 일어나지 않도록 주의하라고 경고한다. 한편, 지금 그는 유대인에게 설교하고 있기 때문에 일부러 구약성경을 많이 인용한다.

6) 설교를 들은 사람들의 반응(13:42-52)

바울과 바나바가 나갈 때 사람들은 다음 안식일에도 말씀을 전해 달라고 요청한다(42절). 이것은 바울의 설교가 성공적이어서 사람들의 마음에 큰 감동을 주었음을 시사한다. 그리고 회당의 모임이 끝난 후에 "유대인들과 유대교에 입교한 경건한 사람들"이 많이 바울과 바나바를 따른다(43절a). "유대인들과 유대교에 입교한 경건한 사람들"(Jews and of the devout proselytes)은 민족적인 '유대인들' 뿐만 아니라 '하나님을 경외하는 자들'과 '개종자들'을 모두 포함한다. 바울과 바나바는 그들에게 항상 하나님의 은혜 가운데 있으라고 권한다(43절b).

그다음 안식일에는 "온" 시민이 "거의 다" 하나님의 말씀을 듣고자 하여 모인다(44절). 이것은 강조를 위한 과장법이다. 그러나 일부 유대인은 사람들이 바울과 바나바의 설교를 듣기 위하여 모인 것을 보고 시기가 가득하여 바울이 말한 것을 반박하고 비방한다(45절). 그들은 사도들이 유대의 선민의식을 깨뜨리고 그들이 메시야를 거절하면 멸망할 것이라고 경고한 것을 못마땅하게 생각한다. 그리고 그들은 기득권을 가진 자로서 바울과 바나바가 더 많은 인기를 얻자 시기한다. 더욱이 그들은 바울의 그리스도 중심적 해석을 비방하고 반박한다.

그러나 바울과 바나바는 유대인의 시기와 반박과 비방에 기죽지 않고 담대히 말한다(46절a). 그들은 하나님의 말씀을 마땅히 먼저 유대인에게 전할 것이지만, 유대인들이 말씀을 버리고 영생을 얻기에 합당하지 않은 자로 자처하였기에 이방인에게로 향한다고 말한다(46절b). 하지만 바울은 복음이 유대인에게 먼저 전파되었어야 한다는 점을 끝까지 포기하지 않는다. 그리하여 그는 사도행전에서 이 순서를 고수한다. 그리고 시간이 지나서도 여전히 '먼저는 유대인이며 다음은 헬라인'이라고 주장한다(참고. 롬 1:16; 2:9-10).

바울은 이사야 49:6을 인용하면서 그가 이방인을 구원하는 일에 부름을 받았다고 진술한다(47절). 원래 이 구절은 시므온에 의해서 예수님에게 적용되었으나(참고. 눅 2:32), 여기서 바울이 자신과 바나바에게 적용한다. 이러한 확대적용은 자연스럽게 받아들여질 수 있다. 왜냐하면 예수님은 이 세상 사람들을 구원하시기 위해서 오신 분인데, 그분의 제자들이 세상 사람들을 구원하시려는 주님의 뜻을 이루기 위한 복음의 도구로 사용되기 때문이다. 후에 바울은 주님이 친히 자신에게 명령하셔서 이방지역으로 복음을 전하러 갔다고 증언한다(참고. 26:16-18).

누가는 이방인들이 듣고 기뻐하여 하나님의 말씀을 찬송하며 영생을 주시기로 작정된 자는 다 믿었다고 말한다(48절). 여기서 '작정하다'에 해당하는 헬라어 단어 *타쏘*(τάσσω)는 '책에 이름을 올린다'라는 뜻을 가지고 있다. 이 문장에서 이 단어는 수동태로 되어 있는데(*테타그메노이*, τεταγμένοι), 이는 하나님의 뜻에 의하여 그의 이름이 책에 기록되었기 때문이다. 이것은 하나님께서 구원하실 자들을 '생명책'에 올리는 것을 가리키는 것이 분명하다(참고. 눅 10:20; 빌 4:3; 계 13:8; 20:12-13; 21:27).[296] 하나님께서는 어떤 사람에게 영생을 주시기로 미리 작정하셨다. 그리고 하나님께서는 정해 놓으신 때 그들에게 믿음을 주셔서 구원하신다.

바울과 바나바의 수고로 주님의 말씀이 비시디아 안디옥 지방에 두루 퍼지게 된다(49절). 그러나 복음이 널리 퍼지면서 동시에 박해도 일어난다. 곧 "유대인들"이 "경건한 귀부인들"과 "시내 유력자들"을 선동하여 바울과 바나바를 박해하게 하여 그 지역에서 쫓아낸 것이다(50절). 여기서 "유대인들"은 45절에 나오는 대적자들을 가리키며, "경건한 귀부인들"과 "시내 유력자들"은 각각 재산을 많이 가진 자들과 정치적인 힘을 가진 자들을 의미한다. 아마도 유대인의 부탁을 받은 돈 많은 귀부인들이 유력한 정치가들을 찾아가서 바울과 바나바를 쫓아내 달라고 요청하였을 것이다.

이에 바울과 바나바는 그들을 향하여 "발의 티끌을 떨어 버리고" 이고니온으로 간다(51절). 발의 티끌을 떨어 버리는 것은 예수님이 말씀하신 것으로 복음을 거부하는 자들에 대한 심판의 메시지를 담고 있다(참고. 눅 9:5; 10:11).[297] 이고니온은 비시디아 안디옥으로부터 남동쪽으로 약 145km 떨어져 있었다.[298] 누가는 단락을 마무리하면서 제자들이 기쁨과 성령이 충만하다고 기록한다(52절). 이것은 박해에도 불구하고 복음이 활발하게 전파되었기 때문인데, 누가는 사도행전에서 이러한 표현을 빈번히 사용한다(예. 8:8; 10:44-45; 16:34; 19:6 등).

교훈과 적용

1. 바울은 비시디아 안디옥 사람들에게 하나님의 말씀을 전했다. 그는 먼저 구약성경에 언급된 이스라엘의 역사를 말하면서 구속사적으로 해석하여 풀이했다. 이것은 우리에게 매우 중요한 성경 해석학적 관점을 가르쳐준다. 분명히 구약성경은 예수 그리스도를 예언한 책이다. 만일 구약성경을 예수님과 관계없는 책으로 읽으면 유대주의적인 해석이 되어 버린다. 그러므로 우리는 구약성경을 읽을 때 그리스도 중심적인 관점을 가져야 한다.
2. 바울은 이스라엘 백성이 하나님의 구원 계획과 관계없는 삶을 살았으며, 하나님이 보내신 메시야 예수님을 죽였다고 말했다. 즉 바울은 예수님이 아무런 죄가 없었지만, 유대인들이 빌라도에게 찾아가서 예수님을 죽여 달라고 요청하였다고 지적했다. 바울이 이러한 말을 한 것은 엄청난 용기를 필요로 하는 일이었다. 우리는 복음을 전할 때 사실을 사실대로 말해야 한다. 그것은 때로 박해를 각오해야 하는 일이지만 전도자로서 감내해야 하는 일이다.

3. 바울이 설교하자 두 가지 반응이 있었다. 어떤 사람은 바울의 말을 더 많이 듣고 싶어 했다. 그리고 그들 가운데 하나님이 구원하시기로 작정된 자는 구원을 받았다. 하지만 어떤 사람은 바울의 말을 반박하고 비방했다. 결국, 그들은 바울과 바나바를 박해하여 그 지역에서 쫓아내 버렸다. 우리는 말씀을 전할 때 이 두 가지 반응이 늘 있음을 염두에 두어야 한다. 말씀에 대하여 호의적으로 반응하는 사람이 있는 반면에 그렇지 않고 박해를 하는 사람이 있다. 그러므로 우리는 실망하지 말고 결과를 하나님께 맡기면서 열심히 말씀을 전해야 한다.

3. 이고니온과 루스드라 선교(14:1-18)

1 이에 이고니온에서 두 사도가 함께 유대인의 회당에 들어가 말하니 유
대와 헬라의 허다한 무리가 믿더라 2 그러나 순종하지 아니하는 유대인들
이 이방인들의 마음을 선동하여 형제들에게 악감을 품게 하거늘 3 두 사
도가 오래 있어 주를 힘입어 담대히 말하니 주께서 그들의 손으로 표적과
기사를 행하게 하여 주사 자기 은혜의 말씀을 증언하시니 4 그 시내의 무
리가 나뉘어 유대인을 따르는 자도 있고 두 사도를 따르는 자도 있는지라
5 이방인과 유대인과 그 관리들이 두 사도를 모욕하며 돌로 치려고 달려
드니 6 그들이 알고 도망하여 루가오니아의 두 성 루스드라와 더베와 그
근방으로 가서 7 거기서 복음을 전하니라 8 루스드라에 발을 쓰지 못하는
한 사람이 앉아 있는데 나면서 걷지 못하게 되어 걸어본 적이 없는 자라 9
바울이 말하는 것을 듣거늘 바울이 주목하여 구원 받을 만한 믿음이 그에
게 있는 것을 보고 10 큰 소리로 이르되 네 발로 바로 일어서라 하니 그 사
람이 일어나 걷는지라 11 무리가 바울이 한 일을 보고 루가오니아 방언으

로 소리 질러 이르되 신들이 사람의 형상으로 우리 가운데 내려오셨다 하
여 12 바나바는 제우스라 하고 바울은 그 중에 말하는 자이므로 헤르메스
라 하더라 13 시외 제우스 신당의 제사장이 소와 화환들을 가지고 대문 앞
에 와서 무리와 함께 제사하고자 하니 14 두 사도 바나바와 바울이 듣고
옷을 찢고 무리 가운데 뛰어 들어가서 소리 질러 15 이르되 여러분이여 어
찌하여 이러한 일을 하느냐 우리도 여러분과 같은 성정을 가진 사람이라
여러분에게 복음을 전하는 것은 이런 헛된 일을 버리고 천지와 바다와 그
가운데 만물을 지으시고 살아 계신 하나님께로 돌아오게 함이라 16 하나
님이 지나간 세대에는 모든 민족으로 자기들의 길들을 가게 방임하셨으
나 17 그러나 자기를 증언하지 아니하신 것이 아니니 곧 여러분에게 하늘
로부터 비를 내리시며 결실기를 주시는 선한 일을 하사 음식과 기쁨으로
여러분의 마음에 만족하게 하셨느니라 하고 18 이렇게 말하여 겨우 무리
를 말려 자기들에게 제사를 못하게 하니라

바울의 제1차 전도여행이 계속되고 있다. 바울은 바나바와 더불어 이고니온과 루스드라에서 복음을 전한다. 그들은 복음을 전할 뿐만 아니라 이적을 일으킴으로써 자신들이 전하는 복음의 능력을 드러낸다. 이때 대적자들이 있어서 그들을 박해하며, 무지한 자들이 있어서 그들을 이방신으로 오해한다. 하지만 그들은 굽히거나 흔들리지 않고 올곧게 복음을 전한다.

1) 이고니온 선교(14:1-7)

바울과 바나바는 이고니온에 도착한다(1절a).[299] 이고니온은 매우 오래된 도시로서 농업과 상업이 발달했던 곳이다. 이곳은 오늘날 터키에서 네

번째로 큰 도시인 코냐(Konya)이다. 바울과 바나바는 '세바스테 가도'(Via Sebastea)를 따라서 이고니온으로 갔을 것이다. 이 길은 주전 6년 아우구스투스 황제의 명령에 의해 건설되었다. 비시디아 안디옥과 이고니온 사이에는 해발 1,600미터나 되는 높은 산이 있지만, 세바스테 가도가 닦여 있었고, 또한 길 곳곳에 숙소가 있었는데, 요새처럼 만들어져 안에서 문을 잠금으로 안전을 유지할 수 있었기에 여행자(바울 일행을 포함하여)는 안전하고 편리하게 이동할 수 있었다. 그들은 비시디아 안디옥을 출발한 지 일주일 정도 걸려서 이고니온에 도착했을 것이다.

바울과 바나바는 유대인의 회당에 들어가서 복음을 전한다. 한글성경 개역개정판에는 번역되어 있지 않지만 헬라어 원문에는 이 문장에 *카타 토 아우토*(κατὰ τὸ αὐτο)가 있는데, 그 뜻은 '평소와 같이'(as usual)이다.[300] 바울과 바나바는 전도여행 중 어느 지역에 가든지 유대인의 회당을 이용했다. 그리고 이것은 예수님께서 복음을 전하실 때 즐겨 하시던 방식이었다. 이렇게 바울은 큰 도시와 유대인이 많이 거주하는 곳을 주된(혹은 일차) 선교지로 선택했는데, 이는 큰 도시에서 많은 사람에게 복음을 전하는 것이 복음 확장에 더욱 효율적이었으며, 유대인이 구약성경을 알고 있었기에 그들에게 복음을 전하는 것이 더욱 효과적이었기 때문이다.

바울과 바나바가 '복음'을 전하니 유대와 헬라의 허다한 무리가 믿게 된다(1절b). 전도활동에 있어서 가장 중요하고 본질적인 것은 '복음'(말씀) 자체를 전하는 것이다. 복음(말씀)은 믿음의 매개체이기에 사도들은 복음을 전하는 일에 가장 심혈을 기울였다. 바울은 비시디아 안디옥에서 전했던 말씀과 동일한 말씀을 이고니온에서 전했다. 여기서 헬라인은 '하나님을 경외하는 이방인'이다. 그들은 유대인의 관습을 따르지 않으면서 하나님을 믿는 자들이었는데, 이제 예수 그리스도를 믿고 하나님의 자녀가 되었다. 따라서 바울은 회당에서 유대인에게 먼저 복음을 전했으며, 이때 그곳에 있던 하나님을 경외하는 이방인에게도 복음을 전했다.

그러나 "순종하지 아니하는 유대인들"이 있었는데, 이들은 '믿지 않는 유대인들'(ESV: 'the unbelieving Jews') 혹은 '믿기를 거부하는 유대인들'(NIV: 'the Jews who refused to believe')을 의미한다(2절a). 그들은 이방인의 마음을 선동하여 예수 그리스도를 새로 믿게 된 "형제들"에게 악감을 품게 한다(2절b). 그들은 바울과 바나바가 전하는 예수 그리스도의 복음과 자신들이 전통적으로 신봉하는 유대교의 신념이 충돌한다고 생각했으며, 복음으로 인하여 자신들이 종교적으로 그리고 사회적으로 어려움을 겪을 것이라고 전망했다. 그리고 그들은 새로 믿게 된 형제들이 기독교로 개종함으로써 배교의 죄를 지었다고 보았다. 그러므로 그들의 편에서 바울과 바나바가 전하는 복음은 그냥 내버려 둘 수 없는 위협적인 것이었다.

새로운 신자들이 어려움을 당하게 되자 바울과 바나바는 오히려 그곳에 오래 머물면서 주님을 힘입어서 담대히 말씀을 전한다(3절a). 이 구절에서 "오래 있어"라는 문구는 그들이 이곳에서 겨울을 보냈을 가능성을 암시한다. 당시 겨울에는 날씨가 너무 추워서 여행하기가 어려웠기에 그들이 몇 달간 이곳에 머물면서 겨울이 지나기를 기다렸을 것이다. 하지만 그들이 이곳에 오래 있었던 이유는 단지 계절 때문만이 아니라 복음에 대한 그들의 열정 때문이기도 하다. 그들은 박해와 반대에 위축되지 않았으며, 오히려 더욱 적극적으로 활동했다. 그들은 복음을 위해서라면 어떠한 손해와 희생도 감수할 준비가 되어 있었다. 이때 주님은 두 사도의 손으로 "표적과 기사"를 행하게 하여 주셔서 "자기" 은혜의 말씀을 증언하게 하신다(3절b). "표적과 기사"는 주께서 사도들과 함께하신다는 것을 드러내준다. 한글성경 개역개정판에서 "자기"로 번역된 단어(*아우투*, αὐτοῦ)는 '그분의', 즉 '주님의'라는 뜻이다.

사도들의 사역으로 인하여 사람들이 두 편으로 나뉘게 되어서, 유대인을 따르는 자들도 있고, "두 사도"를 따르는 자들도 있다(4절). 유대인의 중상모략을 믿은 사람들은 유대인을 따르지만, 바울과 바나바가 전한 복음에 감동된 사람은 사도들을 따른다. 한편, 여기서 누가는 처음으로 바울과 바나바를 "두 사도"(헬라어 원문에는 '사도들', *토이스 아포스톨로이스*, τοῖς ἀποστόλοις)라고 부른다. 그리고 그는 14절에서 다시 한 번 그들을 "두 사도"(헬라어 원문에는 '사도들', *호이 아포스톨로이*, οἱ ἀπόστολοι)라고 한다. 이처럼 사도행전에서 바울을 바나바와 더불어 "사도"라고 부른 곳은 4절과 14절이다.[301]

"사도"(*아포스톨로스*, ἀπόστολος)라는 단어는 '보내심을 받은 자'라는 뜻을 가지는데, 사도행전의 초반부에는 열두 사도에게만 이 명칭이 붙었으나(참고. 1:21-22), 이제 바울과 바나바에게도 이 명칭이 붙는다. 그렇지만 우리는 신약성경에서 '사도'라는 명칭이 뜻하는 바가 무엇인지를 알아야 한다. 사도에는 두 부류가 있다. 한 부류는 그리스도의 부활의 증인으로 임명된 배타적인 무리의 사람들이다. 여기에는 열두 제자들과 바울과 야고보가 속한다(참고. 1:21; 10:41; 고전 9:1; 15:7-9). 그리고 다른 한 부류는 단순히 교회로부터 특별한 사명을 받고 파송된 사람들이다. 여기에는 바나바와 에바브로디도 등이 속한다(참고. 빌 2:25).[302]

이방인과 유대인과 그들의 관리들이 두 사도를 모욕하며 돌로 치려고 달려든다(5절). 그들은 야수와 같이 바울과 바나바를 해하려 한다. 바울과 바나바는 이미 죽음의 위협을 겪은 적이 있다(참고. 9:23-25, 29; 13:50-51). 따라서 그들은 상황의 심각성을 알고 도망하여 루가오니아의 두 성 루스드라와 더베와 그 근방으로 가서 거기서 복음을 전한다(6-7절). 루스드라는 이고니온으로부터 약 30km 떨어져 있었고, 더베는 이고니온으로부터 약 90km 떨어져 있었다.[303] 이 지역들은 갈라디아 주의 루가오니아 지역에 속해 있었는데, 규모가 작아서 잘 알려지지 않았다. 이곳에는 유대인의 회당이 없었던 것으로 보이지만, 사도들은 급하게 이곳으로 피신했으며, 이로 인하여 그들에게 복음을 전할 수 있게 되었다.

2) 루스드라 선교(14:8-18)

루스드라에 발을 쓰지 못하는 한 사람이 앉아 있는데, 그는 "나면서 걷지 못하게 되어 걸어 본 적이 없는 자"이다(8절). 따라서 그는 스스로 걸을 수 있는 가능성이 전혀 없는 상태이다. 그는 바울이 설교하는 것을 듣고 있었는데, 바울이 주목하여 "구원 받을 만한 믿음"이 그에게 있는 것을 본다(9절). 여기서 "구원 받을 만한 믿음"(*피스틴 투 소떼나이*, πίστιν τοῦ σωθῆναι)에 대하여, 이것이 영적으로 구원을 받을 수 있는 믿음이냐 육적으로 치유가 될 수 있는 믿음이냐를 논하려는 경향이 있다. 문맥상 이것은 '병이 치유될 만한 믿음'으로 보는 것이 바람직하다.[304] 그래서 이 문구를 '고침 받을 만한 믿음'(ESV: 'faith to be made well')이라고 번역하는 것이 좋다.

바울은 이 사람을 고쳐서 걸을 수 있게 해준다(10절). 그런데 이 이야기는 3:1-8에 나오는 성전 미문에 앉아서 구걸하던 사람을 생각나게 한다. 그 사람도 "나면서 못 걷게 된 이"였는데, 이 사람도 "나면서 걷지 못하게 되어 걸어본 적이 없는 자"이다.[305] 3:1-8에서 베드로는 요한과 더불어 그를 "주목하여"(*아테니사스*, ἀτενίσας) 보고 그에게 "일어나 걸으라"라고 말함으로 그가 일어나 걸을 수 있게 되었는데, 여기서도 바울은 바나바와 더불어 그를 "주목하여"(*아테니사스*) 보고 그에게 "네 발로 바로 일어서라"라고 말함으로 그가 일어나 걸을 수 있게 되었다.

그런데 3:1-8에 나오는 사람은 유대인이지만, 여기에 나오는 사람은 이방인이다. 그리고 3:1-8에서 베드로는 유대인을 위한 사도로 일했지만, 여기서 바울은 이방인을 위한 사도로 일한다. 그러므로 누가는 의도적으로 비슷한 두 이야기를 배치함으로 하나님이 유대인과 이방인에게 모두 역사하신다는 메시지를 전달한다. 물론 여기에서도 '먼저는 유대인이며 다음은 헬라인'이라는 순서가 지켜진다. 한편, 사도행전에서 복음은 이적과 항상 동반된다. 이것은 복음에 능력이 있음을 드러내 주며 동시에 사도들의 신적 권위를 입증해 준다.

루스드라 사람들은 바울이 한 일을 보고 루가오니아 방언으로 소리 질러 말하기를 "신들이 사람의 형상으로 우리 가운데 내려오셨다"라고 한다(11절). 그들이 이렇게 반응하는 것은 바울이 행한 일이 도무지 사람이 할 수 있는 일이 아니었기 때문이다. 그들은 바나바를 "제우스"라 하고 바울을 "헤르메스"라 한다(12절). "제우스"(Zeus)는 최고의 신인데(로마의 주피터), 아마도 바나바가 건장하고 위엄 있게 보였기 때문에 이렇게 불린 것 같고, "헤르메스"(Hermes)는 소식을 전하는 신인데(로마의 머큐리), 바울이 말을 하는 사람이었기에 이렇게 불린 것 같다.[306]

이때 마을 밖에 있던 제우스 신당의 제사장이 소와 화환들을 가지고 대문 앞에 와서 무리와 함께 제사하고자 한다(13절). 그들이 바울과 바나바에 대하여 이렇게 소동하며 제사까지 지내려고 하는 것은 당시 그 지역에 전해

내려오던 전설 때문이었다. 오래전에 제우스와 헤르메스가 사람의 모습으로 변장하고 브루기아의 산지를 방문했는데, 사람들이 그들을 환영하지 않고 배척하는 바람에 신들이 노하여서 그곳을 멸망시켜 버렸다는 이야기가 있었다.[307] 이에 그들은 바울과 바나바를 홀대하였다가 신들의 노여움을 살까 봐 두려워하여 제사를 지내려 한다.

두 사도 바나바와 바울은 자신들을 신으로 생각하는 자들 앞에서 옷을 찢고 무리 가운데 뛰어 들어가서 소리를 지른다(14절).[308] 유대 전통에서 옷을 찢는 것은 엄청난 슬픔과 고통과 탄식의 몸짓이었다(참고. 창 37:29; 민 14:6; 수 7:6). 또한 이것은 종종 신성모독에 대한 강력한 혐오를 표시하는 것이었다(참고. 마 26:65; 막 14:63).[309] 바울과 바나바가 무리 가운데 뛰어 들어간 것은 안타깝고 절박한 심정을 표현한 것이고, 소리를 지른 것은 이어서 언급되는 설교와 연관된다. 그들은 자신들을 신으로 섬기려는 자들에게 대항한다. 만일 그들이 나쁜 마음을 먹고 가만히 있었으면 루스드라 사람들로부터 극진한 대접을 받았을 것이다. 하지만 그들은 바른 복음을 전하기 위하여 그렇게 하지 않는다.

바울은 설교를 시작한다(15절).[310] 이것은 사도행전에서 바울이 하나님을 전혀 모르는 이방인에게 행한 최초의 설교이다. 먼저, 바울은 자신들이 그들과 같은 성정을 가진 사람이라고 말한다(참고. 약 5:17). 즉 자신들이 하늘에서 내려온 신이 아니라는 점을 밝힌다. 이것을 먼저 말하는 이유는 그렇게 해야만 유일하고 참된 신이신 하나님을 소개할 수 있기 때문이다. 다음으로, 바울은 자신이 그들에게 복음을 전하는 이유가 이런 헛된 일을 버리고 천지와 바다와 그 가운데 만물을 지으시고 살아 계신 하나님께로 돌아오게 하려는 것이라고 말한다(참고. 4:24; 출 20:11; 느 9:6; 사 37:16).

바울은 이어서 하나님이 지나간 세대에는 모든 민족으로 자기들의 길들을 가도록 방임하셨다고 말한다(16절). 이 말은 하나님께서 이전 사람들이 하나님을 알 수 없게 내버려 두셨다는 뜻이다. 그러나 하나님은 자신을 증언하지 아니하신 것이 아니었는데, 곧 하늘로부터 비를 내리시며 결실기를 주시는 선한 일을 하심으로 음식과 기쁨으로 그들의 마음에 만족하게 하셨다(17절; 17:24-31). 이 말은 하나님께서 자연 현상을 통하여 하나님을 알 만한 증거를 주셨다는 뜻이다. 그들은 날마다 먹는 음식과 생활 가운데 주어진 기쁨이 하나님에게서 비롯된 것임을 알아야 한다. 그들은 천지를 보면서 그것을 만드시고 보존하시는 하나님을 발견해야 한다.

바울은 이전에 안디옥에서 구약성경을 아는 유대인을 대상으로 복음을 전할 때 구약성경을 많이 인용하면서 복음을 전하였다. 그러나 여기서 그는 구약성경을 모르는 자, 즉 하나님을 전혀 모르는 자에게 복음을 전하고 있기 때문에 구약성경을 인용하지 않고 그들이 잘 알고 있는 자연 가운데 드러난 하나님에 대하여 말한다. 이것은 바울이 복음의 본질을 보존하면서도 복음을 전하는 방법에 있어서 융통성과 유연성을 가지고 있었음을 보여준다. 즉 그는 복음을 효과적으로 전하기 위하여 복음을 듣는 사람의 내외적인 상황을 충분히 고려하였다. 결국, 바울은 이렇게 말하여 겨우 무리를 말려 자기들에게 제사를 못 하게 한다(18절).

교훈과 적용

1. 바울과 바나바가 복음을 전했을 때 사람들의 다양한 반응이 있었다. 어떤 사람은 그들을 박해하였고, 어떤 사람은 그들을 따랐으며, 어떤 사람은 그들을 신들로 생각하였다. 복음을 전하는 현장에는 이처럼 다양한 반응이 일어난다. 우리는

복음을 전할 때 있을 반응에 대해서 미리 생각해 두어야 한다. 분명한 것은 바울 일행은 복음을 전할 때 일어난 어떠한 반응에도 침착하고 냉정했다는 사실이다. 그들은 담대하고 굳건하게 복음을 전하였다.

2. 루스드라 사람들이 바울과 바나바를 신으로 생각하고 그들 앞에서 제사를 지내려고 할 때 바울과 바나바는 옷을 찢으며 소리를 지르면서 자신들은 신이 아니라고 강변했다. 오늘날 복음을 전하는 사람들 가운데 대접받기를 좋아하는 사람들이 있다. 그들은 사람의 존경과 신뢰를 얻는 것에 큰 관심이 있다. 그러나 우리는 오직 주님께 영광을 돌려야 한다. 하나님만이 영광과 존귀를 받으시기에 합당하신 분인 것을 알아야 한다.
3. 바울은 하나님을 알고 구약성경을 아는 자에게는 구약성경을 인용하면서 설교했지만, 그렇지 않은 자에게는 자연 현상을 가지고 설교했다. 곧 바울은 복음의 본질을 수호하면서도 복음을 전하는 방법에 유연성과 융통성을 가지고 있었다. 우리도 복음을 전할 때 이러한 자세를 가져야 한다. 복음을 듣는 사람의 형편과 처지를 잘 알아서 그들에게 적실하게 복음을 전해야 한다. 가르치는 내용이 중요하지만, 가르치는 방법도 중요하다.

4. 더베 선교와 귀환(14:19-28)

19 유대인들이 안디옥과 이고니온에서 와서 무리를 충동하니 그들이 돌
로 바울을 쳐서 죽은 줄로 알고 시외로 끌어 내치니라 20 제자들이 둘러섰
을 때에 바울이 일어나 그 성에 들어갔다가 이튿날 바나바와 함께 더베로
가서 21 복음을 그 성에서 전하여 많은 사람을 제자로 삼고 루스드라와 이
고니온과 안디옥으로 돌아가서 22 제자들의 마음을 굳게 하여 이 믿음에
머물러 있으라 권하고 또 우리가 하나님의 나라에 들어가려면 많은 환난

을 겪어야 할 것이라 하고 23 각 교회에서 장로들을 택하여 금식 기도 하
며 그들이 믿는 주께 그들을 위탁하고 24 비시디아 가운데로 지나서 밤빌
리아에 이르러 25 말씀을 버가에서 전하고 앗달리아로 내려가서 26 거기
서 배 타고 안디옥에 이르니 이곳은 두 사도가 이룬 그 일을 위하여 전에
하나님의 은혜에 부탁하던 곳이라 27 그들이 이르러 교회를 모아 하나님
이 함께 행하신 모든 일과 이방인들에게 믿음의 문을 여신 것을 보고하고
28 제자들과 함께 오래 있으니라

바울과 바나바는 루스드라에서 박해를 당하게 되자 더베로 이동한다. 그들은 더베에서 활발하게 복음을 전하여 많은 열매를 맺으며, 이전에 방문했던 지역을 다시 방문한 후에 그들이 파송을 받았던 수리아 안디옥으로 돌아온다. 그들은 박해를 두려워하지 않고 담대히 복음을 전함으로 복음을 전하는 일꾼의 바른 상을 제시한다.

1) 더베 선교(14:19-20)

유대인들이 비시디아 안디옥과 이고니온에서 와서 무리를 충동한다(19절a). 앞에서 보았듯이 비시디아 안디옥(참고. 13:50-51)과 이고니온(참고. 14:5)의 유대인들은 바울을 미워하여 박해하였다. 그런데 이제 그들은 루스드라에 도착한다. 곧 그들은 멀리 떨어진 이곳까지 와서 사도들의 복음전파를 방해하고 루스드라 사람들이 하나님을 믿지 못하게 한다(참고. 13:50; 14:2, 5-6).[311] 유대인의 충동을 받은 자들은 돌로 바울을 쳐서 죽은 줄로 알고 마을 밖으로 끌어 내친다(19절b). 이처럼 바울의 선교에는 항상 박해가 따랐다(참고. 고후 11:4-6; 갈 2:4-5; 5:11; 6:12). 훗날 바울은 자신이 고난을

당했던 경험을 나열하면서 "여러 번 죽을 뻔 하였으니"와 "한 번 돌로 맞고" 라고 표현했다(참고. 고후 11:23-29).

불과 얼마 전에 루스드라 사람들은 바울과 바나바를 신으로 알고 섬기려 하였다. 그런데 이제 그들은 유대인에게 설득을 당하여 바울에게 돌을 던진다. 이것은 이해할 수 없는 노릇이다. 이것은 마치 예수님의 예루살렘 입성을 환영하였던 자들이 얼마 지나지 않아 그분을 십자가에 못 박아 죽이라고 고함쳤던 일을 생각나게 한다(참고. 눅 19:37-40; 23:23). 바울은 과거에 개종하기 전에 예수 그리스도를 믿는 자들을 찾아다니면서 박해하였고 사람들을 선동하여 신자들을 돌로 치게 하였다. 참으로 과거에 그는 어느 누구보다도 이 일에 열정적이었다. 하지만 이제는 그가 다른 사람들로부터 동일한 어려움을 겪고 있다. 그는 과거에 자신이 가졌던 종교적인 열심에 따라 행동하였던 일을 지금의 박해자들에게서 보며 그들에 대한 측은한 마음을 가졌을 것이고, 더불어 그들도 언젠가 자신처럼 주님을 만나서 변화되기를 바랐을 것이다.

제자들이 둘러섰을 때 바울이 일어난다(20절a). 여기에 언급된 제자는 디모데를 포함한 새로운 신자 공동체를 가리킨다(참고. 16:1; 딤후 3:11).[312] 그들은 바울과 바나바의 가르침을 통해서 회심한 사람들이다. 하지만 어떤 학자는 그들을 바울의 동행자로 보거나 혹은 바울의 동행자에다가 여러 지역에서 바울을 따라와 합류한 이들로 본다.[313] 아마도 새로운 신자 공동체와 기존의 동행자들이 섞여 있었을 수도 있다. 제자들은 바울이 살아날 기미가 조금 보이자 회복을 위하여 기도하려고 둘러섰을 것이다. 바울은 일어나서 성에 들어갔다가, 이튿날 바나바와 함께 더베로 향한다(20절b). 더베는 루스드라에서 남동쪽으로 약 97km 떨어진 곳에 있었다.[314] 이곳은 바울의 제1

차 전도여행 지역 가운데 가장 멀리 떨어져 있는 곳이다.

바울은 비시디아 안디옥에서 박해를 당하자 이고니온으로 갔고, 이고니온에서 박해를 당하자 루스드라로 갔는데, 이제 루스드라에서 박해를 당하자 더베로 간다. 바울의 이동은 박해를 피하기 위한 것이었지만, 또한 복음을 더욱 널리 전하는 기회를 만들기 위한 것이기도 하였다. 곧 바울은 박해를 당하는 가운데 복음을 전했고, 박해자를 피하는 가운데서도 복음을 전했다. 바울은 어려움 가운데에서도 복음을 전파하는 일을 중단하지 않았다. 하나님은 바울의 여정을 순탄하게만 하지 않으셨다. 하나님은 바울의 곤경과 환난을 사용하셔서 선을 이루셨다.

2) 여러 지역을 다시 방문함(14:21-23)

바울과 바나바는 더베에서 복음을 전하여 많은 사람을 제자로 삼는다(21절a). 누가는 더베에서 바울 일행이 행했던 일을 짧게 기술하지만, 그들은 거기서 상당히 적극적으로 복음을 전했으며, 큰 성과를 거두었다. 그들이 제자로 삼은 사람들 가운데에는 아마도 “더베 사람 가이오”도 포함되어 있었을 것이다(참고. 20:4; 그는 19:29의 “마게도냐 사람 가이오”와 다른 사람임). 바울은 돌에 맞은 상처로 인하여 여전히 통증을 느꼈을 것이고 두려움도 있었겠지만 어딘가에 숨어 있거나 쉬지 않았다. 그는 활발하게 복음을 전했다. 그런데 유대인들은 더 이상 더베까지 바울을 따라와서 박해하지 않는데, 이는 바울이 죽었을 것이라고 생각하고 자기들의 고향으로 돌아갔기 때문일 것이다.[315]

바울 일행은 더베를 출발하여 루스드라와 이고니온과 안디옥으로 되돌아간다(21절b). 바울 일행이 다시 방문한 이 지역들은 그들이 이전에 복음을 전하는 가운데 심하게 박해를 받았던 곳이어서 다시 방문하기가 상당히 두렵고 부담스러웠을 수 있다. 하지만 그들은 그런 위험에 아랑곳하지 않고 다시 이 지역을 방문하여 복음을 전한다. 사실 바울 일행은 더베에서 그들의 출발지점인 수리아 안디옥까지 쉽게 갈 수 있었다. 그냥 남동쪽으로 계속 걸어가면 되었다. 하지만 그들은 자신들이 세워 놓은 교회를 더욱 견고하게 만들기 위하여 다시 방문하였다. 그들의 재방문과 사역으로 인하여 이 지역의 교회들은 더욱 굳건해질 것이었다.

바울과 바나바는 이 지역들을 다시 방문하여 제자들의 마음을 굳게 하여 이 믿음에 머물러 있으라고 권하며 하나님의 나라에 들어가려면 많은 환난을 겪어야 할 것이라고 위로한다(22절; 참고. 눅 10:9, 11; 11:2, 20; 17:20; 18:17; 21:31).[316] 여기서 "하나님의 나라에 들어간다"라는 말은 구원받는 것을 포함하여 제자로서 살아가는 총체적 삶을 뜻한다(참고. 1:3; 8:12; 13:46, 48; 19:8; 20:25). 그리고 이 구절에는 '반드시'에 해당하는 *데이*(δεῖ)가 들어 있는데(참고. 눅 24:46-47; 행 17:3), 이는 신자가 환난을 당하는 것이 부득이한 일이라는 점을 시사한다.

바울과 바나바는 각 교회에서 장로들을 택하여 금식 기도하며 자신들을 대신하여 교회를 돌보도록 주님께 위탁한다(23절). 사도들이 각 교회에서 장로들을 택했다는 말은 각 교회를 맡아서 수고할 지도자를 세웠다는 뜻이다. 그리고 여기서 "택하여"와 "금식 기도하며"와 "위탁하고"라는 단어들은 교회의 직분자를 공식적인 절차에 따라서 세운 것을 시사한다(참고. 20:17, 28).[317] 교회가 설립된 지 얼마 지나지 않은 상황에서 적합한 지도자를 찾는 일은 쉽지 않았지만 반드시 필요했다. 이제 세워진 장로들은 바울을 대신하여 지역 교회를 다스릴 것이다.

3) 안디옥으로 돌아옴(14:24-28)

바울과 바나바는 비시디아를 통과하여 밤빌리아에 이른다(24절). 그들은 밤빌리아의 버가에서 말씀을 전하고 근처에 있는 항구도시 앗달리아로 내려간다(25절; 참고. 13:13). 그리고 그곳에서 배를 타고 수리아 안디옥에 이른다(26절a). 따라서 그들이 이동한 경로는 더베 → 루스드라 → 이고니온 → 비시디아 안디옥 → 밤빌리아(버가 → 앗달리아) → 수리아 안디옥이다. 앗달리아는 오늘날의 안탈리아(Antalya)인데, 지금도 여전히 배의 정박지 역할을 하고 있다. 수리아 안디옥은 바울과 바나바를 선교사로 파송했던 곳인데(참고. 13:2-3), 누가는 이것을 "이 곳은 두 사도가 이룬 그 일을 위하여 전에 하나님의 은혜에 부탁하던 곳이라"라고 표현한다(26절b).

바울과 바나바는 안디옥에 도착하여 교회를 모아 하나님이 함께 행하신 모든 일과 이방인들에게 믿음의 문을 여신 것을 보고한다(27절). 이것은 선교보고인데, 과거에 주님의 제자들은 주님 앞에서 이런 선교보고를 했다(참고. 눅 9:10; 10:17). 그들은 동료 그리스도인들에게 "하나님이 행하신 모든 일", 즉 사람이 수고하였지만 그 가운데에 행하신 분은 하나님이심을 드러낸다. 특히 그들은 하나님께서 "이방인들에게 믿음의 문을 여신 것"을 보고하는데, 이것은 선교의 새로운 차원이 열린 것을 가리키는 의미심장한 표현이다(참고. 고전 16:9; 고후 2:12; 골 4:3). 이렇게 바울과 바나바는 하나님의 역사하심을 내세우며 자신들의 공로와 수고를 감춘다.

그들은 안디옥에서 제자들과 함께 오래 머문다(28절). 이 기간에 바울은 휴식을 취했을 것이고, 몇몇 교회에 편지를 썼을 것이며, 앞으로의 선교를 구상하였을 것이다. 특히 바울이 갈라디아서를 이 시기에 기록했을 가능성이 높다(약 48년).[318] 결국, 바울은 제1차 전도여행을 무사히 마쳤다(참고. 13:1-14:28). 이후 바울은 예루살렘 총회(공의회)에 참석하기 위하여 예루살렘을 세 번째로 방문하고(참고. 15:1-35), 안디옥으로 돌아왔다가 제2차 전도여행을 떠난다(참고. 15:36-18:22). 연대기적으로 제1차 전도여행은 47-48년에 있었고, 세 번째 예루살렘 방문은 48년 혹은 49년에 있었으며, 제2차 전도여행은 49-52년에 있었다(참고. 15:1의 주해).

교훈과 적용

1. 바울과 바나바는 예수님을 따르는 예수님의 제자들이었다. 예수님이 여러 지역을 부지런히 다니시면서 복음을 전하셨듯이 그들도 여러 지역을 부지런히 다니면서 복음을 전하였다. 그들은 쉬거나 숨거나 도망가지 않았다. 그들은 한 사람에게라도 더 복음을 전하려고 힘써 노력하였다. 오늘날 우리도 주 예수님의 제자로서 복음을 전하는 일에 쉬지 말아야 한다. 한 영혼이라도 복음을 듣고 구원을 받을 수 있도록 최선을 다해야 한다.
2. 바울과 바나바는 박해를 두려워하지 않았다. 그들은 자신을 미워하고 자기들의 생명을 위협하던 자들에게로 돌아가서 복음을 전하였다. 그들은 신자들을 권면하고 교회를 굳게 세우는 것을 최우선으로 하였다. 자신들의 안위를 아랑곳하지 않고 오로지 교회를 생각하는 마음은 귀하고 값지다. 우리도 자신을 생각하기보다는 복음과 교회를 생각해야 한다. 우리의 노력과 수고는 반드시 결실을 거둘 것이다. 복음의 씨앗이 뿌려지는 곳에는 반드시 열매가 있다.
3. 바울과 바나바는 전도여행을 마치고 안디옥으로 돌아왔다. 그들은 하나님이 행하신 일들을 동료 그리스도인들에게 보고하였다. 그들은 자신이 많이 수고하였지만, 자신을 내세우지 않고 하나님을 내세웠다. 우리는 이것을 본받아야 한다. 우리는 자신의 업적을 은근히 과시하거나 자신을 치켜세우지 않도록 주의해야 한다. 바울과 바나바는 오로지 하나님께 영광을 돌렸다. 그리고 실제로 모든 일은 하나님이 하셨다.

7

예루살렘 총회

(15:1-35)

대한예수교장로회 고신총회 설립 60주년 기념

성경주석

사도행전

A c t s

7
예루살렘 총회
(15:1-35)

본문 개요

사도행전에서 15장은 대단히 중요하다. 누가는 여기서 예루살렘 총회(교회 회의)에 관하여 언급하는데, 예루살렘 총회는 유대인과 이방인이 함께 그리스도인으로서 조화를 이루며 살아가는 데 있어서 중요하면서도 논란이 되는 사안을 결정했다. 초기 그리스도인은 이 총회를 통하여 모든 사람이 하나님의 은혜로 구원을 얻는다는 사실과 이방인도 하나님의 자녀가 될 수 있다는 사실과 유대인과 이방인이 그리스도 안에서 하나가 될 수 있다는 사실을 인지했다.

내용 분해

1. 예루살렘 총회(15:1-21)
   1) 회의의 배경(15:1-5)

2) 베드로의 연설(15:6-11)

3) 바울과 바나바의 증언(15:12)

4) 야고보의 연설(15:13-21)

2. 예루살렘 총회의 결과(15:22-35)

1) 편지를 보냄(15:22)

2) 편지의 내용(15:23-29)

3) 안디옥으로 내려감(15:30-35)

본문 주해

1. 예루살렘 총회(15:1-21)

1 어떤 사람들이 유대로부터 내려와서 형제들을 가르치되 너희가 모세의
법대로 할례를 받지 아니하면 능히 구원을 받지 못하리라 하니 2 바울 및
바나바와 그들 사이에 적지 아니한 다툼과 변론이 일어난지라 형제들이
이 문제에 대하여 바울과 바나바와 및 그 중의 몇 사람을 예루살렘에 있는
사도와 장로들에게 보내기로 작정하니라 3 그들이 교회의 전송을 받고 베
니게와 사마리아로 다니며 이방인들이 주께 돌아온 일을 말하여 형제들
을 다 크게 기쁘게 하더라 4 예루살렘에 이르러 교회와 사도와 장로들에
게 영접을 받고 하나님이 자기들과 함께 계서 행하신 모든 일을 말하매 5
바리새파 중에 어떤 믿는 사람들이 일어나 말하되 이방인에게 할례를 행
하고 모세의 율법을 지키라 명하는 것이 마땅하다 하니라 6 사도와 장로

들이 이 일을 의논하러 모여 7 많은 변론이 있은 후에 베드로가 일어나 말
하되 형제들아 너희도 알거니와 하나님이 이방인들로 내 입에서 복음의
말씀을 들어 믿게 하시려고 오래 전부터 너희 가운데서 나를 택하시고 8
또 마음을 아시는 하나님이 우리에게와 같이 그들에게도 성령을 주어 증
언하시고 9 믿음으로 그들의 마음을 깨끗이 하사 그들이나 우리나 차별하
지 아니하셨느니라 10 그런데 지금 너희가 어찌하여 하나님을 시험하여
우리 조상과 우리도 능히 메지 못하던 멍에를 제자들의 목에 두려느냐 11
그러나 우리는 그들이 우리와 동일하게 주 예수의 은혜로 구원 받는 줄을
믿노라 하니라 12 온 무리가 가만히 있어 바나바와 바울이 하나님께서 자
기들로 말미암아 이방인 중에서 행하신 표적과 기사에 관하여 말하는 것
을 듣더니 13 말을 마치매 야고보가 대답하여 이르되 형제들아 내 말을 들
으라 14 하나님이 처음으로 이방인 중에서 자기 이름을 위할 백성을 취하
시려고 그들을 돌보신 것을 시므온이 말하였으니 15 선지자들의 말씀이
이와 일치하도다 기록된 바 16 이 후에 내가 돌아와서 다윗의 무너진 장막
을 다시 지으며 또 그 허물어진 것을 다시 지어 일으키리니 17 이는 그 남
은 사람들과 내 이름으로 일컬음을 받는 모든 이방인들로 주를 찾게 하려
함이라 하셨으니 18 즉 예로부터 이것을 알게 하시는 주의 말씀이라 함과
같으니라 19 그러므로 내 의견에는 이방인 중에서 하나님께로 돌아오는
자들을 괴롭게 하지 말고 20 다만 우상의 더러운 것과 음행과 목매어 죽인
것과 피를 멀리하라고 편지하는 것이 옳으니 21 이는 예로부터 각 성에서
모세를 전하는 자가 있어 안식일마다 회당에서 그 글을 읽음이라 하더라

'예루살렘 총회' 혹은 '예루살렘 공의회'(Jerusalem Council)는 복음이 이

방인에게 전파되는 과정에서 일어났던 중요한 신학적 주제를 다루었다. 당시에 유대주의자는 이방인이 구원을 받으려면 모세의 법대로 할례를 받아야 한다고 강경하게 주장했다. 하지만 바울을 비롯하여 이방인 지역에서 복음을 전한 이들은 구원을 얻기 위하여 예수 그리스도를 믿으면 되지 굳이 유대의 규례까지 지킬 필요는 없다고 생각했다. 따라서 이에 관한 결론을 도출하기가 쉽지 않았다. 이에 사도들은 예루살렘에서 회의를 소집하여 이 문제를 토론했다.

1) 회의의 배경(15:1-5)

어떤 사람들이 유대로부터 안디옥으로 내려와서 "모세의 법"대로 할례를 받지 아니하면 구원을 받지 못한다고 가르쳤다(1절). 여기서 "법"에 해당하는 헬라어는 *에또스*(ἔθος)로서 '관습'(관례)이지, '율법'(*노모스*, νόμος)이 아니다. 따라서 이 사람들의 주장은 절대적인 규범이 되지 않는다. 이들은 바리새파 유대인 그리스도인으로 보인다(참고. 5절). 그런데 이들이 유대에서 안디옥으로 내려온 때가 언제인지 그리고 바울이 이 문제를 해결하기 위하여 예루살렘을 방문한 때가 언제인지에 대하여 상당한 논란이 있다. 사도행전과 갈라디아서의 연대기적인 연관성을 검토해 보아도 여기에 나오는 예루살렘 총회(공의회)가 갈라디아서의 어느 부분과 일치하는지에 대해서 단정적인 결론을 내리기가 쉽지 않다.[319]

앞에서 살펴본 대로, 사도행전 11:30과 12:25는 주후 46년경에 있었던 제2차 예루살렘 방문을 언급한 것으로 갈라디아서 2:1-10에 기록된 일과 일치한다. 따라서 15장의 상황은 갈라디아서 2:1-10의 상황과 다르다. 이로 인하여 어떤 학자들은 이 상황을 갈라디아서 2:11-14에 나오는 상황과 같다고 본다. 비록 증거가 충분하지는 않지만, 예루살렘 총회가 열린 이유가 유대인 신자들이 이방인 신자들에게 모세의 법(관습)을 지켜야 구원을 받을 수 있다고 주장한 점과 갈라디아서 2:11-14에 이와 동일한 내용이 나오는 점을 감안할 때 이 견해를 수용할 만하다.

유대로부터 내려온 사람들은 모세의 법(관습)대로 할례를 받지 아니하면 구원을 받지 못한다고 주장하였다. 이와 마찬가지로 갈라디아서 2:12에서도 어떤 사람들이 유대로부터 안디옥에 이르러서 자신들이 야고보에게서 보냄을 받았다고 말하고 다니면서 이방인 신자들이 모세의 법(관습)을 따라야 한다고 주장하였다. 이들은 예루살렘 교회에서 공식적으로 파견된 사람들이 아니다. 만일 그들이 공식적으로 파견된 사람들이라면, 바울과 바나바가 예루살렘을 방문할 필요가 없었을 것이며, 베드로와 야고보가 바울과 바나바의 이방 선교를 옹호할 이유도 없었을 것이다. 따라서 그들은 유대주의를 퍼뜨리기 위하여 안디옥으로 온 것이다.

유대로부터 온 사람들은 하나님의 구원 약속이 구약에서부터 오랫동안 진행되어 왔기 때문에 예수님을 믿는다고만 해서 구원을 받는 것이 아니라 구약에 나오는 언약의 표시인 할례도 같이 행해야 구원을 받는다고 주장하였다. 하지만 그들이 요구한 것은 할례만이 아니었다. 그들은 더 나아가서 모세가 율법에 기록한 모든 조항을 지켜야 한다고 말하였다. 즉 할례와 절기와 음식 규례 등을 지키는 것이 구원의 필수 조건이라는 것이다. 그들은 이렇게 말함으로써 예수님의 죽음과 부활과 승천으로 채워진 대속사역의 완전성과 충족성을 부인하였다.

그리하여 바울 및 바나바와 그들 사이에 적지 않은 다툼과 변론이 일어났다(2절a). 이는 그들의 주장이 바울과 바나바가 이방인에게 전했던 복음과 상충되었기 때문이다. 하지만 그들 사이의 다툼과 변론은 해결되지 않았다. 따라서 형제들은 이 문제를 해결하기 위해 바울과 바나바를 포함한 몇 사람을 예루살렘에 있는 사도와 장로들에게 보내기로 작정한다(2절b). 그들은 예루살렘의 지도자들이 이 문제를 해결해 줄 수 있을 것으로 기대한다. 물론 바리새파 유대인 신자들은 예루살렘의 지도자들이 자신들의 입장을 지지할 것으로 생각했을 것이다.

이미 10-14장에는 하나님이 이방인에게 구원을 베푸신 이야기가 놀라운 방식으로 기술되어 있다. 따라서 유대에서 내려온 사람들의 주장은 하나님의 구원 경륜의 역사적 관점에서 볼 때 퇴보하는 것이었다. 과거에 바울은 유대의 율법과 규례에 젖었던 사람이고 바나바도 예루살렘 교회로부터 파견되었던 사람이어서 이러한 문제에 대하여 일가견을 가지고 있었지만, 다른 주장을 펴는 사람들을 효과적으로 차단하고 교회의 분열을 막는 길이 당시에 최고의 권위를 가지고 있었던 예루살렘의 사도의 견해를 듣는 것이었다고 믿어서 이렇게 결정한다.

바울과 바나바는 교회의 전송을 받고 예루살렘으로 올라가는 길에 베니게와 사마리아 지방을 통과하면서 이방인들이 주님께 돌아온 일을 말하고, 이 소식을 들은 형제들은 모두 크게 기뻐한다(3절). 이렇게 바울 일행은 길을 가는 도중에도 시간을 내어서 복음을 전하거나 그 결과를 알려서 동료 신자를 격려한다. 그리고 바울의 보고를 들은 형제들의 반응은 유대로부터 온 사람들의 부정적인 반응과 대조된다. 누가는 의도적으로 바울 일행이 이처럼 행동한 것을 언급함으로써 이방인 그리스도인의 구원에 관한 바울과 바나바의 입장이 이미 많은 지역에서 광범위하게 받아들여졌다는 사실을 강조한다.[320] 바울 일행은 예루살렘에 도착하여 교회와 사도와 장로들에게 영접을 받고 하나님께서 그들과 함께 계시면서 행하신 모든 일을 말한다(4절). 이처럼 사도행전에서는 하나님이 모든 일을 행하시는 분으로 묘사된다.[321]

그러나 바리새파 중에 어떤 믿는 사람들이 일어나서 이방인에게 할례를 행하고 모세의 율법을 지키라고 명하는 것이 마땅하다고 주장한다(5절). 여기에 언급된 바리새인들은 예수님이 메시야라고 믿는 자들이다. 따라서 그들은 회심한 자들이라고 볼 수 있다. 하지만 그들은 예수님을 믿어도 유대의 규례와 율법을 지켜야 한다고 주장한다. 여기서 "마땅하도다"라는 단어가 사용된 것은 그들의 신념이 확고하다는 사실을 보여준다. 이미 베드로가 고넬료의 개종에 대하여 예루살렘 교회에 보고하였고 유대인 신자들이 그 일을 기쁨으로 받아들였지만 여전히 그들은 일치된 견해를 가지고 있지 않았다(참고. 11:1-18). 그리하여 사도들과 장로들은 공식적인 교회 회의(총회, 공의회)를 소집하게 된다.

2) 베드로의 연설(15:6-11)

사도와 장로들이 이 일을 의논하러 모인다(6절). 그리고 회의에서 많은 변론이 일어난다(7절a). 하지만 누가는 제기된 여러 발언을 언급하지 않는다. 다만 교회의 두 대표자인 베드로와 야고보의 연설만을 요약된 형태로 제시한다. 아마도 예루살렘 총회에는 사도가 많이 참석했을 것이다. 그리고 누가는 사도의 행적을 대부분 알고 있었을 가능성이 높다. 하지만 그가 다른 사도들을 언급하지 않는 것은 사도행전의 기록 목적 때문으로 보인다. 그는 책을 기록하면서 사도들의 모든 현황을 굳이 말할 필요가 없었기 때문에 생략했다.[322]

베드로는 하나님께서 이방인에게 복음을 전하게 하시려고 오래전에 자신을 택하셨다고 말한다(7절b). 이것은 베드로가 유대인을 위한 사도가 되었고 바울이 이방인을 위한 사도가 되었다는 일반적인 인식과 모순되지 않는다. 다만 이것은 베드로가 고넬료와 같은 이방인에게 복음을 전했던 일을 생각나게 한다. 베드로는 하나님이 마음을 아시는 분이라고 말한다(8절a). 따라서 하나님이 이방인을 구원하시는 것은 그분의 정확한 판단에 근거한다. 하나님은 유대인에게와 같이 이방인에게도 성령을 주셔서 "증언하셨다"(8절b). 분명히 구원의 수단은 유대인에게나 이방인에게나 율법이 아닌 성령이시다. 하나님은 그들의 마음을 믿음으로 깨끗하게 하셔서 "그들"(이방인)이나 "우리"(유대인)나 차별하지 않으셨다(9절). 구원을 받는 방법에는 인종적이거나 민족적인 어떠한 차별도 존재하지 않는다. 우리 모두는 오직 성령을 통하여 구원 받는다.

베드로는 이렇게 말한다. "그런데 지금 너희가 어찌하여 하나님을 시험하여 우리 조상과 우리도 능히 메지 못하던 멍에를 제자들의 목에 두려느냐"(10절). 이 말의 의미는 다음과 같다. '율법을 온전히 지키는 일은 유대인도 감당하지 못한 일인데, 이방인에게 율법 준수를 요구하는 것은 옳지 않다.' 특히 당시에 유대인은 율법에다 자신들의 관습과 해석 등을 덧붙여서 율법 준수를 더욱 어렵고 부담스럽게 만들었다. 베드로는 결론을 내리기를, 유대인과 이방인이 동일하게 주 예수님의 은혜로 구원을 받는다고 한다(11절). 복음은 항상 동일하다.

3) 바울과 바나바의 증언(15:12)

베드로의 연설을 들은 후에 모두가 침묵한다(12절a). 그들은 논쟁을 벌이지 않는다. 이것은 그들이 베드로의 말을 긍정적으로 받아들였다는 뜻이다.[323] 이때 이 기회를 이용하여 바나바와 바울은 하나님께서 자신들로 말미암아 이방인 가운데에서 행하신 "표적과 기사"에 대하여 증언한다(12절b). 그들은 하나님께서 역사하신 구원의 현장을 소개한다. 신학적으로나 문예적으로 그들의 증언은 앞에서 행한 베드로의 연설과 이어서 나올 야고보의 연설을 지원하는 역할을 한다. 하지만 누가는 바울의 말을 기록하지 않는데, 이는 그 내용이 사도행전 13-14장에 이미 나와 있기 때문이다.

여기서 누가가 바나바의 이름을 바울보다 먼저 말한 것은 예루살렘에서 바나바가 바울보다 더 알려져 있었고 더 존경을 받고 있었기 때문으로 보인다(참고. 4:36-37). 그리고 바나바와 바울이 하나님께서 행하신 "표적과 기사"에 대하여 말하는 것은 그들이 전한 말씀을 약화시키기 위한 것이 아니라 오히려 표적과 기사로 인하여 그들이 전한 말씀의 권위가 드러났음을 알리기 위한 것이다. 즉 하나님께서 바나바와 바울과 함께하셨으며 그들의 권위를 높여주셨다는 것이다. 결국, 바나바와 바울은 하나님께서 이방인 가운데에서 강하게 역사하셨음을 말한다.

4) 야고보의 연설(15:13-21)

베드로에 이어서 바나바와 바울이 말을 마치자 드디어 야고보가 연설한다(13절a). 야고보는 예수님의 친동생이며, 베드로와 더불어 예루살렘 교회의 지도자이다(참고. 12:17; 갈 2:9). 하지만 사도행전에는 야고보가 언제 회심했으며 어떻게 교회의 지도자가 될 수 있었는지에 대한 언급이 없다. 아무튼 지금 야고보가 회의를 진행하고 있으므로 그의 연설은 또 다른 한 사람의 의견이 아니라 회의에서 논의되었던 모든 변론의 결론이라 할 수 있다. 그는 "형제들아 내 말을 들으라"라고 말한다(13절b). "형제"라는 용어는 가정에서 사용하는 언어이지만, 초기 그리스도인은 자신들이 하나님의 가정에 속해 있다고 생각하여 이 표현을 즐겨 사용했다.

야고보는 "시므온"이 말한 것을 언급하는데, 여기서 "시므온"은 '시몬' 베드로를 나타내는 히브리식 철자이다(14절).[324] 야고보는 하나님께서 베드로를 사용하셔서 이방인 선교를 시작하게 하셨다고 말한다. 그리고 이렇게 시작된 이방인 선교는 현재 바울과 바나바의 수고를 통해 많은 결실을 보고 있다. 구약성경에서 "자기 이름을 위할"이라는 표현과 "백성"(*라오스*, λαός)이라는 표현은 언제나 이스라엘을 가리켰다. 그런데 이제 야고보는 베드로와 더불어 하나님께서 이방인도 자신의 백성으로 삼으셔서 자신의 이름을 영화롭게 할 수 있게 하셨다고 말한다.

야고보는 자신의 주장을 입증하기 위하여 구약의 선지서를 인용하는데, "선지자들의 말씀이 이와 일치하도다"라고 말한다(15절). 야고보가 구약을 인용하는 것은 회의에서 결정할 사안이 언제나 성경의 지지를 받을 수 있어야 하기 때문이다. 그가 인용한 본문은 아모스 9:11-12이다.[325] 그는 하나님께서 다윗의 나라를 회복하실 때 이방인이 하나님 나라의 백성으로 들어올 것으로 계획하셨다는 점을 부각한다(16-18절). 즉 다윗의 후손인 그리스도를 통하여 이방인이 그리스도의 새 언약의 공동체에 들어오게 될 것이라는 사실이 예언되었음을 말한다.

이제 야고보는 결론을 내린다(19-21절). 그는 회의 진행자로서 논의를 정리한다. 그의 주장은 하나님이 하신 일에 관한 베드로의 언급에 동의하면서 자신의 교회론적이고 구원역사적인 관점을 추가한 것으로, 아모스 9:11-12의 의미에 기초한 것이다.[326] 먼저, 그는 "이방인 중에서 하나님께로 돌아오는 자들을 괴롭게 하지 말고"라고 말한다(19절). 이 말은 할례와 같은 유대의 무거운 짐을 이방인에게 강요하지 말라는 뜻이다.[327] 이런 무거운 부담 때문에 이방인이 하나님을 믿는 일에 방해를 받고 있다. 따라서 이것은 유대인의 양보를 촉구하는 것이다.

다음으로, 야고보는 이방인이 다음의 네 가지 규정을 준수해야 한다고 말한다(20절a). 따라서 앞에서는 유대인의 양보를 촉구했으나, 이제는 이방인의 양보를 촉구한다. 그가 제시하는 네 가지 금지 조항은 구원을 받기 위한 필수적인 조건이 아니라 유대인과 이방인이 원만하게 교제하고 화합할 수 있기 위한 최소한의 예의이다. 이방인 신자들이 적어도 여기에 제시된 조항들을 신실하게 지킨다면 유대인 신자들의 마음을 상하지 않게 하고 그들의 양심을 존중해 주어서 서로가 화합할 수 있게 될 것이다. 그렇게 되면 그들은 온전한 하나의 교회를 이룰 수 있을 것이다.

첫째, "우상의 더러운 것"을 먹지 말아야 한다. 이것은 우상에게 바쳐진 음식을 먹지 말라는 뜻이다. 당시 우상 숭배자들은 우상에게 바치고 남은 음식을 시장에 내다 팔아서 수입을 올렸다. 그리고 이방인은 이런 음식들을 사 먹으면서 신들의 축복을 받을 수 있을 것이라고 기대했다. 반면에 유대인은 율법 규정에 맞는 정결한 음식만을 먹었으며, 이런 이유로 그들은 이방인과 함께 음식을 먹지 않았다. 이에 야고보는 이방인의 정결한 신앙을 위하여, 그리고 유대인과의 친근한 교제를 위하여 이런 음식을 먹지 말라고 당부한다.

둘째, "음행"을 하지 말아야 한다. "음행"은 헬라어로 *포르네이아*(πορνεία)라고 하는데, 정상적인 부부관계 외의 모든 성생활을 가리킨다(참고. 레 18:6-18). 당시 이방 세계에서는 신전 제사와 음행이 더불어 행하여졌다. 그들은 우상에게 제사하면서, 우상에게 바쳐진 더러운 음식을 먹으면서, 동시에 음행하였다. 따라서 이방인은 아무런 죄책감 없이 공공연하게 음행을 하였다. 그러나 구약성경은 음행을 죄라고 규정하였으며, 예수님은 음행을 엄격하게 금하셨고(참고. 마 5:28), 사도들 역시 음행을 피하라고 경고하였다(참고. 고전 6:18; 엡 5:3 등).

셋째, "목매어 죽인 것"을 먹지 말아야 한다.[328] 당시에 우상 숭배자들은 이교 신전에서 제사를 행할 때 희생 제물로 바칠 짐승의 목을 졸라서 죽였다. 이렇게 짐승의 목을 졸라서 죽이는 행동은 매우 잔인했으며 바라보는 사람들에게 심한 혐오감을 가져다주었다. 더군다나 이런 방식으로 짐승을 죽이는 것은 피를 빼지 않고 짐승을 죽이는 것으로 구약이 피에 대하여 매우 예민하게 언급하는 것과 상충한다. 곧 야고보는 피에 대하여 말하고 있으며, 15:29에 피와 목매어 죽인 짐승의 순서가 바뀌어서 나오는데, 바로 이러한 이유에서이다.

넷째, "피를 멀리" 하여야 한다. 레위기 17:10-11에는 피를 먹지 말라는 규정이 있다. 이것은 창세기 9장의 노아 언약에 나오는 "고기를 그 생명 되는 피째 먹지 말 것이니라"라는 말씀을 준수하는 것이다(창 9:4). 피와 관련된 언급에는 예수 그리스도의 피(보혈)의 가치를 기대하고 전망하게 하시려는 하나님의 뜻이 담겨 있었다. 게다가 짐승의 피를 마시는 것은 이교 신전에서의 제사와 관련이 있었다. 당시에 우상 숭배자들은 짐승을 목 졸라서 죽인 후에 피를 빼서 마시는 행위를 하였다. 이러한 행동은 유대인의 마음을 상당히 불편하게 만들었다.

그러므로 야고보가 말한 금지 조항들은 모두 우상 숭배와 관련이 있다. 즉 모든 신자는 우상 숭배와 연관된 일체의 행동을 중지하여야 한다는 것이다. 야고보의 이러한 결론에 대하여 반대하는 사람이 아무도 없었다. 그들 모두가 동의하였으며 만족해하였다. 이제 야고보는 이 의견을 편지로 써서 보내는 것이 옳다고 말한다(20절b). 이것은 모든 유대인과 이방인이 이 내용을 반드시 알아야 하였기에 야고보가 각 회당과 교회에 편지가 보내어지도록 조처하는 것이다. 당시에 각 성에는 "모세를 전하는 자", 즉 율법을 가르치는 선생이 있어서 안식일마다 회당에서 '모세의 글', 즉 모세의 율법(모세오경)을 읽었다(21절). 앞으로 각 지역의 회당에 이 편지가 도달하면 그들은 교회 회의에서 결정된 내용을 따라야 한다.[329]

교훈과 적용

1. 우리는 초기 신자들이 서로 다른 의견을 가지고 있을 때 교회 회의를 열어서 해결한 사실을 중요하게 여겨야 한다. 사람은 서로 다르므로 다른 의견을 가질 수 있다. 심지어 성경의 해석에서도 차이를 보이는 경우가 있다. 문제는 그것을 해결하는 방식인데 초기 교회는 회의를 열어서 그러한 갈등을 해결하였다. 회의 문화, 즉 토론 문화는 매우 중요하다. 우리는 어떤 상반된 견해를 가지고 있을 때 언제나 건전한 토론을 통하여 해결하려고 해야 한다.
2. 우리는 예루살렘 교회의 두 지도자인 베드로와 야고보의 모습을 통하여 교회의 지도자가 반드시 갖추어야 할 덕목을 깨닫게 된다. 그것은 탁월한 성경적 식견과 그에 따른 의견 개진이다. 베드로와 야고보는 하나님께서 구약을 통하여 이미 계시하신 내용을 알고 있었고 자신들이 앞장서서 그 교훈대로 행하였다. 그리고 특히 야고보는 유대인의 양보와 이방인의 양보를 적절히 끄집어내고 조화시켜서 교회 안에 갈등과 상처가 생기지 않게 하였다.
3. 야고보는 논의의 결론으로서 유대인이 이방인에게 할례라는 무거운 짐을 지우지 말 것을 요청하였고, 이방인에게는 유대인의 마음을 상하게 하지 말고 그들

의 양심을 존중해 줄 것을 요청하였다. 오늘날 우리는 이러한 지혜를 배워야 한다. 서로의 화합과 교제를 위해서는 서로에 대한 이해와 양보가 필수적이다. 그러한 상호 노력이 없으면 결코 하나가 될 수 없다. 우리는 서로 다르다. 서로 다르기에 다툴 수도 있다. 따라서 조금씩 양보해야 한다.

2. 예루살렘 총회의 결과(15:22-35)

22 이에 사도와 장로와 온 교회가 그 중에서 사람들을 택하여 바울과 바나
바와 함께 안디옥으로 보내기를 결정하니 곧 형제 중에 인도자인 바사바
라 하는 유다와 실라더라 23 그 편에 편지를 부쳐 이르되 사도와 장로 된
형제들은 안디옥과 수리아와 길리기아에 있는 이방인 형제들에게 문안하
노라 24 들은즉 우리 가운데서 어떤 사람들이 우리의 지시도 없이 나가서
말로 너희를 괴롭게 하고 마음을 혼란하게 한다 하기로 25 사람을 택하여
우리 주 예수 그리스도의 이름을 위하여 생명을 아끼지 아니하는 자인 우
리가 사랑하는 바나바와 바울과 함께 너희에게 보내기를 만장일치로 결
정하였노라 26 (25절에 포함됨) 27 그리하여 유다와 실라를 보내니 그들
도 이 일을 말로 전하리라 28 성령과 우리는 이 요긴한 것들 외에는 아무
짐도 너희에게 지우지 아니하는 것이 옳은 줄 알았노니 29 우상의 제물과
피와 목매어 죽인 것과 음행을 멀리할지니라 이에 스스로 삼가면 잘되리
라 평안함을 원하노라 하였더라 30 그들이 작별하고 안디옥에 내려가 무
리를 모은 후에 편지를 전하니 31 읽고 그 위로한 말을 기뻐하더라 32 유
다와 실라도 선지자라 여러 말로 형제를 권면하여 굳게 하고 33 얼마 있다
가 평안히 가라는 전송을 형제들에게 받고 자기를 보내던 사람들에게로

돌아가되 34 (없음) 35 바울과 바나바는 안디옥에서 유하며 수다한 다른
사람들과 함께 주의 말씀을 가르치며 전파하니라

예루살렘 총회가 끝났다. 회의에 참석한 사람들은 야고보의 결론적인 언급에 동의하였다. 그리고 그들은 회의에서 결정한 사항을 편지에 적어서 이방 교회에 전달하기로 하였다. 이에 그들은 대표단을 선출하고 그들의 편에 편지를 부친다. 이제 편지의 도착과 대표단의 설명을 통하여 이방 교회의 혼란은 종식될 것이며 복음은 더욱 널리 전파될 것이다.

1) 편지를 보냄(15:22)

야고보는 교회 회의에서 결정된 사항을 편지로 써서 각 회당에 보내자고 제안하였는데, 이에 따라 사도와 장로와 온 교회 교인이 그들 가운데 사람들을 택하여 바울과 바나바와 함께 안디옥으로 보내기를 결정한다(22절a). 그들이 택한 사람은 "바사바라 하는 유다"와 "실라"이다(22절b). 그들은 "형제 중에 인도자"(NRSV: 'leaders among the brothers'), 즉 예루살렘 사람들의 지도자들이었다. "바사바라 하는 유다"는 그의 이름("유다")을 통해서 볼 때 분명히 히브리파 유대인이다. 하지만 "실라"는 로마 시민으로서 헬라파 유대인이다(참고. 16:25, 37).

"바사바라 하는 유다"에 대해서는 알려진 것이 없다. 다만 그는 사도의 후보에 올랐던 "바사바라고도 하고 별명은 유스도라고 하는 요셉"의 형제로 추정된다(참고. 1:23). "실라"는 라틴어 이름이 '실루아노'(Silvanus)인데, 바울과 함께 전도여행을 다녔으며, 그와 함께 옥에 갇히기도 하였다. 그는 바울과 베드로와 친밀한 관계를 맺고 있었다(참고. 행 15:40; 고후 1:19; 살전

1:1; 살후 1:1; 벧전 5:12). 조금 후에 등장할 실라가 여기에 미리 나오는 것은 사도행전에서 종종 발견되는 누가의 표현기법이다. 그는 바울에 대해서도 그렇게 하였다(참고. 8:1).

예루살렘 교회가 바나바와 바울이 있음에도 불구하고 유다와 실라를 선택하여 보내기로 한 것은 바울과 바나바만으로 이방인 그리스도인들을 설득하기가 쉽지 않았기 때문이다. 당시 이방 교회에는 유대인 그리스도인, 이방인 그리스도인, 개종자, 하나님을 경외하는 자, 그리고 유대주의자의 주장에 물든 이방인 그리스도인이 섞여 있었다. 그리고 그들의 입장 차이는 매우 컸다. 따라서 이방 교회에 잘 알려진 바울과 바나바 외에, 히브리파 유대인 유다와 헬라파 유대인 실라가 모두 가는 것은 다양한 부류의 사람들을 설득하는 데 효과적이었다.

2) 편지의 내용(15:23-29)

예루살렘 교회는 회의에서 결정한 내용을 편지로 작성하였다. 그들의 편지는 당시 그리스-로마의 편지 형식을 고스란히 가지고 있다. 이것은 대부분의 신약 서신서에서도 발견된다. 편지를 보내는 발신자는 "사도와 장로된 형제들"이다(23절a). 그리고 편지를 받는 수신자는 "안디옥과 수리아와 길리기아에 있는 이방인 형제들"이다(23절b). 따라서 발신자와 수신자가 모두 '형제'로 표기되어 있다. 이것은 그들 모두가 가족 관계를 맺고 있었다는 것을 보여준다. 즉 그들은 교회를 '하나님의 가정'이라고 생각했으며, 자신들을 그 가정의 구성원들로 여겼다.

그들은 당시 서신의 형식에 따라서 먼저 문안 인사를 한다. 그런데 당시에 안디옥과 수리아와 길리기아에는 이미 흩어진 유대인(Diaspora Jewish)

의 회당이 존재하고 있었으며 이방인의 교회들도 여럿 세워져 있었다. 이것은 주로 바울과 바나바의 수고로 말미암은 것이었다. 예루살렘의 사도와 장로들은 안디옥에서 일어난 일과 유사한 일이 수리아와 길리기아에서도 일어났을 가능성이 높다고 생각하여 편지를 이 지역들에도 보낸다. 그들은 편지를 받은 후에 근접해 있는 다른 회당들과 교회들에 보낼 것이다. 즉 편지를 회람용으로 사용할 것이다.

문안 인사 다음에는 편지를 보내게 된 동기가 기록되어 있다(24절). 그것은 예루살렘 교회에서 어떤 사람들이 사도와 장로들의 지시도 없이 일방적으로 나가서 잘못된 말로 이방인 그리스도인들을 괴롭게 하고 마음을 혼란하게 하는 것이었다. 이것은 유대주의자가 예루살렘 교회 지도자의 파송이나 승인을 받지 않은 채 이방인 교회에 찾아가서, 믿기만 해서는 부족하고 유대의 할례와 절기와 음식 규정 등을 따라야 의롭게 된다고 주장한 것을 가리킨다. 그들의 주장으로 인하여 이방인 그리스도인은 상당한 혼란과 어려움을 겪을 수밖에 없었다.[330]

사도와 장로들은 두 명의 사람을 선택하여 바울과 바나바와 함께 이방 교회에 보내기로 하였다는 사실을 알려준다(25-26절).[331] 야고보가 바울과 바나바에 대하여 "우리 주 예수 그리스도의 이름을 위하여 생명을 아끼지 아니하는 자"라고 소개한 것은 그들이 실제로 그렇게 행하여 왔기 때문일 뿐만 아니라 특별히 안디옥 교회에서 그들의 위치를 견고하게 만들어 주기 위한 의도를 가진다. 그리고 "만장일치로 결정하였노라"라는 표현은 예루살렘 교회 회의에서 실제로 그렇게 결정되었기 때문이지만 또한 그 결정의 가치와 중요성을 강조하기 위해서이다.

그들은 "유다와 실라를 보내니 그들도 이 일을 말로 전하리라"라고 언급한다(27절). 이것은 회의의 결정 사항이 기록된 편지만으로는 부족하며, 대표자들이 직접 가서 회의의 과정과 결과를 상세히 설명하는 것이 효과적임을 시사한다. 더군다나 고대에는 편지를 위조하는 경우가 종종 있었는데, 믿을 만한 사람이 직접 전달하면 더욱 신뢰할 수 있었다. 이런 까닭에 신약의 사도는 서신을 기록한 후에 마지막 부분에 친필 서명을 붙이는 경우가 있었고(예. 갈 6:11), 특히 보내는 사람이나 받는 사람 모두가 신뢰할 만한 인물의 편에 편지를 전달하였다.

교회의 지도자들은 "성령과 우리"라는 표현을 사용한다(28절a). 그들은 자신들의 결정이 성령께서 친히 인도해 주신 것으로 생각하였다. 이것은 특히 사도의 권위를 암시하는데, 사도는 하나님의 권위에 힘입은 배타적인 부류의 사람들이다. 그들은 "이 요긴한 것들 외에는 아무 짐도 너희에게 지우지 아니하는 것이 옳은 줄 알았노니"라고 말한다(28절b). "요긴한 것들"(*에파낭케스*, ἐπάναγκες)이란 유대인과 화합하며 교제하기 위한 필수적인 조건이다. 그들은 이방인 그리스도인에게 할례를 비롯한 율법 규정의 준수를 요구하지 않기로 했다.

이제 회의의 결정 사항이 언급된다. 그것은 "우상의 제물과 피와 목매어 죽인 것과 음행을 멀리할지니라"라는 것이다(29절a; 참고. 20절). 앞에서 언급했듯이, 이것은 모두 우상 제사와 연관이 있다. 즉 이것은 우상 숭배 행위와 다를 바가 아니었다. 이것은 유대인에게 상당한 거부감과 혐오감을 주었기 때문에 유대인과 이방인 사이의 교제와 화합에 결정적인 걸림돌이 되었다. 따라서 교회의 지도자들은 이방인이 적어도 여기에 제시된 네 가지 사항을 멀리해야 한다고 보았다. 그들은 편지를 마무리하면서 평안을 비는 인사를 전한다(29절b).

3) 안디옥으로 내려감(15:30-35)

누가는 편지의 내용을 소개한 데 이어, 22절에서 언급된 안디옥으로 내려가는 이야기를 계속한다. 바울과 바나바, 그리고 유다와 실라는 예루살렘 교회의 교인들과 작별하고 안디옥에 내려가서 사람을 모은 후에 편지를 전달한다(30절). 14:27에서 바울과 바나바는 첫 번째 전도여행을 마치고 돌아와서 안디옥 교인을 모아 놓고 선교보고를 했던 적이 있다. 그때 그들은 이방인들의 회심에 대한 소식을 전했다. 그런데 이제 그들은 다시 안디옥 교인을 모아 놓고 이방인 그리스도인이 더 이상 유대의 관습을 따르지 않아도 된다는 소식을 전한다.

안디옥 교인들은 예루살렘 교회가 보낸 편지를 읽고 그 "위로한 말"을 기뻐한다(31절). 이것은 그들이 회의의 결과에 순복했음을 의미한다. 한글성경 개역개정판에서 "위로"라고 번역된 헬라어 단어는 *파라클레시스*(παράκλησις)인데, 이것을 '권면'으로 번역하는 것이 적절하다. 그들은 유대의 할례를 받지 않아도 되며 음식 규정과 각종 절기를 지키지 않아도 된다고 결정한 사실에 감사하였으며, 이방인이 유대인과 친밀하게 교제하고 온전한 하나의 교회(거룩한 공교회)를 이루기 위하여 자신들의 일부 관습을 내려놓아야 한다는 사실에 기꺼이 동의하였다.

누가는 "유다와 실라도 선지자라"라고 언급하면서, 여러 말로 형제를 권면하여 굳게 하였다고 말한다(32절). 유다와 실라를 "선지자"라고 표현한 것은 그들이 하나님으로부터 계시를 받아서 전달할 수 있는 자격을 갖춘 사람들임을 뜻한다. 유다와 실라는 안디옥에서 잠시 동안 지내다가 "평안히 가라"는 전송을 형제들에게 받고 예루살렘으로 돌아간다(33절).[332] 그러나 바울과 바나바는 안디옥에 계속 머물면서 "수다한 다른 사람들과 함께" 주의 말씀을 가르치며 전파한다(35절). 여기서 누가는 "수다한 다른 사람들과 함께"라는 표현을 통하여 안디옥 교회가 성장하여 많은 일꾼이 있었음을 시사한다. 한편, 이렇게 단락을 마무리하면서 교회의 성장과 부흥에 대한 암시를 말하는 것은 사도행전에서 자주 발견되는 누가의 표현기법이다(참고. 16:5).

교훈과 적용

1. 예루살렘의 사도와 장로들은 회의를 마친 후에 후속 조치를 시행하였다. 그들은 편지를 작성하여 보내고 대표자들을 선택하여 보내어서 회의에서 결정한 내용이 이방인 그리스도인에게 적용되도록 노력했다. 우리는 회의만으로 끝나지 않게 해야 한다. 회의의 내용이 구체적으로 적용되도록 노력해야 한다. 이것은 하나님의 말씀을 실제로 행하는 참된 믿음을 의미한다. 우리는 실제적인 행실을 통하여 마음속에 간직한 믿음을 드러내야 한다.
2. 예루살렘 교회의 편지에 나타나는 "성령과 우리"라는 표현은 매우 인상적이다. 예루살렘의 사도와 장로들은 성령 하나님이 자신들의 의사 결정 과정에 친히 개입하셔서 그들을 인도하셨다고 확신하였다. 참으로 교회의 회의는 신성하며 거룩해야 한다. 그것은 성령님의 결정이어야 한다. 그렇다면 교회 회의에 참석하는 자들은 성령께서 그들의 마음과 발언을 주관해 주실 것을 간구해야 한다. 그리고 그들은 발언에 더욱 신중히 해야 한다.
3. 예루살렘 교회의 편지를 받고 파송된 대표자들의 설명을 들은 안디옥 교인은 기뻐하였다. 이것은 그들이 교회 회의의 결과에 순복하고 동의했다는 뜻이다. 회의하고 나면 자기 마음에 들지 않는 경우가 종종 있다. 그러나 전체의 의견에 적극적으로 순종하고 동의하는 것은 매우 중요하다. 우리에게는 공동체성이 필요하다. 소수의 의견을 중시하면서도 다수의 의견을 따르는 법을 배워야 한다. 그러한 성숙한 의식이 교회의 평화에 크게 기여한다.

8

제2차 전도여행

(15:36-18:22)

대한예수교장로회 고신총회 설립 60주년 기념

성경주석

사도행전

A c t s

8
제2차 전도여행
(15:36-18:22)

본문 개요

이 단락에는 바울의 제2차 전도여행이 기록되어 있다. 이 여행은 주후 49년에 시작되어서 52년에 끝난다. 바울은 마가의 일로 바나바와 결별한 후 실라와 함께 전도여행을 떠나는데, 안디옥에서 출발하여 마게도냐를 거쳐 데살로니가와 베뢰아와 아덴과 고린도 등에서 전도하고 다시 안디옥으로 돌아온다. 제2차 전도여행의 경로는 다음과 같다.

안디옥 → 수리아 → 길리기아 → 더베 → 루스드라 → 여러 지역 → 브루기아 → 갈라디아 → 무시아 → 드로아 → 사모드라게 → 네압볼리 → 빌립보 → 암비볼리 → 아볼로니아 → 데살로니가 → 베뢰아 → 아덴 → 고린도 → 에베소 → 가이사랴 → 예루살렘 → 안디옥

내용 분해

1. 제2차 전도여행을 시작함(15:36-16:5)
    1) 바울과 바나바의 결별(15:36-41)
    2) 루스드라에서(16:1-5)
2. 바울이 마게도냐로 감(16:6-15)
    1) 바울이 환상을 봄(16:6-10)
    2) 루디아가 개종함(16:11-15)
3. 빌립보 선교(16:16-40)
    1) 바울이 귀신 들린 여종을 고침(16:16-18)
    2) 바울과 실라가 감옥에 갇힘(16:19-24)
    3) 간수와 그의 가족이 회심함(16:25-34)
    4) 바울과 실라가 감옥에서 놓임(16:35-40)
4. 데살로니가와 베뢰아 선교(17:1-15)
    1) 데살로니가 선교(17:1-9)
    2) 베뢰아 선교(17:10-15)
5. 아덴 선교(17:16-34)
    1) 바울이 사람들과 변론함(17:16-18)
    2) 아레오바고 설교를 위한 도입(17:19-21)
    3) 아레오바고 설교(17:22-31)
    4) 아레오바고 설교의 결과(17:32-34)
6. 고린도 선교(18:1-22)
    1) 아굴라-브리스길라 부부를 만남(18:1-4)

2) 더욱 열심히 복음을 전함(18:5-8)

3) 주님의 보호 약속(18:9-11)

4) 고소를 당함(18:12-17)

5) 안디옥으로 돌아감(18:18-22)

본문 주해

1. 제2차 전도여행을 시작함(15:36-16:5)

36 며칠 후에 바울이 바나바더러 말하되 우리가 주의 말씀을 전한 각 성으
로 다시 가서 형제들이 어떠한가 방문하자 하고 37 바나바는 마가라 하는
요한도 데리고 가고자 하나 38 바울은 밤빌리아에서 자기들을 떠나 함께
일하러 가지 아니한 자를 데리고 가는 것이 옳지 않다 하여 39 서로 심히
다투어 피차 갈라서니 바나바는 마가를 데리고 배 타고 구브로로 가고 40
바울은 실라를 택한 후에 형제들에게 주의 은혜에 부탁함을 받고 떠나 41
수리아와 길리기아로 다니며 교회들을 견고하게 하니라 16:1 바울이 더
베와 루스드라에도 이르매 거기 디모데라 하는 제자가 있으니 그 어머니
는 믿는 유대 여자요 아버지는 헬라인이라 2 디모데는 루스드라와 이고니
온에 있는 형제들에게 칭찬 받는 자니 3 바울이 그를 데리고 떠나고자 할
새 그 지역에 있는 유대인으로 말미암아 그를 데려다가 할례를 행하니 이
는 그 사람들이 그의 아버지는 헬라인인 줄 다 앎이러라 4 여러 성으로 다
녀 갈 때에 예루살렘에 있는 사도와 장로들이 작정한 규례를 그들에게 주

어 지키게 하니 5 이에 여러 교회가 믿음이 더 굳건해지고 수가 날마다 늘
어가니라

이 단락에서부터 바울의 제2차 전도여행이 시작된다.[333] 이번 여행에서 바울은 제1차 전도여행 때 함께 했던 바나바와 동행하지 않고, 예루살렘 교회에서 파송된 헬라파 유대인이며 선지자인 실라와 동행한다. 바울은 제1차 전도여행 때 방문했던 지역들을 들렀다가, 거기서 더욱 멀리까지 여행하여 아덴과 고린도까지 이른 후에 예루살렘을 거쳐 안디옥으로 돌아온다.

1) 바울과 바나바의 결별(15:36-41)

누가는 "며칠 후에"라는 표현을 사용한다(36절a). 이 표현에 해당하는 헬라어 *메타 데 티나스 헤메라스*(μετὰ δέ τινας ἡμέρας)라는 문구는 사도행전의 후반부에서 단락의 변화를 표시할 때 사용되었다(참고. 18:1; 21:15; 24:1, 24; 25:1; 28:11, 17).[334] 그리고 이 문구는 불특정한 시간 경과를 의미한다. 따라서 바울과 바나바가 안디옥에 머물면서 말씀을 가르친 이후 시간이 얼마나 흘렀는지가 명확하지 않다. 아마도 그들은 안디옥에서 상당한 날을 머물면서 말씀을 가르쳤을 것이다. 그리하여 안디옥 교회는 더욱 굳건하게 세워졌을 것이다(참고. 11:26).

바울은 바나바에게 "우리가 주의 말씀을 전한 각 성으로 다시 가서 형제들이 어떠한가 방문하자"라고 제안한다(36절b). 여기서 "방문하자"(*에피스켑토마이*, ἐπισκέπτομαι)라는 단어는 '감독하자' 혹은 '검사하자'라는 뜻이다.[335] 따라서 이것은 그들이 제1차 전도여행 때 방문하여 세웠던 지역의 교회들을 다시 방문하여서 그들이 잘 지내는지 살펴보고 지도하자는 뜻이다.

바울은 지역교회에서 한번 말씀을 전한 것으로 끝내지 않고 그들을 다시 방문하여 살펴보고 더욱 강하게 훈련시키고자 바나바에게 이런 제안을 한다.

그런데 문제가 발생한다. 그것은 바나바가 마가라 하는 요한을 데리고 가려 하지만 바울이 밤빌리아의 버가에서 자기들을 떠나 함께 일하러 가지 아니한 자를 데리고 가는 것이 옳지 않다고 맞선 것이다(37-38절). 이전에 마가 요한은 바울과 바나바와 함께 전도여행을 하다가 갑자기 돌아가 버린 적이 있다(참고. 13:13). 그 일로 인하여 바울은 마가 요한을 더 이상 신뢰할 수 없었다. 그는 마가 요한이 선교에 대한 사명감이 없다고 생각하며, 그런 일이 다시 반복될 것을 우려한다. 그러나 바나바는 마가 요한이 자신의 친척이어서 그런지 그를 다시 데려가고 싶어 한다(참고. 골 4:10).[336] 특히 바나바는 마가 요한이 예전의 실패를 극복하고 다시 회복할 수 있는 기회를 주고 싶어했던 것 같다.[337]

이 일로 그들은 심하게 다투고 서로 갈라지게 되어 바나바만 마가를 데리고 배를 타고 그의 고향인 구브로로 간다(39절). 이후로 사도행전에는 바나바가 등장하지 않는다. 하지만 그들이 영원히 결별한 것은 아니다. 이후에 바울은 마가 요한을 신뢰한다는 사실을 드러낸다(참고. 골 4:10; 몬 24; 딤후 4:11). 바나바가 떠난 후에 바울은 실라를 택하여 "형제들에게 주의 은혜에 부탁함을 받고" 떠나서 수리아와 길리기아로 다니며 교회들을 견고하게 한다(40-41절). 따라서 바울은 제1차 전도여행 때 배를 타고 이동했지만, 지금은 육로로 걸어서 이동한다. 이번에 그는 제1차 전도여행 때 방문한 지역들을 역순으로 거슬러 올라가는 여정을 선택한다.

비록 바나바와 바울이 따로 전도여행을 떠났다 하더라도 하나님의 주권 안에서 오히려 더욱 많은 지역의 교회들이 든든히 세워질 것이었다. 하나님은 인간의 갈등과 분쟁을 오히려 사용하셔서 그분의 뜻을 드러내시는 경우가 많다. 그리고 이번에 바울과 동행하게 된 실라는 예루살렘 교회에서 파송을 받은 사람이었고 선지자였기 때문에 이방 지역에 살고 있는 유대인으로부터 바울을 보호해 줄 수 있었음이 틀림없다(참고. 15:27). 그리고 그는 바울과 마찬가지로 로마 시민권자였기 때문에 바울의 전도사역에 많은 도움을 줄 수 있었을 것이다(참고. 16:37).

2) 루스드라에서(16:1-5)

바울은 더베와 루스드라에 이른다(1절a). 바울은 바나바와 함께 제1차 전도여행 때 루스드라를 방문하여 나면서부터 걷지 못한 사람을 고쳐 주었고, 이로 인하여 사람들이 바울과 바나바를 신으로 여긴 적이 있었다(참고. 14:9-18). 그러나 유대인들이 그곳에 와서 무리를 충동하여 바울을 극심하게 박해하자 바울 일행은 더베로 이동하였고, 거기서도 복음을 전하여 많은 사람을 제자로 삼았다(참고. 14:19-21). 당시 바울과 바나바의 수고와 노력으로 이곳에 교회가 생겨났다. 이 때문에 누가는 "제자"(1절), "형제"(2절), "교회"(5절)라는 용어들을 사용한다.

루스드라에는 "디모데"라고 하는 제자가 있었는데, 그의 어머니는 믿는 유대 여자이며, 그의 아버지는 헬라인이다(1절b). 따라서 디모데는 유대인과 헬라인 사이에서 태어났는데, 그가 유대인이었기 때문에 유대인을 상대하기에 어려움이 없었고, 또한 이방인의 혈통을 가지고 있었기 때문에 이방인을 전도하는 데에도 적합하였다. 그는 외조모 로이스와 어머니 유니게를 통하여 믿음이 성장하였다(참고. 딤후 1:5). 그들 모두는 아마도 바울이 제1차 전도여행을 하면서 루스드라를 처음 방문했을 때 바울을 통하여 복음을 듣고 개종했을 것이다(참고. 14:8-23).

누가는 디모데에 대하여 "루스드라와 이고니온에 있는 형제들에게 칭찬 받는 자"라고 언급한다(2절). 디모데는 자기 고향 루스드라와 인근에 있는 이고니온에 있는 그리스도인 형제들에게 칭찬을 받았다. 이고니온은 루스드라에서 동북쪽으로 약 30km 떨어진 곳에 있었기에 디모데의 이름이 비교적 넓은 지역까지 알려졌음을 알 수 있다. 바울이 디모데를 만났을 때 디모데는 상당히 젊었다. 이는 훗날 바울이 나이가 많이 들었을 때에도 그가 여전히 젊은 사람으로 언급되기 때문이다(참고. 딤전 4:12; 딤후 2:22). 당시 문화에서 나이가 어린 사람이 사람들에게서 칭찬을 받는 일은 흔하지 않았다.

바울은 사람들에게 좋은 평판을 받는 디모데를 데리고 가고자 한다(3절a). 그러나 그 지역에 있는 유대인들이 문제가 되었다. 그들은 디모데의 아버지가 헬라인인 줄 다 알고 있었으며, 따라서 할례를 받지 않은 디모데가 유대인을 대상으로 복음을 전하는 것을 달갑지 않게 생각하였다. 그리하여 바울은 디모데를 데려다가 할례를 행한다(3절b). 당시에 예루살렘 교회는 구원에 있어서 할례가 필요하지 않다고 선언하였으며, 유대인이 이방인에게 이에 대한 부담을 주지 않기로 하였고, 각 성에 편지를 보내어서 시행하게 하였다(참고. 15:28). 바울 역시 그의 서신들에서 할례를 받을 필요가 없다고 수차례 말했다(참고. 롬 4:9-12; 갈 5:2-6). 실제로 그는 유대인의 규례를 이방인에게 적용하지 말아야 한다는 문제로 오랜 세월 유대주의자들과 싸워왔다. 그런데 그가 디모데에게 굳이 할례를 행한 이유는 그것이 효과적인 사역을 위하여 필요한 조처였기 때문이다. 즉 그는 할례 문제로 인하여 유대인과의 불필요한 마찰과 갈등을 빚어 전도에 지장을 초래하고 싶지 않았다. 그에게는 할례 받는 것도 아무 것도 아니요 할례 받지 아니하는 것도

아무 것도 아니었다(참고. 고전 7:19).[338]

바울 일행은 여러 지역을 다니면서 예루살렘에 있는 사도와 장로들이 "작정한 규례"를 그들에게 주어 지키게 한다(4절). 원래 사도는 예루살렘 총회에서 결정한 사안을 편지에 적어 안디옥과 수리아와 길리기아에 있는 이방인 형제들에게 전달하기로 했다(참고. 15:23). 하지만 바울과 실라는 더욱 많은 지역에 그것을 알려야 할 필요성을 느꼈기에 여러 지역을 방문했다. 특히 당시에 갈라디아의 일부 지역에서 이방인도 반드시 할례를 받아야 한다고 주장하는 자들이 있었기 때문에 그들은 사도와 장로들이 "작정한 규례"를 더욱 적극적으로 알렸다(참고. 갈 5:1-12; 6:12-16).[339] 바울은 사도와 장로들이 결정한 사항을 이방 교회가 지키게 함으로써 이방인이 오직 복음을 받아들임으로 구원을 확신할 수 있게 했으며, 나아가서 유대인 신자와 이방인 신자 사이에 교제가 있기를 원했고, 이에 따라 예루살렘 교회와 이방 교회가 동일한 정체성 위에 세워지기를 기대했다. 즉 그는 교회의 보편성을 추구했다.

바울 일행의 수고로 여러 교회가 믿음이 더 굳건해지고 수가 날마다 늘어갔다(5절). "믿음이 더 굳건해지고"와 "수가 날마다 늘어갔다"라는 표현은 '질적으로 성장'하고 '양적으로 성장'한다는 뜻이다. 이러한 질적이면서 동시에 양적인 성장은 바울 일행이 전달한 "사도와 장로들이 작정한 규례"가 모든 사람에게 만족을 주었으며, 그들이 그것에 순종하겠다고 자발적으로 결심했음을 시사한다. 사도와 장로들은 이방인에게 네 가지 금지조항을 전달하면서 "이에 스스로 삼가면 잘되리라"라고 전망했는데, 이제 그대로 이루어진다(참고. 15:29). 즉 예루살렘 총회의 결정은 유대주의자들이 이방 교회에 일으킨 혼란을 종식시켜서 복음의 순수함이 드러나게 함으로 이방 백성이 구원의 확신과 즐거움을 누릴 수 있게 된 것이다. 한편, 이처럼 누가는 사도행전에서 자주 그렇게 하듯이 교회의 성장과 부흥에 대한 언급으로 단락을 마친다(참고. 2:47; 6:7; 9:31; 12:24; 19:20; 28:30-31).

교훈과 적용

1. 우리는 바울과 바나바의 결별을 보면서 위대한 사도들 역시 인간적인 갈등을 겪었음을 보게 된다. 특히 누가는 그들이 "심하게 다투었다"라고 표현했는데, 우리 역시 이런 일을 종종 겪는다. 하지만 그들이 영원히 결별한 것은 아니었다. 바울은 이후에 마가를 품어 준다. 우리도 싸울 수 있다. 갈등이 없는 인간관계란 존재하지 않는다. 하지만 갈등과 싸움으로 끝나서는 안 된다. 우리는 결국 화해해야 하며, 더욱 친밀한 관계를 만들기 위하여 서로 노력해야 한다.
2. 바울은 디모데에게 할례를 행했다. 이것은 할례가 구원의 방편이었기 때문이 아니다. 다만 이것은 바울이 디모데와 함께 유대인을 상대로 일하는 데 필요한 것이었기 때문이다. 따라서 바울은 본질적이지 않은 문제에 대해서 굳이 고집을 피우지 않았다. 우리는 바울의 지혜와 처신을 배워야 한다. 본질적인 문제가 아니라면 양보하는 미덕을 가져야 한다.
3. 바울은 제1차 전도여행 때 방문했던 지역을 다시 방문하여서 교회를 굳건히 세웠다. 복음을 전하고 난 후에는 반드시 양육하는 과정이 필요하다. 결국, 바울의 수고로 여러 교회가 믿음이 더 굳건해지고 수가 날마다 늘어갔다. 우리는 교회에서 하나님의 말씀을 가르치며 배우는 일을 가장 귀하고 중요한 일로 생각해야 한다. 하나님의 말씀을 배우는 일만이 우리의 믿음을 굳건하게 만들어 줄 수 있다. 그리고 그것만이 진정한 부흥을 가져다줄 수 있다.

2. 바울이 마게도냐로 감(16:6-15)

6 성령이 아시아에서 말씀을 전하지 못하게 하시거늘 그들이 브루기아와
갈라디아 땅으로 다녀가 7 무시아 앞에 이르러 비두니아로 가고자 애쓰
되 예수의 영이 허락하지 아니하시는지라 8 무시아를 지나 드로아로 내려
갔는데 9 밤에 환상이 바울에게 보이니 마게도냐 사람 하나가 서서 그에
게 청하여 이르되 마게도냐로 건너와서 우리를 도우라 하거늘 10 바울이
그 환상을 보았을 때 우리가 곧 마게도냐로 떠나기를 힘쓰니 이는 하나님
이 저 사람들에게 복음을 전하라고 우리를 부르신 줄로 인정함이러라 11
우리가 드로아에서 배로 떠나 사모드라게로 직행하여 이튿날 네압볼리로
가고 12 거기서 빌립보에 이르니 이는 마게도냐 지방의 첫 성이요 또 로
마의 식민지라 이 성에서 수일을 유하다가 13 안식일에 우리가 기도할 곳
이 있을까 하여 문 밖 강가에 나가 거기 앉아서 모인 여자들에게 말하는데
14 두아디라 시에 있는 자색 옷감 장사로서 하나님을 섬기는 루디아라 하
는 한 여자가 말을 듣고 있을 때 주께서 그 마음을 열어 바울의 말을 따르
게 하신지라 15 그와 그 집이 다 세례를 받고 우리에게 청하여 이르되 만
일 나를 주 믿는 자로 알거든 내 집에 들어와 유하라 하고 강권하여 머물
게 하니라

바울 일행은 제2차 전도여행을 시작한 이후 안디옥, 수리아, 길리기아, 더베, 루스드라를 비롯하여 여러 지역을 다녔다. 그런데 이제 그들은 브루기아, 갈라디아, 무시아, 드로아, 사모드라게, 그리고 네압볼리를 거쳐 빌립보에 이른다. 바울 일행이 빌립보에 이른 것은 선교역사에서 매우 획기적인 전

환점이 된다. 이곳에서의 활동을 계기로 하여 복음이 더욱 널리 전파된다.

1) 바울이 환상을 봄(16:6-10)

바울 일행은 원래 아시아로 갈 계획을 세웠으나 "성령이 아시아에서 말씀을 전하지 못하게" 하심으로 그들의 원래 계획을 수정하기로 한다(6절a). 따라서 첫 번째 전도여행과 마찬가지로 두 번째 전도여행 역시 성령의 인도와 개입으로 시작된다(참고. 13:1-4).[340] 실제로 사도행전에서 사도들은 성령의 지시와 보호를 많이 체험한다. 성령께서는 사도를 부르시고, 그들이 해야 할 일을 가르쳐 주시며, 그들을 지켜 주시고, 그들에게 지혜를 주신다(참고. 8:26-40; 9:1-16; 10:1-33; 11:1-18; 13:1-4; 15:1-29).[341] 참으로, 사도행전은 '성령행전'이다.

여기서 "아시아"(Asia Minor)가 어디를 가리키는지 분명하지가 않다. 에베소일 가능성이 대단히 높은데, 이는 당시에 아시아의 대표적인 도시가 에베소였기 때문이며(참고. 20:18 "아시아에 들어온 첫날부터"), 또한 이후에 바울이 에베소를 방문하기 때문이다(참고. 18:19-21; 19장). 성령께서 바울 일행의 진로를 어떻게 막으셨는지도 분명하지가 않다. 환상을 통한 계시로 막으셨을 수가 있고, 특별한 환경을 통해서 막으셨을 수도 있으며, 사람의 가르침을 사용하셔서 막으셨을 수도 있다. 아무튼 바울은 성령의 인도를 강하고 분명하게 느꼈다. 그래서 그들은 성령의 인도와 지시에 순종하여 자신들의 원래 일정을 바꾼다. 곧 '세바스테 가도'(Via Sebastea)를 따라 골로새를 지나 에베소로 가려던 계획을 포기하고 다른 일정을 세운다.

바울 일행은 아시아로 가지 못하게 되자 방향을 바꾸어서 "브루기아와 갈라디아 땅"(*텐 프루기안 카이 갈라티켄 코란*, τὴν Φρυγίαν καὶ Γαλατικὴν χώραν, the region of Phrygia and Galatia)으로 간다(6절b). 만일 아시아를 에베소로 본다면 그들이 서쪽으로 가지 못하게 되자 방향을 북쪽으로 바꾼 것이 된다. 브루기아와 갈라디아는 둘 다 소아시아의 고대 왕국이었다. 주전 116년에 브루기아의 상당 부분은 로마의 아시아 주(Roman province of Asia)에 편입되었고, 주전 25년에 나머지 동쪽 부분도 로마의 갈라디아 주(Roman province of Galatia)에 편입되었다. 그래서 갈라디아 주는 브루기아 일부와 루가오니아(Lycaonia, 더베, 루스드라, 이고니온이 속해 있는 곳)와 비시디아(Pisidia)를 포함하는 광범위한 지역이 되었다. 고대에 아시아 주는 대단히 부유했으며, 상당히 문명화된 곳이었는데, 북쪽에는 비두니아가 있었고, 남쪽에는 루기아가 있었으며, 동쪽에는 갈라디아가 있었다.[342]

바울과 동행자들은 "무시아 앞에" 이른다(7절a). "무시아 앞"(*카타 텐 뮈시안*, κατὰ τὴν Μυσίαν)이란 '무시아의 경계 지역'(the border of Mysia)을 의미한다. 그리고 여기서 그들은 북동쪽으로 향하여 비두니아로 들어가려고 한다. 그러나 이번에는 "예수의 영이 허락하지 아니하시는지라" 들어갈 수 없게 된다(7절b). 6절에는 "성령"이라고 언급되었는데, 여기서는 구체적으로 "예수의 영"이라고 표기되어 있다. "예수의 영"이라는 표현은 신약에서 여기에만 나오는데[참고. 롬 8:9-10("그리스도의 영"); 빌 1:19("예수 그리스도의 성령")], 성령과 같은 의미로 사용되었다. 특히 누가가 여기서 "예수의 영"이라는 표현을 사용한 것은 바울이 예수님의 명령을 수행하고 있다는 점과 그들을 인도하신 성령님이 다름 아닌 예수님이시라는 점을 알리기 위해서이다(참고. 7:56; 9:5). 즉 예수님은 승천하시면서 제자들과 영원히 함께 계시겠다고 하셨는데, 지금 그 약속이 지켜지고 있음을 말하는 것이다(참고. 마 28:19-20). 하지만 누가는 예수님의 영이 구체적으로 어떻게 바울 일행의 진로를 막으셨는지를 기술하지 않는다.

결국, 바울은 성령께서 막으시고 예수님의 영이 허락하지 않으심으로 자신들의 원래 계획을 포기한다. 그들은 동쪽에서 왔는데, 서쪽과 북동쪽으로 가는 길이 막혔기에, 이제 그들이 유일하게 생각할 수 있는 길은 북서쪽이다.[343] 그래서 그들은 무시아를 지나 드로아로 간다(8절). 드로아는 고대 도시 트로이에서 남쪽으로 23km 떨어진 곳에 있는 항구도시이다. 바울 일행이 그곳으로 가는 도중에도 복음을 전했는지, 아니면 목적지를 향하여 무작정 가기만 했는지 분명하지가 않지만, 지금까지 그들의 행보를 볼 때 만나는 사람들에게 그리고 들르는 곳에서 수시로 복음을 전했을 것이다. 아무튼 그들의 일정은 애초의 계획과 전혀 다르게 되었지만, 그들은 자신들의 예상과 바람을 내려놓고 성령의 지시, 곧 예수님의 영의 인도를 따른다.

바울이 드로아에서 머물고 있던 어느 날 밤에 그에게 환상이 보이는데, 마게도냐 사람 하나가 청하기를 "마게도냐로 건너와서 우리를 도우라"라고 한다(9절). 따라서 성령은 바울이 원래 가려고 했던 길들을 막으신 후 환상을 통해서 그가 가야할 길을 알려주신다. 바울의 환상 속에 나타난 사람이 누구인지에 대하여 여러 의견이 제시되었다. 마게도냐를 정복했던 알렉산더 대왕이라는 견해가 있고, 이어지는 구절에 "우리"가 나오는 것을 가지고 사도행전의 저자인 누가라고 보는 견해도 있다. 하지만 그가 누구인지는 알려지지 않았으며, 그다지 중요하지도 않다.

바울은 환상을 보고 순종한다(10절). 그는 이것이 하나님께서 그에게 말씀하시는 방편이라고 확신한다. 아마도 그가 본 환상이 매우 강했으며 인상적이었던 것 같다. 누가는 "우리가 곧 마게도냐로 떠나기를 힘쓰니 이는 하나님이 저 사람들에게 복음을 전하라고 우리를 부르신 줄로 인정함이러라"

라고 말한다. 여기서 누가는 사도행전에서 처음으로 "우리"라는 표현을 사용한다. 이렇게 사도행전에서 "우리"라는 용어가 나오는 부분을 일반적으로 '우리' 단락(we-sections)이라고 부르는데, 사도행전에 모두 네 군데 나온다(참고. 16:10-17; 20:5-15; 21:1-18; 27:1-28:16).[344] 이것은 이 시점에 사도행전의 저자인 누가가 바울 일행에 합류했음을 의미한다. 특히 '우리' 단락은 주로 배를 타고 항해하는 상황이라는 공통점을 가진다. 물론 모든 항해의 상황에 이런 표현이 사용된 것은 아니지만 말이다.

결국, 이렇게 하여 바울과 동행자들은 마게도냐로 가게 된다. 이것은 그들이 원래 계획하지 않았던 일이다. 하지만 성령, 곧 예수님의 영은 그들을 마게도냐로 인도하셨고, 그들은 이에 순종했다. 하나님께서는 바울로 하여금 마게도냐와 아가야 지방에 교회를 세우시게 하기 위하여 강권적으로 그들을 인도하셨으며, 이후 바울은 이 지역에서 열심히 복음을 전하여 교회를 세웠고, 그 교회들은 든든해지고 또한 계속해서 확장되었다. 이러한 사실은 우리가 성령의 인도와 지시를 인정해야 하며, 그러한 지시를 따를 때 하나님이 기뻐하시는 뜻이 이루어진다는 사실을 보여준다. 비록 하나님께서 언제나 환상을 통해서 말씀하시지는 않지만, 우리의 마음은 언제나 하나님의 명령과 인도에 적극적으로 순종할 자세를 갖추어야 한다.

2) 루디아가 개종함(16:11-15)

바울과 그의 일행은 환상을 본 후 지체하지 않고 마게도냐로 가기 위하여 드로아에서 배를 타고 사모드라게 섬을 통과하여 이튿날 마게도냐의 항구인 네압볼리에 도착한다(11절). 그들은 성령의 인도하심에 대하여 의심하거나 그것을 따르기를 주저하지 않았다. 이러한 즉각적이고 단호한 순종은 그리스도인에게 중요한 덕목이다. 드로아에서 네압볼리까지의 거리는 250km 정도이다.[345] 따라서 그들이 이틀 만에 이렇게 먼 거리를 갈 수 있었던 이유는 순풍을 만났기 때문으로 보인다. 왜냐하면 그들이 나중에 돌아올 때는 닷새나 걸렸기 때문이다(참고. 20:6).

그들은 네압볼리에서 배에서 내려 도보로 빌립보에 갔을 것이다(12절a). 네압볼리에서 빌립보는 약 16km 떨어져 있었는데,[346] 그들은 '에그나티아 가도'(Via Egnatia)라는 도로를 따라 이동했음에 틀림없다. 이 도로는 동쪽 지역과 서쪽 지역을 이어주는 고대 로마의 중요한 군사도로였다. 그런데 바울이 마게도냐에서 빌립보에 이르는 길에 전도했다는 언급이 없다. 이는 그 지역에 유대인의 회당이나 기도 장소(모임 장소)가 없어서일 수도 있고, 또한 가급적 빨리 빌립보에 도착하여 더욱 많은 사람에게 효과적으로 복음을 전하려고 했을 수도 있다.[347]

누가는 빌립보에 대하여, "이는 마게도냐 지방의 첫 성이요 또 로마의 식민지라"라고 한다(12절b). 누가가 빌립보를 "첫 성"(*프로테스 메리도스*, πρώτης μερίδος, a leading city)이라고 표현한 것은 당시에 마게도냐가 네 개의 주로 나뉘어 있었는데, 그 중에서 빌립보가 제일 크고 중요했기 때문이다. 빌립보라는 이름은 주전 4세기에 마게도냐의 빌립 왕이 이곳을 점령한 후에 붙인 이름이다. 이곳은 약 200년 동안 헬라의 식민지로 있다가 로마 제국의 일부가 되었고, 주전 1세기 말엽에는 로마 식민지가 되었으며, 이곳에 많은 퇴역 군인들이 자리 잡고 살았다.[348] 바울 일행은 빌립보에서 여러 날을 머문다. 아마도 몇 주 동안 머물렀을 것이다.

그들은 안식일에 기도할 곳이 있을까 하여 "문 밖 강가에" 나간다(13절a). 일반적으로 바울은 안식일에 회당에 가서 기도하였고 말씀을 전하였다. 하지만 빌립보에는 유대인이 적어서 그런지 회당이 없었던 것으로 보인다. 그리하여 그들은 "문 밖 강가에"까지 나간다. 여기서 "문 밖"이란 성문 밖을 의미한다. 즉 도시의 경계 바깥을 뜻한다. 그들은 빌립보 도시 안에서 기도할 만한 적당한 곳을 발견하지 못했기 때문에 이곳저곳을 찾아 헤매다가 몇몇 여자들이 성문 밖 강가에 모여서 기도한다는 말을 듣고 그곳으로 가서 말씀을 전한다(13절b).

바울이 말씀을 전할 때 그의 말을 듣는 여자들 가운데 두아디라에 있는 자색 옷감 장사로서 하나님을 섬기는 루디아라 하는 여자가 있었다(14절a). 당시에 두아디라는 옷에 자주색 염색을 하는 산업으로 번성하였다(참고. 계 2:18-29).[349] "루디아"가 그 여자의 개인적인 이름인지 아닌지는 분명하지 않다. 두아디라가 이전에 '루디아 왕국'이었기 때문에 아마도 그것은 그녀의 개인적인 이름이라기보다는 그녀를 지칭하는 사업상의 호칭일 가능성이 높다. 루디아는 두아디라에서 생산되는 자주색 옷감을 마게도냐에 가져와서 판매하는 사람이었을 것이다. 자주색 옷은 부자들이 입는 옷이었기에 그녀는 많은 돈을 벌 수 있었음이 틀림없다(참고. 눅 16:19). 그녀는 "하나님을 섬기는" 사람이었는데, 사도행전에서 이 수식어는 하나님을 믿으면서도 유대교에 입교하지 않은 이방인을 일컫는 전문용어이다(예. 10:2의 "고넬료").

그녀가 바울의 말을 듣고 있을 때 "주께서 그 마음을 열어" 바울의 말을 따르게 하신다(14절b). "주께서 그 마음을 열어"라는 표현은 말씀을 받아들이는 것이 주님의 주권적인 은혜로 가능한 것임을 보여준다. 바울이 빌립보에 도착했을 때 그들을 아는 사람이 없었고 그들이 갈 만한 곳도 없었으며 아무도 그들을 환영하지 않았지만, 하나님은 의외의 사람인 루디아를 만나게 하셨고, 그녀의 마음을 열어 주셔서 바울의 말을 듣고 예수님을 믿게 하셨다. 이렇게 우리는 사도행전에서 하나님은 바울이 가는 곳마다 특별한 사람을 예비하셔서 열매를 맺게 하시는 것을 볼 수 있다. 참으로 하나님의 역사는 예측하기가 어렵다.

누가는 "그와 그의 집이 다 세례를 받고"라고 말하는데, 이것은 그녀와 그녀의 가족들(종들을 포함하여)이 모두 세례를 받았다는 뜻으로 그들이 기독교에 정식으로 입교했음을 가리킨다(15절a).[350] 그녀는 바울 일행을 초청하여 자기 집에 머물기를 강권한다. 이때 그녀는 "만일 나를 주 믿는 자로 알거든 내 집에 들어와 유하라"라고 말한다(15절b). 이것은 그녀가 바울 일행과 함께 있으면서 좀 더 말씀을 많이 듣기를 바랐기 때문이다. 그녀는 상당히 부유하였기 때문에 큰 집을 가지고 있었고, 따라서 여러 사람을 자신의 집에 유숙시킬 수 있었다. 나중에 바울과 실라는 감옥에서 나온 후에 "루디아의 집에 들어가서 형제들을 만나보고 위로하고 가니라"라고 하는데, 이것은 루디아의 집에 이미 가택교회가 세워졌음을 시사한다(참고. 16:40).

한편, 바울이 빌립보 사람들에게 보낸 편지에서 "내가 유오디아를 권하고 순두게를 권하노니 주 안에서 같은 마음을 품으라 또 참으로 나와 멍에를 같이한 네게 구하노니 복음에 나와 함께 힘쓰던 저 여인들을 돕고 또한 글레멘드와 그 외에 나의 동역자들을 도우라 그 이름들이 생명책에 있느니라"라고 말한 것은 빌립보 교회가 본래 여인들로부터 시작된 교회임을 반영한다(빌 4:2-3). 그리고 바울이 "빌립보 사람들아 너희도 알거니와 복음의 시초에 내가 마게도냐를 떠날 때에 주고받는 내 일에 참여한 교회가 너희 외에 아무도 없었느니라 데살로니가에 있을 때에도 너희가 한 번뿐 아니라 두 번이나 나의 쓸 것을 보내었도다"라고 말한 것은 루디아가 주도적으로 바울에게 물질적인 도움을 준 사실을 의미하는 것으로 추정된다(빌 4:15-16).

교훈과 적용

1. 바울은 나름대로 계획과 바람을 가지고 전도여행에 임하였다. 그러나 바울의 예상과 달리 성령께서는 그에게 다른 길을 보여주셨다. 그러자 그는 즉시 자신의 의지와 계획을 내려놓고 성령의 지시에 순종하였다. 하나님은 바울에게 그 이유를 충분히 설명해 주시지 않았지만 바울은 의심하지 않았다. 우리는 미숙하고 연약한 존재다. 우리는 자신의 의지와 계획을 신뢰하거나 고집하지 말아야 한다. 하나님께서 말씀하시고 인도하실 때 즉각 순종해야 한다.
2. 바울은 안식일에 기도하고 말씀 전할 곳을 찾다가 성문 밖 강가에 있는 여인들에게 다가가서 말씀을 전하였다. 그는 기도할 때와 복음을 전할 때 장소와 대상을 가리지 않았다. 우리는 어디서나 기도할 수 있어야 하며, 누구에게나 복음을 말할 수 있어야 한다. 하나님은 어디에나 계시며 때로 기대하지 않은 사람들이 복음을 믿고 주님을 영접하게 하신다. 우리는 좋은 환경과 좋은 사람에게 집착하거나 그것만을 고집해서는 안 된다.
3. 바울이 말씀을 전할 때 하나님께서는 루디아의 마음을 열어 주셔서 그녀가 말씀을 받아들이게 하셨다. 이후에 루디아는 빌립보에 교회가 세워지는 일에 큰 공헌을 하였으며 바울의 사역에 큰 도움이 되었다. 우리는 하나님께서 루디아를 준비시키셨고 사용하셨음을 보게 된다. 오늘날 복음을 받아들인 사람은 자신의 재능과 환경을 주님을 위하여 사용하여야 한다.

3. 빌립보 선교(16:16-40)

16 우리가 기도하는 곳에 가다가 점치는 귀신 들린 여종 하나를 만나니 점
으로 그 주인들에게 큰 이익을 주는 자라 17 그가 바울과 우리를 따라와
소리 질러 이르되 이 사람들은 지극히 높은 하나님의 종으로서 구원의 길

을 너희에게 전하는 자라 하며 18 이같이 여러 날을 하는지라 바울이 심히
괴로워하여 돌이켜 그 귀신에게 이르되 예수 그리스도의 이름으로 내가
네게 명하노니 그에게서 나오라 하니 귀신이 즉시 나오니라 19 여종의 주
인들은 자기 수익의 소망이 끊어진 것을 보고 바울과 실라를 붙잡아 장터
로 관리들에게 끌어 갔다가 20 상관들 앞에 데리고 가서 말하되 이 사람들
이 유대인인데 우리 성을 심히 요란하게 하여 21 로마 사람인 우리가 받지
도 못하고 행하지도 못할 풍속을 전한다 하거늘 22 무리가 일제히 일어나
고발하니 상관들이 옷을 찢어 벗기고 매로 치라 하여 23 많이 친 후에 옥
에 가두고 간수에게 명하여 든든히 지키라 하니 24 그가 이러한 명령을 받
아 그들을 깊은 옥에 가두고 그 발을 차꼬에 든든히 채웠더니 25 한밤중에
바울과 실라가 기도하고 하나님을 찬송하매 죄수들이 듣더라 26 이에 갑
자기 큰 지진이 나서 옥터가 움직이고 문이 곧 다 열리며 모든 사람의 매
인 것이 다 벗어진지라 27 간수가 자다가 깨어 옥문들이 열린 것을 보고
죄수들이 도망한 줄 생각하고 칼을 빼어 자결하려 하거늘 28 바울이 크게
소리 질러 이르되 네 몸을 상하지 말라 우리가 다 여기 있노라 하니 29 간
수가 등불을 달라고 하며 뛰어 들어가 무서워 떨며 바울과 실라 앞에 엎드
리고 30 그들을 데리고 나가 이르되 선생들이여 내가 어떻게 하여야 구원
을 받으리이까 하거늘 31 이르되 주 예수를 믿으라 그리하면 너와 네 집이
구원을 받으리라 하고 32 주의 말씀을 그 사람과 그 집에 있는 모든 사람
에게 전하더라 33 그 밤 그 시각에 간수가 그들을 데려다가 그 맞은 자리
를 씻어 주고 자기와 그 온 가족이 다 세례를 받은 후 34 그들을 데리고 자
기 집에 올라가서 음식을 차려 주고 그와 온 집안이 하나님을 믿으므로 크
게 기뻐하니라 35 날이 새매 상관들이 부하를 보내어 이 사람들을 놓으라

하니 36 간수가 그 말대로 바울에게 말하되 상관들이 사람을 보내어 너희
를 놓으라 하였으니 이제는 나가서 평안히 가라 하거늘 37 바울이 이르되
로마 사람인 우리를 죄도 정하지 아니하고 공중 앞에서 때리고 옥에 가두
었다가 이제는 가만히 내보내고자 하느냐 아니라 그들이 친히 와서 우리
를 데리고 나가야 하리라 한대 38 부하들이 이 말을 상관들에게 보고하니
그들이 로마 사람이라 하는 말을 듣고 두려워하여 39 와서 권하여 데리고
나가 그 성에서 떠나기를 청하니 40 두 사람이 옥에서 나와 루디아의 집에
들어가서 형제들을 만나 보고 위로하고 가니라

이 단락에는 빌립보 교회가 세워지는 과정이 소개되어 있다. 빌립보 선교를 통하여 유럽 선교가 본격화되었다고 볼 수 있기에 빌립보 교회의 설립은 선교 역사상 큰 의의를 가진다. 바울 일행은 귀신 들린 여종에게서 귀신을 쫓아낸 일로 인하여 감옥에 갇히지만, 하나님의 놀라운 이적으로 그곳에서 나오게 되고 오히려 감옥을 지키던 간수와 그의 가족이 구원을 받게 된다.

1) 바울이 귀신 들린 여종을 고침(16:16-18)

바울 일행은 "기도하는 곳"으로 가고 있다(16절a). 그들이 "기도하는 곳"으로 간다는 것은 아마도 강가 기도처로 간다는 뜻일 것이다(참고. 15절). 그리고 이 날은 안식일이었을 가능성이 높다. 그들은 길을 가는 도중에 "점치는 귀신" 들린 여종 하나를 만나는데, 그 여종은 점을 쳐서 "그 주인들에게" 큰 이익을 가져다주었다(16절b). "점" 치는 것은 하나님의 백성들에게 금지된 행동이다(참고. 신 18:10; 삼상 28:8; 왕하 17:17). 본문에서도 그것은 귀신에 의하여 일어난 일로 묘사된다. 누가는 "그녀의 주인들에게"(*토이*

스 *퀴리오이스 아우테스*, τοῖς κυρίοις αὐτῆς)라는 복수형을 말하는데, 이것은 그 여자를 통하여 돈을 버는 주인들이 여러 명이었음을 의미한다.

그런데 그 여자가 바울 일행을 따라오면서 소리 질러 말하기를 "이 사람들은 지극히 높은 하나님의 종으로서 구원의 길을 너희에게 전하는 자라"라고 한다(17절). 귀신이 바울 일행의 신분과 사역에 대하여 알고 있는 것은 전혀 이상하지 않다. 귀신은 놀라운 지각을 가지고 있어서 제자들의 정체를 알 수 있다. 복음서에서도 귀신은 예수님이 누구이신지를 알았으며(참고. 눅 4:34, 41), 예수님을 향하여 "지극히 높으신 하나님의 아들"이라고 말했다(참고. 눅 8:28). 하지만 귀신이 예수님에 관하여 말하고, 제자들에 관하여 아는 것은 다신교-이교적인 관점에서 말하고 아는 것이다. 더욱이 17절의 "길" 앞에는 구원의 유일성을 강조하는 정관사도 없다. 따라서 귀신은 다신교적인 상황 속에서 복음을 상대화시킨다.[351]

여자가 여러 날을 소리치자 바울은 심히 괴로워한다(18절a). 그리하여 바울은 그 귀신에게 "예수 그리스도의 이름으로 내가 네게 명하노니 그에게서 나오라"라고 명령하고, 이에 귀신이 즉시 나온다(18절b). 이것은 사도행전에서 사도에 의하여 행하여진 첫 번째 귀신축출 사건이다. 예수님은 직접 귀신을 쫓아내셨으며(참고. 마 8:16; 12:28), 제자들에게 그러한 권세를 사용하도록 허락해 주셨다(참고. 마 10:8; 눅 10:17). 예수 그리스도의 이름을 사용하는 것은 예수 그리스도가 친히 일하시는 것과 같은 권위와 가치를 가진다(참고. 3:6; 19:12).

2) 바울과 실라가 감옥에 갇힘(16:19-24)

귀신 들린 여종을 통하여 경제적인 이득을 보던 주인들은 바울 때문에 자기들의 수익 소망이 끊어진 것을 보고 바울과 실라를 붙잡아 "장터"로 관리들에게 끌어간다(19절). 여기서 "장터"란 헬라어로 *아고라*(ἀγορά)인데, '광장'을 의미한다. 고대에 아고라에서는 공적인 목적을 위해서 모든 종류의 일이 시행되었다.[352] 따라서 이곳을 "장터"(marketplace)라고만 이해하는 것은 바람직하지 않다. 특히 이곳에서 민사 재판이 열리는 경우가 있었는데, 문맥이 그러한 점을 지지하기에 지금 상황을 '법정'(court)으로 이해할 수 있다.[353] 여종의 주인들이 바울과 실라만 붙잡아서 장터로 끌고 간 것은 그들만이 유대인이었으며, 그들과 함께 있던 누가와 디모데가 유대인이 아니었기 때문으로 보인다. 이는 이어지는 비난 발언에서 여종의 주인들이 유대인과 로마인을 분명하게 구분하고 있는 데서 알 수 있다. 이처럼 사도행전에서 물질적인 이득을 추구하는 자는 한결같이 불순한 자들인데, 마술사 시몬(참고. 8:18-24), 엘루마(참고. 13:8-12), 은장색 데메드리오(참고. 19:24) 등과 같은 자들이다.

여종의 주인들은 그들을 상관들 앞에 데리고 가서 말하기를 "이 사람들이 유대인인데 우리 성을 심히 요란하게 하여 로마 사람인 우리가 받지도 못하고 행하지도 못할 풍속을 전한다"라고 말한다(20-21절). 여기서 "상관"(*스트라테고스*, στρατηγός)이란 로마의 식민지역을 지배하던 재판관으로서 도시의 치안과 질서를 유지하는 자를 의미한다. 당시에 그들은 보통 두 명으로 구성되어 있었다. 주인들은 자신들의 경제적인 수익이 끊어진 것을 가지고 바울과 실라를 고발할 수 없었기에, 그들이 유대인인 것을 강조하면서 도시를 심히 요란하게 하여 로마 사람이 받지도 못하고 행하지도 못할 풍속을 해친다고 말하여 상관들의 감정을 자극한다.

주인들의 고소에 무리가 일제히 일어나서 고발하자 상관들은 바울과 실라의 말을 들어보지도 않고 그들의 옷을 찢어 벗기고 매로 치라 하여 많이 친 후에 옥에 가두고 간수에게 든든히 지키라고 명령한다(22-23절). 따라서 상관들은 정식 재판을 진행하지 않는다. 아마도 흥분한 무리가 소요를 일으킬 수도 있었기 때문에 이렇게 긴급히 조처한 것으로 보인다. 그런데 바울과 실라는 비록 로마 시민권자였으나 이런 일을 당하여도 말하지 않는다(참고. 35-40절). 이것은 그들이 이런 일을 통하여 하나님께서 하시는 일이 있다고 생각하였기 때문이다. 결국, 간수는 상관들의 명령을 받아 그들을 깊은 옥에 가두고 발을 차꼬에 든든히 채워둔다(24절).[354] 훗날 바울은 자신이 "빌립보에서 고난과 능욕을" 당했다고 말했다(참고. 살전 2:2).

3) 간수와 그의 가족이 회심함(16:25-34)

한밤중에 바울과 실라는 기도하면서 하나님을 찬송하고 죄수들은 이 소리를 듣고 있다(25절). 바울과 실라는 자신들의 처지를 비관하거나 원망하지 않고 오히려 하나님을 찬송하며 하나님께 기도한다. 그리고 죄수들은 그들의 기도 소리와 찬송 소리를 듣는데, 여기서 누가는 '듣다'에 해당하는 헬라어 동사로 신약성경에서 오직 이곳에만 나오는 *에파크로아오마이*(ἐπακροάομαι)를 사용한다. 그가 이렇게 독특한 동사를 여기에서 사용하는 것은 죄수들에게 있어서 바울과 실라의 기도와 찬송을 들은 것이 특별한 경험이라는 점을 강조하기 위해서이다.

그런데 갑자기 큰 지진이 일어나서 옥터가 움직이고 문이 다 열리며 모든 사람의 매인 것이 다 벗어진다(26절). 누가는 사도들이 옥에 갇힌 일을 여러 번 기록한다(4:24-31; 5:18-20; 12:3-11). 이처럼 사도의 행적은 고난과 수고의 연속이었다. 하지만 그들은 옥에 갇혀 있지 않는다. 하나님은 그들을 구하셔서 계속하여 일하게 하신다. 그런데 사도행전의 앞에서는 옥에서 주로 기도하는 가운데 문이 열렸는데(참고. 4:24-31), 여기서는 주로 찬양하는 가운데 문이 열린다. 설혹 자연현상으로 지진이 일어나면 옥터가 움직이고 문이 열릴 수 있겠지만 모든 사람의 매인 것이 다 벗어질 수는 없다. 따라서 이는 하나님의 초자연적인 이적이 분명하다.

간수는 자다가 깨어서 옥문들이 열린 것을 보고는 죄수들이 도망한 줄로 생각하고 칼을 빼서 자결하려고 한다(27절). 간수는 자신이 관리하던 죄수를 잃어버리면 책임을 져야 한다고 생각했으며, 더군다나 당시에는 명예가 중시되었기에 자결하려 한 것이다.[355] 이때 바울이 크게 소리 질러 말하기를 "네 몸을 상하지 말라 우리가 다 여기 있노라"라고 말한다(28절). 그는 자신들이 도망하지 않았다는 사실을 알려준다. 바울과 실라는 물론이거니와 다른 죄수들이 이 기회를 이용하여 도망하지 않고 그 자리에 모두 있었던 것은 또 다른 놀라운 일이다. 아마도 그들은 하나님의 능력에 압도되었기 때문에 도망할 생각을 하지 않았던 것 같다. 아무튼 이렇게 하여 간수는 생명을 보존한다. 그런데 바울이 간수의 생명을 구해준 것은 예수님이 원수를 용서하고 사랑하라고 가르치신 것을 실천한 것이다(참고. 눅 6:32-37).[356]

간수는 등불을 달라고 하여 들고 뛰어 들어가 무서워 떨면서 바울과 실라 앞에 엎드린다(29절). 그리고 그는 바울과 실라를 데리고 바깥으로 나가서 "선생들이여 내가 어떻게 하여야 구원을 받으리이까"라고 묻는다(30절). 아마도 간수는 바울과 실라의 기도와 찬송소리를 들으면서 하나님과 심판으로부터의 구원에 대하여 잠시라도 생각했을 것이다. 그런 가운데 자신이 누구보다도 잘 알고 있는 굳게 닫힌 옥문이 열리고 몸을 묶어 놓았던 것들이 풀리는 이적을 보면서 하나님의 능력을 알게 되었다. 그리하여 그는 바울과 실라가 믿는 하나님을 자신도 믿고 싶어 한다.

이에 바울과 실라는 "주 예수를 믿으라 그리하면 너와 네 집이 구원을 받으리라"라고 대답한다(31절). 여기서 "너와 네 집"이라고 말한 것은 당시가 가부장적인 사회여서 가장이 회심하면 자연스럽게 가족들 모두가 회심했기 때문이다. 이에 바울과 실라는 주님의 말씀을 간수와 그의 집에 있는 모든 사람에게 전한다(32절). 그리고 그 밤 그 시각에 간수는 바울과 실라를 데려가서 그 맞은 자리(상처)를 씻어 주고 자기와 온 가족이 다 세례를 받는다(33절). 또한 간수는 그들을 자기 집으로 데려가서 음식을 차려 주고 그와 그의 온 집안이 하나님을 믿게 된 것을 크게 기뻐한다(34절). 이것은 사도행전에서 고넬료와 루디아에 이어 세 번째로 온 집안 식구들이 예수님을 믿고 세례를 받은 사건이다.

4) 바울과 실라가 감옥에서 놓임(16:35-40)

날이 새자 상관들이 부하를 보내어 바울과 실라를 석방시켜 주라고 말한다(35절). 그들이 왜 바울과 실라를 석방시켜 주었는지는 알려지지 않았다. 아마도 그들이 지은 죄가 큰 죄가 아니었기 때문일 것이다. 상관들은 무리의 흥분이 가라앉았으니 이제 그들을 놓아주어도 될 것으로 생각한 것 같다. 분명히 상관들은 그들에 대한 사법적인 절차를 가질 의향이 없었다. 그래서 그들을 조용히 풀어주고 일을 마무리 지으려고 한다. 간수는 그들의 말대로 바울에게 말하기를 "상관들이 사람을 보내어 너희를 놓으라 하였으니 이제는 나가서 평안히 가라"라고 한다(36절). 간수는 바울과 실라를 다시 감옥으로 데리고 왔으며, 상관들은 간밤에 있었던 하나님의 초자연적인 역사를 모르고 있었다.

그러나 바울은 자신들이 로마 사람인 것을 밝히면서 자신들에 대한 정식 재판도 하지 않은 채 공중 앞에서 때리고 옥에 가두었다가 이제 가만히 내보내고자 하는 것을 항의하며 상관들이 친히 와서 자신들을 데리고 나가야 할 것이라고 말한다(37절). 당시에 공적인 재판 없이 로마 시민을 감옥에 가두거나 때리는 것은 엄격하게 금지되어 있었다. 그리고 바울의 말에는 자신들이 아무런 죄를 짓지 않았음을 빌립보 사람들에게 공적으로 알려야 한다는 주장이 담겨 있다. 그들은 사람들에게 자신들이 범죄자로 보이지 않기를 원하며, 자신들이 전하는 복음의 가치가 훼손되지 않기를 바란다.

부하들이 바울과 실라의 말을 듣고 상관들에게 보고하자 상관들은 바울과 실라가 로마 사람이라고 하는 말을 듣고 두려워한다(38절). 그리하여 상관들은 바울과 실라에게 와서 "권하여" 데리고 나가 빌립보에서 떠나기를 간청한다(39절). 이에 바울과 실라는 옥에서 나와 루디아의 집에 들어가서 형제들을 만나보고 "위로하고" 간다(40절). 그런데 39절의 "권하여"와 40절의 "위로하고"에 해당하는 동사는 모두 *파라칼레오*(παρακαλέω)이다. 이 단어의 문자적 의미는 '권면하다'이다. 따라서 40절의 "위로하고"를 '권면하고'로 번역하는 것이 바람직하다.

바울과 실라가 옥에서 나오자마자 루디아의 집에 들어갔고 그곳에 형제들이 모여 있어서 만나고 권면한 것은 루디아의 집이 예배 처소로 사용되었음을 시사한다. 당시에 그리스도인은 모일 곳을 구하기가 쉽지 않았기 때문에 가정집을 모임 장소로 사용했다. 따라서 가정집이 처음부터 예배당으로 사용된 것은 아니었고, 단지 모일 곳을 찾지 못해서 가정집이 사용된 것이었다. 하지만 그리스도인은 서로를 '가족'이라고 생각했다. 그리고 당시에 루디아는 지역에서 미친 경제적 영향력이 강했을 뿐만 아니라 당시에 정부

관리가 여성을 종교적 이유로 박해하는 경우가 드물었기 때문에 권력자의 박해를 받지 않았을 것으로 보인다.[357]

한편, 바울과 실라가 처음부터 로마 시민이라는 사실을 밝히지 않았던 이유는 무엇일까? 우리는 그 이유를 정확히 알 수 없다. 만일 그들이 처음부터 자신들의 시민권을 밝혔더라면 매를 맞지 않았을 것이고 감옥에 가지도 않았을 것이다. 하지만 그들이 자신들의 정체를 밝혔더라면 빌립보에서 그들의 전도 활동이 그리 활발하게 전개되지 않았을 지도 모른다. 이는 빌립보 사람들이 그들을 경계했을 가능성이 높기 때문이다. 따라서 그들은 비록 고통과 어려움이 온다 하더라도 복음을 제대로 전하기 위하여 자신들의 정체를 밝히지 않았던 것으로 보인다. 결국, 바울과 실라의 희생적인 노력으로 간수 가족이 예수님을 믿게 되었다. 또한 그들과 함께 감옥에 갇혀 있었던 죄수들도 하나님과 그분이 베푸시는 구원에 대하여 생각했을 것이다.

교훈과 적용

1. 바울과 실라는 복음을 전하는 가운데 귀신을 쫓아낸 일로 인하여 매를 맞고 감옥에 갇히게 되었다. 이처럼 선한 일을 하든지 혹은 복음을 전하든지 하다 보면 고난을 당하는 경우가 있다. 사탄은 주님의 일을 하는 자를 가만히 놓아두지 않는다. 따라서 우리는 주님으로 인하여 고난당하는 것을 이상하게 여기지 말아야 한다. 이 세상에서 우리가 바른 신앙생활을 하고 부지런히 복음을 전하면 복음과 근본적으로 대치되는 세상의 저항을 받을 수밖에 없음을 알아야 한다.
2. 본문에서 바울은 로마 사람임을 밝히고 감옥에 갇히지 않을 수도 있었으나 기꺼이 갇힌다. 그들이 감옥에 있음으로 하나님께서 그들과 함께 하심을 체험하였으며, 간수와 그의 가족이 예수님을 믿어서 구원을 받았다. 어쩌면 다른 죄수들도 예수님을 믿었을지 모른다. 결국, 감옥은 그들에게 많은 전도의 결실을 얻게 한

장소가 되었다. 우리는 자신이 처해 있는 환경을 원망하지 말고 오히려 그것을 이용하여 복음을 전해야 한다.

3. 간수가 하나님의 역사를 목격하고 바울과 실라에게 복음을 들은 후 자신과 온 가족이 예수님을 믿고 세례를 받았다. 이 과정에서 바울과 실라는 "주 예수를 믿으라 그리하면 너와 네 집이 구원을 받으리라"라고 말하였다. 이것은 기독교 복음의 핵심이다. 주 예수님 외에 다른 구원의 수단은 없다. 오늘날 종교다원주의 시대를 살아가면서 우리는 복음이 희미해져 가는 현상을 보고 있다. 이것은 매우 위험하다. 구원의 방법은 '오직 예수 그리스도'이다.

4. 데살로니가와 베뢰아 선교(17:1-15)

1 그들이 암비볼리와 아볼로니아로 다녀가 데살로니가에 이르니 거기 유
대인의 회당이 있는지라 2 바울이 자기의 관례대로 그들에게로 들어가서
세 안식일에 성경을 가지고 강론하며 3 뜻을 풀어 그리스도가 해를 받고
죽은 자 가운데서 다시 살아나야 할 것을 증언하고 이르되 내가 너희에게
전하는 이 예수가 곧 그리스도라 하니 4 그 중의 어떤 사람 곧 경건한 헬
라인의 큰 무리와 적지 않은 귀부인도 권함을 받고 바울과 실라를 따르나
5 그러나 유대인들은 시기하여 저자의 어떤 불량한 사람들을 데리고 떼를
지어 성을 소동하게 하여 야손의 집에 침입하여 그들을 백성에게 끌어내
려고 찾았으나 6 발견하지 못하매 야손과 몇 형제들을 끌고 읍장들 앞에
가서 소리 질러 이르되 천하를 어지럽게 하던 이 사람들이 여기도 이르매
7 야손이 그들을 맞아 들였도다 이 사람들이 다 가이사의 명을 거역하여
말하되 다른 임금 곧 예수라 하는 이가 있다 하더이다 하니 8 무리와 읍장

들이 이 말을 듣고 소동하여 9 야손과 그 나머지 사람들에게 보석금을 받
고 놓아 주니라 10 밤에 형제들이 곧 바울과 실라를 베뢰아로 보내니 그들
이 이르러 유대인의 회당에 들어가니라 11 베뢰아에 있는 사람들은 데살
로니가에 있는 사람들보다 더 너그러워서 간절한 마음으로 말씀을 받고
이것이 그러한가 하여 날마다 성경을 상고하므로 12 그 중에 믿는 사람이
많고 또 헬라의 귀부인과 남자가 적지 아니하나 13 데살로니가에 있는 유
대인들은 바울이 하나님의 말씀을 베뢰아에서도 전하는 줄을 알고 거기
도 가서 무리를 움직여 소동하게 하거늘 14 형제들이 곧 바울을 내보내어
바다까지 가게 하되 실라와 디모데는 아직 거기 머물더라 15 바울을 인도
하는 사람들이 그를 데리고 아덴까지 이르러 그에게서 실라와 디모데를
자기에게로 속히 오게 하라는 명령을 받고 떠나니라

바울 일행은 빌립보를 떠나서 암비볼리와 아볼로니아를 통과하여 데살로니가로 간다. 바울 일행이 데살로니가에서 복음을 전하자 많은 사람이 믿는다. 그러나 유대인이 그를 시기하여 괴롭힘으로 베뢰아로 이동한다. 그는 거기서도 복음을 전하여 믿는 사람들을 많이 얻는다. 하지만 다시 유대인들이 그곳에 찾아와서 그를 박해하자 아덴으로 떠난다. 바울의 삶은 이처럼 복음전파와 그에 따른 열매와 그러한 일을 싫어하는 적대자들의 박해의 연속이다.

1) 데살로니가 선교(17:1-9)

누가는 "그들"이 빌립보를 떠나 암비볼리와 아볼로니아를 통과했다고 말한다(1절a). 여기서 "그들"이란 바울과(참고. 2절) 실라와 디모데(참고. 14

절)를 가리킨다. 그리고 몇 명의 일꾼이 이들과 함께 했을 가능성이 있다. 이때 누가는 빌립보에 남았을 것이며, 그는 20:6에서 바울 일행과 다시 만날 때까지 약 3-4년간 빌립보 교회를 돌보았을 것이다.[358] 바울 일행이 통과한 암비볼리는 빌립보에서 남서쪽으로 48km 정도 떨어져 있었고, 아볼로니아는 암비볼리에서 남서쪽으로 40km 정도 떨어져 있었다.[359] 따라서 이 도시들은 각각 하룻길 정도의 거리에 있었다. 그들은 이 도시들에서 하룻밤씩 묵었을 것으로 추정된다. 하지만 암비볼리와 아볼로니아에 유대인의 회당이 없었기 때문에 그들은 이 도시들에 머물지 않고 그냥 통과한 것 같다.

바울 일행은 데살로니가에 이르렀는데, 거기에 "유대인의 회당"이 있었다(1절b). 데살로니가가 빌립보에서 약 160km 떨어져 있었기에 그들은 제법 먼 거리를 이동한 셈이다. 그들은 빌립보에서 이곳으로 올 때 '에그나티아 가도'(Via Egnatia)를 이용했을 것이다.[360] 이 길은 로마 제국의 군사도로였다. 데살로니가는 마게도냐에서 가장 크고 번창한 도시로서 많은 민족이 섞여 살고 있었다. 그리고 고고학적 증거에 의하면, 당시에 데살로니가에 유대인이 많이 살고 있었으며, 다소 후기의 증거들에 따르면, 사마리아 사람도 다수 이곳에 살고 있었다.[361]

바울은 "자기의 관례대로", 즉 자기의 선교 정책에 따라 유대인의 회당에 들어가서 3주 동안 성경을 강론한다(2절). 일반적으로 유대인의 회당에는 '유대인'과 '하나님을 경외하는 자들'과 '개종자들'이 함께 모였다. 바울은 구약성경의 뜻을 풀어서 구약성경에 그리스도께서 고난을 받으시고 죽으셨다가 다시 살아나야 할 것이 예언되어 있음을 가르치면서, "내가 너희에게 전하는 이 예수가 곧 그리스도라"라고 말한다(3절). 이것은 역사적 예수님의 신적인 정체성에 대한 언급이다. 그런데 바울이 이렇게 구약성경을 풀어서 그곳에 담겨 있는 그리스도에 대한 예언을 설명하는 것은 예수님이 친히 하셨던 방식이다. 예수님은 제자들에게 자신의 죽음과 부활에 대하여 예언하셨으며, 여러 방식으로 제자들에게 나타나셔서 성경을 풀어 설명하시면서 자신의 구속사역에 대하여 말씀하셨다(참고. 눅 24:25-27, 44-46). 사도행전에서는 사도들이 이런 방식으로 예수 그리스도에 관해 말했는데, 베드로가 그러했으며(참고. 2:22 이하), 바울도 그러했다(참고. 13:26 이하).[362]

바울이 성경의 뜻을 풀어서 예수 그리스도에 대하여 말하자 많은 사람이 믿는다. 특히 누가는 "경건한 헬라인의 큰 무리"와 "적지 않은 귀부인"이 말씀을 받아들이고 바울과 실라를 따랐다고 언급한다(4절). 이들은 이방인, 곧 '하나님을 경외하는 사람들'이라고 볼 수 있다. 이때 회심한 중요한 인물에는 데마(참고. 딤후 4:10), 아리스다고(참고. 행 19:29; 20:4; 27:2; 골 4:10), 가이오(참고. 행 19:29), 세군도(참고. 행 20:4) 등이 있다. 이들은 지금까지 복음에 대하여 전혀 모르고 지내다가 어느 날 갑자기 바울에 의해서 복음을 듣고 회심하게 되는 놀라운 일을 경험한다. 그것은 사람으로서는 불가능한 일이며 오직 성령님을 통하여 가능한 일이다.

그러나 유대인들은 가만히 있지 않고 바울을 시기한다(5절a). 이들은 회당의 지도자일 것이다.[363] 그들은 바울이 많은 사람의 주목을 받는 것을 참지 못한다. 그래서 그들은 "저자의 어떤 불량한 사람들"을 데리고 온다. 여기서 "저자"란 헬라어로 *아고라이오스*(ἀγοραῖος)로서 사람들이 많이 모이는 '광장' 혹은 '시장'을 의미한다(참고. 16:19의 주해). 그들은 여기에서 빈둥거리고 있던 불량배들(혹은 부랑자들)을 데리고 와서 떼를 지어 성을 소동하게 하여 야손의 집에 침입하여 바울 일행을 끌어내려고 찾는다(5절b). 그들은 야손이 바울 일행에게 숙박을 제공한다고 생각했던 것 같은데, "야손"

이라는 이름은 로마서 16:21에 다시 등장한다.

그러나 그들은 야손의 집에서 바울 일행을 발견하지 못한다(6절a). 그들이 왜 바울 일행을 발견하지 못했는지 본문에 나와 있지 않다. 그들은 야손과 몇 명의 형제들을 끌고 읍장 앞에 가서 소리 질러 말하기를 "천하를 어지럽게 하던 이 사람들이 여기도 이르매 야손이 그들을 맞아 들였도다 이 사람들이 다 가이사의 명을 거역하여 말하되 다른 임금 곧 예수라 하는 이가 있다 하더이다"라고 한다(6절b-7절). 여기서 "읍장"(*폴리타르케스*, πολιτάρχης)이란 로마 정부가 파송한 치안판사이자 자치단체장이다. 당시에 한 도시에 5명 정도의 읍장이 있었는데, 로마 제국은 지방 속국에서 반란이 일어나지 않게 하려고 읍장을 통해 감시와 통제를 했다.

이렇게 유대인은 바울 일행이 천하를 어지럽게 한다는 것과 가이사의 명을 거역한다는 죄목을 들어서 이들이 로마의 뜻에 반하는 정치적인 죄를 저질렀다고 주장한다. 이들은 유대인의 정체성에 따라 율법에 근거하여 말해야 하는데도 그렇게 하지 않고 오로지 바울 일행을 로마 제국의 법에 따라 처벌해 줄 것을 요청한다. 당시에 로마 제국에서 가이사 외에 다른 임금을 섬기려는 시도는 용서 받기 어려운 중한 죄였다. 따라서 예수님을 빌라도에게 고발했던 유대의 종교지도자들이 이런 죄목으로 그분을 고소했듯이(참고. 눅 23:2), 이곳에서도 바울을 죽이려는 자들은 반역의 혐의를 뒤집어씌움으로 로마 관리들의 감정을 자극한다.

그러자 무리와 읍장들이 이 말을 듣고 소동하여 야손과 그 나머지 사람들에게 보석금을 받고 놓아 준다(8-9절). 당시에 보석금 제도가 있었는데, 야손과 형제들은 정식재판을 받지 못한 채 유죄 판결을 받았다가 보석금을 내고 풀려난다. 아마도 야손이 보석금을 받고 풀려난 데에는 그에게 바울과 실라를 그 지역에서 내보내고 다시 돌아오지 못하게 하는 조건이 붙었을 것이다. 바울은 데살로니가전서 2:17-18에서 “형제들아 우리가 잠시 너희를 떠난 것은 얼굴이요 마음은 아니니 너희 얼굴 보기를 열정으로 더욱 힘썼노라 그러므로 나 바울은 한번 두번 너희에게 가고자 하였으나 사탄이 우리를 막았도다”라고 말한다. 당시에 그는 갑작스럽게 데살로니가를 떠날 수밖에 없었고(참고. 10절), 나중에 그곳으로 돌아가고 싶었지만, 야손에게 붙여진 법적인 금지의무(바울을 돌아오지 못하게 하는 의무) 때문에 그곳으로 돌아갈 수 없게 된 안타까운 처지를 이렇게 표현한 것으로 보인다.

2) 베뢰아 선교(17:10-15)

바울 일행은 데살로니가에서 박해를 받자 다른 곳으로 이동한다. “밤에 형제들이” 바울과 실라를 베뢰아로 보낸다(10절a). “밤에” 바울과 실라를 보내는 것은 이들을 잡으려는 로마 관리와 유대인의 눈을 피하기 위한 것이며, 여기서 “형제들”이란 데살로니가의 신자들을 가리킨다. 베뢰아는 데살로니가에서 남서쪽으로 72km 정도 떨어져 있었다.[364] 바울 일행은 베뢰아에 이르자 늘 하던 대로 유대인의 회당에 들어간다(10절b). 그들은 조금 전 데살로니가에서 유대인의 회당에서 복음을 전하다가 어려움을 당했지만 다시 베뢰아에서 유대인의 회당에 들어가 복음을 전한다. 그들은 박해를 두려워하지 않고 묵묵히 사명을 감당한다.

그런데 베뢰아에 있는 사람들은 데살로니가에 있는 사람들과 달랐다. 그들은 데살로니가 사람들보다 “더 너그러워서” 간절한 마음으로 말씀을 받았고 이것이 그러한가 하여 “날마다 성경을 상고”하였다(11절). “너그러워서”라는 용어는 *유게네스*(εὐγενής)인데, 이 단어는 문자적으로 ‘고상한 태도’ 혹은 '개방적인 태도'를 의미한다. 그런데 여기서는 문맥상 적극적으로 배우려고 하는 자세를 의미한다.[365] 베뢰아 사람들은 남의 말이나 가르침을 잘 들어주며 그것을 통해서 뭔가를 배우려는 자세를 가지고 있었다. 그들은 "날마다 성경을 상고"하였다.[366] 그들이 "날마다 성경을 상고"하였다는 표현은 데살로니가 사람들이 매주 안식일에 바울의 강론을 들었던 것과 대조된다. 그들은 성경에 대하여 매우 자세히 알고 싶어 했다. 베뢰아 사람들은 바울이 전하는 말씀을 듣고 열린 마음으로 곰곰이 생각해 보았으며, 더군다나 날마다 그렇게 했다.

바울이 말씀을 가르치자 베뢰아 사람들 가운데 믿는 사람이 많았으며, 또한 "헬라의 귀부인과 남자"가 적지 않았다(12절). "헬라의 귀부인과 남자"란 그 지역에서 상당한 영향력이 있는 사람을 뜻하는 것 같다. 이때 믿은 사람 중에는 아마도 "부로의 아들 소바더"가 포함되었을 것이다(참고. 20:4). 사도행전에서 누가는 말씀 사역이 실패로 끝났다고 말한 적이 없다. 그는 이적을 보고 많은 사람이 믿었다고 말한 적이 없지만, 말씀을 듣고는 많은 사람이 믿었다고 말한다. 이것은 이적이 믿음을 발생시키는 것이 아니라, 말씀이 믿음을 발생시키기 때문이다. 성령은 말씀이라는 매개체를 사용하셔서 사람들에게 믿음을 선물로 주신다.

그러나 데살로니가에 있는 유대인들은 바울이 하나님의 말씀을 베뢰아에서도 전하는 줄을 알고 거기에도 가서 무리를 움직여 소동하게 한다(13절). 그러자 형제들이 급하게 바울을 내보내어 바다까지 가게 했으며, 이때 실라와 디모데는 아직 거기에 머문다(14절). 유대인들은 같은 유대인인 바울을 괴롭혔지만, 실라와 디모데가 유대인이 아니었기에 그냥 놔두었다. 바울을 인도하는 사람들은 그를 데리고 아덴까지 약 357km를 배를 타고 갔고,[367] 거기서 바울로부터 실라와 디모데를 자기에게로 속히 오게 하라는 명령을 받고 떠난다(15절). 아덴에서 바울이 실라와 디모데를 자기에게 데려오라고 한 이유는 유대인들이 결국 실라와 디모데도 핍박할 가능성이 있었으며, 더군다나 그들이 아덴에서 바울과 함께 사역하는 것이 효과적이었기 때문이다. 데살로니가전서 3:1-2를 참고할 때 디모데는 아덴에서 바울과 만났으며, 거기서 다시 데살로니가로 보내어졌고, 사도행전 18:5를 참고할 때 실라와 디모데는 나중에 고린도에서 바울을 만난다.[368]

교훈과 적용

1. 바울의 삶은 핍박받는 삶 그 자체였다. 그가 가는 곳에는 언제나 유대인과 로마인의 핍박이 있었다. 유대인들은 그를 시기하였으며, 그가 가는 곳을 쫓아다니면서 그를 괴롭혔다. 그러나 바울은 그들의 핍박에 굴하지 않았다. 그는 선을 행하다가 낙심하지 않으면 때가 이르매 거두리라고 확신했다(참고. 갈 6:9). 복음 사역자는 박해를 두려워하지 말아야 한다. 사탄은 주님의 일꾼을 그냥 내버려 두지 않지만, 우리는 주님의 일을 중단하지 말아야 한다.
2. 바울 일행이 데살로니가에서 복음을 전했을 때, 그리고 베뢰아에서 복음을 전했을 때 많은 사람이 그들의 말을 듣고 예수님을 믿었다. 우리는 말씀이 심어진 곳에 반드시 열매가 맺힌다는 진리를 붙들어야 한다. 비록 어리석은 방법 같으나 말씀 자체를 가르치는 것이 제일 좋다. 다른 방식으로 전도하는 것은 진정한 전도가 아니며, 참된 열매를 거둘 수 있는 수단도 아니다. 오로지 복음의 진리가 능력을 갖추고 있음을 믿고 끈질기게 복음을 전해야 한다.
3. 이 단락에서 매우 인상적인 장면은 베뢰아 사람이 성경에 대하여 가진 태도이다. 그들은 너그러워서 간절한 마음으로 말씀을 받고 이것이 그러한가 하여 날마다 성경을 상고하였다. 우리는 성경 말씀을 들은 후에 베뢰아 사람처럼 반응

을 보여야 한다. 우리는 열린 마음으로 말씀을 받아야 하며, 말씀의 의미가 무엇인지를 찾기 위하여 날마다 성경을 상고해야 한다. 그러한 노력과 신실함은 우리를 더욱 말씀의 사람이 되게 해 줄 것이다.

5. 아덴 선교(17:16-34)

16 바울이 아덴에서 그들을 기다리다가 그 성에 우상이 가득한 것을 보고
마음에 격분하여 17 회당에서는 유대인과 경건한 사람들과 또 장터에서
는 날마다 만나는 사람들과 변론하니 18 어떤 에피쿠로스와 스토아 철학
자들도 바울과 쟁론할새 어떤 사람은 이르되 이 말쟁이가 무슨 말을 하고
자 하느냐 하고 어떤 사람은 이르되 이방 신들을 전하는 사람인가보다 하
니 이는 바울이 예수와 부활을 전하기 때문이러라 19 그를 붙들어 아레오
바고로 가며 말하기를 네가 말하는 이 새로운 가르침이 무엇인지 우리가
알 수 있겠느냐 20 네가 어떤 이상한 것을 우리 귀에 들려 주니 그 무슨 뜻
인지 알고자 하노라 하니 21 모든 아덴 사람과 거기서 나그네 된 외국인
들이 가장 새로운 것을 말하고 듣는 것 이외에는 달리 시간을 쓰지 않음이
더라 22 바울이 아레오바고 가운데 서서 말하되 아덴 사람들아 너희를 보
니 범사에 종교심이 많도다 23 내가 두루 다니며 너희가 위하는 것들을 보
다가 알지 못하는 신에게라고 새긴 단도 보았으니 그런즉 너희가 알지 못
하고 위하는 그것을 내가 너희에게 알게 하리라 24 우주와 그 가운데 있는
만물을 지으신 하나님께서는 천지의 주재시니 손으로 지은 전에 계시지
아니하시고 25 또 무엇이 부족한 것처럼 사람의 손으로 섬김을 받으시는
것이 아니니 이는 만민에게 생명과 호흡과 만물을 친히 주시는 이심이라

26 인류의 모든 족속을 한 혈통으로 만드사 온 땅에 살게 하시고 그들의
연대를 정하시며 거주의 경계를 한정하셨으니 27 이는 사람으로 혹 하나
님을 더듬어 찾아 발견하게 하려 하심이로되 그는 우리 각 사람에게서 멀
리 계시지 아니하도다 28 우리가 그를 힘입어 살며 기동하며 존재하느니
라 너희 시인 중 어떤 사람들의 말과 같이 우리가 그의 소생이라 하니 29
이와 같이 하나님의 소생이 되었은즉 하나님을 금이나 은이나 돌에다 사
람의 기술과 고안으로 새긴 것들과 같이 여길 것이 아니니라 30 알지 못하
던 시대에는 하나님이 간과하셨거니와 이제는 어디든지 사람에게 다 명
하사 회개하라 하셨으니 31 이는 정하신 사람으로 하여금 천하를 공의로
심판할 날을 작정하시고 이에 그를 죽은 자 가운데서 다시 살리신 것으로
모든 사람에게 믿을 만한 증거를 주셨음이니라 하니라 32 그들이 죽은 자
의 부활을 듣고 어떤 사람은 조롱도 하고 어떤 사람은 이 일에 대하여 네
말을 다시 듣겠다 하니 33 이에 바울이 그들 가운데서 떠나매 34 몇 사람
이 그를 가까이하여 믿으니 그 중에는 아레오바고 관리 디오누시오와 다
마리라 하는 여자와 또 다른 사람들도 있었더라

바울은 박해를 피하여 베뢰아를 떠나 아덴에 도착한다. 아덴은 여러 다양한 신들을 섬기는 종교성이 강한 도시였다. 바울은 여기서 여러 사람과 변론하면서 예수 그리스도와 부활을 증언한다. 특히 이 단락에서 바울은 그 유명한 '아레오바고 설교'를 한다. 바울이 아레오바고에서 행한 설교는 대단히 체계적으로 기독교를 변증한 모범적인 설교이다. 이 설교를 듣고 여러 사람이 회심한다.[369]

1) 바울이 사람들과 변론함(17:16-18)

바울은 아덴에서 실라와 디모데를 기다리고 있었는데, 그 성에 우상이 가득한 것을 보고 마음에 격분한다(16절). 여기서 "격분하여"에 해당하는 헬라어 *파록쉬노*(παροξύνω)는 의미가 강한 용어인데, 종종 '하나님의 의로운 분노', 곧 이스라엘의 우상숭배를 향한 하나님의 분노를 표현할 때 사용되었다(참고. 신 9:18; 시 106:29; 호 8:5).[370] 아덴은 도시 전체가 그리스 신들의 신상과 신전으로 넘쳐 나고 있었다. 따라서 하나님만 섬기는 유일신론(monotheism)을 고수해 온 바울은 수많은 신을 섬기는 다신론(polytheism)에 빠져 있던 아덴 사람을 보고 마음에 깊은 분노와 괴로움을 느꼈다.

바울은 "회당"에서 유대인과 경건한 사람들과 변론하며, "장터"에서 날마다 만나는 사람들과 변론한다(17절). "회당"은 '유대인'과 '하나님을 경외하는 사람들'이 모여서 하나님께 예배하며 율법을 배우는 곳이고, "장터"는 사람들의 생활 중심지로서 물건도 팔고 토론도 벌이는 곳이다. 바울은 공적인 장소에서 강의 형태로 말씀을 전하기도 했지만, 이렇게 사적인 장소에서 토론 형태로 말씀을 전하기도 했다. 따라서 바울은 하나님의 말씀을 전하는데 있어서 장소와 형식을 가리지 않았으며, 형편과 대상에 따라서 다양한 방식을 취했다.

이때 바울은 에피쿠로스 철학자와 스토아 철학자들을 만나서 쟁론한다(18절a). 아마도 그들은 장터에서 토론을 벌였을 것이다. 에피쿠로스학파(the Epicurean)와 스토아학파(the Stoic)는 당대 가장 대중적이고 유명한 철학 학파였다. 에피쿠로스학파는 에피쿠로스(주전 341-270년)가 창시했는데, 쾌락과 행복을 추구하였으며, 창조와 섭리를 부정했고, 사후의 심판과 내세를 받아들이지 않았다. 스토아학파는 제논(주전 340-265년)이 창시했는데, 합리적인 보편원리를 추구했으며, 금욕적인 삶을 살았고, 범신론을 주장했으며, 사후의 심판과 내세를 부정했다.[371] 에피쿠로스와 스토아 철학자들은 당대 최고의 지성을 가진 사람들이었는데, 바울이 이들과 쟁론하였다는 것은 그의 지성적인 수준이 대단했다는 사실을 보여준다.[372]

어떤 사람은 바울을 향하여 "이 말쟁이가 무슨 말을 하고자 하느냐"라고 말하고, 어떤 사람은 "이방 신들을 전하는 사람인가보다"라고 말하는데, 이는 바울이 예수님과 그분의 부활을 전하기 때문이다(18절b). "말쟁이"(*스페르몰로고스*, σπερμολόγος)라는 단어는 원래 '씨앗을 줍는 자'라는 뜻인데, 씨를 쪼아 먹는 새처럼 이곳저곳에서 지식을 얻는 사람을 가리킨다.[373] 따라서 이 단어는 조롱과 경멸의 의미를 담고 있다. 그들은 바울의 말이 체계적이지 못하며 전문성이 결여되어 있다고 생각한다. '이방 신들을 전하는 사람'이라는 표현에서 '이방'은 *크세노스*(ξένος)로서 '낯선' 혹은 '타지의'라는 뜻을 가지고 있다. 아덴 사람들은 다신교적인 배경을 가지고 있었기에 이렇게 생각하는데, 이것 역시 바울을 폄하하고 경멸하는 표현이다.

2) 아레오바고 설교를 위한 도입(17:19-21)

사람들이 바울을 붙들어 아레오바고로 간다(19절a).[374] 아레오바고로 간다는 것은 '아레오바고 의회'(the council of the Areopagus)로 간다는 뜻인데, '아레오바고 의회'는 종교와 교육에 관한 문제를 처리하는 도시의 공식적인 의결 기구였다. 그들은 특히 종교 문제에 있어서 막강한 사법적 권한을 가지고 있었다. 그러나 사람들이 바울을 정식으로 고소한 것 같지는 않다. 본문에 그러한 흔적이 전혀 보이지 않는다. 다만 그들은 바울을 공적인 장소에 데리고 와서 그의 입장이 무엇인지를 상세히 알고 싶어했던 것으로 보인다.

그들은 바울에게 "네가 말하는 이 새로운 가르침이 무엇인지 우리가 알 수 있겠느냐 네가 어떤 이상한 것을 우리 귀에 들려주니 그 무슨 뜻인지 알고자 하노라"라고 부탁한다(19절b-20절). 여기에다 누가는 "모든 아덴 사람과 거기서 나그네 된 외국인들이 가장 새로운 것을 말하고 듣는 것 이외에는 달리 시간을 쓰지 않음이더라"라고 설명한다(21절). 아덴 사람들은 바울이 말하는 새로운 가르침이 무엇인지 알고자 하는데, 이는 그들이 새로운 지식에 관심이 많기 때문이다. 그런데 그들의 호기심은 오히려 바울에게 말씀을 전파할 기회를 제공한다. 비록 바울로서는 이런 곳에서 복음을 전하는 것이 부담이겠지만 그는 이 기회를 잘 활용한다.

3) 아레오바고 설교(17:22-31)

바울은 설교를 시작한다.[375] "바울이 아레오바고 가운데 서서 말하되"라는 표현은 바울이 아레오바고 의회에서 공식적으로 답변하고 있다는 뜻이다(22절a). 그는 "아덴 사람들아 너희를 보니 범사에 종교심이 많도다"라고 말한다(22절b). "종교심"(*데이시다이몬*, δεισιδαίμων)이란 단어는 긍정적으로 볼 수도 있고 부정적으로 볼 수도 있다. 만일 이 단어를 긍정적으로 본다면 아덴 사람들이 경건하다는 뜻이다. 그러나 만일 이 단어를 부정적으로 본다면 아덴 사람들이 미신적이고 신비주의적이라는 뜻이다. 여기서 이 단어는 전자의 의미인 것처럼 보이지만, 사실은 후자의 의미를 가지고 있다. 즉 바울은 풍자적으로 이 단어를 사용한다.

바울은 아덴을 두루 다니면서 여러 다양한 신을 보았다고 말한다(23절a). "너희가 위하는 것들"이란 표현은 그들이 섬기는 여러 신을 가리키며, "알지 못하는 신에게라고 새긴 단도 보았으니"라는 표현은 그들의 상당한 종교심을 반영하는데, 이는 그들이 신들에게 경배하는 일을 빠뜨릴까 봐 두려워하여 신이라면 누구를 막론하고 경배했던 사실을 시사한다. 이어서 그는 "그런즉 너희가 알지 못하고 위하는 그것을 내가 너희에게 알게 하리라"라고 말한다(23절b). 따라서 그는 아덴 사람들의 열렬한 종교심과 신들에 관한 각별한 관심을 이용하여 '참 신'이신 하나님을 전하려고 한다. 이렇게 하여 그는 설교를 위한 도입을 적절하게 마친다.

바울은 그들이 '알지 못하고 위하는 신'을 소재로 삼아서 본격적으로 하나님을 소개한다. 그는 하나님에 대하여 우주 만물을 만드신 분이시며 "천지의 주재"시라고 언급한다(24절a). 특히 하나님은 "손으로 지은 전에" 계시지 아니한다고 말하는데, 이것은 헬라 사람들이 신들이 건물(신전)에 산다고 생각하는 것에 대한 반박이다(24절b; 참고. 7:48). 바울은 하나님이 어떠한 부족함도 가지고 계시지 않은 자존하시는 분이며, 특히 "만민에게 생명과 호흡과 만물을 친히 주시는 이"라고 소개한다(25절). 이렇게 바울은 하나님이 우상들과 전혀 다르다는 사실을 드러낸다. 특히 그는 아덴 사람들이 화려하고 웅장한 신전인 판테온과 아크로폴리스에 대단한 열정을 가지고 있는 것을 알고 있으면서도, 천지의 주재이신 하나님께서 그러한 신전에 살지도 않으시고 사람들의 대접에 즐거워하지도 않으신다고 단호하게 말한다. 이러한 바울의 말은 아덴 사람들의 신관에 정면으로 배치된다.

바울은 하나님께서 인류의 모든 족속을 한 혈통으로 만드셔서 온 땅에 살게 하셨다고 말한다(26절a). 이 말은 모든 인류가 하나님께서 만드신 첫 사람 아담의 후손이며, 하나님께서 아담의 후손을 온 땅에 흩어져 살게 하셨다는 뜻이다. 그는 또한 하나님께서 사람의 "연대"를 정하시며, "거주의 경계"를 한정하셨다고 말한다(26절b).[376] 여기서 "연대"(*카이로스*, καιρός)와 "거주의 경계"란 하나님께서 이 각 민족에 대하여 가지고 계시는 계획과 의도를 함의한다. 즉 이것은 민족들의 역사에 대한 하나님의 절대적인 주권을 뜻한다. 이렇게 바울은 하나님께서 인류의 창조주이시며 세상의 주관자이심을 말함으로써 하나님이 우리와 가깝다는 사실을 강조하여 아덴 사람들이 오직 하나님께 관심을 기울일 것을 촉구한다(참고. 시 145:18).

그런데 하나님께서 이렇게 하신 것은 사람들로 하여금 하나님을 "더듬어 찾아 발견하게" 하려 하심이었다(27절a). "더듬어 찾아 발견하게"란 표현은 헬라어에서 기원법으로 되어 있어서 실현이 불가능한 것으로 간주되는 가능성을 의미한다.[377] 아덴 사람들은 자신들에게 있는 종교심으로 하나님을 찾았어야 했다. 하지만 그들은 하나님을 발견하지 못했으며, 오히려 많은 우상을 섬기고 말았다. 이어서 바울은 하나님께서 "우리 각 사람에게서 멀리 계시지 아니하도다"라고 말한다(27절b). 이 말은 하나님의 보편성 혹은 편재성을 뜻하며, 사람이 하나님을 찾으려면 얼마든지 찾을 수 있다는 사실을 내포한다. 따라서 아덴 사람들은 바울의 설교를 통하여 하나님을 찾을 수 있다는 가능성을 얻게 된다.

바울은 설교 가운데 그리스 시인들의 시를 인용한다(28절). 이러한 인용은 아덴 사람들이 성경을 모르고 있고, 이 시인들을 알고 있을 것이라는 상황을 고려할 때 매우 적절하다. 그렇지만 바울이 이들의 시를 긍정적으로 인용한다는 것이 그들의 다른 말이나 문학 작품을 인정한다는 뜻은 아니다.[379] 첫 번째 인용구인 "우리가 그를 힘입어 살며 기동하며 존재하느니라"라는 말은 크레타의 시인 에피메니데스(Epimenides of Crete)가 제우스에게 바친 찬미가에 나온다(주전 600년경). 바울은 디도서 1:12에서 이 시를 다시 인용한다. 하지만 우리는 이 시의 원형을 가지고 있지 않으므로 이를 확신할 수 없다.[379] 두 번째 인용구인 “우리가 그의 소생이라”라는 말은 스토아 철학자인 크레안데스(Cleanthes)의 글에 나오며 역시 스토아 철학자로서 길리기아 출신의 시인인 아라투스(Aratus, 주전 315-240년경)의 『파이노메나』에서 발견된다.[380]

바울은 우리가 “하나님의 소생”이 되었기에 “하나님을 금이나 은이나 돌에다 사람의 기술과 고안으로 새긴 것들과 같이 여길 것”이 아니라고 말한다(29절). 우리가 “하나님의 소생”이라는 말에는 우리에게 생명력이 있어서 움직이지 못하는 물질적인 돌덩어리 같은 것보다 훨씬 더 귀하고 위대한 존재라는 사실이 암시되어 있다. 그러므로 아덴 사람들이 금이나 은이나 돌에다 사람의 기술과 고안으로 새긴 것을 만들어서 신이라고 여기며 섬기는 것은 어리석은 일이다. 우리는 그런 물질보다 훨씬 위대하며, 하나님은 그렇게 사람이 만든 우상과 전혀 다른 분이시다. 실로 하나님께서 사람을 만드신 것이지, 사람이 하나님을 만든 것이 아니다.

바울은 설교의 결론을 내린다. 결론의 내용은 ‘미래의 심판과 회개의 요청’이다.[381] 바울은 “알지 못하던 시대”에는 하나님이 그냥 넘어가 주셨지만, 이제는 반드시 회개해야 한다고 말다(30절; 참고. 14:16; 롬 3:25). “알지 못하던 시대”란 사람들에게 알려지지 않은 시대라는 뜻인데, 예수 그리스도께서 이 땅에 오시지 않은 시대일 수도 있고 예수 그리스도의 복음이 전파되지 않은 상황일 수도 있다. 그런 시기에는 사람들이 예수 그리스도를 믿지 못했을 수 있겠지만, 이제는 모든 것이 드러났기 때문에 믿지 않는 것에 대한 어떠한 변명도 통하지 않는다. 그러므로 이제 아덴 사람들은 반드시 회개해야 한다.

바울은 마지막으로 다음과 같이 말한다. “이는 정하신 사람으로 하여금 천하를 공의로 심판할 날을 작정하시고 이에 그를 죽은 자 가운데서 다시 살리신 것으로 모든 사람에게 믿을 만한 증거를 주셨음이니라”(31절). 여기서 “정하신 사람”(NRSV: ‘a man whom he has appointed’)이란 예수 그리스도를 가리킨다. 바울 복음의 핵심은 언제나 예수 그리스도와 그분의 부활이다. 부활하신 예수 그리스도는 언젠가 하나님이 작정하신 때 천하를 공의로 심판하실 것이다. “천하를 공의로 심판”한다는 말은 아덴의 철학자, 관리와 모든 사람 역시 심판을 받을 대상에서 예외가 아니라는 뜻이다.

4) 아레오바고 설교의 결과(17:32-34)

아덴 사람들은 바울의 설교를 듣고 다양한 반응을 보인다. 바울이 죽은 자의 부활에 대하여 전하자 어떤 사람은 조롱하고, 어떤 사람은 훗날 그의 설교를 다시 듣겠다고 말한다(32절). 헬라 사람은 육체를 저급하게 보고 영혼을 고상하게 보는 이원론적인 사고를 가지고 있었기 때문에 저급한 육체의 부활이란 있을 수 없다고 생각하였다. 그래서 그들은 바울의 말을 금방 받아들이지 못했기에 어떤 사람은 조롱했고, 어떤 사람은 다음에 다시 들어 보겠다고 말한 것이다. 따라서 타문화에 젖은 이에게 복음을 전하는 것은 쉬운 일이 아니었다.

바울은 그들에게서 떠난다(33절). 바울은 대체로 박해 때문에 한 지역에서 다른 지역으로 옮겼으나 여기서는 박해를 받지 않고 옮긴다. 바울이 박해를 받지 않을 것을 볼 때 아덴 사람은 매우 민주적이었던 것 같으며 학문적인 토론 문화에 익숙해 있어서 상대방의 말을 잘 들어 주었던 것 같다. 바울의 설교를 듣고 몇 사람이 믿었는데, 그중에는 “아레오바고 관리 디오누시오와 다마리라 하는 여자와 또 다른 사람들도" 있었다(34절). "디오누시오"는 '아레오바고 의회'의 관리로서 제법 지위가 높았던 사람이며, "다마리"라 하는 여인은 이름이 밝혀져 있는 것으로 보아 사회적 지위가 높았거나 부자였을 것이다.

교훈과 적용

1. 바울은 아덴에서 다른 지역에서 만큼의 많은 열매를 거두지 못했다. 하지만 철학자의 도시이고 다신교의 중심지에서 이 정도의 성과를 거둔 것을 과소평가해서는 안 된다. 비록 아덴에서 바울이 설교했을 때 많은 사람이 예수 그리스도를 받아들이지는 않았지만, 그의 설교가 그들에게 상당히 신선한 소식이 되었으며 몇 명은 예수님을 믿었다. 우리는 상황이 어렵다고 생각하여 복음을 전하는 일을 주저해서는 안 된다. 복음은 반드시 열매를 맺는다.
2. 아덴 사람은 다신교적인 배경을 가지고 있었고 이원론에 젖어 있었기에 바울이 유일신 하나님을 전하고 그리스도의 부활에 대하여 말하자 그의 말을 받아들이기 어려워했다. 바울은 이러한 점을 잘 알고 있으면서도 복음을 둘러서 말하지 않고 있는 그대로 말했다. 그는 청중의 마음을 얻으려고 복음을 희석하거나 왜곡시키지 않았다. 그는 결과를 의식하지 않고 당연히 전해야 할 것을 전했다. 이렇게 설교는 언제나 분명해야 하고 일관성이 있어야 한다.
3. 이 단락에서 우리는 바울이 설교할 때 예수 그리스도와 부활에 초점을 맞춘 사실을 보았다. 그러면서 바울은 하나님의 천지 창조를 언급하고 사람들의 정서와 현실을 고려하며 심지어 그리스 시인들의 시를 인용하면서 설교하였다. 설교자들은 바울의 설교 방식을 본받아야 한다. 우리는 복음의 핵심을 전하면서 여러 상황을 고려하여 설교를 구성할 수 있다. 어쨌든 설교의 초점은 예수 그리스도와 부활이어야 한다.

6. 고린도 선교(18:1-22)

1 그 후에 바울이 아덴을 떠나 고린도에 이르러 2 아굴라라 하는 본도에
서 난 유대인 한 사람을 만나니 글라우디오가 모든 유대인을 명하여 로마
에서 떠나라 한 고로 그가 그 아내 브리스길라와 함께 이달리야로부터 새
로 온지라 바울이 그들에게 가매 3 생업이 같으므로 함께 살며 일을 하니
그 생업은 천막을 만드는 것이더라 4 안식일마다 바울이 회당에서 강론하
고 유대인과 헬라인을 권면하니라 5 실라와 디모데가 마게도냐로부터 내
려오매 바울이 하나님의 말씀에 붙잡혀 유대인들에게 예수는 그리스도라
밝히 증언하니 6 그들이 대적하여 비방하거늘 바울이 옷을 털면서 이르되
너희 피가 너희 머리로 돌아갈 것이요 나는 깨끗하니라 이 후에는 이방인
에게로 가리라 하고 7 거기서 옮겨 하나님을 경외하는 디도 유스도라 하
는 사람의 집에 들어가니 그 집은 회당 옆이라 8 또 회당장 그리스보가 온
집안과 더불어 주를 믿으며 수많은 고린도 사람도 듣고 믿어 세례를 받더
라 9 밤에 주께서 환상 가운데 바울에게 말씀하시되 두려워하지 말며 침
묵하지 말고 말하라 10 내가 너와 함께 있으매 어떤 사람도 너를 대적하여
해롭게 할 자가 없을 것이니 이는 이 성중에 내 백성이 많음이라 하시더
라 11 일 년 육 개월을 머물며 그들 가운데서 하나님의 말씀을 가르치니라
12 갈리오가 아가야 총독 되었을 때에 유대인이 일제히 일어나 바울을 대
적하여 법정으로 데리고 가서 13 말하되 이 사람이 율법을 어기면서 하나
님을 경외하라고 사람들을 권한다 하거늘 14 바울이 입을 열고자 할 때에
갈리오가 유대인들에게 이르되 너희 유대인들아 만일 이것이 무슨 부정
한 일이나 불량한 행동이었으면 내가 너희 말을 들어 주는 것이 옳거니와

15 만일 문제가 언어와 명칭과 너희 법에 관한 것이면 너희가 스스로 처리
하라 나는 이러한 일에 재판장 되기를 원하지 아니하노라 하고 16 그들을
법정에서 쫓아내니 17 모든 사람이 회당장 소스데네를 잡아 법정 앞에서
때리되 갈리오가 이 일을 상관하지 아니하니라 18 바울은 더 여러 날 머물
다가 형제들과 작별하고 배 타고 수리아로 떠나갈새 브리스길라와 아굴
라도 함께 하더라 바울이 일찍이 서원이 있었으므로 겐그레아에서 머리
를 깎았더라 19 에베소에 와서 그들을 거기 머물게 하고 자기는 회당에 들
어가서 유대인들과 변론하니 20 여러 사람이 더 오래 있기를 청하되 허락
하지 아니하고 21 작별하여 이르되 만일 하나님의 뜻이면 너희에게 돌아
오리라 하고 배를 타고 에베소를 떠나 22 가이사랴에 상륙하여 올라가 교
회의 안부를 물은 후에 안디옥으로 내려가서

바울은 고린도에 도착한다. 고린도는 대단히 거대하고 발달된 도시였다. 그는 이곳에서 1년 6개월을 머물면서 복음을 전한다. 필시 고린도는 에베소와 더불어 바울의 사역에 있어서 가장 중요한 도시였다. 바울은 고린도에서 신실한 동역자 아굴라와 그의 아내 브리스길라를 만나고 실라와 디모데를 다시 만남으로 효과적으로 선교할 수 있었다. 비록 바울은 유대인의 고소로 어려움을 겪을 수도 있었지만, 하나님의 은혜로 자유롭게 되었다. 그리하여 그는 제2차 전도여행을 성공적으로 마칠 수 있었다.

1) 아굴라-브리스길라 부부를 만남(18:1-4)

바울은 아덴을 떠나 고린도에 이른다(1절). 고린도는 아덴으로부터 서쪽으로 60km 정도 떨어져 있었다.[382] 주전 27년 이후에 고린도는 로마 정부로

부터 아가야의 수도로 지정되었다. 고린도는 그리스에서 가장 크고 번창한 도시 가운데 하나였다. 고린도는 항구도시로서 동서를 연결하는 교통의 요충지였으며 상업이 발달하였고 경제적으로 부유하였다.[383] 그리고 고린도에서는 2년마다 이스미아 체육대회(Isthmian Games)라는 세계적인 경기가 열렸는데, 고린도에서 동쪽으로 16km 정도 떨어진 이스미아 지역에 그리스의 4대 경기장 중 하나가 있었다(참고. 달음질 비유, 고전 9:24-25). 그리고 이로 인하여 많은 여행객이 고린도를 찾았다.[384]

고린도는 항구도시로서 수많은 사람이 왕래하는 까닭에 성적으로 매우 문란했으며, 다양한 종교가 존재했는데(참고. 고전 8:5 "비록 하늘에나 땅에나 신이라 불리는 자가 있어 많은 신과 많은 주가 있으나"), 유대인의 회당뿐만 아니라 아폴로(Apollo) 신전과 이시스(Isis) 신당이 있었다. 특히 고린도의 가장 높은 곳에 있던 아크로코린트(Acrocorinth)에는 사랑의 여신이자 미의 여신인 아프로디테를 숭배하던 신전이 있었다. 당시에 1,000명이 넘는 여성 노예가 이곳에서 일했으며, 그녀들은 밤이면 창녀가 되어서 길거리를 다니며 몸을 팔았다.[385]

바울은 고린도에서 아굴라와 그의 아내 브리스길라를 만난다(2절). 성경에서 아굴라와 브리스길라는 언제나 같이 등장하며(참고. 18:18, 26), 그들은 바울의 사역에서 매우 중요한 역할을 했다(참고. 롬 16:3; 고전 16:19; 딤후 4:19).[386] 누가는 남편 아굴라를 "본도"(Pontus) 출신의 유대인이라고 소개하지만, 그의 아내 브리스길라에 대해서는 아무런 언급을 하지 않는다. 이것은 아마도 브리스길라가 유대인이 아니기 때문일 것이다. 그리고 누가는 그들이 "이달리야"(이탈리아)로부터 고린도에 왔다고 말하는데, 이것은 그들이 로마에서 왔다는 뜻이다.

주후 49-50년경에 로마의 클라우디우스 황제(주후 41-54년에 재임)는 모든 유대인에게 로마에서 떠나라고 명령하였다. 이것은 당시에 '크레스투스'(Chrestus) 사건으로 인하여 로마에서 그리스도를 믿는 유대인과 그리스도를 믿지 않는 유대인 사이에 상당한 다툼이 있었기 때문이다. 이 일은 로마의 역사가 수에토니우스(Suetonius)가 쓴 '클라우디우스의 생애'에 잘 기록되어 있는데(참고. *Life of Claudius* 25.4), 여기에 언급된 '크레스투스'(Chrestus)는 '그리스도'를 가리키는 '크리스투스'(Christus)의 오역으로 추정된다.[387] 이때 유대인이 추방되어 여러 지역에 흩어지게 되었는데, 아굴라와 브리스길라도 그렇게 흩어진 이들 중 하나였다.

바울과 아굴라-브리스길라 부부는 생업이 같아서 함께 살며 일을 했는데, 그들의 생업은 천막을 만드는 것이었다(3절).[388] 바울은 고린도에서 교인들로부터 재정적인 도움을 받지 못하였다. 그래서 그는 원래 자신이 하던 일인 천막 만드는 일에 종사하면서 재정적인 문제를 해결했다. 그런데 마침 아굴라-브리스길라 부부 역시 천막 만드는 일을 했으므로 그들은 자연스럽게 같은 일을 하면서 지내게 되었다. 아굴라-브리스길라가 바울을 만나기 전에 이미 그리스도인이었는지 그렇지 않으면 바울이 아굴라-브리스길라 부부에게 복음을 전해서 회심하게 되었는지는 분명하지가 않다. 상당수 학자들은 그들이 바울을 만나기 전에 이미 회심했다고 생각한다.[389] 하지만 그들은 바울과 함께 지내면서 복음을 더 깊이 알았을 것이다.

바울은 안식일마다 회당에서 강론하고 유대인과 헬라인을 권면한다(4절). "강론하는 것"과 "권면하는 것"은 같은 뜻으로 하나님의 말씀을 전하고 가르치는 일을 의미한다. 여기에 언급된 헬라인은 유대인의 회당에 출입하면서 하나님을 믿은 '하나님을 경외하는 자들'일 것이다(참고. 14:1; 17:4,

12).[390] 바울이 유대인들의 회당에서 말씀을 전한 것은 그의 선교정책이었는데, 그는 어디를 가든지 회당에 들어가서 말씀을 전했다(참고. 17:1-2, 17; 18:19; 19:8). 아무튼 이렇게 바울은 고린도에서 힘들게 일하면서 복음을 전했다(참고. 살전 2:9).

2) 더욱 열심히 복음을 전함(18:5-8)

이때 실라와 디모데가 마게도냐로부터 내려온다(5절a). 실라와 디모데는 베뢰아에 머물고 있다가 바울의 요청에 따라 이곳에 오게 된다(참고. 17:14-15; 살전 3:1-2). 실라와 디모데는 바울의 든든한 동역자였고 유능한 전도자였기 때문에 바울에게 큰 도움이 되었음에 틀림없다. 누가는 "바울이 하나님의 말씀에 붙잡혀 유대인들에게 예수는 그리스도라 밝히 증언하니"라고 말한다(5절b). 바울이 예수님을 그리스도라고 "밝히" 증언한 것은 역사적 예수님을 그들이 기다리던 그리스도라고 공개적으로 말했다는 뜻이다. 그동안 바울은 유대인의 박해를 두려워하여 예수님에 대해서 공개적으로 말하지 못했으나 이제는 담대히 말한다.

"말씀에 붙잡혀"(*쉬네이케토 토 로고*, συνείχετο τῷ λόγῳ)라는 표현은 다른 일을 하지 않고 오로지 말씀에 전념했다는 뜻이다.[391] 이것은 실라와 디모데가 후원금을 가지고 와서 바울이 일을 하지 않고 말씀을 가르치는 일에만 전념할 수 있게 해 주었음을 의미한다. 그리고 바울은 고린도후서 11:9에서 "또 내가 너희와 함께 있을 때 비용이 부족하였으되 아무에게도 누를 끼치지 아니하였음은 마게도냐에서 온 형제들이 나의 부족한 것을 보충하였음이라 내가 모든 일에 너희에게 폐를 끼치지 않기 위하여 스스로 조심하였고 또 조심하리라"라고 말했는데, 이것은 실라와 디모데가 마게도냐 사람들의 후원금을 가지고 왔음을 암시한다(참고. 빌 4:15-16). 결국, 실라와 디모데가 바울에게 옴으로 바울은 천막 만드는 일을 그만두고 온전히 말씀 전하는 일에 몰두할 수 있었으며, 따라서 그의 사역에 활력이 붙었다.

그러나 유대인은 바울을 대적하여 비방한다(6절a). 이는 그들이 예수님을 그리스도라고 인정하지 않았기 때문이다. 그러자 바울은 옷을 털면서 말하기를 "너희 피가 너희 머리로 돌아갈 것이요 나는 깨끗하니라 이 후에는 이방인에게로 가리라"라고 말한다(6절b; 참고. 13:49-52; 20:26). 옷을 터는 행동은 그들과의 관계를 단절한다는 뜻이다.[392] "너희 피가 너희 머리로 돌아갈 것이요"라는 말 역시 복음을 받아들이지 않아서 멸망당하는 책임이 그들에게 있음을 표시한다(참고. 삼하 1:16; 겔 33:1-9; 마 27:25). "이 후에는 이방인에게로 가리라"라는 말은 앞으로 고린도에 머무는 동안 이방인 선교에 주력하겠다는 뜻이다. 물론 이것은 그의 남은 생애를 이방인 선교에만 매진하겠다는 뜻이 아니다. 이후에 그는 에베소에서 다시 회당에 들어가 유대인과 변론했다(참고. 19절).

바울은 회당에서 옮겨 회당 옆에 있는 "하나님을 경외하는 디도 유스도"라고 하는 사람의 집에 들어간다(7절). "유스도"라는 이름은 로마식 이름으로서 이 사람은 이방인이었다. 그리고 그는 '하나님을 경외하는' 사람이었다. 아마도 그는 하나님의 말씀을 더욱 열심히 배우고 싶어서 회당 옆으로 이사를 왔든지 아니면 회당 옆에서 살다 보니 하나님의 말씀을 더욱 열심히 배우게 되었을 것이다. 어쨌든 그는 바울 일행을 호의적으로 대했고 자신의 집을 모임 장소로 제공해 주어서 바울 일행이 마음껏 복음을 전할 수 있도록 배려했다. 결국, 이 사건을 기점으로 하여 바울은 회당 중심에서 가정 중심으로, 그리고 유대인 전도에서 이방인 전도로 정책을 바꾸게 된다.

바울의 사역으로 말미암아 놀라운 열매가 맺힌다. 회당장 그리스보가 온 집안과 더불어 주님을 믿었으며 수많은 고린도 사람도 듣고 믿어 세례를 받는다(8절; 참고. 고전 1:14-16). 많은 유대인이 바울의 복음을 반대하는 상황에서 회당장이 예수님을 믿게 된 것은 대단한 일이 아닐 수 없다. 그런데 당시에 회당장은 여러 명이었으므로 그리스보의 회심으로 회당장 자리가 공석이 된 것은 아니었다. 게다가 많은 고린도인들이 주님을 믿게된 것도 괄목할 만한 성과였다. 바울은 어려운 상황 가운데에서도 굴하지 않고 복음을 전하여 이런 열매를 맺었다.

3) 주님의 보호 약속(18:9-11)

밤에 주님께서 환상 가운데 나타나셔서 바울에게 말씀하시기를 "두려워하지 말며 침묵하지 말고 말하라"라고 말씀하신다(9절). 아마도 회당장 그리스보가 개종하자 유대인이 바울을 위협한 것으로 보인다. 그들은 회당장의 회심으로 자신들의 종교적인 체계가 무너진다고 생각하여 바울을 협박했을 것이다. 그리고 이로 인하여 바울은 두려움과 낙심한 마음을 가지고 있었을 것이다. 이렇게 바울이 어려움을 겪을 때 주님은 바울에게 나타나셔서 적절한 위로를 주신다.

또한 주님은 바울에게 "내가 너와 함께 있으매 어떤 사람도 너를 대적하여 해롭게 할 자가 없을 것이니 이는 이 성중에 내 백성이 많음이라"라고 말씀하신다(10절). 이 성 중에 주님의 백성이 많다는 말은 고린도에 아직도 구원받아야 할 사람들이 많으므로 부지런히 복음을 전해야 한다는 촉구이다. 즉 고린도에는 이미 많은 사람이 예수님을 믿고 구원을 받았지만 여전히 구원 받아야 할 사람이 많이 있었다. 어떤 사람도 바울을 대적하여 해롭게 할 자가 없을 것이라는 약속은 12-17절에서 바울이 위기 가운데에서 벗어남으로 성취된다.[393] 결국, 주님에게서 위로와 사명 수행의 말씀을 들은 바울은 고린도에서 1년 6개월을 머물며 하나님의 말씀을 가르친다(11절).

4) 고소를 당함(18:12-17)

유대인들은 바울을 처리하지 못하고 있다가 갈리오가 아가야의 총독으로 부임해 오자 기회를 잡는다(12절a). 갈리오는 로마에서 큰 영향력을 행사한 스토아 철학자였던 세네카(Ceneca)의 형이다.[394] 당시에 갈리오는 세네카 덕분에 로마 황제의 두터운 신임을 받고 있었다. 델피(Delphi)에서 발견된 비문에 따르면, 갈리오가 주후 51-52년에 아가야 지방의 총독으로 부임하였기에 본문의 역사적 신빙성이 입증된다.[395] 유대인들은 "일제히 일어나" 바울을 대적하여 법정으로 데리고 간다(12절b). "일제히 일어나"라는 표현은 기회를 기다리고 있었음을 시사한다. 그들은 총독이 새로 부임해 오면 백성들의 민심을 의식하여 자신들이 간청하는 것을 들어줄 것이라고 믿고 기회를 놓치지 않으려 한다.

유대인들은 바울에 대하여 "이 사람이 율법을 어기면서 하나님을 경외하라고 사람들을 권한다"라는 죄목으로 고소한다(13절). 여기서 유대인들은 일부러 모호한 표현을 사용한다. 그들은 바울이 "율법"을 어겼다고 주장하는데, 이 법이 어느 법을 뜻하는지가 분명하지 않다. 그것은 유대의 법(율법)일 수도 있고 로마의 법일 수도 있다. 그리고 "사람들"을 선동한다고 하는데, 이 "사람들"이란 유대인일 수도 있고 로마인일 수도 있다. 아마도 유대인들은 일부러 이렇게 모호하게 말했을 것이다. 그들은 자신들의 종교적인 문제를 로마의 총독에게 가져오는 것을 꺼림칙하게 생각했기에 이렇게 의미를 분명하지 않게 말하여 로마의 총독으로 하여금 바울이 로마의 법을 어기면서 로마인을 선동하였다는 식으로 말하는 것으로 보인다.

바울이 입을 열고자 할 때 갈리오가 막아선다(14절a). 갈리오는 유대인들의 고소를 부당하다고 여기고 바울의 변명도 들으려고 하지 않는다. 그는 유대인들을 향하여 "너희 유대인들아"라고 부르는데, 이것은 그가 유대인에 대한 객관적인 시각을 가졌다는 사실을 보여준다(14절b). 갈리오는 유대인들에게 자신이 로마 제국 내의 사회적인 범법 행위("부정한 일이나 불량한 행동")에는 관여하겠지만, 유대인의 자체적인 종교적인 문제("언어와 명칭과 너희 법에 관한 것")에는 관여하지 않을 것이며, 그런 문제는 그들이 스스로 처리하라고 말한다(15절).

갈리오는 유대인들을 법정에서 쫓아낸다(16절). 그런데 유대인들의 고발은 이전에 유대의 종교지도자들이 예수님을 고발한 일을 생각나게 한다. 그들은 총독 빌라도에게 이렇게 말했다. "우리가 이 사람을 보매 우리 백성을 미혹하고 가이사에게 세금 바치는 것을 금하며 자칭 왕 그리스도라 하더이다"(눅 23:2). 그러자 빌라도는 예수님의 무죄를 세 번에 걸쳐 말하였다. "내가 보니 이 사람에게 죄가 없도다"(눅 23:4). "보라 내가 너희 앞에서 심문하였으되 너희가 고발하는 일에 대하여 이 사람에게서 죄를 찾지 못하였고"(눅 23:14). "이 사람이 무슨 악한 일을 하였느냐 나는 그에게서 죽일 죄를 찾지 못하였나니"(눅 23:22). 따라서 유대인은 원래부터 기독교를 미워하여 멸하려고 했으며, 그들은 지금도 기독교를 멸절시키려고 애쓴다.

결국, 분노한 모든 유대인은 회당장 소스데네를 잡아 법정 앞에서 때린다(17절a). 소스데네는 처음부터 그리스보와 함께 회당장으로 있었거나 혹은 그리스보가 회심하고 회당장을 그만두자 그를 대신하여 회당장이 되었을 것이다. 유대인들이 소스데네를 때린 이유는 그가 바울에게 동정적인 자세를 취했기 때문이거나 아니면 그가 일을 제대로 처리하지 못해서 바울에 대한 고소가 받아들여지지 않았기 때문으로 보인다. 하지만 갈리오는 이 일을 상관하지 않는다(17절b). 이는 그가 유대인의 종교적인 문제에 관여하지 않겠다고 말했기 때문이다. 결국, 하나님은 고린도에서 갈리오를 사용하셔서 바울을 보호하셨다. 이후에 하나님은 에베소에서 서기장을 사용하셔서 바울을 보호하신다(참고. 19:23-41). 한편, 여기에 언급된 소스데네가 고린도전서 1:1에 나오는 소스데네와 동일인물이라면, 그가 이때를 전후해서 개종했을 것이다.[396]

5) 안디옥으로 돌아감(18:18-22)

바울은 고소 사건 이후에 여러 날을 더 고린도에 머물다가 형제들과 작별하고 배를 타고 수리아로 가는데, 이 여행에 브리스길라와 아굴라도 함께 한다(18절a). 아마도 바울은 자신을 파송한 수리아 안디옥 교회에 선교보고를 하려 한 것 같다(참고. 13:1 이하). 그런데 특이하게도 여기서 부인인 브리스길라의 이름이 먼저 언급된다. 사실 사도행전에서 18:2에만 남편인 아굴라의 이름이 먼저 나오고, 18:18과 18:26에는 브리스길라의 이름이 먼저 나오며, 고린도전서 16:19를 제외한 바울서신(예. 롬 16:3; 딤후 4:19)에도 브리스길라의 이름이 먼저 나온다. 이것은 브리스길라가 더 높은 신분을 가졌거나, 그녀가 바울의 사역에 더 많은 도움을 주었기 때문으로 보인다. 이들은 바울과 함께 여행하면서 여행 자금을 조달했을 것이다.

누가는 "바울이 일찍이 서원이 있었으므로 겐그레아에서 머리를 깎았더라"라고 말한다(18절b). 겐그레아는 고린도의 남동쪽에 있는 항구도시로서 수리아로 가는 길에 정박할 수 있는 곳이었다.[397] 이 구절에서 바울의 서원이 무엇이었는지 정확하게 알기란 어렵다. 하지만 머리를 깎아야 하는 서원은 대개 나실인의 서원(Nazarite vow)이었다(참고. 민 6:1-21). 나실인은 서원을 하면서 일정 기간 머리를 깎지 않았고, 철저히 구별된 생활을 하였다. 또한 그들은 포도주를 마시지 않았고, 서원이 끝났을 때 머리를 잘라서 다른 제물과 함께 하나님께 바쳤다(참고. 민 6:18-19). 이러한 나실인의 서원은 개인의 자발적인 서원이었다. 그러므로 바울은 구별된 하나님의 종으로 살기를 서원했던 것 같다.

바울은 에베소에 도착하여 브리스길라와 아굴라를 거기에 머물게 한다(19절a). 아마도 바울은 그들을 에베소에서 일하게 하려고 데리고 온 것으로 보인다. 그리고 바울은 회당에 들어가서 유대인들과 변론한다(19절b). 사도행전에서 바울은 언제나 회당에서 변론하였다(참고. 9:20; 13:5, 14; 14:1; 17:2, 10, 17; 18:4; 19:8 등). 에베소에서 사람들은 바울에게 더 오래 그들과 있기를 청하지만 바울은 허락하지 않는다(20절). 에베소 사람들의 이러한 호의적인 요청은 바울이 이곳에서 말씀을 전한 것이 사람들에게 대단히 긍정적으로 비춰졌음을 보여준다.

바울은 에베소 사람들과 작별하면서 "만일 하나님의 뜻이면 너희에게 돌아오리라"라고 말하고 배를 타고 에베소를 떠난다(21절). 바울이 급히 에베소를 떠난 이유를 알기가 쉽지 않다. 아마도 나실인의 서원과 연관이 있을 수 있는데, 만일 그렇다면, 나실인의 서원 종료는 머리털을 미는 것과 함께 예루살렘 성전에 가야 하는 것이기 때문에 급히 에베소를 떠났을 가능성이 있다.[398] 그러나 만일 그렇지 않다면, 유월절(3월 말에서 4월 초) 전에 예루살렘에 도착하기 위하여 에베소에 더 머물지 못하고 급히 떠났을 것이다.[399] 어쨌든 에베소 사람들의 호의적인 태도에도 불구하고 바울은 다른 목적을 가지고 있었기 때문에 그곳을 떠난다.

바울은 가이사랴에 상륙하여 "올라가" "교회"의 안부를 물은 후에 안디옥으로 내려간다(22절). 이 구절은 바울이 가이사랴에 있는 교회에 들러서 안부를 물은 후 안디옥으로 갔다는 뜻이 아니다. 복음서와 사도행전에서 '올라간다'(*아나바이노*, ἀναβαίνω)라는 표현은 언제나 유대인의 삶과 신앙의 중심지인 '예루살렘'에 오고 가는 것을 뜻하는 용어로 굳어졌다(참고. 눅 2:4; 18:10, 31; 19:4, 28; 행 3:1; 11:2; 15:2).[400] 그리고 여기서 "교회"는 가이사랴 교회가 아니라 가이사랴에서 내륙으로 100km 정도 더 들어가야 하는 '예루살렘 교회'이다. 이는 헬라어 본문에서 교회에 정관사가 붙어서 '그 교회'(*텐 에클레시안*, τὴν ἐκκλησίαν)라고 되어 있는데, 이것이 일반적으로 복음전파의 출발지이며 기독교의 중심지인 예루살렘 교회를 뜻하기 때문이다(참고. 8:3; 12:1, 5; 15:3-4).[401] 결국, 이렇게 하여 바울은 예루살렘에 들렀다가 자신을 파송한 수리아 안디옥에 도착함으로 제2차 전도여행을 마친다. 이전에 그렇게 했던 것처럼, 바울은 수리아 안디옥에서 휴식을 취하면서 그동안 이방 지역에서 하나님이 그와 그의 동행자들을 통하여 어떻게 일하셨는지를 보고하고 함께 기도했을 것이다(참고. 14:26-28).[402]

교훈과 적용

1. 바울은 고린도에서 좋은 동역자들을 만났다. 아굴라와 브리스길라 부부를 만난 것은 바울에게 큰 힘이 되었으며, 실라와 디모데와 재회한 것은 바울이 복음을 더욱 힘있게 전할 수 있게 했으며, 유스도 역시 바울에게 큰 도움이 되었다. 우리는 혼자서 일할 수 없음을 알아야 한다. 우리에게는 마음을 같이 하면서도 다양

한 은사를 가진 동역자들이 있어야 한다. 우리는 동역자들과 함께 일함으로 더욱 힘있게 그리고 효과적으로 일할 수 있다.

2. 바울은 예수님이 그리스도이신 것을 밝히 말했다. 그는 복음을 희석하지 않았다. 이것은 고난을 자초하는 행동이었으나, 그는 해야 할 말을 했다. 우리는 복음을 원색적으로 전해야 한다. 오늘날 복음이 너무 변질되었고 분명하지 않게 되었다. 복음을 바로 전할 때 핍박이 오겠지만 주님은 보호를 약속하셨고 위로의 말씀을 주셨다. 그리고 그분은 예상하지 않았던 사람을 사용하셔서 실제로 보호하셨다. 우리는 주님의 도우심을 믿고 담대히 복음을 전해야 한다.
3. 갈리오의 판결은 바울에게 아무런 범법적인 요소가 없다는 사실을 보여주었다. 그리고 나아가서 이것은 로마 당국자의 입장에서 볼 때 기독교 공동체가 사회적인 물의를 일으키는 집단이 아님을 공적으로 드러냈다. 그래서 이제 복음은 불법적인 것이 아니므로 로마 제국에서 복음을 전하는 것이 전혀 법적인 문제가 되지 않게 되었다. 사실 기독교의 복음은 사회 정화의 수단이 된다. 복음은 윤리를 동반한다. 복음을 전함으로 세상을 깨끗하게 할 수 있다.

9

제3차 전도여행

(18:23-21:16)

대한예수교장로회 고신총회 설립 60주년 기념

성경주석

사도행전

Acts

9
제3차 전도여행
(18:23-21:16)

본문 개요

이 단락에는 바울의 제3차 전도여행이 기록되어 있다. 이 여행은 주후 52년에 시작되어서 57년까지 이어진다. 이 여행에서 바울은 주로 에베소에 머물면서 말씀을 가르친다(3년 동안). 바울은 에베소에서 사역한 후 자신이 전도여행 때 방문하여 말씀을 가르쳤던 마게도냐와 헬라 지역을 다시 방문한다. 이처럼 바울은 이미 방문했던 지역을 다시 방문하여 말씀을 가르치는 일을 중요한 선교전략으로 삼았다. 바울은 전도여행을 마치면서 출발지였던 안디옥으로 돌아가지 않고 예루살렘으로 간다. 제3차 전도여행의 경로는 다음과 같다.

안디옥 → 갈라디아 → 브루기아 → 에베소 →
마게도냐 → 헬라 → 드로아 → 밀레도 → 예루살렘

내용 분해

1. 제3차 전도여행을 시작함(18:23-28)

1) 갈라디아와 브루기아 선교(18:23)

2) 아볼로의 사역(18:24-28)

2. 에베소 선교(19:1-20)

1) 에베소의 제자들이 성령을 받음(19:1-7)

2) 회당과 서원에서의 사역(19:8-10)

3) 마술사들을 물리침(19:11-20)

3. 에베소에서 폭동이 일어남(19:21-41)

1) 바울의 계획(19:21-22)

2) 데메드리오의 선동(19:23-27)

3) 무리의 분노(19:28-34)

4) 서기장의 설득과 해산(19:35-41)

4. 에베소에서 밀레도까지(20:1-16)

1) 마게도냐와 아가야 선교(20:1-6)

2) 드로아 선교(20:7-12)

3) 밀레도 선교(20:13-16)

5. 밀레도에서의 설교(20:17-38)

1) 에베소의 장로들을 밀레도에 청함(20:17)

2) 에베소에서의 사역 회고(20:18-21)

3) 바울의 계획과 각오(20:22-27)

4) 장로들을 향한 권면(20:28-35)

5) 이별(20:36-38)

6. 예루살렘으로 향하는 여정(21:1-16)

1) 두로에 들름(21:1-6)

2) 가이사랴에서 빌립을 만남(21:7-16)

본문 주해

1. 제3차 전도여행을 시작함(18:23-28)

23 얼마 있다가 떠나 갈라디아와 브루기아 땅을 차례로 다니며 모든 제자
를 굳건하게 하니라 24 알렉산드리아에서 난 아볼로라 하는 유대인이 에
베소에 이르니 이 사람은 언변이 좋고 성경에 능통한 자라 25 그가 일찍이
주의 도를 배워 열심으로 예수에 관한 것을 자세히 말하며 가르치나 요한
의 세례만 알 따름이라 26 그가 회당에서 담대히 말하기 시작하거늘 브리
스길라와 아굴라가 듣고 데려다가 하나님의 도를 더 정확하게 풀어 이르
더라 27 아볼로가 아가야로 건너가고자 함으로 형제들이 그를 격려하며
제자들에게 편지를 써 영접하라 하였더니 그가 가매 은혜로 말미암아 믿
은 자들에게 많은 유익을 주니 28 이는 성경으로써 예수는 그리스도라고
증언하여 공중 앞에서 힘있게 유대인의 말을 이김이러라

이 단락에서부터 바울의 제3차 전도여행이 시작된다. 이 여행은 안디옥에서 시작하여 예루살렘에 도착함으로 끝난다. 이번 여행에서 바울은 주로

에베소에 머물면서 말씀을 전하고, 이어서 마게도냐와 아가야 등을 방문하여 신자를 돌아본 후에 예루살렘으로 간다.

1) 갈라디아와 브루기아 선교(18:23)

바울은 수리아 안디옥에서 얼마동안 머물다가 다시 길을 떠나 갈라디아와 브루기아 땅을 방문한다(23절a). 이것은 제3차 전도여행의 시작이다. 갈라디아와 브루기아는 바울이 제2차 전도여행 때 방문했던 지역이다(참고. 16:6). 아마도 그는 길리기아를 통과하여 다소를 지나 갈라디아와 브루기아에 이르렀을 것이다. 누가는 "갈라디아와 브루기아 땅을 차례로 다니며 모든 제자를 굳건하게 하니라"라고 표현한다(23절b). 바울은 이미 이 지역에서 복음을 전한 적이 있으므로 이곳에 있던 신앙이 어린 자들을 다시 만나서 말씀으로 양육한다. 이러한 재방문을 통한 양육은 바울의 선교 전략 중 하나이다.[403]

바울이 방문한 지역들은 내륙에 있었기에 그는 배를 타지 않고 육로를 따라 걸어서 다녔다. 그렇다면 그는 이 경로를 지나면서 제2차 전도여행 때 방문했던 비시디아 안디옥, 이고니온, 루스드라, 더베 등을 다시 방문했을 것이다(참고. 16장). 이러한 재방문은 그의 전도 전략 가운데 하나이다. 하지만 누가는 바울이 갈라디아에서 브루기아로 간 사실을 말하면서 구체적인 지역을 명시하지 않으며, 게다가 바울이 갈라디아와 브루기아에서 행했던 일을 생략하는데, 이는 19장에 나오는 에베소 사역을 강조하기 위해서이다. 갈라디아를 지나 서쪽으로 가면 브루기아가 나오고, 남서쪽으로 계속 가면 에베소가 나온다. 바울은 에베소를 매우 중요하게 여겼고, 여기서 오랫동안 일했다.

2) 아볼로의 사역(18:24-28)

누가는 에베소에서 사역한 아볼로를 소개한다. 이것은 19장에 나오는 바울의 에베소 사역을 말하기 위한 것이다. 아볼로의 행적은 바울이 에베소를 떠난 후(참고. 21절), 다시 돌아가기 전에(참고. 19:1) 일어났던 일이다. 누가는 아볼로를 다음과 같이 소개한다. "알렉산드리아에서 난 아볼로라 하는 유대인이 에베소에 이르니 이 사람은 언변이 좋고 성경에 능통한 자라"(24절). 알렉산드리아는 아프리카 북부에 위치한 매우 큰 도시였다. 당시에 이곳에는 로마 다음으로 많은 인구가 살고 있었다. 특히 이곳에는 대단히 큰 유대인 공동체가 있었다. '70인역'(LXX)이 이곳에서 만들어졌으며, 필로(Philo)와 같은 위대한 학자가 이곳에서 살았다.[404]

아볼로는 언변이 좋았으며 성경에 능통했다. 이것은 아볼로가 논리적으로 말을 잘했으며, 학식이 뛰어났다는 사실을 보여준다. 하지만 바울은 언변이 좋지 않았다(참고. 고후 10:10). 아마도 누가는 의도적으로 바울의 부족한 점과 아볼로의 뛰어난 점을 대조하여 아볼로가 바울의 훌륭한 동역자임을 드러내려고 한 것 같다. 아볼로가 성경에 능통했다는 말은 그가 구약성경을 많이 알았다는 뜻이다. 당시에 알렉산드리아는 학문적인 도시였고 유대인 공동체가 발달해 있었기 때문에 아볼로는 뛰어난 학식의 바탕 위에서 성경을 많이 알았던 것으로 보인다.

아볼로는 일찍이 주의 도를 배워 "열심으로" 예수님에 관한 것을 자세히 말하며 가르쳤으나 "요한의 세례"만 알 따름이었다(25절). 아볼로가 누구에게서 어떤 식으로 성경을 배웠으며, 어떻게 예수님에 관하여 알았는지는 알려지지 않았다. 하지만 그는 "열심으로" 자신이 알고 있는 것들을 가르쳤다. 당시 에베소는 20만 명에서 25만 명의 인구가 사는 거대한 도시였으며,

많은 유대인이 거주하고 있는 곳이었다. 이런 곳에서 아볼로는 유대인에게 예수님에 대하여 가르치고 있었다. 그런데 아볼로가 "요한의 세례"만 알았다는 것은 19:1-7과 연관되는데, 그가 성령세례를 몰랐다는 사실을 암시한다.[405] 즉 상징(형식)은 알았으나 실체(내용)는 몰랐다. 에베소의 어떤 제자들은 "요한의 세례"만 받았으며 "성령"에 대해서 알지 못했다(참고. 19:1-3).

아볼로가 회당에서 담대히 말하기 시작하자 브리스길라와 아굴라가 듣고 데려다가 "하나님의 도"를 더 정확하게 풀어 준다(26절). 브리스길라와 아굴라가 보기에 아볼로는 성경을 많이 알았지만, 성경에 대한 온전한 이해를 가지고 있지 못했다. 사실 당시에는 성경에 대한 온전한 지식이 확립되어 있지 않았으며, 사람들이 저마다 조금씩 다르게 성경을 이해하고 있었다. 아볼로 역시 예외가 아니었는데, 브리스길라와 아굴라는 바울에게서 온전한 성경 지식을 배웠기 때문에 아볼로에게 성경을 풀어줌으로써 그가 성경을 온전하게 이해하도록 도와주었다. 하지만 우리는 이 부부가 구체적으로 어떤 진리를 아볼로에게 풀어 주었는지 모른다. 아마도 요한의 세례를 넘어서는 지식을 가르쳐 주었을 것이다.

아볼로는 아가야로 건너가고자 한다(27절a). 이것은 그가 아가야의 중심 도시인 고린도로 건너가서 성경을 가르치려 한다는 뜻이다. 아마도 그는 에베소에 브리스길라와 아굴라 부부가 있으므로 자신이 그곳에서 더 이상 할 일이 없다고 생각한 것 같다. 이때 에베소의 "형제들"이 그를 격려하면서 고린도의 "제자들"에게 편지를 써서 아볼로를 영접하라고 당부한다. 아볼로는 고린도에서 살고 있는 그리스도인들을 전혀 알지 못했기 때문에 에베소의 형제들로부터 추천서를 받아서 가지고 가는 것이 필요했을 것이다. 이 추천서는 아볼로가 성경 교사로서 합당한 신분과 자격을 가지고 있음을 증명해 주는 수단이 되었을 것이다.

27절에서 누가는 "형제들"이라는 표현을 사용함으로 에베소에 이미 교회가 형성되어 있었음을 드러낸다. 아마도 바울이 일전에 에베소를 방문했을 때 복음을 들었던 자들이 브리스길라-아굴라 부부와 아볼로를 통하여 더욱 깊은 신앙을 가지게 되었을 것이다. 그리고 누가는 고린도의 그리스도인들을 가리켜 "제자들"이라는 표현을 사용함으로 고린도에 비교적 견고한 그리스도인 공동체(교회)가 세워져 있음을 드러낸다. 고린도는 바울이 1년 6개월간 머물면서 성경을 가르쳤던 곳이기 때문에 말씀의 토양이 잘 갖추어져 있었음이 틀림없다(참고. 18:1-18).

아볼로가 고린도에 갔을 때 하나님의 은혜로 말미암아 믿은 자들에게 많은 유익을 주었다(27절b). 그는 성경으로써 예수님이 그리스도라고 증언하여 공중 앞에서 힘있게 유대인의 말을 이겼다(28절). 그는 원래부터 언변이 뛰어난 사람이었고, 성경에 능통한 사람이었으며, 게다가 에베소에서 브리스길라-아굴라 부부로부터 성경을 더 정확하게 배웠기 때문에 대단히 힘있게 그리스도의 복음을 전할 수 있었다. 특히 누가는 아볼로가 "유대인의 말"을 이겼다고 표현하는데, 이것은 아볼로가 논리정연하게 말함으로 유대인들과의 변론에서 이겼음을 의미한다.

언젠가 바울은 고린도전서를 쓰면서 1:12에서 고린도 교회 안에 '아볼로 당'이 있음을 언급하는데, 비록 한 교회에서 이러한 파당이 있다는 것이 부정적인 측면을 가지고 있기는 하지만, 이것은 아볼로가 고린도에서 상당한 존경을 받았던 사실을 암시한다. 그러나 바울은 아볼로를 경쟁자로 여기지 않고 동역자로 여겼다. 그는 고린도전서 3:6에서 "나는 심었고 아볼로는 물을 주었으되 오직 하나님께서 자라나게 하셨나니"라고 말했으며, 고린도전서 3:9에서 자신과 아볼로에 대하여 "우리는 하나님의 동역자들이요"라고 표현했다. 이것은 바울과 아볼로가 힘을 합하여 일했는데, 바울이 기초 사역(씨를 뿌림)을 했고, 아볼로가 심화 사역(물을 줌)을 했음을 의미한다.

교훈과 적용

1. 바울의 선교정책 중 하나는 재방문을 통한 말씀 사역이었다. 이것은 매우 중요하고 적실한 정책이다. 그리스도인은 말씀을 한 번 배운 것으로 만족하지 말아야 하며, 사역자는 말씀을 계속하여 가르침으로 그리스도인들이 계속 성장하게 해 주어야 한다. 우리는 교회에서 가장 중요한 일이 말씀을 가르치고 배우는 일이라는 점을 잊지 말아야 한다. 교회는 처음부터 마지막까지 말씀의 공동체가 되어야 하며, 사역자는 말씀 교육에 최고 전문가가 되어야 한다.
2. 아볼로는 언변이 좋고 성경에 능통한 사람이었다. 그러나 그에게 부족한 점이 있었다. 곧 그는 온전한 성경 지식을 가지고 있지 못했다. 이에 브리스길라와 아굴라 부부는 아볼로에게 성경을 풀어 주어서 아볼로가 온전한 성경 지식을 가지도록 도와주었다. 우리는 여기서 아름다운 동역의 모습을 본다. 그것은 먼저 배운 자가 나중에 배우는 자를 도와주는 모습이다. 우리는 어떤 형태로든 동역해야 할 필요성과 중요성을 간과하지 말아야 한다.
3. 아볼로가 고린도로 건너가고자 할 때 에베소의 형제들은 고린도의 제자들에게 편지를 써서 아볼로를 영접하라고 당부하였다. 이것은 아볼로가 고린도에서 일할 때 매우 적절하고 필요한 추천서였다. 즉 아볼로가 성경 교사로서 합당한 신분과 자격을 가지고 있음을 증명해 주는 수단이었다. 오늘날 교회 안에 무자격자 교사가 교인들에게 잘못된 가르침을 전하는 경우가 있다. 아무나 성경을 가르쳐서는 안 된다. 자격을 갖춘 사람이 성경을 가르쳐야 한다.

2. 에베소 선교(19:1-20)

1 아볼로가 고린도에 있을 때에 바울이 윗지방으로 다녀 에베소에 와서
어떤 제자들을 만나 2 이르되 너희가 믿을 때에 성령을 받았느냐 이르되
아니라 우리는 성령이 계심도 듣지 못하였노라 3 바울이 이르되 그러면
너희가 무슨 세례를 받았느냐 대답하되 요한의 세례니라 4 바울이 이르되
요한이 회개의 세례를 베풀며 백성에게 말하되 내 뒤에 오시는 이를 믿으
라 하였으니 이는 곧 예수라 하거늘 5 그들이 듣고 주 예수의 이름으로 세
례를 받으니 6 바울이 그들에게 안수하매 성령이 그들에게 임하시므로 방
언도 하고 예언도 하니 7 모두 열두 사람쯤 되니라 8 바울이 회당에 들어
가 석 달 동안 담대히 하나님 나라에 관하여 강론하며 권면하되 9 어떤 사
람들은 마음이 굳어 순종하지 않고 무리 앞에서 이 도를 비방하거늘 바울
이 그들을 떠나 제자들을 따로 세우고 두란노 서원에서 날마다 강론하니
라 10 두 해 동안 이같이 하니 아시아에 사는 자는 유대인이나 헬라인이나
다 주의 말씀을 듣더라 11 하나님이 바울의 손으로 놀라운 능력을 행하게
하시니 12 심지어 사람들이 바울의 몸에서 손수건이나 앞치마를 가져다
가 병든 사람에게 얹으면 그 병이 떠나고 악귀도 나가더라 13 이에 돌아다
니며 마술하는 어떤 유대인들이 시험삼아 악귀 들린 자들에게 주 예수의
이름을 불러 말하되 내가 바울이 전파하는 예수를 의지하여 너희에게 명
하노라 하더라 14 유대의 한 제사장 스게와의 일곱 아들도 이 일을 행하더
니 15 악귀가 대답하여 이르되 내가 예수도 알고 바울도 알거니와 너희는
누구냐 하며 16 악귀 들린 사람이 그들에게 뛰어올라 눌러 이기니 그들이
상하여 벗은 몸으로 그 집에서 도망하는지라 17 에베소에 사는 유대인과

헬라인들이 다 이 일을 알고 두려워하며 주 예수의 이름을 높이고 18 믿은 사람들이 많이 와서 자복하여 행한 일을 알리며 19 또 마술을 행하던 많은 사람이 그 책을 모아 가지고 와서 모든 사람 앞에서 불사르니 그 책 값을 계산한즉 은 오만이나 되더라 20 이와 같이 주의 말씀이 힘이 있어 흥왕하여 세력을 얻으니라

바울은 에베소에 도착한다. 그는 제2차 전도여행 때 처음 에베소를 방문한 후에 가이사랴와 예루살렘을 거쳐서 수리아 안디옥으로 돌아간 적이 있다(참고. 18:21-22). 그런데 이제 그는 제3차 전도여행을 시작하면서 에베소를 다시 방문하는데, 이곳에서 3년 동안 머물면서 성경을 가르친다. 즉 고린도와 더불어 에베소는 바울이 가장 심혈을 기울였던 이방 지역이었다.

1) 에베소의 제자들이 성령을 받음(19:1-7)

아볼로가 에베소를 떠나 고린도에 있을 때 바울이 "윗지방"으로 다녀 에베소에 도착하여 어떤 제자들을 만난다(1절). 8:27에 "아볼로가 아가야로 건너가고자 함으로"라는 표현이 있는데, 여기서 구체적으로 그가 아가야의 중심지역인 고린도에 있다는 사실이 언급된다(참고. 고전 1:10-12; 3:1-8, 21-23; 4:6; 16:12).[406] 그동안에 바울은 "윗지방"(the upper regions)을 지나서 에베소에 도착한다. 이곳은 브루기아와 갈라디아 지역일 수도 있고, 브루기아와 에베소 사이의 높은 산악 지역일 수도 있다(참고. 18:23).[407] 바울은 이곳에서 에베소로 올 때 브루기아에서 에베소까지 산악 지역을 관통하여 서쪽으로 뻗은 간선 도로를 이용했을 것이다.[408] 그는 이전에 에베소 사람들에게 "만일 하나님의 뜻이면 너희에게 돌아오리라"라고 약속한 적이 있는

데, 하나님께서 그를 인도하셔서 이제 돌아온다(참고. 18:21). 이렇게 그는 자신이 이전에 방문했던 곳을 다시 방문하여 말씀으로 교육하는 것을 선교 정책으로 삼았다.

바울은 에베소에서 어떤 "제자들"을 만나서 "너희가 믿을 때에 성령을 받았느냐"라고 물어보지만, 그들은 "아니라 우리는 성령이 계심도 듣지 못하였노라"라고 대답한다(2절). 오순절주의자들은 여기에 나오는 바울의 질문과 제자들의 대답을 근거로 하여 사람이 회심한 이후 어느 시점에 이르러 성령을 받는다고 주장한다. 그들은 회심 이후에 성령을 받는 것을 '성령세례'라고 말하면서 회심으로는 부족하고 성령세례를 받아야 능력을 입는 것이라고 본다. 하지만 이 구절만을 가지고 그러한 교리적 도식을 만들어 내는 것은 적절하지 않다.

바울은 그들에게 "그러면 너희가 무슨 세례를 받았느냐"라고 물어보고, 그들은 "요한의 세례니라"라고 대답한다(3절). 당시에 에베소에는 세례 요한의 추종자들(제자들)이 살고 있었는데, 그들은 세례 요한의 사상을 배우고 이어 받은 자들이었다. 따라서 그들은 요한의 세례를 알고 받았던 것이다. 이에 바울은 요한이 회개의 세례를 베풀면서 "내 뒤에 오시는 이를 믿으라"라고 백성들에게 말했는데, 그분이 바로 예수님이라고 가르쳐 준다(4절).

바울이 만난 "제자들"을 거듭난 신자로 보아야 하는지 그렇게 보지 말아야 하는지에 대하여 상당한 논란이 있다.[409] 이들을 신자라고 주장하는 사람들은 사도행전에서 "제자"라는 용어가 대체로 신자를 지칭하며, 에베소의 제자들이 성령이 계심을 듣지 못했다고 말하지만, 비록 중생했다고 하더라도 성령에 대해서 지적으로 모를 수 있으므로 이들을 신자라고 볼 수 있다고 한다. 즉 구원의 유무를 지식의 유무와 연관지어서는 안 된다는 것이다. 그러나 이들을 신자로 보지 않는 사람들은 에베소의 제자들이 요한의 세례만 받았다고 대답한 것을 근거로 삼아서(참고. 3절), 요한의 제자로서 성령을 모른다는 것은 말이 되지 않는다고 생각한다. 왜냐하면 복음서에서 요한은 '자기 뒤에 오시는 분이 불과 성령으로 세례 주시는 분'이라고 분명히 증언했기 때문이다(참고. 눅 3:16).[410] 따라서 이 문제를 해결하기가 쉽지 않다.

우리는 이들의 정체를 다음과 같이 정리해 볼 수 있다. 분명히 이들은 초기의 아볼로와 비슷한 위치에 서 있었다. 즉 이들은 성령[성령세례]에 대해서는 모르고 있었고 요한의 세례만 알고 있었다. 하지만 이들을 아볼로의 제자들이라고 보는 것은 옳지 않는데, 이는 아볼로가 브리스길라-아굴라 부부를 통하여 하나님의 도(당연히 성령에 관한 것을 포함하여)를 더 정확하게 배웠기 때문이다(참고. 18:26). 오히려 이들을 요한의 제자들이라고 보는 것이 타당하다. 물론 이들은 요한으로부터 직접 배운 것이 아니라, 요한의 제자로부터 요한의 사상을 배웠을 것이다. 그렇다면 이들은 아볼로와 같이 여전히 구약시대에 속한 사람이라고 결론 내릴 수 있다. 즉 이들은 구약시대와 신약시대의 과도기(혹은 중첩기)에 살았던 사람들이다.[411]

에베소의 제자들은 바울이 전한 말씀을 듣고 주 예수님의 이름으로 세례를 받는다(5절). 요한의 세례는 좋았지만 부족했다. 그것은 예수님의 이름으로 베풀어지는 세례를 준비하는 것이었다.[412] 에베소의 제자들이 예수님의 이름으로 세례를 받자 그들은 완전한 새 언약 시대의 사람들이 된다. 이때 바울이 그들에게 안수하자 성령께서 그들에게 임하시므로 그들이 방언도 하고 예언도 한다(6절). 사도행전에서 방언과 예언은 성령이 임하신 것의 가시적인 증거가 된다. 누가는 에베소 제자들의 숫자에 대해서 "모두 열두 사람쯤 되니라"라고 말한다(7절). 누가는 사도행전에서 "쯤"(*호세이*, ὡσεί, about)이라는 단어를 자주 사용한다(참고. 2:4; 4:4; 5:7, 36; 10:3; 13:18, 20; 19:34). 그리고 '열둘'이라는 숫자는 에베소의 제자들이 예루살렘의 제자들과 연결된다는 인상을 심어 준다(참고. 1:15-2:13).[413]

그러므로 성령께서는 오순절에 유대인이 모여 있는 예루살렘에 임하셨고(참고. 2장), 유대인과 이방인의 중간에 있는 사마리아 사람들에게 임하셨으며(참고. 8장), 팔레스타인(가이사랴)에 살던 이방인인 고넬료의 가정에 임하셨는데(참고. 10장), 이제 완전한 이방지역인 에베소에 살던 사람들에게 임하신다. 필시 에베소의 제자들에게 성령이 임하신 것은 오순절에 예루살렘에 성령이 임하신 것과 같다. 즉 예루살렘 사람은 이미 오순절에 성령 강림을 경험했으며, 사마리아와 가이사랴 사람도 이후에 성령 강림을 경험했는데, 이제 에베소 사람도 성령 강림을 경험한다. 사도행전이 기록될 때는 과도기였기에 이처럼 성령께서 강림하시는 일이 다중적으로 일어났다. 그리하여 그들 모두는 하나의 기독교회에 가입하게 되었다.[414]

2) 회당과 서원에서의 사역(19:8-10)

바울은 회당에 들어가서 석 달 동안 담대히 하나님 나라에 관하여 강론하며 권면한다(8절). 이 회당은 바울이 이미 알고 있던 곳인데(참고. 18:19), 이처럼 그가 회당에서 복음을 전한 것은 그의 선교정책의 일환이었다. 특히 에베소에는 커다란 유대인 공동체가 있었기 때문에 회당 중심의 생활이 발달해 있었을 것이다. 바울이 회당에서 "석 달"이라는 비교적 긴 기간 동안 하나님의 말씀을 전할 수 있었던 이유는 에베소 사람들이 바울을 호의적으로 대하였을 뿐만 아니라 그가 전하는 말씀을 긍정적으로 받아들였기 때문이다. 사실 바울이 에베소에 처음 방문했을 때 그들은 바울과 함께 있고 싶어서 좀 더 오래 머물러 달라고 요청했다(참고. 18:20).

그러나 어떤 사람들은 마음이 굳어 순종하지 않고 무리 앞에서 바울이 전한 "도"(the Way)를 비방한다(9절a). "도"라는 용어는 주님의 제자들이 걸어가야 할 '길'을 가리킨다. 이것은 아마도 예수님께서 자신이 하나님 아버지께로 가는 유일한 '길'이라고 말씀하신 데서 유래했을 것이다(참고. 요 14:6; 행 4:12; 16:17). 에베소에서 바울을 비방한 자들이 그렇게 극렬하게 비방한 것 같지는 않다. 하지만 바울은 그들을 떠나 제자들을 따로 세우고 "두란노 서원"에서 날마다 강론하였다(9절b). "두란노"가 누구인지는 전혀 알려져 있지 않다. 아마도 서원의 주인이든지 아니면 서원에서 가르쳤던 유명한 선생일 것이다.[415] "서원"으로 번역된 헬라어 *스콜레*(σχολή, school)는 '강연장'(the lecture hall)을 의미한다. 바울이 이곳을 사용할 수 있었던 이유는 "아시아 관리 중에 바울의 친구 된 어떤 이들"이 있었기 때문이다(참고. 31절).

바울이 두 해 동안 이렇게 말씀을 가르치자 아시아에 사는 자는 유대인이나 헬라인이나 다 주님의 말씀을 들었다(10절). 바울은 회당에서 3개월을 가르쳤고 두란노 서원에서 2년을 가르쳤기에 20:31에서 자신이 에베소에서 "삼 년"을 보냈다고 말한다. 이것은 바울이 지금까지 세 차례 전도여행을 하면서 한 지역에서 가장 오랫동안 머문 것이다. 아마도 이 기간은 주후 52년 가을부터 55년 봄까지일 것이다.[416] 바울의 사역은 매우 효과가 있어서 아시아 지역에 많은 교회가 세워졌다. 골로새와 라오디게아와 히에라볼리 등이 그곳이다(참고. 골 4:13).

3) 마술사들을 물리침(19:11-20)

하나님은 바울의 손으로 놀라운 능력을 행하게 하셨다(11절). 여기서 '행하다'에 해당하는 헬라어 단어 *에포이에이*(ἐποίει)는 미완료 시상으로서 바울이 이적을 자주 일으켰음을 보여준다. 사도의 사역에 있어서 말씀은 자주 이적을 동반하였다. 이적은 말씀을 들을 수 있도록 문을 열어 주었으며 말씀의 신적인 기원을 입증해 주는 역할을 하였다(참고. 2:43; 4:30; 5:12; 6:8; 8:6, 13; 14:3; 15:12; 고후 12:12; 히 2:3-4 등). 바울의 능력은 매우 강력했다. 심지어 사람들이 바울의 몸에서 손수건이나 앞치마를 가져다가 병든 사람에게 얹으면 그 병이 떠나고 악귀도 나가는 일이 일어났다(12절; 참고. 5:15-16). 한편, 여기서 손수건이나 앞치마는 바울이 천막 만드는 일을 할 때 사용했던 것으로 추정되지만 확실하지 않다(참고. 20:34).

그런데 바울의 사역을 흉내 내는 자들이 있었다. 이곳저곳을 돌아다니며 마술하는 어떤 유대인들이 시험 삼아 악귀 들린 자들에게 주 예수님의 이름을 불러 말하면서 "내가 바울이 전파하는 예수를 의지하여 너희에게 명하노라"라고 한 것이다(13절). 당시에 순회 마술사들이 많이 있었는데, 유대인들 중에서도 여러 지역을 다니며 귀신을 축출하는 자들이 있었다(참고. 눅 9:49; 11:19).[417] 게다가 에베소는 고대로부터 마술과 주술에 관심을 많이 가졌던 곳이다. 하지만 유대인은 예수님을 의지하여 귀신을 쫓아냈지만, 예수님을 신적인 메시야가 아니라 강한 능력을 갖춘 특별한 존재로 인식했으며, 기독교를 일반 종교의 하나로 여겼다. 이때 유대의 한 제사장 스게와의 일곱 아들도 이 일을 행하였다(14절).[418]

그런데 문제가 생겼다. 악귀가 그들을 향하여 "내가 예수도 알고 바울도 알거니와 너희는 누구냐"라고 대답한 것이다(15절). 이러한 악귀의 대답은

비아냥거리는 것이다. 그리고 이것은 예수님의 이름을 누가 사용하느냐가 중요함을 보여준다. 즉 예수님의 이름에는 분명히 구원과 치유의 능력이 있지만 그 이름을 아무나 기계적으로 사용한다고 해서 능력이 나타나는 것이 아니라는 사실을 가르쳐준다(참고. 3:6, 16; 4:1-12). 필시 예수님에 대한 참된 믿음을 가진 사람이 그분의 이름을 의지하여 귀신을 쫓아내야 한다. 결국, 악귀 들린 사람이 스게와의 아들에게 뛰어올라서 그들을 다치게 하자 그들은 벌거벗은 몸으로 그 집에서 도망한다(16절).

에베소에 사는 유대인과 헬라인들이 다 이 일을 알고 두려워하며 주 예수님의 이름을 높인다(17절). 그리고 예수님을 믿은 사람들이 많이 와서 자복하여 "행한 일"을 알린다(18절). 여기서 "행한 일"(evil deeds)이란 마술적이고 주술적인 일들을 의미한다. 그리고 마술을 행하던 많은 사람이 그 책을 모아 가지고 와서 모든 사람 앞에서 불살랐는데, 그 책값이 "은 오만"이나 되었다(19절). "은 오만"에서 "은"은 그리스의 드라크마 은화를 가리키는데, 당시에 한 드라크마는 노동자의 하루 평균 품삯이었다. 그러므로 "은 오만"은 50,000드라크마로서 50,000일(약 150년)의 품삯에 해당하는 엄청난 액수이다. 당시에 그리스-로마 세계에서는 마술적인 주문을 기록한 책이 많이 존재했는데(참고. 13:6), 사람들이 이 엄청난 양의 책을 불사른 것은 그들의 결단이 진정한 것이었음을 보여준다.[419] 결국, 사람들은 악한 일을 버렸으며, 주님의 말씀은 힘이 있어 홍왕하여 세력을 얻었다(20절).

교훈과 적용

1. 바울은 에베소에서 3년이라는 긴 시간을 보냈다. 바울이 이렇게 오랫동안 에베소에 머문 이유는 에베소 사역이 중요했기 때문이다. 그는 에베소에서 부지런히

말씀을 가르침으로 많은 제자를 길러 내었다. 그리고 에베소 인근의 지역에도 영향을 미쳐서 그곳에 교회가 세워지게 하였다. 특히 그는 두란노 서원에서 날마다 말씀을 가르침으로 효과적인 교육을 시행하였다. 우리는 꾸준함과 성실함과 탁월한 전략을 가지고 복음을 전해야 한다.

2. 이 단락에서 교리적으로 매우 유의해야 할 점이 있다. 그것은 에베소 사람들의 경우를 가지고 물세례와 성령세례의 관계(순서)를 교리적으로 설명하면 안 된다는 것이다. 사도행전은 신구약 과도기 상태를 다루기 때문에 이러한 경우가 중생과 성령 받음의 관계를 획일적으로 결정할 수 있는 교리적 근거를 제공하지 않는다. 우리는 회심과 성령세례가 동시에 일어난다는 입장을 견지해야 한다. 그리고 나아가서 우리는 참고할 만한 서적 등을 통하여 성령 하나님에 대한 올바른 교리적 지식을 배워야 한다.
3. 에베소 사람들은 바울이 전한 말씀을 듣고 마술책을 가져다가 불살라 버렸다. 이것은 에베소 사람들의 회개와 개혁운동이라고 할 수 있다. 말씀을 들은 후에는 결단과 그에 따른 행동이 뒤따라야 한다. 행함이 없는 믿음은 죽은 것이다. 우리의 믿음 생활을 방해하는 우상이 무엇인가? 주님을 섬기는 일에 방해가 되는 요소가 무엇인가? 우리로 하여금 죄를 반복적으로 짓게 만드는 매개체가 무엇인가? 이런 것을 불살라 없애는 결단이 필요하다.

3. 에베소에서 폭동이 일어남(19:21-41)

21 이 일이 있은 후에 바울이 마게도냐와 아가야를 거쳐 예루살렘에 가
기로 작정하여 이르되 내가 거기 갔다가 후에 로마도 보아야 하리라 하고
22 자기를 돕는 사람 중에서 디모데와 에라스도 두 사람을 마게도냐로 보
내고 자기는 아시아에 얼마 동안 더 있으니라 23 그 때쯤 되어 이 도로 말

미암아 적지 않은 소동이 있었으니 24 즉 데메드리오라 하는 어떤 은장색
이 은으로 아데미의 신상 모형을 만들어 직공들에게 적지 않은 벌이를 하
게 하더니 25 그가 그 직공들과 그러한 영업하는 자들을 모아 이르되 여러
분도 알거니와 우리의 풍족한 생활이 이 생업에 있는데 26 이 바울이 에베
소뿐 아니라 거의 전 아시아를 통하여 수많은 사람을 권유하여 말하되 사
람의 손으로 만든 것들은 신이 아니라 하니 이는 그대들도 보고 들은 것이
라 27 우리의 이 영업이 천하여질 위험이 있을 뿐 아니라 큰 여신 아데미
의 신전도 무시 당하게 되고 온 아시아와 천하가 위하는 그의 위엄도 떨어
질까 하노라 하더라 28 그들이 이 말을 듣고 분노가 가득하여 외쳐 이르
되 크다 에베소 사람의 아데미여 하니 29 온 시내가 요란하여 바울과 같이
다니는 마게도냐 사람 가이오와 아리스다고를 붙들어 일제히 연극장으로
달려 들어가는지라 30 바울이 백성 가운데로 들어가고자 하나 제자들이
말리고 31 또 아시아 관리 중에 바울의 친구된 어떤 이들이 그에게 통지하
여 연극장에 들어가지 말라 권하더라 32 사람들이 외쳐 어떤 이는 이런 말
을, 어떤 이는 저런 말을 하니 모인 무리가 분란하여 태반이나 어찌하여
모였는지 알지 못하더라 33 유대인들이 무리 가운데서 알렉산더를 권하
여 앞으로 밀어내니 알렉산더가 손짓하며 백성에게 변명하려 하나 34 그
들은 그가 유대인인 줄 알고 다 한 소리로 외쳐 이르되 크다 에베소 사람
의 아데미여 하기를 두 시간이나 하더니 35 서기장이 무리를 진정시키고
이르되 에베소 사람들아 에베소 시가 큰 아데미와 제우스에게서 내려온
우상의 신전지기가 된 줄을 누가 알지 못하겠느냐 36 이 일이 그렇지 않다
할 수 없으니 너희가 가만히 있어서 무엇이든지 경솔히 아니하여야 하리
라 37 신전의 물건을 도둑질하지도 아니하였고 우리 여신을 비방하지도

아니한 이 사람들을 너희가 붙잡아 왔으니 38 만일 데메드리오와 그와 함
께 있는 직공들이 누구에게 고발할 것이 있으면 재판 날도 있고 총독들도
있으니 피차 고소할 것이요 39 만일 그 외에 무엇을 원하면 정식으로 민회
에서 결정할지라 40 오늘 아무 까닭도 없는 이 일에 우리가 소요 사건으로
책망 받을 위험이 있고 우리는 이 불법 집회에 관하여 보고할 자료가 없다
하고 41 이에 그 모임을 흩어지게 하니라

이 단화(pericope)는 두 부분으로 나뉜다. 먼저, 21-22절에는 바울의 전도여행 계획이 언급되어 있다. 바울은 소아시아를 넘어서 로마까지 가기를 원한다. 다음으로, 23-41절에는 에베소에서 일어난 소동이 언급되어 있다. 아데미 여신을 숭배하면서 신상 모형을 만들어 팔아 돈을 벌던 에베소 사람들은 바울이 그들에게 경제적인 손실을 주었다면서 바울을 고소한다.

1) 바울의 계획(19:21-22)

21-22절은 바울의 여행계획이다. 바울은 에베소를 떠나 마게도냐와 아가야를 거쳐 예루살렘에 가기로 작정한다(21절a). 마게도냐에는 빌립보, 데살로니가, 베뢰아가 있고, 아가야에는 고린도가 있다. 따라서 이 구절은 사도행전의 나머지 내용에 대한 개요를 제공한다. 바울은 에베소를 떠난 뒤 마게도냐와 아가야로 되돌아가고(참고. 20:1-2), 거기서 예루살렘으로 간다(참고. 21:17).[420] 그러나 그는 예루살렘에서 멈추지 않는다. 그는 모든 여정을 마친 후에 로마로 가려고 한다. "내가 거기 갔다가 후에 로마도 보아야 하리라"라는 말은 그의 굳은 결심을 보여준다(21절b). 그는 사도행전의 마지막 부분에서 마침내 로마에 이른다(참고. 28:14).[421]

비록 누가는 여기서 바울이 이렇게 우회하여 예루살렘으로 가는 일정을 잡은 이유를 설명하고 있지 않지만, 독자들은 로마서 15:22-26을 통하여 바울이 북부와 남부 헬라에 있는 그리스도인에게 예루살렘의 가난한 형제자매를 위하여 모금하도록 촉구했던 연보를 가지러 갈 것을 알고 있다(참고. 24:14; 고전 16:1-8; 고후 8-9장).[422] 바울은 이방인 그리스도인이 유대인 그리스도인을 위하여 연보를 모아서 전달하는 일을 매우 중요하게 여겼다. 그는 이 일을 이방인 그리스도인과 유대인 그리스도인의 연합을 촉진하는 계기로 삼으려고 하였다.

바울은 여정을 시작하기에 앞서 디모데와 에라스도 두 사람을 마게도냐로 보낸다(22절a). 누가는 디모데와 에라스도를 가리켜 '바울을 돕는 사람'이라고 표현한다. 바울은 혼자서 일하지 않았으며 혼자서 일할 수도 없었다. 그에게는 동역자들이 필요했다. 이에 이들 두 사람은 그에게 큰 도움이 되었다. 한편, 바울은 디모데후서 4:20에서도 에라스도를 언급한다. 디모데와 에라스도는 바울이 마게도냐를 방문했을 때 구제헌금을 미리 준비해야 한다(참고. 롬 16:23). 바울 자신은 아시아에 얼마 동안 더 머물면서 활동한다(22절b; 참고. 고전 16:8-9).

2) 데메드리오의 선동(19:23-27)

이때 "이 도"로 말미암아 "적지 않은 소동"이 일어난다(23절). "이 도"란 기독교 혹은 주님의 말씀을 가리킨다(참고. 9:1-2; 19:9; 22:4; 24:14, 22). "적지 않은 소동"이란 '큰 소동'을 의미한다. 데메드리오라 하는 어떤 은장색(silversmith)이 있었는데, 그는 은으로 아데미의 신상 모형을 만들어 직공들에게 적지 않은 벌이를 하게 하였다(24절). 에베소에는 거대한 아데미

(Artemis) 신전이 있었다.[423] 에베소 사람은 매년 3-4월을 아데미의 달로 지정하여 각종 축제와 행사를 벌였고 은으로 만든 아데미 신전 모형을 집에 보관하면서 복을 빌었다.

아데미 여신은 그리스 신화에서 제우스의 딸이며 아폴로 신과 쌍둥이 남매이다.[424] 아데미는 풍요의 여신으로 가슴에 풍요를 상징하는 24개의 유방을 가지고 있었다. 그래서 이 여신은 '위대한 어머니'(the Great Mother)로 알려져 있었다. 원래 아데미 여신은 오르티지아(Ortygia) 출신인데, 에베소 사람들이 에베소를 오르티지아라고 믿었다. 최초의 아데미 신전은 주전 356년에 화재로 소실되었으나, 그로부터 얼마 후 에베소 사람들이 길이 150m에 넓이 50m의 거대한 신전을 재건하였다. 하지만 이 신전은 주후 262년에 고트 족에 의해서 다시 파괴되었다. 바울 당시에 에베소에 세워진 이 신전은 에베소의 자랑이었으며, 고대 7대 불가사의 가운데 하나로서 유명한 관광자원이었다.

그런데 바울이 복음을 전하면서 우상을 비판하자 은 신상의 판매가 줄어들어 은장색과 직공들이 경제적인 손실을 보게 되었다. 24절에서 "벌이"는 돈벌이를 뜻하는데, 이에 해당하는 헬라어 단어 *에르가시아*(ἐργασία)는 빌립보에서 귀신들린 여종이 주인들에게 큰 이익을 가져다주었을 때 사용된 "이익"(*에르가시아*)에 해당하는 단어와 같다(참고. 16:16). 누가는 이 단어를 두 곳에서 동일하게 사용함으로 두 사건이 동일한 성격을 가지고 있음을 드러내려 한다. 즉 빌립보에서 여종을 통하여 이득을 구하던 주인들이 바울과 실라를 고소한 것처럼, 여기에서 경제적인 손실을 본 사람들이 바울과 동역자들을 고소하려고 한다.

데메드리오는 직공들과 영업하는 자들을 모아 놓고 연설을 한다. 그는 자신들의 풍족한 생활이 아데미 여신상을 만드는 일에 있었는데 바울이 에베소뿐 아니라 거의 전 아시아를 통하여 수많은 사람을 권유하여 "사람의 손으로 만든 것들은 신이 아니라"라고 말한 사실이 위협적이었음을 언급한다(25-26절). 그는 이어서 자신들의 영업이 "천하여질 위험"이 있다고 말하는데, 이것은 고대인들이 명예를 중시하였기 때문이다(27절a). 게다가 "큰 여신" 아데미의 신전이 무시당하고 아데미의 위엄도 떨어질 것이라고 말한다(27절b). 아데미 여신은 그들에게 절대적인 존재였기에 데메드리오의 선동적 발언은 에베소 사람들에게 상당한 자극이 되었다.

3) 무리의 분노(19:28-34)

은장색과 직공들은 데메드리오의 말을 듣고 분노가 가득하여 외쳐 말하기를 "크다 에베소 사람의 아데미여"라고 한다(28절). 이들의 외침으로 온 시내가 요란하여 에베소 사람들은 바울과 같이 다니던 마게도냐 사람 가이오와 아리스다고를 붙들어서 연극장으로 달려 들어간다(29절). 당시에 이 "연극장"(theater)은 약 24,000명을 수용할 수 있었다. 당시에 이곳에서는 큰 축제와 음악회 등이 열렸으며, 때로 공적인 일을 의논하거나 전달하는 장소로 사용되기도 했다.[425] 여기에 나오는 가이오는 바울이 고린도에서 세례를 주었던 사람인 것처럼 보이지만 확실하지 않다(참고. 롬 16:23; 고전 1:14). 이는 당시에 가이오란 이름이 흔했기 때문이다(참고. 요삼 1절). 아리스다고는 빌레몬서에 언급된 바울의 동역자일 것이다(참고. 몬 24절). 에베소 사람들은 바울을 붙잡지 못하고 먼저 그의 동역자들을 붙잡아서 심문하려고 한다.

바울은 연극장에 있는 백성 가운데로 들어가고자 하지만 제자들이 말린다(30절). 그리고 아시아 관리 중에 바울의 친구된 어떤 사람들이 그에게 연극장에 들어가지 말라고 권한다(31절). 여기에 언급된 "아시아 관리"(*아시아르케스*, 'Ασιάρχης)에 대해서 어떤 학자들은 에베소 지역의 지도자급 인물이거나 높은 직위를 가진 공직자일 것이며, 로마 황제를 숭배하게 하는 일을 하는 사람이 아닐 것이라고 주장하지만, 또 다른 학자들은 이들이 종교적인 업무를 담당하는 사람들일 것이라고 이해한다.[426] 아무튼 이들이 바울의 친구가 되었다는 것은 이해하기가 쉽지 않다. 아마도 이들은 두란노 서원에서 바울의 가르침을 들으면서 그의 친구가 되었을 것이다. 한편, 그들이 누구든지 간에 그들의 만류는 바울의 가르침이 로마 정부에 위협이 되지 않았음을 보여준다.

에베소 극장에 많은 사람이 모여서 무엇인가를 외치지만, 어떤 이는 이런 말을, 어떤 이는 저런 말을 하므로 모인 무리가 분란하여 대부분 자신들이 어떤 이유로 모였는지 알지 못한다(32절). 고대에 모임에서 큰 소리로 외치는 것은 관례였다. 특히 화가 난 무리들이 외치는 일은 허다했다. 그리고 이러한 일은 이방 지역에서 뿐만 아니라 예루살렘에서도 일어났다(참고. 21:27, 31).[427] 그러나 무리들이 소리를 지르는 것과 여러 말이 다양하게 들리는 것과 대부분 사람들이 자신들이 왜 그곳에 모였는지 모르는 것은 그들이 데메드리오를 비롯한 일부 사람들의 선동으로 모였으며, 아무런 명분도 없이 모였음을 보여준다.

이런 와중에 유대인들은 알렉산더를 앞으로 밀어내어 백성에게 변명하려 한다(33절). 유대인들이 알렉산더를 통하여 무슨 말을 하려고 했는지 정확하지 않지만, 아마도 자신들과 바울이 아무런 관련이 없으므로 자신들을 오해하지 말라고 말하려 했을 것이다. 이 알렉산더가 신약성경에 나오는 다른 알렉산더들과 어떻게 연관되는지 알기란 어렵다(참고. 막 15:21; 롬 16:13; 딤전 1:20; 딤후 4:14).[428] 그러나 에베소 사람들은 그가 유대인인 줄 알고 말하기를 허락하지 않는다. 이는 유대인이 아데미 여신을 믿지 않는다는 사실을 에베소 사람들이 잘 알고 있었기 때문이다. 그들은 "크다 에베소 사람의 아데미여"라고 두 시간이나 광란적으로 부르짖는다(34절).

4) 서기장의 설득과 해산(19:35-41)

이때 서기장이 무리를 진정시킨다(35절a). 서기장은 도시의 최고 행정관으로 민회와 로마 관리 사이의 연락을 담당했다. 그는 도시의 동향을 로마 정부에 보고하는 일을 맡았다. 그는 사람들을 향하여 "에베소 시가 큰 아데미와 제우스에게서 내려온 우상의 신전지기가 된 줄을 누가 알지 못하겠느냐"라고 말한다(35절b). "큰 아데미"(the great Artemis)란 '위대한 아데미'란 뜻이다. "제우스에게서 내려온"(which fell from heaven)이란 '하늘에서 내려온'이란 뜻이다. "우상의 신전지기"(the guardian of the temple)란 '신전의 관리자'란 뜻이다.[429] 따라서 이 말은 에베소가 위대한 아데미 신전의 관리자인 것을 누구나 다 알고 있다는 뜻이다.

서기장은 "이 일이 그렇지 않다 할 수 없으니 너희가 가만히 있어서 무엇이든지 경솔히 아니하여야 하리라"라고 말한다(36절). "이 일이 그렇지 않다 할 수 없으니"라는 말은 에베소가 아데미의 신전을 관리하는 일이 부인할 수 없는 사실이라는 뜻이다. 따라서 서기장은 그들이 소동을 일으킨 것이 아니므로 경솔히 행하지 말아야 한다고 설득한다. 서기장의 말은 아데미가 사람의 손으로 지은 존재가 아니라 하늘의 신적인 존재이므로 바울의 가르침인 '사람의 손으로 지은 우상'은 아데미에게 해당하는 말이 아니라는 것이다. 결국 서기장은 바울의 말에 따라 무리의 사업이 지장을 받지 않으므로 바울에 대해 불평할 이유가 없다고 설득한다.

서기장은 이어서 가이오와 아리스다고가 신전의 물건을 도둑질하지도 않았고 아데미 여신을 비방하지도 않았는데, 그들이 이 사람들을 붙잡아 왔다고 말한다(37절). 이것은 아무런 범법행위도 하지 않은 사람들을 붙잡아 와서 처벌하려고 하는 것은 법에 어긋나는 일이라는 뜻이다. 즉 그들에게 어떤 법적인 조처를 취해서는 안 된다는 것이다. 서기장은 제3자의 입장에서 객관적으로 이 사안을 보고 있으므로 이런 말을 할 수 있었다. 그런데 서기장의 말은 은장색들이 경제적인 손실 때문에 편협한 시각으로 바울을 보았고 유대인들이 살아남기 위하여 비굴한 자세를 취한 것과 대조된다. 게다가 이것은 기독교의 복음이 로마의 법과 상충하지 않았으며 사회를 어지럽히지 않았음을 보여준다.

서기장은 만일 데메드리오와 그와 함께 있는 직공들이 고발할 것이 있으면 "재판 날"도 있고 "총독들"도 있으니 피차 고소할 것이며 만일 그 외에 무엇을 원하면 정식으로 "민회"에서 결정하라고 말한다(38-39절). 여기서 "재판 날"에 해당하는 헬라어 *아고라이오스*(ἀγοραῖος)는 '장날'(market days)의 의미도 가지고 있다(참고. 17:5; 참고. 16:19의 주해).[430] 당시에는 사람들이 많이 모이는 장날에 저잣거리에서 재판을 시행하였다. "총독"은 도시에서 최고 결정권을 가진 관리이다. 그런데 총독이 복수형태('들')로 언급된 것은 그 당시 에베소 사람들이 두 총독의 통치를 받았다는 사실을 가리킨다.[431] 그리고 "민회"(legal assembly)란 시의회의 정기적인 모임을 의미한다.

마지막으로 서기장은 아무 까닭도 없는 이러한 소요 사건으로 에베소가 로마 정부로부터 책망 받을 수 있음을 주지시킨다(40절). 당시에 에베소는 로마 정부로부터 특별한 자유와 권익을 얻고 있었는데, 만일 아무런 이유가 없는 불법 집회가 열리면 도시의 책임자와 해당자가 로마 정부로부터 문책을 당할 수 있었으며, 에베소가 누리던 자유와 권익도 박탈당할 수 있었다. 이에 서기장은 이 모임을 흩어지게 한다(41절). 이렇게 하여 하나님께서는 고린도 법정에서의 갈리오와 같이(참고. 18:12-17), 에베소에서 서기장을 사용하셔서 바울을 보호하신다.[432]

교훈과 적용

1. 우리는 사도행전과 바울 서신을 읽으면서 바울이 즉흥적으로 움직인 사람이 아니라 치밀하게 계획하고 움직인 사람인 것을 알게 된다. 이 단락에서도 그는 로마를 세계 선교의 교두보로 삼으려는 계획을 가지고 있으며, 자신의 동역자를 효율적으로 보내어서 자신이 미리 계획한 연보 모금을 시행하게 한다. 우리는 바울의 이러한 계획성 있는 행동을 본받아야 한다. 아무런 계획을 세우지 않고 즉흥적으로 일하는 것은 효율적이지 않다.
2. 데메드리오를 비롯한 은장색이 바울의 동역자를 고소한 일은 아데미 여신을 위한 것처럼 보이지만, 사실 자신들의 경제적인 손실을 걱정한 것이다. 그리고 그들은 시위하는 중에 다시 아데미 여신에 대한 충성심으로 돌아간다. 이처럼 우상 숭배와 물질 사랑은 밀접하게 연관되어 있다. 우리는 하나님을 무시하는 자들이 실상 돈을 사랑하는 자들이며, 또한 우상에 사로잡혀 있는 자들임을 알아야 한다.
3. 하나님께서는 고린도에서 갈리오 총독을 사용하셔서 바울을 보호하셨는데, 여기서 서기장을 사용하셔서 보호하신다. 우리는 하나님이 이렇게 예상하지 못한 사람을 사용하시고 예측하지 못한 환경을 사용하셔서 우리를 보호하신다는 사실을 깨달아야 한다. 하나님은 심지어 짐승들과 자연을 사용하기도 하신다. 하

나님이 일하시는 방식은 우리의 이성과 지식으로 헤아릴 수 없다. 하나님은 복음을 전하는 자가 궁극적으로 승리하게 하신다.

4. 에베소에서 밀레도까지(20:1-16)

1 소요가 그치매 바울은 제자들을 불러 권한 후에 작별하고 떠나 마게도
냐로 가니라 2 그 지방으로 다녀가며 여러 말로 제자들에게 권하고 헬라
에 이르러 3 거기 석 달 동안 있다가 배 타고 수리아로 가고자 할 그때에
유대인들이 자기를 해하려고 공모하므로 마게도냐를 거쳐 돌아가기로 작
정하니 4 아시아까지 함께 가는 자는 베뢰아 사람 부로의 아들 소바더와
데살로니가 사람 아리스다고와 세군도와 더베 사람 가이오와 및 디모데
와 아시아 사람 두기고와 드로비모라 5 그들은 먼저 가서 드로아에서 우
리를 기다리더라 6 우리는 무교절 후에 빌립보에서 배로 떠나 닷새 만에
드로아에 있는 그들에게 가서 이레를 머무니라 7 그 주간의 첫날에 우리
가 떡을 떼려 하여 모였더니 바울이 이튿날 떠나고자 하여 그들에게 강론
할새 말을 밤중까지 계속하매 8 우리가 모인 윗다락에 등불을 많이 켰는
데 9 유두고라 하는 청년이 창에 걸터 앉아 있다가 깊이 졸더니 바울이 강
론하기를 더 오래 하매 졸음을 이기지 못하여 삼 층에서 떨어지거늘 일으
켜보니 죽었는지라 10 바울이 내려가서 그 위에 엎드려 그 몸을 안고 말하
되 떠들지 말라 생명이 그에게 있다 하고 11 올라가 떡을 떼어 먹고 오랫
동안 곧 날이 새기까지 이야기하고 떠나니라 12 사람들이 살아난 청년을
데리고 가서 적지 않게 위로를 받았더라 13 우리는 앞서 배를 타고 앗소에
서 바울을 태우려고 그리로 가니 이는 바울이 걸어서 가고자 하여 그렇게

정하여 준 것이라 14 바울이 앗소에서 우리를 만나니 우리가 배에 태우고
미둘레네로 가서 15 거기서 떠나 이튿날 기오 앞에 오고 그 이튿날 사모에
들르고 또 그 다음 날 밀레도에 이르니라 16 바울이 아시아에서 지체하지
않기 위하여 에베소를 지나 배 타고 가기로 작정하였으니 이는 될 수 있는
대로 오순절 안에 예루살렘에 이르려고 급히 감이러라

바울은 제3차 전도여행의 대부분을 보낸 에베소를 떠나 마게도냐와 아가야 등을 방문하여 신자를 굳건하게 한 후에 예루살렘으로 가려고 한다. 이 단락에는 바울이 예루살렘으로 가는 길에 들렀던 마게도냐와 아가야와 드로아와 밀레도에서 일어난 일들이 기록되어 있다. 누가는 이곳에서 일어났던 일을 많이 언급하지 않고 다만 몇 가지 중요한 일만 언급한다.

1) 마게도냐와 아가야 선교(20:1-6)

에베소의 소요가 그치자 바울은 제자들을 불러 "권한 후에"(*파라칼레사스*, παρακαλέσας) 작별하고 마게도냐로 간다(1절; 참고. 고후 2:12-13; 7:5-7). 마게도냐에는 빌립보(참고. 16:12-40), 데살로니가(참고. 17:1-9), 베뢰아(참고. 17:10-13) 등이 포함되어 있다. 바울은 제2차 전도여행 때 이 지역을 방문했는데(참고. 16:12-17:13), 방문했던 지역을 다시 방문하여 교육을 시행하는 그의 선교정책에 따라 이 지역을 다시 방문한다. 그는 이 지역에서 여러 말씀으로 제자들에게 "권하고"(*파라칼레사스*) 헬라에 이른다(2절). 그러므로 바울의 사역은 '권하는 일', 즉 말씀으로 격려하는 일이다. 그는 오직 주님의 말씀만이 사람을 변화시킬 수 있다는 일관된 믿음을 가지고 있었기에 이 일에 집중한다.

바울은 "헬라"에서 3개월을 머문다(3절a). "헬라"는 고린도가 포함된 아가야를 가리킨다. 이전에 바울은 고린도에서 1년 6개월을 머물며 말씀을 전하였기에 이곳에 대한 애착을 많이 가지고 있었다. 그가 처음에 고린도를 방문한 이래로 그와 그 교회 사이에는 많은 일이 일어났다. 그는 고린도 교인들에게 적어도 네 통의 편지를 보냈으며, 심지어 그들을 중간에 방문하기도 하였다(참고. 고후 2:1). 그러므로 그는 교리와 윤리 모든 면에서 고린도 교인들에게 할 말이 많았을 것이다. 게다가 그는 고린도 교인들의 연보를 거두어서 예루살렘 교회에 전달하려는 의도를 가지고 있었다(참고. 24:17; 고전 16:1-4).[433] 특히 그는 이 시기에(주후 56-57년경) 고린도에서 로마서를 기록한 것으로 추정된다(참고. 롬 15:23-16:2).[434]

누가는 바울이 배를 타고 수리아로 가고자 할 때에 유대인들이 자기를 해하려고 공모했기 때문에 마게도냐를 거쳐 돌아가기로 작정했다고 기록한다(3절b). 바울이 고린도에서 3개월을 머물던 때는 바다 여행이 더 위험해지는 겨울이었다(참고. 고전 16:6). 그래서 그는 봄이 오면 배를 타고 가기에 편리하기 때문에 배를 타고 수리아로 가려고 했다. 하지만 유대인들이 그를 해하려고 하자 마게도냐를 거쳐서 돌아가기로 작정한다. 아마도 당시에 유월절을 지키기 위하여 예루살렘으로 가던 유대인들이 배를 타고 많이 갔는데, 그들이 배 위에서 바울을 바다에 던져 죽이려고 했던 것 같다. 그는 마게도냐를 처음 방문했을 때 유대인으로부터 상당한 박해와 저항을 받았다(참고. 17:5-9, 13-14).[435] 따라서 그는 해로를 포기하고 육로를 통하여 자신이 왔던 방향을 거슬러 가기로 결심한다. 그는 오순절 안에 예루살렘에 도착해야 했기 때문에 시간이 촉박해서 배를 타고 수리아로 가려고 했지만, 유대인들 때문에 어쩔 수 없이 그 길을 포기하고 둘러 가는 길을 선택한다(참고.

16절).

이 시점에서 누가는 바울의 동행자 일곱 명을 소개한다(4절). 이 사람들의 이름과 함께 출신지가 언급된 것을 볼 때 이 사람들은 각 지방의 대표자일 것이다. 그리고 이들이 일곱 명이라는 것은 팔레스타인 밖에 사는 모든 신자 그룹을 대표하는 상징성을 가지는 것 같다.[436] 이들은 바울이 예루살렘의 가난한 그리스도인을 위한 이방인 그리스도인의 헌금을 모아서 가지고 가는 일과 연관되어 있다(참고. 롬 15:25-27; 고전 16:1-3; 고후 8:20-21). 이들의 존재는 헌금을 강도에게서 안전하게 지켜 줄 것이고, 또한 바울이 헌금을 정직하게 다루고 있다는 사실에 대한 공적인 보증이 되어 줄 것이다.[437] 바울의 동행자들은 크게 마게도냐 출신과 아시아 출신으로 구분된다. 마게도냐 출신은 베뢰아 사람 부로의 아들 소바더 그리고 데살로니가 사람 아리스다고와 세군도이다. 그리고 아시아 출신은 더베 사람 가이오와 루스드라 사람 디모데와 에베소 사람 두기고와 드로비모이다.

바울의 일부 동행자는 먼저 가서 드로아에서 바울 일행을 기다린다(5절). 드로아에서 바울 일행을 기다리고 있던 사람들이 누구인지는 알려지지 않았다. 아마도 그들은 드로아에서 마지막 항해를 준비했을 것이다. 드로아는 항구 도시로서 고대에 동쪽 지역과 서쪽 지역을 연결시켜 주는 곳이었다(참고. 16:8). 그래서 당시에 네압볼리와 알렉산드리아 사이를 오가는 배들이 통상적으로 이곳을 거쳤다. 바울은 마게도냐로 가는 길에 이곳에서 복음을 전했고 교회를 세웠다(참고. 고후 2:12). 따라서 바울의 일부 동행자는 드로아에 있는 신자들을 통해서 바울의 항해를 준비할 수 있었을 것이다.[438]

바울을 비롯한 나머지 사람은 무교절 후에 빌립보에서 배를 타고 5일 만에 드로아에 도착하여 거기서 7일을 머문다(6절). 여기서 빌립보는 구체적으로 말하자면 빌립보의 항구인 네압볼리이다. 그런데 그들은 빌립보에서 드로아로 항해할 때 강한 역풍을 만났음이 틀림없다. 왜냐하면 이전에 그들이 드로아에서 빌립보로 갔을 때는 이틀밖에 걸리지 않았기 때문이다(참고. 16:11).[439] 한편, 누가는 여기서 다시 '우리' 단락(we-sections)을 시작하는데, 그는 지금까지 빌립보에 남겨졌다가(참고. 16장), 여기서 다시 합류한 것으로 보인다. 바울이 오순절 이전에 예루살렘에 도착하려 했기 때문에(참고. 16절) 누가는 "무교절"이라는 날짜를 일부러 언급한다. 원래 바울에게 남은 시간은 오순절까지 50일이었는데, 빌립보에서 배를 타고 드로아에 오는 데 5일이 걸렸고, 그곳에서 7일을 보냈기 때문에 이미 12일을 소모해 버렸다. 따라서 지금 그는 급하게 예루살렘으로 향해야 하는 형편에 놓여 있다. 앞으로 그는 여정을 서두를 것이다.

2) 드로아 선교(20:7-12)

바울 일행은 드로아에 도착하여 "그 주간의 첫날에" 모임을 가진다(7절a). "그 주간의 첫날"(the first day of the week)이란 표현은 유대시로 하면 토요일 저녁부터 일요일 저녁까지를 의미하며, 로마시로 하면 토요일 자정부터 일요일 자정까지를 의미한다. 여기서 누가는 로마시를 따르고 있는 것이 분명하다. 이는 7절에서 바울이 "이튿날" 떠나고자 하였는데, 11절에서 "날이 새기까지" 이야기하고 떠났다는 표현이 나오기 때문이다. 그러므로 "그 주간의 첫날"이라는 표현은 일요일, 즉 '주일'을 의미한다(참고. 막 16:2; 눅 24:1; 요 20:1). 이 언급은 초기 기독교인들이 일요일(주일)에 모였다는 사실에 대한 대단히 명확한 증거가 된다.

그들은 주일(일요일)에 떡을 떼기 위하여 모인다(7절b). 떡을 떼는 것은 음식을 먹는 것(애찬)과 성찬을 행하는 것을 모두 포함한다. 이것은 초대교회에서 공식적인 예배의 한 부분이었다. 당시에는 애찬과 성찬이 구분되지 않았으며, 주후 2세기 이후에 애찬과 성찬이 구분되어 예전으로 확립되었다(참고. 2:42의 주해). 바울은 일정이 촉박하였기 때문에 이튿날 떠나고자 하여 그들에게 강론하는데 말을 밤중까지 계속한다. 그들은 저녁에 모였는데, 사람들은 하루 일과를 마치고 모였으며, 바울은 이들을 다시 만나지 못할 것으로 생각하여 오랜 시간 설교한다.

바울이 말씀을 전한 곳은 어떤 그리스도인의 집이었다. 그 집에는 윗다락이 있었고, 사람들은 거기에 모였는데, 그들은 등불을 많이 켰다(8절). 이 집이 3층까지 있는 것을 볼 때 이 집은 매우 큰 집이다. 당시 제일 큰 방은 건물의 맨 위층에 있었다. 특히 등불을 많이 켰다는 사실은 이 집의 큰 규모를 보여준다. 그런데 문제가 생겼다. 바울이 강론할 때 유두고라 하는 청년이 창에 걸터 앉아 있다가 깊이 졸았는데 바울이 강론하기를 더 오래 하자 졸음을 이기지 못하여 3층에서 떨어져 죽은 것이다(9절). 비록 집이 컸다 하더라도 공간에 비하여 사람들의 숫자가 많았기 때문에 유두고는 창가에 걸터 앉아서 설교를 들었을 것이다. 혹은 그 집에 등불이 많이 켜져 있어서 창문 가까이 가서 신선한 공기를 들이마시고 싶었을지도 모른다.[440]

누가는 여기서 "청년"에 해당하는 헬라어로 9절에서는 *네아니아스*(νεανίας)를 사용하지만, 12절에서는 *파이스*(παῖς)를 사용한다. 파이스는 8-14세에 이르는 '소년'을 가리키거나 아니면 주인 밑에서 일하는 '노예'를 가리킨다. 유두고가 어린 소년인지 아니면 노예인지 분명하지 않다. 만일 그가 노예라면 온종일 열심히 일하고 저녁에 피곤한 가운데 설교를 오래 들었기 때문에 졸았을 것이다. 물론 유두고 외에 더 많은 사람이 창가에 걸터 앉아 있었을 가능성이 있다. 어쨌든 바울은 이렇게 졸다가 떨어져 죽은 유두고를 비난하거나 나무라지 않는다.[441]

유두고가 3층에서 떨어져 죽자 바울을 비롯한 많은 사람이 아래층으로 빨리 뛰어 내려가서 유두고를 살펴본다. 바울이 내려가서 그 위에 엎드려 그 몸을 안고 말하기를 "떠들지 말라 생명이 그에게 있다"라고 한다(10절). 유두고가 정말 죽었는지 아니면 기절을 했는지에 대해서 논란이 있을 수 있다. 하지만 이 글을 작성한 누가가 의사이기 때문에 유두고가 죽었다고 진술한 그의 말을 사실대로 받아들이는 것이 바람직하다. 다만 바울이 유두고에게 생명이 있다고 말한 것은 유두고가 죽지 않았다는 뜻이 아니라, 그가 유두고를 살릴 수 있겠다는 뜻이다. 한편, 바울이 유두고 위에 엎드려 그 몸을 안고 말하는 것은 열왕기상 17:17-24에서 엘리야가 사르밧 과부의 아들에게 행한 것과 열왕기하 4:32-37에서 엘리사가 수넴 여인의 아들에게 행한 일을 생각나게 한다.[442]

바울은 유두고를 살린 후에 다시 위층으로 올라가서 떡을 떼어 먹고 오랫동안 곧 날이 새기까지 이야기하고 떠난다(11절). 이때 사람들은 살아난 청년으로 인해서 적지 않게 위로를 받는다(12절). 여기서 사람들이 받은 "위로"란 죽은 자에게 생명을 주시는 하나님의 능력에 근거한다. 사람들은 하나님에 관하여 말로만 알게 된 것이 아니라 실제적으로도 알게 되었다. 그들은 하나님이 그들 가운데 역사하고 계신다는 사실을 유두고의 부활 사건으로 확신할 수 있었다. 나아가서 그들은 복음이란 죽은 사람을 살리는 능력인데, 그것은 단지 영혼만 살리는 것이 아니라 육체도 살리는 것임을 알았다. 곧 복음을 통하여 전인적인 생명과 구원을 얻는다는 사실을 깨달았다.

더욱이 죽은 사람이 살아나는 이적으로 인해 바울의 직분과 그가 전한 말씀이 권위를 가지게 되었다. 즉 바울의 설교와 이적 사역으로 인해 드로아 사람들은 바울의 복음을 확신하게 되었다. 한편, 이 단락에서 7절과 9절에 나오는 '강론하다'는 *디아레고마이*(διαλέγομαι)인데, 이 단어는 혼자서 말하는 것이 아니라 함께 질문하고 대답하는 토론을 뜻한다. 그리고 11절에 나오는 '이야기하다'는 *호밀레오*(ὁμιλέω)인데, 이 단어는 정식 설교라기보다는 자유롭게 터놓고 이야기하는 것을 의미한다.[443] 따라서 바울은 혼자서 말한 것이 아니라 자유롭게 대화한 것이다. 아마도 바울이 어느 정도 설교를 하다가 이후 자유롭게 질의응답이나 토론시간을 가졌을 것이다.

3) 밀레도 선교(20:13-16)

13-16절에는 바울 일행이 드로아에서 밀레도까지 나아간 경로가 언급되어 있다. 이들의 여행경로를 정리하자면, 드로아 → 앗소 → 미둘레네 → 기오 → 사모 → 밀레도가 된다. 그런데 바울과 그의 일행은 드로아에서 앗소로 갈 때 잠시 헤어진다. 바울을 제외한 다른 사람들은 배를 타고 앗소로 가고, 바울은 혼자 걸어서 앗소로 가는데, 이것은 바울이 정해준 것이다(13절). 드로아에서 앗소까지의 거리는 32km 정도였다.[444] 바울이 이 거리를 왜 혼자서 걸어갔는지는 알려지지 않았다. 아마도 그는 혼자서 걸으면서 생각하며 기도하고자 했을 것이다. 지금까지의 삶을 돌아보며, 또한 앞으로 일어날 일(예루살렘에서의 환난)을 생각하면서 주님의 도우심을 구했을 것이다. 물론 이때 여러 동네에 들러서 말씀을 가르쳤을 가능성이 있고, 길에서 만나는 사람들에게 복음을 전했을 가능성도 있다.

바울은 앗소에서 일행들을 다시 만나서 배를 타고 미둘레네로 간다(14절). 그들은 거기서 하룻밤을 묵은 후에 기오에 들르고, 거기서 다시 하룻밤을 묵은 후에 사모에 들르고, 그 다음 날 밀레도에 이른다(15절). 한편, 기오는 호메로스의 출생지였고, 사모는 수학자 피타고라스의 출생지였다.[445] 누가는 여행일지를 기록한 것으로 보인다. 그는 여정을 자세하게 기록하여 사실성을 강조하고 생동감을 드러낸다. 바울과 일행이 각 지역에 들러 묵으면서 무슨 일을 했는지가 기록되어 있지는 않지만, 그들이 기도하며 말씀을 나누었을 것이라고 추측할 수 있다.

바울은 아시아에서 지체하지 않기 위하여 에베소를 지나 배를 타고 가기로 작정하는데, 이는 될 수 있는 대로 오순절 안에 예루살렘에 이르려고 급히 가기 위해서이다(16절). 그는 에베소에서 3년이라는 오랜 세월을 지냈기 때문에 그곳에 도착하면 만나서 대화할 사람이 대단히 많았다. 하지만 에베소에서 이전에 일어났던 소동이 다시 일어날 수 있어서 어려움을 당할 수 있었고 그렇게 되면 시간이 지체될 위험이 있었다. 게다가 배를 타고 가면 여러모로 시기가 늦춰질 가능성이 있으므로 그는 서두르지 않을 수 없었다. 그래서 그는 에베소에 들르지 않고 배를 타고 그곳을 지나가려고 한다. 그러므로 바울은 대단히 전략적으로 움직인다.

교훈과 적용

1. 바울은 주님의 말씀을 제자들에게 가르치는 일에 열심이었다. 그는 오직 주님의 말씀이 사람을 변화시킬 수 있다는 일관된 신념을 가지고 있었기에 이 일에 집중하였다. 그런데 사실 사도행전에서 바울을 비롯하여 사도들이 가장 두드러지게 했던 일이 바로 주님의 말씀을 가르치는 일이었다. 실로 이것은 주님의 종이 가장 심혈을 기울여서 수행했던 일이다. 우리는 말씀을 가르치는 일과 배우는 일에 집중해야 한다. 이 일에 가장 많은 노력을 기울여야 한다.

2. 이 단락에서 바울은 여러 사람과 함께 여행했는데, 이는 이방인 신자의 연보를 모아서 예루살렘의 가난한 유대인 신자에게 전달하려는 과정에서, 강도에게서 돈을 지키고, 바울이 연보를 정직하게 다루고 있음을 공적으로 드러내려는 조처였다. 주님의 일을 하는 자는 교회의 재정에 대해서 깨끗해야 한다. 헌금을 바치는 일 못지않게 중요한 것이 헌금을 관리하는 일이다. 교회의 재정 때문에 문제가 발생하는 일은 대단히 안타깝다.
3. 드로아에서 바울은 성경을 가르쳤고 성례를 행하였다. 성경이 하나님의 말씀이듯이, 성례는 눈으로 보는 하나님의 말씀이다. 우리의 믿음은 성경과 성례를 통하여 성장한다. 오늘날 교회가 성례를 바로 시행하지 못함으로 교회의 본질에 충실하지 못한 경우가 있다. 이것은 결코 가볍게 넘겨도 되는 사안이 아니다. 성례를 바르게 이해하고 시행하는 일은 대단히 중요하다. 따라서 목사들과 장로들은 물론이거니와 교인들은 성례를 바로 시행하고 바로 참여해야 한다.

5. 밀레도에서의 설교(20:17-38)

17 바울이 밀레도에서 사람을 에베소로 보내어 교회 장로들을 청하니 18
오매 그들에게 말하되 아시아에 들어온 첫날부터 지금까지 내가 항상 여
러분 가운데서 어떻게 행하였는지를 여러분도 아는 바니 19 곧 모든 겸손
과 눈물이며 유대인의 간계로 말미암아 당한 시험을 참고 주를 섬긴 것과
20 유익한 것은 무엇이든지 공중 앞에서나 각 집에서나 거리낌이 없이 여
러분에게 전하여 가르치고 21 유대인과 헬라인들에게 하나님께 대한 회
개와 우리 주 예수 그리스도께 대한 믿음을 증언한 것이라 22 보라 이제
나는 성령에 매여 예루살렘으로 가는데 거기서 무슨 일을 당할는지 알지
못하노라 23 오직 성령이 각 성에서 내게 증언하여 결박과 환난이 나를 기

다린다 하시나 24 내가 달려갈 길과 주 예수께 받은 사명 곧 하나님의 은
혜의 복음을 증언하는 일을 마치려 함에는 나의 생명조차 조금도 귀한 것
으로 여기지 아니하노라 25 보라 내가 여러분 중에 왕래하며 하나님의 나
라를 전파하였으나 이제는 여러분이 다 내 얼굴을 다시 보지 못할 줄 아노
라 26 그러므로 오늘 여러분에게 증언하거니와 모든 사람의 피에 대하여
내가 깨끗하니 27 이는 내가 꺼리지 않고 하나님의 뜻을 다 여러분에게 전
하였음이라 28 여러분은 자기를 위하여 또는 온 양 떼를 위하여 삼가라 성
령이 그들 가운데 여러분을 감독자로 삼고 하나님이 자기 피로 사신 교회
를 보살피게 하셨느니라 29 내가 떠난 후에 사나운 이리가 여러분에게 들
어와서 그 양 떼를 아끼지 아니하며 30 또한 여러분 중에서도 제자들을 끌
어 자기를 따르게 하려고 어그러진 말을 하는 사람들이 일어날 줄을 내가
아노라 31 그러므로 여러분이 일깨어 내가 삼 년이나 밤낮 쉬지 않고 눈
물로 각 사람을 훈계하던 것을 기억하라 32 지금 내가 여러분을 주와 및
그 은혜의 말씀에 부탁하노니 그 말씀이 여러분을 능히 든든히 세우사 거
룩하게 하심을 입은 모든 자 가운데 기업이 있게 하시리라 33 내가 아무
의 은이나 금이나 의복을 탐하지 아니하였고 34 여러분이 아는 바와 같이
이 손으로 나와 내 동행들이 쓰는 것을 충당하여 35 범사에 여러분에게 모
본을 보여준 바와 같이 수고하여 약한 사람들을 돕고 또 주 예수께서 친
히 말씀하신 바 주는 것이 받는 것보다 복이 있다 하심을 기억하여야 할지
니라 36 이 말을 한 후 무릎을 꿇고 그 모든 사람들과 함께 기도하니 37 다
크게 울며 바울의 목을 안고 입을 맞추고 38 다시 그 얼굴을 보지 못하리
라 한 말로 말미암아 더욱 근심하고 배에까지 그를 전송하니라

이 단락은 바울이 에베소의 장로들을 밀레도에서 만나서 설교하는 장면을 담고 있다. 여기서 바울은 에베소의 장로들에게 목회적인 당부를 한다. 바울은 자신이 없는 상황에서 장로들이 어떻게 교인을 목양해야 하는지를 권면한다. 이 설교는 사도행전에서 바울이 그리스도인을 대상으로 설교한 유일한 경우이다. 누가는 이 설교에 비교적 많은 분량을 할애한다.[446]

1) 에베소의 장로들을 밀레도에 청함(20:17)

바울은 밀레도에서 사람을 에베소로 보내어 장로들을 청한다(17절). 밀레도는 오래된 도시였고, 번성한 곳이었으며, 해안 도시였는데, 에베소에서 직선거리로 48km 정도 떨어져 있었다.[447] 하지만 에베소에서 밀레도에 이르는 길이 산악으로 인해 우회하는 경로였기 때문에 실제로 오고 가는 거리는 이보다 길었다. 에베소는 바울이 애정을 많이 쏟았던 곳이어서 그냥 지나칠 수 없었다. 하지만 지금 그는 시급히 예루살렘으로 가야 했는데, 에베소에 들리면 시간이 오래 걸리고, 일전의 일로 위험에 처할 수도 있으며, 예기치 않은 일을 만날 수도 있기 때문에 에베소의 장로들에게 밀레도로 와서 자신을 만나 달라고 요청한다(참고. 19:21-41).

"장로"(*프레스뷔테로스*, πρεσβύτερος)는 교회의 지도자를 의미한다. 이들은 때로 "감독"(*에피스코포스*, ἐπισκόπος)이라고 불리기도 했다(참고. 28절).[448] 원래 "장로"는 유대의 회당에서 사용된 직분이었는데, 초기 기독교 공동체에서 그대로 차용되었다. "감독"이라는 명칭은 헬라적 배경을 가지는데, 초기 기독교 공동체에서는 장로와 감독이 동의어로 사용되었다.[449] 그리고 장로-감독들은 집사들과 더불어 교회의 직분자가 되었다. 이러한 직분자는 교회에서 공적으로 임명되거나 청빙되었다. 바울은 각 교회에서 "장로"

를 선택하여 세웠다(참고. 14:23).

2) 에베소에서의 사역 회고(20:18-21)

바울은 장로들에게 자신이 에베소에서 어떻게 행하였는지를 말한다. 그는 "아시아에 들어온 첫날부터 지금까지 내가 항상 여러분 가운데서 어떻게 행하였는지를 여러분도 아는 바니"라고 말한다(18절). "여러분도 아는 바니"라는 표현을 통해서 장로들이 바울의 모든 활동을 상세히 알고 있었다는 사실이 드러난다. 바울은 겸손(아마도 굴욕을 의미)과 눈물(고난), 그리고 유대인들의 간계로 말미암아 당한 시험을 참고 주님을 섬겼음을 회고한다(19절). 바울은 에베소에서 유대인 때문에 어려움을 많이 당했지만, 여전히 에베소를 사랑하고 있다(참고. 19장).

바울은 이어서 유익한 것이면 무엇이든지 "공중 앞에서나 각 집에서나" 거리낌이 없이 사람들에게 전하여 가르쳤다고 말한다(20절). "공중 앞에서나 각 집에서나"란 표현은 대중 앞에서 연설한 것과 가택교회를 방문하여 가르친 것을 의미한다. 또한 그는 "유대인과 헬라인들에게" 하나님께 대한 회개와 우리 주 예수 그리스도께 대한 믿음을 증언하였다고 말한다(21절). "유대인과 헬라인들에게"란 '모든 사람들에게'라는 뜻이다. 그리고 그가 전한 것은 하나님께 대한 회개와 예수님께 대한 믿음인데, 이 두 가지는 상호 보충적이지만 본질적으로 동일하다.

3) 바울의 계획과 각오(20:22-27)

18-21절에서 바울은 자신이 과거 에베소에서 어떻게 지냈는지를 말했다. 그러나 22절에서는 "이제"라는 단어를 사용하여 앞으로의 계획을 밝힌다.

그는 "성령에 매여" 예루살렘으로 가는데 거기서 무슨 일을 당할는지 알지 못한다고 말한다(22절). "성령에 매여"('bound by the Spirit')란 표현은 성령의 주권적인(혹은 강권적인) 인도와 명령을 의미한다. 따라서 그는 자신의 의지와 결심 때문에 예루살렘에 가는 것이 아니라 성령의 인도와 명령 때문에 예루살렘에 간다는 사실을 밝힌다. 그가 예루살렘에 가는 목적 가운데 하나는 이방 교인의 헌금을 예루살렘 교회의 성도에게 전달하기 위해서이다(참고. 24:17).

바울은 성령께서 각 성에서 자신에게 결박과 환난이 그를 기다린다고 증언하신 사실을 언급한다(23절). 성령께서는 바울이 어느 지역에 들어가든지 환난이 있을 것이라고 말씀하셨는데, 이제 예루살렘에 가서도 그런 일이 있을 것이라고 말씀하셨다는 것이다. 분명히 예루살렘의 극렬한 유대인들은 바울을 잡아서 죽이거나 그를 로마인에게 넘겨서 감옥에 갇히게 할 것이다. 그렇지만 바울은 이러한 사실을 알면서도 성령에 매여 주님이 그에게 주신 사명을 감당하기 위하여 예루살렘으로 가려고 한다. 누가는 사도행전의 마지막 부분에서 바울의 죽음을 말하지 않는데, 이는 그가 복음서를 해피엔딩(happy ending)으로 마친 것과 병행을 이룬다.[450]

바울은 매우 인상 깊은 말을 남긴다. "내가 달려갈 길과 주 예수께 받은 사명 곧 하나님의 은혜의 복음을 증언하는 일을 마치려 함에는 나의 생명조차 조금도 귀한 것으로 여기지 아니하노라"(24절). 이 말은 디모데후서 4:7에서 "나는 선한 싸움을 싸우고 나의 달려갈 길을 마치고 믿음을 지켰으니"라는 말로 반복된다. 바울의 말에는 단호함과 비장함이 담겨 있다. 그는 죽음의 위협과 두려움 앞에서도 자신에게 맡겨진 사명을 감당하려고 한다. 그는 예수님이 말씀하신 바 "몸을 죽이고 그 후에는 능히 더 못하는 자들을 두려워하지 말라"라는 말씀을 실천한다(참고. 눅 12:4). 이러한 바울의 신념은 서신서들에서 자주 나타난다(참고. 고전 15:31-32; 고후 4:10-11; 6:9; 11:23; 빌 1:21; 2:17; 3:10-11).[451]

바울은 22절에서 "보라"(*이두*, ἰδοὺ)라는 표현을 사용하여 자신의 말을 강조했는데, 25절에서 다시 "보라"(*이두*)라는 표현을 사용하여 사람들의 주의를 집중시킨다. 그는 이제 장로들이 자신의 얼굴을 다시 보지 못할 것이라고 말한다(25절). 이것은 그가 더 이상 아시아에서 사역하지 않을 것이라는 뜻이다. 그는 이제 다른 곳, 즉 로마로 가려고 한다(참고. 19:21). 그리고 그는 이후에 스페인(서바나)을 방문할 것이다(참고. 롬 15:23-29). 그러므로 바울은 인간적인 편리함과 사회적인 친밀도에 따라 움직이지 않았고, 항상 성령의 지시와 뜻에 따라 움직였다.

바울은 "모든 사람의 피에 대하여 내가 깨끗하니"라고 말한다(26절; 참고. 18:6). 그리고 "내가 꺼리지 않고 하나님의 뜻을 다 여러분에게 전하였음이라"라고 말한다(27절). 이것은 에스겔 3:18-21과 33:1-6을 인용한 것인데, 바울의 선지자 의식을 반영한다. 선지자는 사람들이 듣든지 안 듣든지 최선을 다해 하나님의 말씀을 남김없이 전했다. 하나님께서는 만일 말씀을 전하지 않아서 사람들이 회개하지 않으면 그 피 값을 선지자에게서 찾겠다고 말씀하셨다. 이러한 말씀을 기억하면서 바울은 에베소 사람들에게 최선을 다해 복음을 전했다(참고. 고전 9:16). 바울의 말은 에베소 교회에 장차 교리적인 혹은 윤리적인 오류가 닥치더라도 자신에게 아무 책임이 없다는 의미이다.[452] "하나님의 뜻을 다" 전했다는 말은 하나님의 말씀을 가리지 않고 전체적으로 모두 전했다는 뜻이다. 그는 사람들이 듣기 좋아하는 부분만 전한 것이 아니라 하나님이 말씀하신 것이라면 무엇이든지 다 전했다. 이것은 말씀을 전하는 자들이 따라야 할 모범이다.

4) 장로들을 향한 권면(20:28-35)

바울은 장로들에게 자기를 위하여 또는 온 양 떼를 위하여 "삼가라"라고 권면한다(28절a; 참고. 벧전 5:2-3). 여기서 "삼가라"(*프로세케테*, προσέχετε)라는 말은 '주의하라'는 뜻이다. 장로는 무엇보다도 자신을 주의해야 하는데, 이는 자신을 제대로 다스리지 못하면 다른 사람을 바르게 다스릴 수 없기 때문이다. 바울은 성령이 장로들을 "감독자"로 삼으셔서 하나님이 자기 피로 사신 교회를 보살피게 하셨다고 말한다(28절b). "감독자"(*에피스코포스*)는 사람들을 돌보는(목양하는) 직책이다. "감독자"라는 단어는 신약성경에 다섯 번 나온다(참고. 행 20:28; 빌 1:1; 딤전 3:2; 딛 1:7; 벧전 2:25).[453]

또한 바울은 이단을 조심하라고 권면한다. 바울은 자신이 떠난 후에 "사나운 이리"가 그들에게 들어와서 그 양 떼를 공격할 것이라고 말한다(29절). "사나운 이리"란 거짓 선지자나 이단을 뜻한다. 그들을 "사나운 이리"라고 표현한 것은 그들의 공격이 매섭다는 사실을 시사한다. 또한 "여러분 중에서도", 즉 교회 안에서도 제자들을 끌어 자기를 따르게 하려고 "어그러진 말"을 하는 사람들이 일어날 것이라고 말한다(30절). "어그러진 말"(*디에스트람메나*, διεστραμμένα)이란 복음을 교묘하게 뒤틀어서 왜곡하는 것을 의미한다. 예수 그리스도의 교회는 역사적으로 항상 교회 안과 밖으로부터 공격을 당했는데, 감독자는 그러한 공격을 주의해야 한다. 이에 바울은 장로들이 "일깨어" 그가 삼 년이나 밤낮 쉬지 않고 눈물로 각 사람을 훈계하던 것을 기억하라고 말한다(31절). 이단들의 공격과 잘못된 교리의 전파에 대한 대책은 "일깨어"(*그레고레이테*, γρηγορεῖτε), 즉 '각성'하여 바울이 가르친 말씀을 기억하는 것이다.

이어서 바울은 장로들을 "주와 및 그 은혜의 말씀"에 부탁한다고 말한다(32절a). "주와 및 그 은혜의 말씀"이란 표현은 주님과 그분의 은혜의 말씀을 동일시하는 의미가 담겨 있다. 바울은 주님의 말씀이 그들을 능히 든든히 세워서 거룩하게 하심을 입은 모든 자 가운데 기업이 있게 하시리라고 말한다(32절b). 따라서 장로는 무엇보다도 주님의 말씀을 붙들어야 한다. 그들의 임무와 사명은 주님의 말씀을 통해서 능히 든든히 세워지고 다른 사람들에게 그 말씀을 전하는 일이다. 그렇게 할 때 그들은 영원한 생명을 기업으로 상속받을 것이다(참고. 26:18).[454]

바울은 마지막으로 자신이 사람들 앞에 어떻게 모범적으로 살았는지 언급한다. 그는 이를 통하여 지도자들이 사람들 앞에 모범을 보일 것을 요청한다. 그는 아무의 은이나 금이나 의복을 탐하지 아니하였다고 말한다(33절). 또한 그들이 아는 바와 같이 자신의 손으로 자신과 동행자들이 쓰는 것을 충당하였다고 말한다(34절; 참고. 18:3). 이것은 바울이 사도로서 마땅히 대가를 지불함과 일하지 아니할 권리를 가지고 있었으나 그렇게 하지 않았음을 보여준다(참고. 고전 9:9). 즉 그는 교회로부터 생활비를 받을 수 있었지만 받지 않고 직접 벌어서 충당하였다. 그리하여 그는 주님의 말씀, 곧 "주는 것이 받는 것보다 복이 있다"라는 말씀을 실천하였다(35절). 그런데 35절의 인용구는 복음서에서 발견되지 않는다. 아마도 열두 제자 가운데 누군가가 바울에게 이 말을 가르쳐 주었을 것이다. 만일 그렇지 않으면 누가복음 6:30, 38; 11:41; 12:33; 18:22 등에 기록된 주님의 말씀에 근거하여 바울이 이 말을 했을 것이다.[455]

5) 이별(20:36-38)

바울은 설교를 마친 후에 무릎을 꿇고 모든 사람과 함께 기도한다(36절). 무릎을 꿇고 기도하는 것은 간절함과 애잔함을 보여준다. 이때 사람들은 다 크게 울면서 바울의 목을 안고 입을 맞춘다(37절). 그들은 바울과 이별하는 것이 너무 슬프고 가슴 아파서 울지만, 또한 바울이 예루살렘에 가면 고난 당할 것을 예상하기에 크게 운다. 그들은 목을 안고 입을 맞추는데, 입맞춤은 초대교회의 인사 중 하나이다.[456] 사도들은 형제들 간의 거룩한 입맞춤 혹은 사랑의 입맞춤을 자주 언급하였다(참고. 고전 16:20; 고후 13:11; 살전 5:26; 벧전 5:14).

에베소의 장로들은 바울이 다시 자신의 얼굴을 보지 못하리라고 말한 것으로 인하여 더욱 근심하였으며 배에까지 그를 전송한다(38절). 그들이 바울을 배에까지 전송하는 모습은 바울에 대한 존경심과 충성심을 보여준다. 즉 많은 사람이 바울을 친절하고 온유한 사역자로 여기고 있었음을 알게 해준다(참고. 살전 2:7; 딤전 3:3; 딤후 2:24; 딛 3:2). 그들은 아마도 바울에게 항해에 필요한 양식을 공급해 주었을 것이다.[457] 앞으로, 바울은 아시아에서의 사역을 마치고 예루살렘에 들르고 가이사랴에서 감옥에 갇혔다가 로마로 호송된다.

교훈과 적용

1. 이 단락에서 바울은 본을 보이는 삶에 대하여 언급했다. 그는 복음을 전하는 과정에서 시험과 고난을 많이 당하였지만 참고 전했다는 사실을 말하면서 모범적인 삶을 제시했다. 그리고 장로에게는 먼저 스스로 주의해야 할 것을 당부했다. 교회의 지도자는 말로만 복음을 전할 것이 아니라 삶으로 본보기가 되어야 한

다. 오늘날 교회 안에서 지도자의 삶이 아무런 감동이 되지 못하고 있는 것은 대단히 안타까운 일이다. 먼저 삶으로 본을 보이자.

2. 바울은 이단을 조심하라고 말했다. 이단은 '사나운 이리'와 같아서 교인을 맹렬하게 공격한다. 오늘날 교회 안에는 다양한 종류의 이단이 활동하고 있다. 이들은 어떤 면에서 외부의 박해보다 더 위험하다. 우리는 이단을 파악하여 교회에서 추방해야 한다. 교인들이 이단의 유혹에 넘어가지 않도록 철저히 훈련시켜야 한다. 이단의 수법이 갈수록 교묘해지고 있음을 간파해야 한다. 이단의 공격에 대해서 한순간도 방심해서는 안 된다.
3. 바울은 에베소의 장로들에게 말씀 교육의 중요성을 강조했다. 바울은 에베소에서 삼 년이나 밤낮 쉬지 않고 눈물로 각 사람을 훈계하였던 것을 기억하라고 말했다. 그리고 주님과 그분의 은혜의 말씀에게 그들을 부탁한다고 말했다. 바울이 에베소 교회에서 가장 심혈을 기울인 것은 말씀을 가르치는 일이었다. 교회는 말씀 중심의 공동체이다. 교회는 말씀을 가르치는 일에 최우선순위를 두어야 한다. 말씀 교육의 중요성은 아무리 강조해도 지나치지 않다.

6. 예루살렘으로 향하는 여정(21:1-16)

1 우리가 그들을 작별하고 배를 타고 바로 고스로 가서 이튿날 로도에 이
르러 거기서부터 바다라로 가서 2 베니게로 건너가는 배를 만나서 타고 가
다가 3 구브로를 바라보고 이를 왼편에 두고 수리아로 항해하여 두로에서
상륙하니 거기서 배의 짐을 풀려 함이러라 4 제자들을 찾아 거기서 이레
를 머물더니 그 제자들이 성령의 감동으로 바울더러 예루살렘에 들어가지
말라 하더라 5 이 여러 날을 지낸 후 우리가 떠나갈새 그들이 다 그 처자와
함께 성문 밖까지 전송하거늘 우리가 바닷가에서 무릎을 꿇어 기도하고 6

서로 작별한 후 우리는 배에 오르고 그들은 집으로 돌아가니라 7 두로를
떠나 항해를 다 마치고 돌레마이에 이르러 형제들에게 안부를 묻고 그들
과 함께 하루를 있다가 8 이튿날 떠나 가이사랴에 이르러 일곱 집사 중 하
나인 전도자 빌립의 집에 들어가서 머무르니라 9 그에게 딸 넷이 있으니
처녀로 예언하는 자라 10 여러 날 머물러 있더니 아가보라 하는 한 선지
자가 유대로부터 내려와 11 우리에게 와서 바울의 띠를 가져다가 자기 수
족을 잡아매고 말하기를 성령이 말씀하시되 예루살렘에서 유대인들이 이
같이 이 띠 임자를 결박하여 이방인의 손에 넘겨 주리라 하거늘 12 우리
가 그 말을 듣고 그 곳 사람들과 더불어 바울에게 예루살렘으로 올라가지
말라 권하니 13 바울이 대답하되 여러분이 어찌하여 울어 내 마음을 상하
게 하느냐 나는 주 예수의 이름을 위하여 결박 당할 뿐 아니라 예루살렘에
서 죽을 것도 각오하였노라 하니 14 그가 권함을 받지 아니하므로 우리가
주의 뜻대로 이루어지이다 하고 그쳤노라 15 이 여러 날 후에 여장을 꾸려
예루살렘으로 올라갈새 16 가이사랴의 몇 제자가 함께 가며 한 오랜 제자
구브로 사람 나손을 데리고 가니 이는 우리가 그의 집에 머물려 함이라

사도행전 21장에는 바울이 예루살렘을 향하여 가는 장면이 기록되어 있다. 이 서술 과정에서 누가는 바울을 다양한 신자로부터 많은 사랑과 존경을 받는 인물로 묘사한다. 그런데 바울이 예루살렘으로 향하는 모습은 복음서에서 예수님이 예루살렘으로 향하시는 모습과 병행을 이룬다. 일찍이 예수님은 예루살렘으로 가셔야 한다는 의지 표명을 세 번 하셨는데(참고. 눅 9:51; 13:33; 18:31), 이제 바울도 예루살렘으로 가야 한다는 의지 표명을 세 번 한다(참고. 19:21; 20:3, 16).

1) 두로에 들림(21:1-6)

바울 일행은 밀레도에서 에베소의 장로들과 작별하고 예루살렘을 향하여 간다(1절a). 여기서 "우리"라는 말이 나오는 것으로 보아 이것은 세 번째 '우리' 단락(we-sections)이다(참고. 16:10-17; 20:5-15의 주해). 누가는 바울 일행이 지나간 경로를 매우 단순하게 기록한다. 이는 이 여정에 어떤 특별한 사건이 없었기 때문이며, 혹시 있었다 하더라도 사도행전의 독자에게 교훈을 심어 줄 만한 일이 없었기 때문이다. 바울 일행은 지금 배를 타고 가는 중인데, 이때는 항해하기에 좋은 계절인 봄이다. 그들은 오순절 전에 예루살렘에 도착하기 위하여 서두른다(참고. 20:16).

그들은 배를 타고 고스로 가서 이튿날 로도에 이르러 거기서부터 바다라로 가서 베니게로 건너가는 배를 만나서 타고 가다가 "구브로를 바라보고 이를 왼편에 두고" 수리아로 항해하여 두로에서 상륙하는데, 이는 거기서 배의 짐을 풀려고 하였기 때문이다(1절b-3절). 이 단락에 언급된 장소는 모두 밤에 배들이 정박할 만한 곳이며, 해안에 가까이 있었고, 각기 하룻길 정도의 거리에 있었다.[458] 고대에 이 항로는 작은 배들이 다니는 일반적인 항로였는데, 아마도 바울이 탄 배는 해안과 가깝게 항해하는 배였을 것이다.[459] 바다라는 루기아 지방의 큰 항구였으며, "구브로를 바라보고 이를 왼편에" 두었다는 말은 구브로 섬의 남쪽을 지나갔다는 뜻이다. 바다라에서 두로까지의 거리는 644km 정도였기 때문에 그들은 바다라에서 큰 배를 갈아타야 했다.[460] 두로는 큰 항구로서 사람들이 짐을 풀고 여러 목적지로 흩어지는 곳이었다.

바울은 두로에서 제자들을 만나서 7일을 머문다(4절a). 그들이 급히 예루살렘으로 가야 하는 중에 이곳에서 7일이라는 비교적 긴 시간을 머물렀던 것은 항해가 순조로워서 여유가 있었기 때문일 수도 있고, 배가 정박한 후에 화물을 내리고 싣는데 7일이 소요되었기 때문일 수도 있다. 후자일 가능성이 좀 더 크지만, 바울은 이 기회를 활용하여 제자들을 만난다.[461] 한편, 바울은 이곳에서 사역한 적이 없었으나, 어느새 이곳에도 제자들이 살고 있었다. 이들은 그리스도를 영접한 신자들이다. 아마도 이들은 예루살렘에서 핍박이 있었을 때 흩어져 베니게로 갔던 이들 중 일부일 것이다(참고. 11:19; 15:30).

제자들은 "성령의 감동으로" 바울더러 예루살렘에 들어가지 말라고 말한다(4절b). 여기서 "성령의 감동"이 무엇을 가리키는지에 대하여 학계에서 논란이 있다. 제자들이 "성령의 감동으로" 바울에게 말한 것은 바울이 예루살렘에 가지 않는 것이 성령의 뜻이라는 말인가? 분명히 그렇지 않다. 왜냐하면 바울은 "성령에 매여" 예루살렘으로 가는 중이었다고 스스로 말했기 때문이다(참고. 20:22-23). 만일 성령께서 사람들, 즉 바울과 제자들에게 각각 다르게 말씀하셨다고 이해한다면 이것은 성령의 예언에 모순이 있다는 뜻이 된다. 따라서 이것은 누가의 의도가 될 수 없다. 이에 우리는 이 표현에 대한 정확한 이해를 가져야 한다.

어떤 학자는 제자들이 바울의 설교에 감동되어(매료되어) 바울과 함께 계속 있고 싶어서 그에게 예루살렘으로 가지 말라고 만류한 것이라고 본다. 그러나 "성령의 감동"이란 표현을 그렇게 이해하는 것은 적절하지 않다. 설혹 바울이 예루살렘으로 가지 않는다고 해도 두로에 계속 머물 수는 없는 노릇이었기 때문이다. 그러므로 많은 학자는 제자들에게 성령의 예언이 있었는데, 그들이 잘못 이해한 것이라고 주장한다. 이 주장이 신빙성이 있다. 더욱이 이것은 바울이 예언을 반드시 시험해 보아야 한다고 말한 실례가 될 수 있다(참고. 고전 14:29; 살전 5:20-21). 아마도 성령께서 제자들에게 바울이 예루살렘에 가면 고난을 많이 받을 것을 말씀하셨기 때문에 제자들이 인간적인 생각에 바울에게 가지 말라고 만류한 것 같다.

결국, 바울 일행은 두로에서 7일을 지낸 후에 제자들의 만류에도 불구하고 배를 타고 예루살렘으로 향한다. 지금 바울은 성령에 매여 예루살렘으로 올라간다. 비록 그곳에 고난과 결박이 그를 기다리고 있으나 그의 꿈을 가로막을 수는 없었다(참고. 20:22-23). 이렇게 그가 예루살렘에 굳이 가려는 이유는 이방인이 모은 연보를 예루살렘 교회에 전달하기 위해서이다(참고. 24:17; 롬 15:25-27; 고전 16:1-4; 고후 8:13-14; 9:12-13; 갈 2:10). 그는 이것을 통하여 유대인 신자와 이방인 신자의 연합을 위한 중요한 계기를 마련할 수 있을 것이라고 생각했다.

바울 일행이 떠날 때 제자들이 그들의 처자와 함께 성문 밖까지 전송하는데, 그들 모두는 바닷가에서 무릎을 꿇어 기도한다(5절). 이는 바울에 대한 제자들의 큰 애정과 애틋함을 반영한다. 그리고 그들이 서로 작별한 후에 바울 일행은 배에 오르고 제자들은 집으로 돌아간다(6절). 그러므로 바울이 두로에서 제자들과 헤어지는 모습은 그가 밀레도에서 에베소의 장로들과 헤어질 때와 비슷하다. 그들이 이렇게 마음 아프게 서로 이별하는 것은 바울이 앞으로 당할 고난을 모두가 잘 알고 있었기 때문이다. 따라서 복음 안에서 역사하시는 성령 때문에 바울 일행과 두로의 제자들은 비록 짧은 만남을 가졌으나 서로를 사랑하고 생각하며 기도했다.

2) 가이사랴에서 빌립을 만남(21:7-16)

바울 일행은 두로를 떠나 항해를 다 마치고 돌레마이에 이르러 형제들에게 안부를 묻고 그들과 함께 하루를 머문다(7절). 돌레마이는 두로에서 남쪽으로 48km 정도 떨어져 있었다.[462] 이곳에는 그리스도인이 많이 거주하고 있었다. 아마도 그들은 11:19에 기록된 박해로 인해 흩어진 자들일 것이다. 한편, 누가는 그리스도인을 가리켜 4절에서 "제자"라고 표현했는데, 여기서 "형제"라고 표현한다. 하지만 이 문맥에서 "제자"와 "형제" 사이에 어떤 구별이 있어 보이지는 않는다. 그들은 신실한 그리스도인으로 성장해 가고 있었음에 틀림이 없다.

바울 일행은 항해를 다 마치고 걸어서 돌레마이를 떠나 이튿날 가이사랴에 도착한다(8절a). 돌레마이에서 가이사랴의 거리는 48km 정도였다.[463] 그러므로 그들은 하루를 꼬박 걸어서 다음날 가이사랴에 도착한 것이다. 가이사랴는 헤롯 대왕이 로마의 황제를 위하여 건립한 항구도시로서 웅장하고 아름다운 해변 휴양지였다. 그들은 가이사랴에 이르러 "일곱 집사 중 하나인 전도자 빌립"의 집에 들어가서 머문다(8절b). 여기서 누가가 빌립을 "일곱 집사 중 하나인 전도자"라고 표현한 것은 그를 열두 제자 중의 하나인 빌립과 구분하기 위해서이다.

그런데 한글성경 개역개정판에서 빌립은 "일곱 집사 중 하나인 전도자 빌립"으로 되어 있지만, 헬라어 원문에는 *온토스 엑크 톤 헵타*(ὄντος ἐκ τῶν ἑπτά)로 되어 있다. 즉 "일곱 집사 중 하나"가 아니라 그냥 '일곱 중의 하나'('one of the Seven')로 되어 있다.[464] 따라서 한글성경 개역개정판의 번역은 바르지 않다. 사도행전 6장에서 선출된 일곱 일꾼은 집사라고 불리지 않았으며, 여기서도 빌립이 집사라고 되어 있지 않다. 물론 그들이 했던 일은 구제하는 일로서 이후 집사가 하는 일이지만 본문 자체는 이에 대해 언급하지 않는다. 빌립은 8:40에 나온 후 여기에 처음으로 다시 나오는데, 가이사랴에 정착해서 거의 20년 동안 살고 있었다.

빌립에게는 딸 넷이 있었는데, 처녀로 예언하는 사람들이다(9절). 누가는 그의 딸에 대해서 상세히 설명하지 않는다. 다만 2:17-18에는 요엘의 예언(욜 2:28-29)을 인용하면서 오순절에 성령이 오시면 남자와 여자 모두가 예언할 것이라고 되어 있다. 따라서 그러한 예언의 성취가 빌립의 딸들에게도 있었던 것임을 알 수 있다. 바울 일행이 빌립의 집에 얼마나 오랫동안 머물렀는지는 언급되어 있지 않다. 아마도 이때 바울 일행은 빌립의 가족과 많은 대화를 나누었을 것이고, 특히 빌립으로부터 자신과 스데반에 관한 이야기를 들었을 것이다. 그리고 그에게서 들었던 이야기는 후에 누가가 사도행전 6-8장을 기록할 때 자료가 되었을 것이다.[465]

바울 일행이 가이사랴에 머물고 있을 때 아가보라 하는 한 선지자가 유대로부터 내려와 그들에게 와서 바울의 띠를 가져다가 자기 수족을 잡아매고 말하기를 "성령이 말씀하시되 예루살렘에서 유대인들이 이같이 이 띠 임자를 결박하여 이방인의 손에 넘겨주리라"라고 예언한다(10-11절). 아가보는 이미 11:27-30에 나왔던 선지자이다. 그는 로마 제국에 기근이 있을 것을 예언한 적이 있는데, 이 예언은 로마 황제 글라우디오 통치 기간에 이루어졌다. 그런데 그가 여기에 다시 나와서 바울이 예루살렘에서 환난을 받을 것이라고 예언한다. 그는 긴 헝겊으로 만든 "바울의 띠"로 자신의 손발을 묶고 예언하는데, 이러한 상징적인 행위는 구약의 선지자들이 자주 행하였던 것이다(참고. 왕상 11:29-31; 사 8:1-4, 20:1-4; 렘 19:1-13).[466]

누가를 비롯한 일행들과 가이사랴의 제자들은 아가보의 예언을 듣고 바울에게 예루살렘에 올라가지 말라고 만류한다(12절). 그러나 바울은 예루살렘에 올라가려는 뜻을 굽히지 않는다. 이에 대하여 바울은 "여러분이 어찌하여 울어 내 마음을 상하게 하느냐 나는 주 예수의 이름을 위하여 결박 당할 뿐 아니라 예루살렘에서 죽을 것도 각오하였노라"라고 대답한다(13절). 바울이 사람들의 권함을 받지 않았기 때문에 사람들은 "주의 뜻대로 이루어지이다"라고 말한다(14절). 즉 그들은 만류하기를 포기하고 오히려 주님의 뜻이 이루어지기를 기도한다. 그런데 이 기원에는 주님이 바울을 보호해 주실 것이라는 믿음이 담겨 있다.

바울 일행은 여러 날 후에 여장을 꾸려 가이사랴를 떠나 예루살렘으로 올라간다(15절). 가이사랴에서 예루살렘까지의 거리는 약 100km이다.[467] 그들이 이 거리를 걸어서 갔는지 아니면 말을 타고 갔는지는 분명하지 않다. 이때 가이사랴의 몇 제자가 바울 일행과 함께 가고, 오랜 제자 구브로 사람 나손을 데리고 가는데, 이는 바울 일행이 그의 집에 머물기 위해서이다(16절). 나손은 바울이 제1차 전도여행 때 구브로에서 전도한 사람이거나 구브로가 고향인 바나바가 전도한 사람일 것이다. 그런데 나손의 집이 예루살렘에 있었기 때문에 그들은 나손을 통해 예루살렘에서 머물 곳을 마련할 수 있었다. 이리하여 바울의 제3차 전도여행이 끝난다.

교훈과 적용

1. 지금까지 바울은 여러번 예루살렘에 가면 큰 어려움을 당할 것이라는 말을 들었다. 그리고 바울은 예루살렘을 향한 여행을 계속할 것이냐 아니면 중도에 포기할 것이냐를 선택해야 할 기로에 서 있었다. 그러나 바울은 여행을 계속하기로 하였다. 그는 자신이 예루살렘에 가서 해야 할 일이 무엇인지를 잘 알고 있었다. 우리는 사명을 위하여 자신을 버릴 각오를 해야 한다. 주님의 일을 위하여 자신의 모든 것을 포기할 수 있어야 한다.

2. 바울이 예루살렘에 가는 모습은 예수님이 예루살렘에 올라가신 일과 닮았다. 사실 바울의 행적은 예수님의 행적을 많이 빼닮았다. 예수님은 예루살렘에 가시면 죽임을 당하실 것을 아시면서도 기꺼이 가셨다. 그분은 그것이 하나님의 뜻을 이루는 길이라고 생각하셨다. 바울 역시 자신이 예루살렘으로 가는 것이 하나님의 뜻을 이루는 길이라고 생각하여 여행을 계속하기로 하였다. 이처럼 우리는 모든 일에 주님을 닮아야 한다. 예수님이라면 어떻게 하실지를 늘 생각해야 한다.
3. 바울에게는 좋은 동역자들이 있었다. 바울과 여행을 함께 하는 일행뿐만 아니라 각 지역에서 신실한 그리스도인들이 있어서 바울과 교제하였으며 바울을 위하여 기도해 주었다. 우리는 이러한 모습을 본받아야 한다. 우리에게 동역자가 있어야 하며 자신이 다른 제자의 동역자가 되어 주어야 한다. 혼자서 일하려는 생각을 버려야 하는데, 그렇게 일하는 것은 바람직하지 않을뿐더러 효과적이지도 않다. 우리에게는 동역자가 반드시 필요하다.

10

예루살렘에서의 바울

(21:17-23:35)

대한예수교장로회 고신총회 설립 60주년 기념

성경주석

사도행전

A c t s

10
예루살렘에서의 바울
(21:17-23:35)

본문 개요

바울은 예루살렘에 도착한다. 바울은 예루살렘에 도착하여 교회의 지도자들과 만나지만, 곧 유대인에게 붙잡히고, 로마 군인에 의해 옥에 갇힌다. 바울은 유대인 앞에서 자신이 어떻게 회심했는지를 밝힘으로 주님의 복음을 전하고, 로마 군인 앞에서 자신이 로마 시민권자임을 밝힘으로 죽음의 위기에서 벗어난다. 결국, 하나님께서는 바울을 예루살렘에서 안전하게 보호해 주시며, 로마로 갈 수 있는 토대를 마련해 주신다.

내용 분해

1. 바울이 예루살렘에서 체포됨(21:17-36)
   1) 예루살렘 교회의 지도자들을 만남(21:17-26)
   2) 바울이 체포됨(21:27-36)

2. 바울의 설교(21:37-22:21)

1) 바울과 천부장의 대화(21:37-40)

2) 바울이 설교를 시작함(22:1-2)

3) 회심 사건에 대한 회고(22:3-16)

4) 이방인 전도 사명(22:17-21)

3. 바울의 자기변호(22:22-23:11)

1) 로마 시민임을 밝힘(22:22-29)

2) 산헤드린에서 심문받음(22:30-23:10)

3) 주께서 바울에게 오심(23:11)

4. 바울이 예루살렘을 탈출함(23:12-35)

1) 바울을 죽이려는 음모(23:12-22)

2) 바울이 가이사랴로 이송됨(23:23-35)

본문 주해

1. 바울이 예루살렘에서 체포됨(21:17-36)

17 예루살렘에 이르니 형제들이 우리를 기꺼이 영접하거늘 18 그 이튿날
바울이 우리와 함께 야고보에게로 들어가니 장로들도 다 있더라 19 바울
이 문안하고 하나님이 자기의 사역으로 말미암아 이방 가운데서 하신 일
을 낱낱이 말하니 20 그들이 듣고 하나님께 영광을 돌리고 바울더러 이르
되 형제여 그대도 보는 바에 유대인 중에 믿는 자 수만 명이 있으니 다 율

법에 열성을 가진 자라 21 네가 이방에 있는 모든 유대인을 가르치되 모세
를 배반하고 아들들에게 할례를 행하지 말고 또 관습을 지키지 말라 한다
함을 그들이 들었도다 22 그러면 어찌할꼬 그들이 필연 그대가 온 것을 들
으리니 23 우리가 말하는 이대로 하라 서원한 네 사람이 우리에게 있으니
24 그들을 데리고 함께 결례를 행하고 그들을 위하여 비용을 내어 머리를
깎게 하라 그러면 모든 사람이 그대에 대하여 들은 것이 사실이 아니고 그
대도 율법을 지켜 행하는 줄로 알 것이라 25 주를 믿는 이방인에게는 우리
가 우상의 제물과 피와 목매어 죽인 것과 음행을 피할 것을 결의하고 편지
하였느니라 하니 26 바울이 이 사람들을 데리고 이튿날 그들과 함께 결례
를 행하고 성전에 들어가서 각 사람을 위하여 제사 드릴 때까지의 결례 기
간이 만기된 것을 신고하니라 27 그 이레가 거의 차매 아시아로부터 온 유
대인들이 성전에서 바울을 보고 모든 무리를 충동하여 그를 붙들고 28 외
치되 이스라엘 사람들아 도우라 이 사람은 각처에서 우리 백성과 율법과
이곳을 비방하여 모든 사람을 가르치는 그 자인데 또 헬라인을 데리고 성
전에 들어가서 이 거룩한 곳을 더럽혔다 하니 29 이는 그들이 전에 에베소
사람 드로비모가 바울과 함께 시내에 있음을 보고 바울이 그를 성전에 데
리고 들어간 줄로 생각함이러라 30 온 성이 소동하여 백성이 달려와 모여
바울을 잡아 성전 밖으로 끌고 나가니 문들이 곧 닫히더라 31 그들이 그를
죽이려 할 때에 온 예루살렘이 요란하다는 소문이 군대의 천부장에게 들
리매 32 그가 급히 군인들과 백부장들을 거느리고 달려 내려가니 그들이
천부장과 군인들을 보고 바울 치기를 그치는지라 33 이에 천부장이 가까
이 가서 바울을 잡아 두 쇠사슬로 결박하라 명하고 그가 누구이며 그가 무
슨 일을 하였느냐 물으니 34 무리 가운데서 어떤 이는 이런 말로, 어떤 이

는 저런 말로 소리치거늘 천부장이 소동으로 말미암아 진상을 알 수 없어 그를 영내로 데려가라 명하니라 35 바울이 층대에 이를 때에 무리의 폭행으로 말미암아 군사들에게 들려가니 36 이는 백성의 무리가 그를 없이하자고 외치며 따라 감이러라

바울은 드디어 예루살렘에 도착한다. 그는 예루살렘의 형제들로부터 환영을 받고 예루살렘 교회의 지도자인 야고보와 장로들과 인사를 나눈다. 하지만 바울은 곧 유대인 폭도에게 붙잡혀서 위기를 맞는다. 하지만 이때 로마 군인이 개입하여 그를 구금한다. 결국, 이렇게 하여 아가보가 바울에 대해 예언했던 것이 현실이 된다(참고. 21:11).

1) 예루살렘 교회의 지도자들을 만남(21:17-26)

바울 일행이 예루살렘에 도착하니 예루살렘의 형제들이 그들을 기꺼이 영접한다(17절). 그리고 그 이튿날 바울은 "우리와 함께", 즉 누가를 비롯한 일행과 함께 야고보를 만나는데, 그곳에는 장로들도 있다(18절). 사도행전에서 "주님의 형제" 야고보는 15장과 여기에만 나오는데,[468] 그는 세월이 많이 흘렀지만 여전히 예루살렘 교회의 최고 지도자로 자리를 지키고 있었다. "장로들" 역시 15:4-6에 나오는데, 여기에 다시 나와서 여전히 예루살렘 교회를 다스리고 있음을 보여준다. 하지만 다른 사도들은 보이지 않는데, 이들이 당시에 예루살렘에 남아 있었는지, 아니면 복음을 전하기 위하여 다른 지역으로 갔는지 분명하지가 않다(참고. 12:17).

바울은 그들에게 문안하고 "하나님이 자기의 사역으로 말미암아 이방 가운데서 하신 일"을 "낱낱이" 말한다(19절). 따라서 바울은 15장에서 예루살

렘을 방문했을 때 하나님께서 이방 지역에서 하신 일을 언급하면서 선교보고를 했듯이 여기서도 일어난 일을 보고한다. 바울은 "하나님이 ..... 이방 가운데서 하신 일"을 말한다. 그리하여 바울은 선교 사역의 주체가 하나님이신 것을 분명히 한다. 그리고 그는 자신의 공로를 드러내지 않는다. 이 구절에서 바울이 "낱낱이"(ESV: 'one by one') 말했다고 한 것은 11:4에서 베드로가 "차례로"(ESV: 'in order') 설명한 것과 같으며, 누가복음 1:3에서 사용된 "차례대로"(ESV: 'orderly')와도 같다. 비록 누가는 바울이 말한 것을 적지 않았지만(지금까지 상당 부분을 기록했으므로), 바울은 이방 지역에서 일어난 모든 일을 상세히 그리고 순서대로 말했다.[469]

예루살렘 교회의 지도자들은 바울이 이방지역에서 선교한 내용을 듣고 하나님께 영광을 돌린다(20절a). 그러나 그들은 바울에게 "형제여 그대도 보는 바에 유대인 중에 믿는 자 수만 명이 있으니 다 율법에 열성을 가진 자라"라고 말하면서 주의를 당부한다(20절b). "유대인 중에 믿는 자 수만 명이 있으니"라는 표현은 당시 유대 지역에 기독교인이 얼마나 많았는지를 보여준다. 누가는 이미 베드로가 오순절에 설교할 때 믿은 자가 3,000명이었고(참고. 2:41), 솔로몬 행각에서 설교할 때 믿은 자가 남자만 5,000명이었다고 말했다(참고. 4:4). 어떤 학자는 당시 예루살렘 인구를 6만-10만 명으로 추정하기에 이렇게 짧은 기간에 기독교인이 수만 명이 될 수는 없다고 주장한다. 하지만 이 숫자를 굳이 예루살렘에 한정할 필요는 없다. 이들은 예루살렘만이 아니라 팔레스타인 전체에 거주하는 유대인일 수도 있다. 아무튼 소수 종교였던 기독교의 교인 숫자가 이렇게 많아진 것은 놀라운 일이 아닐 수 없다. 당시 예루살렘에 큰 핍박이 있으면서 그들 중 상당수가 흩어진 상태였다. 게다가 이들 가운데 일부는 진정한 그리스도인이 아니었다. 따라서

우리는 이 언급을 통해서 성령의 역사로 기독교가 얼마나 부흥했는지를 관찰할 수 있다.[470]

예루살렘 교회의 지도자들은 유대인에 대하여 "다 율법에 열성을 가진 자"라고 말하는데, 이것은 "네가 이방에 있는 모든 유대인을 가르치되 모세를 배반하고 아들들에게 할례를 행하지 말고 또 관습을 지키지 말라 한다 함을 그들이 들었도다"라는 말과 연결되어 당시에 바울을 맹렬히 혐오하는 유대인이 많았음을 알려준다(21절). 이 유대인은 그리스도를 믿기는 했지만 여전히 율법의 행위와 유대의 규례를 강조했다. 율법에 열성인 유대인은 바울을 크게 오해하고 있었다. 하지만 바울은 이방에 있는 유대인에게 모세의 율법을 배반하라고 말한 적이 없으며, 할례를 행하지 말라고 하지도 않았고, 유대의 관습을 지키지 말라고 한 적도 없다. 분명히 그는 유대인 그리스도인이 자발적으로 구약의 의식법을 따르는 것에 반대하지 않았다(참고. 16:3; 고전 7:18-19).[471] 다만 그는 이방인 그리스도인이 유대의 관습을 따를 필요가 없다고 말했다. 따라서 유대인이 바울을 비난하는 것은 정당하지 않다. 그들은 바울에 대한 증오와 배타적인 민족주의와 율법에 대한 잘못된 이해 때문에 바울을 미워한 것이다.

이처럼 바울이 예루살렘에 도착한 일로 인하여 예루살렘 교회의 지도자들은 난감한 상황에 직면하였다. 그들은 바울을 보호해야 하는데, 많은 유대인이 바울을 싫어하는 것 때문에 곤란해 했다. 이러한 입장은 "그러면 어찌할꼬"라는 표현에 담겨 있다(22절). 그래서 그들은 바울에게 만일 바울이 서원을 한 네 사람을 데리고 함께 결례를 행하고 그들의 머리를 깎는 일에 필요한 비용을 지불한다면 유대인이 그에 대하여 들은 것이 사실이 아니고 그도 율법을 지켜 행하는 줄로 알 것이라고 제안한다(23-24절). 이 서원은 나실인 서원을 가리킨다. 나실인 서원은 민수기 6:4-8에 상세히 기록되어 있다. 나실인 서원을 한 사람은 포도주와 독주를 마시지 않았으며, 시체를 멀리하였고, 머리를 깎지 않았으며, 구별된 생활을 했다.

이 서원의 기간은 보통 30일인데, 이 기간이 지나면 그들은 머리를 깎고 성전에서 제사를 드렸다. 그런데 성공적으로 이 서원이 마치려면 상당한 비용이 필요했다. 이는 일인당 숫양 두 마리, 암양 한 마리, 그리고 소제물과 전제물을 위한 비용이었다. 유대인은 가난한 사람을 위하여 이러한 비용을 대신 지불해 주는 것을 경건한 행동으로 생각하였다. 그러므로 예루살렘 교회의 지도자들은 바울이 이방 지역에서 오랫동안 머물렀기 때문에 스스로 정결예식을 행하기를 기대하였고, 그가 다른 서원자의 서원 비용을 부담함으로써 실제적인 노력을 보일 것을 요청한 것이다. 그들은 바울이 이렇게 함으로써 유대의 관습을 존중한다는 표시를 보여서 유대인의 마음을 누그러뜨릴 수 있을 것이라고 예상하였다.[472]

예루살렘 교회의 지도자들은 "주를 믿는 이방인에게는 우리가 우상의 제물과 피와 목매어 죽인 것과 음행을 피할 것을 결의하고 편지하였느니라"라고 말한다(25절). 따라서 지도자들은 예루살렘 총회에서 합의된 이방인 그리스도인들에 대한 요구 조건을 상기시킨다(참고. 15:23-29). 이것은 지금 자신들이 결정한 것이 오래전에 총회에서 결정한 것과 모순되지 않음을 밝히는 것이다. 바울은 이 결정을 고려하여 유대인들의 요구를 들어줄 필요가 있었다.

결국, 바울은 지도자들의 제안이 적절하다고 생각하여서 가능한 한 빨리 그 내용을 실천에 옮긴다. 그래서 그는 이튿날 네 사람을 데리고 성전에 들어가서 기간이 차기까지 결례를 행한다(26절). 바울은 본질적인 진리와 관계없는 일에는 기꺼이 양보하는 사람이었기 때문에 유대인들의 괜한 오해를 사지 않기 위해서 결례를 행한다(참고. 고전 9:22). 누가는 이미 바울이 나실인의 서원을 행한 것을 말한 적이 있다(참고. 18:18). 실로 바울은 유대의 관습을 잘못된 것으로 생각하지 않았다. 다만 그것을 구원의 조건이라고 주장하는 것에 반대하였을 뿐이다.

바울이 예루살렘을 방문한 중요한 이유 가운데 하나는 마게도냐와 아가야와 아시아 지역에서 모금한 연보를 예루살렘의 유대인 신자에게 전달하는 일이었다(참고. 롬 15:25-27; 고전 16:1-2; 고후 8-9장).[473] 그런데 누가는 이 단락에서 예루살렘의 유대인 신자에게 전달하려고 했던 연보에 대하여 아무런 언급을 하지 않는다. 유대인 신자들이 바울이 가지고 온 연보를 받지 않은 것인가? 아니면 연보를 받았지만 내러티브의 전개상 별로 중요하지 않아서 누가가 기록을 생략한 것인가? 어떤 학자는 예루살렘의 유대인이 바울에게 적개심을 표출한 것을 근거로 삼아서 그들이 연보를 받지 않았다고 주장한다. 그러나 24:17에는 바울이 연보를 전달했다는 사실이 기록되어 있다. 따라서 바울이 연보를 전달하기는 했으나 유대인들이 그리 달가워하지 않았던 것으로 추정해 볼 수 있다.

2) 바울이 체포됨(21:27-36)

누가는 “그 이레가 거의 차매”라는 표현을 사용하는데, 이는 바울이 나실인 서원을 한 자들과 함께 성전에서 각종 희생 제물을 드리는 일을 마치게 되었다는 뜻이다(27절a). 바울은 자신의 유대적 경건을 보여주기 위해 나름대로 노력했다. 그러나 아시아로부터 온 유대인들이 성전에서 바울을 보고 모든 무리를 충동하여 그를 붙잡는다(27절b). 아시아로부터 온 유대인은 오순절을 지키기 위하여 예루살렘을 방문한 디아스포라 유대인이다. 그들은 율법에 대단히 열성적인 자들이었는데 바울이 선교하던 곳에 살면서 바울에 대한 적개심을 가지고 있었다. 29절을 통해서 예상할 때 아마도 그들은 에베소에서 온 것으로 보인다. 그들은 바울이 성전에서 결례를 행하는 동안에 차마 붙잡지 못하다가 그가 결례를 마치자마자 붙잡는다.[474]

그들은 이스라엘 사람들에게 말하기를, 바울이 각처에서 이스라엘 백성과 율법과 성전을 비방하여 모든 사람을 가르쳤다고 하고 또한 헬라인을 데리고 성전에 들어가서 거룩한 성전을 더럽혔다고 한다(28절). 이스라엘 사람들은 자기 백성과 율법과 성전을 비방하는 것을 가장 심각한 죄악으로 여겼다. 따라서 그들은 바울에 대한 죄목을 듣고 대단히 분노하였음이 틀림없다. 하지만 앞에서 언급했듯이 바울은 그렇게 한 적이 없다. 더욱이 그들은 바울이 헬라인을 데리고 성전(성전 안쪽)에 들어가서 거룩한 성전을 더럽혔다고 고소하는데, 성전 규정을 잘 아는 바울이 그렇게 했을리가 없다. 이렇게 유대인이 율법과 성전모독을 죄목으로 삼아 바울을 고소한 것은 앞에서 스데반을 고소한 자들이 했던 것과 비슷하다(참고. 6:11, 13-14).

유대인의 고소에 대하여 누가는 유대인이 전에 에베소 사람 드로비모가 바울과 함께 시내에 있는 것을 보고 바울이 그를 성전에 데리고 들어간 줄로 생각하였기 때문이라고 설명한다(29절). 당시에 성전에서 이방인들은 '이방인의 뜰'에까지만 들어가도록 허용되었다. 유대인은 이방인이 유대인의 뜰에 넘어오지 못하게 하려고 1.4m 높이의 돌로 만든 칸막이용 벽을 설치하였는데, 거기에는 이방인이 그 이상을 넘어오면 성전을 모독했다는 혐의로 죽음의 형벌을 받을 것이라는 문구가 새겨져 있었다(참고. *Antiquities* 15.417; *War* 5.194).[475] 한편, 바울이 유대인과 이방인 사이에 '막힌 담'에 대

해서 썼을 때 그는 이 장벽을 생각하고 있었음이 분명하다.[476]

유대인이 바울에 대하여 말한 것 때문에 온 성이 소동하여 백성이 달려들어 바울을 잡아서 성전 밖으로 끌고 나가니 문들이 곧 닫힌다(30절). 여기서 성전(유대인 남자의 뜰)의 문을 닫는 것은 이방인이 이방인의 뜰을 넘어가서 성전을 더럽히지 못하게 하기 위한 것이다. 어쨌든 이렇게 바울이 유대인의 마음을 얻기 위하여 노력했음에도 불구하고 그들은 바울에 대한 증오심을 거두지 않는다. 그들은 오해와 거짓말을 섞어 가면서 바울을 혐오한다. 그러므로 바울은 이전에 유대인의 입장에서 그리스도인을 박해했던 사람인데, 이제는 그리스도인으로서 유대인에 의하여 박해를 받고 있다. 이것은 대단히 아이러니컬한 모습이다. 한편, 백성이 바울을 잡으려고 모인 것은 과거에 백성이 예수님을 잡으려고 모인 장면을 생각나게 한다(참고. 눅 22:54).[477]

무리가 바울을 죽이려 할 때 온 예루살렘이 요란하다는 소문이 "천부장"에게 들린다(31절). "천부장"(*킬리아르코스*, χιλίαρχος)은 로마 군대의 장교로서 600명 정도의 군인을 거느리고 있었으나 실제 숫자는 상황에 따라 조금씩 달랐다. 이 천부장의 이름은 나중에 "글라우디오 루시아"라고 밝혀진다(참고. 23:26). 그는 이어지는 이야기들에서 상당히 중요한 역할을 한다. 당시에 성전 벽의 북서쪽 모퉁이에 '안토니오 요새'가 있었고, 그곳에 로마 군인이 주둔해 있었다.[478] 특히 유대의 명절에는 만일의 사태에 대비해 더 많은 군인이 경계 태세를 유지하면서 대기하고 있었다. 그리고 천부장은 무리의 소요가 일어나면 즉각 출동하여 진압할 책임을 가지고 있었다. 천부장이 소식을 듣고 급히 군인들과 백부장들을 거느리고 달려 내려가자 무리가 천부장과 군인들을 보고 바울 치기를 그친다(32절).

천부장은 그들에게 가까이 가서 바울을 잡아 두 쇠사슬로 결박하라고 명령하고 무리를 향하여 "그가 누구이며 그가 무슨 일을 하였느냐"라고 묻는다(33절). 그러나 무리가 저마다 이런 말 혹은 저런 말로 소리를 지르자 천부장은 소동으로 말미암아 진상을 알 수 없어서 그를 영내로 데려가라고 명령한다(34절; 참고. 19:32). 하지만 바울이 층대에 이를 때 무리가 바울을 폭행하자 군사들이 그를 들쳐 메고서 층대로 올린다(35절). 그리고 무리는 바울의 뒤를 따라가면서 그를 없애 버리라('그를 죽이라'는 뜻, *아이레 아우톤*, αἶρε αὐτόν)고 외친다(36절). 그런데 이러한 장면은 30년 전에 예수님을 십자가에 못 박으라고 소리쳤던 자들을 기억나게 한다(참고. 눅 23:18).

교훈과 적용

1. 율법주의적 구원관을 가지고 있는 유대주의자들은 바울을 박해하였다. 그들은 바울의 사역 기간 내내 바울을 괴롭혔으며 바울이 전한 복음과 다른 복음을 전했다. 그들은 예수 그리스도의 구속사역의 충분함과 완전함을 믿지 않는 자들이었다. 오늘날 교회 안에 잘못된 사상을 전파하는 자들이 많이 있다. 그들은 위험하다. 우리는 그들의 활동과 사상을 경계해야 한다. 성도들이 불건전한 자들과 일절 마주치지 않도록 교육해야 한다.
2. 바울은 유대인의 편견을 누그러뜨리려고 나실인 서원에 동참하였다. 그는 본질적이지 않은 부분에서는 언제나 유연한 자세를 가지고 있었다. 그는 사람들에게 복음을 전하는 과정에서 쓸데없는 일로 충돌하지 않았다. 오늘날 우리는 진리 문제 아닌 것을 가지고 괜히 충돌하고 싸우며 갈등을 빚으므로 정작 중요한 일(진리를 전파함)에 소홀하게 되는 경우가 있다. 다른 사람의 입장을 고려하고 그들의 문화와 전통을 존중하면서 복음을 전해야 한다.
3. 바울이 과격한 유대인에게 붙잡혀서 죽임을 당하게 되었을 때 갑자기 로마군대

의 천부장이 개입하여 바울을 데리고 간다. 이것은 하나님께서 바울의 생명을 연장하시기 위하여 하신 일이다. 하나님은 그분의 종이 위험에 처했을 생각지도 않은 예비된 인물을 보내셔서 구원하신다. 우리는 하나님께서 예측 불가능하고 다양하게 역사하시는 것을 믿어야 한다. 하나님의 일을 하는 과정에서 사람을 두려워하지 말고 오직 하나님을 믿고 충성을 다해야 한다.

2. 바울의 설교(21:37-22:21)

37 바울을 데리고 영내로 들어가려 할 그때에 바울이 천부장에게 이르되
내가 당신에게 말할 수 있느냐 이르되 네가 헬라 말을 아느냐 38 그러면
네가 이전에 소요를 일으켜 자객 사천 명을 거느리고 광야로 가던 애굽인
이 아니냐 39 바울이 이르되 나는 유대인이라 소읍이 아닌 길리기아 다소
시의 시민이니 청컨대 백성에게 말하기를 허락하라 하니 40 천부장이 허
락하거늘 바울이 층대 위에 서서 백성에게 손짓하여 매우 조용히 한 후에
히브리 말로 말하니라 22:1 부형들아 내가 지금 여러분 앞에서 변명하는
말을 들으라 2 그들이 그가 히브리 말로 말함을 듣고 더욱 조용한지라 이
어 이르되 3 나는 유대인으로 길리기아 다소에서 났고 이 성에서 자라 가
말리엘의 문하에서 우리 조상들의 율법의 엄한 교훈을 받았고 오늘 너희
모든 사람처럼 하나님께 대하여 열심이 있는 자라 4 내가 이 도를 박해하
여 사람을 죽이기까지 하고 남녀를 결박하여 옥에 넘겼노니 5 이에 대제
사장과 모든 장로들이 내 증인이라 또 내가 그들에게서 다메섹 형제들에
게 가는 공문을 받아 가지고 거기 있는 자들도 결박하여 예루살렘으로 끌
어다가 형벌 받게 하려고 가더니 6 가는 중 다메섹에 가까이 갔을 때에 오

정쯤 되어 홀연히 하늘로부터 큰 빛이 나를 둘러 비치매 7 내가 땅에 엎드
러져 들으니 소리 있어 이르되 사울아 사울아 네가 왜 나를 박해하느냐 하
시거늘 8 내가 대답하되 주님 누구시니이까 하니 이르시되 나는 네가 박
해하는 나사렛 예수라 하시더라 9 나와 함께 있는 사람들이 빛은 보면서
도 나에게 말씀하시는 이의 소리는 듣지 못하더라 10 내가 이르되 주님 무
엇을 하리이까 주께서 이르시되 일어나 다메섹으로 들어가라 네가 해야
할 모든 것을 거기서 누가 이르리라 하시거늘 11 나는 그 빛의 광채로 말
미암아 볼 수 없게 되었으므로 나와 함께 있는 사람들의 손에 끌려 다메섹
에 들어갔노라 12 율법에 따라 경건한 사람으로 거기 사는 모든 유대인들
에게 칭찬을 듣는 아나니아라 하는 이가 13 내게 와 곁에 서서 말하되 형
제 사울아 다시 보라 하거늘 즉시 그를 쳐다보았노라 14 그가 또 이르되
우리 조상들의 하나님이 너를 택하여 너로 하여금 자기 뜻을 알게 하시며
그 의인을 보게 하시고 그 입에서 나오는 음성을 듣게 하셨으니 15 네가
그를 위하여 모든 사람 앞에서 네가 보고 들은 것에 증인이 되리라 16 이
제는 왜 주저하느냐 일어나 주의 이름을 불러 세례를 받고 너의 죄를 씻으
라 하더라 17 후에 내가 예루살렘으로 돌아와서 성전에서 기도할 때에 황
홀한 중에 18 보매 주께서 내게 말씀하시되 속히 예루살렘에서 나가라 그
들은 네가 내게 대하여 증언하는 말을 듣지 아니하리라 하시거늘 19 내가
말하기를 주님 내가 주를 믿는 사람들을 가두고 또 각 회당에서 때리고 20
또 주의 증인 스데반이 피를 흘릴 때에 내가 곁에 서서 찬성하고 그 죽이
는 사람들의 옷을 지킨 줄 그들도 아나이다 21 나더러 또 이르시되 떠나가
라 내가 너를 멀리 이방인에게로 보내리라 하셨느니라

이 단락에는 바울의 설교가 기록되어 있다. 그는 유대인 군중들 앞에서 자신이 회심하기 전에 어떤 사람이었는지, 그가 어떻게 회심하게 되었는지, 그리고 그가 주님으로부터 받은 사명이 무엇인지를 말한다. 그의 간증 성격을 띤 이 설교는 9장에 기록된 사건(회심 사건)을 배경으로 하며, 26장에서 조금 다른 형태로 다시 언급된다.

1) 바울과 천부장의 대화(21:37-40)

천부장은 바울에 대한 증오심으로 가득한 유대인의 소요를 의식하여 바울을 데리고 로마 군인들이 머무는 영내로 들어간다(37절a). 그는 영내에서 바울이 누구이며, 그가 어떤 일을 하였기에 이런 일이 일어났는지를 알고자 한다. 이때 바울이 천부장에게 "내가 당신에게 말할 수 있느냐"라고 물어보고, 천부장은 "네가 헬라 말을 아느냐"라고 반문한다(37절b). 천부장은 바울이 헬라 말을 할 줄 모른다고 생각했는데, 그가 헬라 말을 하자 놀란다. 당시에 유대인으로 헬라 말을 할 줄 아는 사람들은 교육을 많이 받은 사람이었다. 따라서 천부장은 바울이 헬라 말 하는 것을 듣고 그에 대해서 긍정적인 마음을 가졌을 것이다.

천부장은 바울을 향하여 "네가 이전에 소요를 일으켜 자객 사천 명을 거느리고 광야로 가던 애굽인이 아니냐"라고 묻는다(38절). 이 말은 최근에 광야에서 무리를 데리고 반란 운동을 이끌었던 이집트 출신 유대인에 관한 일을 반영한다. 이 사건은 벨릭스(Felix)가 총독으로 있던 때 일어났다. 요세푸스(Josephus)는 이 일에 대하여 기록하기를, 주후 54년에 자칭 선지자라고 주장하는 이집트인이 추종자 30,000명을 데리고 감람산에 올라 예루살렘 성벽을 무너뜨리고 그 안에 있는 로마인을 몰아내자고 선동하였는데, 로마 군인이 반란자들 가운데 일부를 체포하거나 죽였지만 이집트인은 광야로 도망하였다고 하였다(*Antiquities* 20.168-172; *War* 2.261-263).[479] 따라서 천부장은 그때 도망했던 이집트인이 반란을 일으키기 위해서 돌아왔다고 오해했다.

그러나 바울은 자신이 성전에 들어갈 자격이 있는 유대인이라는 것과 당시에 교육적 평판이 대단히 좋았던 길리기아 다소 시의 시민이라는 점을 밝히면서, 자신이 백성에게 말할 수 있도록 허락해 달라고 요청한다(39절). 이렇게 바울이 자신의 출신지역을 밝히는 이유는 당시 사람들이 출신 지역에 따라 사람을 평가하는 경향이 있었던 점을 반영한다. 이에 천부장은 바울에게 말할 기회를 주는데, 이는 바울에 대해서 오해했던 것에 대한 미안함 때문일 것이다(40절a). 바울은 층대 위에 서서 백성에게 손짓하여 조용히 한 후에 히브리 말로 말한다(40절b). 층대 위에 섰다는 것은 안토니오 요새에 올라가는 돌계단에 섰다는 뜻이며, 백성에게 손짓을 한 것은 대중연설을 시작할 때의 일반적인 몸짓이고, 백성들이 조용히 한 것은 천부장이 연설을 허락했기 때문이며, 히브리 말이란 당시 유대인이 사용하던 아람어를 가리킨다.

2) 바울이 설교를 시작함(22:1-2)

바울은 유대인에게 설교하기 시작한다. 그의 설교 구조는 다음과 같다. 1절은 서언이며, 2절은 삽입구로서 누가의 설명이고, 3-16절은 회심 사건에 대한 회고이며, 17-21절은 이방인 전도 사명에 대한 언급이다. 그는 “부형들아”(brothers and fathers)라는 말로 설교를 시작한다(1절a). 사도행전에서 이 표현은 스데반이 설교를 시작할 때만 사용되었다(참고. 7:2). 따라서 바울은 스데반의 설교와 자신의 설교를 유사한 것으로 취급하고 있다(참고. 20절). 더욱이 "부형들"이라는 표현에는 청중에 대한 존경의 의미가 담겨 있는데, 청중 가운데에는 나이가 든 사람들과 지도자들과 심지어 공회원들이 있었을 것이다.[480]

바울은 "내가 지금 여러분 앞에서 변명하는 말을 들으라"라고 말한다(1절b). 바울이 "변명하는 말"이란 표현을 사용한 것은 자신이 유대인으로부터 아무런 이유 없이 박해를 받고 있으므로 오해를 바로잡고자 하는 것이다. 그리고 "들으라"(*아쿠사테*, ἀκούσατέ)는 말은 명령이라기보다 요청이라고 이해할 수 있다.[481] 이때 유대인은 바울이 자신들의 언어인 히브리 말(아람어)로 말하는 것을 듣고 더욱 조용히 한다(2절). 바울은 헬라말로 천부장의 주의를 끈 것과 같이 예루살렘에서 일반적인 유대인이 가장 흔히 사용하는 언어인 히브리 말(아람어)로 말함으로 유대인의 주의를 끈다.[482]

3) 회심 사건에 대한 회고(22:3-16)

먼저, 바울은 자신의 출생과 성장과 교육 배경에 대해서 말한다(3-5절). 그는 자신을 소개하기를, 유대인으로 길리기아 다소에서 태어났으며, 예루살렘에서 자랐고, 당시에 저명한 학자였던 가말리엘의 문하에서 유대의 율법의 엄한 교훈을 받았으며, 지금 그의 말을 듣고 있는 유대인처럼 하나님께 대하여 열심이 있는 자라고 한다(3절; 참고. 5:34-39; 빌 3:5). 그는 이렇게 자신이 유대적 전통에 대해서 신실하다는 사실을 드러냄으로써 자신의 말을 듣고 있는 유대인으로부터 민족적이며 정서적(종교적)인 동질성을 얻어 내려고 한다. 그는 나중에 자신이 로마 시민임을 드러낼 것이지만(참고. 25절), 여기서는 이에 대해서 아무런 언급을 하지 않는다.

바울은 "이 도", 즉 기독교를 박해하여 사람을 죽이기까지 하고 남녀를 결박하여 옥에 넘겼다고 말한다(4절; 참고. 8장). 그리고 대제사장과 모든 장로들이 자신의 증인이라고 말한다(5절a). 그는 또한 자신이 대제사장과 장로들에게서 공문을 받아 가지고 다메섹으로 가서 거기 있는 자들도 결박하여 예루살렘으로 끌어다가 형벌받게 하려고 갔던 일을 언급한다(5절b; 참고. 9장). 그는 이렇게 말함으로써 지금 기독교를 박해하는 유대인과 마찬가지로 자신도 과거에 기독교를 박해했으며, 따라서 그들이 기독교를 박해하는 심정을 자신이 알고 있음을 드러낸다. 그러므로 바울은 설교를 시작하면서 청중으로부터 공감을 얻기 위하여 노력한다.

다음으로, 바울은 자신이 다메섹으로 가던 중에 회심하게 된 경위를 설명한다(6-11절). 사도행전에서 바울의 회심 사건은 9장에 기록되어 있는데, 여기서 간증이 나오고, 26장에서 한 번 더 간증이 나온다. 그런데 그는 회심 사건을 언급하면서 그것이 전적으로 하나님의 계획과 주도로 일어났으며, 자신의 의지와 아무런 관련이 없었다는 점을 분명히 한다. 그는 다메섹에 가까이 갔을 때 오정쯤 되어 홀연히 하늘로부터 큰 빛이 자신을 둘러 비치었다고 하면서(참고. 26:13; 겔 1:26-28), 자신이 땅에 엎드러져 들으니 "사울아 사울아 네가 왜 나를 박해하느냐"라는 소리가 들렸다고 한다(6-7절). 이에 그는 "주님 누구시니이까"라고 말했고, "나는 네가 박해하는 나사렛 예수라"라는 말씀이 들렸다고 한다(8절).

그러나 그는 자신과 함께 있는 사람들이 빛은 보면서도 그에게 말씀하시는 이의 소리는 듣지 못하였다고 말한다(9절). 그런데 9:7에는 같이 간 사람들이 소리를 들었다는 언급이 있는데, 이는 그들이 소리를 듣기는 했으나 무슨 뜻인지 이해하지 못했다는 뜻이다. 바울은 길에서 예수님을 만난 후에 너무나 혼란스러웠고 자신이 무엇을 해야 할지 몰랐다. 그래서 그는 주님께 "무엇을 하리이까"라고 물었고, 주님은 그에게 "일어나 다메섹으로 들어가라 네가 해야 할 모든 것을 거기서 누가 이르리라"라고 대답하셨다(10절). 이후 바울은 그 빛의 광채로 말미암아 볼 수 없게 되었기 때문에 그와 함께 있는 사람들의 손에 끌려 다메섹에 들어갔다(11절).

또한 바울은 아나니아의 도움을 받은 일을 언급한다(12-16절). 그는 아나니아에 대해서 "율법에 따라 경건한 사람으로 거기 사는 모든 유대인들에게 칭찬을 듣는 아나니아"라고 소개한다(12절). 누가는 9장에서 아나니아에 대하여 간략히 "제자"라고만 했는데(참고. 9:10), 여기서는 바울의 입을 빌려서 더욱 상세히 그를 소개한다. 아나니아는 바울 곁에 서서 말하기를 "형제 사울아 다시 보라"라고 하였고, 이에 바울은 즉시 그를 쳐다보았다(13절). 이것은 아나니아를 통하여 바울의 시력이 회복되었다는 뜻이다. 이렇게 바울은 의도적으로 모든 유대인으로부터 존경을 받은 인물인 아나니아가 자신을 도와주었다는 사실을 말함으로써 유대인이 자신에게 호의적인 마음을 가지기를 기대한다.

바울은 이어서 아나니아가 자신을 향한 하나님의 뜻을 전해 준 사실을 말한다. 즉 그는 아나니아의 입을 통하여 하나님이 그에게 가지고 계신 뜻이 무엇인지를 알게 되었다는 것이다. 바울에 따르면, 아나니아는 하나님께서 바울을 택하여 그로 하여금 자신의 뜻을 알게 하시며 그분의 의인을 보게 하시고 그분의 입에서 나오는 음성을 듣게 하셨으니 그가 모든 사람 앞에서 보고 들은 것에 증인이 되어야 한다고 말했다(14-15절). 그리고 바울은 아나니아가 "이제는 왜 주저하느냐 일어나 주의 이름을 불러 세례를 받고 너의 죄를 씻으라"라고 말한 것을 언급한다(16절). 세례와 사죄는 완전한 회심과 교회 가입을 의미한다. 세례는 사죄의 외적인 상징으로 그리스도인이 되었음을 사람들 앞에서 공적으로 드러내는 의식이다.

4) 이방인 전도 사명(22:17-21)

바울은 이 일 후에 예루살렘으로 돌아와서 성전에서 기도할 때 황홀한 중에 주님을 보았다고 말한다(17절). 바울이 성전에서 환상을 본 이야기는 다른 곳에 나오지 않고, 오직 여기에만 나온다. 그는 지금까지 환상을 본 이야기를 굳이 할 필요가 없었지만, 여기서 성난 유대인에게 자신이 성전을 더럽히지 않았음을 강조하기 위하여 언급한다. 아마도 그가 예루살렘 성전에서 환상을 본 일은 그가 회심한 후에 처음으로 예루살렘을 방문했을 때 일어났을 것이다(참고. 9:26). 바울은 환상 중에 주께서 그에게 "속히 예루살렘에서 나가라 그들은 네가 내게 대하여 증언하는 말을 듣지 아니하리라"라고 말씀하셨다고 한다(18절). 이것은 유대인이 복음에 대하여 완악할 것임을 의미한다.

그러나 그는 처음에 주님의 말씀을 이해하지 못하고 주님께 "주님 내가 주를 믿는 사람들을 가두고 또 각 회당에서 때리고 또 주의 증인 스데반이 피를 흘릴 때에 내가 곁에 서서 찬성하고 그 죽이는 사람들의 옷을 지킨 줄 그들도 아나이다"라고 대답했다고 한다(19-20절). 하지만 주님은 그에게 "떠나가라 내가 너를 멀리 이방인에게로 보내리라"라고 다시 말씀하셨다고 한다(21절). 여기서 "보내리라"에 해당하는 헬라어 *엑사포스텔로*(ἐξαποστελῶ)를 통해 바울이 주님의 보내심을 받은 '사도'(*아포스톨로스*, 보냄을 받은 자)가 되었음이 암시된다. 결국, 바울의 성전 환상은 그의 다메섹 체험을 확증하는 역할을 하였다.

교훈과 적용

1. 바울은 성난 유대인 가운데에서 두려워하지 않았다. 그는 연약한 인간들의 핍박보다 전능하신 하나님의 보호를 바라보았다. 이것은 오로지 믿음의 눈으로만 보인다. 하나님은 그분의 신실한 종을 버리지 않으신다. 하나님은 모든 능력으로 그분의 종을 지켜 주신다. 우리는 담대하게 주님의 일을 해야 한다. 환난과 핍박을 두려워하지 말아야 한다. 살면 충성이고 죽으면 영광이라는 생각을 가져야 한다. 우리의 모든 환경과 여건을 주님이 주관하실 것이다.
2. 바울은 자신이 어떻게 구원을 받았고 사명을 받았는지를 간증하였다. 그는 증오심으로 가득 찬 성난 군중 앞에서 하나님의 구원하시는 능력에 대하여 담담히 말했다고 한다. 실로 그에게는 구원의 확신이 있었다. 우리에게도 이런 간증이 있어야 한다. 과거에 우리가 어떤 사람이었는지, 지금 우리가 어떤 사람인지, 앞으로 우리가 어떤 사람이 될 것인지를 말할 수 있어야 한다. 청중이 누구든지 가리지 말고 진실을 말할 수 있는 담대한 용기가 필요하다.
3. 바울은 처음에 유대인에게 돌아가서 복음을 전하려고 하였다. 하지만 주님은 유대인이 바울의 말을 듣지 않을 것이라고 말씀하셨다. 바울은 자신이 유대인으로부터 상당히 호의적인 인물이라고 생각하여서 그들에게 있겠다고 하였다. 그러나 주님은 바울에게 유대인을 떠나 이방인들에게로 가라고 하셨다. 그리하여 바울은 자신의 의도와 달리 이방인을 위한 사도가 되었다. 우리도 자신의 의도와 계획을 내려놓고 주님의 명령과 지시를 기다려야 한다.

3. 바울의 자기변호(22:22-23:11)

22 이 말하는 것까지 그들이 듣다가 소리 질러 이르되 이러한 자는 세상에
서 없애 버리자 살려 둘 자가 아니라 하여 23 떠들며 옷을 벗어 던지고 티

끝을 공중에 날리니 24 천부장이 바울을 영내로 데려가라 명하고 그들이
무슨 일로 그에 대하여 떠드는지 알고자 하여 채찍질하며 심문하라 한대
25 가죽 줄로 바울을 매니 바울이 곁에 서 있는 백부장더러 이르되 너희가
로마 시민 된 자를 죄도 정하지 아니하고 채찍질할 수 있느냐 하니 26 백
부장이 듣고 가서 천부장에게 전하여 이르되 어찌하려 하느냐 이는 로마
시민이라 하니 27 천부장이 와서 바울에게 말하되 네가 로마 시민이냐 내
게 말하라 이르되 그러하다 28 천부장이 대답하되 나는 돈을 많이 들여 이
시민권을 얻었노라 바울이 이르되 나는 나면서부터라 하니 29 심문하려
던 사람들이 곧 그에게서 물러가고 천부장도 그가 로마 시민인 줄 알고 또
그 결박한 것 때문에 두려워하니라 30 이튿날 천부장은 유대인들이 무슨
일로 그를 고발하는지 진상을 알고자 하여 그 결박을 풀고 명하여 제사장
들과 온 공회를 모으고 바울을 데리고 내려가서 그들 앞에 세우니라 23:1
바울이 공회를 주목하여 이르되 여러분 형제들아 오늘까지 나는 범사에
양심을 따라 하나님을 섬겼노라 하거늘 2 대제사장 아나니아가 바울 곁에
서 있는 사람들에게 그 입을 치라 명하니 3 바울이 이르되 회칠한 담이여
하나님이 너를 치시리로다 네가 나를 율법대로 심판한다고 앉아서 율법
을 어기고 나를 치라 하느냐 하니 4 곁에 선 사람들이 말하되 하나님의 대
제사장을 네가 욕하느냐 5 바울이 이르되 형제들아 나는 그가 대제사장인
줄 알지 못하였노라 기록하였으되 너의 백성의 관리를 비방하지 말라 하
였느니라 하더라 6 바울이 그 중 일부는 사두개인이요 다른 일부는 바리
새인인 줄 알고 공회에서 외쳐 이르되 여러분 형제들아 나는 바리새인이
요 또 바리새인의 아들이라 죽은 자의 소망 곧 부활로 말미암아 내가 심문
을 받노라 7 그 말을 한즉 바리새인과 사두개인 사이에 다툼이 생겨 무리

가 나누어지니 8 이는 사두개인은 부활도 없고 천사도 없고 영도 없다 하
고 바리새인은 다 있다 함이라 9 크게 떠들새 바리새인 편에서 몇 서기관
이 일어나 다투어 이르되 우리가 이 사람을 보니 악한 것이 없도다 혹 영
이나 혹 천사가 그에게 말하였으면 어찌 하겠느냐 하여 10 큰 분쟁이 생기
니 천부장은 바울이 그들에게 찢겨질까 하여 군인을 명하여 내려가 무리
가운데서 빼앗아 가지고 영내로 들어가라 하니라 11 그날 밤에 주께서 바
울 곁에 서서 이르시되 담대하라 네가 예루살렘에서 나의 일을 증언한 것
같이 로마에서도 증언하여야 하리라 하시니라

바울은 천부장에게 심문을 받을 때 자신이 로마 시민임을 밝힘으로 위기에서 벗어나고, 유대의 공회에서 심문을 받을 때 자신이 믿는 것을 당당히 드러낼 뿐 아니라 순간적인 기지를 발휘함으로 위기에서 벗어난다.

1) 로마 시민임을 밝힘(22:22-29)

하나님께서 이미 바울에게 말씀하셨듯이 유대인들은 바울의 증언을 듣지 않는다(참고. 18절). 이는 바울이 설교하는 가운데 하나님께서 이방인을 부르셔서 그분의 백성으로 삼으신다고 했는데, 이것은 유대인이 대단히 예민하게 생각하는 부분이었으며, 이로 인하여 유대인들이 모욕감과 적개심을 가지게 되어서 바울의 말을 듣지 않는 것이다. 오히려 유대인들은 소리를 질러 말하기를 "이러한 자는 세상에서 없애 버리자 살려 둘 자가 아니라"라고 한다(22절). 즉 유대인 청중은 바울의 설교를 듣다가 극도로 흥분하여 그를 죽이려고 한다.

유대인들은 고함을 치면서 옷을 벗어 던지고 티끌을 공중에 날린다(23

절). 이렇게 유대인은 말과 행동으로 자신들의 극단적인 적대적 감정을 표출한다. 유대인이 옷을 벗어 던지고 티끌을 공중에 날리는 행동은 상대방이 신성모독의 죄를 지었을 때 반응하는 행동이기 때문에 우리는 그들이 바울에 대하여 엄청난 혐오감을 가지고 있었음을 알 수 있다. 바울에 대한 그들의 감정은 단순한 분노를 넘어서 그를 반드시 죽여야 한다는 생각에 이르렀다. 따라서 지금 바울은 로마에 가지도 못한 채 목숨을 잃어버릴 수 있는 상황에 직면했다.

이때 천부장은 바울을 영내로 데려가라고 명령하고, 그들이 무슨 일로 그에 대하여 떠드는지 알고자 하여 채찍질하며 심문하라고 지시한다(24절). 즉 천부장은 바울이 히브리 말로 설교한 내용을 알아듣지 못한 채 유대인들이 극도로 분노하자 그 이유를 알아내기 위해서 바울을 심문하라고 명령한다. 당시에 로마 군인이 고문을 위해서 사용한 채찍(*flagellum*)은 여러 가지 모양을 가지고 있었으나,[483] 대체로 나무 손잡이에 가죽 끈을 매달고 가죽 끈의 끝에 쇳조각 등을 달았다. 그래서 그것으로 살을 쳤을 때 엄청난 고통을 느끼게 하였다(참고. 5:40).[484]

천부장의 명령에 따라 로마 군인들이 가죽 줄로 바울을 묶자 바울이 곁에서 있는 백부장에게 말하기를 "너희가 로마 시민 된 자를 죄도 정하지 아니하고 채찍질할 수 있느냐"라고 한다(25절). 즉 바울은 위기의 순간에 자신이 로마 시민임을 밝힌다. 당시에 로마 시민은 특별한 대우를 받았다. 로마 시민에 대하여 죄가 드러나기 전에 채찍질하는 것은 법으로 엄격하게 금지되어 있었다. 또한 누군가가 로마 시민을 함부로 고문했다가는 큰 책임을 지게 되어 있었다. 따라서 바울은 가만히 있다가 위기에 처하자 자신의 놀라운 특권을 밝힌다(참고. 16:37). 그가 유대인들 앞에서 로마 시민임을 밝히지 않고 있다가 이제야 밝히는 이유는 만일 유대인들 앞에서 밝혔더라면 그들의 감정을 더욱 자극하여 그들 앞에서 설교할 수 없었을 것이기 때문이다.

백부장은 사안의 심각성을 파악하고 천부장에게 가서 "어찌하려 하느냐 이는 로마 시민이라"라고 보고한다(26절). 이에 천부장이 바울에게 와서 "네가 로마 시민이냐 내게 말하라"라고 물어보자, 바울은 "그러하다"라고 대답한다(27절). 천부장이 "나는 돈을 많이 들여 이 시민권을 얻었노라"라고 말하자, 바울은 "나는 나면서부터라"라고 대답한다(28절). 당시에는 로마 정부에 돈을 주고 로마 시민권을 살 수 있었다. 그래서 어떤 사람들은 로마 관리에게 많은 뇌물을 주고 로마 시민권을 사기도 했다. 글라우디오 루시아 천부장이 바로 그러한 경우였다. 그런데 돈을 많이 주고 로마 시민권을 산 것보다 더 값어치 있는 것은 태어나면서부터 로마 시민권을 얻는 것이었다. 이것은 매우 영예로운 것이었다. 따라서 천부장은 바울보다 신분상으로 하위에 있는 셈이었다.

바울이 어떻게 로마 시민권을 가지게 되었는지는 알려지지 않았다. 아마도 그의 부모나 조상이 로마 정부에 큰 공헌을 했기 때문에 그의 부모나 조상이 로마 시민권을 얻었고, 그에 따라 그는 태어나면서부터 자연스럽게 로마 시민권을 얻었던 것으로 추정된다. 아무튼 상황이 이렇게 되자 바울을 심문하려던 자들이 그에게서 물러가고 천부장도 그가 로마 시민인 줄 알고 그 결박한 것 때문에 두려워한다(29절). 그들은 자칫하면 로마 정부로부터 불법적으로 로마 시민을 고문한 죄로 엄중한 문책을 당할 수 있었다.

2) 산헤드린에서 심문받음(22:30-23:10)

다음날 천부장은 유대인이 무슨 일로 바울을 고발하는지 진상을 알고자 하여 바울의 결박을 풀어주고, 제사장들과 공회를 모으고, 바울을 데리고 내려가서 그들 앞에 세운다(30절). 그런데 천부장이 29절에서 결박을 풀어 준 것으로 언급되어 있는데 여기서 다시 결박을 풀어주었다고 언급된 것은 아마도 무겁고 고통스러운 결박을 이미 풀어주었으며 가볍고 고통스럽지 않은 결박을 했다가 이제 풀어주었기 때문인 것 같다. 천부장은 바울의 범죄에 대해 알고 싶어서 처음에는 유대인 무리로부터 들으려 했지만 그들이 서로 다르게 말하는 바람에 듣지 못했고(참고. 21:33-34), 그런 후에는 그를 고문하여 알아내려 하였으나 그가 로마 시민임을 밝히는 바람에 알 수 없었다(참고. 22:24-29). 그래서 이제 천부장은 바울을 공회 앞에 세운다.

천부장이 유대인의 공회를 소집한 이유에는 그가 바울의 잘못을 소상히 알고 싶어 하는 것과 더불어 그를 유대의 공회에 세움으로써 자신이 바울에게 잘못한 것을 면하려 하는 의도가 담겨 있었다. 공회는 71명으로 구성된 유대 사회의 최고 의결 기구였다. 당시에 로마의 관리가 공회의 소집을 명령할 수 있었는지 분명하지 않은데 아마도 로마의 관리가 소집을 원할 때 적어도 공회의 의장인 대제사장이나 공회원의 동의를 얻어서 소집했을 가능성이 있다. 아무튼 바울은 유대의 공회에서 심문을 받게 되었다. 지금 성난 유대인들은 바울에 대해서 적대적인 감정을 가지고 있고, 바울은 그들에게 무엇인가를 말해야 하는 상황에 놓여 있다.

이렇게 바울이 공회 앞에서 심문을 받고 이후에 벨릭스 총독과 베스도 총독 앞에서 심문을 받는 것은 예전에 예수님이 공회 앞에서 심문을 받으시고 빌라도 총독 앞에서 심문을 받으신 장면을 연상시킨다. 즉 바울의 생애는 예수님의 생애를 따라가고 있다. 누가는 의도적으로 바울의 삶을 예수님의 삶에 병행시킴으로 제자도(discipleship)가 무엇인지를 보여주고자 한다. 예수님은 공회원과 빌라도 총독 앞에서 아무런 죄가 없음이 드러났다. 마찬가지로 바울도 공회원과 벨릭스 총독과 베스도 총독 앞에서 아무런 죄가 없음이 드러날 것이다.

바울은 공회에서 심문을 받게 되었으며 자칫 큰 어려움에 처할 수 있었으나, 오히려 이것을 복음 전하는 기회로 삼는다. 그래서 그는 공회를 주목하여 "여러분 형제들아 오늘까지 나는 범사에 양심을 따라 하나님을 섬겼노라"라면서 말하기를 시작한다(1절). 여기서 바울의 설교는 법정적 수사학(논리적인 말, judicial rhetoric)의 관점에서 이해할 수 있다. 그가 공회를 주목하는 것은 수사적 행위(rhetoric gesture)로서 관심을 집중시키려는 의도를 가진다. 그리고 그는 친근함을 유도하기 위해서 "여러분 형제들아"라고 말하고(*pathos*), 이어서 "오늘까지 나는 범사에 양심을 따라 하나님을 섬겼노라"라고 말하면서 변호를 시작한다(*ethos*).[485]

이때 공회의 의장이었던 대제사장 아나니아가 바울 곁에 서 있는 사람들에게 바울의 입을 치라고 명령한다(2절). 아나니아는 주후 47-58년 사이에 대제사장으로 재임하였다. 그는 바울에 대하여 상당히 부정적이고 적대적인 감정을 가지고 있었기 때문에 그가 말하는 것을 듣고 싶어하지 않는다. 그가 바울의 입을 치라고 명령하는 것은 바울의 말을 강하게 거부하고 공개적인 모욕을 가하는 수사학적인 행동이다(참고. 요 18:22-23).[486] 따라서 23장에서 시작하여 24장에서 끝나는 바울의 말을 수사학적인 관점에서 이해할 수 있고, 대제사장을 비롯한 다양한 청중의 반응도 수사학적인 견지에서 관찰할 수 있다.

바울은 자신의 말을 막은 대제사장 아나니아를 향하여 다음과 같이 강하게 말한다. "회칠한 담이여 하나님이 너를 치시리로다 네가 나를 율법대로 심판한다고 앉아서 율법을 어기고 나를 치라 하느냐"(3절). 따라서 바울은 위협의 상황에서 조금도 굴하지 않고 담대하게 말한다. "회칠한 담"(whitewashed wall)이란 겉은 아름답게(옳게) 보이나 속은 더러운(잘못된) 상태를 가리킨다(참고. 겔 13:10-16). 이전에 예수님은 바리새인들과 서기관들에게 '회칠한 무덤' 같다고 책망하셨다(참고. 마 23:27-28). 따라서 바울은 예수님과 마찬가지로 겉으로 의로운 척하지만, 속으로 더러운 자들을 비판했다.[487]

"하나님이 너를 치시리로다"라는 말에서 "치시리로다"(*툽토*, τύπτω, strike)는 바울이 대제사장 아나니아의 "치라"는 말을 그대로 인용하여 반격한 것이다. "하나님이 너를 치시리로다"라는 말은 단순한 저주가 아니라 심판을 선언하는 것이다. 실제로 아나니아는 주후 66년에 암살당했다.[488] 그리고 "율법대로 심판한다고 앉아서 율법을 어기고 나를 치라 하느냐?"라는 말에는 바울에게 죄가 있다는 사실이 아직 율법에 따라 판명되지 않았으므로 그를 고문할 수 없다는 뜻과 함께 율법에 근거할 때 아나니아가 의롭지 않은 자라는 사실이 반영되어 있다. 한편, 대제사장이 바울을 치라고 한 것은 예전에 대제사장이 예수님을 치라고 한 것을 생각나게 한다(참고. 눅 22:63-64).

이때 곁에 선 사람들이 하나님의 대제사장을 욕하느냐고 바울을 비난한다(4절). 그러자 바울은 그가 대제사장인 줄 알지 못하였다고 대답한다(5절 a). 이 말의 의미는 무엇인가? 바울은 정말 그가 대제사장인 줄 알지 못하였는가? 이에 대하여 여러 견해가 있다.[489] 첫째, 바울은 정말 아나니아가 대제사장인 줄 알지 못했다는 견해가 있다. 당시에 대제사장이 자주 바뀌었고(참고. 4:5-6의 계보), 바울이 오랫동안 이방 지역에서 머물다가 돌아왔기 때문에 누가 대제사장인지 몰랐다는 것이다. 둘째, 바울은 시력이 매우 약했기 때문에 지금 자신에게 말하는 사람이 대제사장인 줄 몰랐다는 견해가 있다. 셋째, 바울은 그에게 말하는 사람이 대제사장인 것을 알았으나 그의 행동이 대제사장답지 못했기 때문에 그를 대제사장으로 인정하지 않았다는 견해가 있다. 아마도 셋째 견해가 옳을 것이다. 비록 바울이 대제사장의 얼굴을 몰랐거나 시력이 약했다 하더라도 그의 옷이나 앉은 자리나 말하는 투로 대제사장인 줄 알았을 것이다.

바울은 이어서 출애굽기 22:28("너는 재판장을 모독하지 말며 백성의 지도자를 저주하지 말지니라")을 인용하여 말하기를 "너의 백성의 관리를 비방하지 말라 하였느니라"라고 한다(5절b). 바울이 여기서 구약의 율법규정을 인용하는 것에는 의미가 있다. 그는 자신이 율법을 거스르는 자가 아니라 율법을 존중하며 율법에 순종하는 자임을 드러내고자 하였다. 그리고 그는 백성들이 관리(지도자)를 비방하지 말라는 말을 언급하면서 자신이 지도자를 비방할 마음을 전혀 가지고 있지 않음을 밝히려 하였다. 이것은 그가 비난하는 대제사장이 지도자의 자격을 전혀 갖추지 못하고 있음을 시사한다.[490]

바울은 죽음의 위협을 느꼈다. 실로 대제사장을 모욕하는 것은 엄청난 대가를 치러야 하는 일이었다. 하지만 그는 아직 죽어서는 안 되었다. 그는 로마에 가려는 꿈을 가지고 있었다. 따라서 그는 위기를 모면하기 위하여 순간적으로 기지를 발휘한다. 그는 공회에 모인 무리 중 일부는 사두개인이요 다른 일부는 바리새인인 줄 알고 있었는데(6절a), 이는 공회가 다수의 사두개인과 소수의 바리새인으로 구성되어 있었기 때문이다. 그런데 유대교 내에서 바리새파와 사두개파는 사사건건 대립하였고, 여러 신학적, 정치적 주제에 대해서 첨예한 갈등을 빚고 있었다. 따라서 바울은 이러한 대립 구도를 이용하여 위기에서 벗어나려고 한다.

바울은 외쳐 말하기를 "여러분 형제들아 나는 바리새인이요 또 바리새인의 아들이라 죽은 자의 소망 곧 부활로 말미암아 내가 심문을 받노라"라고 한다(6절b). 그는 자신이 바리새파에 소속되어 있다는 사실과 사두개파의 신학적 문제점을 언급함으로 바리새파의 지지를 얻어 사두개파를 반대하는 전략을 사용한다. 특별히 그는 바리새인과 사두개인 사이에 죽은 자의 부활에 대한 문제로 첨예한 대립이 있는 것을 알고 있었기에 일부러 죽은 자의 부활에 대하여 말한다(참고. 눅 20:27-40). 그런데 이것은 부정적인 측면의 교활함이 아니다. 왜냐하면 바울은 부활의 진리를 가장 중요하게 여겼기 때문이다. 바울은 이제 바리새파와 사두개파가 싸움을 벌일 것이고, 자신이 바리새파의 지지를 얻어 위기에서 벗어날 수 있을 것으로 기대한다.

바울이 기대한 대로 그의 말에 따라 바리새인과 사두개인 사이에 다툼이 생겨 무리가 나누어진다(7절). 누가는 여기서 바리새인과 사두개인의 신학적 입장을 언급함으로 그들이 다툰 이유를 설명한다. "이는 사두개인은 부활도 없고 천사도 없고 영도 없다 하고 바리새인은 다 있다 함이라"(8절). 따라서 사두개인들이 사후의 세계와 영적인 존재를 믿지 않았기 때문에 바울이 이를 이용한 것이다(참고. 4:1-2). 사두개인은 모세오경만을 받아들였으며 모세오경에 부활이나 천사나 영이 없다고 생각하였다. 그러나 그들의 성경해석은 분명히 잘못되었다. 이는 모세오경에 그러한 내용이 모두 들어 있기 때문이다.[491]

두 집단의 사람들이 큰 소리로 다툴 때 바리새인 편에서 몇 서기관이 일어나서 바울의 편을 들어서 말하기를 "우리가 이 사람을 보니 악한 것이 없도다 혹 영이나 혹 천사가 그에게 말하였으면 어찌 하겠느냐"라고 한다(9절). 그러나 사두개인은 바리새인의 말을 듣지 않는다. 그들 사이에 오랫동안 존재하던 신학적 입장 차이가 금방 일치를 볼 수는 없었기 때문이다. 그래서 그들 사이에 큰 분쟁이 생기자 천부장이 개입하는데, 바울이 그들에게 찢길까 염려하여 군인들에게 명령하기를 무리 가운데서 바울을 빼앗아서 영내로 들어가라고 한다(10절). 이렇게 하여 공회의 심문은 중단되고 바울은 로마 군인의 영내로 피하게 된다.

3) 주께서 바울에게 오심(23:11)

그날 밤에 주께서 바울 곁에 서서 말씀하시기를 "담대하라 네가 예루살렘에서 나의 일을 증언한 것 같이 로마에서도 증언하여야 하리라"라고 하신다(11절). 주님이 바울에게 나타나셔서 그를 격려하신 이유는 그가 많이 위축되어 있었고 낙담하고 있었기 때문이다. 그는 유대인 무리로부터 엄청난 박해를 당했으며, 천부장과 산헤드린의 심문을 받았고, 죽음의 위기에 놓여 있었다. 그리하여 주님은 바울에게 나타나셔서 그가 죽지 않을 것이라고 격려하시며, 그가 로마로 가는 것이 주님의 뜻이라는 사실을 분명히 심어 주신다.[492] 이러한 위안은 그에게 엄청난 힘이 되었을 것이다. 이후 그는 로마로 가는 도중에 어려움을 당했던 순간과 로마에서 2년간 투옥된 기간에 이 말씀을 통해서 힘을 얻었을 것임이 틀림없다.

교훈과 적용

1. 바울은 자신이 로마 시민이라는 사실을 유대인 무리 앞에서 밝히지 않았으나 로마 군인들 앞에서 밝혔다. 이는 만일 유대인들 앞에서 그 사실을 밝히면 설교를

할 수 없었겠지만, 로마 군인들 앞에서는 이를 밝힘으로 위기에서 벗어날 수 있었기 때문이다. 그러므로 그는 복음 전파를 위해 적절하게 자신의 신분을 사용했다. 이처럼 그는 로마 시민권을 사용하여 효율적으로 일할 수 있었다. 우리에게 주어진 소유와 재능을 복음을 위해서 적절하게 사용해야 한다.

2. 바울은 산헤드린 앞에서 당당하게 자기 뜻을 밝힌다. 그는 생명의 위협을 느꼈으나 굴하지 않는다. 그리스도를 간증한다는 것은 상당한 용기를 필요로 한다. 그리스도인은 때로 적대자들 앞에서도 간증해야 하기 때문이다. 그런데 바울은 순간적인 기지를 발휘해서 위험에서 벗어난다. 그는 진리를 전하면서 동시에 바리새파와 사두개파의 분쟁을 촉진한다. 우리는 바울과 같은 용기와 지혜를 달라고 기도해야 한다.
3. 유대인들은 바울을 죽이려고 하였으나 천부장이 개입하여 바울을 도와주었다. 이후에는 천부장이 바울에게 채찍질하려고 하였으나 바울이 로마 시민임을 밝힘으로 위기에서 벗어났다. 이렇게 바울은 하나님의 극적인 도우심을 통하여 어려움에서 벗어났다. 특히 주님은 환상 중에 나타나셔서 바울을 격려하셨다. 그러므로 우리는 하나님께서 다양한 방식으로 우리를 도우신다는 사실을 알고 담대하게 그분의 복음을 전해야 한다. 아무것도 두려워하지 말아야 한다.

4. 바울이 예루살렘을 탈출함(23:12-35)

12 날이 새매 유대인들이 당을 지어 맹세하되 바울을 죽이기 전에는 먹지
도 아니하고 마시지도 아니하겠다 하고 13 이같이 동맹한 자가 사십여 명
이더라 14 대제사장들과 장로들에게 가서 말하되 우리가 바울을 죽이기
전에는 아무 것도 먹지 않기로 굳게 맹세하였으니 15 이제 너희는 그의 사
실을 더 자세히 물어보려는 척하면서 공회와 함께 천부장에게 청하여 바

울을 너희에게로 데리고 내려오게 하라 우리는 그가 가까이 오기 전에 죽
이기로 준비하였노라 하더니 16 바울의 생질이 그들이 매복하여 있다 함
을 듣고 와서 영내에 들어가 바울에게 알린지라 17 바울이 한 백부장을 청
하여 이르되 이 청년을 천부장에게로 인도하라 그에게 무슨 할 말이 있다
하니 18 천부장에게로 데리고 가서 이르되 죄수 바울이 나를 불러 이 청년
이 당신께 할 말이 있다 하여 데리고 가기를 청하더이다 하매 19 천부장이
그의 손을 잡고 물러가서 조용히 묻되 내게 할 말이 무엇이냐 20 대답하
되 유대인들이 공모하기를 그들이 바울에 대하여 더 자세한 것을 묻기 위
함이라 하고 내일 그를 데리고 공회로 내려오기를 당신께 청하자 하였으
니 21 당신은 그들의 청함을 따르지 마옵소서 그들 중에서 바울을 죽이기
전에는 먹지도 않고 마시지도 않기로 맹세한 자 사십여 명이 그를 죽이려
고 숨어서 지금 다 준비하고 당신의 허락만 기다리나이다 하니 22 이에 천
부장이 청년을 보내며 경계하되 이 일을 내게 알렸다고 아무에게도 이르
지 말라 하고 23 백부장 둘을 불러 이르되 밤 제 삼 시에 가이사랴까지 갈
보병 이백 명과 기병 칠십 명과 창병 이백 명을 준비하라 하고 24 또 바울
을 태워 총독 벨릭스에게로 무사히 보내기 위하여 짐승을 준비하라 명하
며 25 또 이 아래와 같이 편지하니 일렀으되 26 글라우디오 루시아는 총
독 벨릭스 각하께 문안하나이다 27 이 사람이 유대인들에게 잡혀 죽게 된
것을 내가 로마 사람인 줄 들어 알고 군대를 거느리고 가서 구원하여다가
28 유대인들이 무슨 일로 그를 고발하는지 알고자 하여 그들의 공회로 데
리고 내려갔더니 29 고발하는 것이 그들의 율법 문제에 관한 것뿐이요 한
가지도 죽이거나 결박할 사유가 없음을 발견하였나이다 30 그러나 이 사
람을 해하려는 간계가 있다고 누가 내게 알려 주기로 곧 당신께로 보내며

또 고발하는 사람들도 당신 앞에서 그에 대하여 말하라 하였나이다 하였
더라 31 보병이 명을 받은 대로 밤에 바울을 데리고 안디바드리에 이르러
32 이튿날 기병으로 바울을 호송하게 하고 영내로 돌아가니라 33 그들이
가이사랴에 들어가서 편지를 총독에게 드리고 바울을 그 앞에 세우니 34
총독이 읽고 바울더러 어느 영지 사람이냐 물어 길리기아 사람인 줄 알고
35 이르되 너를 고발하는 사람들이 오거든 네 말을 들으리라 하고 헤롯 궁
에 그를 지키라 명하니라

바울은 예루살렘에서 유대인의 위협을 받았으나 안전하게 보호되었다. 그리고 유대인의 공회에서 심문을 받았으나 어떠한 죄도 드러나지 않았다. 하지만 유대인은 결사대를 조직하여 바울을 죽이려고 음모를 꾸민다. 이에 바울은 극적으로 예루살렘을 벗어남으로 위기를 모면한다. 바울은 로마로 가기를 간절히 원했는데, 주님은 천부장으로 하여금 바울을 가이사랴에 있는 총독 벨릭스에게 보내게 하심으로 바울을 구원하신다.

1) 바울을 죽이려는 음모(23:12-22)

바울은 유대인의 위협에서 벗어났다. 하지만 날이 새자 유대인들이 당을 지어서 맹세하기를 바울을 죽이기 전에는 먹지도 않고 마시지도 않겠다고 한다(12절). 그리고 이렇게 동맹을 한 자가 40여 명이나 된다(13절). 유대인들이 바울을 죽이려고 많은 인원으로 결사대를 만들었다는 점은 바울의 존재가 그들에게 매우 심각한 위험이었음을 의미한다. 특히 유대인은 전통적으로 맹세를 중요하게 여겼다. 따라서 그들이 바울을 죽이는 일에 맹세했다는 것은 바울을 죽이지 못하면 자신들이 저주를 받아도 괜찮다는 결연한 의

지를 담은 것이다.

바울을 죽이려고 음모를 꾸민 40여 명의 결사대는 대제사장들과 장로들에게 가서 말하기를 “우리가 바울을 죽이기 전에는 아무 것도 먹지 않기로 굳게 맹세하였다”라고 말한다(14절). 대제사장들과 장로들은 이스라엘의 최고 지도자인데, 여기서는 공회의 구성원들을 가리키며, 특히 사두개인을 가리킨다. 하지만 서기관은 나오지 않는데, 서기관은 바리새인으로서 바울을 옹호하는 입장에 서있었기 때문에 배제된 것 같다. 이렇게 결사대가 대제사장들과 장로들에게 자신들이 바울을 살해하겠다는 의지를 밝힌 것은 그만큼 그들의 신념이 확고하다는 사실을 반영한다. 한편, 원래 이스라엘의 대제사장은 한 명뿐인데, 여기서 “대제사장들”이라는 복수형태가 사용된 것은 당시에 전직 대제사장도 대제사장이라고 불렸기 때문이다.

결사대는 이어서 공회에 요청하기를 “이제 너희는 그의 사실을 더 자세히 물어보려는 척하면서 공회와 함께 천부장에게 청하여 바울을 너희에게로 데리고 내려오게 하라 우리는 그가 가까이 오기 전에 죽이기로 준비하였노라”라고 한다(15절). 즉 그들은 바울이 머물고 있는 안토니오 요새와 공회가 열리는 장소가 떨어져 있었기 때문에 바울을 공회가 열리는 곳으로 데리고 올 때 어딘가에 매복해 있다가 그를 죽이겠다는 계략을 세웠다. 그러므로 그들은 바울을 죽이기 위하여 구체적인 전략을 마련했다. 그리고 당연히 공회는 결사대의 제안에 동의했을 것이다. 이제 바울은 엄청난 위기를 맞이하게 되었다.

이때 “바울의 생질”이 결사대가 매복하여 있다는 사실을 듣고 와서 영내에 들어가 바울에게 알려준다(16절). “바울의 생질”은 바울의 누이의 아들(NIV: ‘the son of Paul’s sister’)이다. 이것은 신약성경에서 바울의 가족에 대한 유일한 언급이다.[493] 바울의 생질이 예루살렘에 있었다는 사실은 바울의 가족이 일찍이 예루살렘에 이주하여 살았다는 점을 시사한다. 바울은 생질의 말을 듣고 한 백부장에게 요청하기를 "이 청년을 천부장에게로 인도하라 그에게 무슨 할 말이 있다"라고 한다(17절). 이때 바울은 백부장에게 자세한 내용을 설명하지 않음으로 비밀이 새어 나가지 않게 한다. 백부장은 바울의 생질을 천부장에게로 데리고 가서 말하기를 "죄수 바울이 나를 불러 이 청년이 당신께 할 말이 있다 하여 데리고 가기를 청하더이다"라고 한다(18절). 여기서 백부장이 바울에 대하여 "죄수 바울"이라는 표현을 사용한 이유는 바울이 비록 유죄로 판결나지는 않았지만, 범죄의 혐의를 가지고 있었기 때문이다. 천부장은 청년의 손을 잡고 안으로 들어가서 자신에게 할 말이 무엇이냐고 조용히 물어본다(19절).

그러자 청년은 유대인의 결사대가 바울을 죽이려는 음모를 꾸몄음을 천부장에게 알려 준다(20-21절). 고대의 내러티브는 종종 앞에서 일어난 일을 다시금 설명해 주는 경향이 있는데, 20-21절이 그런 경우이다. 누가는 앞에서 언급된 상황을 청년의 입을 통해서 반복함으로 바울이 위험에 처해 있다는 사실을 강조하고 하나님이 이렇게 위험에 빠진 바울을 구해주실 것이라는 기대감을 가지게 한다.[494] 천부장은 청년을 보내면서 이 일을 자신에게 알렸다고 아무에게도 이르지 말라고 경계한다(22절). 천부장은 청년의 말이 옳다고 생각했고, 로마 시민인 바울을 보호하기 위하여 어떠한 조치를 취하여야 했다. 결국, 이런 식으로 바울은 다시금 위기에서 벗어날 수 있게 된다.

그런데 바울의 생질이 어떻게 극소수의 인원만 아는 바울 살해 음모를 알게 되었는지, 그리고 그가 어떻게 로마 군대의 영내에 들어가서 철통같은 보호를 받고 있던 바울을 만날 수 있었는지 파악할 수가 없다. 특히 그는 18-19절에서 읽을 수 있듯이 젊은 청년에 불과했다. 누가는 이에 대해서 아무런 정보도 주지 않는다. 아마도 바울의 생질은 유대의 고위층과 상당히 깊은 교분을 가지고 있었으며 로마 군대와도 대단히 내밀한 관계를 맺고 있었던 것 같다. 그렇지 않으면 당시에 유대인 가운데에서 오직 몇 명만 알고 있는 소위 '일급비밀'을 알 수 없었을 것이며, 로마 군대의 영내로 들어가서 바울을 만날 수도 없었을 것이다. 여기에다 바울은 로마 시민으로서 관대한 방문권을 받았기 때문에 영내에서 그의 생질을 만날 수 있었다.[495]

한편, 바울을 죽이려 했던 40여 명의 결사대는 어떻게 되었을까? 어떤 사람은 결사대의 음모가 좌절되었기 때문에 그들이 스스로 목숨을 끊었거나, 혹은 그들이 바울을 죽이기 전에는 먹지도 않고 마시지도 않겠다고 맹세했기 때문에 굶어 죽었거나 갈증으로 죽었다고 추측한다. 하지만 아마도 그렇게 되지 않았을 것이다. 당시 랍비의 법에 따르면 서원을 이행하려 하였으나 이행하기가 불가능하게 되었을 경우에는 서원을 한 사람이 서원의 요구조건에서 해방되었기 때문이다.[496] 따라서 바울을 죽이려 했던 자들은 자진해서 해산했을 가능성이 높다.

2) 바울이 가이사랴로 이송됨(23:23-35)

천부장은 로마 시민권자인 바울을 죽게 내버려 둘 수 없었다. 그리하여 바울을 살리려는 조치를 마련한다. 천부장은 백부장 둘을 불러 지시하기를 "밤 제 삼 시"에 가이사랴까지 갈 보병 200명과 기병 70명과 창병 200명 등 총 470명의 병력을 준비하라고 한다(23절). 이것은 예루살렘 성전 수비대의 절반에 해당하는 엄청나게 많은 인원이다. "밤 제 삼 시"는 오늘날의 밤 9시를 가리키는데, 천부장은 유대인 결사대의 음모를 원천적으로 차단하기 위하여 밤에 출발하라고 명령한다. 천부장은 유대인으로부터 바울을 보호하기 위해 온갖 정성을 쏟는다.[497]

천부장은 바울을 총독 벨릭스에게로 무사히 보내기 위하여 "짐승"을 준비하라고 명령한다(24절). 총독 벨릭스(Felix)는 주후 52-59년(혹은 60년)에 유대의 총독으로 재위하였는데, 평소에는 다른 여느 총독과 마찬가지로 아름다운 해변도시 가이사랴에 거주하고 있었다.[498] 그는 로마 황제 클라우디우스의 신임을 얻었으나 클라우디우스 이후의 황제인 네로에 의하여 파면되었다. 그는 유대인을 무자비하게 대하였기 때문에 유대인으로부터 좋지 않은 평판을 듣고 있었다. 천부장이 준비하라고 명령한 "짐승"은 '말'(NIV: 'horse')을 가리킨다. 이처럼 천부장은 바울을 안전한 곳으로 이동시키는 일에 심혈을 기울인다.[499]

천부장은 총독 벨릭스에게 편지를 보낸다(25절). 이 편지는 천부장이 총독에게 보내는 공식적인 서한(공문서)으로, 발신자, 수신자, 인사말, 용건 등 표준적인 그리스-로마 편지 형식을 따라 기록되었다. 26절에서 처음으로 천부장의 이름이 언급된다. 그의 이름은 "글라우디오 루시아"이다. 그는 총독 벨릭스를 향하여 "각하께"(*토 크라티스토*, τῷ κρατίστῳ)라는 존칭을 깍듯이 붙인다.[500] 누가는 누가복음과 사도행전의 수신자인 데오빌로에게도 "각하"라는 존칭을 붙였는데(눅 1:3; 행 1:1), 여기서도 바울이 이러한 존칭을 사용했다는 사실을 언급하는 것은 기독교가 로마에 적대적인 세력이 아니며 법을 준수하는 집단이라는 인상을 심어주기 위한 것이다.

천부장은 바울이 유대인에게 잡혀 죽게 되었지만 로마 사람이라는 것을 알고 자신이 군대를 거느리고 가서 구원하였다고 말한다(27절). 하지만 그의 말은 옳지 않다. 그는 처음에 유대인이 소요를 일으키지 못하게 하려고 바울을 데리고 갔고, 처음에는 바울이 로마 시민인 것을 알지 못했다가 이후에 심문하면서 그가 로마 시민인 것을 알고 보호하였다. 천부장은 이어서 유대인이 무슨 일로 바울을 고발하는지 알고자 하여 그들의 공회로 데리고 내려갔는데, 고발하는 것이 그들의 율법 문제에 관한 것뿐이며, 한 가지도 죽이거나 결박할 사유가 없음을 발견했다고 진술한다(28-29절). 이처럼 천부장은 바울에게 죄가 없다는 사실을 분명히 한다. 그리고 이것은 과거에 빌라도가 예수님의 무죄를 확신한 것과 같다(참고. 눅 23:15-16). 천부장은 바울을 해하려는 간계가 있다고 누군가가 자신에게 알려 주었기 때문에 그를 총독에게로 보내며, 또 고발하는 사람들도 총독 앞에서 그에 대하여 말하라 했다고 언급한다(30절). 그러므로 천부장의 편지는 자신이 바울의 문제를 잘 처리하였다는 점을 드러내려는 다분히 정치적인 의도를 담고 있다.

바울을 호송하는 보병은 천부장의 명령을 받은 대로 밤에 바울을 데리고 안디바드리에 이른다(31절). 예루살렘에서 가이사랴의 거리는 100km 정도 되었으며, 안디바드리는 예루살렘과 가이사랴의 중간에 위치해 있었는데, 예루살렘에서 56km 정도 떨어져 있었다. 군인들이 이 정도 거리를 밤에 이동하기란 어렵기는 하지만 불가능하지 않았다.[501] 요세푸스에 따르면, 안디바드리(Antipatris)는 헤롯 대왕이 자기 아버지 안티파테르(Antipater)의 이름을 따서 사론 평야에 세운 도시였다(*Antiquities* 13.390; *War* 1.99).[502] 다음날에는 기병들이 바울을 호송하였고 보병들은 예루살렘의 영내로 돌아간다(32절). 즉 470명의 군인들 중 안디바드리에서 400명이 예루살렘으로 돌아가고, 이제는 기병 70명이 바울을 호위하여 가이사랴를 향해 출발한다. 이는 바울이 안디바드리까지 안전하게 도착했기 때문에 더 이상 많은 군인이 바울을 지킬 필요가 없었기 때문이다.[503] 기병은 가이사랴에 들어가서 천부장의 편지를 총독 벨릭스에게 전달하고 바울을 그 앞에 세운다(33절).

벨릭스 총독은 당시의 공식적인 관행대로 편지를 읽은 후에 바울에게 어느 영지 사람이냐고 물어서 길리기아 사람인 것을 알게 된다(34절). 이것은 바울이 자신의 재판 관할 지역에 있는 사람인지 그렇지 않은지를 확인하는 절차이다. 당시에 유대와 길리기아는 모두 로마 수리아의 속주였는데, 벨릭스는 유대를 다스렸고 다른 통치자가 길리기아를 다스렸지만, 둘 중 누구든 자기들의 속주에서 일어난 사건을 재판할 수 있었다. 물론 바울이 길리기아 출신이기 때문에 벨릭스는 바울을 길리기아의 통치자에게 보낼 수 있었다. 하지만 그는 사소한 일로 길리기아의 통치자에게 폐를 끼치고 싶지 않았고 바울을 고소한 사람들이 이런 사건으로 길리기아라는 먼 곳까지 다녀오게 하고 싶지 않아서 자신이 이 사건을 처리하기로 결심한다.

벨릭스는 바울을 고발하는 사람들, 즉 유대인이 가이사랴에 도착하면 바울의 말을 듣겠다고 한 후에 자신이 거주하고 있는 헤롯 궁에 그를 가두어 지키라고 명령한다(35절). 이것은 공식 재판을 열겠다는 뜻이다. 왜냐하면 바울이 로마 시민이기 때문에 일을 함부로 처리해서는 안 되기 때문이었다. 바울이 갇히게 된 '헤롯 궁'은 헤롯 대왕이 자신을 위해 지은 것으로 당시에 총독이 거주하고 있던 총독 관저(*praetrorium*)를 가리킨다. 따라서 바울은 비교적 괜찮은 곳에서 충분한 보호를 받으며 지내게 된다. 아직 바울에게 죄가 있다고 판결이 나지 않았기 때문에 그는 아무런 고문이나 학대를 받지 않았을 것이다.

교훈과 적용

1. 바울은 극도의 위험이 도사리고 있던 예루살렘을 무사히 탈출하였다. 아무리 사람이 철저히 계략을 꾸미고 준비를 철저히 한다고 해도 하나님이 막으시면 성공할 수 없다. 시편 37:12-13은 이렇게 말한다. "악인이 의인 치기를 꾀하고 그를 향하여 그의 이를 가는도다 그러나 주께서 그를 비웃으시리니 그의 날이 다가옴을 보심이로다." 40여 명의 결사대는 바울을 죽이려고 작정하였으나 결과적으로 바울이 로마로 가도록 돕는 역할을 하였다.
2. 바울은 진리를 믿고 보존하였다. 그가 수많은 무리의 온갖 위협과 두려움을 극복할 수 있었던 이유는 그가 믿고 있는 진리에 대한 확신 때문이었다. 그는 복음을 부끄러워하지 않았으며, 그리스도 안에서 갇힌 자 된 것을 수치스럽게 생각하지 않았다. 우리는 주님의 복음을 위하여 고난 받는 것을 수치스럽게 생각하거나 이상하게 여기지 말아야 한다. 어떠한 어려움과 난관이 있더라도 진리를 붙들고 사수해야 한다.
3. 천부장은 바울에게 아무런 죄가 없다는 사실을 밝혔다. 그리고 사도행전의 이어지는 부분에서 모든 로마 관리는 바울의 무죄함을 증언한다. 이것은 당시에 기독교가 로마 정부의 법에 저촉되지 않고 사회적으로 물의를 일으키지 않는 집단이라는 메시지를 함의한다. 기독교의 진리는 세상을 해롭게 하지 않으며 세상 사람의 지탄(도덕적 문제로)을 받을 이유를 제공하지 않는다. 따라서 오늘날 기독교인이 세상 사람으로부터 비난을 받는 이유를 우리는 생각해 보아야 한다. 우리의 잘못된 행실 때문에 순수한 복음이 비난을 받지 않게 해야 한다.

11

총독들과 왕 앞에서 심문 받는 바울

(24:1-26:32)

대한예수교장로회 고신총회 설립 60주년 기념

성경주석

사도행전

A c t s

11
총독들과 왕 앞에서 심문 받는 바울
(24:1-26:32)

본문 개요

바울은 유대의 종교지도자들로부터 고발을 당하여 로마의 총독들(벨릭스와 베스도)과 유대의 왕(아그립바) 앞에서 재판을 받는다. 유대의 종교지도자들은 바울의 유죄를 강력히 주장하지만, 바울은 자신의 무죄를 차분히 입증한다. 그러는 가운데 바울은 권력자들 앞에서 자신이 회심하게 된 경위와 그 결과를 말하면서 오히려 그들에게 복음을 전한다.

내용 분해

1. 벨릭스 앞에 선 바울(24:1-27)
   1) 더둘로의 고소(24:1-9)
   2) 바울의 변론(24:10-21)
   3) 벨릭스의 판결 연기(24:22-27)

2. 베스도 앞에 선 바울(25:1-12)

1) 유대의 지도자들이 베스도에게 요청함(25:1-5)

2) 바울의 변론과 상소 신청(25:6-12)

3. 아그립바 앞에 선 바울(25:13-27)

1) 베스도가 아그립바에게 바울의 일에 대해 말함(25:13-22)

2) 아그립바와 바울의 만남(25:23-27)

4. 바울의 변론(26:1-32)

1) 회심 이전(26:1-11)

2) 회심 과정(26:12-18)

3) 무죄 주장(26:19-23)

4) 사람들의 반응(26:24-29)

5) 무죄 확신(26:30-32)

본문 주해

1. 벨릭스 앞에 선 바울(24:1-27)

1 닷새 후에 대제사장 아나니아가 어떤 장로들과 한 변호사 더둘로와 함
께 내려와서 총독 앞에서 바울을 고발하니라 2 바울을 부르매 더둘로가
고발하여 이르되 3 벨릭스 각하여 우리가 당신을 힘입어 태평을 누리고
또 이 민족이 당신의 선견으로 말미암아 여러 가지로 개선된 것을 우리가
어느 모양으로나 어느 곳에서나 크게 감사하나이다 4 당신을 더 괴롭게

아니하려 하여 우리가 대강 여짜옵나니 관용하여 들으시기를 원하나이다
5 우리가 보니 이 사람은 전염병 같은 자라 천하에 흩어진 유대인을 다 소
요하게 하는 자요 나사렛 이단의 우두머리라 6 그가 또 성전을 더럽게 하
려 하므로 우리가 잡았사오니 (6하반-8상반 없음) 7 (없음) 8 당신이 친히
그를 심문하시면 우리가 고발하는 이 모든 일을 아실 수 있나이다 하니 9
유대인들도 이에 참가하여 이 말이 옳다 주장하니라 10 총독이 바울에게
머리로 표시하여 말하라 하니 그가 대답하되 당신이 여러 해 전부터 이 민
족의 재판장 된 것을 내가 알고 내 사건에 대하여 기꺼이 변명하나이다 11
당신이 아실 수 있는 바와 같이 내가 예루살렘에 예배하러 올라간 지 열이
틀밖에 안 되었고 12 그들은 내가 성전에서 누구와 변론하는 것이나 회당
또는 시중에서 무리를 소동하게 하는 것을 보지 못하였으니 13 이제 나를
고발하는 모든 일에 대하여 그들이 능히 당신 앞에 내세울 것이 없나이다
14 그러나 이것을 당신께 고백하리이다 나는 그들이 이단이라 하는 도를
따라 조상의 하나님을 섬기고 율법과 선지자들의 글에 기록된 것을 다 믿
으며 15 그들이 기다리는 바 하나님께 향한 소망을 나도 가졌으니 곧 의인
과 악인의 부활이 있으리라 함이니이다 16 이것으로 말미암아 나도 하나
님과 사람에 대하여 항상 양심에 거리낌이 없기를 힘쓰나이다 17 여러 해
만에 내가 내 민족을 구제할 것과 제물을 가지고 와서 18 드리는 중에 내
가 결례를 행하였고 모임도 없고 소동도 없이 성전에 있는 것을 그들이 보
았나이다 그러나 아시아로부터 온 어떤 유대인들이 있었으니 19 그들이
만일 나를 반대할 사건이 있으면 마땅히 당신 앞에 와서 고발하였을 것이
요 20 그렇지 않으면 이 사람들이 내가 공회 앞에 섰을 때에 무슨 옳지 않
은 것을 보았는가 말하라 하소서 21 오직 내가 그들 가운데 서서 외치기를

내가 죽은 자의 부활에 대하여 오늘 너희 앞에 심문을 받는다고 한 이 한
소리만 있을 따름이니이다 하니 22 벨릭스가 이 도에 관한 것을 더 자세
히 아는 고로 연기하여 이르되 천부장 루시아가 내려오거든 너희 일을 처
결하리라 하고 23 백부장에게 명하여 바울을 지키되 자유를 주고 그의 친
구들이 그를 돌보아 주는 것을 금하지 말라 하니라 24 수일 후에 벨릭스가
그 아내 유대 여자 드루실라와 함께 와서 바울을 불러 그리스도 예수 믿는
도를 듣거늘 25 바울이 의와 절제와 장차 오는 심판을 강론하니 벨릭스가
두려워하여 대답하되 지금은 가라 내가 틈이 있으면 너를 부르리라 하고
26 동시에 또 바울에게서 돈을 받을까 바라는 고로 더 자주 불러 같이 이
야기하더라 27 이태가 지난 후 보르기오 베스도가 벨릭스의 소임을 이어
받으니 벨릭스가 유대인의 마음을 얻고자 하여 바울을 구류하여 두니라

대제사장 아나니아와 장로들이 변호사 더둘로와 함께 가이사랴에 도착함으로 바울에 대한 재판이 시작된다. 더둘로는 벨릭스 앞에서 바울을 고소하면서 바울의 유죄를 주장하지만, 바울은 더둘로의 고소 내용을 조목조목 반박하면서 자신의 무죄를 입증한다. 그러나 벨릭스는 바울에게 죄가 없는 것을 알면서도 유대인의 마음을 얻고자 판결을 미룬다.

1) 더둘로의 고소(24:1-9)

바울이 가이사랴에 이송된 지 5일 후에 예루살렘으로부터 대제사장 아나니아가 장로들과 변호사 더둘로와 함께 내려와서 총독 앞에서 바울을 고발한다(1절). "변호사"에 해당하는 헬라어 단어 *레토르*(ῥήτωρ)는 신약성경에서 여기에만 나오는데, 더둘로는 이방인으로서 로마의 법에 정통한 변호사

로 보인다. 이 재판이 유대에서와 달리 로마법에 따라 진행되기 때문에 유대의 종교지도자들은 로마법에 정통한 전문 변호사를 대동한 것이다. 예루살렘에서 가이사랴까지의 거리는 100km나 되는데, 대제사장이 장로들과 변호사를 대동하여 직접 이곳까지 왔다는 것은 바울을 제거하는 것이 그들의 종교적인 신념에 비추어서 대단히 심각한 일임을 보여준다.[504]

변호사 더둘로는 고발장을 읽는다(2절). 먼저 더둘로는 벨릭스를 향하여 극진한 찬사를 쏟아 낸다. 그는 벨릭스에게 "각하"라는 깍듯한 존칭을 붙이면서, "우리가 당신을 힘입어 태평을 누리고 또 이 민족이 당신의 선견으로 말미암아 여러 가지로 개선된 것을 우리가 어느 모양으로나 어느 곳에서나 크게 감사하나이다"라고 말한다(3절). 따라서 더둘로는 벨릭스의 호의를 얻기 위하여 사실이 아닌 것을 사실인 양 포장하여 아첨의 말을 한다. 분명히 그의 발언은 사실과 달랐다. 벨릭스는 부도덕하였고 유대인을 잔인하게 탄압하였기 때문에 유대인은 그에 대하여 심한 혐오감을 가지고 있었다. 이에 요세푸스는 벨릭스가 유대를 제대로 통치하지 못했다고 평가했다(*Antiquities* 20.137-144, 162-163).[505] 더둘로는 이어서 벨릭스에게 "당신을 더 괴롭게 아니하려 하여 우리가 대강 여짜옵나니 관용하여 들으시기를 원하나이다"라고 말함으로써 벨릭스의 환심을 사기 위해 애쓴다(4절).

더둘로는 바울의 죄목을 열거한다. 그는 바울을 향하여 "이 사람은 전염병 같은 자라"라고 표현한다(5절a). 이것은 바울이 전파하는 내용(복음)을 전염병처럼 위험한 것으로 평가하면서 그것이 매우 빠르게 확산되고 있는 현실을 반영한다. 그는 일단 종교적인 측면에서 바울이 잘못되었다고 주장하기 이전에 정치적인 측면에서 바울이 잘못되었다고 주장한다. 이는 벨릭스가 유대인의 종교적인 정황을 판단하는 데에 관심을 가지기보다는 로마 정부에 해를 끼치는 세력에 대한 축출에 관심을 가지고 있기 때문이다. 그는 기독교가 로마 제국이 인정하지 않는 불법 집단이며 바울이 그들의 우두머리이기 때문에 위험한 인물이라고 설득하려 한다.

더둘로는 구체적으로 바울에 대하여 "천하에 흩어진 유대인을 다 소요하게 하는 자요 나사렛 이단의 우두머리라"라고 말한다(5절b). "천하에 흩어진 유대인을 다 소요하게 하는 자"라는 표현은 당시에 로마 제국 전역에 약 400만 명의 유대인들이 있었는데, 그들을 선동하여 로마 제국을 무너뜨리려고 한다는 뜻이다. 그리고 "나사렛 이단의 우두머리"라는 표현에서 "이단"(*하이레시스*, αἵρεσις)이라는 표현은 종파나 당파나 학파를 가리키는 것으로서 5:17에서 사두개파를 가리킬 때 사용되었고, 15:5와 26:5에서 바리새파를 가리킬 때 사용되었다.[506] 그런데 여기서는 자신들과 입장이 다른 당파를 가리키는 표현으로 사용되고 있다(참고. 14절; 28:22).

더둘로는 계속해서 바울이 성전을 더럽게 하려 하므로 자신들이 잡았다고 말한다(6절).[507] 이것은 종교적인 죄목이다. 더둘로는 만일 앞의 죄가 혐의 없음으로 드러날 경우를 대비하여 바울에게 유대인의 성전 모독죄를 뒤집어씌움으로써 형벌을 내려 줄 것을 호소한다. 즉 바울이 이방인을 성전에 데리고 들어왔다는 것인데, 이것은 그가 에베소 사람 드로비모를 성전에 데리고 왔다고 생각한 것이다(참고. 21:29). 당시에 로마인은 성전을 중요하게 여기는 유대인의 종교적 정서를 고려하여 그들이 성전에 대하여 민감하게 반응하는 것을 이해해 주었다. 따라서 더둘로는 벨릭스가 바울에게 유죄판결을 내릴 것이라고 기대하면서 이렇게 주장한다.

그러나 더둘로는 결정적인 증거를 제시하지 못하였으며 확실한 증인을 데리고 오지도 못하였다. 아마도 바울에 대한 고소를 서두르다 보니 충분히 준비하지 못했을 것이다. 그래서 그는 총독이 친히 바울을 심문하면 자신들이 고발하는 모든 일을 알 수 있을 것이라고 말하면서 고소를 마친다(8절). 그러자 유대인이 이에 참가하여 그 말이 옳다고 주장한다(9절). 이처럼 유대인은 자신들에게 전혀 우호적이지 않은 벨릭스를 대단히 우호적으로 대하면서 그가 바울의 문제를 자신들이 원하는 대로 처리해 줄 것을 촉구한다. 따라서 유대인은 자신들의 이득을 위하여 양심에 부끄러운 태도를 보이고 있다.

2) 바울의 변론(24:10-21)

총독이 바울을 직접 심문하지 않고 대신 그를 향하여 머리로 표시하여 말하라고 하자, 바울은 "당신이 여러 해 전부터 이 민족의 재판장 된 것을 내가 알고 내 사건에 대하여 기꺼이 변명하나이다"라고 대답한다(10절). 이 발언은 벨릭스가 여러 해 전부터 유대를 다스렸으므로 유대의 상황을 잘 알 것이라는 뜻이다. 이렇게 말함으로 바울은 더둘로에 대항하면서 벨릭스가 재판을 공정하게 진행해 줄 것을 기대한다. 여기서 바울과 더둘로는 각자 벨릭스에 대하여 존경을 표시하는 말을 하지만 양자 간에는 차이가 있는데, 더둘로는 "내가 크게 감사하나이다"라고 하여 아첨의 말을 하지만, 바울은 단지 "내가 알고"라고 하여 있는 그대로를 말한다.

바울은 더둘로의 고소 내용을 하나씩 논박한다. 그는 증거를 조목조목 제시하면서 명확하게 더둘로의 주장에 대항한다. 더둘로는 바울이 성전을 더럽혔다고 주장하였으나, 바울은 자신이 예루살렘에 예배하러 올라간 지 12일밖에 안 되었다고 한다(11절).[508] 그리고 자신이 성전에서 누구와 변론하는 것이나 회당 또는 시중에서 무리를 소동하게 하는 것을 유대인들이 보지 못했으니 자신을 고발하는 모든 일에 대하여 유대인들이 총독 앞에 내세울 것이 없을 것이라고 말한다(12-13절). 이것은 바울이 예루살렘에 갔어도 시간을 낼 수가 없었기에 추종자를 모을 여유가 없었으며, 따라서 사람들을 소동하게 하여 반란을 꾸밀 수가 없었다는 뜻이다.

바울은 이제 소극적으로 변론하는 데에서 나아가 자신이 무엇을 믿는지를 설명한다. 그는 유대인들이 이단이라고 비난하는 "도"를 따라 조상의 하나님을 섬기고 율법과 선지자들의 글에 기록된 것을 다 믿으며 그들이 기다리는 바 하나님께 향한 소망을 자신도 가졌으니 곧 의인과 악인의 부활이 있으리라고 말한다(14-15절). 이 말은 자신이 유대인과 같이 하나님을 믿고 구약성경을 믿고 부활을 믿는데 왜 이단이라고 불려야 하느냐는 뜻이다. 그러면서 그는 자신을 고소하러 온 유대인 가운데 바리새인이 있을 것이라고 기대하면서 부활에 대하여 다시금 언급하는 기지를 발휘한다(참고. 23:6-10). 그는 또한 자신이 "이것으로 말미암아", 즉 유대인과 자신이 공통으로 믿는 하나님과 성경과 부활 신앙으로 말미암아 하나님과 사람에 대하여 항상 양심에 거리낌이 없기를 힘쓴다고 말한다(16절).

바울은 계속해서 자신이 성전을 더럽힌 적이 없다고 주장한다. "여러 해 만에 내가 내 민족을 구제할 것과 제물을 가지고 와서 드리는 중에 내가 결례를 행하였고 모임도 없고 소동도 없이 성전에 있는 것을 그들이 보았나이다"(17-18절a). 이 말은 오랜만에 자신이 민족을 위한 구제헌금과 성전에 드릴 제물을 가지고 왔기에 예루살렘을 방문한 동기가 선하다는 사실과 성전에서 결례를 행하였기에 자신에게 종교적인 책임을 물을 수 없다는 사실과 성전에서 아무런 모임도 가지지 않았고 어떠한 소동도 없었기에 로마의 법을 위반하거나 유대인을 선동하여 사회를 어지럽게 한 범죄자가 아니라는 사실을 함의한다.

오히려 바울은 자신이 유대인에게 괴롭힘을 받고 있다고 생각하여 유대인을 몰아세운다. 곧 자신이 성전에서 규례에 따라 행동할 때 문제를 일으킨 사람은 아시아로부터 온 어떤 유대인들이라고 주장한다(18절b; 참고. 21:27). 바울은 아시아에서 온 유대인이 만일 자신을 반대할 사건이 있으면 마땅히 벨릭스 앞에 와서 고발했을 것이라고 말한다(19절). 당시에 로마법에서는 고소인과 피고소인 사이에 '얼굴을 마주 보는' 대면을 요구했다. 따라서 이 말은 아시아에서 온 유대인들이 확실한 증거를 가지고 있지 않았기 때문에 누구도 벨릭스에게 직접 와서 증언할 사람이 없다는 뜻이다.[509]

바울은 이어서 "그렇지 않으면 이 사람들이 내가 공회 앞에 섰을 때에 무슨 옳지 않은 것을 보았는가 말하라 하소서"라고 요청한다(20절). 대제사장 아나니아와 장로들은 공회원이었기에 바울이 이전에 자신들 앞에서 증언한 것을 말할 수 있었다. 그러나 그들은 바울을 심문했지만 그에게서 아무런 죄를 찾을 수 없었다. 오히려 바리새인은 바울에게 죄가 없다고 선언했다(참고. 23:9). 오직 사두개인이 바울에게 적대적인 감정을 가졌다. 이것은 바울이 그들 가운데 서서 죽은 자의 부활에 대하여 말했는데, 이로 인하여 사두개인이 바울에게 죄가 있다고 선언했던 것을 가리킨다(21절). 결국, 바울은 자신이 로마법이나 벨릭스와 아무런 관련이 없는 유대의 교리(부활)에 대해서만 말했다고 주장한다.

3) 벨릭스의 판결 연기(24:22-27)

벨릭스는 '유대인의 도'에 관해 자세히 알고 있었으므로 판결을 연기한다(22절a). 그가 유대인의 도에 대해서 자세히 알았던 것은 아마도 그의 아내 드루실라가 유대인이어서(참고. 24절) 그의 아내에게서 들었거나 아니면 여러 해 동안 유대를 다스리면서 자연스럽게 알았기 때문일 것이다. 그는 바울에게 아무런 죄가 없는 것을 알면서도 유대인들의 소요를 두려워하여 선불리 판결을 내리지 못한다(참고. 27절). 그래서 그는 천부장 루시아가 내려오면 그들의 일을 처결하겠다고 말한다(22절b). 그는 루시아를 통하여 좀 더 많은 정보를 얻기를 바랐던 것 같은데, 이후에 루시아가 가이사랴에 왔는지 오지 않았는지는 알려져 있지 않다.

벨릭스는 백부장에게 명령하기를 바울을 지키되 자유를 주고 그의 친구들이 그를 돌보아 주는 것을 금하지 말라고 한다(23절). 그는 바울이 로마 시민인 것을 감안하여 그에게 자유를 주었으며 그가 사람들을 자유롭게 만날 수 있도록 배려했다. 따라서 그는 바울의 무죄를 확신하고 있다. 산헤드린이 바울을 심문하였으나 그에게서 아무런 죄를 발견하지 못했고(참고. 23:9), 천부장 루시아도 그에게서 아무런 죄를 찾지 못했으며(참고. 23:29), 더둘로의 고소도 분명한 증거가 없는 부실한 것이었는데, 이제 벨릭스도 그의 죄를 찾지 못한다. 그리고 앞으로 총독 베스도(참고. 25:25)와 아그립바 왕(참고. 26:31)에 의해서도 바울의 무죄가 드러날 것이다.

심문이 끝나고 며칠이 지났을 때 벨릭스는 그의 아내 유대 여자 드루실라와 함께 와서 바울을 불러 "그리스도 예수 믿는 도"를 듣는다(24절). 아마도 드루실라는 유대인이었기에 바울을 통해 예수님에 관하여 듣고 싶어서 벨릭스에게 부탁하였을 것이다. 드루실라는 벨릭스의 세 번째 부인으로서 12장에 등장하는 헤롯 아그립바 1세의 막내딸이자 25장에 등장하는 헤롯 아그립바 2세의 누이였다.[510] 헤롯 아그립바 1세(Herod Agrippa I)는 그리스도인을 박해하였고 사도 야고보를 죽인 자였는데, 12:23에는 하나님께서 그를 치셔서 벌레에 먹혀 죽었다고 기록되어 있다(참고. 12:1의 주해). 드루실라는 원래 아지주스(Azizus) 왕국 에메사(Emesa) 왕의 부인이었으나 벨릭스가 드루실라를 좋아하여 드루실라에게 원래의 남편과 이혼하라고 재촉하여 그녀를 빼앗았다(*Antiquities*, 20.141-144).[511] 드루실라 역시 매우 부도덕하고 음탕했다.

바울이 벨릭스에게 "의와 절제와 장차 오는 심판"을 강론하니 벨릭스가 두려워하여 대답하기를 "지금은 가라 내가 틈이 있으면 너를 부르리라"라고 한다(25절). "의"(*디카이오쉬네*, δικαιοσύνη)는 하나님께서 죄를 미워하시는 것을 가리키며(참고. 10:35; 13:10), "절제"(*엥크라테이아*, ἐγκράτεια)는 자유분방하고 부도덕한 생활에서 벗어나는 것을 의미하며, "심판"(*크리마*, κρίμα)은 의롭지 않고 절제하지 않는 자들에 대한 하나님의 엄중한 심판을 뜻한다.[512] 그러므로 바울이 의와 절제와 심판에 대하여 말한 것은 벨릭스의 세 번에 걸친 불법적인 결혼과 드루실라의 부도덕한 생활을 경고하는 것이었다. 바울이 이렇게 벨릭스의 삶을 지적하는 적절한 주제를 선택하여 말하자, 그는 두려워하여 나중에 바울을 부르겠다고 말한다.

벨릭스는 또한 바울에게서 돈을 받을까 기대하여 그를 더 자주 불러 같이 이야기한다(26절). 벨릭스는 재판과정에서 바울이 많은 양의 돈(헌금)을 예루살렘 교회에 전달한 사실과 서원한 사람들의 결례 비용을 부담한 사실을 알고 그가 상당한 부자일 것으로 생각했던 것 같다(참고. 21:23). 당시에 뇌물을 주고받는 일은 고위층에서 만연되어 있는 관행이었다. 사도행전에서 누가는 로마 정부에 관하여 맹렬한 비판을 쏟아 내지 않으며, 오히려 기독교가 로마의 법에 저촉되지 않고 사회를 어지럽히지 않는다는 점을 부각했다. 하지만 여기에서 그는 벨릭스가 뇌물을 밝히는 인물이라는 점을 드러냄으로 로마 정부의 비위를 마냥 맞추지 않는다.

바울이 가이사랴에서 갇혀 지낸지 2년이 지났고(주후 57-59년), 이후에 보르기오 베스도가 벨릭스의 소임을 이어받는다(27절a). 벨릭스와 베스도가 언제 임무를 교대했는지에 대해서 학계에서 논쟁이 있다. 하지만 대부분의 학자들은 주후 59년 혹은 60년에 벨릭스가 가이사랴에서 일어난 유대인과 이방인 사이의 분쟁을 제대로 처리하지 못했다는 이유로 공직에서 해임되었다고 생각한다.[513] 벨릭스는 바울에게 죄가 없는 것을 알고 있으면서도 유대인의 마음을 얻고자 하여 바울을 구류해 둔다(27절b). 그는 정치적인 목적을 달성하기 위하여 양심껏 행동하지 않는다. 그의 이러한 소신 없는 행동으로 인하여 바울은 2년이라는 긴 세월을 아무런 일도 하지 못한 채 허비할 수밖에 없었다.

교훈과 적용

1. 더둘로는 영악한 법률가였다. 그는 바울을 고소하면서 바울이 천하에 흩어진 유대인을 다 소요하게 하는 자라고 하여 그를 정치적으로 위험한 인물로 내몰았다. 그리고 바울이 유대의 전통을 어긴 자라는 내용도 첨가하였다. 오늘날에도 사탄은 우리를 고소한다. 사탄은 세상 사람들 앞에서 우리의 잘못을 들추어내려고 한다. 그러나 우리는 사탄의 시험에 빠지지 않도록 유의해야 한다. 흠이 잡힐 만한 행동이나 말을 하지 않아야 한다. 조금이라도 마음을 놓지 말아야 한다.
2. 바울은 벨릭스와의 사적인 만남을 통하여 자신의 석방을 꾀하지 않았다. 오히려 위험 부담을 무릅쓰고 벨릭스의 불의한 삶을 경고했다. 그는 벨릭스의 죄악을 지적하였다. 하지만 벨릭스는 회개하지 않았다. 그는 오히려 바울로부터 돈을 받고 싶어 했다. 우리는 사람을 두려워하지 말아야 하며 사람의 마음을 기쁘게 하려고 하지 말아야 한다. 우리는 복음의 진리를 가감 없이 전해야 한다. 우리

자신의 안위보다 세상의 회개가 우선이다.

3. 이 단락에 나오는 인물들을 분석해 보면 다음과 같다. 유대의 종교지도자들은 자신의 목적을 위해 거짓말을 하고 양심을 버리며, 벨릭스는 정치적인 목적과 돈을 얻기 위하여 판결을 연기하지만, 바울은 주님의 복음을 위하여 당당하게 맞서면서 동시에 오랜 시간의 투옥을 참고 기다린다. 우리는 유대의 종교지도자들이나 벨릭스와 같이 살지 말아야 한다. 우리는 바울처럼 주님의 복음을 위하여 치열하게 살아야 한다.

2. 베스도 앞에 선 바울(25:1-12)

1 베스도가 부임한 지 삼 일 후에 가이사랴에서 예루살렘으로 올라가니 2
대제사장들과 유대인 중 높은 사람들이 바울을 고소할새 3 베스도의 호의
로 바울을 예루살렘으로 옮기기를 청하니 이는 길에 매복하였다가 그를
죽이고자 함이더라 4 베스도가 대답하여 바울이 가이사랴에 구류된 것과
자기도 멀지 않아 떠나갈 것을 말하고 5 또 이르되 너희 중 유력한 자들은
나와 함께 내려가서 그 사람에게 만일 옳지 아니한 일이 있거든 고발하라
하니라 6 베스도가 그들 가운데서 팔 일 혹은 십 일을 지낸 후 가이사랴로
내려가서 이튿날 재판 자리에 앉고 바울을 데려오라 명하니 7 그가 나오
매 예루살렘에서 내려온 유대인들이 둘러서서 여러 가지 중대한 사건으
로 고발하되 능히 증거를 대지 못한지라 8 바울이 변명하여 이르되 유대
인의 율법이나 성전이나 가이사에게나 내가 도무지 죄를 범하지 아니하
였노라 하니 9 베스도가 유대인의 마음을 얻고자 하여 바울더러 묻되 네
가 예루살렘에 올라가서 이 사건에 대하여 내 앞에서 심문을 받으려느냐

10 바울이 이르되 내가 가이사의 재판 자리 앞에 섰으니 마땅히 거기서 심문을 받을 것이라 당신도 잘 아시는 바와 같이 내가 유대인들에게 불의를 행한 일이 없나이다 11 만일 내가 불의를 행하여 무슨 죽을 죄를 지었으면 죽기를 사양하지 아니할 것이나 만일 이 사람들이 나를 고발하는 것이 다 사실이 아니면 아무도 나를 그들에게 내줄 수 없나이다 내가 가이사께 상소하노라 한대 12 베스도가 배석자들과 상의하고 이르되 네가 가이사에게 상소하였으니 가이사에게 갈 것이라 하니라

베스도가 유대의 총독으로 부임한다. 유대인들은 신임 총독이 자신들의 요구를 들어줄 것이라고 기대하여 바울을 고소한다. 그러나 베스도는 유대인의 마음을 얻어야 하면서 동시에 아무런 죄도 없는 로마 시민인 바울을 함부로 처리할 수 없어서 갈등을 겪는다. 결국, 바울은 로마 시민의 권리를 행사하여 가이사에게 상소하겠다고 말한다.

1) 유대의 지도자들이 베스도에게 요청함(25:1-5)

벨릭스의 뒤를 이어 베스도가 유대의 총독으로 부임한다(1절a). 요세푸스는 벨릭스가 유대에서 일어난 소요를 강경하게 진압한 것에 대해 해명하기 위하여 로마로 소환되었으며, 그의 형인 팔라스가 로마 황제 네로에게 간청하지 않았더라면 큰 처벌을 받았을 것이라고 기록했다(*Antiquities* 20.8.7.9; *War* 2.13.7).[514] 벨릭스의 후임인 보르기오 베스도(Porcius Festus)에 대해서는 주후 59년(혹은 60년)-62년에 유대의 총독이었으며 직무를 수행하던 도중에 갑자기 죽었다는 사실 외에 알려진 것이 별로 없다. 그는 사도행전 25-26장과 요세푸스의 문헌(*Antiquities* 20.182; *War* 2.271)에만 나

온다. 그는 다른 총독에 비해서 덜 부패했으며 비교적 공정하고 온건했다고 전해진다.[515]

베스도는 부임한 지 삼 일 후에 가이사랴에서 예루살렘으로 올라간다(1절b). 당시 유대에 부임한 총독은 예루살렘에 올라가는 것을 좋아하지 않았다. 이는 성전에 가면 유대의 의식을 무시할 수 없었고, 유대의 관습(제사, 제물)이 그들에게 좋아 보이지 않았기 때문이다. 따라서 그들은 아름다운 해변에 건설된 가이사랴에 거주하면서 통치하다가 유월절이나 오순절과 같은 유대인의 특별한 명절에만 예루살렘에 올라갔다. 그런데 베스도가 취임하자마자 예루살렘에 간 것은 유대인과 우호적인 관계를 맺기 위한 것이었다. 그리고 바울에 관한 문제로 유대인과 총독 사이에 소원해진 관계를 회복하려는 목적도 가지고 있었을 것이다.

이때 대제사장들과 유대인 중에서 높은 사람들이 베스도에게 바울을 고소한다(2절). 이들은 공회원일 것이다. 이들은 베스도가 갓 취임하여 예루살렘을 방문한 이 시기를 놓치지 않고 자신들의 최대 현안을 처리해 줄 것을 요청하였다. 따라서 대제사장들과 유대의 종교지도자들은 바울을 고소한 지 2년이 지났음에도 불구하고 여전히 바울에 대한 증오심을 가지고 있었다. 한편, 대제사장이 한 명인데도 여기에 "대제사장들"이라는 복수형이 사용된 것은 당시 대제사장이 퇴임한 후에도 여전히 대제사장으로 불려서 전직 대제사장과 현직 대제사장이 함께 있었기 때문이다. 요세푸스에 따르면, 이때는 아나니아가 대제사장으로 있다가 퇴임하였고, 이스마엘(Ishmael)이 새로운 대제사장이 되었다(*Antiquities* 20.179).[516]

유대의 지도자들은 베스도의 호의로 바울을 예루살렘으로 옮기기를 요청하는데, 이는 자객들이 길에 매복하였다가 바울을 죽이고자 함이었다(3

절). 이렇게 누가는 유대인의 속셈을 밝힌다. 유대인의 계획은 그들이 2년 전에 꾸몄던 음모와 동일하다(참고. 23:12). 그들은 바울을 합법적으로 죽일 수 있는 방법이 없는 것을 알고 이런 정당하지 않은 방법을 사용한다. 따라서 바울에 대한 그들의 집념은 집요하며, 바울을 죽이려고 하는 그들의 방식은 전혀 양심적이지 않다. 그들에게는 수단과 방법을 가리지 말고 바울을 죽여야 한다는 생각만이 존재하였다.

베스도는 유대의 종교지도자들과 좋은 관계를 맺으려고 노력하였기 때문에 그들의 요청을 거부할 수 없었다. 그렇지만 그들의 주장을 들어줄 수도 없는 노릇이었다. 왜냐하면 바울이 로마 시민권자이기 때문에 예루살렘에서 유대인에게 유리한 대로 재판을 할 수 없었기 때문이다. 그래서 그는 자신이 얼마 후에 가이사랴로 갈 것인데 그때 유대인 중에서 유력한 자들이 자신과 함께 내려가서 바울에 대하여 옳지 않은 일이 있으면 고발하여 거기서 재판하자고 제안한다(4-5절). 물론 베스도가 유대 종교지도자들의 저의(바울 암살)를 알아차린 것은 아닌 것 같다. 다만 그는 공명정대하게 재판을 하려고 나름대로 노력하고 있다.

2) 바울의 변론과 상소 신청(25:6-12)

베스도는 예루살렘에서 8일 혹은 10일을 지낸 후 가이사랴로 내려가서 이튿날 "재판 자리"에 앉고 바울을 데려오라고 명한다(6절). 베스도는 유대 지도자들을 의식하여 그들이 예민하게 생각하고 있는 바울에 대한 재판을 지체하지 않는다. "재판 자리"란 재판정의 가장 높은 자리로서 이 자리에 앉았다는 것은 공식적인 재판이 열렸다는 것을 뜻한다(참고. 10, 17절). 바울이 재판 자리에 나오자 예루살렘에서 내려온 유대인들이 둘러서서 여러 가지 중대한 사건으로 바울을 고발하지만 제대로 증거를 대지 못한다(7절). 즉 그들은 많은 것을 말하나 바울의 범죄에 관한 결정적인 증거를 대지 못한다. 바울의 변론을 통해서 추정할 때 그들이 바울에 대해 고발한 내용은 율법과 성전 모독(종교적인 죄), 그리고 로마법에 저촉된 행위(정치적인 죄)이다.

바울은 유대인들의 고발에 대하여 변명하기를 "유대인의 율법이나 성전이나 가이사에게나 내가 도무지 죄를 범하지 아니하였노라"라고 한다(8절). "유대인의 율법이나 성전"은 종교적인 죄목을 가리키고, "가이사에게"는 정치적인 죄목을 가리킨다. 유대의 종교지도자들은 바울이 유대인을 향한 종교적인 죄를 지었을 뿐만 아니라 로마 정부를 향한 정치적인 죄를 지었다고 주장하였다. 이렇게 유대인들이 종교적인 죄목과 정치적인 죄목을 결합하여 제시한 것은 로마의 관리들이 유대인 사이의 종교적인 사안에 대해서는 개입하기를 꺼려했기 때문에 종교적인 사안을 정치적인 문제라고 고의적으로 변조하여 적용한 것이다. 그러나 바울은 이 두 가지 면에서 자신이 아무런 죄를 짓지 않았다고 주장한다.[517]

바울의 결백 주장에 베스도는 분명한 결정을 내리지 못한다. 그는 유대인으로부터 좋은 평판을 얻기 위하여 바울을 처벌해야 하겠지만 그렇다고 해서 로마 시민권자인데다 아무런 죄도 짓지 않은 것이 분명해 보이는 바울을 함부로 처벌할 수도 없었다. 결국, 그는 "유대인의 마음을 얻고자 하여" 바울에게 "네가 예루살렘에 올라가서 이 사건에 대하여 내 앞에서 심문을 받으려느냐"라고 묻는다(9절). 이전에 벨릭스는 "유대인의 마음을 얻고자 하여" 바울을 2년 동안이나 구류했다(참고. 24:27). 이것은 바울이 아무런 일도 할 수 없도록 만들었다. 그러나 베스도는 유대인의 마음을 얻고자 했지만 그렇게 구금하지 않고 자신이 직접 바울을 재판할 것이라고 보증했다. 그런데 이것은 예루살렘에서 바울을 재판하면 유대인이 원하는 대로 바울을 처벌하면서 동시에 자신이 아무런 책임을 지지 않아도 된다는 생각에서 비롯된 것이었다. 즉 그는 바울 한 사람에게 벌을 내림으로써 유대인 전체의 마음을 얻으려고 하였다.

베스도의 제안에 대하여 바울은 "내가 가이사의 재판 자리 앞에 섰으니 마땅히 거기서 심문을 받을 것이라"라고 말한다(10절a). 그는 예루살렘에 가서 재판을 받는 것이 절대적으로 불리하다고 판단하여 가지 않으려고 한다. 그러면서 "당신도 잘 아시는 바와 같이 내가 유대인들에게 불의를 행한 일이 없나이다"라고 말한다(10절b). 따라서 바울은 베스도가 자신의 무죄를 확신하고 있다는 사실을 잘 알고 있으면서, 다시금 자신이 유대에서 아무런 죄를 짓지 않았음을 강변한다. 더욱이 그는 이전의 경험에 근거하여 자신이 예루살렘으로 이송되는 도중에 유대의 자객들이 매복해 있다가 죽이려 할 수도 있다고 생각했을 것이다.

바울은 만일 자신이 불의를 행하여 죽을 죄를 지었으면 죽기를 사양하지 않을 것이지만, 만일 유대인들이 자신을 고발하는 것이 사실이 아니면 "아무도 나를 그들에게 내줄 수 없나이다"라고 말하면서 가이사에게 상소하겠다고 한다(11절). "아무도 나를 그들에게 내줄 수 없나이다"라는 말은 로마의 법에 의하여 죄를 지은 것이 드러나지 않은 로마 시민을 함부로 처벌할 수 없다는 규정을 반영한다. "가이사"(Caesar)는 로마 황제를 의미하는데, '율리우스 시저'(Julius Caesar)의 이름에서 비롯된 것이다. 그의 가문에서 로마의 황제가 나왔기 때문에 이런 고유한 명칭이 붙었다. 당시에는 네로가 로마의 황제로 재임하고 있었다(주후 54-68년 재임).[518] 네로는 처음 5년간 온건하고 평화롭게 다스렸지만 나중에 포악하고 잔인하게 변했다. 바울은 로마 시민권자였기에 로마 시민의 권리를 행사하여 가이사에게 직접 상소하겠다고 말한다.

베스도는 "배석자들"과 상의한 후에 말하기를 "네가 가이사에게 상소하였으니 가이사에게 갈 것이라"라고 한다(12절). "배석자들"이란 법률 자문단을 의미한다. 당시에 로마의 총독이나 관리들은 판결하기가 모호하거나 어려운 소송에 대한 자문을 구하기 위하여 법률 자문을 두었다. 이렇게 하여 바울은 예루살렘으로 돌아오지 않게 되었고, 그가 바랐던 대로 로마로 갈 수 있게 되었다. 바울은 총독에게서 호의적인 대우를 받는 것이 더 이상 가능하지 않은데다 로마에 가서 복음을 전하는 것을 궁극적인 목표로 삼고 있었다. 그래서 그는 가이사에게 상소함으로 그러한 기회를 만들 수 있을 것이라고 생각하였다(참고. 23:11). 그리고 베스도는 로마 시민권자의 정당한 상소 신청을 허락할 수밖에 없었다.

교훈과 적용

1. 유대의 종교지도자들은 바울을 죽이려는 목표를 버리지 않았다. 그들은 집요하게 이 문제를 가지고 늘어졌다. 적그리스도의 세력은 언제나 복음을 대적하며 복음 전하는 자들을 박해하여 멸절시키려 한다. 그러므로 주님의 종은 한시도 마음을 놓지 말아야 한다. 사탄이 포기하지 않는다는 사실을 명심해야 한다. 역사적으로 복음을 전하는 곳에 핍박이 없었던 적이 없다. 따라서 우리는 고난을 당연한 것으로 여기고 신실하게 복음을 전해야 한다.
2. 바울은 지혜로운 사람이었다. 그는 상황이 어떻게 진행되는지를 잘 알고 있었다. 그는 베스도가 예루살렘에서 재판을 받으면 어떻겠냐고 제안하자 그것이 자

신에게 불리하다는 것을 알고 거부했다. 그리고 로마 시민의 권리를 행사하여 가이사에게 상소하겠다고 말했다. 당시에 로마 시민은 가이사에게 상소할 권리를 가지고 있었다. 우리는 이 세상에서 지혜롭게 살아야 한다. 우리는 상황을 잘 파악하고 적절한 방식을 사용하여 현명하게 대처해야 한다.

3. 바울은 사람들 앞에서 당당했다. 그는 자신이 만일 불의를 행하여 죽을 죄를 지었으면 죽기를 사양하지 않을 것이라고 말했다. 사실 베스도가 바울을 처벌하지 못한 이유는 바울에게 아무런 죄가 없었기 때문이다. 우리에게는 허물과 죄가 없어야 한다. 누가 우리를 고발해도 당당하게 응할 수 있어야 한다. 부정과 비리가 있는 자는 그런 당당한 자세를 취할 수 없다. 평소에 윤리적으로 흠이 없도록 노력해야 한다.

3. 아그립바 앞에 선 바울(25:13-27)

13 수일 후에 아그립바 왕과 버니게가 베스도에게 문안하러 가이사랴에
와서 14 여러 날을 있더니 베스도가 바울의 일로 왕에게 고하여 이르되 벨
릭스가 한 사람을 구류하여 두었는데 15 내가 예루살렘에 있을 때에 유대
인의 대제사장들과 장로들이 그를 고소하여 정죄하기를 청하기에 16 내
가 대답하되 무릇 피고가 원고들 앞에서 고소 사건에 대하여 변명할 기회
가 있기 전에 내주는 것은 로마 사람의 법이 아니라 하였노라 17 그러므로
그들이 나와 함께 여기 오매 내가 지체하지 아니하고 이튿날 재판 자리에
앉아 명하여 그 사람을 데려왔으나 18 원고들이 서서 내가 짐작하던 것 같
은 악행의 혐의는 하나도 제시하지 아니하고 19 오직 자기들의 종교와 또
는 예수라 하는 이가 죽은 것을 살아 있다고 바울이 주장하는 그 일에 관
한 문제로 고발하는 것뿐이라 20 내가 이 일에 대하여 어떻게 심리할는지

몰라서 바울에게 묻되 예루살렘에 올라가서 이 일에 심문을 받으려느냐
한즉 21 바울은 황제의 판결을 받도록 자기를 지켜 주기를 호소하므로 내
가 그를 가이사에게 보내기까지 지켜 두라 명하였노라 하니 22 아그립바
가 베스도에게 이르되 나도 이 사람의 말을 듣고자 하노라 베스도가 이르
되 내일 들으시리이다 하더라 23 이튿날 아그립바와 버니게가 크게 위엄
을 갖추고 와서 천부장들과 시중의 높은 사람들과 함께 접견 장소에 들어
오고 베스도의 명으로 바울을 데려오니 24 베스도가 말하되 아그립바 왕
과 여기 같이 있는 여러분이여 당신들이 보는 이 사람은 유대의 모든 무리
가 크게 외치되 살려 두지 못할 사람이라고 하여 예루살렘에서와 여기서
도 내게 청원하였으나 25 내가 살피건대 죽일 죄를 범한 일이 없더이다 그
러나 그가 황제에게 상소한 고로 보내기로 결정하였나이다 26 그에 대하
여 황제께 확실한 사실을 아뢸 것이 없으므로 심문한 후 상소할 자료가 있
을까 하여 당신들 앞 특히 아그립바 왕 당신 앞에 그를 내세웠나이다 27
그 죄목도 밝히지 아니하고 죄수를 보내는 것이 무리한 일인 줄 아나이다
하였더라

사도행전 21장에서부터 바울은 여러 권력자에게서 심문을 받고 있다. 이제 이 단락에는 바울이 유대의 왕 아그립바 2세에게 심문을 받게 된 배경이 언급되어 있다. 바울이 가이사랴에서 베스도에게 심문을 받은 지 얼마 지나지 않았을 때 아그립바 2세와 버니게가 가이사랴를 방문한다. 베스도는 유대의 법과 관습을 잘 아는 아그립바 2세에게 바울의 일에 대하여 알려주면서 자문을 구하려고 한다. 이에 바울은 아그립바 앞에서 심문을 받게 된다.

1) 베스도가 아그립바에게 바울의 일에 대해 말함(25:13-22)

유대의 대제사장과 종교지도자들이 베스도에게 바울을 고소하여 가이사랴에서 재판이 열린 지 수일이 지났다. 아그립바 왕과 버니게가 베스도에게 문안하러 가이사랴에 온다(13절). 여기에 등장하는 아그립바 왕은 아그립바 2세(Marcus Julius Agrippa II)로서 사도행전 12장에 나오는 아그립바 1세의 아들이자 마태복음 2장에 나오는 헤롯 대왕의 증손자이다. 그는 자기 아버지가 죽은 후 주후 53년에 30대 초반의 나이에 글라우디오(Claudius) 황제에 의해 유대의 왕으로 임명받았다(*Antiquities* 19.360). 그의 영토는 몇 개의 작은 지역이었으며, 거기에는 주로 이방인이 살았다.[519]

아그립바는 어린 시절 로마에서 글라우디오와 가까이 지냈기 때문에 글라우디오에게서 상당한 신임을 받았다. 그래서 글라우디오는 아그립바에게 예루살렘의 성전에 대한 지배권과 유대의 대제사장을 임명할 수 있는 권한을 주었다(*Antiquities* 20.222-223). 아그립바는 헤롯 왕가의 마지막 통치자였는데, 유대인의 지지를 받지 못했다. 그는 주후 70년 예루살렘이 멸망한 후에 로마로 갔으며 거기서 오랫동안 살다가 주후 100년경에 죽었다.[520] 버니게는 아그립바의 누이동생인데, 그의 삼촌인 칼키스(Chalcis) 왕과 결혼하여 아들 둘을 낳았지만, 주후 48년에 그가 죽자 아그립바와 함께 살았다(*War* 2.427). 당시에 아그립바와 버니게가 근친상간의 관계에 있다는 소문이 파다하게 퍼져 있었다.[521]

아그립바와 베스도가 여러 날을 머물렀기 때문에 베스도는 바울의 일에 대하여 아그립바에게 말한다(14절a). 베스도는 자신보다 유대의 상황과 법을 잘 아는 아그립바와 버니게로부터 바울의 사건에 대한 자문을 구하려고 했던 것으로 보인다. 왜냐하면 바울이 가이사에게 상소하겠다고 하여 사안이 상당히 중대해져 버렸으며, 따라서 베스도가 일의 책임자로서 사전에 충분한 대책을 마련해야 했기 때문이다. 만일 제대로 준비하지 않고 바울을 로마 황제에게로 보냈다가 황제가 이런 일로 일반 시민을 자신에게 보냈다고 진노하면 베스도는 황제로부터 심한 문책을 당할 위험이 있었다.

베스도는 아그립바에게 바울의 사건에 대해서 말한다. 베스도는 벨릭스가 한 사람, 즉 바울을 구류하여 두었는데 자신이 예루살렘에 있을 때 유대인의 대제사장들과 장로들이 바울을 고소하여 정죄하기를 청하기에 자신이 대답하기를 무릇 피고가 원고들 앞에서 고소 사건에 대하여 변명할 기회가 있기 전에 내주는 것은 로마 사람의 법이 아니라 하였다고 말한다(14절b-16절). 따라서 베스도는 로마의 관리로서 로마의 법에 따라 공명정대하게 바울의 일을 처리하였음을 밝힌다. 실제로 그는 어느 편에 치우치지 않고 규정대로 사안을 처리하고 있다.

베스도는 계속해서 말한다. 그는 유대의 종교지도자들이 가이사랴에 왔기에 자신이 지체하지 않고 다음 날 재판 자리에 앉아 명하여 바울을 데려왔으나 유대인들이 자신이 짐작하던 것 같은 악행의 혐의(정치적인 죄)는 하나도 제시하지 않고 오직 유대인의 종교와 또는 예수라 하는 이의 부활에 관해서 주장하는 것에 관한 문제로 고발하는 것뿐이라고 말한다(17-19절). 따라서 베스도는 바울이 로마의 법을 어긴 것이 전혀 없다는 사실을 드러낸다. 그리고 그는 이 문제가 유대의 율법에 관한 문제이기에 자신이 판결하기가 쉽지 않다는 것을 암시한다.

베스도는 이 일에 대하여 어떻게 심리해야 할지 몰라서 바울에게 "예루살렘에 올라가서 이 일에 심문을 받으려느냐"라고 물었는데, 바울이 로마 황제의 판결을 받도록 자기를 지켜 주기를 호소하므로 자신이 그를 가이사에게 보내기까지 지켜 두라 명하였다고 말한다(20-21절). 따라서 베스도가 보기에 바울은 로마의 법을 전혀 위반하지 않았으며 다만 유대인의 종교에 관한 이견으로 고소당했다. 그리고 바울이 전파한 교리의 핵심은 예수님의 부활이었다. 아그립바는 베스도의 말을 들은 후에 자신도 바울의 말을 듣고 싶다고 했고, 베스도는 다음 날 들을 수 있을 것이라고 대답한다(22절).

2) 아그립바와 바울의 만남(25:23-27)

이튿날 아그립바와 버니게가 크게 위엄을 갖추고 와서 천부장들과 시중의 높은 사람들과 함께 접견 장소에 들어오고 베스도의 명으로 바울을 데려온다(23절). 아그립바와 버니게가 크게 위엄을 갖추었다는 것은 왕이 입는 자주색 예복을 입고 머리에 금으로 된 관을 썼다는 뜻이다. 유대의 왕이 유대가 아닌 가이사랴에서 굳이 이렇게 옷을 차려입은 것은 재판의 격을 높이는 것이다. 그리고 천부장들과 높은 사람들이 접견 장소에 들어온 것은 이 사건이 대단히 중대하고 관심을 가진 것임을 보여준다.[522] 그러나 바울은 틀림없이 남루한 복장에 초라한 몰골로 그 자리에 나왔을 것이다. 그러므로 아그립바의 외모와 바울의 외모는 뚜렷한 대조를 이룬다.

베스도는 아그립바 왕과 높은 사람들 앞에서 공식적으로 사안을 설명한다. 그는 유대의 모든 무리가 바울을 죽여야 한다고 청원하였지만, 자신이 살펴보니 바울에게는 죽일 죄를 범한 일이 없었으나, 바울이 황제에게 상소하였기에 보내기로 결정했다고 말한다(24-25절). 바울에게 아무런 죄가 없다는 베스도의 말은 바울을 향한 제3자의 객관적인 시각을 반영한 것이다. 바울은 유대의 율법과 성전을 모독하지 않았을 뿐만 아니라 로마의 법에 반하는 행동도 하지 않았다. 그는 율법과 성전을 중요하게 여겼고 양심에 조금도 부끄럽지 않게 행동하였다. 그러나 유대인들은 아무런 죄가 없는 바울을 죽이려고 하였다. 이는 그들에게 그리스도의 복음이 대단히 위협적이었기 때문이다. 그러므로 그들은 사탄의 대리자일 뿐이다.

베스도는 바울에 대하여 황제에게 확실한 사실을 아뢸 것이 없으므로 심문한 후 상소할 자료가 있을까 하여 그들 앞, 특히 아그립바 왕 앞에 바울을 내세웠다고 말한다(26절). 그리고 이것은 죄목도 밝히지 않고 죄수를 보내는 것이 무리한 일인 줄 알기 때문이라고 말한다(27절). 따라서 베스도는 아무런 죄도 없는 바울을 로마 황제로 보내야 할 처지인데 양심대로라면 바울을 석방해야 하겠지만, 유대인의 마음을 얻기 위해서 이러지도 저러지도 못하는 난감한 처지에 처해 있었고, 이러할 때 유대의 풍속과 상황을 잘 아는 아그립바가 바울의 죄목을 알아내 준다면 황제에게 죄수를 보낼 때 써 보낼 이해할 만한 고소장을 만드는 데 도움이 될 것이라고 생각했다.

바울이 생애의 마지막에 심문을 받는 모습은 예수님이 생애의 마지막에 심문을 받으신 모습과 병행을 이룬다.[523] 예수님은 공회 앞에서 심문을 받으셨고(참고. 눅 22:66-71), 헤롯 안티파스 앞에서 심문을 받으셨으며(참고. 눅 23:6-12), 로마 총독 빌라도 앞에서 심문을 받으셨다(참고. 눅 23:1-5, 13-25). 마찬가지로 바울도 공회 앞에서 심문을 받았고(참고. 22:30-23:10), 로마 총독 벨릭스와 베스도 앞에서 심문을 받았으며(참고. 24:1-27, 25:1-12), 헤롯 아그립바 2세 앞에서 심문을 받았다(참고. 25:13-26:32). 그리고 심문 과정에서 예수님은 빌라도에 의해서 무죄가 세 번 선언되셨는데(참고. 눅 23:4, 14-15, 22), 바울도 루시아(참고. 23:9), 베스도(참고. 25:25), 그리고 헤롯 아그립바 2세(참고. 26:31)에 의해서 무죄가 세 번 선언된다. 결국, 이러한 모습은 바울이 예수님의 사도인 것을 드러내는 상징이 된다.

교훈과 적용

1. 바울은 오랜 세월 강력한 대적들의 공격을 받아 지칠 대로 지쳐 있었다. 사탄은 전방위적으로 끈질기게 주님의 사도를 공격하였다. 사탄은 복음을 전하는 일을 방해하기 위하여 온갖 발악을 한다. 그러므로 우리는 주님의 일을 하는 데 있어서 사탄의 공격(시험)이 있는 것을 이상하게 여기지 말아야 하며, 그의 공격을 예민하게 인지해야 하고, 철저하게 방어해야 한다. 우리는 어떠한 핍박에도 굴하지 말아야 한다.
2. 바울이 이방인 집권자 앞에서 심문을 받는 과정에서 드러난 중요한 사실은 그가 로마의 법에 저촉되지 않게 행동해 왔다는 점이다. 이것은 주님의 복음이 세상에 어려움이나 무질서를 초래하지 않는다는 사실을 시사한다. 우리는 주님의 복음이 세상에 아무런 피해를 끼치지 않으며, 오히려 세상을 밝고 아름답게 만든다는 점을 명심해야 한다. 우리는 세상 사람들에게 빛을 비춰서 세상 사람들로 하여금 하나님의 선하심을 알게 해야 한다.
3. 바울은 어려움을 당했으나 결과적으로 왕과 총독을 비롯한 많은 사람 앞에서 설교할 기회를 얻게 되었다. 바울은 대상과 장소를 가리지 않고 복음을 전했다. 그의 성실한 복음전파로 많은 사람이 복음을 받아들이게 되었다. 하나님은 악을 선으로 바꾸시고 환난을 기회로 바꾸신다. 우리는 때를 얻든지 못 얻든지 만나는 사람들에게 복음을 전할 수 있어야 한다. 우리의 전도 대상자의 범위는 우리가 만나는 모든 사람이다.

4. 바울의 변론(26:1-32)

1 아그립바가 바울에게 이르되 너를 위하여 말하기를 네게 허락하노라 하
니 이에 바울이 손을 들어 변명하되 2 아그립바 왕이여 유대인이 고발하

는 모든 일을 오늘 당신 앞에서 변명하게 된 것을 다행히 여기나이다 3 특
히 당신이 유대인의 모든 풍속과 문제를 아심이니이다 그러므로 내 말을
너그러이 들으시기를 바라나이다 4 내가 처음부터 내 민족과 더불어 예루
살렘에서 젊었을 때 생활한 상황을 유대인이 다 아는 바라 5 일찍부터 나
를 알았으니 그들이 증언하려 하면 내가 우리 종교의 가장 엄한 파를 따라
바리새인의 생활을 하였다고 할 것이라 6 이제도 여기 서서 심문 받는 것
은 하나님이 우리 조상에게 약속하신 것을 바라는 까닭이니 7 이 약속은
우리 열두 지파가 밤낮으로 간절히 하나님을 받들어 섬김으로 얻기를 바
라는 바인데 아그립바 왕이여 이 소망으로 말미암아 내가 유대인들에게
고소를 당하는 것이니이다 8 당신들은 하나님이 죽은 사람을 살리심을 어
찌하여 못 믿을 것으로 여기나이까 9 나도 나사렛 예수의 이름을 대적하
여 많은 일을 행하여야 될 줄 스스로 생각하고 10 예루살렘에서 이런 일
을 행하여 대제사장들에게서 권한을 받아 가지고 많은 성도를 옥에 가두
며 또 죽일 때에 내가 찬성 투표를 하였고 11 또 모든 회당에서 여러 번 형
벌하여 강제로 모독하는 말을 하게 하고 그들에 대하여 심히 격분하여 외
국 성에까지 가서 박해하였고 12 그 일로 대제사장들의 권한과 위임을 받
고 다메섹으로 갔나이다 13 왕이여 정오가 되어 길에서 보니 하늘로부터
해보다 더 밝은 빛이 나와 내 동행들을 둘러 비추는지라 14 우리가 다 땅
에 엎드러지매 내가 소리를 들으니 히브리 말로 이르되 사울아 사울아 네
가 어찌하여 나를 박해하느냐 가시채를 뒷발질하기가 네게 고생이니라
15 내가 대답하되 주님 누구시니이까 주께서 이르시되 나는 네가 박해하
는 예수라 16 일어나 너의 발로 서라 내가 네게 나타난 것은 곧 네가 나를
본 일과 장차 내가 네게 나타날 일에 너로 종과 증인을 삼으려 함이니 17

이스라엘과 이방인들에게서 내가 너를 구원하여 그들에게 보내어 18 그
눈을 뜨게 하여 어둠에서 빛으로, 사탄의 권세에서 하나님께로 돌아오게
하고 죄 사함과 나를 믿어 거룩하게 된 무리 가운데서 기업을 얻게 하리
라 하더이다 19 아그립바 왕이여 그러므로 하늘에서 보이신 것을 내가 거
스르지 아니하고 20 먼저 다메섹과 예루살렘에 있는 사람과 유대 온 땅과
이방인에게까지 회개하고 하나님께로 돌아와서 회개에 합당한 일을 하라
전하므로 21 유대인들이 성전에서 나를 잡아 죽이고자 하였으나 22 하나
님의 도우심을 받아 내가 오늘까지 서서 높고 낮은 사람 앞에서 증언하는
것은 선지자들과 모세가 반드시 되리라고 말한 것밖에 없으니 23 곧 그리
스도가 고난을 받으실 것과 죽은 자 가운데서 먼저 다시 살아나사 이스라
엘과 이방인들에게 빛을 전하시리라 함이니이다 하니라 24 바울이 이같
이 변명하매 베스도가 크게 소리 내어 이르되 바울아 네가 미쳤도다 네 많
은 학문이 너를 미치게 한다 하니 25 바울이 이르되 베스도 각하여 내가
미친 것이 아니요 참되고 온전한 말을 하나이다 26 왕께서는 이 일을 아시
기로 내가 왕께 담대히 말하노니 이 일에 하나라도 아시지 못함이 없는 줄
믿나이다 이 일은 한쪽 구석에서 행한 것이 아니니이다 27 아그립바 왕이
여 선지자를 믿으시나이까 믿으시는 줄 아나이다 28 아그립바가 바울에
게 이르되 네가 적은 말로 나를 권하여 그리스도인이 되게 하려 하는도다
29 바울이 이르되 말이 적으나 많으나 당신뿐만 아니라 오늘 내 말을 듣는
모든 사람도 다 이렇게 결박된 것 외에는 나와 같이 되기를 하나님께 원하
나이다 하니라 30 왕과 총독과 버니게와 그 함께 앉은 사람들이 다 일어나
서 31 물러가 서로 말하되 이 사람은 사형이나 결박을 당할 만한 행위가
없다 하더라 32 이에 아그립바가 베스도에게 이르되 이 사람이 만일 가이

사에게 상소하지 아니하였더라면 석방될 수 있을 뻔하였다 하니라

이 단락은 총독 베스도의 관저에서 일어난 사건을 담고 있다. 베스도가 아그립바 왕에게 바울의 일에 대하여 말하자 아그립바는 바울의 말을 직접 들어보고 싶어 했고, 이에 베스도는 바울을 아그립바 앞에 세워서 변론할 수 있게 한다. 바울은 아그립바 앞에서 자신이 회심하게 된 일과 신학적 논증을 결합하여 말한다. 그의 연설은 자서전적인 회고 형식을 가지지만 복음 전파의 의도를 가지고 있다. 즉 그는 심문을 받는 것을 복음을 전하는 기회로 만든다. 이는 그의 말을 들은 사람들이 바울이 전도행위를 하고 있다고 인식한 데에서 분명히 드러난다.

1) 회심 이전(26:1-11)

아그립바가 바울에게 “너를 위하여 말하기를 네게 허락하노라”라고 말하자, 바울은 “손을 들어” 변명한다(1절). ‘손을 드는 것’은 당시 연설자의 일반적인 몸짓이었다.[524] 아그립바가 말하기를 허락하자 바울은 아그립바 왕 앞에서 유대인들이 고발하는 모든 일을 변명하게 된 것을 다행히 여긴다고 말한다(2절). 왜냐하면 바울은 아그립바가 유대인의 모든 풍속과 문제를 잘 알고 있다고 생각하기 때문이다(3절).[525] 따라서 바울은 아그립바를 통하여 자신의 무죄를 증명할 수 있을 것으로 생각한다. 더욱이 그는 이를 통하여 아그립바에게 예수님의 복음을 전할 절호의 기회를 가지게 되었다고 생각한다.

바울은 자기변호를 시작한다. 헬라어 원문에서 4절 문두에 *멘 운*(μὲν οὖν)이라는 단어가 있어서 내용의 전환을 보여준다.[526] 바울은 먼저 자신의

과거를 진술한다. 그는 자신이 유대인과 더불어 예루살렘에서 젊었을 때 생활한 상황을 유대인들이 다 알고 있었다고 말한다(4절). 그리고 유대인들이 일찍부터 자신을 알았기 때문에 자신이 유대교의 가장 엄한 파를 따라 바리새인의 생활을 하였다는 사실을 증언해 줄 수 있을 것이라고 말한다(5절). 따라서 바울은 자신이 정통 유대인으로 유대인의 규례를 잘 알고 있다는 사실을 강조한다.

바울은 지금 자신이 여기 서서 심문을 받는 것이 하나님께서 그들의 조상에게 약속하신 것(부활)을 바라는 까닭이라고 말한다(6절). 그리고 이 약속에 대해서 설명하는데, 이 약속은 유대의 열두 지파가 밤낮으로 간절히 하나님을 받들어 섬김으로 얻기를 바라는 것으로서, 이 소망으로 말미암아 자신이 유대인들에게 고소를 당하는 것이라고 말한다(7절). 그러므로 바울은 자신의 신앙과 복음이 유대의 열두 지파가 가진 것과 동일하다는 사실을 드러낸다. 하지만 그가 여기서 말하는 유대의 열두 지파는 비단 민족적인 유대인에게 국한되지 않고 모든 참된 하나님의 백성 공동체를 의미한다. 바울은 이어서 하나님이 죽은 사람을 살리심을 어찌하여 못 믿을 것으로 여기느냐고 다그친다(8절).

바울은 과거에 자신이 나사렛 예수의 이름을 대적하여 많은 일을 행하여야 할 줄 스스로 생각했다고 말한다(9절). 이것은 당시 상당수 열렬한 유대인의 종교적 관념이었다. 그리고 예루살렘에서 이런 일을 행하여(나사렛 예수님의 이름을 대적하여) 대제사장들에게서 권한을 받아 가지고 많은 성도를 옥에 가두었으며 이후에 그들을 죽일 때 자신이 찬성투표를 하였다고 말한다(10절). 또한 모든 회당에서 여러 번 형벌하여 강제로 모독하는 말을 하게 하였고 그들에 대하여 심히 격분하여 외국에까지 가서 박해하였다는 사실을 말한다(11절).

따라서 바울은 자신이 잘못한 것을 숨기지 않으면서도 자신의 행동이 대제사장의 허락으로 이루어진 것임을 언급하여 자신이 유대교의 질서 속에서 행동했으며 그 배후에 대제사장이 있었음을 드러낸다. 그런데 바울이 이 상황에서 자신의 과거를 밝히는 이유는 무엇인가? 이는 지금 자신을 고발하는 사람들이 어떤 심정을 가지고 있는지를 충분히 알고 있음을 내비치기 위한 것이다. 그리고 이렇게 자신의 어두웠던 과거를 밝힘으로써 기독교를 박해하는 자들의 변화를 요청하는 것이다. 한편, 여기에 "찬성 투표"라는 표현이 등장하기 때문에 이를 근거로 어떤 학자들은 바울이 산헤드린 회원이었다고 주장하지만, 당시에 그는 너무 젊었기 때문에 산헤드린 회원이 될 수 없었다. 오히려 이 표현은 바울이 기독교를 박해하는 자들의 지도자 중 한 명이었으며 산헤드린의 결정에 동의했음을 뜻한다(참고. 7:58; 8:1; 22:20).

2) 회심 과정(26:12-18)

이제 바울은 그처럼 기독교를 박해하던 사람이 어떻게 예수님을 믿게 되었는지를 진술한다. 사도행전에서 바울의 회심 사건은 9장에 기록되어 있다. 이후 바울은 22장에서 자신의 회심 사건을 간증하였는데, 26장에 이르러 다시 간증한다. 그러므로 사도행전의 독자들은 9장과 22장과 26장을 종합하여 바울의 회심 사건을 재구축할 수 있다. 바울은 회심하게 된 경위를 설명한 후에 자연스럽게 구약에서 예언된 그리스도의 죽음과 부활에 대하여 언급한다. 특히 그는 빛을 소재로 삼아서 자신이 본 빛을 유대인과 이방인에게 전하는 것에 대해서 말한다.

바울은 기독교인을 박해하는 일로 대제사장들의 권한과 위임을 받고 다메섹으로 갔다고 말한다(12절). 당시에 상당수의 그리스도인이 다메섹으로 피신하였기에 그들을 잡아서 멸절하려고 그곳으로 간 것이다. 그런데 그는 여기서 다시금 대제사장들의 권한과 위임을 받았다는 사실을 언급함으로써 자신이 유대교의 질서 속에서 행동했다는 사실을 드러낸다. 그가 다메섹으로 가고 있을 때 정오가 되어 길에서 보니 하늘로부터 해보다 더 밝은 빛이 자신과 자신의 동행들을 둘러 비추어서 모두 땅에 엎드러졌는데, 히브리 말로 "사울아 사울아 네가 어찌하여 나를 박해하느냐 가시채를 뒷발질하기가 네게 고생이니라"라는 말이 들렸다고 한다(13-14절).

"하늘로부터 내려 온 빛"은 에스겔 1:26-28과 요한계시록 1:16에서와 같은 하나님의 영광의 광채를 가리킨다(참고. 22:6).[527] "히브리 말"로 소리가 들렸다는 것은 당시에 예수님이 아람어를 사용하신 일을 반영한다(참고. 21:40; 22:2).[528] "가시채를 뒷발질하기가 네게 고생이라"라는 표현에서 "가시채"(*켄트론*, κέντρον, goad)란 짐승을 몰기 위하여 사용하는 끝이 뾰족한 막대기 같은 것을 의미한다. 그리고 "가시채를 뒷발질하기가 네게 고생이라"라는 말은 소가 농부의 막대기를 걷어차는 것이 무의미하다는 뜻이다. 즉 바울이 하나님의 뜻을 거역할 수 없었다는 것이다. 게다가 이 말은 유대인 가운데 바울을 고소한 자들과 로마의 관리들이 기독교의 복음을 대적하고 방해하는 것이 결코 성공할 수 없다는 암시적 메시지를 전달한다.[530]

바울은 이어서 예수님으로부터 사명을 들은 일을 진술한다(15-18절). 그런데 9장과 22장에서는 주님이 아나니아를 통하여 사명을 주신 것으로 되어 있지만, 여기서는 예수님이 직접 자신에게 말씀하신 것으로 되어 있다. 아마도 청중들이 아나니아를 몰랐기 때문일 수도 있고, 바울이 예수님으로부터 직접 계시를 들었다는 사실을 강조하기 위해서였을 수도 있다. 바울은 예수님이 자신을 종과 증인으로 삼으셨다고 말하면서, 그를 통하여 이스라엘과 이방인의 눈을 뜨게 하여 어둠에서 빛으로, 사탄의 권세에서 하나님께로 돌아오게 하고, 죄 사함과 자신을 믿어 거룩하게 된 무리 가운데서 기업을 얻게 하리라고 말씀하셨다고 진술한다.

3) 무죄 주장(26:19-23)

바울은 자신이 회심하게 된 이야기를 마치고, 아그립바 왕에게 자신이 아무런 잘못을 저지르지 않았다고 주장한다. 그는 "하늘에서 보이신 것"을 자신이 거스르지 않았다고 말한다(19절). "하늘에서 보이신 것"이라는 수동형 표현은 그가 스스로 본 것이 아니라 주님이 주권적으로 그에게 보여주셨음을 강조하기 위한 것이다. 바울은 자신이 다메섹과 예루살렘과 유대 온 땅과 이방인에게까지 회개하고 하나님께로 돌아와서 회개에 합당한 일을 하라는 사명을 받아 일했다고 말한다(20절). 실제로 바울은 평생 이 지역에서 복음을 전파하였다. 그의 순종은 다메섹에서 시작되었고(참고. 9:19-25), 예루살렘에서 계속되었으며(참고. 9:26-29), 궁극적으로 이방인에게 초점이 맞추어져 있었다(참고. 11:26 이하).[530] 하지만 유대 온 땅에 대한 바울의 전도는 사도행전에 기록되어 있지 않은데, 그가 회심한 직후 예루살렘에 있을 때 이루어진 것이 분명하다(참고. 9:28).[531]

바울은 유대인들이 성전에서 자신을 잡아 죽이고자 하였다고 말한다(21절). 지금까지 바울은 정통파 유대인으로서 유대인과 이방인에게 하나님의 말씀을 전하여 죄 사함을 받게 했으며, 하나님의 자녀가 되어 영원한 기업을 상속받게 하는 일에 앞장섰다고 강변했다. 그리고 그는 유대인이 믿는 하나님을 믿었고, 유대인의 하나님이 주신 모든 규례를 지켰으며, 율법에 기록된 모든 선한 행위를 가르쳤다고 주장했다.[532] 따라서 그는 자신이 아무런 잘못을 저지르지 않았으며 유대인들이 자신을 죽일 만한 이유를 가지지 않았음에도 불구하고 자신을 죽이려고 하는 것을 이해할 수 없다고 말한다.

바울은 마지막으로 하나님의 도우심을 받아 자신이 오늘까지 서서 높고 낮은 사람 앞에서 증언하는 것은 선지자들(구약의 선지서)과 모세(율법서)가 반드시 되리라고 말한 것밖에 없으니 곧 그리스도께서 고난을 받으실 것과 죽은 자 가운데서 먼저 다시 살아나셔서 이스라엘과 이방인들에게 빛을 전하시리라는 것이었다고 진술한다(22-23절; 참고. 눅 24:45-47). 그러므로 바울은 모든 사회적 계층과 민족에게 복음을 전했다는 사실을 밝힌다. 결국, 그는 예수님의 죽음과 부활이 구약 예언의 성취라는 가장 본질적인 진리(복음)를 말함으로 연설을 마친다.

4) 사람들의 반응(26:24-29)

바울이 연설을 하는 도중 베스도가 큰 소리로 말하기를 "바울아 네가 미쳤도다 네 많은 학문이 너를 미치게 한다"라고 한다(24절). 베스도는 바울이 공부를 많이 한 사람임을 인정하면서도 예수님이 죽으셨다가 다시 살아나셨다는 것이 있을 수 없는 허황된 일이라고 생각했기에 바울을 향하여 미쳤다고 말한 것 같다. 당시에 헬라 문화에 젖어 있던 사람들은 선한 영혼과 악한 육신이라는 이원론적 사상에 빠져 있었기에 육신의 부활을 믿지 않았다. 더욱이 베스도는 아그립바 왕과 높은 사람들이 있는 자리에서 바울이 이성적으로 납득할 수 없는 말을 하자 이렇게 외쳤을 것이다. 그러나 바울은 "베스도 각하여 내가 미친 것이 아니요 참되고 온전한 말을 하나이다"라고 대답한다(25절). 그는 자신의 정신 상태가 정상이며 자신이 주장하는 부활 교리가 "참되고 온전한 말"이라고 강변한다.

바울은 자신의 주장(부활)에 대해서 좀 더 긍정적인 반응을 보일 것 같은 아그립바를 향하여 말한다. 바울은 아그립바가 예수님의 부활에 대하여 들어서 잘 알고 있다는 사실을 전제로 하면서 자신이 담대히 말하겠다고 한다(26절a). 아그립바는 유대의 왕이었고 당시에 예수님의 부활 사건이 유대 세계에서 잘 알려진 일이었기에 이렇게 말한다. 그리고 바울은 예수님이 부활하신 일과 그것을 증언하는 일이 한쪽 구석에서 행한 것이 아니라고 하는데(26절b), 이는 당시에 기독교의 복음이 이미 널리 전파되었음을 시사한다. 아그립바 2세는 주후 27-28년에 로마에서 태어났고, 주후 50년경까지 로마에 살았지만, 유대에서 일어나는 일에 관심을 많이 가지고 있었다(*War* 2.344-407). 그러므로 유대에서 매우 큰 사건이었던 예수님의 부활에 대해서 그가 모를 리가 없었다.[533]

바울은 아그립바에게 "선지자를 믿으시나이까"라고 묻고는 곧 이어서 "믿으시는 줄 아나이다"라고 스스로 대답하여 아그립바에게 말할 여지를 주지 않는다(27절). 이러한 바울의 질문은 정교하게 의도된 것이다. 만일 아그립바가 선지자를 믿는다고 말하면 그는 그리스도를 믿지 않을 수 없게 된다. 왜냐하면 선지자들이 메시야의 오심을 예언하였기 때문이다. 하지만 만일 그가 선지자를 믿지 않는다고 말하면 그는 유대인들의 큰 저항을 맞이하게 된다. 따라서 바울은 아그립바가 자신의 말을 받아들여야 한다는 생각을 가질 수밖에 없게 한다.

아그립바는 궁지에서 벗어나기 위하여 "네가 적은 말로 나를 권하여 그리스도인이 되게 하려 하는도다"라고 말한다(28절). 여기서 "적은 말로"(*엔 올리고*, ἐν ὀλίγῳ)라는 표현은 '짧은 시간에'(in a short time)라고 이해할 수도 있고, '몇 마디 말로'(in a few words)라는 의미로 볼 수도 있으며, '작은 방법으로'(in a small measure)라는 뜻이 될 수도 있다(참고. 26:29).[534] 그리고 "그리스도인"이라는 말은 신약성경에서 이곳을 포함하여 단지 세 번 나온다(참고. 11:26; 26:28; 벧전 4:16). 이 용어는 비신자들이 신자들을 부를 때 사용한 것인데, 긍정적으로 쓰였는지 부정적으로 쓰였는지 분명하지 않지만, 기독교인들은 이 용어를 자신에게 적용하는 것을 주저하지 않았다. 따라서 아그립바는 바울의 말을 전도행위로 인식했음이 분명하다. 하지만 안타깝게도 그는 바울의 말을 듣기는 했지만 믿지 않는다.

이에 바울은 자신의 말이 적으나 많으나(혹은 시간이 짧든지 길든지) 아그립바뿐만 아니라 자신의 말을 듣는 모든 사람도 자신이 결박된 것 외에는 모두 자기처럼 그리스도인이 되기를 바란다고 말한다(29절). 바울은 자신의 말을 듣는 사람의 지위와 권력을 조금도 부러워하지 않고 그들의 위세에 전혀 굴하지도 않는다. 비록 그는 결박되어 있었으나 누구보다도 자유로웠다. 그리고 그의 주된 목표는 사람들로 하여금 그리스도인이 되게 하는 것이었다. 참으로 그는 이런 절박한 상황 속에서도 그의 주변에 있는 사람들을 그리스도에게로 인도하는 일에 관심을 가지고 있었다. 그러므로 사람들은 바울의 말을 전도행위로 받아들이고, 바울은 그의 말이 전도행위임을 인정한다.

5) 무죄 확신(26:30-32)

왕과 총독과 버니게와 함께 앉은 사람이 다 일어나서 물러가 서로 말하기를 "이 사람은 사형이나 결박을 당할 만한 행위가 없다"라고 한다(30-31절). 비록 그들은 공식적인 판결을 내리지 않았지만, 만장일치로 바울의 무죄를 확신한다. 사도행전에는 이처럼 바울의 무죄를 언급하는 구절이 많이 나온다. 즉 바리새인들(참고. 23:9)과 천부장 글라우디오 루시아(참고. 23:29)와 베스도(참고. 25:25) 등이 바울에게 죄가 없다고 생각하였다. 결국, 상황을 충분히 인지한 아그립바는 베스도에게 "이 사람이 만일 가이사에게 상소하지 아니하였더라면 석방될 수 있을 뻔하였다"라고 말한다(32절). 아그립바의 말은 베스도가 바울에 대한 의견서를 쓸 때 참고가 되었을 것이다. 이 일 때문인지는 모르겠지만, 바울은 이후 로마에 압송되어서도 비교적 자유롭게 생활했다(참고. 28:16; 30-31).

교훈과 적용

1. 본문에는 바울의 회심 간증이 들어 있다. 주님은 바울에게 나타나셔서 그의 이름을 부르시며 그를 구원하셨다. 우리가 바울과 똑같은 경험을 하지는 않았을지 몰라도 주님은 우리도 부르셔서 구원하셨다. 우리 역시 바울과 동일하게 주님의 사랑을 받고 주님으로부터 의롭다 하심을 받았다. 우리는 우리를 불러서 구원해 주신 주님의 은혜에 감사하며 감격해야 한다. 구원의 확신은 신앙생활의 기초이며, 어떤 면에서는 전부이다. 우리에게는 구원의 확신과 감사가 있어야 한다.
2. 바울의 말을 듣고 있던 총독 베스도는 바울을 향하여 "바울아 네가 미쳤도다 네 많은 학문이 너를 미치게 한다"라고 말했다. 이것이 세상의 불신자들이 그리스도인에 대하여 가지는 근본적인 생각이다. 세상 사람에게는 우리의 구원 경험이 이해가 되지 않는다. 그들은 하늘로부터의 부르심을 모른 채 세상의 가치를 붙잡을 뿐이다. 우리는 그러한 자들의 사고방식에 동조하지 말아야 하며, 이상히 여기지도 말아야 한다. 우리는 다만 복음을 전할 뿐이다.
3. 이 단락에 있는 바울의 설교(연설)에는 개인적인 간증과 신학적인 논증이 결합되어 있다. 바울은 자신의 회심 사건을 이야기하면서 동시에 예수 그리스도의

복음(예수님의 죽음과 부활)을 말하였다. 그는 절박한 상황에서도 복음의 진리를 전파함으로 전도의 기회를 만들었다. 우리도 바울처럼 유대인과 이방인을 주님께로 돌아오게 하는 사역에 부르심을 받은 자들이다. 우리는 장소와 대상을 가리지 말고 부지런히 복음을 전해야 한다.

12

로마를 향하여

(27:1-28:31)

대한예수교장로회 고신총회 설립 60주년 기념

성경주석

사도행전

A c t s

12
로마를 향하여
(27:1-28:31)

본문 개요

사도행전 27-28장은 사도행전의 마지막 단락이다. 사도행전의 마지막 부분에 이르러 드디어 바울은 로마로 향한다. 바울에게 있어서 로마에 가는 것은 크나큰 소원이었다. 그는 로마를 선교의 교두보로 삼아서 땅 끝으로 향하고자 했다. 누가는 바울이 로마로 가는 과정을 세밀하고 생생하게 묘사한다. 바울은 로마로 가는 도중에 온갖 어려움을 겪으면서 하나님이 그와 함께하심을 경험한다. 그리고 결국 로마에 도착하여 많은 사람에게 복음을 전한다.

내용 분해

1. 로마로 가는 바울(27:1-26)
   1) 여행이 시작됨(27:1-5)

2) 알렉산드리아에서 온 배를 탐(27:6-12)

3) 유라굴로 광풍을 만남(27:13-20)

4) 바울이 서서 말함(27:21-26)

2. 배가 육지에 도착함(27:27-44)

1) 배가 육지에 가까이 이름(27:27-32)

2) 음식을 먹으라고 권유함(27:33-38)

3) 모든 사람이 구조됨(27:39-44)

3. 멜리데 섬에 체류함(28:1-15)

1) 독사에 물려도 죽지 않음(28:1-6)

2) 병을 고쳐줌(28:7-10)

3) 멜리데 섬을 떠남(28:11-15)

4. 로마에서의 활동(28:16-31)

1) 유대인 지도자들에게 말씀을 전함(28:16-22)

2) 많은 유대인에게 말씀을 전함(28:23-28)

3) 유대인과 이방인에게 말씀을 전함(28:30-31)

본문 주해

1. 로마로 가는 바울(27:1-26)

1 우리가 배를 타고 이달리야에 가기로 작정되매 바울과 다른 죄수 몇 사
람을 아구스도대의 백부장 율리오란 사람에게 맡기니 2 아시아 해변 각처

로 가려 하는 아드라뭇데노 배에 우리가 올라 항해할새 마게도냐의 데살
로니가 사람 아리스다고도 함께 하니라 3 이튿날 시돈에 대니 율리오가
바울을 친절히 대하여 친구들에게 가서 대접 받기를 허락하더니 4 또 거
기서 우리가 떠나가다가 맞바람을 피하여 구브로 해안을 의지하고 항해
하여 5 길리기아와 밤빌리아 바다를 건너 루기아의 무라 시에 이르러 6 거
기서 백부장이 이달리야로 가려 하는 알렉산드리아 배를 만나 우리를 오
르게 하니 7 배가 더디 가 여러 날 만에 간신히 니도 맞은편에 이르러 풍
세가 더 허락하지 아니하므로 살모네 앞을 지나 그레데 해안을 바람막이
로 항해하여 8 간신히 그 연안을 지나 미항이라는 곳에 이르니 라새아 시
에서 가깝더라 9 여러 날이 걸려 금식하는 절기가 이미 지났으므로 항해
하기가 위태한지라 바울이 그들을 권하여 10 말하되 여러분이여 내가 보
니 이번 항해가 하물과 배만 아니라 우리 생명에도 타격과 많은 손해를 끼
치리라 하되 11 백부장이 선장과 선주의 말을 바울의 말보다 더 믿더라
12 그 항구가 겨울을 지내기에 불편하므로 거기서 떠나 아무쪼록 뵈닉스
에 가서 겨울을 지내자 하는 자가 더 많으니 뵈닉스는 그레데 항구라 한쪽
은 서남을, 한쪽은 서북을 향하였더라 13 남풍이 순하게 불매 그들이 뜻을
이룬 줄 알고 닻을 감아 그레데 해변을 끼고 항해하더니 14 얼마 안 되어
섬 가운데로부터 유라굴로라는 광풍이 크게 일어나니 15 배가 밀려 바람
을 맞추어 갈 수 없어 가는 대로 두고 쫓겨가다가 16 가우다라는 작은 섬
아래로 지나 간신히 거루를 잡아 17 끌어 올리고 줄을 가지고 선체를 둘러
감고 스르디스에 걸릴까 두려워하여 연장을 내리고 그냥 쫓겨가더니 18
우리가 풍랑으로 심히 애쓰다가 이튿날 사공들이 짐을 바다에 풀어 버리
고 19 사흘째 되는 날에 배의 기구를 그들의 손으로 내버리니라 20 여러

날 동안 해도 별도 보이지 아니하고 큰 풍랑이 그대로 있으매 구원의 여망
마저 없어졌더라 21 여러 사람이 오래 먹지 못하였으매 바울이 가운데 서
서 말하되 여러분이여 내 말을 듣고 그레데에서 떠나지 아니하여 이 타격
과 손상을 면하였더라면 좋을 뻔하였느니라 22 내가 너희를 권하노니 이
제는 안심하라 너희 중 아무도 생명에는 아무런 손상이 없겠고 오직 배뿐
이리라 23 내가 속한 바 곧 내가 섬기는 하나님의 사자가 어제 밤에 내 곁
에 서서 말하되 24 바울아 두려워하지 말라 네가 가이사 앞에 서야 하겠고
또 하나님께서 너와 함께 항해하는 자를 다 네게 주셨다 하였으니 25 그러
므로 여러분이여 안심하라 나는 내게 말씀하신 그대로 되리라고 하나님
을 믿노라 26 그런즉 우리가 반드시 한 섬에 걸리리라 하더라

바울은 마침내 로마를 향한 여행을 시작한다. 이때는 아마도 주후 59년 가을일 것이다. 27:1-28:16에 네 번째이자 마지막 '우리' 단락(we-sections)이 있는 것으로 보아 누가가 이 여행에 동행하고 있음이 틀림없다(참고. 16:10-17; 20:5-15; 21:1-18; 27:1-28:16).[535] 누가는 바울이 로마로 가는 과정을 세밀하고 생생하게 묘사한다. 아마도 그는 항해 일지를 써 놓았다가 사도행전을 기록할 때 참고했을 것이다. 그의 기록은 독자들에게 마치 고대 서사시를 읽는 것과 같은 느낌을 준다.

1) 여행이 시작됨(27:1-5)

바울의 로마여행이 시작된다. 바울 일행은 배를 타고 이탈리아(로마)로 가게 되는데, 죄수 몇 사람이 이 배에 함께 탔으며, 아구스도대의 백부장 율리오란 사람이 인솔한다(1절). 아마도 이 배는 가이사랴에서 출발했

을 것이다. "아구스도대"(the Augustan Cohort)는 황제의 부대(the Imperial Regiment)이다.[536] 그리고 이 부대의 책임자인 백부장 율리오(Julius)는 율리우스 시저 황제 때 로마시민이 된 사람으로 보이는데, 그는 항해 내내 바울에게 존경심을 드러낸다. 바울과 함께 배를 탄 죄수들이 어떤 사람인지는 언급되어 있지 않다. 아마도 로마의 원형경기장에서 죽음으로써 사람들에게 즐거움을 주도록 예정된 사람들일 가능성이 높다.[537]

바울이 탄 배는 아드라뭇데노에서 출발했는데, 아시아 해변 각처를 들릴 예정이었다(2절a). 아드라뭇데노는 소아시아 지역에 있는 작은 항구도시이다.[538] 이 배는 출발한 항구로 돌아가는 연안선이었을 것이며 크지 않았을 것이다.[539] 누가는 바울과 함께 로마로 가는 사람들에 대해서 마게도냐의 데살로니가 사람 아리스다고를 언급한다(2절b). 하지만 누가와 아리스다고만 바울과 동행하지는 않았을 것이다. 아리스다고는 바울이 데살로니가에서 얻은 개종자로서 에베소에서의 제3차 전도여행 때 가이오와 함께 바울을 도왔다(참고. 골 4:10). 그는 이방인 교회의 대표자 중 한 사람으로 바울과 함께 예루살렘에 올라왔다(참고. 19:29; 20:4).[540]

바울이 탄 배는 이튿날 시돈에 정박한다(3절a). 시돈은 가이사랴에서 북쪽으로 약 128km 떨어져 있었다.[541] 율리오는 바울을 친절히 대하여 "친구들"에게 가서 대접받기를 허락한다(3절b). 이는 백부장 율리오가 바울을 좋게 여겼기 때문인데, 이러한 모습은 예수님이 십자가에 달리셨을 때 백부장이 예수님을 좋게 생각한 장면을 생각나게 한다(참고. 눅 23:47).[542] 더욱이 바울은 로마 시민권자이기에 아직 그의 죄가 확정되지 않아서 로마 시민의 권리를 누릴 수 있었다. 여기서 "친구들"이란 그리스도인들을 가리킨다. 시돈 지역에 언제 그리고 어떻게 그리스도인들의 공동체가 생겼는지는 알려지지 않았다. 스데반의 일로 일어난 환난으로 인하여 흩어진 자들이 시돈에 이르러 복음을 전했을 가능성이 있고(참고. 11:19), 바울이 예루살렘을 오가는 과정에 시돈에 들러서 복음을 전했을 수도 있다. 아무튼 백부장은 배가 시돈에 잠시 정박하는 동안 바울이 동료 그리스도인들을 만나도록 배려한다.

바울이 탄 배는 다시 출발한다. 그렇지만 그들은 맞바람을 피하여 구브로 해안을 의지하고 항해한다(4절). 이 말은 서쪽에서 불어오는 바람 때문에 구브로 북쪽 해안을 끼고 항해했다는 뜻이다. 그들은 길리기아와 밤빌리아 바다를 건너 루기아의 무라 시에 이른다(5절). 길리기아는 바울의 고향인 다소가 있는 곳이고, 밤빌리아는 바울이 제1차 전도여행 때 들렀던 곳이다. 따라서 바울은 이 항로를 잘 알고 있었음이 틀림없다. 그런데 당시 시돈에서 무라로 갈 때 일반적으로는 구브로 아래쪽 해안을 통과하였지만, 맞바람이 불자 그들은 구브로 북쪽 해안에 가까이 붙어서 항해한다. 그들이 도착한 무라는 알렉산드리아 항구의 건너편(정북방)에 위치해 있어서 알렉산드리아에서 출발한 배가 로마로 가는 도중에 이곳에 잠시 머물기에 좋았다.

2) 알렉산드리아에서 온 배를 탐(27:6-12)

무라에서 백부장이 이탈리아(로마)로 가려 하는 알렉산드리아 배를 만나 바울 일행을 오르게 한다(6절). 이 배는 곡식을 운반하는 곡물선으로 276명 이상을 태울 수 있는 큰 배였다(참고. 37절). 당시에 이집트는 곡물을 생산해서 로마로 보냈기 때문에 수시로 배들이 곡물을 싣고 로마로 향했다.[543] 그 배들은 개인 소유의 배였으나 국가와 계약을 맺고 운항했다.[544] 배는 알렉산드리아에서 출발하여 지중해를 가로지르며 항해하다가 무라에 들러 정비를 한 후에 다시 로마로 향했다. 그렇지만 이렇게 큰 배라도 바람이 심하게 불면 항해하기가 쉽지 않았다.

그들은 여러 날 만에 간신히 니도 맞은편에 이르지만 바람이 더 심하게 불어서 살모네 앞을 지나서 그레데 해안을 바람막이로 항해한다(7절). 살모네는 그레데 섬의 북동쪽 끝에 있다. 따라서 이 기술은 그들이 그레데의 남쪽 해안을 지났다는 뜻이다. 만일 그들이 로마로 가는 일반적인 항로를 따라갔다면 에게 해의 아래쪽 끝부분을 가로질러 서쪽으로 항해하면서 그레데 섬 북쪽을 거쳐 가야 했겠지만, 바람이 심하게 불어서 그렇게 하지 못하고 대신에 남쪽으로 방향을 틀어 그레데 밑으로 갈 수밖에 없었다.[545] 그들은 간신히 그레데 연안을 지나 "미항"이라는 곳에 이르는데, 이곳은 라새아 시에 가까웠다(8절). "미항"(Fair Heavens)은 그레데 섬의 중남부에 있는 작은 항구인데, 오늘날의 칼리 리메네스(Kali Limenes)로 추정된다.[546]

누가는 "금식하는 절기"가 이미 지났으므로 항해하기가 위태하다고 말한다(9절). "금식하는 절기"란 '속죄일'(Day of Atonement)을 가리킨다. 속죄일은 티쉬리(Tishri)월 10일이다(참고. 레 16:1-31).[547] 이것은 오늘날 9월 말에서 10월 초에 해당된다. 따라서 속죄일이 지났다면 지금은 10월 중순일 것이다. 당시 지중해에서는 10월이 지나면 날씨가 좋지 않아서 항해하기가 어려웠으며, 아무리 늦어도 11월 초순에는 항해를 마쳐야 했다.[548] 그래서 바울은 "여러분이여 내가 보니 이번 항해가 하물과 배만 아니라 우리 생명에도 타격과 많은 손해를 끼치리라"라고 말하면서 항해를 잠시 쉬어야 한다고 제안한다(10절; 참고. 고후 11:25-26). 따라서 바울은 죄수처럼 행동하지 않고, 오히려 지도자와 같은 면모를 보여준다.[549]

누가는 백부장이 선장과 선주의 말을 바울의 말보다 더 믿었다고 말한다(11절). 당시에 로마 정부는 겨울철에도 곡식을 운반하는 선주에게 비용을 더 많이 지불했기 때문에 선주들은 날씨가 나빠도 무리해서 곡식을 싣고 항해하곤 하였다. 그리고 곡식을 운반하는 배는 로마 정부의 통제를 받았기에 배의 항해 여부를 백부장이 결정하였다. 그렇지만 바울은 오랫동안 전도 여행을 하면서 배를 많이 타고 다녔기 때문에 웬만한 뱃사람 못지않게 바다 상황을 잘 알고 있었다. 이에 그는 지금 배를 운항하는 것이 위험하기에 운항하지 않는 것이 좋겠다고 한다.

미항은 겨울을 지내기에 불편했는데, 이는 배에 탄 사람이 상당히 많았고 미항이 매우 작은 항구였기 때문이다(12절a; 참고. 37절). 그래서 거기를 떠나 미항보다 조금 더 크고 편리한 뵈닉스에 가서 겨울을 지내자고 하는 사람들이 많았는데, 뵈닉스는 그레데 남부 연안의 항구로서 한쪽은 서남을 그리고 다른 한쪽은 서북을 향했다(12절b). 뵈닉스는 미항으로부터 74km 정도 떨어져 있었는데, 오늘날의 피네카(Phineka)로 추정되지만, 그 위치가 불분명하다.[550] 한편, 어떤 이는 "뵈닉스"라는 지명에 '불사조'(Phoenix)를 가리키는 상징이 담겨 있다고 주장하지만, 누가는 자신의 책에서 지명을 말하면서 상징적 의미를 부여하지 않았다.[551]

3) 유라굴로 광풍을 만남(27:13-20)

바울의 말을 듣지 않고 무리하게 항해를 계속하던 그들은 어려움을 겪게 된다. 남풍이 순하게 불자 그들은 "뜻을 이룬 줄 알고", 즉 뵈닉스 항구에 정박할 수 있을 줄 알고 닻을 감아 그레데 해변을 끼고 항해한다(13절). 그러나 그렇게 항해한지 얼마 안 되어 섬 가운데로부터 "유라굴로"라는 광풍이 크게 일어난다(14절). "유라굴로"(*유라퀼론*, εὐρακύλων)라는 이름은 동풍을 의미하는 헬라어 유로스와 북풍을 의미하는 라틴어 *아퀼로*(*Aquilo*)의 합성어로서 그레데 산에서 불어오는 강력한 북동풍을 가리킨다.[552] 고대의 배는 오늘날과 같은 동력이 없어서 바람이 강하게 불면 바람이 부는 대로 배를 내맡기고 바람이 잦아지기를 바랄 수밖에 없었다(15절).

그들은 바람에 밀려가다가 겨우 가우다라는 작은 섬 아래로 지난다(16절a). 가우다는 뵈닉스로부터 남서쪽으로 37km 정도 떨어진 섬이었다.[553] 가우다를 지날 때 바람을 막아주어서 그들은 간신히 "거루"(육지에서 배로 사람들을 실어 나르는 작은 배, 구명정)를 잡아서 배 위로 끌어 올리는데, 아마도 배에 물이 가득 차서 끌어올리기가 쉽지 않았을 것이다(16절b). 그들은 줄을 가지고 선체를 둘러 감는데, 고대의 배는 폭풍이 몰려올 때 줄을 가지고 배의 양 끝에 둘러 감거나 배의 중앙부 아래로 가로질러 묶는다(17절a).[554] 그리고 그들은 "스르디스"(syrtis, 북아프리카 연안의 모래톱)라는 암초에 걸려서 배가 좌초될까 봐 두려워하여 "연장"(*스큐오스*, σκεῦος, 돛이나 닻을 가리킴)을 내리고 그냥 바람에 배가 밀려가게 한다(17절b). 이것은 돛이나 닻에 의지하여 배의 움직임을 늦추려 했다는 뜻이다.[555]

그들은 풍랑으로 심히 애쓰다가 이튿날 사공들이 짐을 바다에 풀어 버린다(18절). 최대한 배를 가볍게 하려고 짐을 바다에 버릴 수밖에 없었다. 그리고 사흘째 되는 날에 "배의 기구"를 내버린다(19절). "배의 기구"는 '연장'을 뜻하는 *스큐오스*와 같은 단어인데, 돛의 기둥을 가리키는 것 같다. 그들은 꼭 필요한 짐을 제외하고 가능한 한 많은 짐을 버린다. 그러나 여러 날 동안 바다를 떠돌았어도, 해가 보이지 않고 별도 보이지 않고 큰 풍랑이 그대로 있어서 구원의 여망마저 없어진다(20절). 이는 하늘에 구름이 가득 끼고 풍랑이 여전히 컸다는 뜻이며, 그들이 방향을 파악하기 위한 수단으로 삼을 만한 천체의 모습을 전혀 볼 수 없었다는 뜻이다. 따라서 그들은 절망적인 상황에 부딪치게 된다. 곧 그들은 아무런 희망을 가질 수 없게 된다.

4) 바울이 서서 말함(27:21-26)

여러 날 동안 배는 표류하고 사람들은 아무것도 먹지 못했다(21절a). 그들이 음식을 먹지 못한 것은 배멀미 때문일 수도 있고 배가 심하게 흔들리는 상황에서 음식을 준비할 수 없었기 때문일 수도 있다.[556] 바로 이런 상황에서 바울이 그들 가운데 서서 말한다. 그는 사람들이 자신의 말을 듣고 그레데에서 떠나지 않고 이 타격과 손상을 면하였더라면 좋을 뻔했다고 말한다(21절b). 이것은 바울의 제안이 옳았다는 것을 상기시킴과 동시에 앞으로 그의 말을 잘 들어야 한다는 것을 시사한다. 그는 "이제는 안심하라"라고 하면서 그들 중 아무도 생명에는 아무런 손상이 없겠고 오직 배만 손상될 것이라고 말한다(22절).

바울은 이어서 하나님의 사자(천사)가 어제 밤에 자신 곁에 서서 말했다고 한다(23절; 참고. 27:23-24). 이때 그는 "내가 속한 바 곧 내가 섬기는 하나님"이라고 표현하여 자신과 하나님의 친밀한 관계를 드러낸다. 바울은 하나님의 사자가 자신에게 해 준 말을 언급한다. "바울아 두려워하지 말라 네가 가이사 앞에 서야 하겠고 또 하나님께서 너와 함께 항해하는 자를 다 네게 주셨다"(24절). 따라서 하나님의 사자는 바울에게 세 가지를 말하였다. 먼저, 두려워하지 말라는 것이고, 다음으로, 그가 가이사 앞에 서야 한다는 것이며, 마지막으로, 그와 함께 항해하는 자를 다 그에게 주셨다는 것이다. 이 말은 하나님이 함께하심으로 두려워할 필요가 없다는 뜻이고, 주께서 이미 바울에게 말씀하신대로 바울은 로마에 가서 복음을 전할 수 있을 것이라는 뜻이며(참고. 19:21; 23:11), 바울 덕분에 그와 함께 있는 사람들이 생명을 건질 수 있을 것이라는 뜻이다.

바울은 이러한 약속에 근거하여 다시금 사람들에게 "안심하라"라고 하면서, 자신은 자신에게 말씀하신 그대로 될 것이라 믿는다고 말한다(25절). 그리고 그들이 반드시 한 섬에 걸릴 것이라고 말한다(26절). 지금 배에 타고 있는 사람들은 아무런 희망을 가질 수 없었다. 그러나 바울은 이 어려운 상황에서 하나님을 소개하면서 하나님이 그들의 생명을 지켜 주실 것이라고 한다. 사람들은 처절한 형편에 처해 있었고 아무런 희망도 가질 수 없었으나, 바울은 어두운 현실을 믿지 않고 오로지 구원하시는 하나님을 믿었다. 그래서 그는 사람들에게 안심하라고 권유할 수 있었다.

교훈과 적용

1. 바울이 타고 가던 배는 광풍으로 큰 어려움을 겪었다. 그들은 자신의 뜻대로 배를 움직일 수 없었다. 그들은 점점 더 큰 위험에 빠져들었다. 때로 인생을 살아가면서 어려움을 겪을 때가 있다. 우리의 힘으로는 아무 것도 할 수 없는 속수무책의 지경에 이를 때가 있다. 이럴 때 좌절하거나 낙심하지 말아야 한다. 하나님이 구원해 주시고 지켜주실 것을 믿어야 한다. 하나님이 우리의 구원자로서 우리를 살려주실 것을 믿고 안심해야 한다.
2. 바울은 수동적인 죄수의 몸으로 끌려가지 않았다. 그는 하나님께서 그와 함께하심을 확신하였다. 오히려 바울과 함께 배에 탄 사람들이 바울 덕분에 생명을 구할 수 있게 되었다. 우리는 그리스도인으로서 세상의 주도자가 되어야 한다. 우리는 당당하고 담대하게 세상을 이끌어 가는 사람이 되어야 한다. 하나님이 우리와 함께하심으로 우리 주변에 있는 사람들이 하나님의 은덕을 입는다고 생각해야 한다.
3. 우리는 바울이 항해의 전문가가 아니면서도 항해하지 말아야 한다고 말한 점에

주목해야 한다. 이것은 바울의 수많은 경험에서 나온 것이었지만, 사실은 그가 하나님과 함께 하는 사람이었으며, 하나님의 뜻을 아는 사람이었기 때문에 할 수 있는 발언이었다. 바울의 발언은 예언자적인 것이었다. 이처럼 주님의 교회는 세상의 문제에 무관심하지 말아야 하며 할 말을 해야 한다. 교회는 세상을 밝게 비추는 빛의 역할을 감당해야 한다.

2. 배가 육지에 도착함(27:27-44)

27 열나흘째 되는 날 밤에 우리가 아드리아 바다에서 이리 저리 쫓겨 가
다가 자정쯤 되어 사공들이 어느 육지에 가까워지는 줄을 짐작하고 28 물
을 재어 보니 스무 길이 되고 조금 가다가 다시 재니 열다섯 길이라 29 암
초에 걸릴까 하여 고물로 닻 넷을 내리고 날이 새기를 고대하니라 30 사공
들이 도망하고자 하여 이물에서 닻을 내리는 체하고 거룻배를 바다에 내
려 놓거늘 31 바울이 백부장과 군인들에게 이르되 이 사람들이 배에 있지
아니하면 너희가 구원을 얻지 못하리라 하니 32 이에 군인들이 거룻줄을
끊어 떼어 버리니라 33 날이 새어 가매 바울이 여러 사람에게 음식 먹기를
권하여 이르되 너희가 기다리고 기다리며 먹지 못하고 주린 지가 오늘까
지 열나흘인즉 34 음식 먹기를 권하노니 이것이 너희의 구원을 위하는 것
이요 너희 중 머리카락 하나도 잃을 자가 없으리라 하고 35 떡을 가져다가
모든 사람 앞에서 하나님께 축사하고 떼어 먹기를 시작하매 36 그들도 다
안심하고 받아먹으니 37 배에 있는 우리의 수는 전부 이백칠십육 명이더
라 38 배부르게 먹고 밀을 바다에 버려 배를 가볍게 하였더니 39 날이 새
매 어느 땅인지 알지 못하나 경사진 해안으로 된 항만이 눈에 띄거늘 배를

거기에 들여다 댈 수 있는가 의논한 후 40 닻을 끊어 바다에 버리는 동시
에 키를 풀어 늦추고 돛을 달고 바람에 맞추어 해안을 향하여 들어가다가
41 두 물이 합하여 흐르는 곳을 만나 배를 걸매 이물은 부딪쳐 움직일 수
없이 붙고 고물은 큰 물결에 깨어져 가니 42 군인들은 죄수가 헤엄쳐서 도
망할까 하여 그들을 죽이는 것이 좋다 하였으나 43 백부장이 바울을 구원
하려 하여 그들의 뜻을 막고 헤엄칠 줄 아는 사람들을 명하여 물에 뛰어내
려 먼저 육지에 나가게 하고 44 그 남은 사람들은 널조각 혹은 배 물건에
의지하여 나가게 하니 마침내 사람들이 다 상륙하여 구조되니라

거센 풍랑으로 배가 표류하여 사람들이 절망 가운데 있을 때 바울은 하나님의 계시에 따라서 그들이 반드시 한 섬에 걸릴 것이라고 말했다(참고. 21-26절). 하지만 그러한 일이 즉시 일어나지는 않는다. 며칠이 더 지나서야 그들은 마침내 육지에 상륙할 수 있다. 이런 상황에서 바울은 절망에 빠진 사람들을 격려하고 그들에게 용기를 심어 준다. 어느덧 그는 모든 사람의 지도자가 되어 있다. 백부장과 선장과 선주가 있으나, 실제 지도자는 바울이다.

1) 배가 육지에 가까이 이름(27:27-32)

바울 일행이 탄 배가 표류한 지 어느덧 "열나흘째", 즉 2주일째가 되었다(27절a). 그러므로 하나님이 바울에게 나타나셔서 말씀을 주신지도 제법 시간이 지났다. 즉 하나님께서 말씀을 주시고 곧바로 이적이 일어나서 그들이 육지에 상륙한 것이 아니었다. 아마도 이 기간에 사람들은 믿음과 의심을 반복했을 것이다. 하나님께서 바울을 비롯한 사람들을 연단하시려고 그렇

게 하신 것일지도 모른다. 그날 밤에 아드리아 바다에서 이리저리 쫓겨 가다가 자정쯤 되어서 사공들은 자신들이 탄 배가 어느 육지에 가까워지는 줄을 짐작한다(27절b).

"아드리아 바다"는 이탈리아와 몰타와 크레타와 그리스에 둘러싸인 지중해 동쪽 중앙의 바다이다.[557] 캄캄한 밤에 아무것도 보이지 않았지만, 오랫동안 배를 탔던 사공은 물의 흐름이나 소리를 듣고 수심이 얕아진 것을 눈치 챘을 것이며 파도가 해변에 부딪히는 소리를 듣고 육지에 가까이 이르렀음을 짐작했을 것이다. 사공들이 물을 재어 보니 스무 길(약 36m)이 되었고 조금 가다가 다시 재어 보니 열다섯 길(약 27m) 이었다(28절). 당시 사람들은 물의 깊이를 잴 때 무거운 납덩이를 줄에 매달아 늘어뜨려서 쟀다. 이런 방식으로 물의 깊이를 재면서 사공들은 물이 점점 얕아지고 있음을 알았으므로 육지에 가까이 이르렀다고 판단하였다. 그들은 배가 바위나 암초에 걸릴까 염려하여 "고물"로 닻 넷을 내리고 날이 새기를 고대한다(29절). "고물"(stern)이란 배의 뒷부분을 가리킨다.

배가 육지에 가까이 이르자 사공들이 도망하려고 "이물"에서 닻을 내리는 체하고 거룻배를 바다에 내려놓는다(30절). "이물"(bow)이란 배의 앞부분을 가리키는데, 당시에는 배가 평평하여 고물이나 이물 어느 쪽에서도 닻을 내릴 수 있었다. 배가 육지에 가까이 이르면 진흙에 빠질 수도 있고 바위나 암초에 걸려서 좌초될 수 있었다. 사공들은 이 사실을 잘 알았다. 그래서 그들은 자신들만 살려고 닻을 내리는 체하면서 거룻배를 내려 타고 가려 한 것이다. 거룻배는 작은 배로서 큰 배와 육지 사이를 오가는 운송수단이다. 그 배에 많은 사람이 탈 수 없었기에 사공들은 자신들만 몰래 타려고 했다.

바울은 사공들의 계획을 알아차리고 백부장과 군인들에게 "이 사람들이 배에 있지 아니하면 너희가 구원을 얻지 못하리라"라고 말한다(31절). 누가는 바울이 어떻게 사공들의 계획을 알게 되었는지 언급하지 않는데, 아마도 그가 하나님의 특별한 지시를 받았거나 아니면 오랜 항해 경험을 통해서 알았을 것이다. 바울의 경고는 사공들이 도망하지 못하도록 지키라는 뜻인데, 배가 육지에 무사히 정박할 수 있으려면 사공들이 반드시 필요하기 때문이었다. 하나님께서는 바울에게 그와 함께 항해하는 사람들을 다 그에게 주셨다는 말씀을 받았기에 그들 중 누구도 이탈해서는 안 되었다(참고. 24절). 바울의 말을 듣고 군인들은 거룻줄을 끊어 떼어 버린다(32절). 즉 큰 배와 거룻배를 연결한 줄을 끊어 버린 것이다. 결국, 바울은 배의 지도자가 되어 있다. 사람들은 바울의 말을 신뢰하고 그를 따르기 시작한다.

2) 음식을 먹으라고 권유함(27:33-38)

날이 새어 가자 바울은 여러 사람(배에 탄 모든 사람)에게 음식을 먹으라고 권하면서 "너희가 기다리고 기다리며 먹지 못하고 주린 지가 오늘까지 열나흘인즉"이라고 말한다(33절). 그들은 아마도 뱃멀미가 너무 심해서 곡식을 가지고 있었지만 음식을 먹을 수 없었거나 아니면 배가 너무 심하게 흔들려서 음식을 준비할 수 없었을 것이다(참고. 21절). 바울은 이어서 "이것이 너희의 구원을 위하는 것이요 너희 중 머리카락 하나도 잃을 자가 없으리라"라고 말한다(34절). 여기서 그가 사용한 "구원"이라는 용어는 영적인 구원이 아니라 육적인 구원을 가리킨다. 하지만 그들은 육적인 구원(안전)을 경험한 후에 영적인 구원(전인적인 구원)을 진지하게 생각하게 되었을 것이다. 바울은 이미 22절에서 "이제는 안심하라 너희 중 아무도 생명에는 아무런 손상이 없겠고 오직 배뿐이리라"라고 말했는데, 여기서 다시 그렇게 말하여 안심시킨다.

바울은 떡을 가져다가 모든 사람 앞에서 하나님께 축사하고 떼어 먹기를 시작한다(35절). 바울은 자신이 먼저 음식을 먹음으로써 모든 사람이 함께 먹기를 촉구한다. 그러자 배에 있는 사람들이 모두 안심하고 음식을 받아먹는다(36절). 배에 탄 사람의 수는 전부 276명이다(37절). 이렇게 많은 사람이 탄 배였기에 이 배가 상당히 큰 배였음을 알 수 있다. 그들은 음식을 배부르게 먹고 밀을 바다에 버려 배를 가볍게 한다(38절). 이것은 배를 가볍게 하여 얕은 수면에서 좌초되지 않게 하려는 조처이다. 이처럼 누가는 모든 상황을 매우 세밀하게 기록하였다. 그는 사람들이 처해 있는 상황을 두루 파악하였고, 항해 여정을 정확하게 언급하였다.

그런데 바울이 여기서 사람들에게 음식을 먹게 한 일을 성찬식으로 생각하는 사람들이 있다. 이는 여기에 나오는 표현이 성찬식에서 사용된 것들이기 때문이다(참고. 눅 22:19-20; 고전 11:23-25).[558] 하지만 이것을 성찬식으로 보는 견해는 옳지 않다. 왜냐하면 배에 탄 대부분의 사람은 비신자이고, 심지어 죄수이기 때문이다. 더욱이 여기에는 포도주에 대한 언급이 없다. 따라서 여기서 음식을 먹은 것은 단순히 배를 채우기 위하여 먹은 것이지 성찬식을 행한 것이 아니다. 이것은 당시 사람들의 음식 먹는 관습을 반영할 뿐이다.

3) 모든 사람이 구조됨(27:39-44)

날이 밝자 어느 땅인지 알지 못하였으나 경사진 해안으로 된 항만이 눈에 띄어서 그들은 배를 거기에 들여다 댈 수 있는가를 의논한다(39절). 그들은 닻을 끊어서 바다에 버리는 동시에 키를 풀어 늦추고 돛을 달고 바람에 맞추어 해안을 향하여 들어간다(40절). 하지만 그들은 성공하지 못한다. 뜻밖에도 두 물이 합하여 흐르는 곳을 만나서 배를 걸었는데, 이물(배의 앞부분)은 부딪쳐 움직일 수 없이 붙고, 고물(배의 뒷부분)은 큰 물결에 깨어져 갔다(41절). 이것은 배가 암초나 모래나 진흙에 끼어서 움직일 수 없게 되었으며, 결국 배가 점점 부서져 가고 있다는 뜻이다.[559]

이렇게 되자 군인들은 죄수들이 헤엄쳐서 도망할까 염려하여 그들을 죽이는 것이 좋다고 생각한다(42절). 이는 로마법에 의하면 죄수들이 도망하면 죄수들을 지키던 자들이 죄수가 받을 벌을 대신 받아야 했는데 자칫 죽임을 당할 수도 있었기 때문이다(참고. 12:19; 16:27). 하지만 백부장은 "바울을 구원하려 하여" 그들의 뜻을 막아 죄수를 죽이지 못하게 한다(43절a). 백부장이 이렇게 바울에게 호의를 베푸는 것은 그가 처음부터 바울을 존경하였을 뿐만 아니라 항해를 하는 과정에서 바울이 보여준 지도력을 보면서 그에 대한 신뢰가 더욱 커졌기 때문이었다. 결국, '바울 때문에' 죄수들이 구원을 받는 일이 다시금 일어난다. 물론 여기서 "구원"이란 용어는 육적인 구원을 의미하지만, 나아가서 바울의 일생이 사람들을 위한 삶이었음을 내포한다. 백부장은 헤엄칠 줄 아는 사람들에게 명령하여 물에 뛰어내려 먼저 육지에 나가게 한다(43절b). 그리고 남은 사람들은 널조각이나 배에 있던 물건들에 의지하여 나가게 하여서 마침내 사람들이 다 상륙하여 구조된다(44절).

이렇게 하여 배에 탄 모든 사람은 바울의 말대로 모두 죽지 않고 살아서 육지에 오른다(참고. 22절). 하나님은 바울로 말미암아 모든 사람이 생명을 잃지 않게 해주셨다. 분명히 백부장과 선장과 선주가 배를 잘 항해하고 사람들을 잘 움직이게 해서 배가 무사히 육지에 이르게 된 것이 아니었다. 하나님께서 배에 탄 사람들의 생명을 바울에게 주셨기 때문에 그들 모두가 생명을 잃지 않게 된 것이었다(참고. 24절). 필시 하나님께서 바울에게 약속하셨으며, 하나님을 신뢰하라고 바울이 사람들에게 촉구했고, 모든 사람들이 바울의 지시를 잘 따랐기 때문에 그들의 생명이 보존될 수 있었다.

교훈과 적용

1. 하나님께서는 약속을 지키셨다. 아무도 죽지 않을 것이라는 약속이 이루어졌다. 하지만 사람들은 제법 긴 기간 동안 그 약속이 이루어지기를 기다려야 했다. 하나님의 약속은 정확하고 분명하지만, 사람에게는 인내심이 요구된다. 이것이 믿음이다. 믿음은 인내와 연단을 요청한다. 우리는 이성적으로 이해할 수 없다는 이유로 의심하고 포기해서는 안 된다. 우리는 믿음의 눈으로 하나님의 약속을 바라보아야 한다.
2. 바울은 어느덧 배의 지도자가 되어 있었다. 엄청난 위기 속에서 바울의 통찰력과 지도력은 빛나게 드러났다. 이것은 바울 자신의 힘으로 이룬 것이 아니었다. 하나님이 그와 함께하셨기 때문에 가능한 것이었다. 바울은 하나님의 계시에 의존하여 이러한 일을 할 수 있었다. 하나님의 보내심을 받은 교회는 세상을 이끌어 가는 존재가 되어야 한다. 세상에 방향을 주고 지침을 주며 희망을 주는 존재가 되어야 한다. 교회가 빛을 잃으면 세상이 어두워진다.
3. 바울의 항해 이야기는 요나의 항해 이야기와 대조된다. 요나의 경우에는 요나 때문에 그와 함께 배에 탄 사람들이 죽음의 위기에 몰리게 되었기 때문이다. 우리는 요나의 불신앙과 바울의 신앙을 비교해 보아야 한다. 그들의 행적이 가져다주는 대조적인 결과를 통하여 우리가 어떠한 사람이 되어야 하는지를 생각해야 한다. 우리의 의로운 행동으로 많은 사람이 유익을 얻을 수 있지만, 우리의 불의한 행동으로 많은 사람이 어려움에 처할 수 있다.

3. 멜리데 섬에 체류함(28:1-15)

1 우리가 구조된 후에 안즉 그 섬은 멜리데라 하더라 2 비가 오고 날이 차
매 원주민들이 우리에게 특별한 동정을 하여 불을 피워 우리를 다 영접하
더라 3 바울이 나무 한 묶음을 거두어 불에 넣으니 뜨거움으로 말미암아
독사가 나와 그 손을 물고 있는지라 4 원주민들이 이 짐승이 그 손에 매달
려 있음을 보고 서로 말하되 진실로 이 사람은 살인한 자로다 바다에서는
구조를 받았으나 공의가 그를 살지 못하게 함이로다 하더니 5 바울이 그
짐승을 불에 떨어 버리매 조금도 상함이 없더라 6 그들은 그가 붓든지 혹
은 갑자기 쓰러져 죽을 줄로 기다렸다가 오래 기다려도 그에게 아무 이상
이 없음을 보고 돌이켜 생각하여 말하되 그를 신이라 하더라 7 이 섬에서
가장 높은 사람 보블리오라 하는 이가 그 근처에 토지가 있는지라 그가 우
리를 영접하여 사흘이나 친절히 머물게 하더니 8 보블리오의 부친이 열병
과 이질에 걸려 누워 있거늘 바울이 들어가서 기도하고 그에게 안수하여
낫게 하매 9 이러므로 섬 가운데 다른 병든 사람들이 와서 고침을 받고 10
후한 예로 우리를 대접하고 떠날 때에 우리 쓸 것을 배에 실었더라 11 석
달 후에 우리가 그 섬에서 겨울을 난 알렉산드리아 배를 타고 떠나니 그
배의 머리 장식은 디오스구로라 12 수라구사에 대고 사흘을 있다가 13 거
기서 둘러가서 레기온에 이르러 하루를 지낸 후 남풍이 일어나므로 이튿
날 보디올에 이르러 14 거기서 형제들을 만나 그들의 청함을 받아 이레를
함께 머무니라 그래서 우리는 이와 같이 로마로 가니라 15 그 곳 형제들이
우리 소식을 듣고 압비오 광장과 트레이스 타베르네까지 맞으러 오니 바
울이 그들을 보고 하나님께 감사하고 담대한 마음을 얻으니라

바울 일행은 하나님의 약속대로 한 사람도 바다에서 죽지 않고 모두 살아났다. 이것은 우연이나 요행이 아니라 전능하신 하나님께서 이적을 베풀어 주신 결과였다. 그들이 상륙한 곳은 멜리데라는 섬이다. 그들은 그 섬에서 겨울을 보낸 후에 다시 로마를 향하여 출발한다.

1) 독사에 물려도 죽지 않음(28:1-6)

바울 일행은 구조된 후에 그 섬의 이름이 "멜리데"였음을 알게 된다(1절). "멜리데"는 아드리아 바다에 위치해 있는데, 길이가 약 29km이고, 너비가 약 13km인 작은 섬이다.[560] 멜리데는 오늘날의 몰타(Malta) 공화국으로 현재 약 32만 명의 인구가 살고 있다. 당시에 멜리데는 무라(참고. 27:5)에서 로마로 가는 주요 경로 위에 있었다. 멜리데는 시실리 해안에서 남쪽으로 93km 떨어져 있었고, 아프리카의 북동 해안에서 290km 떨어져 있었다.[561] 하나님의 섭리는 그들을 폭풍우 속으로 끌고 갔다가 다시 제 길로 돌아오게 하였다.[562]

그들이 이 섬에 도착했을 때는 비가 오고 날이 차가웠다(2절a). 그들이 섬에 상륙한 시기는 10월 중순에서 11월 초순 사이였기에 기온이 많이 내려가 있었으며, 더군다나 그들이 빗물과 바닷물에 흠뻑 젖어 있었기에 심한 어려움을 겪었다. 그 섬의 원주민은 난파되어 상륙한 사람들에게 특별한 동정을 하여서 불을 피워 그들을 영접한다(2절b). 그들이 불을 피운 이유는 배에서 내린 사람들에게 가장 중요한 일이 몸을 따뜻하게 해주는 일이기 때문이었다. 여기서 "원주민들"에 해당하는 헬라어 *호이 바르바로이*(οἵ βάρβαροι)는 '야만인들'(barbarians)로 종종 번역된다(예. AV). 하지만 이 단어는 야만인을 가리키는 것이 아니라 헬라어를 모르는 사람을 가리킨다. 즉 이들은 문명적이지 않은 사람이 아니라, 단지 헬라어를 사용할 줄 모르는 사람이다. 당시에 헬라인은 자신들의 언어(헬라어)를 사용하지 않는 사람을 이렇게 불렀다(참고. 롬 1:14; 고전 14:11).[563] 난파되어 자신들의 땅에 올라온 낯선 외국인에게 특별한 동정을 베풀어준 그들은 미개인이나 야만인이 아니었다.

바울은 불을 더 지피기 위하여 나무 한 묶음을 거두어서 불에 넣었는데, 이때 나무 묶음 속에 숨어 있던 독사가 뜨거움으로 말미암아 밖으로 나와서 바울의 손을 물고 매달려 있었다(3절). 즉 독사는 바울의 손을 물고 있었고, 바울은 그것을 알지 못하고 있었다. 어떤 사람은 바울의 손을 문 뱀이 독사가 아니라고 생각할지 모르겠지만, 이 본문에 사용된 헬라어 *에키드나*(ἔχιδνα)는 독을 가진 뱀(독사)을 가리킨다.[564] 그리고 원주민들은 바울을 물었던 뱀이 독사인지 아닌지를 정확히 구분할 수 있었을 것이다. 한편, 그리스-로마의 민간전승에는 난파선에서 탈출한 사람들이 독사에 물려서 죽게 된다는 이야기가 있다.[565]

원주민들은 이 짐승(독사)이 바울의 손에 매달려 있는 것을 보고 서로 말하기를 "진실로 이 사람은 살인한 자로다 바다에서는 구조를 받았으나 공의가 그를 살지 못하게 함이로다"라고 한다(4절). 이 말은 바울이 사람을 죽인 죄를 지었기 때문에 비록 어떻게 하다 보니 바다에서는 살아났지만, "공의"가 그를 살지 못하게 하였다는 뜻이다. 여기서 "공의"로 번역된 헬라어 단어는 *디케*(δίκη)인데, 이것은 두 가지 의미를 가지고 있다. 하나는 '공의'(justice)를 뜻하고, 다른 하나는 제우스(Zeus)의 딸이자 정의와 복수의 신 '디케'(Dike)를 뜻한다. 여기서는 후자로 보는 것이 옳다.[566] 멜리데 섬의 원주민들은 바울이 "살인한 자", 곧 '가장 흉악한 죄를 지은 자'였기 때문에 정의의 신 '디케'가 그를 심판했다고 생각했다.

그렇지만 바울은 그 짐승(독사)을 떼어서 불에 떨어 버렸고, 그의 신체에는 조금도 상함이 없었다(5절).[567] 원주민들은 바울이 붓든지 혹은 갑자기 쓰러져 죽을 줄로 기다렸다가 오래 기다려도 그에게 아무 이상이 없음을 보고 돌이켜 생각하여 그를 "신"이라고 한다(6절). 따라서 그들은 조금 전에 "신"이 바울을 심판하였다고 생각했지만, 그에게 아무런 일이 일어나지 않자 이제 그를 "신"이라고 생각한다. 이전에 바울은 루스드라 사람들이 그를 향하여 "신"이라고 했을 때 강력하게 부인하였다(참고. 14:14-15). 이는 그들이 바울을 경배하려 했고, 따라서 하나님이 드러나지 않았기 때문이다. 하지만 여기에는 그런 경배 시도가 없으므로 바울이 별도로 항의하지 않는다. 한편, 예수님은 그분의 제자들에게 뱀을 제어할 권세를 주셨다고 말씀하셨는데, 이제 그러한 일이 바울에게 일어난다(참고. 눅 10:19; 막 16:18).

2) 병을 고쳐줌(28:7-10)

멜리데 섬에서 "가장 높은 사람"은 보블리오였다(7절a). "가장 높은 사람"에 해당하는 헬라어 프로토스(πρῶτος)는 '통치자'를 가리키거나,[568] 아니면 그 섬에서 가장 재산이 많은 사람 혹은 가장 교육을 많이 받은 사람을 의미한다.[569] 보블리오는 "토지"(집)를 가지고 있었는데, 그곳에 사람들을 영접하여 사흘 동안 친절히 머물게 한다(7절b). 보블리오가 몇 명이나 자신의 집에 머물게 했는지는 모른다. 아마도 배에 탔던 276명 모두를 머물게 하지는 못했을 것이고, 바울을 포함한 소수의 주요 인물만을 머물게 했을 것이다. 그는 바울이 뱀에게 물려도 죽지 않는 것을 보고 신기하게 여겨서 자신의 집에 머물게 하면서 교제하고자 했던 것으로 보인다.

그때 마침 보블리오의 부친이 열병과 이질에 걸려 누워 있었는데, 바울이 들어가서 기도하고 그에게 안수하여 낫게 한다(8절). 당시에 열병과 이질은 고칠 수 없는 병이었으며, 병을 앓는 사람이 커다란 고통을 겪어야 했다(참고. 눅 4:38-39). 따라서 바울이 행한 이적은 사람들에게 상당한 놀라움을 가져다주었을 것이다. 바울이 섬에서 가장 높은 사람인 보블리오의 아버지를 고쳐 주었다는 소문이 퍼지자 다른 병든 사람들이 바울에게 오고 바울은 그들도 고쳐 준다(9절). 따라서 영화롭게 되신 주 예수님은 바울을 통하여 사람을 고치시는 일을 계속하신다.[570]

그들은 병을 고쳐 준 대가로 후한 예로 바울 일행을 대접하고, 바울 일행이 떠날 때 배에서 쓸 것을 실어 준다(10절). 이렇게 바울이 사람들의 병을 고쳐 준 일로 인하여 바울과 함께 한 일행 모두가 멜리데 섬에서 3개월간 어려움 없이 지낼 수 있었다. 본문에는 바울이 이곳 사람들에게 복음을 전했다는 언급이 없다. 하지만 바울은 사람들의 병을 고쳐 주면서 그들에게 복음을 전했을 것이 틀림없다. 하나님께서는 복음을 들을 기회를 가지지 못했던 멜리데 섬에 거주하는 사람들에게 바울을 특별한 방법으로 보내셔서 복음을 전하게 하셨다.[571]

3) 멜리데 섬을 떠남(28:11-15)

조난당했던 사람들은 멜리데에서 석 달을 머물면서 겨울을 보냈다(11절a). 그들이 멜리데에 상륙했을 때는 10월 중순에서 11월 초순 사이였다. 그러므로 그들이 이곳에서 석 달을 머물렀고 겨울을 보냈다면 이제는 2월 혹은 3월이 된 것이다(주후 60년경). 그들은 마침 그 섬의 안전한 항구 중 하나에 정박해서 겨울을 보낸 또 다른 알렉산드리아 배를 타고 떠나는데, 그 배의 "머리 장식"(figure head)은 "디오스구로"이다(11절b). "디오스구로"는 그리스 로마 신화에서 제우스(Zeus)와 레다(Leda) 사이에서 태어난 쌍둥이 아들로 카스토르(Castor)와 폴룩스(Pollux)를 가리킨다. 이들은 뱃사람의 수호신이다.[572] 그런데 누가는 이것을 일부러 언급함으로써 뱃사람의 진정한 수호신이 누구인지를 드러내려고 한다.

그들은 수라구사(Syracuse)에 정박하여 사흘을 머물렀는데, 수라구사는 멜리데에서 167km 정도 떨어져 있었으며, 시실리(Sicily) 섬의 동쪽 끝에 있었다(12절).[573] 헬레니즘 시대의 도시인 수라구사의 명성은 아테네에 필적하였고, 이곳의 광범위한 고고학적 유적에는 대형극장과 아폴론 신전 등이 포함되어 있었다.[574] 그들은 수라구사에서 사람과 짐을 내려놓고 로마로 갈 사람, 짐을 실었을 것이다. 당시에 시실리 섬은 로마에서 사용할 과일이나 채소나 가축이 많은 곳이었다. 한편, 이처럼 누가는 항해 일지를 참고하여 멜리데에서 로마로 가는 경로를 기록했다. 참으로 누가의 기록은 세밀하고 정확하다.

그들은 거기서 "둘러가서" 레기온에 이른다(13절a). 레기온은 수라구사에서 북쪽으로 130km 정도 떨어진 곳에 있었는데,[575] 이탈리아의 발끝처럼 생긴 부분에 있었다. 이곳 역시 당시에 매우 발달된 도시였다. "둘러가서"라는 표현은 바람 때문에 둘러간 것을 의미할 것이다. 그들은 레기온에서 하루를 지낸 후에 남풍이 일어나므로 빠른 속도로 324km 정도를 더 항해하여 보디올에 이른다(13절b).[576] 이는 레기온에서 보디올로 항해할 때 남풍이 불어야 순조롭게 갈 수 있었는데, 마침 남풍이 일어나므로 그들이 하루 만에 보디올에 도착할 수 있었음을 의미한다. 보디올은 알렉산드리아에서 출발한 배가 최종적으로 도착하는 로마의 항구였다.

바울 일행은 보디올에서 "형제들"을 만나서 그들의 청함을 받아 7일을 함께 머물다가 로마로 간다(14절). 여기서 "형제들"은 그리스도인들을 가리킨다. 보디올에 언제 어떻게 복음이 전해졌는지는 모르지만, 그곳에는 이미 유대인 공동체가 있었고, 또한 교회가 세워져 있었다(참고. *Antiquities* 17.328; *War* 2.104).[577] 바울이 이곳에서 7일을 머물렀다는 것은 그가 상당히 자유로운 상태였음을 보여준다. 백부장은 바울이 로마 시민이라는 사실을 고려하였고 그에 대한 존경심을 가지고 있었기 때문에 그에게 어느 정도 자유를 허락했다. 바울 일행은 여기서부터 로마까지 육로를 이용한다. 그들은 '캄파니아 도로'(Via Compania)를 경유하여 로마의 도로 중에서 가장 잘 닦여진 도로인 '아피아 도로'(Via Appia)로 갔을 것이다. 보디올에서 로마까지의 거리는 약 209km이다.[579]

로마에 있는 그리스도인 형제들은 바울이 온다는 소식을 들었다(15절a). 그들이 어떻게 바울에 관한 소식을 들었는지는 분명하지 않다. 아마도 보디올에 있는 형제들이 알려주었을 가능성이 높다. 한편, 로마에 어떻게 그리고 언제 그리스도인 공동체가 생겨났는지도 분명하지 않다. 오순절에 예루살렘에서 성령 강림을 체험한 사람들이 돌아가서 세웠을 수도 있고, 다른 곳에서 바울이나 다른 사람들로부터 복음을 들은 사람들이 로마로 가서 복음을 전하여 교회를 세웠을 수도 있다. 분명히 바울은 로마에 가 본 적이 없지만, 그가 이때로부터 약 3년 전에 로마서를 썼을 때, 그는 이미 로마에 거주하는 그리스도인을 상당수 알고 있었다.

로마의 그리스도인 형제들은 압비오 광장과 트레이스 타베르네까지 바울을 맞으러 온다(15절b). 압비오 광장(Appia Forum)은 로마에서 65km 떨어진 시장 도시이며, 트레이스 타베르네(Tres Tabernae)는 '세 여관'(Three

Taverns)이라는 뜻인데, 로마에서 약 50km 떨어진 곳으로 '세 여관'이 있는 지역이다.[580] 이 장소들은 아피아 도로를 지나면서 일반적으로 들리는 곳이다.[581] 로마에 있는 사람 중에서 젊고 건장한 사람은 말을 타거나 걸어서 압비오 광장까지 왔을 것이고, 그렇지 않은 사람은 트레이스 타베르네까지 왔을 것이다. 바울은 이때로부터 약 3년 전에 기록한 로마서에서 로마를 방문하기를 원하는 마음을 드러낸 적이 있었고(참고. 롬 1:11-15; 15:23-29), 로마의 그리스도인들은 바울을 만나기를 학수고대했을 텐데 드디어 그 일이 이루어진다.[582]

이렇게 로마의 그리스도인들이 탁월한 지도자 바울을 맞이하기 위하여 마중 나오자, 바울은 이들을 보고 하나님께 감사하고 담대한 마음을 얻는다. 바울은 로마에 있는 형제들에 대하여 기대를 하고 있었는데, 이제 그들을 직접 보면서 크게 감격했을 것이다. 그는 로마에 도착해서 복음을 전한다는 것이 얼마나 힘들고 고통스러운 일인지를 잘 알고 있었다. 그의 미래는 험난했고 그의 마음은 외로웠다. 하지만 동료 그리스도인들이 마중 나오므로 그는 큰 격려를 얻는다. 그는 혼자가 아니라고 생각한다. 이제부터 로마 중심부까지는 길이 잘 닦여 있어서 어렵지 않게 갈 수 있다. 그는 마중 나온 형제들과 함께 로마를 향하여 당당히 나아간다.

교훈과 적용

1. 사도행전의 후반부에 자주 나오는 모티프는 하나님께서 바울과 함께하신다는 사실이며, 바울로 말미암아 주위의 많은 사람이 복을 받는다는 사실이다. 교회는 하나님이 함께하시는 공동체이며, 하나님은 교회를 통하여 많은 사람에게 복을 주신다. 그리스도인은 자신이 속해 있는 곳에서(가정, 직장, 모임 등) 이러한

존재감과 가치를 가지고 있어야 한다. 그리스도인으로 말미암아 그가 속해 있는 단체에 주님의 은혜가 임할 수 있어야 한다.

2. 사도행전의 후반부에 자주 나오는 또 다른 모티프는 바울에게 아무런 죄가 없다는 사실이다. 비록 바울은 죄수의 신분으로 로마로 호송되어 가지만 그에게는 죄가 없음이 로마의 관리들로부터도 입증되었다. 멜리데 섬에서도 원주민들은 바울이 살인한 자로서 독사에 물려서 죽을 것으로 생각했지만 그렇게 되지 않자 오히려 "신"이라고 인정할 정도였다. 이 이야기들은 독자들에게 진정 누가 죄인인지에 대해서 질문하게 한다. 바울은 그리스도를 위하여 갇혔다.
3. 바울이 로마를 향하여 걸어갈 때 로마에 있는 그리스도인들이 마중 나온 일은 대단히 감격스럽다. 그들은 오랫동안 서로를 그리워하다가 이렇게 극적으로 만났다. 그들의 교제는 서로에게 큰 힘과 격려가 되었다. 비록 바울은 사도였으나 로마에 사는 그리스도인들의 마중으로 말미암아 격려를 얻었다. 사역자와 회중은 서로를 권면하고 축복하며 격려하는 관계를 맺어야 한다. 이러한 진정한 교제는 험난한 세상에서 주님의 일을 하는 데 큰 도움이 된다.

4. 로마에서의 활동(28:16-31)

16 우리가 로마에 들어가니 바울에게는 자기를 지키는 한 군인과 함께 따
로 있게 허락하더라 17 사흘 후에 바울이 유대인 중 높은 사람들을 청하
여 그들이 모인 후에 이르되 여러분 형제들아 내가 이스라엘 백성이나 우
리 조상의 관습을 배척한 일이 없는데 예루살렘에서 로마인의 손에 죄수
로 내준 바 되었으니 18 로마인은 나를 심문하여 죽일 죄목이 없으므로 석
방하려 하였으나 19 유대인들이 반대하기로 내가 마지 못하여 가이사에게
상소함이요 내 민족을 고발하려는 것이 아니니라 20 이러므로 너희를 보

고 함께 이야기하려고 청하였으니 이스라엘의 소망으로 말미암아 내가 이
쇠사슬에 매인 바 되었노라 21 그들이 이르되 우리가 유대에서 네게 대한
편지도 받은 일이 없고 또 형제 중 누가 와서 네게 대하여 좋지 못한 것을
전하든지 이야기한 일도 없느니라 22 이에 우리가 너의 사상이 어떠한가
듣고자 하니 이 파에 대하여는 어디서든지 반대를 받는 줄 알기 때문이라
하더라 23 그들이 날짜를 정하고 그가 유숙하는 집에 많이 오니 바울이 아
침부터 저녁까지 강론하여 하나님의 나라를 증언하고 모세의 율법과 선지
자의 말을 가지고 예수에 대하여 권하더라 24 그 말을 믿는 사람도 있고 믿
지 아니하는 사람도 있어 25 서로 맞지 아니하여 흩어질 때에 바울이 한 말
로 이르되 성령이 선지자 이사야를 통하여 너희 조상들에게 말씀하신 것
이 옳도다 26 일렀으되 이 백성에게 가서 말하기를 너희가 듣기는 들어도
도무지 깨닫지 못하며 보기는 보아도 도무지 알지 못하는도다 27 이 백성
들의 마음이 우둔하여져서 그 귀로는 둔하게 듣고 그 눈은 감았으니 이는
눈으로 보고 귀로 듣고 마음으로 깨달아 돌아오면 내가 고쳐 줄까 함이라
하였으니 28 그런즉 하나님의 이 구원이 이방인에게로 보내어진 줄 알라
그들은 그것을 들으리라 하더라 29 (없음) 30 바울이 온 이태를 자기 셋집
에 머물면서 자기에게 오는 사람을 다 영접하고 31 하나님의 나라를 전파
하며 주 예수 그리스도에 관한 모든 것을 담대하게 거침없이 가르치더라

이제 사도행전의 마지막 단락에 이르렀다. 이 단락은 바울이 로마에 도착하여 활동하는 모습을 담고 있다. 바울은 로마에서 비교적 자유롭게 사람들을 만나서 복음을 전할 수 있게 된다. 그는 담대하게 거침없이 복음을 전한다.

1) 유대인 지도자들에게 말씀을 전함(28:16-22)

누가는 "우리가 로마에 들어가니"라는 말로 단락을 시작한다(16절a). 이렇게 하여 마지막 '우리' 단락(27:1-28:16)이 끝난다. 바울 일행은 오랜 항해 끝에 마침내 로마에 도착한다. 로마에서 바울은 자신을 지키는 한 군인과 따로 있도록 허락을 받는다(16절b). 그는 로마 시민이었을 뿐만 아니라 로마의 관리들로부터 신임을 받았기 때문에 군인 한 명과 함께 따로 지낼 수 있었다(참고. 27:3; 28:31). 당시 중한 죄를 지은 사람에 대해서는 최소한 두 명의 군인이 지켰지만, 그는 중한 죄를 짓지 않았기 때문에 군인 한 명만이 '형식적으로' 그와 함께 지낸다.

사흘 후에 바울은 "유대인 중 높은 사람들"을 초청하여 말씀을 전한다(17절a). "유대인 중 높은 사람들"이란 회당의 지도자들을 의미한다. 바울이 로마에 도착하자마자 유대인 지도자들을 만난 이유는 로마에서 유대인과 좋은 관계를 맺어서 그들과 불필요한 갈등이나 소모적인 논쟁을 하고 싶지 않았기 때문이다. 그는 로마에 도착하기 전까지 예루살렘을 비롯한 여러 지역에서 유대인으로부터 많은 미움과 박해를 받았기 때문에 이제 로마에서는 그런 일을 당하고 싶어 하지 않았다. 특히 그는 회당의 지도자들을 만나서 대화함으로 그들이 유대인 공동체 전체에 영향을 미치기를 기대한다. 한편, 당시에 로마에는 많은 유대인이 살고 있었다.

바울은 유대인 지도자들을 향하여 "형제들아"라고 부르면서 민족적 친근감을 표시한 후에, 자신이 이스라엘 백성이나 그들 조상의 관습을 배척한 일이 없는데, 예루살렘에서 로마인의 손에 죄수로 내준 바 되었다고 말한다(17절b). 또한 그는 로마인들이 자신을 심문하여 죽일 죄목이 없으므로 석방하려 하였지만, 유대인들이 반대하였기 때문에 자신이 마지못해 가이사에게 상소하기 위해서 로마에 온 것이지 자기 민족을 고발하려는 것이 아니라고 말한다(18-19절). 이렇게 함으로 그는 자신이 유대인에게 아무런 반감을 품지 않았다는 사실을 밝힌다.

그는 이어서 "이스라엘의 소망"으로 말미암아 자신이 "쇠사슬에 매인 바" 되었다고 말한다(20절). 이것은 바울이 앞에서 여러 번 말했던 내용이다(참고. 23:6; 24:15; 26:6-8, 23). "이스라엘의 소망"이란 메시야에 대한 소망을 의미하는데, 하나님의 언약이 성취되는 것을 뜻한다(참고. 26:6-7). 그리고 "쇠사슬에 매인 바" 되었다는 말은 죄수의 신분이 되었다는 뜻이다. 바울은 그리스도 안에서 성취된 메시야를 전했다는 사실로 말미암아 죄인의 신분이 되었다. 그는 서신서에서도 자신에 대하여 "주를 위하여 갇힌 자 된 나"(참고. 딤후 1:8) 그리고 "그리스도 예수 안에서 갇힌 자"라고 표현한다(참고. 몬 1:23).

이제 바울의 말을 들은 유대인들이 반응한다. 그들은 유대로부터 바울에 대한 편지를 받은 일이 없으며, 또 어느 누구도 바울에 대하여 좋지 못한 것을 전하든지 이야기한 일도 없다고 말한다(21절). 즉 바울에 대해서 아는 바가 전혀 없다는 것이다. 아마도 예루살렘에 있던 유대인이 로마 시민권자인 바울을 로마에서 이기는 것은 어렵다고 판단하여 로마에 있는 유대인 지도자들에게 바울에 대해서 아무런 말을 하지 않았을 것이다. 더욱이 예루살렘에 있던 유대인들은 바울보다 먼저 로마에 도착하여 바울에 관한 이야기를 할 만한 시간적인 여유를 가질 수도 없었기 때문에 로마에 있는 유대인들이 바울에 대하여 아무런 말도 듣지 못했을 것이다.

그들은 바울의 사상이 어떠한지 듣기 위하여 온 것이라고 하면서, "이 파에 대하여는 어디서든지 반대를 받는 줄 알기 때문이라"라고 한다(22절).

그들이 말하는 "파"(sect)란 기독교를 가리키는데, 그들은 기독교에 대한 반대가 이스라엘과 아시아 지역에서 광범위하게 일어난 사실을 이미 알고 있었다. 그래서 그들은 사람들이 무엇 때문에 기독교를 반대하는지 알고 싶어서 그 파의 대표자격인 바울에게 온 것이다. 그러므로 로마에 있는 유대인은 예루살렘이나 아시아에 있는 유대인보다는 기독교에 대해서 덜 부정적이었다. 그들은 일단 기독교가 어떠한 사상을 가지고 있는지를 알고 싶어 했다.[583]

2) 많은 유대인에게 말씀을 전함(28:23-28)

많은 유대인이 날짜를 정하여 바울이 유숙하는 집에 찾아온다(23절a). 많은 사람이 바울을 찾아온 것으로 보아 아마도 바울은 큰 집에서 지냈던 것 같다. 그들은 바울이 전하는 새로운 도에 상당한 관심이 있어서 바울에게서 듣기를 원한다. 그래서 바울은 아침부터 저녁까지 강론하여 "하나님의 나라"를 증언하고 "모세의 율법과 선지자의 말"을 가지고 예수님에 대하여 권한다(23절b). 바울이 "하나님의 나라"를 증언한 것은 그것이 복음의 핵심이기 때문이고, "모세의 율법과 선지자의 말"이란 구약을 의미하는데, 구약을 가지고 예수님에 대하여 말하는 것은 구약 메시지의 핵심이 예수님이기 때문이다(참고. 요 5:39; 눅 24:44-45). 그러나 바울의 말을 들은 유대인 가운데는 그 말을 믿는 사람도 있고 믿지 않는 사람도 있다(24절).

바울의 말을 들은 사람은 믿음과 불신으로 인해 서로 마음이 맞지 않아서 흩어지는데, 이는 말씀을 들은 사람이 보이는 전형적인 두 가지 반응이다(25절a). 이때 바울은 "성령이 선지자 이사야를 통하여 너희 조상들에게 말씀하신 것이 옳도다"라고 하면서 이사야 6:9-10에 기록된 말씀을 인용한다

(25절b). 이것은 이사야 시대에 성령께서 하신 말씀이지만, 주 예수님께서도 당대에 믿지 않는 무리에게 이 말씀을 사용하셨다(참고. 마 13:14-15; 막 4:11-12; 요 12:38-41). 이 말씀은 완악한 마음을 가진 자들을 향한 경고의 메시지를 함의한다.[584] 그런데 바울은 앞에서 "우리 조상"이라고 했지만(참고. 17절), 여기서는 "너희 조상"이라고 한다. 이것은 바울이 믿지 않는 무리에게서 거리를 두겠다는 의도를 담고 있는데, 이 문구를 통해 새 언약의 시대에 진정한 민족 개념이 무엇인지를 알 수 있다.[585] 바울은 그들이 듣기는 들어도 도무지 깨닫지 못하며 보기는 보아도 도무지 알지 못한다는 이사야서의 구절을 인용한다(26절).

바울은 그들의 마음이 우둔하여져서 그 귀로는 둔하게 듣고 그 눈은 감았으니 이는 눈으로 보고 귀로 듣고 마음으로 깨달아 돌아오면 하나님께서 고쳐 줄 것이라는 말을 전한다(27절). 또한 하나님의 구원이 이방인에게로 보내어졌으며 이방인이 그것을 들으리라는 말을 언급한다(28절). 여기서 바울의 의도는 하나님께서 유대인을 버리셔서 그들이 영원한 멸망에 처했다는 것이 아니다. 분명히 하나님과 유대인의 관계는 완전히 단절되지 않았다. 오히려 바울이 이 말을 한 것은 유대인의 회개를 촉구하기 위해서이다. 바울은 강한 표현을 사용함으로 유대인이 마음을 열고 복음을 받아들이기를 기대한다. 바울의 설교 가운데 유대인이 복음을 듣기를 거절하였기 때문에 하나님의 구원이 이방인에게로 옮겨졌다는 것은 이미 앞에서 두 차례나 언급된 적이 있다. 바울과 바나바는 비시디아 안디옥에서 "하나님의 말씀을 마땅히 먼저 너희에게 전할 것이로되 너희가 그것을 버리고 영생을 얻기에 합당하지 않은 자로 자처하기로 우리가 이방인에게로 향하노라"라고 하였다(13:46). 그리고 바울은 고린도에서 "너희 피가 너희 머리로 돌아갈 것이요 나는 깨끗하니라 이 후에는 이방인에게로 가리라"라고 말했다(18:6). 바울은 먼저 유대인에게 복음을 전했지만, 유대인이 거부하자 이방인에게로 향했다. 그는 유대인을 포기하지 않았으며, 그들에 대한 관심을 계속해서 가지고 있었다.[586]

3) 유대인과 이방인에게 말씀을 전함(28:30-31)

바울은 "온 이태", 즉 만 2년(주후 60-62년)을 자기 셋집에 머물면서 자기에게 오는 사람을 다 영접한다(30절).[587] 앞에서 바울은 유대인 지도자들을 만났고, 이후에 많은 유대인을 만났는데, 이제 그는 다시 여러 유대인과 이방인을 만난다. 유대인은 바울이 전한 복음을 거부하였지만 그렇다고 해서 모든 유대인이 거부한 것은 아니었고, 유대인 중에서 여전히 바울로부터 복음을 듣기를 원하는 이들이 있었다. 그리고 유대인뿐만 아니라 이방인도 바울을 찾아왔다. 그리고 바울은 비록 갇힌 몸이었지만(가택 연금) 자신을 찾아오는 사람을 자유롭게 만날 수 있었다. 하나님은 바울이 로마에서 마음껏 복음을 전할 수 있게 하셨다.

바울은 하나님의 나라를 전파하며 주 예수 그리스도에 관한 모든 것을 담대하게 "거침없이" 가르친다(31절). 바울의 복음의 핵심은 언제나 "하나님의 나라"(참고. 1:3, 6; 28:23)와 그 나라의 주체이신 "예수 그리스도"(참고. 2:32, 36)이다.[588] 그는 유대인이든 이방인이든 가리지 않고 모든 사람에게 동일한 복음을 전한다. 특히 이 구절의 헬라어 본문에는 "거침없이"에 해당하는 부사 *아콜뤼토스*(ἀκωλύτως)가 문장의 제일 마지막에 의도적으로 배치되어 복음이 활발하게 전파되는 모습이 강조된다. 이것은 바울이 계속해서 그의 사명을 감당했음을 의미하지만, 나아가서 바울 이후에도 복음이 "거침없이" 전파되어야 한다는 사실을 시사한다. 필시 복음 전파의 장애물이 있겠지만, 그러한 장애물에 막혀서 복음 전파가 지장을 받아서는 안 된다. 복음은 어떠한 제한에도 막히지 않고 온 세상에 널리 퍼져 나가야 한다.[589]

결국, 바울의 생애에 대한 누가의 기록은 이렇게 끝난다. 이 시기 이후에 일어난 일에 대해서 우리가 자세히 알 수는 없지만, 고대의 문헌과 바울의 후기 서신, 즉 목회서신에서 희미하게 추측할 수 있다. 주후 95년경의 문서인 '클레멘트 1서'(*1 Clement*) 5.7에는 바울이 '서쪽 끝'(혹은 '서쪽 한계선')에서 전도했다는 기록이 있는데, 당시에 '서쪽 끝'이란 일반적으로 스페인을 가리켰다. 또한 주후 190년에 기록된 위경 '베드로행전'(*Acts of Peter*)과 주후 200년경에 기록된 '무라토리안 정경'(*Muratorian Canon*)에는 바울이 스페인으로 갔던 일이 언급되어 있다. 그리고 역사가 유세비우스(Eusebius)는 주후 325년에 남긴 글에서 바울이 로마에서 1차로 투옥되었다가, 잠시 풀려나서 사역하다가, 다시 2차로 투옥되어서 순교했다고 기록했다(참고. *Ecclesiastical History* 2.22).[591]

그러므로 우리는 바울의 마지막 생애를 다음과 같이 재구성해 볼 수 있다. 바울은 로마에 도착한 후에 2년간 가택 연금 상태에 있으면서 그에게 찾아오는 많은 사람에게 복음을 전했다. 그리고 그는 그 기간에 '옥중서신'이라 불리는 에베소서, 빌립보서, 골로새서, 빌레몬서를 집필했고, '목회서신'의 일부인 디모데전서와 디도서를 집필했다. 그런 다음에 그는 주후 62년경에 풀려나서 스페인으로 가서 복음을 전했으며, 이후 그레데와 아시아와 마게도냐와 그리스를 거쳐 로마로 돌아가서 복음을 전하다가, 네로 치하에서 다시 투옥되었다. 이때 그는 마지막 서신인 디모데후서를 썼다. 그리고 그는 주후 66년 혹은 67년에 순교했다.

교훈과 적용

1. 바울은 드디어 로마에 도착하였다. 당시에 로마는 세상의 중심이었기에 로마에 복음을 전하는 것은 복음이 온 세상으로 퍼져 나갈 수 있는 기틀을 마련하는 것이었다. 그동안 그는 온갖 어려움을 겪었지만 로마로 가려는 열망을 결코 포기하지 않았고, 로마로 오는 과정이 순탄하지 않았으나 하나님의 약속을 의심하지 않았으며 마침내 로마에 도착했다. 우리는 바울과 같은 선한 목표를 이루기 위하여 노력해야 하며, 결코 중단하지 말아야 한다.
2. 로마에서 바울은 많은 유대인과 이방인에게 복음을 전하였다. 그는 복음의 주제인 하나님의 나라와 복음의 주인공이신 예수 그리스도에 대하여 말하였다. 그는 어디서나 누구에게나 복음을 전하였으며, 복음의 내용은 언제나 하나님의 나라와 예수 그리스도였다. 바울과 마찬가지로 우리는 항상 복음을 전해야 하며, 누구에게나 동일한 복음을 전해야 한다. 우리가 속해 있는 집단과 머무는 장소가 복음 전파의 대상이며 현장이다.
3. 바울은 유대인에게 말씀을 전하는 가운데 유대인에게 익숙한 하나님의 나라와 구약성경을 말하였지만, 유대인이 모두 그의 말을 믿은 것은 아니었다. 참으로 믿음이란 성령께서 말씀이라는 매개체를 사용하여 주권적으로 심어주시는 것이지 사람들 스스로가 획득하는 것이 아니다. 분명히 믿음은 주님으로부터 주어지는 선물이다. 그러므로 우리가 해야 할 일은 복음을 있는 그대로 전하는 것이다. 그리고 결과는 주님께 맡겨야 한다.

참고문헌
미주

참고문헌

길성남. “바울의 아레오바고 설교에 관한 연구.”『개혁신학과 교회』, 제14호 (2003): 77-106.

박영호. “그리스 민주정치의 맥락에서 본 에베소 폭동사건: 사도행전 19:23-41의 에베소 폭동 사건 보도와 초기 그리스도인들의 사회적 정체성.”『신약논단』, 제21권 제2호 (2014): 477-516.

변종길. “성령이 너희에게 임하시면: 사도행전 1장의 주해와 적용.”『사도행전 어떻게 설교할 것인가?』, 두란노 HOW 주석 38. 서울: 두란노 아카데미, 2007. 105-21.

______. “신약 교회의 확장과 성령.”『개혁신학과 교회』, 제12호 (2001): 35-53.

______. “신약 시대 갈라디아의 위치.”『개혁신학과 교회』, 제27호 (2013): 32-50.

______. “성찬과 애찬: 신약 난제 해설[13].”『선지동산』, 제71호 (2016): 4-5.

송영목.『신약신학』, 증보판. 서울: 생명의 양식, 2016.

______. “에베소 교회의 종말론적 변혁자, 성령님!: 사도행전 19:1-7의 계시사적 성령 이해.”『신약연구』, 제7권 제2호 (2008): 247-72.

정연해.『누가-행전에 나타는 ‘성전’ 이해』. 신학박사학위 논문, 고신대학교, 2005.

정창교. “서기오 바울과 사도 바울(행 13:4-12).”『신약논단』, 제21권 제4호 (2014): 1029-58.

허 주. “너희가 해석할 때에 성령을 받았느냐?: 간접묘사를 중심으로 한 누가-행전의 성령에 대한 인물 분석.”『신약논단』, 제22권 제2호 (2015): 397-466.

황원하.『갈라디아서 주해』. 평택: 교회와 성경, 2014.

______.『응답하라 신약성경』. 서울: 세움북스, 2016.

Alexander, J. A. *A Commentary on the Acts of the Apostles*. London: Banner of Truth, 1965.

Allison, D. C. Jr. “Acts 9:1-9, 22:6-11, 26:12-18: Paul and Ezekiel.” *Journal of Biblical Literature* 135.4 (2016): 807-26.

Barreto, E. D. “Negotiating Difference: Theology and Ethnicity in the Acts of the Apostles.” *Word & World* 31.2 (2011): 129-37.

Barrett, C. K. *Luke the Historian in Recent Study*. London: Epworth, 1961.

______. *A Critical and Exegetical Commentary on the Acts of the Apostles I*, ICC. Edinburgh: T. & T. Clark, 1994.

______. *A Critical and Exegetical Commentary on the Acts of the Apostles II*, ICC. Edinburgh: T. & T. Clark, 1998.

Beale, G. K. and D. A. Carson eds. *Commentary on the New Testament Use of the Old Testament*. Grand Rapids: Baker Academic, 2007.

Black, M. *An Aramaic Approach to the Gospels and Acts*, 2nd edition. Oxford: Clarendon Press, 1954.

Blunt, A. W. F. *The Acts of the Apostles*. Oxford: Clarendon Press, 1923.

Bock, D. L. *Acts*, BECNT. Grand Rapids: Baker Academic, 2007.

Boice, J. M. *Acts: An Expositional Commentary*. Grand Rapids: Baker Academic, 1997.

Bovon, F. *Luke the Theologian: Thirty-Three Years of Research* (1950-1983). Translated by K. McKinney. Allison Park: Pickwick, 1987.

Brawley, R. L. *Centering on God: Method and Message in Luke-Acts*. Louisville: Westminster/John Knox, 1990.

Brinks, C. L. "Great Is Artemis of the Ephesians: Acts 19:23-41 in Light of Goddess Worship in Ephesus." *The Catholic Biblical Quarterly* 71 (2009): 776-94.

Brown, R. E. *The Churches the Apostles Left Behind*. New York: Paulist, 1984.

Browne, L. E. *The Acts of the Apostles*, Indian Church Commentaries. London: SPCK, 1925.

Bruce, F. F. *The Acts of the Apostles: The Greek Text with Introduction and Commentary*, NICNT. Grand Rapids: Wm. B. Eerdmans Publishing Company, 1988.

Burnside, W. F. *The Acts of the Apostles*, CGT. Cambridge: Cambridge University Press, 1916.

Cadbury, H. J. *The Making of Luke-Acts*. Naperville: Allenson, 1927.

______. *The Book of Acts in History*. New York: Harper & Brothers, 1955.

______. "'We' and 'I' Passages in Luke-Acts." *New Testament Studies* 3 (1956-57): 128-32.

Campbell, W. S. "The 'WE' passages in the Acts of the Apostles: The narrator as narrative character." In *Biblical Literature* 14, 19-43. Atlanta: Society of Biblical Literature, 2007.

Cassidy, R. J. *Society and Politics in the Acts of the Apostles*. Maryknoll: Orbis, 1988.

Chapman, D. W. *Ancient Jewish and Christian Perceptions of Crucifixion*. Tübingen: Mohr Siebeck, 2008.

Chapple, A. "'Except the Apostles' (Acts 8:1b)." *The Reformed Theological Review* 70.2 (2011): 107-34.

Ciampa, R. E. "'Examined the Scriptures'? The Meaning of ἀνακρίνοντες τὰς γραφὰς in Acts 17:11." *Journal of Biblical Literature* 130.3 (2011): 527-41.

Clabeaux, J. "The Story of the Maltese Viper and Luke's Apology for Paul." *The Catholic Biblical Quarterly* 67 (2005): 604-10.

Clark, A. C. *The Acts of the Apostles: A Critical Edition*. Oxford: Clarendon Press, 1933.

Conzelmann, H. *Acts of the Apostles*, Hermeneia. Philadelphia: Fortress Press, 1987.

Da Valle, L. "Integrity in the public life of the Church from Acts 4:15-20." *Review and Expositor* 114.3

(2017): 473-78.

Das, A. "Acts 8: Water, Baptism, and the spirit." *Concordia Journal* 19.1 (1993): 108-34.

Davies, W. D. *Paul and Rabbinic Judaism*. London: SPCK, 1958.

Decock, P. B. "The Understanding of Isaiah 53:7-8 in Acts 8:32-33." *Neotestamentica* 14 (1981): 111-34.

Di Mauro, D. R. "Witnessing Lessons from the Areopagus." *Word & World* 37.2 (2017): 186-95.

Dibelius, M. *Studies in the Acts of the Apostles*. ed. H. Greeven. Translated by M. Ling. London: SCM Press, 1956.

Docherty, S. "'Do you Understand what you Are Reading?' (Acts 8.30): Current Trends and Future Perspectives in the Study of the Use of the Old Testament in the New." *Journal for the Study of the New Testament* 38.1 (2015): 112-25.

Dodd, C. H. *The Apostolic Preaching and Its Development*. London: Hodder & Stoughton, 1936.

Du Plessis, I. J. and De Villiers, J. L. "Acts: Introduction and Theology." In *Guide to the New Testament* Vol. 4, ed. A. B. Du Toit, 194-281. Pretoria: NGKT, 1983.

Dunn, J. D. G. *Acts of the Apostles*. Grand Rapids: WM. B. Eerdmans Publishing Company, 2016.

Ehrhardt, A. *The Acts of the Apostles: Ten Lectures*. Manchester: Manchester University Press, 1969.

Elbert, P. "Acts 2:38 in Light of the Syntax of Imperative-Future Passive and Imperative-Present Participle Combinations." *The Catholic Biblical Quarterly* 75 (2013): 94-107.

Fernando, A. *Acts*, NIVAC. Grand Rapids: Zondervan, 1998.

Fitzmyer, J. A. "Crucifixion in Ancient Palestine, Qumran Literature, and the New Testament." *The Catholic Biblical Quarterly* 40 (1978): 493-513.

Foakes-Jackson, F. J. *The Acts of the Apostles*, MNTC. London: Hodder & Stoughton, 1931.

Garrett, R. *The Demise of the Devil: Magic and the Demonic in Luke's Writing*. Minneapolis: Fortress Press, 1989.

Garroway, J. D. "'Apostolic Irresistibility' and the Interrupted Speeches in Acts." *The Catholic Biblical Quarterly* 74 (2012): 738-52.

Gendy, A. M. "Style, Content and Culture: Distinctive Characteristics in the Missionary Speeches in Acts." *Swedish Missiological Themes* 99.3 (2011): 247-65.

Giles, K. N. "Luke's Use of the Term ekklesia with Special Reference to Acts 20:28 and 9:31." *New Testament Studies* 31 (1985): 135-42.

Glavic, J. A. "Eutychus in Acts and in the Church: The Narrative Significance of Acts 20:6-12." *Bulletin for Biblical Research* 24.2 (2014): 179-206.

Goeman, P. "Implications of the Kingdom in Acts 3:19-21." *The Master's Seminary Journal* 26.1 (2015):

75-93.

Goldman II, G. "Using the translation that fits your point: the use of the LXX in Acts 15:16-18." *Stone-Campbell Journal* 20.1 (2017): 63-71.

Grosheide, F. W. *De Handelingen der Apostelen*. Kampen: Kok, 1950.

Hackett, H. B. *A Commentary on the Acts of the Apostles*. Philadelphia: American Baptist Publication Society, 1882.

Haenchen, E. *The Acts of the Apostles: A Commentary*. Translated by B. Noble and G. Shinn. Philadelphia: Westminster Press, 1971.

Hanneken, T. R. "Moses has his interpreters: Understanding the legal exegesis in Acts 15 from the precedent in Jubilees." *The Catholic Biblical Quarterly* 67 (2005): 686-706.

Harrill, J. A. "The Dramatic Function of the Running Slave Rhoda (Acts 12.13-16): A Piece of Greco-Roman Comedy." *New Testament Studies* 46 (2000): 150-57.

______. "Divine Judgment against Ananias and Sapphira (Acts 5:1-11): A Stock Scene of Perjury and Death." *Journal of Biblical Literature* 130.2 (2011): 351-69.

Harrison, E. *Interpreting Acts: The Expanding Church*. Grand Rapids: Zondervan, 1975.

Hedlun, R. J. "A New Reading of Acts 18:24-19:7: Understanding the Ephesian Disciples Encounter as Social Conflict." *Religion & Theology* 17 (2010): 40-60.

Hemer, C. *The Book of Acts in the Setting of Hellenistic History*. Tübingen: Mohr Siebeck, 1989.

Hendrick, C. W. "Paul's Conversion/Call: A Comparative Analysis of the Three Reports in Acts." *Journal of Biblical Literature* 100 (1981): 415-32.

Hengel, M. and A. M. Schwemer. *Paul between Damascus and Antioch: The Unknown Years*. Louisville: Westminster/John Knox, 1997.

Holladay, C. R. "What David Saw: Messianic Exegesis in Acts 2." *Stone-Campbell Journal* 19.1 (2016): 95-108.

Instone-Brewer, D. "Infanticide and the Apostolic Decree of Acts 15." *Journal of the Evangelical Theological Society* 52.2 (2009): 301-21.

Jervell, J. *The Theology of the Acts of the Apostles*. Cambridge: Cambridge University Press, 1996.

Jipp, J. W. *Divine Visitations and Hospitality to Strangers in Luke—Acts: An Interpretation of the Malta Episode in Acts 28:1-10*, NovTSup 153. Leiden: Brill, 2013.

______. "Hospitable barbarians: Luke's ethnic reasoning in Acts 28:1-10." *The Journal of Theological Studies*, 68.1 (2017): 23-45.

Johnson, L. T. *The Acts of the Apostles*, Sacra Pagina. Collegeville: The Liturgical Press, 1992.

Juel, D. "Social Dimensions of Exegesis: The Use of Ps 16 in Acts 2." *The Catholic Biblical Quarterly*

43 (1981): 543-56.

Kartzow, M B. and Halvor Moxnes. "Complex Identities: Ethnicity, Gender and Religion in the Story of the Ethiopian Eunuch (Acts 8:26-40)." *Religion & Theology* 17 (2010): 184-204.

Kee, H. C. *Good News to the Ends of the Earth: The Theology of Acts*. Philadelphia: Trinity Press International, 1990.

Keener, C. S. *Acts: An Exegetical Commentary vol. 1: Introduction and 1:1-2:47*. Grand Rapids: Baker Academic, 2012.

______. *Acts: An Exegetical Commentary vol. 2: 3:1-14:28*. Grand Rapids: Baker Academic, 2013.

______. *Acts: An Exegetical Commentary vol. 3: 15:1-23:35*. Grand Rapids: Baker Academic, 2014.

______. *Acts: An Exegetical Commentary vol. 4: 24:1-28:31*. Grand Rapids: Baker Academic, 2015.

Keith, C. "The Oddity of the Reference to Jesus in Acts 4:13b." *Journal of Biblical Literature* 134.4 (2015): 791-811.

Kelly, W. *An Exposition of the Acts of the Apostles*. London: Hammond, 1952.

Kent, B. H. M. "Curses in Acts: Hearing the Apostles' Words of Judgment Alongside 'Magical' Spell Texts." *Journal for the Study of the New Testament* 39.4 (2017): 412-40.

Kilgallen, J. J. "Acts 13.38-39: Culmination of Paul's Speech in Pisidia." *Biblica* 69 (1988): 480-506.

______. "Did Peter actually Fail to Get a Word in? (Acts 11:15)." *Biblica* 71 (1990): 405-10.

Kistemaker, S. J. *Exposition of the Acts of the Apostles, New Testament Commentary*. Grand Rapids: Baker Academic, 1990.

Kittel, G., Geoffrey W. B., and Gerhard F., eds. *Theological Dictionary of the New Testament* Vol. 9. Grand Rapids: Eerdmans, 1964.

Klauk, H. J. "With Paul in Paphos and Lystra: Magic and Paganism in the Acts of the Apostles." *Neotestamentica* 28.1 (1994): 93-108.

Kodell, J. "'The Word of God Grew': The Ecclesial Tendency of Logos in Acts 1:7; 12:24; 19:20." *Biblica* 55 (1974): 505-19.

Lampe, G. W. H. "Miracles in the Acts of the Apostles." In *Miracles: Cambridge Studies in their Philosophy and History*, ed. C. F. D. Moule, 163-78. London: A. R. Mowbray & Co., 1965.

Litwa, M. D. "Paul the 'god' in Acts 28: a comparison with Philoctetes." *Journal of Biblical Literature* 136.3 (2017): 707-26.

Louw, J. P. and Nida, E. A. *Greek-English lexicon of the New Testament based on semantic domains* Vol. 2. New York: United Bible Societies, 1988.

Malina, B. J. and John J. P. *Social-science commentary on the book of Acts*. Minneapolis: Fortress Press, 2008.

Marshall, I. H. *Last Supper and Lord's Supper*. Grand Rapids: Wm. B. Eerdmans Publishing Company, 1980.

McGee, Z. B. "Transitioning authority and Paul's farewell address: Examining the narrative function of Acts 20." *Stone-Campbell Journal* 20.3 (2017): 203-14.

Meeks, W. A. "Simon Magus in Recent Research." *Religious Studies Review* 3 (1977): 137-42.

Metzger, B. M. *A Textual Commentary on the Greek New Testamen*, 2nd edition. New York: United Bible Societies, 1998.

Mills, W. E. *The Acts of the Apostles*, Bibliographies for Biblical Research. New York: Mellen, 1996.

Moule, C. F. D. *A Chosen Vessel: Studies in the Acts of the Apostles*. New York: Association, 1961.

Moyise, S. *The Old Testament in the New: An Introduction*. London and New York: Continuum, 2001.

Munck, J. *The Acts of the Apostles*, AB. Garden City: Doubleday, 1967.

Navone, J. "The Way of the Lord." *Scripture* 20 (1968): 24-30.

Neil, W. *The Acts of the Apostles*, NCBC. Grand Rapids: Wm. B. Eerdmans Publishing Company, 1981.

Neyrey, J. H., ed. *The Social World of Luke-Acts: Models for Interpretation*. Peabody: Hendrickson, 1991.

Novick, T. "Succeeding Judas: Exegesis in Acts 1:15-26." *Journal of Biblical Literature* 129.4 (2010): 795-99.

O'Toole, R. E. "Christ's Resurrection in Acts 13:13-52." *Biblica* 60 (1979): 361-72.

______. "Philip and the Ethiopian Eunuch (Acts viii, 25-40)." *Journal for the Study of the New Testament* 17 (1983): 25-34.

Packer, J. W. *The Acts of the Apostles*, CBCNEB. Cambridge: Cambridge University Press, 1966.

Parsons, M. C., and Martin M. Culy. *Acts: A Handbook on the Greek Text*. Waco: Baylor University Press, 2003.

Pervo, R. I. *Profit with Delight: The Literary Genre of the Acts of the Apostles*. Philadelphia: Fortress Press, 1987.

Peterson, D. G. *the Acts of the Apostles*. Grand Rapids: Wm. B. Eerdmans Publishing Company, 2009.

Pilgrim, W. E. *Good News to the Poor: Wealth and Poverty in Luke-Acts*. Minneapolis: Augsburg, 1981.

Powell, M. A. 『사도행전 신학』. 이운연 역. 서울: CLC, 2014.

Ramsay, W. M. *The Cities of St. Paul: Their Influence on His Life and Thought*. Grand Rapids: Baker

Academic, 1979.

Reardon, T. W. "'Hanging on a Tree': Deuteronomy 21.22-23 and the Rhetoric of Jesus' Crucifixion in Acts 5.12-42." *Journal for the Study of the New Testament* 37.4 (2015): 407-31.

Rothschild, C. K. "Pisidian Antioch in Acts 13: The Denouement of the South Galatian Hypothesis." *Novum Testamentum* 54 (2012): 334-53.

Rowe, C. K. "The Ecclesiology of Acts." *Interpretation: A Journal of Bible and Theology* 66.3 (2012): 259-69.

Rowlingson, D. T. "The Geographical Orientation of Paul's Missionary Interests." *Journal of Biblical Literature* 69 (1950): 341-44.

Ruthven, J. "'This Is My Covenant with Them': Isaiah 59.19-21 as the Programmatic Prophecy of the new Covenant in the Acts of the Apostles (Part I & II)." *Journal of Pentecostal Theology* 17 (2008): 32-47, 219-37.

Sanders, J. T. *The Jews in Luke-Acts*. Philadelphia: Fortress Press, 1987.

Scharf, G. R. "Were the Apostles Expository Preachers? Old Testament Exposition in the Book of Acts." *Trinity Journal* 31 (2010): 65-93.

Schnabel, E. J. *Acts*, Zondervan Exegetical Commentary on the New Testament. Grand Rapids: Zondervan, 2012.

______. 『선교사 바울』, 정옥배 역. 서울: 부흥과 개혁사, 2014.

Shauf, S. "Locating the Eunuch: Characterization and Narrative Context in Acts 8:26-40." *The Catholic Biblical Quarterly* 71 (2009): 762-75.

Soards, M. L. *The Speeches in Acts: Their Content, Context, and Concerns*. Louisville: Westminster/John Knox, 1994.

Soon, I. "Paul the Necromancer: Luke's Use of the Hapax gnw,sthj in Acts 26:3." *The Reformed Theological Review* 74.2 (2015): 109-21.

Spencer, F. S. *The Portrait of Philip in Acts: A Study of Role and Relation*. Sheffield: JSOT Press, 1992.

______. "Sacred to Death: The Rhetoric of Fear in the 'Tragedy' of Ananias and Sapphira." In *Reading Acts Today: Essays in Honour of Loveday C. A. Alexander*, eds. Steve Walton, Thomas E. Philips, Lloyd Keith Pietersen, and F. Scott Spencer, 63-80, LNTS 427. London: T. & T. Clark. 2011.

Spencer, P. E. "The Unity of Luke-Acts: A Four-Bolted Hermeneutical Hinge." *Currents in Biblical Research* 5.3 (2007): 341-66.

______. "'Mad' Rhoda in Acts 12:12-17: Disciple Exemplar." *The Catholic Biblical Quarterly* 79 (2017): 282-98.

Stagg, F. *The Book of Acts: The Early Struggle for an Unhindered Gospel*. Nashville: Broadman, 1955.

Stanley, D. M. "Why Three Accounts?." *The Catholic Biblical Quarterly* 15 (1953): 315-18.

Stott, J. 『사도행전 강해』, 정옥배 역. 서울: IVP, 2012.

Strait, D. J. "The Wisdom of Solomon, Ruler Cults, and Paul's Polemic against Idols in the Areopagus Speech." *Journal of Biblical Literature* 136.3 (2017): 609-32.

Strandenoes, T. "The Missionary Speeches in the Acts of the Apostles and their Missiological Implications." *Swedish Missiological Themes* 99.3 (2011): 341-54.

Tannehill, R. C. *The Narrative Unity of Luke-Acts: A Literary Interpretation* Vol. 2. Minneapolis: Fortress Press, 1986.

______. "Acts of the Apostles and Ethics." *Journal of the Evangelical Theological Society* 66.3 (2012): 270-82.

Tanner, J. P. "James's Quotation of Amos 9 to Settle the Jerusalem Council Debate in Acts 15." *Journal of the Evangelical Theological Society* 55.1 (2012): 65-85.

Tofana, S. "Paul's Discourse in Miletus to the Ephesian Presbyteroi (Acts 20:17-35): A Teaching Pattern for a Successful Mission." *Swedish Missiological Themes* 99.3 (2011): 317-39.

Torrey, C. C. *The Composition and Date of Acts*, Harvard Theological Studies 1. Cambridge: Harvard University Press, 1916.

Van der Bergh, R. H. "The Use of the Term βάρβαρος in the Acts of the Apostles: A Problemanzeige." *Neotestamentica* 47.1 (2013): 69-86.

Voorwinde, S. "Paul's emotions in Acts." *The Reformed Theological Review* 73 (2014): 75-100.

Waters, Guy Prentiss. "With a Whimper or a Bang? Acts 28 and the Ending of Acts." *The Reformed Theological Review* 74 (2015): 2-14.

Wenham, D. and S. Walton. *Exploring the New Testament: A Guide to the Gospels & Acts* Vol. 1. Downers Grove: IVP, 2001.

Whitlock, M. G. "Acts 1:15-26 and the Craft of New Testament Poetry." *The Catholic Biblical Quarterly* 77 (2015): 87-106.

Williams, D. J. *Acts*, NIBC. Peabody: Hendrickson, 1990.

Willimon, W. H. *Acts*, Interpretation. Atlanta: John Knox, 1988.

Wilson, B. R. "'Upon a Tree' again and again: Redundancy and Deuteronomy 21:23 in Acts." *Neotestamentica* 47.1 (2013): 47-67.

______. "Jew-Gentile Relations and the Geographic Movement of Acts 10:1-11:18." *The Catholic Biblical Quarterly* 80 (2018): 81-96.

Wilson, B. E. "Hearing the Word and Seeing the Light: Voice and Vision in Acts." *Journal for the Study of the New Testament* 38.4 (2016): 456-81.

Wilson, J. M. *The Acts of the Apostles: Translated from the Codex Bezae, with an Introduction on its Lucan Origin and Importance*. Eugene: Wipf and Stock Publishers, 2011.

Wilson, S. G. *The Gentiles and the Gentile Mission in Luke-Acts*, SNTSMS 23. Cambridge: Cambridge University Press, 1973.

Witherington III, B. *The Acts of the Apostles: A Socio-Rhetorical Commentary*. Grand Rapids: Wm. B. Eerdmans Publishing Company, 1998.

Zwiep, A. W. *Judas and the Choice of Matthias: A Study on Context and Concern of Acts 1:15-26*, WUNT 2/187. Tübingen: Mohr Siebeck, 2004.

미주

1. Darrell L. Bock, *Acts*, BECNT (Grand Rapids: Baker Academic, 2007), 1.
2. 사도행전의 장르에 관한 논의는 대단히 복잡하다. 하지만 사도행전을 정확하게 이해하기 위해서는 이 책의 장르를 알아야 한다. 이를 위하여 Richard I. Pervo, *Profit with Delight: The Literary Genre of the Acts of the Apostles* (Philadelphia: Fortress Press, 1987)를 보라. 또한 Craig S. Keener, *Acts: An Exegetical Commentary*, vol. 1: Introduction and 1:1-2:47 (Grand Rapids: Baker Academic, 2012), 51-89를 보라. Craig S. Keener는 사도행전의 장르에 관하여 다음과 같이 결론적인 언급을 한다(89). "Like a novel, it is an entertaining work on a popular level; like epic, it may function as a foundation document; and like a travel narrative (a theme found in various genres), it contains narratives driven by the theme of travel. Far more important is that, like biography, Acts focuses on particular characters (a focus still clearer in Luke's previous volume, a biography about Jesus). Yet all of these elements may be found in ancient historiography, the most commonly proposed genre category for Acts. It is to this genre proposal that I now turn." 사도행전의 장르에 관한 논의의 역사를 탐구하기 위하여 다음 책들의 서문을 참고하라. Albert C. Clark, *The Acts of the Apostles: A Critical Edition* (Oxford: Clarendon Press, 1933); Alfred W. F. Blunt, *The Acts of the Apostles* (Oxford: Clarendon Press, 1923); Charles K. Barrett, *Luke the Historian in Recent Study* (London: Epworth, 1961); François Bovon, *Luke the Theologian: Thirty-Three Years of Research* (1950-1983), trans. K. McKinney (Allison Park.: Pickwick, 1987); Frederick J. Foakes-Jackson, *The Acts of the Apostles*, MNTC (London: Hodder & Stoughton, 1931); Frederik W. Grosheide, *De Handelingen der Apostelen*, KV (Kampen: Kok, 1950); Henry J. Cadbury, *The Book of Acts in History* (New York: Harper & Brothers, 1955); Horatio B. Hackett, *A Commentary on the Acts of the Apostles* (Philadelphia: American Baptist Publication Society, 1882); Joseph A. Alexander, *A Commentary on the Acts of the Apostles* (London: Banner of Truth, 1965); Laurence E. Browne, *The Acts of the Apostles*, Indian Church Commentaries (London: SPCK, 1925); Walter F. Burnside, *The Acts of the Apostles*, CGT (Cambridge: Cambridge University Press, 1916); Watson E. Mills, *The Acts of the Apostles*, Bibliographies for Biblical Research (New York: Mellen, 1996); William Kelly, *An Exposition of the Acts of the Apostles* (London: Hammond, 1952).
3. 누가복음과 사도행전의 연관성(unity) 문제에 대한 선구적인 연구는 H. J. Cadbury에 의해서 수행되었다. 그는 누가가 처음부터 누가복음과 사도행전을 집필할 의도를 가지고 있었다는 점을 드러냈다. 그리고 그의 연구를 기반으로 하여 많은 현대 학자들이 누가복음과 사도행전의 연관성을 연구했다. H. J. Cadbury, *The Making of Luke-Acts* (Naperville: Allenson, 1927), 8-9를 보라. 누가복음과 사도

행전의 통일성에 관한 연구 현황을 위하여 Robert C. Tannehill, *The Narrative Unity of Luke-Acts: A Literary Interpretation*, 2 vols. (Minneapolis: Fortress Press, 1986)을 보라. 이 주제에 관한 더욱 최근의 연구 동향을 위해서는 Patrick E. Spencer, "The Unity of Luke-Acts: A Four-Bolted Hermeneutical Hinge," *Currents in Biblical Research 5.3* (2007): 341-66을 참고하라. 또한 Robert L. Brawley, *Centering on God: Method and Message in Luke-Acts* (Louisville: Westminster/John Knox, 1990)을 보라.

4. Darrell L. Bock, *Acts*, 15.
5. David G. Peterson, *the Acts of the Apostles*, PNTC (Grand Rapids: Wm. B. Eerdmans Publishing Company, 2009), 7-8; 참고. J. M. Wilson, *The Acts of the Apostles: Translated from the Codex Bezae, with an Introduction on its Lucan Origin and Importance* (Eugene: Wipf and Stock Publishers, 2011).
6. '우리' 단락의 연구에 대한 초기 연구는 H. L Cadbury, "'We' and 'I' Passages in Luke-Acts," *New Testament Studies* 3 (1956-57): 128-32에 수록되어 있다. 근래에 William Sanger Campbell은 '우리' 단락의 기원과 목적에 관하여 포괄적으로 설명한다. William Sanger Campbell, *The 'WE' passages in the Acts of the Apostles: The narrator as narrative character*, Studies in Biblical Literature 14 (Atlanta: Society of Biblical Literature, 2007)을 보라.
7. Eckhard J. Schnabel, *Acts*, ZECNT (Grand Rapids: Zondervan, 2012), 22.
8. Eckhard J. Schnabel, *Acts*, 441-42.
9. 신약성경의 구약인용에 관한 연구는 수십 년 전부터 활발하게 진행되어 왔다. 이 분야에 관한 포괄적인 연구를 위하여, G. K. Beale과 D. A. Carson이 함께 편집한 *Commentary on the New Testament Use of the Old Testament* (Grand Rapids: Baker Academic, 2007)을 보라. 그리고 이 분야에 대한 서론적 연구를 위해서는, S. Moyise, *The Old Testament in the New: An Introduction* (London and New York: Continuum, 2001)을 보라. 또한 최근의 연구 동향과 방법론에 관해서는 Susan Docherty, "'Do you Understand what you Are Reading?' (Acts 8.30): Current Trends and Future Perspectives in the Study of the Use of the Old Testament in the New," *Journal for the Study of the New Testament* 38.1 (2015): 112-25를 보라. Susan Docherty는 쿰란문서의 발견으로 신약이 유대주의의 영향을 받았다는 사실이 많이 드러났다고 말하며, 또한 신약의 저자들이 구약을 인용한 방식을 찾는 작업에 상당한 진전이 있었다고 언급한다. 특히 사도행전에서 사도들이 구약을 인용하여 설교한 주제에 대해서는 Greg R. Scharf, "Were the Apostles Expository Preachers? Old Testament Exposition in the Book of Acts," *Trinity Journal* 31 (2010): 65-93을 참고하라.
10. 사도행전의 저작 장소에 대해서는 아무런 정보가 없으며 어떠한 암시도 없다. 이레니우스(Irenaeus)는 사도행전이 로마에서 기록되었다고 주장하였고(Against Heresies 3.1.1.14), 유세비우스(Eusebius)가 이에 동의하긴 했지만(*Ecclesiastical History* 2.22.6), 그들의 주장이 옳다는 증거를 전

혀 발견할 수가 없다.

11. C. Hemer는 사도행전의 기록 연대에 대한 학자들의 다양한 의견을 소개했다. C. Hemer, *The Book of Acts in the Setting of Hellenistic History* (Tübingen: Mohr Siebeck, 1989), 367-70.
12. David G. Peterson은 F. F. Bruce[*The Acts of the Apostles: The Greek Text with Introduction and Commentary* (Grand Rapids: Wm. B. Eerdmans Publishing Company, 1990), 17-18)와 C. K. Barrett[*A Critical and Exegetical Commentary on the Acts of the Apostles I*, ICC (Edinburgh: T. & T. Clark, 1994), 34-38]가 제시한 자료를 통하여 사도행전이 초기의 자료들에 사용되었다는 사실을 언급한다. David G. Peterson, *the Acts of the Apostles*, 4.
13. 참고. C. C. Torrey, *The Composition and Date of Acts* (Cambridge: Harvard University Press, 1916).
14. 사도행전에 수록된 설교(특히 바울의 설교들)의 특성에 관하여 Atef M. Gendy, "Style, Content and Culture: Distinctive Characteristics in the Missionary Speeches in Acts," *Swedish Missiological Themes*, 99 (2011): 247-65를 보라. 그리고 사도행전에 기록된 설교의 선교적 함의에 관해서는 Thor Strandenoes, "The Missionary Speeches in the Acts of the Apostles and their Missiological Implications," *Swedish Missiological Themes* 99 (2011): 341-54를 참고하라.
15. Ajith Fernando, *Acts*, NIVAC (Grand Rapids: Zondervan, 1998), 50-51.
16. 그렇기에 설교자들은 사도행전을 연구할 때 사도들이 하나님의 나라를 어떻게 진술하였으며 그것이 사람들에게 어떻게 받아들여졌는지를 유심히 관찰해야 한다. 즉 설교자들은 사도들의 행적과 복음 전파와 교회 설립 등을 단면적인 사건의 시각으로 볼 것이 아니라 하나님 나라의 설립과 확장이라는 거시적인 관점에서 보아야 한다. 나아가서 설교자들은 이 시대에 하나님의 나라를 널리 그리고 힘있게 전파할 수 있는 길을 모색해야 한다.
17. 사도행전의 성령에 관한 연구는 이미 굉장히 많이 이루어져 있기 때문에 일일이 언급할 필요가 없을 정도이다. 가장 대표적인 논쟁 주제가 오순절 성령 강림 사건이 단회적인 것이냐 아니면 반복적인 것이냐에 대해서이지만 그 외에도 여러 가지가 있다. 그래서 사도행전의 성령론을 다룰 때는 연구의 목적과 범위를 한정할 수밖에 없다. 사도행전의 성령론에 대한 여러 견해를 위하여, Mark A. Powell, 『사도행전 신학』, 이운연 역 (서울: CLC, 2000), 86-96을 보라. 누가-행전에 나타난 성령을 특별한 관점에서 연구한 허주는 서사적 접근을 통해 누가-행전의 성령이 내러티브의 '인물'로 간주될 수 있다는 사실을 주장하며, 인물로서 성령을 '간접묘사'에 근거하여 분석함으로 성령의 발화, 행동, 외양, 환경을 살펴보았다. 그리하여 그는 성령에 관해서 1) 신뢰성 표지로서 성령, 2) 발화와 행동하는 인물로서 '보내는 자' 성령, 3) 예수님의 능력과 임재로서 성령, 4) 선교 감독자 및 다문화/타문화 공동체 연합의 선구자로서의 성령을 제시했다. 허주, "너희가 해석할 때에 성령을 받았느냐?: 간접묘사를 중심으로 한 누가-행전의 성령에 대한 인물분석," 『신약논단』, 제22권 제2호 (2015): 397-466을 보라.

18. 신학자들에게서 사도행전 2:1-4; 8:14-17; 10:44; 19:6의 성령 강림 사건 비교는 흥미로운 주제였다. 이 부분에 대한 개괄적 고찰을 위하여, Ben Witherington III, *The Acts of the Apostles: A Socio-Rhetorical Commentary* (Grand Rapids: Wm. B. Eerdmans Publishing Company, 1998), 134-37을 보라. 이에 관한 자세한 논의는 해당 본문의 주해에서 다루겠다.
19. Luke Timothy Johnson, *The Acts of the Apostles* (Collegeville: The Liturgical Press, 1992), 14.
20. 사도행전에 나타난 성령의 은사에 대하여 사람들이 많은 관심을 가지고 있다. 하지만 사도행전 자체에서는 성령의 은사들에 대한 충분한 설명이나 논쟁이 없다. 누가는 방언이나 예언이 어떤 것이며 그것이 오늘날에도 유효한가에 대해서 말하지 않는다. 그런 논의들은 바울서신(특히 고린도전서)에서 이루어진다. 사도행전은 다만 성령의 임하심의 가시적인 표식이 방언임을 말한다. 그러므로 사도행전 자체를 가지고 은사에 대해서 설교하는 것은 어렵다. 은사에 대해서 말하려면 바울 서신의 도움을 받아야 한다.
21. 사도행전의 교회론에 관한 최근의 논의에 대하여 C. Kavin Rowe, "The Ecclesiology of Acts," *Interpretation: A Journal of Bible and Theology*, 66.3 (2012): 259-69를 참고하라.
22. 사도행전의 종말론 연구에 대한 개괄적 동향을 위하여, Ben Witherington III, *the Acts of the Apostles*, 184-86을 참고하라.
23. Craig S. Keener, *Acts* 1, 646, 651-53.
24. David G. Peterson, *the Acts of the Apostles*, 102.
25. Bruce J. Malina & John J. Pilch, *Social-science commentary on the book of Acts* (Minneapolis: Fortress Press, 2008), 19. Bruce J. Malina & John J. Pilch는 주후 1세기 지중해 연안의 사회적 정황을 고려하여 데오빌로와 누가(기독교)의 관계를 설명한다. 그는 누가가 데오빌로를 후견인으로 삼아서 그에게 기독교를 계속해서 후원하고 지지해 줄 것을 요청하려는 의도를 가지고 이 책을 기술했다고 주장한다.
26. David G. Peterson, *the Acts of the Apostles*, 104.
27. Ajith Fernando, *Acts*, 50-51; 참고. W. L. Knox, *The Acts of the Apostles* (Cambridge: Cambridge University Press, 1948).
28. David G. Peterson, *the Acts of the Apostles*, 107.
29. 변종길, "성령이 너희에게 임하시면: 사도행전 1장의 주해와 적용," 『사도행전 어떻게 설교할 것인가?』, 두란노 HOW 주석 (서울: 두란노 아카데미, 2007), 108-109.
30. Luke Timothy Johnson, *the Acts of the Apostles*, 29.
31. David G. Peterson, *the Acts of the Apostles*, 110.
32. David G. Peterson, *the Acts of the Apostles*, 110.
33. David G. Peterson, *the Acts of the Apostles*, 112
34. 이 구절에서 "땅 끝"(ends of the earth)이 어디를 가리키는지를 파악하는 일은 쉽지 않다. Bruce J.

Malina & John J. Pilch는 여기에 나오는 "땅 끝"을 이스라엘 쪽에서 보았을 때의 지중해 연안까지라고 생각한다. 즉 그들은 "땅 끝"을 Gaza, Azotus, Joppa, Caesarea라고 이해한다. 그래서 베드로와 빌립이 이곳들에서 복음을 전했다고 본다. 하지만 그들의 주장은 사도행전 전체 문맥의 지지를 받지 못한다. Bruce J. Malina & John J. Pilch, *Social-science commentary on the book of Acts*, 23. "땅 끝"에 관한 광범위한 논의를 위하여 Craig S. Keener, Acts 1, 704-708을 참고하라. Craig S. Keener는 "땅 끝"을 사도행전의 본문을 넘어서서 선교가 계속 진행되는 곳이라고 말한다.

35. 승귀(exaltation)는 사건의 의미를 시사한다. 참고. Ajith Fernando, *Acts*, 104.
36. Ajith Fernando, *Acts*, 72.
37. 예수님이 재림하시는 모습은 승천하실 때의 모습과 같다. 1) 예수님은 '하늘로부터' 다시 오신다(참고. 살전 1:10; 4:16; 살후 1:7; 빌 3:20 등). 2) 예수님은 '구름을 타고' 오신다(참고. 마 24:30; 26:64; 막 13:26; 14:62; 계 1:7 등). 3) 예수님은 '사람들이 볼 수 있게' 오신다(참고. 계 1:7; 마 24:30; 26:64 등). 변종길, "성령이 너희에게 임하시면," 112-13.
38. 예수님의 승천을 엘리야의 승천에 대조하여 엘리야가 승천하고 갑절의 영감을 엘리사가 받았듯이 예수님이 승천하시고 제자들이 성령을 받는 것을 가리킨다고 볼 수 있다(참고. 왕하 2:9). 그리고 예수님의 승천 시에 들린 천사의 말 "어찌하여 서서 하늘을 쳐다보는가"를 예수님의 부활 시에 들린 천사의 말, "어찌하여 살아 있는 자를 죽은 자 가운데서 찾느냐"에 대조하여 이것을 증인의 사명에 연결할 수 있다(참고. 눅 24:5). Luke Timothy Johnson, *the Acts of the Apostles*, 31-32; Ben Witherington III, *the Acts of the Apostles*, 142를 보라.
39. Darrell L. Bock, *Acts*, 6.
40. David G. Peterson, *the Acts of the Apostles*, 116.
41. 정연해, 『누가-행전에 나타는 '성전' 이해』 (신학박사학위 논문, 고신대학교, 2005), 261-62. 정연해는 예수님이 제자들과 유월절 만찬을 먹기 위하여 예비한 다락방(*아나가이온*, ἀνάγαιον, 눅 22:12)과 구별하기 위하여 사도행전 1:13에서는 다른 단어(*휘페론*)를 사용했다고 주장하며, *휘페론*이 LXX에서 종종 성전에 있는 방(chamber)을 언급할 때 사용되었던 단어라는 사실을 언급한다(참고. 대상 28:11; 대하 3:9; 렘 20:2; 겔 41:7). 따라서 그는 정관사가 붙은 *토 휘페론*('그 다락')이 공동체를 위한 모임의 장소로서 성전(여자들의 뜰)에 있는 어떤 방이라고 생각한다. 특히 그는 제자들이 유대의 율법을 잘 지키는 사람들이기에 명절에 회당도 아닌 개인의 가정집에 모였을 리가 없다고 본다.
42. 정연해, 『누가-행전에 나타는 '성전' 이해』, 262.
43. Ben Witherington III, *the Acts of the Apostles*, 116; 참고. Mikeal C. Parsons & Martin M. Culy, *Acts: A Handbook on the Greek Text* (Texas: Baylor University Press, 2003), 14.
44. Bruce J. Malina & John J. Pilch는 사회과학적 모델을 따라 베드로를 "Moral Entrepreneur"라고 했다. 그들은 "Moral Entrepreneur"를 다음과 같이 설명한다. "A moral entrepreneur is an entrepeneur whose risky and complicated project is one of supporting social values and persons who embody

those values." 그러면서 그들은 이 경우에 value bearer는 예수님이라고 본다. Bruce J. Malina & John J. Pilch, *Social-science commentary on the book of Acts*, 25.

45. David G. Peterson, *the Acts of the Apostles*, 121.
46. 참고. Tzvi Novick, "Succeeding Judas: Exegesis in Acts 1:15-26," *Journal of Biblical Literature* 129.4 (2010): 795-99.
47. 참고. Matthew G. Whitlock, "Acts 1:15-26 and the Craft of New Testament Poetry," *The Catholic Biblical Quarterly* 77 (2015): 87-106. Matthew G. Whitlock은 20절 1:15-26의 중심(center)이라고 주장하며, 20절의 시편 인용을 다음과 같이 구분하여 말한다. "1:20b Let his encampment become a desert (Ps 69:26a); 1:20c Let there be no dweller in it (Ps 69:26b); 1:20d His position let another take (Ps 109:8b)." 여기서 시편이 인용된 주제에 관한 학자들의 선행연구를 위하여 Arie W. Zwiep, *Judas and the Choice of Matthias: A Study on Context and Concern of Acts 1:15-26* (Tübingen: Mohr Siebeck, 2004), 23-27, 91-94를 보라.
48. Luke Timothy Johnson, *the Acts of the Apostles*, 37; 참고. Craig S. Keener, *Acts* 1, 776-79.
49. David G. Peterson, *the Acts of the Apostles*, 129.
50. "또 그의 이름으로 죄 사함을 받게 하는 회개가 예루살렘에서 시작하여 모든 족속에게 전파될 것이 기록되었으니 너희는 이 모든 일의 증인이라 볼지어다 내가 내 아버지의 약속하신 것을 너희에게 보내리니 너희는 위로부터 능력으로 입혀질 때까지 이 성에 머물라 하시니라"(눅 24:47-49).
51. 기독교 전통에서 이 날에 세례를 많이 받았다. 그들이 흰 드레스를 입고 세례를 받았기 때문에 이 날을 'Whitsunday(White Sunday)'라고 하였다.
52. 정연해, 『누가-행전에 나타는 '성전' 이해』, 274.
53. 정연해, 『누가-행전에 나타는 '성전' 이해』, 279.
54. David G. Peterson, *the Acts of the Apostles*, 133-34.
55. Darrell L. Bock, *Acts*, 99.
56. David G. Peterson, *the Acts of the Apostles*, 134.
57. "다른 언어"의 헬라 종교적 현상에 대한 논의를 위하여, Luke Timothy Johnson, *the Acts of the Apostles*, 42를 보라.
58. 참고. Mikeal C. Parsons & Martin M. Culy, *Acts: A Handbook on the Greek Text*, 23.
59. Luke Timothy Johnson, *the Acts of the Apostles*, 43; 참고. J. T. Sanders, *The Jews in Luke-Acts* (Philadelphia: Fortress Press, 1987).
60. Darrell L. Bock, *Acts*, 100.
61. Darrell L. Bock, *Acts*, 103.
62. Craig S. Keener, *Acts 1*, 842.
63. 사도행전의 구조를 분석하는 방법은 학자들의 견해에 따라 다양하다. 하지만 학자들은 1-8장에 베

드로를 중심으로 한 예루살렘 교회가 기록되어 있고, 9-12장에 베드로와 사울이 겹쳐서 기록되어 있으며, 13-28장에 바울을 중심으로 한 이방인 교회가 기록되어 있다는 사실에 대체로 동의한다.

64. Luke Timothy Johnson, *the Acts of the Apostles*, 49.
65. Craig S. Keener, *Acts 1*, 917-19.
66. 고대 유대 세계에서 십자가 형벌의 의미에 관한 포괄적인 연구를 위하여 David W. Chapman, *Ancient Jewish and Christian Perceptions of Crucifixion* (Tübingen: Mohr Siebeck, 2008).을 보라. 또한 팔레스타인과 쿰란 문헌과 신약성경에서 십자가 형벌의 의미를 알기 위하여 Joseph A. Fitzmyer, "Crucifixion in Ancient Palestine, Qumran Literature, and the New Testament," *The Catholic Biblical Quarterly* 40 (1978): 493-513을 참고하라.
67. Ajith Fernando, *Acts*, 102.
68. 여기서 "고통"(ὠδίν)은 흔히 출산의 고통을 가리키는 용어이다. Georg Bertram, "ὠδίν, ὠδίνω," *Theological Dictionary of the New Testament*, eds. Gerhard Kittel, Geoffrey W. Bromiley, and Gerhard Friedrich (Grand Rapids: Wm. B. Eerdmans, 1964), 9: 667.
69. 참고. Carl R. Holladay, "What David Saw: Messianic Exegesis in Acts 2," *Stone-Campbell Journal* 19.1 (2016): 95-108; Donald Juel, "Social Dimensions of Exegesis: The Use of Ps 16 in Acts 2," *The Catholic Biblical Quarterly* 43 (1981): 543-56; Craig S. Keener, *Acts 1*, 952-54.
70. 한글성경 개역개정판에서 28절의 "주께서"는 '당신'으로 번역해야 하는데, 이는 하나님을 가리킨다.
71. Carl R. Holladay, "What David Saw: Messianic Exegesis in Acts 2," 95-108.
72. 참고. Paul Elbert, "Acts 2:38 in Light of the Syntax of Imperative-Future Passive and Imperative-Present Participle Combinations," *The Catholic Biblical Quarterly* 75 (2013): 94-107; '세례'의 배경에 관하여 Craig S. Keener, *Acts 1*, 977-82를 보라.
73. Jon Ruthven은 이 구절이 이사야 59:19-21("서쪽에서 여호와의 이름을 두려워하겠고 해 돋는 쪽에서 그의 영광을 두려워할 것은 여호와께서 그 기운에 몰려 급히 흐르는 강물 같이 오실 것임이로다 여호와의 말씀이니라 구속자가 시온에 임하며 야곱의 자손 가운데에서 죄과를 떠나는 자에게 임하리라 여호와께서 이르시되 내가 그들과 세운 나의 언약이 이러하니 곧 네 위에 있는 나의 영과 네 입에 둔 나의 말이 이제부터 영원하도록 네 입에서와 네 후손의 입에서와 네 후손의 후손의 입에서 떠나지 아니하리라 하시니라 여호와의 말씀이니라")이 성취된 것이라고 주장한다. Jon Ruthven, "'This Is My Covenant with Them': Isaiah 59.19-21 as the Programmatic Prophecy of the new Covenant in the Acts of the Apostles (Part I & II)," *Journal of Pentecostal Theology* 17 (2008): 32-47, 219-37.
74. 참고. Ben Witherington III, *the Acts of the Apostles*, 156.
75. David G. Peterson, *the Acts of the Apostles*, 159.
76. David G. Peterson, *the Acts of the Apostles*, 158.
77. Luke Timothy Johnson, *the Acts of the Apostles*, 58.

78. 참고. Mikeal C. Parsons & Martin M. Culy, *Acts: A Handbook on the Greek Text*, 45.
79. 사도행전에 나타난 교회의 부흥은 한 마디로 말씀의 씨앗이 뿌려진 결과이다. 필시 Jerome Kodell이 말한 대로, 사도행전은 씨 뿌리는 자의 비유(눅 8:4-15)의 실증적 결과라고 할 수 있다. Jerome Kodell, "'The Word of God Grew': The Ecclesial Tendency of Logos in Acts 1:7; 12:24; 19:20," *Biblica* 55 (1974): 505-19.
80. David G. Peterson, *the Acts of the Apostles*, 160.
81. 변종길, "성찬과 애찬: 신약 난제 해설[13]," 『선지동산』, 제71호 (2016): 4-5. 변종길은 다음과 같이 말한다. "여기서 '교제'와 '떡을 뗌' 사이에 *카이*가 없다는 것이 특이하다. 물론 후대의 소문자 사본들(*Byz*)에는 *카이*가 들어 있는 것이 많지만 고대 사본들(ℵ, A, B, C, D, lat 등)에는 (거의) 없다. 아마도 후대의 필사자들이 '어? 여기에 왜 *카이*가 없지? 이상하다.'고 생각해서 집어넣었을 가능성이 크다." 그리고 그는 '교제'와 '떡을 뗌' 사이에 *카이*가 없는 이유에 대해서 다음과 같이 설명한다. "그러면 이 둘 사이에 *카이*가 없다는 것은 무엇을 의미하는가? 그것은 '교제'와 '떡을 뗌'은 다른 별개의 것이 아니라 동일한 의미 범주에 속함을 나타낸다. 문법적으로 여기의 '교제'와 '떡을 뗌'은 동격(同格)으로 되어 있다(둘 다 與格). 이 동격은 동일한 내용을 다르게 표현할 때 사용된다. 예를 들면 계시록 14장 3절에 '땅에서 속량함을 받은 십사만 사천'이라고 되어 있는데, 원문에 의하면 '십사만 사천'과 '땅에서 속량함을 받은 자들'이 동격으로 연결되어 있다. 이것은 '십사만 사천'이 곧 '땅에서 속량함을 받은 자들'임을 설명하는 것이다. 사도행전 안에서 이런 동격 표현들은 2장 19절('징조들' 곧 '피와 불과 연기'), 22절('나사렛 예수' 곧 '하나님에 의해 증거/인정된 자'), 36절('주'와 '그리스도' 곧 '이 예수') 등 많이 있다."
82. Ben Witherington III, *the Acts of the Apostles*, 160-61; Mikeal C. Parsons & Martin M. Culy, *Acts: A Handbook on the Greek Text*, 46.
83. 참고. Ian Howard Marshall, *Last Supper and Lord's Supper* (Grand Rapids: Wm. B. Eerdmans Publishing Company, 1980), 126-33.
84. Darrell L. Bock, *Acts*, 151.
85. 사도행전의 기적에 대한 포괄적인 학문적 논의를 위하여, Geoffrey William H. Lampe, "Miracles in the Acts of the Apostles," in *Miracles: Cambridge Studies in their Philosophy and History*, ed. C. F. D. Moule (London: A. R. Mowbray & Co., 1965)를 보라.
86. Ben Witherington III, *the Acts of the Apostles*, 162.
87. 참고. Bruce J. Malina & John J. Pilch, *Social-science commentary on the book of Acts*, 36; Craig S. Keener, *Acts 1*, 1030-34.
88. 참고. Stephen G. Wilson, *The Gentiles and the Gentile Mission in Luke-Acts*, SNTSMS 23 (Cambridge: Cambridge University Press, 1973).
89. 이 단락에서 베드로가 행한 첫 번째 이적이 나면서부터 걷지 못한 사람을 고쳐 준 일은, 이후에 바울

이 행한 첫 번째 이적이 루스드라에서 나면서부터 걷지 못하게 되어 걸어본 적이 없는 사람을 고쳐 준 일과 병행을 이룬다(14:8-10).

90. Luke Timothy Johnson, *the Acts of the Apostles*, 64; 참고. Bruce J. Malina & John J. Pilch, *Social-science commentary on the book of Acts*, 38; Craig S. Keener, *Acts: An Exegetical Commentary, vol. 2: 3:1-14:28* (Grand Rapids: Baker Academic, 2013), 1044-47.
91. Luke Timothy Johnson, *the Acts of the Apostles*, 65.
92. Ben Witherington III, *the Acts of the Apostles*, 174.
93. Eckhard J. Schnabel, *Acts*, 194.
94. Luke Timothy Johnson, *the Acts of the Apostles*, 64-65.
95. Darrell L. Bock, *Acts*, 161.
96. David G. Peterson, *the Acts of the Apostles*, 169; Craig S. Keener, *Acts 2*, 1064.
97. Craig S. Keener, *Acts 2*, 1065.
98. Luke Timothy Johnson, *the Acts of the Apostles*, 66.
99. David G. Peterson, *the Acts of the Apostles*, 170.
100. Luke Timothy Johnson, *the Acts of the Apostles*, 66.
101. David G. Peterson, *the Acts of the Apostles*, 172; Luke Timothy Johnson, *the Acts of the Apostles*, 67; Craig S. Keener, *Acts 2*, 1074-75.
102. Darrell L. Bock, *Acts*, 167.
103. Craig S. Keener, *Acts 2*, 1082-83.
104. Mikeal C. Parsons & Martin M. Culy, *Acts: A Handbook on the Greek Text*, 56.
105. David G. Peterson, *the Acts of the Apostles*, 176.
106. Darrell L. Bock, *Acts*, 173.
107. Luke Timothy Johnson, *the Acts of the Apostles*, 68.
108. Mikeal C. Parsons & Martin M. Culy, *Acts: A Handbook on the Greek Text*, 59.
109. 참고. Peter Goeman, "Implications of the Kingdom in Acts 3:19-21," *The Master's Seminary Journal* 26.1 (Spring 2015): 75-93.
110. Eckhard J. Schnabel, *Acts*, 219.
111. Eckhard J. Eckhard, *Acts*, 220-21.
112. Ajith Fernando, *Acts*, 141-49를 보라.
113. Joshua D. Garroway는 사도행전에서 사도들의 설교가 방해를 받는 일에 관하여 연구했는데, 사도들의 설교가 방해를 받은 경우를 구분하기가 쉽지는 않지만 솔로몬의 행각에서 베드로와 요한(4장), 스데반(7장), 고넬료의 집에서 베드로(10장), 아레오바고에서 바울(17장), 성전에서 바울(22장), 벨릭스 앞에서 바울(24장), 그리고 베스도 앞에서 바울(26장) 등이 방해를 받은 분명한 경우에

해당된다. Joshua D. Garroway, "'Apostolic Irresistibility' and the Interrupted Speeches in Acts," *The Catholic Biblical Quarterly* 74 (2012): 738-52를 보라.

114. David G. Peterson, *the Acts of the Apostles*, 187; 참고. Bruce J. Malina & John J. Pilch, *Social-science commentary on the book of Acts*, 41.

115. 사두개파의 사상에 대해서 *Antiquities* 13.297-98; 18.17-18; *War* 2.164-65를 참고하라. Luke Timothy Johnson, *the Acts of the Apostles*, 76. 사두개인들의 사상을 다음과 같이 요약할 수 있다. "사두개인들은 종교적인 일보다는 정치적인 일을 좋아했다. 그들은 로마의 집권 세력과 긴밀하게 결탁해 있었고 따라서 대부분 부유했다. 이로 인하여 그들은 가난한 서민들이나 급진적인 혁명가들과 자주 마찰을 빚었다. 하지만 로마는 사두개파에서 나온 대제사장을 파면시킬 권한을 가지고서 사두개파를 견제하고 압박하였다…… 사두개인들은 모세오경만을 정경으로 받아들였고, 예언서나 성문서를 거부하지는 않았지만 영감 있는 말씀으로 받아들이지 않았다. 그들은 내세를 거부하고 오로지 현세를 중시했다. 그들은 사람이 죽을 때 육체와 영혼이 함께 소멸해 버린다고 믿었다. 따라서 그들은 사후 세계나 죽은 자의 부활이나 천사의 존재를 믿지 않았다(참고. 행 4:2; 23:8). 이는 그들이 받아들인 모세오경에 그러한 사상이 없다고 생각했기 때문이다." 황원하, 『응답하라 신약성경』(서울: 세움북스, 2016), 57.

116. Craig S. Keener, *Acts 2*, 1133.

117. Craig S. Keener, *Acts 2*, 1137-41. Craig S. Keener에 따르면, 랍비들은 공회원들이 모이는 장소를 'Chamber of Hewn Stone'이라고 불렀다. 이곳은 성전의 서쪽 끝 근처에 있는 티로포에온(Tyropoeon) 계곡 너머에 있는 다리의 동쪽 끝에 있었다(1141).

118. David G. Peterson, *the Acts of the Apostles*, 188.

119. Luke Timothy Johnson, *the Acts of the Apostles*, 77.

120. Bruce J. Malina & John J. Pilch, *Social-science commentary on the book of Acts*, 43.

121. Bruce J. Malina & John J. Pilch, *Social-science commentary on the book of Acts*, 44.

122. 참고. Chris Keith, "The Oddity of the Reference to Jesus in Acts 4:13b," *Journal of Biblical Literature* 134.4 (2015): 791-811.

123. Liliana Da Valle, "Integrity in the public life of the Church from Acts 4:15-20," *Review and Expositor* 114.3 (2017): 475.

124. Ajith Fernando, *Acts*, 168.

125. Luke Timothy Johnson, *the Acts of the Apostles*, 84.

126. Bruce J. Malina & John J. Pilch는 당시 사람들이 지진을 하늘로부터 내려온 신적인 표식이라고 믿은 일에 관련하여 트라얀 황제(Emperor Trajan) 때 안디옥에서 일어난 지진의 경우를 언급한 Dio Cassius의 *Roman History* 68.24-25를 소개한다. Bruce J. Malina & John J. Pilch, *Social-science commentary on the book of Acts*, 45.

127. Luke Timothy Johnson, *the Acts of the Apostles*, 85.
128. 누가는 경제문제(물질관)에 관심이 많았다. 그는 누가복음에 돈을 소재로 한 이야기들을 많이 수록하였다. 빚진 자들의 비유(7:41-43), 선한 사마리아 사람의 비유(10:29-37), 어리석은 부자 비유(12:16-21), 불의한 청지기 비유(16:1-8), 부자와 나사로 비유(16:19-31), 열 므나 비유(19:11-27) 등. 한편, Robert C. Tannehill은 사도행전의 윤리적 가르침이 누가복음에서 예수님이 말씀하시고 행동으로 보여주신 윤리적 가르침과 일치한다고 본다. 특히 사도행전에는 여러 다양한 인물들이 윤리적 행동을 함으로써 우리가 그러한 모범을 따라야 한다는 메시지를 전해 준다. 이에 관해 그는 다음과 같이 말한다. "The way in which Peter, Stephen, and Paul are presented in Acts implies strong positive evaluation. They are faithful witnesses of the Lord Jesus, who is God's Chosen One to bring salvation to all people. Even though their roles in history may in some ways be unique, the qualities they exhibit may be exemplary, giving their stories continuing ethical significance"(271). Robert C. Tannehill, "Acts of the Apostles and Ethics," *Journal of the Evangelical Theological Society* 66.3 (2012): 270-82.
129. Luke Timothy Johnson, *the Acts of the Apostles*, 86.
130. 어떤 학자들은 이 구절이 이야기의 흐름을 끊는다고 생각하여 이 구절을 후대에 삽입된 것(interpolation)이라고 주장한다. 하지만 이 구절이 삽입된 것이라는 어떠한 증거도 없다. 오히려 누가는 공동체의 삶의 한 가운데에 사도들을 위치시키려고 한 것으로 보아야 한다. 참고. Walter E. Pilgrim, *Good News to the Poor: Wealth and Poverty in Luke-Acts* (Minneapolis: Augsburg, 1981).
131. Luke Timothy Johnson, *the Acts of the Apostles*, 87; Craig S. Keener, *Acts 2*, 1178.
132. 골로새서 4:10은 한글성경 개역개정판에 "바나바의 생질 마가"라고 번역되어 있다. 여기서 "생질"에 해당하는 헬라어 단어는 *아넵시오스*(ἀνεψιός)로서 이 단어의 의미는 '사촌'이다. 이에 따라 거의 모든 영어성경은 이 단어를 'cousin'으로 번역한다. 그러므로 한글성경 개역개정판의 "바나바의 생질 마가"는 '바나바의 사촌 마가'로 번역되어야 한다.
133. Craig S. Keener, *Acts 2*, 1180-81.
134. Darrell L. Bock, *Acts*, 216.
135. 아나니아와 삽비라의 죽음 이야기가 주는 의미에 관하여 F. Scott Spencer, "Sacred to Death: The Rhetoric of Fear in the 'Tragedy' of Ananias and Sapphira," in *Reading Acts Today: Essays in Honour of Loveday C. A. Alexander*, eds. Steve Walton, Thomas E. Philips, Lloyd Keith Pietersen, F. Scott Spencer (London: T. & T. Clark. 2011), 63-80.을 보라. J. Albert Harrill은 이 이야기가 교회의 순수함을 유지시키려는 목적을 가진다고 말한다. J. Albert Harrill, "Divine Judgment against Ananias and Sapphira (Acts 5:1-11): A Stock Scene of Perjury and Death," *Journal of Biblical Literature* 130.2 (2011): 351-69. 이 단락의 해석을 위하여 황원하, 『응답하라

신약성경』, 122-29를 많이 의존했다. 당시의 갈등 상황에 대하여 F. Stagg, *The Book of Acts: The Early Struggle for an Unhindered Gospel* (Nashville: Broadman, 1955)를 보라.

136. Bruce J. Malina & John J. Pilch에 따르면, 죽은 날에 장사하는 것은 당시 이스라엘의 풍습이었다. Bruce J. Malina & John J. Pilch, *Social-science commentary on the book of Acts*, 49. 하지만 그럼에도 죽은 자의 아내가 집에 돌아와서 시신을 확인하기도 전에 장사하는 일은 그 일이 특별한 일(여기서는 하나님의 심판)이었음을 보여준다.
137. Luke Timothy Johnson, *the Acts of the Apostles*, 89.
138. David G. Peterson, *the Acts of the Apostles*, 213.
139. 참고. Mikeal C. Parsons & Martin M. Culy, *Acts: A Handbook on the Greek Text*, 91.
140. Darrell L. Bock, *Acts*, 232.
141. David G. Peterson, *the Acts of the Apostles*, 218.
142. Eckhard J. Schnabel, *Acts*, 310; Craig S. Keener, *Acts 2*, 1217.
143. 이에 관하여 Benjamin R. Wilson, "'Upon a Tree' again and again: Redundancy and Deuteronomy 21:23 in Acts," *Neotestamentica* 47.1 (2013): 47-67(특히 55-58)을 참고하라. Benjamin R. Wilson은 신명기 21:23의 반복이 주는 의미를 다음과 같이 설명한다. "(1) lends coherence to the narrator's tale of the expansion of the apostolic movement; (2) helps to highlight the fundamental unity of the teaching of Peter and Paul; and (3) invites reflection upon the divided response to the Christian message amongst Jews and Gentiles." 이 문구의 수사학적 관점에 관하여 Timothy W. Reardon, "'Hanging on a Tree': Deuteronomy 21.22-23 and the Rhetoric of Jesus' Crucifixion in Acts 5.12-42," *Journal for the Study of the New Testament* 37.4 (2015): 407-31을 보라.
144. Eckhard J. Schnabel, *Acts*, 313.
145. 가말리엘에 관하여 Craig S. Keener, *Acts 2*, 1222-23을 보라.
146. David G. Peterson, *the Acts of the Apostles*, 224-25; Bruce J. Malina & John J. Pilch, *Social-science commentary on the book of Acts*, 53; Craig S. Keener, *Acts 2*, 1229-37.
147. John Stott, 『사도행전 강해』, 정옥배 역 (서울: IVP, 2012), 171.
148. Luke Timothy Johnson, *the Acts of the Apostles*, 100.
149. F. F. Bruce, *the Acts of the Apostles*, 176; C. K. Barrett, *the Acts of the Apostles I*, 294-96.
150. David G. Peterson, *the Acts of the Apostles*, 228.
151. David G. Peterson, *the Acts of the Apostles*, 230.
152. Bruce J. Malina & John J. Pilch, *Social-science commentary on the book of Acts*, 55-56.
153. David G. Peterson, *the Acts of the Apostles*, 234.
154. Bruce J. Malina & John J. Pilch, *Social-science commentary on the book of Acts*, 56.
155. Luke Timothy Johnson, *the Acts of the Apostles*, 108.

156. David G. Peterson, *the Acts of the Apostles*, 243.
157. David G. Peterson, *the Acts of the Apostles*, 244.159.
158. 이스라엘 백성들이 이집트에서 종살이한 것은 정확히 430년이었다. 하지만 스데반은 여기서 정확한 숫자에 신경을 쓰지 않고 대략적인 숫자를 말한다. 창세기 15:13과 출애굽기 12:40-41을 참고하라.
159. 맛소라 본문의 창세기 46:27과 출애굽기 1:5에는 이집트로 이주한 야곱의 가족들이 일흔 명으로 되어 있다. 그러나 70인역(LXX)에는 야곱의 가족들이 일흔다섯 명으로 되어 있다. 이것은 요셉의 가족들을 포함시키느냐 그렇지 않느냐의 차이이다. 여기서 스데반은 70인역(LXX)을 따라 일흔 명이라고 말한다.
160. 야곱이 죽어서 세겜으로 옮겨져 아브라함이 세겜 하몰의 자손에게서 구입한 무덤에 장사되었다는 말은 언뜻 모순처럼 보인다. 왜냐하면 창세기 33:18-20을 보면, 그 땅은 아브라함이 아니라 야곱이 샀기 때문이다. 그러나 야곱이 그의 아버지 아브라함의 이름으로 그 땅을 산 것으로 보면 문제가 해결된다(참고. 창 47:29-30; 49:29-33; 50:13). 그리고 야곱은 세겜에 묻히지 않고 가나안 땅 마므레 앞 막벨라 밭 굴에 묻혔으며(참고. 창 50:13), 요셉이 세겜에 묻혔는데(참고. 수 24:32), 이는 스데반이 이들을 열조라고 생각하여 같이 묶어서 말한 것 같다.
161. David G. Peterson, *the Acts of the Apostles*, 258.
162. David G. Peterson, *the Acts of the Apostles*, 266.
163. 이에 관하여 Brittany E. Wilson, "Hearing the Word and Seeing the Light: Voice and Vision in Acts," *Journal for the Study of the New Testament* 38.4 (2016): 456-81을 보라.
164. '인자'에 관한 간략한 설명을 위하여 Craig S. Keener, *Acts 2*, 1437-40을 보라. Craig S. Keener는 누가가 자신의 복음서에서 예수님의 인자 용례를 그대로 사용했다고 말한다(특히 1440).
165. Craig S. Keener, *Acts 2*, 1444.
166. 참고. Allan Chapple, "'Except the Apostles' (Acts 8:1b)," *The Reformed Theological Review* 70.2 (2011): 107-34.
167. David G. Peterson, *the Acts of the Apostles*, 276.
168. Ben Witherington III, *the Acts of the Apostles*, 277.
169. Mikeal C. Parsons & Martin M. Culy, *Acts: A Handbook on the Greek Text*, 149.171.
170. 누가는 아마도 빌립으로부터 빌립의 사마리아 사역과 에디오피아 내시에게 성경을 가르쳐준 일을 들었을 것이다. 왜냐하면 그는 약 20년 후에 바울과 동행한 전도여행 중에 가이사랴에 이르러 빌립의 집에 들어가서 머물렀기 때문이다(참고. 21:8).
171. 사도행전의 구조에서 8:4는 전환(transitional) 구절이기 때문에 8:1-3에 붙어도 되고, 8:5-25에 붙어도 된다. 즉 4절은 사울의 박해와 빌립의 사역 모두에 연결된다. 아이러니하게도, 사울의 박해가 빌립의 사역을 촉진시켰다. Craig S. Keener, *Acts 2*, 1485.

172. *유앙겔리조마이*(εὐαγγελιζόμαι)라는 단어는 복음서에서 주로 누가복음에 나온다. 이 단어는 천사들의 선포(눅 1:19; 2:10), 세례 요한의 설교(3:18), 그리고 예수님의 설교(4:18, 43; 7:22; 8:1; 16:16; 20:1)를 가리킬 때 사용되었다. David G. Peterson, *the Acts of the Apostles*, 279.
173. Eckhard J. Schnabel, *Acts*, 404.
174. Louw & Nida는 *세메이온*(σημεῖον)을 '어떤 특별한 의미를 가지는 것으로 간주되는 사건'(an event which is regarded as having some special meaning)이라고 정의한다. *세메이온*은 사도행전에 13회 나온다. J. P. Louw & E. A. Nida, *Greek-English lexicon of the New Testament based on semantic domains* Vol. 2 (New York: United Bible Societies, 1988), 443.
175. Eckhard J. Schnabel, *Acts*, 406.
176. 참고. F. Scott Spencer, *The Portrait of Philip in Acts: A Study of Role and Relation* (Sheffield: JSOT Press, 1992), 88; 빌립과 마술사 시몬의 대조를 위하여 Benedict H. M. Kent, "Curses in Acts: Hearing the Apostles' Words of Judgment Alongside 'Magical' Spell Texts," *Journal for the Study of the New Testament* 39.4 (2017): 423-30을 보라. 마술사 시몬을 초기 영지주의자로 보는 견해에 대해서는 Stephen C. Haar, *Simon Magus: The First Gnostic?* (Berlin: Walter de Gruyter, 2003)을 보라.
177. 마술사 시몬에 대하여 순교자 저스틴(*Apology* 1.26)과 같은 고대의 교부들은 다양한 견해를 내 놓았다. 하지만 그들의 견해가 타당해 보이지는 않는다. 이에 대해서, S. R. Garrett, *The Demise of the Devil: Magic and the Demonic in Luke's Writing* (Minneapolis: Fortress Press, 1989), 61-78; W. A. Meeks, "Simon Magus in Recent Research," *Religious Studies Review* 3 (1977): 137-42; Luke Timothy Johnson, *the Acts of the Apostles*, 146-47을 보라.
178. 변종길, "신약교회의 확장과 성령,"『개혁신학과 교회』, 제12호 (2001): 36-41.
179. 참고. Andrew Das, "Acts 8: Water, Baptism, and the spirit," *Concordia Journal* 19.1 (1993): 108-34.
180. Ajith Fernando, *Acts*, 274
181. David G. Peterson, *the Acts of the Apostles*, 290.
182. 참고. Marianne B. Kartzow, Halvor Moxnes, "Complex Identities: Ethnicity, Gender and Religion in the Story of the Ethiopian Eunuch (Acts 8:26-40)," *Religion & Theology* 17 (2010): 184-204.
183. 누가는 천사가 주님의 명령을 전달하는 것을 자주 언급한다. 누가복음과 사도행전에서 천사가 나타나서 말하는 곳은 다음과 같다. 누가복음 1:11, 13, 26, 28; 2:9-10, 13; 22:43; 사도행전 5:19; 10:3, 7, 22; 12:7-15, 23; 27:23.
184. Eckhard J. Schnabel, *Acts*, 424.
185. Darrell L. Bock, *Acts*, 341.
186. Ben Witherington III, *the Acts of the Apostles*, 295.

187. 참고. Scott Shauf, "Locating the Eunuch: Characterization and Narrative Context in Acts 8:26-40," *The Catholic Biblical Quarterly* 71 (2009): 762-75.

188. C. K. Barrett, *the Acts of the Apostles I*, 425.

189. Eckhard J. Schnabel, *Acts*, 425.

190. 참고. R. E. O'Toole, "Philip and the Ethiopian Eunuch (Acts viii, 25-40)," *Journal for the Study of the New Testament* 17 (1983): 25-34.

191. Bruce J. Malina & John J. Pilch, *Social-science commentary on the book of Acts*, 65-66.

192. David G. Peterson, *the Acts of the Apostles*, 294.

193. Eckhard J. Schnabel, *Acts*, 426.

194. 참고. Paul B. Decock, "The Understanding of Isaiah 53:7-8 in Acts 8:32-33," *Neotestamentica* 14 (1981): 111-33.

195. 37절의 사본학적인 논의는 다음과 같다. 어떤 사본에 '빌립이 이르되 네가 마음을 온전히 하여 믿으면 가하니라 대답하여 이르되 내가 예수 그리스도께서 하나님의 아들인 줄 믿노라'가 있다(참고. 개역개정판의 각주). 그러나 이것은 사본적인 증거가 빈약하다. 이것은 아마도 후대에 필사자들이 첨가한 것으로 보인다.

196. Eckhard J. Schnabel, *Acts*, 429.

197. Eckhard J. Schnabel, *Acts*, 429.

198. 사도행전에서 빌립의 활동을 연구하려면, F. Scott Spencer, *The Portrait of Philip in Acts: A Study of Role and Relation* (Sheffield: JSOT Press, 1992)를 보라.

199. Ajith Fernando, *Acts*, 285. 한편, 이레니우스(Irenaeus, 주후 2세기)에 따르면, 후에 빌립은 에디오피아 선교사가 되었다고 한다(*Against Heresies* 3.12). 그가 사도행전의 기록으로부터 유추하여 그렇게 말했는지 아니면 별도의 정보를 가지고 있었는지는 알 수 없다.

200. 참고. C. W. Hendrick, "Paul's Conversion/Call: A Comparative Analysis of the Three Reports in Acts," *Journal of Biblical Literature* 100 (1981): 415-32; D. M. Stanley, "Why Three Accounts?," *The Catholic Biblical Quarterly* 15 (1953): 315-18.

201. Luke Timothy Johnson, *the Acts of the Apostles*, 162; Ben Witherington III, *the Acts of the Apostles*, 316.

202. Ben Witherington III, *the Acts of the Apostles*, 316; 사도행전(누가복음을 포함하여)에서 'the Way'라는 단어의 용례와 의미에 대하여, J. Navone, "The Way of the Lord," *Scripture* 20 (1968): 24-30을 참고하라.

203. Bruce J. Malina & John J. Pilch는 주후 1세기 지중해 연안의 상황을 배경으로 하여 "도"라는 단어를 다음과 같이 설명한다. "The term refers to their way of life in Christ characterized by relationship and aspirations focused on the forthcoming kingdom of God in Jerusalem." Bruce J.

Malina & John J. Pilch, *Social-science commentary on the book of Acts*, 67.

204. David G. Peterson, *the Acts of the Apostles*, 302.

205. 이것을 5:3에서 아나니아가 베드로를 속인 것을 성령을 속인 것이라고 말한 것과 같은 맥락에서 이해할 수 있다.

206. 어떤 사람들은 여기서 "소리"가 속격 *포네스*(φωνῆς)로 사용되었고, 22:9에서 목적격 *포넨*(φωνὴν)으로 사용되었는데, 헬라어에서 '듣다'에 해당하는 *아쿠오*(ἀκούω)라는 단어가 속격과 함께 쓰이면 '소리를 듣다'(to hear)가 되고 목적격과 함께 쓰이면 '소리를 이해하며 듣다'(to understand)가 되는 것으로 본다. 따라서 사울과 동행하는 자들은 소리를 듣기는 했으나 무슨 뜻인지 이해하지 못했다는 것이다. 하지만 이러한 주장은 적절하지 않다. 왜냐하면 9:4에서는 소리가 목적격(φωνὴν)으로 사용되면서 듣고 이해한 것으로 되어 있기 때문이다. 한편, 주후 1세기 지중해 연안에서 보는 것과 듣는 것의 사회 문화적인 의미에 대하여, Bruce J. Malina & John J. Pilch, *Social-science commentary on the book of Acts*, 68을 보라.

207. Craig S. Keener, *Acts 2*, 1643.

208. 사도행전에는 세 명의 "아나니아"가 나온다. 그들은 삽비라의 남편(5장), 예수님의 제자(9장), 그리고 대제사장이다(23장).

209. 사도행전에서 사울이 임금들과 총독들에게 복음을 전한 경우는 다음과 같다. 24:1-23(벨릭스 총독), 24:27-25:12(베스도 총독), 25:13-26:32(헤롯 아그립바 2세).

210. 사도행전에서 사울은 주로 이방인들에게 복음을 전했지만, 종종 유대인들에게도 복음을 전했다(예. 9:20; 13:5, 14; 14:1; 17:2, 10, 17; 18:4, 19; 19:8; 26:17-20; 28:20, 23-28, 30).

211. 사도행전에는 바울이 고난을 받은 이야기가 많이 수록되어 있다(예. 9:23-25, 29-30; 13:50; 14:19; 16:19-24; 21:30-31; 24:27; 27:13-44; 28:20; 참고. 고전 4:10-13; 고후 6:3-10; 11:23-27). 누가가 예수님의 고난과 바울의 고난을 대조하여 설명한 Craig S. Keener, *Acts 2*, 1657을 보라. 또한 C. F. D. Moule, *A Chosen Vessel: Studies in the Acts of the Apostles* (New York: Association, 1961)를 참고하라.

212. 참고. Bruce J. Malina & John J. Pilch, *Social-science commentary on the book of Acts*, 70.

213. Eckhard J. Schnabel, *Acts*, 450.

214. 누가복음에는 예수님을 "하나님의 아들"이라고 지칭하는 경우가 자주 나오지만(1:32, 35; 3:22; 4:3, 9, 41; 22:70), 사도행전에는 여기에만 나온다. 당시 그리스-로마 문화에서 'son of God'의 사회-정치적 용례를 위하여 Bruce J. Malina & John J. Pilch, *Social-science commentary on the book of Acts*, 71을 보라. Bruce J. Malina & John J. Pilch는 로마 황제에게 사용되었고, 또한 하늘에서 내려온 신들에게도 사용되었다고 설명한다(참고. 14:11-12에서 바울과 바나바를 하늘에서 내려 온 신이라고 부른 경우).

215. Luke Timothy Johnson, *the Acts of the Apostles*, 170.

216. Eckhard J. Schnabel, *Acts*, 453.
217. David G. Peterson, *the Acts of the Apostles*, 315.
218. Luke Timothy Johnson, *the Acts of the Apostles*, 172.
219. 사도행전 9장에 언급된 사울의 이동 경로는 다음과 같다. 예루살렘(1-2절) → 다메섹(3-22절) → 아라비아(갈 1:17a) → 다메섹(23절; 갈 1:17b; 고후 11:32-33) → 예루살렘(26-29절; 갈 1:18-20) → 가이사랴(30절) → 다소(30절; 갈 1:21-24).
220. 참고. K. N. Giles, "Luke's Use of the Term ekklesia with Special Reference to Acts 20:28 and 9:31," *New Testament Studies* 31 (1985): 135-42.
221. 사도행전에서 "갈릴리"에 대한 언급은 4회 나오는데, 9:31은 교회의 성장에 대한 언급이고, 1:11은 천사들의 말이며, 10:37과 13:31은 바울과 베드로가 예수님의 사역에 대해서 말하는 과정에서 나온 것이다.
222. Luke Timothy Johnson, *the Acts of the Apostles*, 176.
223. Eckhard J. Schnabel, *Acts*, 466-67.
224. David G. Peterson, *the Acts of the Apostles*, 320.
225. David G. Peterson, *the Acts of the Apostles*, 320.
226. 예수님이 중풍병자를 고치셨을 때 계셨던 가버나움의 집은 베드로의 집이었다(참고. 막 2:1).
227. 사도행전에서 "다"(all)에 해당하는 *파스*(πᾶς)는 문자적으로 해석해서는 안 된다. 이 단어는 사람들의 뜨겁고 적극적인 반응이나 상태를 드러내기 위해 사용된 누가(그리고 고대 문학에서 쉽게 발견되는)의 수사적 과장(rhetorical hyperbole)이다. 유사한 예를 위해 누가복음 3:21과 사도행전 3:24를 참고하라. Ben Witherington III, *the Acts of the Apostles*, 330; Craig S. Keener, *Acts 2*, 1709.
228. Luke Timothy Johnson, *the Acts of the Apostles*, 177.
229. David G. Peterson, *the Acts of the Apostles*, 321.
230. C. K. Barrett, *the Acts of the Apostles I*, 483.
231. David G. Peterson, *the Acts of the Apostles*, 322.
232. David G. Peterson, *the Acts of the Apostles*, 322.
233. Craig S. Keener, *Acts 2*, 1719.
234. 예수님께서 야이로의 딸을 살리셨을 때 베드로가 그 자리에 있었다.
235. David G. Peterson, *the Acts of the Apostles*, 323.
236. Bruce J. Malina & John J. Pilch, *Social-science commentary on the book of Acts*, 75.
237. Benjamin R. Wilson은 10:1-11:18에서 베드로의 지리적 이동(욥바에서 가이사랴) 내러티브가 선교의 활동범위의 확장에 어떠한 의미를 부여하는지를 설명한다. Benjamin R. Wilson, "Jew-Gentile Relations and the Geographic Movement of Acts 10:1-11:18," *The Catholic Biblical Quarterly* 80 (2018): 81-96을 보라. 그는 논의의 결론을 다음과 같이 내린다. "The advancement of the plot

and the geographic progression of the story in Acts 10:1-11:18 are closely intertwined, and both depend at every turn on divine intervention. For Cornelius to send from Caesarea to Joppa, for Peter to go willingly from Joppa to Caesarea, for both men to move beyond their accustomed spheres of social interaction between Jew and gentile, and for the community of believers in Jerusalem to affirm the legitimacy of Peter's behavior and of the gentile conversions, it is necessary for God to initiate each step of the movement with angelic appearances and divine proclamations. The geographic movements in the story are not extraneous to the development of the plot. Rather, they are an integral part of what makes the behavior of Cornelius and Peter so remarkable, the intervention of God so necessary, and the conversion of Cornelius so significant for the trajectory of the early church in Acts."

238. David G. Peterson, *the Acts of the Apostles*, 328.
239. Luke Timothy Johnson, *the Acts of the Apostles*, 181.
240. Luke Timothy Johnson, *the Acts of the Apostles*, 181.
241. Luke Timothy Johnson, *the Acts of the Apostles*, 181.
242. David G. Peterson, *the Acts of the Apostles*, 327.
243. 변종길, "신약교회의 확장과 성령," 42.
244. David G. Peterson, *the Acts of the Apostles*, 327.
245. David G. Peterson, *the Acts of the Apostles*, 328.
246. 한글성경 개역개정판에 "두 사람이 너를 찾으니"라는 표현은 사본 상의 문제를 가지고 있다. 하나의 고대 사본에만 두 사람이라고 되어 있고, 다른 대다수의 사본들에는 숫자가 기록되어 있지 않다. 그리고 대부분의 영어성경에는 '세 사람'으로 번역되어 있다. 실제로 베드로를 방문한 사람은 '세 명'이다(참고. 10:7; 11:11). 따라서 이 부분을 '세 사람이 너를 찾으니'로 번역하는 것이 옳다.
247. David G. Peterson, *the Acts of the Apostles*, 334.
248. 참고. Eric D. Barreto, "Negotiating Difference: Theology and Ethnicity in the Acts of the Apostles," *Word & World* 31.2 (2011): 129-37.
249. 신명기 21:23의 "시체를 나무 위에 밤새도록 두지 말고 그날에 장사하여 네 하나님 여호와께서 네게 기업으로 주시는 땅을 더럽히지 말라 나무에 달린 자는 하나님께 저주를 받았음이니라"라는 말씀이 5:30에 이어서 여기에 다시 인용된다(참고. 5:30의 주해). 5:30과 10:39에서 베드로의 메시지는 동일한데, 듣는 사람들의 반응은 다르다. 앞에서는 유대의 종교지도자들이 베드로의 메시지에 대해서 호전적인(부정적인) 반응을 보였으나, 여기서는 이방인들이 그의 메시지에 대해 수용적인(긍정적인) 반응을 보인다. Benjamin R. Wilson, "'Upon a Tree' again and again," 58-60.
250. 변종길, "신약교회의 확장과 성령," 11.
251. Luke Timothy Johnson, *the Acts of the Apostles*, 197.

252. Luke Timothy Johnson, *the Acts of the Apostles*, 197.
253. 참고. J. J. Kilgallen, "Did Peter actually Fail to Get a Word in? (Acts 11:15)," *Biblica* 71 (1990): 405-10.
254. David G. Peterson, *the Acts of the Apostles*, 352; Luke Timothy Johnson, *the Acts of the Apostles*, 203.
255. David G. Peterson, *the Acts of the Apostles*, 353.
256. 누가는 앞에서 바나바를 소개하면서 그의 이름이 요셉이며 사도들이 그를 일컬어 "바나바"라고 했는데, 그 뜻은 "위로의 아들"이라고 언급하였으며, 그가 밭을 팔아서 그 값을 가지고 사도들의 발 앞에 두었다고 말하였다(참고. 4:36-37).
257. David G. Peterson, *the Acts of the Apostles*, 320.
258. Luke Timothy Johnson, *the Acts of the Apostles*, 320; Craig S. Keener, *Acts 2*, 1856-58.
259. 여기에 언급된 "부조"는 고린도전서 16:1-4, 고린도후서 8-9장, 그리고 로마서 15:25-32에 언급된 "연보"와 다르기 때문에 양자를 혼동하지 말아야 한다.
260. David G. Peterson, *the Acts of the Apostles*, 361; 황원하, 『응답하라 신약성경』, 71.
261. 참고. Mikeal C. Parsons & Martin M. Culy, *Acts: A Handbook on the Greek Text*, 236.
262. Bruce J. Malina & John J. Pilch는 로데(Rhoda)의 행동을 다음과 같이 설명한다. "Rhoda's behavior, both the surprised absentmindedness and the running, are considered humorous. Her announcement of Peter's presence was greeted with incredulity." Bruce J. Malina & John J. Pilch, *Social-science commentary on the book of Acts*, 85. 또한 J. Albert Harrill, "The Dramatic Function of the Running Slave Rhoda (Acts 12.13-16): A Harrill, Piece of Greco-Roman Comedy," *New Testament Studies* 46 (2000): 150-57을 보라. 그런데 Patrick E. Spencer는 로데를 제자도의 모범이라고 생각한다. Patrick E. Spencer, "'Mad' Rhoda in Acts 12:12-17: Disciple Exemplar," *The Catholic Biblical Quarterly* 79 (2017): 282-98. 그는 다음과 같이 결론적으로 말한다. "The characterization of Rhoda, in conjunction with Mary and the disciples gathered at lier house, matches the larger Lucan interest in role reversals masters and slaves, wealthy and poor, benefactor and patron, honorable and shameful, along with other cultural corollaries. In particular, authentic discipleship shows no favoritism through class, ethnic, and gender distinctions in the Lucan narrative discourse"(296).
263. Luke Timothy Johnson, *the Acts of the Apostles*, 213.
264. 안디옥에서 부조금을 가지고 온 바울은 여기서 베드로를 만났을 가능성이 있다. 왜냐하면 이후에 바울과 바나바가 마가를 데리고 안디옥으로 돌아왔기 때문이다(참고. 12:25).
265. John Stott, *the Message of Acts*, 321.
266. Luke Timothy Johnson, *the Acts of the Apostles*, 215.

267. Luke Timothy Johnson, *the Acts of the Apostles*, 215.

268. 헤롯의 자녀들은 드루실라[(벨릭스의 아내), 참고. 24:24-26]와 버니게(참고. 25:13, 23)와 헤롯 아그립바 2세(참고. 25:13-26:32)이다.

269. Bruce J. Malina & John J. Pilch, *Social-science commentary on the book of Acts*, 87.

270. 주후 1세기 로마 제국의 5대 도시는 로마, 알렉산드리아, 안디옥, 에베소, 고린도였다. 이때 바울의 행적에 관하여 M. Hengel, A. M. Schwemer, *Paul between Damascus and Antioch: The Unknown Years* (Louisville: Westminster/John Knox, 1997)을 참고하라.

271. Luke Timothy Johnson, *the Acts of the Apostles*, 220.

272. 초기 교부들 가운데 몇몇은 루기오가 사도행전을 지은 누가일 것이라고 주장하였다. 하지만 루기오를 누가로 볼 증거는 없다. 오히려 누가는 사도행전에서 자신의 존재를 드러내지 않는다.

273. John Stott, *the Message of Acts*, 330.

274. David G. Peterson, *the Acts of the Apostles*, 378; Craig S. Keener, *Acts 2*, 1997.

275. Eckhard J. Schnabel, *Acts*, 555-56; Craig S. Keener, *Acts 2*, 1998-99.

276. John Stott, *the Message of Acts*, 332.

277. 정창교는 서기오 바울의 회심 이야기를 이방인 선교가 아닌 유대인 선교의 틀 아래 유대인 중심 선교에서 이방인 중심 선교로 넘어가는 과도기적 본문으로 간주한다. 정창교, "서기오 바울과 사도 바울(행 13:4-12)," 『신약논단』, 제21권 제4호 (2014): 1029-58. 한편, 신약성경에 나오는 총독들은 본문 외에 다음과 같다. 본디오 빌라도(주후 26-36년), 안토니오 벨릭스(주후 52-59년), 보르기오 베스도(주후 59-62년).

278. H. J. Klauk, "With Paul in Paphos and Lystra: Magic and Paganism in the Acts of the Apostles," *Neotestamentica* 28.1 (1994), 96.

279. David G. Peterson, *the Acts of the Apostles*, 380-81; 바울과 바예수 사이의 대조와 바울이 바예수를 저주한 것의 의미에 관하여, Benedict H. M. Kent, "Curses in Acts," 415-23을 보라. 참고. Mikeal C. Parsons & Martin M. Culy, *Acts: A Handbook on the Greek Text*, 247.

280. Luke Timothy Johnson, *the Acts of the Apostles*, 223.

281. 바울과 사울의 이름에 관한 언급에 관하여, Eckhard J. Schnabel, *Acts*, 558-59를 보라.

282. Bruce J. Malina & John J. Pilch, *Social-science commentary on the book of Acts*, 90-91.

283. John Stott, *the Message of Acts*, 335.

284. David G. Peterson, *the Acts of the Apostles*, 383-84.

285. David G. Peterson, *the Acts of the Apostles*, 385; Clare K. Rothschild는 소위 '남갈라디아설'을 비평적으로 검토하는 가운데 바울이 비시디아 안디옥(13장)에서 선교한 것이 그가 로마에서 선교한 것(28장)과 inclusio를 이룬다고 주장한다. 즉 바울이 비시디아 안디옥에 도착하여 복음을 전한 것을 그가 로마에 도착하여 복음을 전할 것을 전망하고 보증한다는 것이다. Clare K. Rothschild,

"Pisidian Antioch in Acts 13: The Denouement of the South Galatian Hypothesis," *Novum Testamentum* 54 (2012): 334-53.

286. David G. Peterson, *the Acts of the Apostles*, 385; Craig S. Keener, *Acts 2*, 2033-34.

287. David G. Peterson, *the Acts of the Apostles*, 385.

288. Luke Timothy Johnson, *the Acts of the Apostles*, 230.

289. Bruce J. Malina & John J. Pilch, *Social-science commentary on the book of Acts*, 93.

290. Luke Timothy Johnson, *the Acts of the Apostles*, 231.

291. Craig S. Keener, *Acts 2*, 2066.

292. Eckhard J. Schnabel, *Acts*, 579.

293. 신명기 21:23의 "시체를 나무 위에 밤새도록 두지 말고 그날에 장사하여 네 하나님 여호와께서 네게 기업으로 주시는 땅을 더럽히지 말라 나무에 달린 자는 하나님께 저주를 받았음이니라"라는 말씀이 5:30과 10:39에 이어 여기에서 다시 인용된다(참고. 5:30의 주해). 5:30에서 베드로는 유대의 종교지도자들을 향해 말씀을 전했고, 10:39에서 베드로는 가이사랴에서 이방인들을 향해 말씀을 전했는데, 여기서는 바울이 비시디아 안디옥에서 말씀을 전하는데, 베드로와 바울의 복음은 동일하다. Benjamin R. Wilson, "'Upon a Tree' again and again," 60-64.

294. R. E. O'Toole, "Christ's Resurrection in Acts 13:13-52," *Biblica* 60 (1979): 361-72.

295. 참고. J. J. Kilgallen, "Acts 13.38-39: Culmination of Paul's Speech in Pisidia," *Biblica* 69 (1988): 480-506. 바울의 구원론에 관하여 Craig S. Keener, *Acts 2*, 2079-90을 참고하라.

296. John Stott, *the Message of Acts*, 347; Mikeal C. Parsons & Martin M. Culy는 Low, Nida의 해석을 반영하여 이 단어가 단지 선택하는 것에 그치는 것이 아니라 '관계'를 염두에 둔 것이라고 말한다. Mikeal C. Parsons & Martin M. Culy, *Acts: A Handbook on the Greek Text*, 270.

297. Eckhard J. Schnabel, *Acts*, 591.

298. David G. Peterson, *the Acts of the Apostles*, 403.

299. 한글성경 개역개정판에는 14:1, 3에 "두 사도"라는 단어가 있으나, 헬라어 원문에는 이 단어가 없다.

300. 참고. Mikeal C. Parsons & Martin M. Culy, *Acts: A Handbook on the Greek Text*, 271.

301. 바울과 바나바를 가리켜 한글성경 개역개정판에는 13:43에 "두 사도"라는 말이 나오지만, 헬라어 원문에는 그냥 '그들'이라고만 되어 있다. 이것은 한글 자체의 특성으로 인한 것인데, 다른 사람들과 바울과 바나바를 구분하기 위해 "두 사도"라는 말을 붙인 것이다. 그리고 한글성경 개역개정판서 14:1, 3, 5에는 "두 사도"라고 되어 있지만, 헬라어 본문에는 이런 표현이 없고 그냥 동사와 함께 3인칭 복수형으로 되어 있다. 이것도 역시 읽는 자들의 이해를 돕기 위한 의역이다. 13:43의 헬라어 본문은 다음과 같다. λυθείσης δὲ τῆς συναγωγῆς ἠκολούθησαν πολλοὶ τῶν Ἰουδαίων καὶ τῶν σεβομένων προσηλύτων τῷ Παύλῳ καὶ τῷ Βαρναβᾷ, οἵτινες προσλαλοῦντες αὐτοῖς ἔπειθον αὐτοὺς προσμένειν τῇ χάριτι τοῦ θεου.

302. 신약성경에서 "사도"라는 단어의 용례에 관한 논의를 위하여 David G. Peterson, *the Acts of the Apostles*, 405를 보라.
303. David G. Peterson, *the Acts of the Apostles*, 406.
304. David G. Peterson, *the Acts of the Apostles*, 407.
305. Luke Timothy Johnson, *the Acts of the Apostles*, 247.
306. 제우스와 헤르메스에 대하여 Bruce J. Malina & John J. Pilch, *Social-science commentary on the book of Acts*, 102를 보라. 참고. Craig S. Keener, *Acts 2*, 2151.
307. 이 일이 일어나기 약 50년 전에 라틴 시인 오비디우스는 *Metamorphoses*라는 그의 책에서 이 전설을 소개하였다.
308. 한글성경 개역개정판에는 누가가 바나바와 사울을 "두 사도"라고 칭한 것으로 번역되어 있지만, 헬라어 원문에는 '사도들'(*호이 아포스톨로이*, οἱ ἀπόστολοι)이라고 되어 있다. 앞에서 말했다시피 사도행전에서 바울을 바나바와 더불어 "사도"라고 부른 곳은 14:4와 이곳뿐이다. 다른 곳들(예. 13:43; 14:1, 3, 5)의 헬라어 원문에는 "사도"라는 단어가 없다. 한글성경 개역개정판(일부 영어성경 포함)이 이해를 도우려고 일부러 이 단어를 집어넣었을 뿐이다.
309. 사도행전에서 바울의 감정(emotion)을 연구한 문헌으로 Stephen Voorwinde, "Paul's emotions in Acts," *The Reformed Theological Review* 73 (2014): 75-100이 있다. Stephen Voorwinde는 누가복음과 사도행전이 감정에 대해서 풍부하게 언급하고 있으며, 특히 바울의 감정을 적어도 13회 말하고, 그 가운데 11회를 다르게 표현했다고 주장한다. 그는 9:1; 14:14; 15:39; 16:18; 17:16; 18:9; 20:19, 31; 21:13; 22:3; 24:10; 26:11; 27:24에 나타난 바울의 감정을 해석한다. 그리고 그는 사도행전에 바울의 감정이 이토록 잘 나타난 것과 사도행전의 누가 저작설의 관계를 다음과 같이 언급한다. "The unique and unusual vocabulary used to describe Paul's emotions in Acts suggests an author who knew the apostle well. The emotions provide subtle but compelling evidence for the Lucan authorship of Acts. …… Furthermore, the so-called 'we-passages' in Acts suggest that he was with Paul at important stages in his travels (Acts 16:10-17; 20:5-21:18; 27:1-28:16). Put all of this evidence together and it becomes clear that Luke was well placed to portray Paul's emotions in quite intimate detail. The portrayal bears all the hallmarks of authenticity."
310. 15-18절에 있는 설교는 14절을 참고할 때 바울과 바나바가 함께 한 설교이다. 그렇지만 이것은 일반적으로 바울이 행한 설교로 취급된다. Eckhard J. Schnabel, *Acts*, 609.
311. David G. Peterson, *the Acts of the Apostles*, 411.
312. Eckhard J. Schnabel, *Acts*, 612.
313. David G. Peterson, *the Acts of the Apostles*, 412.
314. David G. Peterson, *the Acts of the Apostles*, 412.
315. David G. Peterson, *the Acts of the Apostles*, 412-13.

316. Luke Timothy Johnson, *the Acts of the Apostles*, 254.

317. David G. Peterson, *the Acts of the Apostles*, 415.

318. 황원하, 『갈라디아서 주해』 (평택: 교회와 성경, 2014), 21.

319. 이와 연관된 연대기적 자료를 위하여, Eckhard J. Schnabel, *Acts*, 620-21을 참고하라. 또한 황원하, 『응답하라 신약성경』, 134-38; 황원하, 『갈라디아서 주해』, 23-24를 보라. Craig S. Keener는 사도행전 15장과 갈라디아서 2:1-10이 같은 사건을 다루느냐 아니면 다른 사건을 다루느냐 하는 문제에 대해서 "이 문제가 사도행전과 바울 사이를 조화시키는데 있어서 가장 어려운 사항"이라고 말한다. 그러면서 그는 사도행전 15장과 갈라디아서 2:1-10이 일치한다고 주장한다. Craig S. Keener, *Acts: An Exegetical Commentary* Vol 3 (Grand Rapids: Baker Academic, 2014), 2195-2202를 보라.

320. 참고. Eckhard J. Schnabel, *Acts*, 630-31.

321. Bruce J. Malina & John J. Pilch, *Social-science commentary on the book of Acts*, 106.

322. Craig S. Keener, *Acts 3*, 2231.

323. 참고. Eckhard J. Schnabel, *Acts*, 636.

324. 어떤 학자들은 여기에서 야고보가 인용한 시므온이 누가복음 2:25-35에 나오는 인물을 가리킨다고 본다. 그들에 따르면, 야고보는 시므온이 아기 예수님에 대하여 "내 눈이 주의 구원을 보았사오니 이는 만민 앞에 예비하신 것이요 이방을 비추는 빛이요 주의 백성 이스라엘의 영광이니이다"라고 예언한 것을 설명한다고 주장한다(눅 2:30-32). 그러나 이것은 합당한 근거를 가지지 못한다. 문맥을 고려할 때 야고보는 시몬 베드로가 앞서 말한 것("하나님이 이방인들로 내 입에서 복음의 말씀을 들어 믿게 하시려고", 7절)을 인용하고 있다고 보는 것이 타당하다.

325. 이 본문은 히브리어 본문(MT)과 헬라어 본문(LXX)이 조금 다른데, 야고보는 헬라어 본문을 인용하고 있다. 이 본문의 아모스 인용에 관하여 알려면 George Goldman II, "Using the translation that fits your point: the use of the LXX in Acts 15:16-18," *Stone-Campbell Journal* 20.1 (2017): 63-71을 참고하라. 또한 이 구절의 아모스 인용을 심층적으로 다룬 J. Paul Tanner, "James's Quotation of Amos 9 to Settle the Jerusalem Council Debate in Acts 15," *Journal of the Evangelical Theological Society* 55.1 (2012): 65-85를 보라. 야고보가 70인역을 인용했는지에 대한 문제를 살펴보기 위하여 Craig S. Keener, *Acts 3*, 2247-48을 보라. 그리고 아모스 본문의 의미와 야고보의 인용에 관해서는 Craig S. Keener, *Acts 3*, 2248-55를 보라.

326. David G. Peterson, *the Acts of the Apostles*, 432; Bruce J. Malina & John J. Pilch, *Social-science commentary on the book of Acts*, 109.

327. 참고. Eckhard J. Schnabel, *Acts*, 641.

328. 참고. David Instone-Brewer, "Infanticide and the Apostolic Decree of Acts 15," *Journal of the Evangelical Theological Society* 52.2 (2009): 301-21.

329. 사도행전 15장과 Jubilees의 유사성과 비교에 관하여 Todd R. Hanneken, "Moses has his

interpreters: Understanding the legal exegesis in Acts 15 from the precedent in Jubilees," *The Catholic Biblical Quarterly* 67 (2005): 686-706을 보라.

330. 참고. Eckhard J. Schnabel, *Acts*, 648-49.

331. 15:26은 한글성경 개역개정판에 없다. 하지만 대부분의 영어성경은 25절과 26절을 나누어서 기록하여 25절과 26절이 모두 있는 것으로 되어 있다. 즉 "우리 주 예수 그리스도의 이름을 위하여 생명을 아끼지 아니하는"("who have risked their lives for the name of our Lord Jesus Christ")을 26절에 둔 것이다. 따라서 영어성경은 26절이 있는 것으로 되어 있다. 그런데 서방 본문(Western text, D E 614 1799 2412 SYR)에는 25-26절의 문구에 "in every trial"에 해당하는 *에이스 판타 페이라스몬*이라는 문구가 첨가되어 있다. Bruce M. Metzger는 이 구절의 사본학적 문제를 언급하면서, 이렇게 된 이유를 "생명을 아끼지 아니하는"에 해당하는 παραδεδωκόσιν τὰς ψυχὰς라는 문구가 일반적으로 살아 있는 사람에게 사용되지 않기 때문일 것이라고 추정했다. Bruce M. Metzger, *A Textual Commentary on the Greek New Testamen*, 2nd ed. (New York: United Bible Societies, 1998), 386을 참고하라.

332. 34절은 한글성경 개역개정판을 비롯하여 많은 외국어 성경에 없다. 이것은 사본 상의 문제 때문이다. 하지만 어떤 사본에 "실라는 그들과 함께 유하기로 작정하고"라는 언급이 있다. 이것은 40절에서 바울과 실라가 동행하였다는 기록이 있기 때문으로 보인다. 즉 이것은 40절에서 실라가 안디옥에 있게 된 사실을 설명하기 위하여 후대 필사자들이 첨가한 것으로 추정된다. 그러나 33절은 분명히 유다와 실라가 그곳을 떠났다고 말하기 때문에 34절과 모순된다. 따라서 34절은 처음부터 원본에 없었다고 보아야 한다.

335. 사도행전에서 바울의 두 번째 전도여행이 어디서부터 시작되는지에 대하여 의견이 분분하다. 어떤 학자는 예루살렘 총회가 끝난 직후인 15:22부터 바울의 두 번째 전도여행이 시작된다고 주장한다. 하지만 어떤 학자는 15:36-41 혹은 15:36-16:5를 예루살렘 총회와 바울의 두 번째 전도여행 사이에 일어난 일(bridge)이라고 주장하면서, 바울의 두 번째 전도여행이 16:1부터 혹은 16:6부터 시작된다고 생각한다. 이러한 혼란은 사도행전 15장 후반부와 16장 초반부를 야고보가 예루살렘 총회에서 결정된 사항을 편지로 써서 각 회당에 보내자고 제안했고, 이에 사도와 장로들과 온 교회 교인이 바울과 바나바를 보내기로 결정한 일의 후속 조치에 따른 기록이라고 여기기 때문이다. 하지만 이러한 다양한 주장이 본문해석에 별 차이를 주지는 않는다.

334. David G. Peterson, *the Acts of the Apostles*, 447.

335. Luke Timothy Johnson, *the Acts of the Apostles*, 282.

336. Luke Timothy Johnson, *the Acts of the Apostles*, 282-83.

337. David G. Peterson, *the Acts of the Apostles*, 447; Craig S. Keener는 바울과 바나바의 갈등과 결별을 하나님께서 사용하셔서 선교가 두 갈래로 이루어지는 효과를 낳게 하셨다고 언급한다. Craig S. Keener, *Acts 3*, 2299.

338. 바울은 디모데에게 할례를 행했으나 디도에게는 할례를 행하지 않았다(참고. 갈 2:3-5). 이 문제에 대한 학자들의 견해를 위하여 Craig S. Keener, *Acts 3*, 2320-22를 보라.

339. David G. Peterson, *the Acts of the Apostles*, 452.

340. David G. Peterson, *the Acts of the Apostles*, 453.

341. David G. Peterson, *the Acts of the Apostles*, 453.

342. David G. Peterson, *the Acts of the Apostles*, 454; 사도행전에는 "갈라디아"라는 지명이 두 번 나온다(참고. 16:6; 18:23). 그리고 갈라디아서에서 바울은 '갈라디아의 여러 교회들'에게 편지를 보낸다(참고. 갈 1:2). 그렇다면 갈라디아는 어디인가? 이에 대해서 전통적으로는 아나톨리아 중부 내륙에 있는 '갈라디아 지역'(Region of Galatia)이라고 생각했으나, 18세기 중반 이후 로마의 행정구역인 '갈라디아 주'(Province of Galatia)를 가리킨다는 주장이 제기되었다. 전자를 일반적으로 '북갈라디아설'이라고 부르고, 후자를 '남갈라디아설'이라고 부른다. 이에 관하여 변종길은 근래에 통용되는 '남갈라디아설'을 비판하면서 성경이 말하는 갈라디아는 소아시아 중부내륙지방에 있는 곳이라고 주장한다. 변종길, "신약 시대 갈라디아의 위치,"『개혁신학과 교회』, 제27호 (2013): 32-50.

343. John Stott, *The Message of Acts*, 396; 참고. Craig S. Keener, *Acts 3*, 2334.

344. 사도행전에서 소위 '우리' 단락(we-sections)에 대하여 학자들 간에 다양한 해석이 제시되었다. 우선, 디벨리우스(Dibelius)는 누가가 바울 일행 중의 한 명이 기록한 여행일지를 사용하였기에 이런 표현을 인용하였다고 보면서(참고. '루시아의 편지', 23:25-30), 단지 누가가 출처를 밝히지 않았을 뿐이라고 주장한다. Dibelius, M., *Studies in the Acts of the Apostles*, ed. H. Greeven, trans. M. Ling (London: SCM Press, 1956). 그러나 그의 주장은 증거가 충분하지 않아서 받아들이기가 어렵다. 다음으로, 헨헨(Haenchen)은 누가가 전달의 생동감을 위하여 이런 표현을 사용하였다고 주장한다. Haenchen, E., *The Acts of the Apostles: A Commentary*, trans. B. Noble, G. Shinn (Philadelphia: Westminster Press, 1971). 그렇지만 누가는 이곳보다 훨씬 더 중요한 곳에서 '우리'라는 표현을 사용하지 않았으므로 이 주장 역시 옳은 것이라고 볼 수 없다. 오히려 많은 학자들은 누가가 실제로 바울과 함께 있었던 부분에서 '우리'라는 표현을 사용하였다고 주장하는데, 이 견해가 가장 무난하고 타당한 것으로 보인다. 사도행전의 '우리' 단락의 포괄적인 연구를 위하여 William Sanger Campbell, *The 'WE' passages in the Acts of the Apostles: the Narrator as Narrative Character* (Atlanta: Society of Biblical Literature, 2007).를 보라.

345. David G. Peterson, *the Acts of the Apostles*, 458.

346. David G. Peterson, *the Acts of the Apostles*, 458.

347. David G. Peterson, *the Acts of the Apostles*, 459.

348. John Stott, *the Message of Acts*, 400.

349. Bruce J. Malina & John J. Pilch, *Social-science commentary on the book of Acts*, 117.

350. 사도행전과 바울서신에서 가족들의 구원 이야기는 고넬료(10:24-48), 빌립보 감옥의 간수(16:31),

그리스보(18:8), 아리스도불로(롬 16:10), 나깃수(롬 16:11), 스데바나(고전 1:16) 등의 예에서 발견된다.

351. Craig S. Keener, *Acts 3*, 2457.

352. C. K. Barrett, *the Acts of the Apostles II*, 788.

353. Mikeal C. Parsons & Martin M. Culy, *Acts: A Handbook on the Greek Text*, 316.

354. 사도행전에는 투옥 이야기가 자주 나온다. 베드로와 요한이 옥에 갇혔다가 풀려난 이야기(4:1-22), 베드로의 두 번에 걸친 출옥 이야기(5:18-19; 12:5-11), 바울과 실라가 빌립보 옥에 갇혔던 이야기(16:22-40), 그리고 예루살렘에 간 바울이 옥에 갇히지만 전도의 기회로 삼은 이야기가 있다.

355. James D. G. Dunn, *Acts of the Apostles* (Grand Rapids: Wm. B. Eerdmans Publishing Company, 2016), 222; 고대에 '자살(자결)'이 어떤 의미를 가졌는지에 관하여 Craig S. Keener, *Acts 3*, 2498-2507을 보라.

356. Craig S. Keener, *Acts 3*, 2507.

357. Craig S. Keener, *Acts 3*, 2530.

358. 여기서 첫 번째 '우리' 단락(we-sections)이 끝난다.

359. David G. Peterson, *the Acts of the Apostles*, 477.

360. David G. Peterson, *the Acts of the Apostles*, 477.

361. Craig S. Keener, *Acts 3*, 2538.

362. John Stott, *the Message of Acts*, 413-14.

363. David G. Peterson, *the Acts of the Apostles*, 480.

364. David G. Peterson, *the Acts of the Apostles*, 484.

365. 영어성경 NRSV는 이 단어를 'receptive'로 번역하였다. 참고. Mikeal C. Parsons & Martin M. Culy, *Acts: A Handbook on the Greek Text*, 329.

366. '성경을 상고'했다는 표현의 의미에 대하여 Roy E. Ciampa, "'Examined the Scriptures'? The Meaning of ἀνακρίνοντες τὰς γραφὰς in Acts 17:11," *Journal of Biblical Literature* 130.3 (2011): 527-41을 참고하라. Roy E. Ciampa는 이 표현의 의미를 주의 깊게 연구한 후에 다음과 같이 말한다. "The Beroeans are portrayed as having demonstrated a receptive and open-minded approach. Rather than refusing to consider Paul's message, they are depicted as having treated it seriously and having given Paul the opportunity to clarify how his teaching related to their prior understanding of the Scriptures. …… Acts 17:11 does not say or indicate that the Beroeans were studying scriptural texts on a daily basis but that they were asking Paul questions about the Scriptures and how his teaching cohered with what they knew about them"(540; 541).

367. David G. Peterson, *the Acts of the Apostles*, 485.

368. David G. Peterson, *the Acts of the Apostles*, 485.

369. 참고. Dennis R. Di Mauro, "Witnessing Lessons from the Areopagus," *Word & World* 37.2 (2017): 186-95.

370. Craig S. Keener, *Acts 3*, 2574.

371. Bruce J. Malina & John J. Pilch, *Social-science commentary on the book of Acts*, 126; 에피쿠스로 학파와 스토아 학파에 관하여 Craig S. Keener, *Acts 3*, 2584-95를 보라.

372. C. K. Barrett, *A Critical and Exegetical Commentary on the Acts of the Apostles II*, ICC (Edinburgh: T. & T. Clark, 1998), 829.

373. David G. Peterson, *the Acts of the Apostles*, 490.

374. 상당수의 신학자들은 바울의 아레오바고 설교를 바울 자신이 행한 설교가 아니라 후대에 창작된 헬라적 연설이거나 혹은 바울이 실제로 행한 설교가 아니라 누가의 문학적 창작물이라고 주장한다. 이에 대해서 길성남은 아레오바고 설교에 담긴 신학적 요소들을 다룸으로써 이 설교의 기본사상이 헬라적이거나 유대-기독교적이라는 점, 이 설교가 이방인들에게 행한 바울 자신의 선교 설교라는 점을 입증한다. 길성남, "바울의 아레오바고 설교에 관한 연구," 『개혁신학과 교회』, 제14호 (2003): 77-106을 보라. 한편, 바울의 아레오바고 설교를 로마의 이교신 숭배와 특히 황제 숭배 비판과 연관 지은 Drew J. Strait, "The Wisdom of Solomon, Ruler Cults, and Paul's Polemic against Idols in the Areopagus Speech," *Journal of Biblical Literature* 136.3 (2017): 609-32를 보라.

375. 길성남은 아레오바고 설교를 다음과 같이 다섯 부분으로 타당하게 나눈다. "1) 서론: 이방인의 무지(22-23절), 2) 하나님은 천지의 주재이시다(24-25절), 3) 하나님은 당신을 찾도록 인간을 창조하셨다(26-27절), 4) 하나님과 인간은 서로 밀접하게 관련되어 있다(28-29절), 5) 결론: 미래의 심판과 회개의 요청(30-31절)." 길성남, "바울의 아레오바고 설교에 관한 연구," 84.

376. David G. Peterson, *the Acts of the Apostles*, 497; 이 구절의 "연대"에 해당하는 헬라어 카이로스를 문자적으로 이해해야 할지('seasons of the year') 아니면 상징적으로 이해해야 할지('periods of history')에 대한 약간의 논쟁이 있다. 이에 대해서 Mikeal C. Parsons & Martin M. Culy, *Acts: A Handbook on the Greek Text*, 339를 보라.

377. ESV Study Bible.

378. ESV Study Bible.

379. C. K. Barrett, *the Acts of the Apostles II*, 847.

380. David G. Peterson, *the Acts of the Apostles*, 499.

381. 길성남, "바울의 아레오바고 설교에 관한 연구," 84.

382. David G. Peterson, *the Acts of the Apostles*, 506.

383. David G. Peterson, *the Acts of the Apostles*, 506.

384. Ben Witherington III, *the Acts of the Apostles*, 538.

385. Luke Timothy Johnson, *the Acts of the Apostles*, 322.

386. Luke Timothy Johnson, *the Acts of the Apostles*, 322.
387. Ben Witherington III, *the Acts of the Apostles*, 540-41; C. K. Barrett, *the Acts of the Apostles II*, 859.
388. Bruce J. Malina & John J. Pilch는 바울과 아굴라-브리스길라 부부가 같이 지내게 된 연유를 고대 지중해 연안에서 기능공(artisan)들이 정해진 지역의 할당된 장소에서 같이 모여 살았는데, 천막을 만드는 일을 하는 사람들도 같은 지역에 모여 살았기 때문에 이들이 자연스럽게 만났을 것이라고 말한다. Bruce J. Malina & John J. Pilch, *Social-science commentary on the book of Acts*, 130.
389. Craig S. Keener, *Acts 3*, 45.
390. David G. Peterson, *the Acts of the Apostles*, 509.
391. Ben Witherington III, *the Acts of the Apostles*, 510.
392. Bruce J. Malina & John J. Pilch, *Social-science commentary on the book of Acts*, 130.
393. David G. Peterson, *the Acts of the Apostles*, 514.
394. Bruce J. Malina & John J. Pilch, *Social-science commentary on the book of Acts*, 132.
395. Luke Timothy Johnson, *the Acts of the Apostles*, 328; David G. Peterson, *the Acts of the Apostles*, 516.
396. 여기에 나오는 소스데네가 누구인지에 관한 학계의 논의를 위하여 Craig S. Keener, *Acts 3*, 2778-79를 보라.
397. David G. Peterson, *the Acts of the Apostles*, 519. 로마서 16:1에 보면, 겐그레아에 교회가 있었으며, 뵈뵈가 일꾼으로 활동했다.
398. Ben Witherington III, *the Acts of the Apostles*, 521.
399. F. F. Bruce, *Acts*, 356.
400. Luke Timothy Johnson, *the Acts of the Apostles*, 330; C. K. Barrett, *the Acts of the Apostles II*, 880-81; Mikeal C. Parsons & Martin M. Culy, *Acts: A Handbook on the Greek Text*, 354.
401. C. K. Barrett, *the Acts of the Apostles II*, 880-81.
402. David G. Peterson, *the Acts of the Apostles*, 522.
403. D. T. Rowlingson, "The Geographical Orientation of Paul's Missionary Interests," *Journal of Biblical Literature* 69 (1950): 341-44을 참고할 것.
404. Luke Timothy Johnson, *the Acts of the Apostles*, 331.
405. Randall J. Hedlun, "A New Reading of Acts 18:24-19:7: Understanding the Ephesian Disciples Encounter as Social Conflict," *Religion & Theology* 17 (2010): 40-60을 참고하라. Randall J. Hedlun은 에베소의 제자들이 성령을 받은 일에 있어서 아볼로의 큰 공헌을 언급한다.
406. David G. Peterson, *the Acts of the Apostles*, 528; 송영목은 이러한 구성에 대하여 다음과 같이 말한다. "누가는 아볼로의 아가야 사역(행 18:24-28)과 바울의 에베소 사역(행 19:1-7)을 붙여 놓음으

로써 독자들로 하여금 서로 비교해 보도록 한다. 이 두 단락에 '아볼로'와 '요한의 세례', 그리고 '지식적으로 부족한 그리스도인'이 공통적으로 나타난다." 송영목, "에베소 교회의 종말론적 변혁자, 성령님!: 사도행전 19:1-7의 계시사적 성령 이해,"『신약연구』, 제7권 제2호 (2008): 249.

407. David G. Peterson, *the Acts of the Apostles*, 528; 참고. 변종길, "신약 시대 갈라디아의 위치," 32-50.

408. ESV Study Bible.

409. 에베소의 제자들이 중생한 그리스도인들인지 그렇지 않은지에 대해서 학자들 간에 팽팽한 이견이 있다. 변종길은 이들을 중생하지 않은 사람들이라고 생각한다. 이는 19:2의 "너희가 믿을 때에 성령을 받았느냐"라는 질문에 아오리스트가 사용되었는데, 이는 최초의 믿게 되는 동작, 곧 회심이나 중생을 의미하기에 이 질문은 '너희가 믿을 때에 곧 회심할 때에 성령을 받았느냐?'라는 뜻이라고 주장한다. 변종길, "신약교회의 확장과 성령," 46-47; 그러나 송영목은 여기에 나오는 "제자들"을 그리스도인으로서 예수님의 제자들이라고 이해한다. 그에 따르면, 이는 사도행전에서 "제자"가 흔히 그리스도인을 가리키며(예. 18:23), 만약 누가가 이들이 예수님의 제자들이 아니라면, '세례 요한의 제자들'이라고 분명히 말했을 것이기 때문이다. 송영목, "에베소 교회의 종말론적 변혁자, 성령님!," 250-51.

410. Darrell L. Bock, *Acts*, 599.

411. 송영목은 언약의 중첩에 대해서 다음과 같이 적절하게 설명한다. "언약 중첩은 오순절이라는 특별한 시간을 기점으로 하기 보다는, 그리스도의 출생에서 십자가-부활-승천-오순절 성령 강림-주후 70년 성전 파괴를 아우르는데, 이 사건들은 개별적이기 보다는 인과 관계로 엮어진 하나의 거대한 구속사의 덩어리이다…… 구속사의 전진에서 신구약의 중첩의 특징으로는 옛 것과 새 것의 공존, 심판과 구원의 동시성, 새 언약이 옛 언약으로부터 선물을 취함, 옛 언약 속의 남은 자를 구원하여 새 시대로 영입하기 위해 동원된 다양한 기적과 표적 등이다." 송영목, "에베소 교회의 종말론적 변혁자, 성령님!," 260-61. 어찌되었든 이들이 중생했느냐 그렇지 않느냐 하는 것은 본문의 초점이 아니다.

412. Craig S. Keener, *Acts 3*, 2820.

413. Luke Timothy Johnson, *the Acts of the Apostles*, 338; Craig S. Keener, *Acts 3*, 2824.

414. 변종길은 사도행전에서 이방인들에게 성령이 내리신 사건에 대해서 다음과 같이 설명한다. "사도행전 2장이나 8장, 10장이나 19장과 같은 현상은 모두 과도기적 상황에서 일어날 수 있는 사건들이다. 곧 오순절 전 시대에나 오순절 후 시대로 이동하는 과정에서 일어나는 과도기적 사건이다. 그러나 이런 과도기가 지난 후에는 성령세례와 중생이 대개 일치한다." 변종길, "신약교회의 확장과 성령," 51-52.

415. David G. Peterson, *the Acts of the Apostles*, 537.

416. 서방 본문(the Western Text)에는 바울이 제5시부터 제10시까지 가르쳤다는 문구가 첨가되어 있

다. 이것은 오늘날 오전 11시부터 오후 4시까지를 가리킨다. 이 시간은 하루 중 가장 더워서 사람들이 일과를 잠시 멈추고 낮잠을 자는 시간이었다. C. K. Barrett, *the Acts of the Apostles II*, 905.

417. Bruce J. Malina & John J. Pilch, *Social-science commentary on the book of Acts*, 138.

418. "제사장"에 해당하는 헬라어 단어 *히에류스*(ἱερεύς)에 대해서, 한글성경 개역개정판은 *스게와*를 "제사장"으로 번역했지만, NIV를 비롯한 대부분의 영어 성경은 'chief priest'('주요 제사장')로 번역했다. 이것은 'high priest'('대제사장')와 다르다. 대제사장직을 맡았던 사람 중에 "스게와"라는 이름을 가진 사람은 없다.

419. Luke Timothy Johnson, *the Acts of the Apostles*, 341-42.

420. ESV Study Bible.

421. 이후에 그는 로마를 선교의 교두보로 삼아서 "땅 끝"이라고 알려진 스페인까지 갈 것이다(참고. 롬 1:15-28).

422. John Stott, *the Message of Acts*, 471.

423. 아데미 여신에 관하여 Bruce J. Malina & John J. Pilch, *Social-science commentary on the book of Acts*, 140을 보라. 참고. C. L. Brinks, "Great Is Artemis of the Ephesians: Acts 19:23-41 in Light of Goddess Worship in Ephesus," *The Catholic Biblical Quarterly* 71 (2009): 776-94.

424. Luke Timothy Johnson, *the Acts of the Apostles*, 347.

425. Craig S. Keener, *Acts 3*, 2902.

426. Darrell L. Bock, *Acts*, 610.

427. Craig S. Keener, *Acts 3*, 2918.

428. David G. Peterson, *the Acts of the Apostles*, 549; Craig S. Keener, *Acts 3*, 2920.

429. Luke Timothy Johnson, *the Acts of the Apostles*, 349-50.

430. David G. Peterson, *the Acts of the Apostles*, 550.

431. ESV Study Bible.

432. 박영호는 사도행전 19장에 기록된 에베소 군중들의 폭력적인 행동보도에 대하여 사도행전의 저자가 정교한 정치적 토론들에 깊숙이 참여하고 있으며, 그 토론의 주제들, 이미지들, 어휘들에 익숙했음을 보여준다고 말한다. 그러면서 저자가 자신의 그리스 군중들에 대한 평가를 그리스도인들은 한 차원 높은 수준에서 생각하고 행동하는 사람들이라는 자의식을 형성하는 데 사용하고 있다고 주장한다. 즉 그리스도인 공동체는 세속적인 에클레시아, 특별히 데메드리오가 이끄는 수공업자들의 조합과는 다른, 하나님의 에클레시아임을 드러낸다는 것이다. 박영호, "그리스 민주정치의 맥락에서 본 에베소 폭동사건: 사도행전 19:23-41의 에베소 폭동 사건 보도와 초기 그리스도인들의 사회적 정체성," 『신약논단』, 제21집 제2호 (2014): 477-516을 보라.

433. John Stott, *the Message of Acts*, 486.

434. David G. Peterson, *the Acts of the Apostles*, 555.

435. David G. Peterson, *the Acts of the Apostles*, 555.

436. Bruce J. Malina & John J. Pilch, *Social-science commentary on the book of Acts*, 143.

437. ESV Study Bible; Craig S. Keener, *Acts 3*, 2953-54.

438. Craig S. Keener, *Acts 3*, 2958.

439. John Stott, *the Message of Acts*, 489.

440. ESV Study Bible.

441. Darrell L. Bock, *Acts*, 620.

442. Luke Timothy Johnson, *The Acts of the Apostles*, 356; Julie A. Glavic은 바울이 유두고를 살린 사건이 바울의 권위를 확증해 준다는 사실을 사도행전 전체와 본문의 근접 문맥을 고려하면서 설명하고 그러한 일이 오늘날 교회에 어떤 의미를 던져 주는지를 말한다. Julie A. Glavic, "Eutychus in Acts and in the Church: The Narrative Significance of Acts 20:6-12," *Bulletin for Biblical Research* 24.2 (2014): 179-206.

443. John Stott, *the Message of Acts*, 493.

444. David G. Peterson, *the Acts of the Apostles*, 561.

445. ESV Study Bible.

446. 바울의 고별설교와 고대 유대의 고별강화를 비교하고, 또한 바울의 고별설교가 가지는 특별한 사항에 관하여 Zane B. McGee, "Transitioning authority and Paul's farewell address: Examining the narrative function of Acts 20," *Stone-Campbell Journal* 20.3 (2017): 203-14를 보라. 이 설교의 선교적 함의에 대하여 Stelian Tofana, "Paul's Discourse in Miletus to the Ephesian Presbyteroi (Acts 20:17-35): A Teaching Pattern for a Successful Mission," *Swedish Missiological Themes* 99.3 (2011): 317-39를 참고하라.

447. David G. Peterson, *the Acts of the Apostles*, 563.

448. David G. Peterson, *the Acts of the Apostles*, 563.

449. "장로"와 "감독"이라는 단어의 용법을 연구하기 위하여 Luke Timothy Johnson, *the Acts of the Apostles*, 362-63을 보라.

450. Craig S. Keener, *Acts 3*, 3018.

451. Craig S. Keener, *Acts 3*, 3018.

452. ESV Study Bible.

453. Luke Timothy Johnson, *the Acts of the Apostles*, 362-63.

454. Craig S. Keener, *Acts 3*, 3054.

455. David G. Peterson, *the Acts of the Apostles*, 573.

456. Bruce J. Malina & John J. Pilch, *Social-science commentary on the book of Acts*, 148.

457. ESV Study Bible.

458. ESV Study Bible.
459. David G. Peterson, *the Acts of the Apostles*, 577.
460. David G. Peterson, *the Acts of the Apostles*, 577.
461. C. K. Barrett, *the Acts of the Apostles II*, 990.
462. David G. Peterson, *the Acts of the Apostles*, 579.
463. David G. Peterson, *the Acts of the Apostles*, 579.
464. 대부분의 영어 성경에도 이 문구는 "one of the Seven"으로 되어 있다.
465. John Stott, *the Message of Acts*, 508.
466. David G. Peterson, *the Acts of the Apostles*, 580.
467. David G. Peterson, *the Acts of the Apostles*, 582.
468. 신약성경에서 바울은 "주님의 형제" 야고보를 적어도 네 번 만난다. 바울은 예루살렘을 처음 방문했을 때 야고보를 만나고(참고. 갈 1:18-19), 그로부터 14년 후에 다시 예루살렘을 방문했을 때 야고보를 만나며(참고. 갈 2:1), 이후에 예루살렘 총회 때 야고보를 만나고(참고. 행 15장), 마지막으로 예루살렘을 방문했을 때 야고보를 만난다(참고. 행 21:18).
469. Craig S. Keener, *Acts 3*, 3118.
470. 예루살렘의 신자들 숫자에 관하여 Eckhard J. Schnabel, *Acts*, 873을 보라.
471. ESV Study Bible.
472. 나실인 서원 규정과 주후 1세기 준수에 대하여, Eckhard J. Schnabel, *Acts*, 875-77을 보라.
473. Eckhard J. Schnabel, *Acts*, 871.
474. Eckhard J. Schnabel, *Acts*, 890-91.
475. Luke Timothy Johnson, *the Acts of the Apostles*, 381.
476. John Stott, *the Message of Acts*, 529.
477. Bruce J. Malina & John J. Pilch, *Social-science commentary on the book of Acts*, 155.
478. Bruce J. Malina & John J. Pilch, *Social-science commentary on the book of Acts*, 155.
479. David G. Peterson, *the Acts of the Apostles*, 592; Luke Timothy Johnson, *the Acts of the Apostles*, 383.
480. Eckhard J. Schnabel, *Acts*, 898.
481. Eckhard J. Schnabel, *Acts*, 899.
482. ESV Study Bible.
483. 고대에 로마 군인들이 사용한 채찍의 모양에 관하여 Craig S. Keener, *Acts 3*, 3247-48을 보라.
484. Eckhard J. Schnabel, *Acts*, 922.
485. 송영목, 『신약신학』, 증보판 (서울: 생명의 양식, 2016), 303-304. 송영목은 그의 책에서 법정적 수사학의 관점으로 23-24장 전체를 해석한다.

486. 송영목, 『신약신학』, 304.
487. David G. Peterson, *the Acts of the Apostles*, 614.
488. David G. Peterson, *the Acts of the Apostles*, 614.
489. Luke Timothy Johnson, *the Acts of the Apostles*, 397.
490. Eckhard J. Schnabel, *Acts*, 927.
491. Eckhard J. Schnabel, *Acts*, 929-30.
492. Eckhard J. Schnabel, *Acts*, 932.
493. 로마서 16:7에서 바울은 "내 친척이요 나와 함께 갇혔던 안드로니고와 유니아"라는 언급을 하는데, 여기에서 "친척"이 글자 그대로의 친척인지 아니면 '형제'와 같은 동료 그리스도인들을 일컫는 것인지 모호하다. 만일 이것을 글자 그대로의 친척으로 받아들인다면 신약성경에서 바울의 가족에 대한 언급은 두 군데가 된다.
494. Craig S. Keener, *Acts 3*, 3318.
495. ESV Study Bible.
496. ESV Study Bible.
497. Luke Timothy Johnson, *the Acts of the Apostles*, 405.
498. 가이사랴에 대해서는 8:40의 해설을 보라.
499. Eckhard J. Schnabel, *Acts*, 936.
500. Luke Timothy Johnson, *the Acts of the Apostles*, 405.
501. Ben Witherington III, *the Acts of the Apostles*, 697; Craig S. Keener, *Acts 3*, 3341.
502. Luke Timothy Johnson, *the Acts of the Apostles*, 406.
503. David G. Peterson, *the Acts of the Apostles*, 625.
504. Bruce J. Malina & John J. Pilch에 따르면 고대의 법적인 재판 과정은 오늘날과 마찬가지로 공정함이 보장되지 않았다. Bruce J. Malina & John J. Pilch, *Social-science commentary on the book of Acts*, 162.
505. Ben Witherington III, *the Acts of the Apostles*, 705.
506. David G. Peterson, *the Acts of the Apostles*, 632.
507. 한글성경 개역개정판에는 6절b-8절a이 없다. 상당수의 영어성경(예. NIV, ESV, NRSV)은 이 부분을 생략했지만, KJV는 이 부분을 넣었으며("whom we took, and would have judged according to our law, But the chief captain Lysias came upon us, and with great violence took him away out of our hands, Commanding his accusers to come unto thee."), NASB는 이 부분을 괄호로 처리하여 "We wanted to judge him according to our own Law. But Lysias the commander came along, and with much violence took him out of our hands, ordering his accusers to come before you."라고 적어 놓았다. Bruce M. Metzger는 이에 대해서 다음과 같이 설명한다. "In the

opinion of some scholars(e.g. Blass, Clark, Lagrange, Lake and Cadbury), the Western reading, which passed into the Textus Receptus, is necessary to the sense of the verses, for the aorist evkrath,samen seems to require some sequel. On the other hand, however, the abruptness of evkrath,samen may have prompted a desire for addition and completeness, and it is difficult to account for the omission of the disputed words if they were original. One of the effects of the addition is to change the reference of ou- in ver. 8 from Paul to Lysias, but whether this is to be interpreted as favoring or opposing the addition is disputed. A majority of the Committee judged that, all things considered, the passage should not be admitted into the text." Bruce M. Metzger, *A Textual Commentary on the Greek New Testament*, 434. 이 구절이 고대의 수사학적인 측면을 어떻게 반영했는지에 대해서 Craig S. Keener, *Acts: An Exegetical Commentary vol. 4: 24:1-28:31* (Grand Rapids: Baker Academic, 2015), 3383-85를 보라. Craig S. Keener는 이 구절에 대해서 다음과 같이 언급한다. "The text of Acts 24:6b-8a is rightly suspect, yet its substance is, at the least, a later scribe's plausible inference, rooted in understanding the character of ancient forensic rhetoric"(3385).

508. 여기서 "12일"이 시사하는 일정 정리를 위하여, Eckhard J. Schnabel, *Acts*, 957-58을 보라.

509. ESV Study Bible.

510. David G. Peterson, *the Acts of the Apostles*, 640.

511. David G. Peterson, *the Acts of the Apostles*, 640; Luke Timothy Johnson, *the Acts of the Apostles*, 418.

512. Eckhard J. Schnabel, *Acts*, 966.

513. ESV Study Bible; Craig S. Keener, *Acts 4*, 3444.

514. John Stott, *the Message of Acts*, 560.

515. David G. Peterson, *the Acts of the Apostles*, 642-43.

516. Luke Timothy Johnson, *the Acts of the Apostles*, 420.

517. 참고. Eckhard J. Schnabel, *Acts*, 988-90.

518. Luke Timothy Johnson, *the Acts of the Apostles*, 421.

519. Luke Timothy Johnson, *the Acts of the Apostles*, 425.

520. 황원하, 『응답하라 신약성경』, 72; Craig S. Keener, *Acts 4*, 3473-76.

521. ESV Study Bible.

522. Darrell L. Bock, *Acts*, 712-13.

523. Luke Timothy Johnson, *the Acts of the Apostles*, 427.

524. David G. Peterson, *the Acts of the Apostles*, 659.

525. Isaac Soon은 26:3의 "당신이 유대인의 모든 풍속과 문제를 아심이니이다"라는 문구에서

gnw,sthj라는 단어를 사무엘하 28:3, 9 혹은 열왕기하 21:6과 연관 짓는다. Isaac Soon, "Paul the Necromancer: Luke's Use of the Hapax γνώστης in Acts 26:3," *The Reformed Theological Review* 74.2 (2015): 109-21을 보라.

526. David G. Peterson, *the Acts of the Apostles*, 460; 1:6에도 *멘 운*(μὲν οὖν)이 있는데, 사도행전에서 이 단어는 앞에서 말한 것을 이어받으면서 새로운 단락을 형성할 때 사용된다. 그리고 이 단어는 언제나 앞으로 일어날 일을 예측하거나 기대하는 암시성을 가진다. Mikeal C. Parsons & Martin M. Culy, *Acts: A Handbook on the Greek Text*, 6, 490.

527. ESV Study Bible; 바울이 본 환상과 에스겔이 본 것의 비교 연구를 위하여 Dale C. Allison Jr., "Acts 9:1-9, 22:6-11, 26:12-18: Paul and Ezekiel," *Journal of Biblical Literature* 135.4 (2016): 807-26을 참고하라.

528. 당시 세계의 언어 혼재와 바울의 언어 사용에 관하여 Bruce J. Malina & John J. Pilch, *Social-science commentary on the book of Acts*, 168-69를 참고하라.

529. David G. Peterson, *the Acts of the Apostles*, 666.

530. Eckhard J. Schnabel, *Acts*, 1012.

531. ESV Study Bible.

532. Craig S. Keener, *Acts 4*, 3530.

533. C. K. Barrett, *the Acts of the Apostles II*, 1168-69.

534. David G. Peterson, *the Acts of the Apostles*, 675; C. K. Barrett, *the Acts of the Apostles II*, 1170; Mikeal C. Parsons & Martin M. Culy, *Acts: A Handbook on the Greek Text*, 504.

535. 사도행전의 '우리' 단락(we-sections)은 16:10-17; 20:5-15; 21:1-18; 27:1-28:16이다. 이들 중에서 27:1-28:16이 가장 길다.

536. Luke Timothy Johnson, *the Acts of the Apostles*, 445.

537. John Stott, *the Message of Acts*, 592.

538. Luke Timothy Johnson, *the Acts of the Apostles*, 445.

539. Eckhard J. Schnabel, *Acts*, 1034.

540. David G. Peterson, *the Acts of the Apostles*, 682.

541. David G. Peterson, *the Acts of the Apostles*, 682.

542. Bruce J. Malina & John J. Pilch, *Social-science commentary on the book of Acts*, 173.

543. C. K. Barrett, *the Acts of the Apostles II*, 1185.

544. David G. Peterson, *the Acts of the Apostles*, 683.

545. John Stott, *the Message of Acts*, 595.

546. David G. Peterson, *the Acts of the Apostles*, 684.

547. Luke Timothy Johnson, *the Acts of the Apostles*, 447.

548. Eckhard J. Schnabel, *Acts*, 1037.
549. Darrell L. Bock, *Acts*, 734.
550. David G. Peterson, *the Acts of the Apostles*, 686.
551. 이에 관하여 Craig S. Keener, *Acts 4*, 3607.
552. C. K. Barrett, *the Acts of the Apostles I*, 403.
553. David G. Peterson, *the Acts of the Apostles*, 687.
554. ESV Study Bible.
555. Luke Timothy Johnson, *the Acts of the Apostles*, 448; 스큐오스라는 단어 자체가 닻(anchor)을 가리키는지 아니면 속도를 늦추게 하는 돛(sail)을 가리키는지가 분명하지 않다. 하지만 문맥(특히 40절)을 고려할 때 이것은 한 개 혹은 여러 개의 닻을 가리키는 것으로 보인다. Mikeal C. Parsons & Martin M. Culy, *Acts: A Handbook on the Greek Text*, 517.
556. David G. Peterson, *the Acts of the Apostles*, 689.
557. Luke Timothy Johnson, *the Acts of the Apostles*, 454.
558. Bruce J. Malina & John J. Pilch는 여기서 사용된 헬라어와 누가복음 22:19에서 사용된 헬라어가 같다는 이유로 이 식사를 예수님의 마지막 식사와 연결시킨다. Bruce J. Malina & John J. Pilch, *Social-science commentary on the book of Acts*, 175.
559. Luke Timothy Johnson, *the Acts of the Apostles*, 456.
560. David G. Peterson, *the Acts of the Apostles*, 699.
561. David G. Peterson, *the Acts of the Apostles*, 699.
562. ESV Study Bible.
563. Luke Timothy Johnson, *the Acts of the Apostles*, 461; βάρβαροι의 의미와 용법에 대하여 자세히 연구하려면 Ronald H. van der Bergh, "The Use of the Term βάρβαρος in the Acts of the Apostles: A Problemanzeige," *Neotestamentica* 47.1 (2013): 69-86을 보라. 또한 Joshua W. Jipp, "Divine Visitations and Hospitality to Strangers in Luke—Acts," in *An Interpretation of the Malta Episode in Acts 28:1-10* NovTSup 153 (Leiden: Brill, 2013), 39를 보라. Mikeal C. Parsons & Martin M. Culy는 이 단어를 'foreigner'로 번역한다. Mikeal C. Parsons & Martin M. Culy, *Acts: A Handbook on the Greek Text*, 532. 몰타 사람들은 당시에 셈족 계열의 언어를 사용했을 것으로 추정된다. 그래서 그들은 아람어를 사용하는 바울과 어느 정도 의사소통을 할 수 있었을 것이다. 실제로 오늘날에도 그들은 셈족 계열의 언어를 사용하고 있다. 이에 관하여 Joshua W. Jipp, "Hospitable barbarians: Luke's ethnic reasoning in Acts 28:1-10," *The Journal of Theological Studies* 68.1 (2017): 23-45를 참고하라.
564. Eckhard J. Schnabel, *Acts*, 1050.
565. ESV Study Bible; 몰타의 독사 이야기와 바울의 권능에 관하여 John Clabeaux, "The Story of the

Maltese Viper and Luke's Apology for Paul," *The Catholic Biblical Quarterly* 67 (2005): 604-10을 보라.

566. Eckhard J. Schnabel, *Acts*, 1050-51; Bruce J. Malina & John J. Pilch에 따르면, 고대 지중해 연안 세계에서는 독사가 종종 신의 정의를 실현하기 위해서 보냄을 받은 존재로 이해되었다. Bruce J. Malina & John J. Pilch, *Social-science commentary on the book of Acts*, 175; 참고. Mikeal C. Parsons & Martin M. Culy, *Acts: A Handbook on the Greek Text*, 533.
567. M. David Litwa는 바울이 뱀에 물렸으나 살아난 이야기는 고대 그리스의 영웅으로 알려진 Philoctetes의 경우와 분명한 차이를 보인다는 사실을 언급한다. 그러면서 그는 바울이 진정한 영웅이라는 점을 부각시킨다. M. David Litwa, "Paul the 'god' in Acts 28: a comparison with Philoctetes," *Journal of Biblical Literature* 136.3 (2017): 707-26을 보라.
568. C. K. Barrett, *the Acts of the Apostles II*, 1224-25.
569. Ben Witherington III, *the Acts of the Apostles*, 779.
570. David G. Peterson, *the Acts of the Apostles*, 702.
571. Joshua W. Jipp, "Hospitable barbarians," 43.
572. David G. Peterson, *the Acts of the Apostles*, 703.
573. David G. Peterson, *the Acts of the Apostles*, 704.
574. ESV Study Bible.
575. David G. Peterson, *the Acts of the Apostles*, 704.
576. David G. Peterson, *the Acts of the Apostles*, 704.
577. Luke Timothy Johnson, *the Acts of the Apostles*, 464.
578. Ben Witherington III, *the Acts of the Apostles*, 787.
579. David G. Peterson, *the Acts of the Apostles*, 705.
580. C. K. Barrett, *the Acts of the Apostles II*, 1231; Craig S. Keener, *Acts 4*, 3712.
581. Craig S. Keener, *Acts 4*, 3713.
582. David G. Peterson, *the Acts of the Apostles*, 705.
583. Darrell L. Bock, *Acts*, 753-54.
584. Eckhard J. Schnabel, *Acts*, 1072.
585. Darrell L. Bock, *Acts*, 754-55.
586. 29절은 원본에 없었음이 분명하다. 이는 이 구절이 가장 신뢰할 만한 사본들에 없기 때문이다. Bruce M. Metzger, *A Textual Commentary on the Greek New Testament*, 444를 보라.
587. David G. Peterson, *the Acts of the Apostles*, 720.
588. Eckhard J. Schnabel, *Acts*, 1077.
589. Guy Prentiss Waters, "With a Whimper or a Bang? Acts 28 and the Ending of Acts," *The*

Reformed Theological Review 74 (2015): 2-14을 참고할 것.

590. Eckhard J. Schnabel, 『선교사 바울』, 정옥배 역 (서울: 부흥과개혁사, 2014), 145-51. Schnabel은 당시에 스페인에서 로마로 가는 길이 쉬웠다고 말한다. 그는 다음과 같이 주장한다(150). "스페인은 로마에서 쉽게 갈 수 있는 곳이었다. 항해 조건이 좋으면 배를 타고 로마 항구인 오스티아에서 스페인까지 7일 정도밖에 소요되지 않았다. 육로로 가도 아무런 장애물이 없었다. 이 지역에는 로마의 길들이 촘촘히 닦여 있었기 때문이다. 바울은 동부 지중해에서 온 사람들과 서바나의 도시에 살고 있는 사람들, 특히 바에티카와 레반트 연안의 도시 중심지들에 있는 자유민 및 종들과 헬라어로 대화를 나눌 수 있었을 것이다."

591. ESV Study Bible.